当代二语教学与研究译丛
中央高校基本科研业务费专项资金资助

语言与学习者
LANGUAGES AND LEARNERS: MAKING THE MATCH

国际语言课堂教学指南
WORLD LANGUAGE INSTRUCTION IN K-8 CLASSROOMS AND BEYOND

第5版
5th Edition

[美] 海伦娜·柯顿（Helena Curtain）
[美] 卡罗尔·安·达尔伯格（Carol Ann Dahlberg） 著

丁维莉 杨洋 译

北京语言大学出版社
BEIJING LANGUAGE AND CULTURE UNIVERSITY PRESS

社图号 20004

Authorized translation from the English language edition, entitled LANGUAGES AND LEARNERS: MAKING THE MATCH: WORLD LANGUAGE INSTRUCTION IN K-8 CLASSROOMS AND BEYOND, 5th Edition [978-0-13-285521-1] by CURTAIN, HELENA; DAHLBERG, CAROL ANN© 2016 Pearson Education, Inc.

This edition is for sale in mainland China (excluding Hong Kong SAR, Macau SAR and Taiwan region) only.

All rights reserved. No part of this book may be reproduced or transmitted in any form or by any means, electronic or mechanical, including photocopying, recording or by any information storage retrieval system, without permission from Pearson Education, Inc. and Beijing Language and Culture University Press.

CHINESE SIMPLIFIED language edition published by BEIJING LANGUAGE AND CULTURE UNIVERSITY PRESS © 2020.

本书简体中文版由Pearson Education（培生教育出版集团）授权北京语言大学出版社在中华人民共和国境内（不包括香港、澳门特别行政区及台湾地区）独家出版发行。未经出版者书面许可，不得以任何方式抄袭、复制或节录本书中的任何部分。

本书封底贴有Pearson Education（培生教育出版集团）激光防伪标签，无标签者不得销售。

北京市版权局著作权合同登记图字：01-2017-5678号

图书在版编目（CIP）数据

语言与学习者：国际语言课堂教学指南 /（美）海伦娜·柯顿（Helena Curtain），（美）卡罗尔·安·达尔伯格（Carol Ann Dahlberg）著；丁维莉，杨洋译. -- 5 版. -- 北京：北京语言大学出版社，2020.6
（当代二语教学与研究译丛）
ISBN 978-7-5619-5615-1

Ⅰ. ①语⋯ Ⅱ. ①海⋯ ②卡⋯ ③丁⋯ ④杨⋯ Ⅲ. ①语言教学－课堂教学－指南 Ⅳ. ① H09-62

中国版本图书馆 CIP 数据核字 (2020) 第 092489 号

语言与学习者：国际语言课堂教学指南（第 5 版）
YUYAN YU XUEXIZHE: GUOJI YUYAN KETANG JIAOXUE ZHINAN (DI 5 BAN)

责任编辑：唐琪佳　武传霞		**责任印制**：周 燚
英文编辑：孙玉婷		**装帧设计**：张晶晶

出版发行： 北京语言大学出版社	
社　　址： 北京市海淀区学院路 15 号，100083	
网　　址： www.blcup.com	
电子信箱： service@blcup.com	
电　　话： 编辑部　8610-82303647/3592/3724	
发行部　8610-82303650/3591/3648	
海外发行 8610-82303365/3080/3668	
北语书店 8610-82303653	
网购咨询 8610-82303908	
印　　刷： 天津嘉恒印务有限公司	

版　次：2020 年 6 月第 5 版		**印　次**：2020 年 6 月第 1 次印刷
开　本：787 毫米 × 1092 毫米		**印　张**：35.25
字　数：768 千字		**定　价**：98.00 元

PRINTED IN CHINA

海伦娜·柯顿（Helena Curtain）是一位经验丰富的语言教育家，所教授过的课程覆盖从小学到大学的各个阶段。她是密尔沃基公立学校资深外语课程专家，长期协调和管理拥有10万名学生的学区的K–12外语和英语非母语（ESOL）教学项目。她曾任威斯康星大学密尔沃基分校副教授，并指导过外语和英语非母语教师的岗前培训，公开发表了多篇关于语言教学的文章。海伦娜为语言教育事业做出了卓越的贡献，为此，她荣获过美国国家、州、地区等各级殊荣。她是一位享誉全球的语言教育专家，在第二语言教学法、课程研发、双语教学、沉浸式教学和双向沉浸式教学（尤其是在小学阶段）等领域都成就卓著。同时，海伦娜担任31个国家和地区的客座教授、顾问和访问学者。

卡罗尔·安·达尔伯格（Carol Ann Dahlberg）是明尼苏达州穆尔黑德坎科迪亚学院教育学终身荣誉教授，她曾为该学院中小学外语教学预备教师开设了多门外语教学法课程。她还教授过K–12和大学水平的德语课程，独立撰写或与他人合作撰写了多篇文章，获得过美国外语教学学会（ACTFL）和美国德语教学协会（AATG）颁发的多项国家级奖项。卡罗尔是全美语言学习网创始成员，曾担任该网络的第一任主席。她还在国内外担任顾问、课程开发者和早期语言学习研讨会的负责人。

前 言

《语言与学习者：国际语言课堂教学指南》是一本为学校和教师编写的介绍语言教学方法的教科书，同时又是一本语言教学实践指导手册。主要针对 K-8 阶段中小学语言教师、正在从事语言教学的实践者，以及参与规划或评估过程的教师、家长和管理者。尽管本书侧重于中小学阶段，但书中涉及的理论与实践适用于各个阶段的语言教学。

这是一本实践者写给实践者的书。我们在书中加入了自己在教学实践中总结的重要理论和实践，以及经常与学生分享的、经常在工作坊和职业发展会议上分享的宝贵经验。虽然我们并没有将中小学阶段语言教学置于全面的理论或历史框架下，但是我们坚信教学实践必须建立在对理论和历史问题的理解的基础上。对理论的理解可以帮助教师了解为何某些策略能够取得成功，也可以帮助教师有效地设计课程，并向同行、管理者、家长及社会大众诠释课程和教学方法。

我们并不敢妄称对书中涉及的各个领域都有深刻的专业见解，但是我们通过寻求相关领域专家的帮助，尽可能地让书中内容跟上专业领域的发展趋势。本书是基于学术研究撰写的，但又不仅仅是一本学术著作。新手教师不妨将其视为引导自己入门的语言教学指南，以此了解教师职业中的要素及可用资源。

第 5 版新增内容

- 围绕语言学习中的教师效能（Teaching Effectiveness for Language Learning，简称 TELL）项目（http://www.tellproject.org）详细阐述了有效的外语教师具备哪些特点，而这些特点的有效性均有专业文献做支撑。语言学习中的教师效能项目将教师有效性分为七大范畴：环境、设计、学习体验、表现和反馈、学习工具、专业性和合作性。每个范畴都有详细的指导，研究告诉我们有效的语言教师在该范畴内应该做些什么。由于业内对教师效能的含义有着统一的解释，因此，《语言与学习者：国际语言课堂教学指南》（第5版）的章节是按照语言学习中教师效能的各个范畴组织的。

- 新增每章开头的语言能力描述。
- 补充第5版中所述概念的例子和图示。
- 新增客座撰写人的真知灼见。
- 新增学生创作作品范例。
- 部分章节融入与技术相关的内容。
- 补充第二语言习得和儿童发展领域的相关信息。
- 新增有关如何通过教学途径提高语言能力的信息。
- 新增科技章节。
- 新增评价章节。
- 补充有关主题单元和完整单元设计的模板。
- 新增单课设计范例。
- 新增差异化教学活动范例。
- 新增有关如何使用目的语进行教学和提供可理解性输入的扩展章节。
- 新增语法教学章节。
- 新增修订后的小组和同伴活动指南。
- 新增使用故事和儿童文学作品的章节。
- 新增《各州共同核心标准》章节。
- 涉及语言活动的章节中新增活动类型列表。依据列表为每项活动编号。

学生群体

本书作者首要关心的是以大语种为母语的学习者在学习新的语言时语言习得的情况，因为在他们的居住环境中，新语言并不是日常普遍使用的语言。相比之下，双语课程和英语作为外语课程中的学生在学习大语种的过程中又是小语种学习者，需要适应复杂的、完全不同的社会环境，这是我们不曾面对过的。但是，我们相信本书提供的语言教学原则和策略也同样适用于为英语学习者和继承语（heritage language）学习者授课的语言教师。本小节最后部分介绍了早期语言学习是如何在世界范围内开展的。世界范围内，英语学习是主流。详情参见由琼康信（Joan Kang Shin）撰写的有关年幼学习者英语教学的章节。

初级阶段的课程为主

对于授课时间少于半天的初级中小学语言课程教师和授课对象为初级语言水平学生的教师来说，书中提供的一些具体教学建议具有特殊价值。美国国内有很多新的语言课程，其授课教师通常缺乏这一阶段的教学经验。其中大部分教师发现在第二语言学习的早期阶段，开展有意义的沟通活动尤为困难。因此，我们认为对于大部分读者来说，本书以初级课程为核心对他们将很有帮助。书中所有活动都可以扩展或稍做调整以适应更高级别的语言水平和其他课程模式。同时，书中涉及的大部分想法都可以稍做调整，适用于几乎任何级别的语言教学。这些想法稍做调整也同样适用于语言技能不断提高的继承语使用者。但是，本书关注的焦点并不是继承语学习者的需求，我们强烈建议这些学习者参与为其量身定制的课程。

《面向世界的语言学习标准》

本书多次提及《面向世界的语言学习标准》（World Readiness Standards for Learning Languages）中的内容，但并没有着眼于向读者讲解这一标准本身。我们建议读者将本书和《面向世界的语言学习标准》一起使用。如果您还未购买《面向世界的语言学习标准》，可以在美国外语教学学会（American Council on the Teaching of Foreign Languages，简称 ACTFL）网站的在线商店购买（http://www.actfl.org）。本书第 3 章表 3.1 也附有该标准的概要。

该标准中陈述的内容和教学理念有助于任何情境下的语言教学，即使是在美国以外的其他国家的语言教学环境中也一样适用。

专业术语

小学外语课程（Foreign Language in the Elementary School，简称 FLES）通常指小学阶段除英语以外的其他语言课程。很多参考文献中仍沿用这一术语。为了能够将这一阶段的课程融入 K–12 体系，同行们通常更倾向于使用更为普遍的术语，如早起点课程、早期语言学习课程和青少年学习者课程。本书也采用了这样的做法。请注意，目前此类课程最佳时长为每周 5 天，每天 30~40 分钟。

上述术语都有其缺陷和可能引起混淆的地方。尽管"外语"（foreign language）一词至今在美国及世界其他国家广泛使用，但是在一些地区该词含有负面含义。在有些讨论中，"第二语言"（second language）是指小语种使用者学习大语种语言。"第二语言"一词通常使用不当，因为这类课程中的学生实际上可能正在学习第三或第四门语言。"语言"一词在单独使用时容易与"英语"一词混淆。

一些国家选择使用"国际语言"（world languages）一词，还有一些国家仍然在使用一个源于澳大利亚的术语——"非英语的语言"（Languages Other than English，简称LOTE）。全美专业教学标准委员会（National Board of Professional Teaching Standards）选择使用"非英语的国际语言"（world languages other than English），简称为"国际语言"（world languages）。本书中，我们主要使用"国际语言"和"外语"，偶尔也使用"第二语言"、"早期语言"（early language）和"目的语"（target language）等术语。我们并没有对这些术语进行区分，因为我们认为以上任何一个术语都没有达成一致的说法，因此决定使用所有这些术语！

我们希望《语言与学习者：国际语言课堂教学指南》（第5版）能够为教师、管理者和设计者提供有用的资源，并且为语言课程的数量和质量做出贡献。

致　谢

海伦娜·柯顿（Helena Curtain）

由于卡罗尔·安·达尔伯格（Carol Ann Dahlberg）退休，不再从事专业研究，第5版的撰写在没有她的帮助和合作的情况下由我自己完成。我想在此表达对她的感谢，她对我无论是在专业上还是生活上都给予了巨大的帮助。我们几乎是在初识之后就有了本书的构想，然后我们一直在不断合作，以为各阶段语言教师提供帮助为目标而共同努力。我们选择侧重K–8阶段是因为这一阶段的资料相对较少。很大程度上，是她的智慧和指引帮助我成就了现在的自己，获得了现在的能力（帮助我更加了解自己以及自己的潜能）。谢谢你，卡罗尔·安！我从心底感谢你这些年来一直与我并肩工作、学习。也谢谢你所付出的一切努力，这为第5版的完成奠定了基础。

仅代表我个人向以下各位致以谢意：
我的丈夫，托尼·柯顿（Tony Curtain），感谢他尽其所能给予我支持（以各种方式对我的支持）。

戴安娜·达莫尔（Diana D'Amore），是她的友情和支持促使我完成了本书的撰写。

克丽丝蒂·克萨达（Kristie Quesada），感谢她所给予的技术支持和对细节的关注。

阿莉萨·维拉里尔（Alyssa Villarreal），感谢她在我需要的时候给予我无限的支持。

安妮特·柯克（Annette Kirk）和格兰特·柯克（Grant Kirk），感谢他们在本书撰写的关键时刻给予的理解和支持。

在完成本书的过程中，我深切地感受到了来自同行们的友情，是你们的友情支持让我完成了撰写，也是你们帮助我加深了对语言教学的理解。我由衷地感谢你们，并希望此书能够不负众望。我尝试在这一版引入合作的模式，并深深地感谢部分章节的客座撰稿人，感谢他们所付出的时间和专业知识。感谢：

  引言 琼康信（Joan Kang Shin），马里兰大学巴尔的摩分校

  第1章 理查德·多纳托（Richard Donato），匹兹堡大学

  第4章 琳恩·富尔顿–阿彻（Lynn Fulton-Archer），特拉华州教育部

  第9章 阿德里安娜·布兰特（Adriana Brandt），印第安纳大学与普渡大学印第安纳波利斯联合分校（IUPUI）教育系

第11、12章 维多利亚·吉尔伯特（Victoria Gilbert），纽约圣戴维学校

  第13章 克里斯特尔·布罗迪（Christel Broady），肯塔基州列克星敦乔治城大学

      洛丽·罗伊（Lori Roe），特拉华州亨洛彭角学校

  第14章 阿莉萨·维拉里尔（Alyssa Villarreal），田纳西州孟菲斯谢尔比县学校

  第15章 金·波托维斯基（Kim Potowski），伊利诺伊大学芝加哥校区

  第16章 塔拉·福琼（Tara Fortune），明尼苏达大学

      布莱尔·贝特曼（Blair Bateman），杨百翰大学

感谢以下各位为各个章节提出意见：

  第6章 特蕾丝·卡卡瓦尔（Therese Caccavale），马萨诸塞州霍利斯顿学校

  第2章 沙龙·迪林（Sharon Deering），得克萨斯州阿灵顿独立学区

第7章和第14章 洛丽·兰格·德–拉米雷斯（Lori Langer de Ramirez），纽约

  第4章 安吉·托特（Angie Toth），特拉华州教育部

感谢以下各位从多方面给予第5版的反馈和良策：

特丽·克鲁施克·阿方索（Teri Kruschke Alfonso），威斯康星州格林代尔学校

杰茜卡·布拉德利（Jessica Bradley），威斯康星州格林代尔学校

迪娜拉·鲍尔斯（Dinara Bowers），田纳西州孟菲斯谢尔比县学校

达西·巴德尼克（Darcy Budnik），威斯康星州基沃斯克姆学区

萨拉-伊丽莎白·科特雷尔（Sara-Elizabeth Cotrell），西班牙语教师、博客博主，肯塔基州路易斯维尔

唐纳·克莱门蒂（Donna Clementi），威斯康星州阿普尔顿

玛丽·柯伦（Mary Curran），罗格斯大学

贾尼丝·多德（Janice Dowd），独立顾问，新泽西州新米尔福德

格雷格·邓肯（Greg Duncan），因特普莱（Interprep）股份有限公司

迈克尔·埃弗森（Michael Everson），艾奥瓦大学（已荣誉退休）

卡伦·福迪（Karen Fowdy），威斯康星州门罗学校

格雷戈里·富尔克森（Gregory Fulkerson），特拉华州教育部

贾尼丝·格利克森（Janice Gullickson），安克雷奇学区

安妮·玛丽·冈特（Anne Marie Gunter），北卡罗来纳公共教学部

谢丽·哈金斯（Sherri Harkins），马里兰州威科米科县公立学校

罗宾·哈维（Robin Harvey），纽约大学

莉萨·亨德里克森（Lisa Hendrickson），威斯康星州门罗学校

布兰登·洛克（Brandon Locke），安克雷奇学区

简·米斯里奇（Jane Misslich），密尔沃基公立学校（已退休）

丽塔·奥莱科萨克（Rita Oleksak），康涅狄格州格拉斯顿伯里公立学校

谢丽·昆兰（Cheri Quinlan），新泽西州教育部

劳伦·罗森（Lauren Rosen），威斯康星大学麦迪逊分校

铃木绫野（Ayano Suzuki），田纳西州孟菲斯谢尔比县学校

谭大立（Dali Tan），北弗吉尼亚社区学院

托马斯·索尔（Thomas Sauer），肯塔基州菲也特县公立学校

劳拉·特里尔（Laura Terrill），印第安纳州印第安纳波利斯

迈克尔·瓦彻（Michael Vatcher），田纳西州孟菲斯谢尔比县学校

德布拉·芬奇-米诺格（Debra Vinci-Minogue），伊利诺伊州多明尼克大学

阿艾娜·怀特（Arlene White），马里兰州索尔兹伯里大学

迈克·山川（Mike Yamakawa），加利福尼亚州卡尔弗市统一学区

感谢以下各位协助我们制作视觉材料,并给予其他反馈:

阿莉萨·维拉里尔(Alyssa Villarreal),田纳西州孟菲斯谢尔比县学校

托马斯·索尔(Thomas Sauer),肯塔基州菲也特县公立学校

感谢以下各位提供教学材料范例和学生作业范例:

杰茜卡·布拉德利(Jessica Bradley),威斯康星州格林菲尔德公立学校

琳恩·富尔顿–阿彻(Lynn Fulton-Archer),特拉华州教育部

克里斯蒂·莱布弗莱德(Christy Leibfried),伊利诺伊州布拉夫湖校区

麦迪逊·帕克·斯塔法(Madison Parker Staffa),原田纳西州孟菲斯城市学校

尼克·斯塔法(Nick Staffa),原田纳西州孟菲斯城市学校

感谢以下各位评论家为第 5 版提出的建议和评论:

安妮·卡明斯·赫拉斯(Anne Cummings Hlas),威斯康星大学奥克莱尔分校

特雷莎·卢卡斯(Teresa Lucas),佛罗里达国际大学

弗兰·穆泽(Fran Meuser),奥克兰大学

乔·特伦蒂诺(Joe Terantino),肯尼索州立大学

埃尔维斯·瓦格纳(Elvis Wagner),天普大学

    本书的撰写遵循共享精神,而共享精神也正是教师职业的显著特点。书中呈现的很多教学理念都是从课堂和研讨会中分享而来,而且我们也将继续在日常生活中向我们的同行学习。

    最后,我们要特别庆祝一下语言教师网络的建立,他们的奉献精神、职业精神和共享精神为各年龄段的语言学习者提供了宝贵的财富。

内容介绍

《语言与学习者：国际语言课堂教学指南》介绍了许多教学方法，使得学习者在跟随经验丰富的教师一起学习的过程中能不断丰富自己的内心。许多把钥匙，有新的，也有旧的，都能为学习者开启第二语言的神奇大门。

我们在这本书里为大家提供了很多把我们找到的钥匙，我们想象第二语言能为在校学生带去的巨大潜力。这些钥匙曾被一些教师使用过，并为准备从事语言教育的教师、管理者、家长及其他参与教学设计、使语言教育事业不断焕发活力的人士提供全面的帮助。

有些钥匙来自20世纪60年代的经验，那时候的小学语言课程非常流行，而且数量非常多。许多严重的错误就是在那时的语言学习热潮中出现的，比如计划不充分、教师准备不充分，以及目标不现实。通过认识和分析这些错误，我们可以避免犯同样的错误。20世纪60年代也为我们留下了一些成功的经验，我们可以从中总结出一些指导未来教学的范例。

第二语言习得和其他相关领域的研究为我们提供了开启第二语言神奇大门的钥匙。尽管并不是所有方法都能够直接转化为课堂实践，但是研究中得到的启示能够帮助我们更加有效、连贯地评估课程、教材和教学方法。也许，早期语言学习的关键是在语言教学过程中，教学重心从语法到沟通的转换。研究结果和成功的语言教师的经验都强调将沟通作为课程和课堂实践的主导思想。

外语标准已经为语言教育设定了新的K–16构想，并配以具有挑战性的目标和课程内容标准。《ACTFL语言学习者语言运用能力描述》（*ACTFL Performance Descriptors for Language Learners*）（ACTFL，2012）将这些标准转化为学生的语言运用能力，以此指引课程发展和学生评估。这些重要文件在整个语言教学界都是共享的，并且有助于我们相互之间有效地沟通，有助于我们与学生、家长及社区之间有效地沟通。

沟通是本书的基本要素和基本原则，它将大纲、方法和材料统一起来。沟通历来是语言教学界的既定目标，但是传统上我们却将其置于语法之后。有经验的教师和新手教师同样面临挑战，要将过去的教学方法调整为基于标准、强调沟通的教学方法，设计出新的、有助于理解和沟通的策略。本书推介的指导方针和范例，能帮助教师构建基于标准的、以沟通为首要任务的语言课堂。

本书内容介绍中的"语言学习的主要理念"部分和第3章表3.1《面向世界的语言学习标准》部分对本书的理论基础进行了归纳总结。"语言学习的主要理念"部分由多位教师的教学经历构成，他们将研究者对语言和学习者的研究结果应用于课堂教学。这些钥匙，有些是新的，也有很多是我们已经熟知的。神奇的语言世界的大门正在等着我们用这些钥匙去开启。

尽管本书侧重于pre-K–8阶段，但是其中涉及的理论几乎适用于任何年龄阶段的语言学习。同时，尽管本书是以美国的语言课程为主，但是下一小节中琼康信（Joan Kang Shin）对全球语言（以英语为主）学习的现状进行了描述。我们处在一个全球范围的大环境之内，有着相似的期许和担忧。

年幼学习者的英语教学 [1]

——小学阶段英语作为外语教学的全球现象

英语已经成为世界通用语。在科学、技术、商业、贸易、旅游和外交领域，英语都是国际通用语言。实际上，本世纪将英语作为第二语言或外语使用的人要比以英语为母语的人更多。大卫·克里斯特尔（Crystal, 2012）估计以英语为母语的人有大约4亿，而以英语作为第二语言或外语的人有10亿之多。格拉多尔（Graddol, 2006）预测在未来10到15年里，学习英语的人数将达到20亿。英语被视为21世纪的基本技能，用于实现不同文化之间的沟通。因此，学校课程体系中对英语作为外语（English as a Foreign Language，简称EFL）的重视已经影响了各国的教育政策。各国教育部要求小学阶段开始开设英语课，希望孩子们将来能够熟练、准确地使用英语。这种现象引发了一个新的研究领域——年幼学习者的英语教学（Teaching English to Young Learners，简称TEYL），是指对象为小学阶段儿童的英语作为外语的教学。正如埃尼弗、穆恩和拉曼（Enever, Moon & Raman, 2009：3）所指出的那样，在过去的三四十年里，为了

---

[1] 该部分内容由琼康信（Joan Kang Shin）撰写。

应对快速的全球化所带来的影响，各国的年幼学习者的英语教学课程都处在不断扩展的阶段。由于英语在世界舞台的特殊地位，英语教学可能被认为与其他外语教学有所不同。

尽管激励年幼的学习者参与英语学习的方法与其他外语教学方法相近，年幼学习者的英语教学中尤其要考虑的是英语作为外语教学的课堂中的文化因素。英语作为世界语言来使用，意味着年幼的学习者在成长的过程中将使用英语与世界各地的人们互动。其他语言，如汉语或法语，也会在一些国家使用，甚至有些地区会使用同一种语言，如西班牙语在美洲中南部的使用，或阿拉伯语在中东和北非的使用。但是，英语却已经成为世界上不同国籍或文化背景的人在不同国家都会使用的语言。例如，来自韩国、巴西、比利时和土耳其的游客在泰国旅游，他们可能会参加一个英语讲解的寺庙之旅；在他们逛夜市的时候，泰国商贩很可能用英语叫卖，并用英语与游客议价。类似的情境还有国际会议和商务会谈。教师应该在英语作为外语教学的课堂上介绍多种文化材料。学生将不仅使用英语与美国人或英国人交流，他们还将使用英语与世界上其他国家的人交流。麦凯（McKay, 2002）指出了教师可以使用的三类文化材料：（1）来自英语使用国（如美国、英国、澳大利亚）的目的语文化；（2）来自学生母语文化的本族文化；（3）来自其他非英语国家的目的语文化。年幼学习者应尽可能多地接触各种文化，这将有助于他们在世界各地使用英语时保持开阔的视野。最重要的是，学生应该学习如何使用英语表达本国文化，这是有效的跨文化交流的开始。

语言学习的主要理念 [1]

1. 学习者是主动的意义构建者和语言使用者，不是词汇和信息的被动接收者。
2. 学习者参与目的语体验时，尽可能少地使用母语和翻译。
3. 学习是在沟通语境中发生的，对学生具有重大意义。
   - 单元和单课要有主题。
   - 学生在语境中，通过使用学习语法，而不是通过分析学习语法。
4. 学习者通过目的语文化材料和实践的经验内化文化。
5. 学习者通过关注其他学科领域的课程获得学习技能和方法。
6. 学习者所体验的教学活动应具备以下特征：

---

[1] 这些理念与语言学习中教师效能中的七大范畴一起使用。

- 在本质上是有趣的，在认知上是有吸引力的，并且在文化上是有关联的。
- 考虑到认知、社会和心理运动各个发展阶段的显著特征。
- 要求学生参与适合他们认知发展阶段的各层次思考过程（记忆、理解、应用、分析、评估和创造）。
- 经常为学生提供机会在各种沟通模式下使用语言。
- 满足不同的需求和兴趣。
- 包含具体的体验，如图片、小道具、实物教具和亲身经历。
- 包含频繁的、适合年龄的身体活动。

7. 学习者甚至在语言发展初级阶段就使用读和写作为沟通工具，但是读写并不是课程的重点。[1]
8. 教师在设计学习环境时要和设计其他教学环节一样的认真。
9. 教师和学生经常地、系统地评估语言学习，从而收集学习进展和语言发展的信息。
10. 课程设定目标，目标的设定决定着课程模式的选择，也是课程成功的品质特征。

---

[1] 指非沉浸式课程。

目 录

第一部分　理论基础

第1章　学习者：为语言奠定基础　　3
　　1.1　第二语言习得　　4
　　1.2　社会文化理论与第二语言学习：语言调节功能　　7
　　1.3　课堂第二语言习得的必要条件　　8
　　1.4　学习者的认知和发展特征　　12

第二部分　设计

第2章　课程、单元和单课设计　　35
　　2.1　设定全面的语言能力目标　　35
　　2.2　课程发展设计过程——从国家标准到单课和活动设计　　37
　　2.3　设计能够引导学生达成能力水平目标的教学方法：运用主题设计和评价设置单元教学　　43
　　2.4　设计能够引导学生达成能力水平目标的教学方法：单课设计　　60

第三部分　学习体验

第3章　语言学习基础　　79
　　3.1　聚焦《面向世界的语言学习标准》　　79
　　3.2　聚焦语言能力　　85
　　3.3　聚焦沟通模式　　87
　　3.4　语言教与学的基础概念　　91
　　3.5　语言教与学的主要策略　　98

第4章　语言能力培养策略　　113
　　4.1　语言能力基础：词汇扩展　　113

　　4.2　语言能力基础：功能语块 　　　　　　　　　　　　　115
　　4.3　功能语块的展示与教学 　　　　　　　　　　　　　121
　　4.4　语言课堂的学习中心 　　　　　　　　　　　　　　139

第 5 章　通过互动任务建立语言能力　　　　　　　　　　　143
　　5.1　合作学习和互动语言任务 　　　　　　　　　　　　　143
　　5.2　小组和同伴活动中的课堂管理 　　　　　　　　　　　146
　　5.3　小组和同伴活动细则 　　　　　　　　　　　　　　　150
　　5.4　同伴和小组活动类型 　　　　　　　　　　　　　　　153
　　5.5　同伴和小组活动范例 　　　　　　　　　　　　　　　154

第 6 章　读写能力培养　　　　　　　　　　　　　　　　　173
　　6.1　用另外一种语言阅读和写作 　　　　　　　　　　　　173
　　6.2　使用故事和儿童文学作品 　　　　　　　　　　　　　186
　　6.3　培养读写能力：聚焦写作 　　　　　　　　　　　　　199
　　6.4　《各州共同核心标准》及其与语言学习的联系 　　　　212

第 7 章　贯连语言与文化　　　　　　　　　　　　　　　　219
　　7.1　课堂上的文化体验 　　　　　　　　　　　　　　　　219
　　7.2　识别可将文化融入教学中的资源 　　　　　　　　　　225
　　7.3　幻想体验 / 幻想旅行 / 虚拟旅行 　　　　　　　　　　229
　　7.4　全球意识与多元文化意识教育 　　　　　　　　　　　234
　　7.5　附加活动 　　　　　　　　　　　　　　　　　　　　237

第 8 章　语言与其他学科内容贯连　　　　　　　　　　　　241
　　8.1　建立语言与其他学科内容之间的贯连 　　　　　　　　241
　　8.2　语境融入式和语境缺乏式语言任务 　　　　　　　　　250
　　8.3　一般学习技能的应用 　　　　　　　　　　　　　　　252
　　8.4　设计贯连其他学科内容教学时需要考虑的因素 　　　　259

第四部分　表现和反馈

第 9 章　利用评估帮助学习者成长、促进课程发展　　　　　267
　　9.1　交际性评估：过程概述 　　　　　　　　　　　　　　269
　　9.2　设定学习目标：我期望学习者学会并能做些什么 　　　271
　　9.3　确定适当的学习依据：我如何知道学习者是否
　　　　达到了学习目标 　　　　　　　　　　　　　　　　　272
　　9.4　建立标准：我如何了解学习者达到学习目标的程度　　285

9.5　汇报成果：我如何汇报学习者的学习成果　　　298
9.6　课程评估　　　304

第五部分　环境

第 10 章　管理学习环境　　　313
10.1　教师可控范围外的因素　　　313
10.2　教师可控范围内的因素：课堂管理基本要素　　　315
10.3　影响巡回教师的特殊因素——教具车　　　327

第六部分　学习工具

第 11 章　用有效的教学材料让语言鲜活起来　　　335
11.1　有用的教具、教学材料及设备　　　335
11.2　创建数字化学习环境的工具　　　347
11.3　教师自制的教学材料　　　349
11.4　明智地选择和使用教学材料　　　354

第 12 章　用游戏和活动让语言鲜活起来　　　361
12.1　游戏和活动的指导方针　　　365
12.2　课堂游戏和活动　　　367
12.3　其他课堂教学策略　　　388
12.4　课程中的歌曲和歌谣　　　395

第 13 章　满足数字学习者的要求　　　403
13.1　数字学习者　　　404
13.2　教学重于技术　　　405
13.3　利用数字技术教学　　　407
13.4　项目和活动范例　　　412
13.5　最后的思考　　　419

第七部分　专业性和合作性

第 14 章　教师的职业发展　　　425
14.1　语言学习中的教师效能项目　　　425
14.2　教师的准备　　　427
14.3　语言教师作为一种发展中的职业　　　430

第八部分　课程

第 15 章　规划并实施有效的课程　439
- 15.1　背景　440
- 15.2　理念　442
- 15.3　目标　443
- 15.4　课程模式　445
- 15.5　语言课的频率和时长：任务时间　453
- 15.6　教师工作量　456
- 15.7　在已经安排密集的学校课程中为语言课程寻找时间　457
- 15.8　K–12 外语课程的衔接　458
- 15.9　课程　461
- 15.10　教学资源　462
- 15.11　语言的选择　463
- 15.12　谁应该学习语言　464
- 15.13　课程评价　465
- 15.14　师资力量（教师和教师聘用）　469
- 15.15　可用的师资　469
- 15.16　经费预算　471
- 15.17　空间配置　473
- 15.18　现有工作人员支持　474
- 15.19　建立公共关系　475
- 15.20　分享经验和想法——建立专业关系网　476
- 15.21　学生评价和评分　476

第 16 章　沉浸式教学为主的课程　479
- 16.1　美国沉浸式语言教育的发展趋势　479
- 16.2　沉浸式教学：是什么？如何实施？　483
- 16.3　语言与学科内容结合　492
- 16.4　从教师、学区及州视角看沉浸式课程　494

第 17 章　基本理论和推广　507
- 17.1　何处可以找到外语教学的基本理论　508
- 17.2　早期语言学习的推广　517

参考文献　523

第一部分
理论基础

第1章　学习者：为语言奠定基础[1]

要想有效教授各年龄阶段的语言学习者，我需要哪些背景知识？

■ **第二语言习得**
- 我能够识别并解释二语习得理论和研究中的主要概念。

■ **社会文化理论与第二语言学习：语言调节功能**
- 我能够识别并解释调节工具及其在语言发展中的作用。

■ **课堂第二语言习得的必要条件**
- 我能够识别并解释开展课堂第二语言习得的必要条件。

■ **学习者的认知和发展特征**
- 我能够识别语言学习中主要的认知发展阶段，并解释如何将其应用到第二语言教学中。

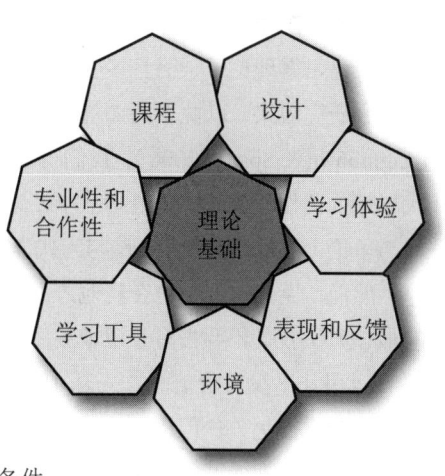

我们有充分的理由认为，儿童有着与生俱来的语言学习能力。几乎毫无例外，他们都能够轻松掌握母语。六岁左右，他们已经能够自如地运用母语，让非母语者羡慕不已。如果父母让他们沉浸在二语环境（如使用外语教学的小学）中，往往会出现奇迹。大约六个月后，孩子会完全适应新的环境，对第二语言的掌握更是超出父母的预期。即使是父母用同样的时间认真地学习这门语言，也不能达到这样的效果。

这些证明儿童具有与生俱来的语言学习能力的例子表明，帮助孩子学习一门语言的最佳方法是使他置身于目的语环境当中，然后静待奇迹发生。但是，并不是每一个孩子都有这样的语言习得条件。语言学习理论和心理学理论能够解释儿童看似毫不费力的二语习得过程，并且为如何使课堂成为更适合语言学习的场所提供支撑。掌握这一理论，了解学习者的差异，知晓儿童发展理论以及儿童不同发展阶段的特点，能够帮助教师制订出有效的课程计划和活动安排，让儿童有效地学习语言。

---

[1] 本章部分内容由理查德·多纳托（Richard Donato）撰写。

1.1 第二语言习得

第二语言习得理论能够解释为什么在当地学校的二语环境中，孩子往往比父母更快、更轻松地掌握新的语言。孩子们身处语言环境当中，通过语境和教师的讲授来理解语言的含义，教师会给他们时间来梳理听到并理解了的语言，待到他们有表达意愿时，就会使用这些已经理解的语言去表达他们的想法。而他们的父母则往往先忙于学习词汇和语法规则，在有机会表达的时候，才会在表达中运用这些已经掌握的规则。

二语习得理论复杂而且多变。在之后的章节中，我们将介绍二语习得理论与实践中的重要概念和研究成果，以此了解如何改进语言教学实践，并使其与我们对语言习得过程的认知一致（Lightbown & Spada, 2006）。我们将首先回顾史蒂芬·克拉申（Stephen Krashen）20 世纪 80 年代早期的著作。克拉申是最早从事二语习得研究的研究者之一。尽管他的语言习得理论面临争议与争论，但是他引入了一些与当代语言教学相关的基本概念，做出了重大贡献。

然而，克拉申理论也在其他方面受到质疑。例如，根据克拉申的理论，获得新的语言能力的最佳方法就是不要去有意识地关注语言的运作原理。也就是说，正式的语言教学对于自发的语言运用几乎没有价值。这一基于儿童第一语言习得经历的理论曾经得到广泛支持，并被认为是成功掌握另外一门语言的关键。正如我们刚刚讨论过的，尽管克拉申的一些理论至今仍具有重大意义，他的某些理论也受到了质疑。随着我们更加深入地理解如何学习和培养非母语的语言能力，我们将克拉申的一些理论延伸扩展。根据他的学习–习得假设（learning-acquisition hypothesis），在获取语言的过程中，我们会使用两套独立的系统——习得系统和学习系统。习得系统是无意识的，类似于儿童获取第一语言的过程。相对的，学习系统是有意识的，常常发生于外语课堂，更加注重语法规则、词汇和对语言的分析。在克拉申的理论中，很多关于有意识和无意识语言习得的讨论招致审视甚至受到质疑，因为近代理论主张有意识地控制人的认知发展（包括语言发展）过程中的思维活动。近代关于正规语言教学的研究表明，让学生意识到语言形式和意义之间的关系是很有益处的。同时，研究还发现当学习者有机会反思并针对语言作为语义输出工具的形式特点进行讨论时，或者当他们被要求重新组织语言形式或修正语言表达并形成新的话语时，语言会得到发展（见"可理解性语言输出"章节）。因此，有意识的学习对于学习者至关重要。有意识的学习和无意识的学习互为补充，效果最佳。

对于学习–习得二分法的第二种反驳源于我们对语言教学过程的隐喻。习得隐喻认为学习者作为信息处理者吸收信息并对这些信息进行分析，就如同计算机自动分析、处理电子表格中的数字或文档中的文字一样。与之相对的是安娜·斯法德（Sfard, 1998）提出的参与隐喻。基于这种理论，语言学习不再是个人成功地依据输入内容实现信息处理，而是投入地参与社会活动。学习者参与教学活动机会的多少以及学习者和学习小组成员进行何种互动，直接影响着语言学习的质量。根据习得隐喻，语言学习失败通常被认为是学习者自身的缺失（如缺乏学习动机、欠缺分析技巧、智商偏低等）。而参与隐喻认为语言学习失败源于学习者缺少学习方法，没有足够的教学互动，忽略了接受指导和帮助，或者被学习小组成员边缘化。习得隐喻和参与隐喻都是多角度分析语言学习的重要理论。当我们选择了其中一种隐喻，我们得出的关于学习者、教学、智力等方面的结论都是以这种隐喻作为出发点的。

1.1.1 可理解性语言输入（comprehensible input）：将语言作为教学工具和教学内容

克拉申理论中的可理解性语言输入一直是外语教学中至关重要的概念，它也被称作"输入假设"（input hypothesis）。可理解性语言输入是指学习者能够完全理解的语言的数量或水平，加上稍微超出学习者能力范围但是可以通过语境或通过将新的语言知识嵌入以前学过的语言中而使学习者能够理解的新的语言输入。克拉申将这种学习者在已经学习过的语言结构基础上理解新的语言结构的过程称之为 i+1 模式，即学习者现有的理解水平（i）加上（+）稍微超出学习者已知范围的语言知识（1）。根据克拉申的输入假设，学习者在 i+1 模式中所接触到的可理解性语言输入的数量是决定其掌握语言量的最为重要的因素。克拉申认为，理解即可产生语言处理；当学习者对其所听到的语言做出反应、分析、储存并进行使用时，语言处理过程随之产生（参考前文将学习者语言处理过程比作计算机处理过程的比喻）。与当前的第二语言习得理论相反的是，克拉申认为，可理解性语言输入是语言习得得以实现所需要的全部条件，他称之为"语言习得的充分必要条件"。

输入假设可以充分地解释为什么要在所有的课堂目标（课堂管理、课堂指引、课堂任务、课堂活动等）中最大限度地使用目的语。尽管存在对这种理论的批评，但是可理解性语言输入理论有助于我们理解使用目的语而不是讲解目的语的重要性，后者是典型的以语法为基础的语言学习方法。如果我们希望看到学习者能够自如地运用语言，而不是仅仅局限于机械的语言操练和语法规则的死记硬背，那么学习者就需要看到和听到鲜活的目的语。

但是，仅决定使用目的语是远远不够的。虽然语篇中并不是每一个词都耳熟能详，但是在运用语言时，必须保证语篇生动有趣、值得一听并且是学习者可以理解的。要想使语言具备可理解性，可以通过以下几个途径：创建有助于语言理解的语境（利用手势、例子、图解和亲身体验）；使用符合学习者能力又不会使学习者"困惑"的语言（加以修饰或简化的语言输入，见下文）；同时，鼓励学习者参与到与教师的互动中，并在教师的帮助下理解互动中的语言输入，例如教师会要求学习者提供解释说明，为学习者提供必要的词汇，或重述学生所要表达的含义。如果教师发现自己在使用目的语时学生无法理解，这就有可能是教师使用的目的语远远超过了学习者目前的能力水平——也就是说 i+10 或者也可能是 i+50。如果学习者面对的是远远超过自己现有水平的语言，他们就会认为自己不是优秀的语言学习者或者该语言学习难度太大且无法掌握。

为了避免无意中给学习者造成挫败感，或者使他们认为自己不适合学习语言，教师在准备自己教学中使用的目的语时，需要重点考虑如何制订具体方法，使教学中使用的目的语易于理解。例如：选择视觉材料来帮助学习者理解；创建有趣的情境便于学习者观察新语言在实际中的运用；记下将要说出的目的语，并且充分了解将要使用（和要避免使用）的目的语；备课时要准备一些互动活动，帮助学习者使用其正在学习的语言内容。同时，还要准备各种可以帮助学习者使用新的语言输入的支撑材料。

1.1.2 在教学中使用目的语

在为鼓励第二语言习得而设计的课堂中，重点应该是交流。教师为学习者提供目的语语言环境，学习者利用他们能够理解的语言及他们理解力可及的语言交流有趣的信息。教师使用适合学习者水平的语言，语言材料以自然但不重复的方式不断复现、强化。这种情况下使用的语言不同于在课堂外与同伴或同事间使用的语言。为语言学习者提供可理解性语言输入时，可以运用策略使语言信息变得易于理解，这种策略有不同的称呼："妈妈语"（motherese）、"保姆语"（caretaker speech）或"外国人易懂语"（foreigner talk）。这些称呼表明我们对学习者使用的语言类似于孩子们在习得母语时听到的语言，也类似于我们在与非母语者交谈时为减少交流障碍、实现相互理解而使用的语言。第一、第二语言习得研究文献中具体描述了这类自然发生的话语具有以下特征：

1. 语速略微放慢（但是对该说话人而言是正常语速，只是处在正常语速量表中较慢的一端）。
2. 发音更加清晰（并不是刻意变化的发音，但实际上也改变了语言的发音）。例如：大多数美国人在说英语单词 letter 一词中的"tt"时听起来都像"dd"。当要求他们清楚发音时，他们就会发成"tt"，这样就会因为要刻意准确发音而改变语言的本来面貌。这种改变从长远来看对学习者并无益处。
3. 更短、更简单的句子。例如：带有独立或非独立小句的复合句可能会被拆成几个独立的句子。
4. 更多的释义和重复。这里往往会使用释义的方法来解释语言输入中学习者可能不懂的单词。（比如：那个男人秃顶，他没有头发。）
5. 更频繁地检验学习者是否听得懂。这会确保学习者真正听懂。
6. 运用手势和视觉强化手段。
7. 更多地使用明确的指示物词语。例如：说话人对学习者说话时会不断重复使用名词，而不是在接下来的语句中使用代词。
8. 互动的支撑材料。教师让学习者置身于语言氛围中，使他们成为对话中真正的参与者。在语言习得的早期，教师实际上会为对话双方提供交谈中的语言内容；再后来教师会将学习者提供的仅有一两个单词的反馈润色成自然对话形式的完整话语，同时打造扩展话语并提供有意义的听力体验。接下来学习者就能够越来越多地承担对话中参与者的角色。

1.1.3　可理解性语言输出（comprehensible output）

克拉申曾重点强调可理解性语言输入作为语言学习中唯一教学特色的重要性，梅里尔·斯温（Swain，1985）对此提出过质疑。她认为除了语言输入，学习者也需要不断地进行可理解性语言输出。她还认为，"说"在语言学习过程中起到了重要的作用，这不仅仅是简单地"练习语言"。当学习者被迫运用新的语言输入来表达自己的时候，他们会先假设自己要说什么，积极参与表词达意，注意到自己能够表达和想要表达的语言之间的差距，外化并反思自己使用的语言，这往往就能促使他们修复自己说过的话，或者注意到学习者的语言输出与更娴熟的语言学习者的语言输出之间的差异（Swain & Lapkin，1995）。斯温（Swain）指出这些过程对语言学习同样重要，尽管语言输入非常必要，但还是远远不够，需要在有目的、有意义的语境中不断地进行语言输出加以补充。

1.2　社会文化理论与第二语言学习：语言调节功能

从20世纪80年代末开始，以维果茨基（Vygotsky）及其同事的著作为基础的社会文化理论在外语和第二语言学习领域赢得了越来越多的关注。这一理论与早期输入、输出理论（即把语言学习比作计算机信息输入与输出的过程，而把个体学习者作为信息的处理者）大为不同。社会文化理论的一项主要原则是语言的学习与发展是高级别的智力功能，不能降级为大脑内置的习得模式。所有高级的智力功能（如使用语言作为文化意义建构的工具）都是外在调节在社会环境中作用的结果。调节（mediation），正如其字面含义一样，是指学习者在提高表达效果及观念形成过程中需要的帮助和支持。当教师在一项写作任务中给出词汇表，他提供了一个重要词语，因此在学生造句的过程中起到了帮助作用。通过提出引导性问题使学生深入思考一个话题，教师在学生的语言学习与发展过程中起到了调节作用。这种调节可以是有形的，如课本、计算机程序、图表数字、各种类型的任务，也可以是象征性的，如语言——调节活动中最重要的文化工具以及教室里最常见的调节形式。在教室里，教师运用语言本身来解释概念、帮助学生使用第二语言，并以符合学生心智发展阶段的方式与学生互动，从而实现了对语言学习的调节。因此，语言作为调节工具不仅是学习者大脑中需要处理的输入内容，更是要允许学生完成超出他们独立完成能力的任务，并在此过程中形成他们对所参与任务的概念性理解，以此与学生建立协助学习关系。社会文化理论认为语言调节的质量对语言学习的质量至关重要。要了解学生的语言学习和发展需要密切关注他们在学习过程中接受的语言调节。

可理解性输入可以被视为一种语言调节工具。但是我们不能简单地把可理解性输入等同于语言调节。可理解性输入仅是指引学习者进行个体认知处理的语言内容，它对于帮助建立使用目的语的课堂具有重要作用。而语言调节是指对包括语言在内能够辅助语言学习、促进学习者语言发展以及开发学习者潜能的多种工具的运用。教师提出有趣且重要的问题，给予学生更多信息提示，或者在互动中提供语言帮助，都是语言调节的运用，这完全不同于仅将可理解的语言呈现给被动地、表面化地吸收和学习所听到语言的学习者。

有效的语言调节发生在学习者的最近发展区（zone of proximal development，简称 ZPD）。维果茨基（Vygotsky）的最近发展区理论强调每位学习者的语言发展都有两个层次——学习者依靠自身努力能够达到的水平（即学习者实际水平）和学习者借助外界帮助所能达到的水平（即学习者潜在发展水平）。学习者依靠自身努力能够达到的水平与借助外界帮助所能达到的水平差即是学习者的最近发展区。这种观点迥异于标准的发展心理学，后者认为个体只有一种清晰可辨的发展水平。我们可以通过以下例子解释这一理论：语言学习者分别在有语言调节和没有语言调节的情况下用外语完成一篇作文。在这两种情况下，同一学习者会完成两篇质量完全不同的作文。在没有任何帮助的情况下，学习者的作文很可能缺乏精确的词汇运用、重要的解释说明，或者文章没有足够的关联。在语言调节的作用下，同一学习者可能会有所改进，写出更好的作文。这意味着仅依据学习者能够独立完成任务的情况来界定他们的语言能力是不公平的，也无法对他们的语言能力做出有效评定。更好的评定办法是了解学习者如何使用调节工具及各种辅助措施提高语言运用能力，例如是否使用语言调节工具，以及在语言调节过程中学习者是如何成长发展的。鉴于观察到的获得帮助和未获得帮助的学习者之间表现上的质的差异，我们发现现阶段高风险测试（high stakes testing）领域的学术氛围倾向于仅测试学生的独立完成能力而非经过帮助（语言调节）之后所能达到的能力。因此，有效语言调节的目的之一是确保我们提供给学生的语言帮助是有用且在他们各自的最近发展区范围之内的。如果语言调节超出了学习者的接受范围，则无法用于促进学习和发展。如果语言调节对于学习者来说是多余的（例如：过多的帮助），那么它也不会促进语言学习的进展。因此，在学生的最近发展区范围之内，意味着要分析学生能够掌握的理解范围，以及需要运用何种调节工具使其超越现有的理解范围。当然，同一班级里每个学生的最近发展区有所差异，教师提供的语言帮助也应不同。

1.3 课堂第二语言习得的必要条件

鉴于已经讨论过的内容，我们是否可以详细列出能够影响语言学习效果的课堂条件？我们在此就一些普遍的主题展开讨论。

1.3.1 影响语言学习效果的课堂条件

- **学习者需要去读或者去听实际使用中的语言，并且要理解其含义，这样才能够使他们保持听一门外语的兴趣和动机。** 我们在与学习者交流的过程中要注意调整我们使用的语言以适应他们的语言能力；我们使用的语言不能超过他们的语言能力范围，同时也不能低估他们应对新的语言形式、含义及功能的能力。我们也要知道学生能够理解的语言比他们能够说出来或是通过正式的学习所获得的语言要多。因此直到完整地分析语法结构后才开始运用一种语言是不利于语言习得的，甚至可能会使学生认为在他们能够理解或试图理解语言之前必须要正式学习该语言内容。

- **把新的语言内容嵌入有意义的语境中，并且在讲授过程中使用学生已知的语言是帮助学习者理解和学习第二语言的方法。** 换言之，语法教学并不能确保学习者能够理解语言，有些时候语言内容的理解也不需要语法教学。否则，直到八岁进入学校开始正式的母语学习之前，没有孩子能够学会他们的第一语言。

- **学生也需要有机会使用第二语言进行互动。** 互动需要各种方式的支持和鼓励。教师要使用各种方法帮助学生延展话语，例如：给予提示、提供所需要的词条、要求做出解释、检验理解程度以及确认学生理解他们自己所说的话的含义，即语言学习文献中提到的意义协商（negotiation of meaning）。这种语言调节显然要超越简单的教师提供给学生的可理解性语言输入。此外，帮助学习者使用目的语进行互动不能被理解为仅是针对语言知识的评价，它更加是对目的语能力发展的促进。教师提出的问题应该是能够帮助学生思考、辅助概念发展、促进健康学习模式的工具，而不仅仅是知识评价。这就需要有一位经验丰富的教师来区分评价学生语言水平的问题（例如：你在这幅图片中看到哪些颜色？今天天气如何？你能够从1数到10吗？）和帮助学生思考推理的问题（例如：你能提供更多的信息告诉我为什么这个故事里的人物是个好人吗？她做了什么事情使你这样认为？如果我们把句子中的这个单词换一下将会怎样？句子的含义会有何变化？你认为一个橙子会沉入水中还是会漂浮在水上？为什么？）

- **最后，教室应该是一个有着丰富语言调节的环境。** 在这个环境里学生会得到各种有助于其语言学习和发展的帮助。教师需要通过了解学生目前所处的学习阶段以及接下来的学习目标来引导他们未来的语言学习，而不是单纯地关注学生过去的学习表现。语言调节应该是多种多样的，并且依照其有效程度进行评价，因为所有的调节都是以学生的学习成果为结论的。世界上用于完成各种任务的工具（如烹饪工具、建筑工具或电脑应用软件）对于完成任务而言，有效程度有所不同。同样地，包括我们在教学中使用的语言在内的语言调节工具的有效程度也不尽相同。在某些情况下我们使用的语言调节工具效果显著，能够帮助学生更好地理解。另外一些情况下，我们的调节工具只能让学生完成任务或顺应任务要求，而学生是如何理解任务本质的、在完成任务过程中是如何运用概念的，以及学生将其在一个任务中学习到的知识运用到其他任务中的潜能却往往被忽略。

1.3.2　第二语言习得中的教学因素和学习者因素

影响语言课堂的因素有很多。学生接触到的语言输入有着不同特性，学生个体的因素也各不相同。图 1.1 展示了第二语言习得中的教学因素和学习者因素。

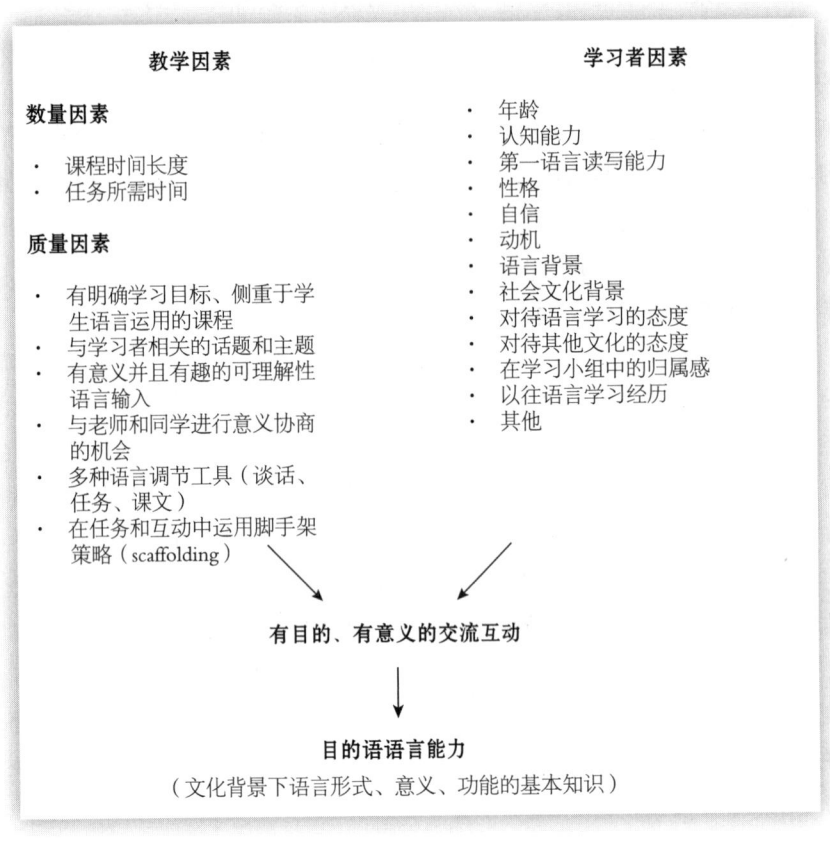

图 1.1　第二语言习得中的教学因素和学习者因素

教学数量因素

学生学习这门语言有多长时间？学生已经接触到的语言数量对于他们目前乃至将来的语言习得水平有着至关重要的作用。语言学习需要时间，因此时间对于语言能力的发展起到重要的辅助作用。

一门为年幼学习者设计的课程为取得最佳学习效果，每天的授课时间是至少 30~40 分钟，还是更短？麦特和罗兹（Met & Rhodes, 1990）认为语言教学的时间和强度是影响语言习得速度和数量的关键因素。美国外语教学学会（American Council on the Teaching of Foreign Languages，简称ACTFL[1]）年幼学习者特别工作组（Swender & Duncan, 1998: 482）将"每周3~5天，每天30~40分钟"确定为达到K-12水平所需的最短学习时间。

在学校工作日内分配给语言学习的时间里，有多少时间是实际用于语言教学的？由于学校活动或野外远足而取消课程的频率又是多少？有多少时间花在学生前往教室的路上、取出和放回教学材料或者管理课堂秩序上？所有这些都计算在教学分配时间内，因此一节课语言输入的真正衡量标准应该是实际完成任务的时间。

教学质量因素

除课堂时间外，我们还要考虑课堂时间内的教学质量。采用了什么样的教学方法？是否有强化教学？也就是说，在语言认知、发展和有目的、有意义的语言课堂活动过程中使用目的语的平均时间是否达到90%~100%的比例？

我们还必须考虑在某些特定语言任务中教师是如何辅助学生的？例如：在学生试图表达自我时，帮助他们把一个任务分为能够理解的几个步骤；在学生遇到问题时，帮助他们控制不良情绪，或者降低整体任务的复杂性。很多教师是天然的"帮手"，在他们为学生准备的任务中以及在学生完成这些任务的过程中，他们常常帮助学生更好地完成任务。除了辅助之外，我们还必须考虑所提供的语言调节的数量和质量。语言调节是一个广义的概念，指在学习环境中给予的特定形式的帮助，它注重学习者概念的发展，而非任务的进展和完成。概念的发展源自有效的语言调节，但是在辅助完成语言任务的情境（如信息差任务）中却未必能够形成。尽管学习者在辅助下能够成功地完成任务，但却有可能缺乏对潜在的互动、语言或策略因素的概念性理解。在这样的情境之下，信息差任务中所学到的知识可能就会搁置在那里，无法应用于其他情境中。相对的，在一堂基于内容的阅读课上，教师可能帮助学生理解文章的字面含义，然后通过提出引导性问题、提醒学生注意文本特征、注重理解或者让学生进行基于文本组织的讨论，并鼓励他们对文章内容做出不同深度的诠释来更加深入地洞悉阅读内容的概念。

学习者因素

图1.1中的另一部分是语言学习过程中学习者的特性，包括学习者自身的特点和学习者所处的社会环境。

首先，学习者处在什么样的年龄阶段？年龄对于学习另外一门语言至关重要。10岁以下的儿童更易于获得近似母语的语言能力。他们对其他文化也处于最大限度的开放状态。其次，学习者第一语言的读写能力如何？这些技能将影响学习者从书面形式的语言输入中获益的能力。

---

[1] 以下用简称ACTFL。——译者注

图 1.1 显示了教学因素和学习者因素之间的相互作用。如果课程欠缺对学习者个体因素的考虑，无法为学习者提供一个能够高度参与、不会被忽略或边缘化的学习环境，学习者即使具备最为有利的教学因素也不能获得成功。每位学习者都具有各自的认知能力，这与他们的类推能力和智力能力密切相关。每位学习者都有着自己独有的能力、智力和学习方法与策略。无论学习者的年龄多大，这些因素都会影响并促进其语言习得的体验。

学习者的哪些性格特点能帮助他从目的语输入中获益？该学习者是一个富有冒险精神或者性格外向的人吗？他是一个拘谨的、害怕在小组讨论中大声说出自己观点的人吗？还有哪些性格因素可能会帮助或阻碍语言学习？

学习者学习语言的动机有多强？学习动机强烈的学习者会主动寻找语言输入，并且从每一个体验新学语言的机会中受益。

学习者所处的社会环境如何？语言学习是否受到家人或同龄人的重视？学习者对语言学习、其他文化以及使用所学语言的人持什么态度？学习者是否有机会与来自其他文化背景的人交流？

一旦我们把语言输入和其他特性列入考虑范围之后，接下来要做的就是互动。

学习者必须有机会使用语言，并且以学习语言为目的，运用语言进行意义建构。有了足够的机会进行沟通互动，最终才能熟练掌握第二语言。

1.4 学习者的认知和发展特征

正如第二语言习得研究帮助我们更好地理解学生的语言发展一样，认知心理学帮助我们了解广义上的学习。大脑科学的相关知识能够帮助我们更好地接近学生，使课堂时间更为有效。学习者与教师之间、学习者之间的学习习惯和能力具有差异性，心理学家和教育家运用多元智能和多元学习模式帮助设计课堂教学。

1.4.1 大脑研究结论

在认知心理学领域，行为主义理论曾主导教育的理论和实践，而对大脑的研究改变了这一状况。对意义、元认知和过程的关注取代了机械学习、背诵和反复练习。行为心理学家认为学生是相对被动的通过强化技能训练来掌握语言的。相反，认知心理学家将学生视为学习环境下的主动个体，能够根据自己的目标、理解以及接受帮助类型掌控并形成自己的学习进度。在以行为主义为理论基础的课堂上，学生对外部刺激（如教师的提问）和强化（如赞扬或更正）做出反应。而在以认知心理学为理论基础的课堂上，学生的内在动机、兴趣和能力主导整个学习进程。对于语言教师来说，最为重要的一条认知心理学原则是：当信息对学生产生意义时，它就会被学生很好地掌握并记住。

肯尼迪（Kennedy，2006）指出了大脑研究对语言教师的几点启示，强调了多元感官与丰富的周边环境的重要性。她还指出：

- 我们依靠情感知晓哪些该学哪些该记。
- 大脑依据功能和意义存储信息。
- 注意力受情感驱使。
- 学习和记忆受注意力驱使。
- 重复是必要的，但是教学设计要新颖（涵盖语言学习中看、听、说、读、写五个过程，以及对各种方式、方法的应用）。

雷娜特·凯恩和杰弗里·凯恩（Caine & Caine，1997：104-108）在他们的大脑/思维学习原则（brain/mind learning principles）中指出对意义的探究是与生俱来的。有意义和无意义的信息被分开来存储，无意义或相对不相关的信息需要更多有意识的努力才能记住。有意义的信息则被存储于"空间/自传体"记忆区域，不需要反复背诵，并且能够作为一个整体经历被记住。在有意义且难忘的情境中，我们很轻易地就能够记住信息，甚至是第二语言中的一个单词。相反地，没有意义或不重要的信息很难被记住。

埃利斯（Ellis，2008：1-2）也强调了意义的重要性，他认为意义在他的二语习得10条指导原则中位列第二，"教学需要确保学习者的主要精力放在语义上"。他指出旨在创造意义的活动能够在本质上激励学习者，帮助他们提高沟通技巧、扩展有效使用语言所需的词汇和语法。另外，如上所述，有意义的互动能够促进记忆。

模式化

有关大脑和学习最为重要的一点是大脑对意义的搜索是模式化的。大脑在依据示意图和分类组织信息的同时，也在搜寻相应的模式。在语言课堂上，当学习者在我们提供给他们的体验中寻找意义时，我们必须要创造出复杂、有意义的体验，并提供足够的帮助以协助他们构建自己的理解模式。这有别于那些过度简化任务使学习者无法体验如何通过认知上的努力来完成任务的普通教学实践。任务除了要有意义和有目的之外，还要足够缜密且有活力，这样学习者才能够用他们的认知能力来解决问题，找出相应的模式和解决方法，并展开较为高级的思考。近期大脑研究领域的成果建议我们不要使用对认知参与需求极低的机械化的任务。

我们目前对大脑的研究表明，大脑抗拒那些强加给它的无意义的信息；孤立呈现的事实和技能需要更多的练习和训练才能存储下来。例如，如果我们想要让学生记住一组随机的字母（如 fzgihrctuwdh），学生可以完成这项任务，但是需要付出很大的努力，因为这组字母是以孤立的形式呈现的，而且毫无意义。另外，学生的表现也会大不相同。有些学生能够复述整组字母，也有些学生可能甚至连两个连续的字母都记不住。

如果我们想让学生记住 yet、paper、snow、drive、boat、when、through 这组单词中每个单词的首字母，这会比较容易，因为大脑能够把这些单词和某些含义联系起来，尽管这些单词本身并无关联。

另一方面，如果教师用一系列单词组成一个有意义的句子，如 "The boy is going to Disneyland when school is over for the summer."，大脑则有机会将这些单词联系起来，赋予意义。最后这组单词放在一起构成了一个句子，表达了一个与学习者自身经历相关的有意义的想法。

当这个句子呈现在一个孩子眼前时，他可能会想起最喜爱的迪斯尼人物，或者想起在迪斯尼乐园见到过的最令人兴奋的事件。这个句子很可能被记住，因为它与孩子大脑中的某个经历有关，并且激活了这个孩子先前已经掌握的知识。如果这个句子是一个引人入胜、充满感情的故事的高潮部分，那么整个经历很可能轻易地被存储在记忆中。这种情况被称之为情节记忆。我们通常认为嵌入叙事（如故事）中的信息比随意的事实和数字更容易被记住。

尽管教师已经帮助学习者把语言学习简化为孤立的、"简单的"单词和语音（如字母表中的字母或各类词汇），但是学习者却需要更多的大脑运转才能够记住这些内容，因为他们的记忆中并没有与之相关的有意义的经历。在上文提到的要求学生学习一组孤立的字母或单词的例子中，记忆任务其实难度更大，因为学生需要依靠死记硬背，而不是在有语境和关联的情况下进行有意义的学习。

鉴于以上讨论我们可以得出结论：大脑对个体和整体信息的处理是同时进行的。有时需要侧重于单个的信息或独立的技能，但必须将其呈现在一个充实的情境中。任何对分立的事物的关注，如单独的单词或写作细节，必定要有明确的目的，这样这些个体信息才能为全方位的学习奠定基础。

情感

多位研究者提到了情感对于学习过程和意义建构的重要意义。情感与思想不可分割，因此情感对学习有重大影响。维果茨基（Vygotsky）认为情感是所有高级别思想的基础。雷娜特·凯恩和杰弗里·凯恩（Caine & Caine，1997：105）指出情感对于大脑的思维模式至关重要。如果一件事情与积极的情感有关，那么形成成功模式的可能性就比较大。詹森（Jensen，2005）的解释更有说服力，他认为"情感驱动注意力，创造意义，并且有其独有的记忆途径"。

在教和学的过程中，社会情感因素既可应用于为学生提供各种体验，也可用于营造课堂氛围。教师掌控课堂上的情绪气氛，许多活动与积极情感有关，例如游戏、歌曲、歌谣，以及需要移动和肢体动作的活动。创造一个让孩子感到自信、自由、被尊重、有动力的温暖的氛围和提供有情感关联的活动同样重要。阶段性地庆祝学习上的进步、目的语文化中的节日或者学习者取得的个人成就，能够帮助创造我们所期待的积极的课堂气氛；设立课堂吉祥物也能够增加积极的气氛，例如用一个青蛙玩偶作为"班级一员"或者让学生轮流把一只写着"只能使用目的语"的小熊带回家。一个课堂的氛围应该是注重学习者学会了什么，而不是还没有学会什么，这是帮助学生建立积极情绪的有效途径。在这样的课堂气氛下，即使是小小的成功也会被认可并且得到庆祝（Donato & Tucker, 2010）。

史蒂芬·克拉申（Krashen, 1981）在讨论"情感过滤"时强调了情感在语言学习过程中的重要性，并且认为当学习过程变得不愉快、痛苦，甚至带有惩罚性时，学生会抗拒学习。学生在学习自己想学的知识时，往往能够学得更好，这毋庸置疑。克拉申将这些体验融入语言习得中，并对大脑中设置的将第二语言输入阻隔在外的过滤装置进行了描述。有了这种装置，即使是再精心设计的输入内容也无法进入大脑。当学习者焦虑、自信度低或缺少学习动机时，情感过滤器的功效就会增强。当学习动机积极、学习者自信、学习环境中几乎没有焦虑情绪时，情感过滤器的功效就会减弱，语言输入能够顺利地进入大脑。

社会环境

在社会交际中，个体试图表达自己的观点、意见和想法，并努力达成相互理解。在此过程中意义得以构建。此过程在外语课堂中尤为重要。正如弗兰克·史密斯（Smith, 2006）所说："语言并非来自遗传的天赋，它是在社会交际中形成的才能。"当社会互动成为学习中的重要部分，意义构建变得更加容易。埃利斯（Ellis, 2008: 2）的理论认为"使用第二语言进行交际的机会对于第二语言能力的提高起到关键作用"。游戏、角色扮演、两人或小组活动既激发了学习者的学习动机，也让学习者在第二语言中成为意义构建者，从而促进了学习。

游戏和课堂活动中的社会因素为在大脑中构建意义提供了另外一种可能。学生一旦学习了一个概念，他们可以在同伴或小组中使用这一概念。同伴和小组成员之间的社会关系丰富了大脑中以意义为基础的经历。下面列举一些在课堂上可以使用的简单社会活动。

- 上课开始时，全班同学使用目的语向老师问好，然后以简短、生动的方式问候班级里的几位同学。
- 学生可以与同伴一起练习课堂对话，根据记忆，把自己写的或者在课上小组活动中完成的故事"读"给同伴听。
- 学生可以和同伴一起做天气预报。两位同学依次描述窗外天气。
- 学生可以与同伴一起练习或者理解一个新的短语或概念。第5章将介绍同伴与小组活动，并列举更多的例子。

1.4.2 学习类型

在各个教学阶段的语言课堂中，个体学习者皆有差异。从事学习类型研究的作者和研究者为我们提供了多种分析和描述学习者差异的方法，让我们受益匪浅。学习者可以分为视觉、听觉或动觉型学习者，也可以分为整体或线性学习者。一些研究者将学习者分为从具体到抽象或者从有序到随机等不同类型。由此得出的最重要的启示是我们班级里几乎全部的学生都与我们（即他们的老师）不同，甚至他们彼此之间也存在着极大的差异。本节将描述其中的部分差异。

我们知道有些学习者擅长在一个需要社会交际和互动的环境中学习语言，而另外一些学习者在独自思考和学习中才能感到自在，并学得更好。有些学习者会在结构严谨的线性任务和不变的套路中得到启发。当发现布告栏或图片没有摆放整齐，或者教室不够整洁有序时，他们会受到困扰并且无法集中注意力。有些学生在有序的环境中会感到窒息，并渴望有解决问题和创新的自由。这样的学生喜欢老师不停地让他们做出猜测，也喜欢时不时地从一个话题跳到另一个话题。他们不介意环境有些杂乱，这会更让他们感到像在家一样自在。

有些学生需要通过触摸或者移动来学习（这几乎适用于每一个小学生）。有些学生在学习或复习语言时，从视觉信息和手势中获益最多。有些学生则只有看到书面形式的信息才能找到自信。还有些视力不好或不善于处理视觉输入的学生，无法从视觉信息或手势中获益。有些学生仅需要留意倾听周边的事物就能够很好地学习知识——他们不需要做任何笔记就能够牢记听到的内容。也有些学生需要做笔记并且复习几遍才能够牢牢地记住。这些例子只是学生之间以及学生与老师之间差异的冰山一角！还有许多其他类型的差异。学生是在嘈杂的环境（如有背景音乐的地方）还是安静的环境学习效果更好？有些学生在主动与尝试中获得最佳学习效果，有些学生却需要有安全感才能开始尝试新的事物。

1.4.3 多元智能（multiple intelligences）

我们仔细观察我们的班级，会有重大的发现——每一个班级的学生都很聪明，但是每个学生的学习类型却各不相同。依据霍华德·加德纳（Gardner，1983、1993、1999）和托马斯·阿姆斯特朗（Armstrong，1993、1994）对其理论的应用，我们意识到在我们的学生中存在着八种不同的智能类型，如表1.1所示。每种智能类型都是宝贵且不可或缺的，但是学校通常倾向于支持和培养前两种类型：语言和数学逻辑能力。这使其他智能类型无法在学校得到足够的认可。阿姆斯特朗（Armstrong，1993）指出尽管我们强调前两种智能类型，但是我们的学生在这些领域做得并不太好。他同时也质疑，是否学生真的只有在整体能力得到全面发展、各种智能之间的相互关联受到鼓励并均衡发展时，才能获得最佳学习效果。

在一个长期以来重视语言和数学逻辑能力的体系中，作为语言教师，我们处于支持其他智力类型发展的有利位置。在设计单元课程时，有些教师以网格形式列出所有智能类型，并且系统地为每种智能类型设计活动。这种做法体现了对所有智能类型的价值的尊重，并时刻鼓励学生尽最大努力做到最好。

用30分钟的课堂时间妥善地平衡全部智能类型可能极具挑战性，但是我们可以试着在为期一周的课堂时间里或者一整个单元的学习中保持各种智能类型之间的平衡。本书中的很多活动和例子向我们展示了如何设计任务和活动，使之能够平衡各种不同智能的发展。

表 1.1 多元智能及其在语言教室的应用

智能类型	擅长项目	语言应用
语言能力	阅读、写作、讲故事、文字游戏等	课上各项活动
数学逻辑能力	做实验、提问、解决逻辑题、计算等	调查、制作图表
空间能力	设计、绘画、想象、涂鸦等	展示古安系列（Gouin series）；一遍遍地写下表示某个物体的单词，并用这些单词勾勒出这个物体的形状
肢体运动能力	跳舞、跑步、跳跃、运动、为歌曲和歌谣添加动作	全身反应法（Total Physical Response，简称 TPR[1]）、建造、触摸、做手势等
音乐能力	唱歌、吹口哨、哼曲子、为喜欢的歌谣谱曲	随着歌曲和带有韵律的歌谣拍手、跺脚或倾听等
人际关系能力	领导、组织、建立人际关系、操控、调节、社交聚会等	小组活动和同伴活动
内省能力	设定目标、冥想、梦想、计划、保持沉默	记日志、建立档案
自然探索能力	理解、分类、解释自然界中的事物	摄影、田野调查、归类

注：改编自 Gardner（1983、1993、1999）和 Armstrong（1993、1994）。

我们能够从学习类型和多元智能研究中得到的启示是：在设计课程时必然要考虑学习者和老师的兴趣。然而，要满足班级里所有学生的需求和兴趣是不可能的。在每一个班级里，和我们想法相去甚远的学生必然要比和我们想法相近的学生多。我们的职责就是在各种学习类型之间搭建桥梁，在时间允许的情况下，帮助学生以自然舒适的方式学习。作为语言教师，我们的目标是辅助每位学生的语言学习，满足各种学习类型的需求，培养班级里显现出来的各种智能类型。我们的目标是按照学生和我们教师的意愿让每一位学习者体验成功。

第二条启示与学习类型和多元智能的运用有关。班上的每个学生都是复杂的个体。尽管有时分类能够帮助我们找到适合某个学生的教学方法，但是没有单独的一种或一系列类型能够充分地描述和诠释某学生个体。如果总是想着"第二排的那个细节型学生"或"坐在我前面的自然观察型学生"，我们会不得要领而且会错过每个学生身上宝贵的独特性。分类有助于我们设计课程、丰富教学，但是用类型把学生限定在"盒子"里会使我们对他们的理解不够全面。霍华德·加德纳（Gardner, 1999: 91）清楚地指出了这种危险："被贴上标签的人会被认为只能以某种特定的方式工作或学习，而对他的这种描述通常都不够准确。即使标签描述具有一定的有效性，它也会阻碍教师为学生提供最好的教育并助其成功。"我们都同时兼具多种学习类型和智

---

[1] 以下用简称 TPR。——译者注

能类型。试图将一个学生等同于或贴上某一种学习类型或智能类型的标签是误导甚至是错误的。因为我们对某种学习方法的偏好并不意味着我们需要被局限于这种单一的学习方法中。相反,我们需要提供机会给学生去尝试不同的学习方法(学习类型)和不同的思考方式(多元智能),从而培养他们的认知能力和情感能力,使他们成为全面发展的人。

1.4.4　主题教学和意义构建

主题教学是早期语言学习中不可或缺的组成部分,并为意义构建提供理想环境。主题教学围绕某一源自教室、学校、周边环境或目的语文化的主题构建课程。语言概念与来自常规课程和目的语文化中的概念相互关联,并在主题框架下以整体的形式呈现出来。我们依据学生的发展水平调整教学语言,组织涵盖多种学习类型和多元智能的课堂活动。学生有很多机会识别各种语法结构及其相互之间的关联,在活动中体验情感上的满足,并与同龄人互动。本书所提倡的主题教学旨在将有意义的语言和文化体验带给每一个孩子。

1.4.5　学习者发展特征

在任何情况下,学习者都是教和学的过程中最重要的因素。不同年龄段的学习者有着很大差异:他们有的可能通过听和读才能获得最佳学习效果,有的可能更加适合独自学习或小组学习,有的可能需要视觉强化或口头解释,有的也许更适合或有序或随机的学习材料或亲身体验。班级里的同龄人中,每个学习者的经历都各不相同。然而,儿童、青少年与年龄较大的学习者之间存在差异,这种差异在各个成长阶段呈现出一定的模式和可预见性。中小学语言教师必须要了解这些普遍的发展特征。

皮亚杰和认知发展阶段

让·皮亚杰(Piaget,1963)区分了儿童和青少年时期认知和情感发展的四个阶段,其研究对儿童教育有着深远的影响。儿童通过积极参与周围环境来实现认知发展,发展过程中每一个新阶段都是建立在先前所有阶段的基础上的,并与之融为一体。其中两个认知发展阶段通常发生于小学阶段,因此与儿童打交道的语言教师要谨记每个认知阶段的特点。各认知阶段的特点如下:

1. 动觉智能阶段(0到2岁)。这一阶段的主要行为是动作。尽管"认知"发展以图式的形式构建,但是这一阶段的孩子还不具备本质地描述事物和理性"思考"的能力。
2. 前运算阶段(2到7岁)。这一阶段的特点是语言和其他表达形式的发展,以及快速的概念发展。在这一阶段,儿童的推理是处于前逻辑或半逻辑阶段,他们更倾向于以自我为中心。他们通常一次只能关注一个事物的单一特性,例如,他们可以按照大小或颜色分类,但却不能同时按照这两个特性进行分类。

3. 具体运算阶段（7 到 11 岁）。这一阶段儿童具备将逻辑思考运用于具体问题的能力。亲身实践的具体经历帮助他们理解新的概念和思想。孩子们变得更加社会化而不再过分以自我为中心，因此运用语言交换信息变得比之前任何阶段都更为重要。
4. 形式运算阶段（11 到 15 岁以上）。在这一阶段，儿童的认知结构到达最高发展水平。他们开始能够将逻辑推理运用到各种问题当中，包括既非来自直接体验也没有具体所指对象的抽象问题。

大部分小学阶段的学习者的思考能力处于具体运算阶段，个人经历在学习中起到至关重要的作用。皮亚杰指出，儿童并非缺乏经验及相应知识去解决问题、应对新环境的缩小版的成人。他们不能像成年人一样地思考，因为他们的思维与成年人不同。小学教师很幸运地能够了解他们的世界，并且试着融入他们的世界。接下来我们将介绍儿童作为学习者在不同年龄阶段的特点及其对语言教学的启示。

伊根和教育发展层次

加拿大教育学家基兰·伊根（Egan，1979、1986、1992）在其著作中就教育发展发表了他的见解。伊根把发展描述为决定学习者如何认知世界的特征。他认为教育发展是累积和运用各个层次的能力去融入世界的过程。在个人发展的过程中，他们会在保有之前层次特质的同时在新的层次增添特质，变得越来越成熟。正如他所指出的，"每个阶段都做出了至关重要的贡献，并且对成年人理解世界和人类经历的能力起到必不可少的作用"。（Egan，1979、1986）最后一个阶段，即讽刺层次，是以先前各层次为基础，受控于对世界的讽刺性倾向。伊根提出的四个层次如下：

神话层次：4、5 岁到 9、10 岁
- 对于这些小学低年级的学习者来说，情感是最重要的。他们总是想要知道如何去感知他们所学到的知识。他们通过情感和道德分类来理解事物，例如，好与坏，高兴与悲伤。
- 年幼的孩子会被一个话题或概念中的极端对比所吸引。例如，他们很难抗拒极小与极大的对比，严寒与酷热的对比，或者邪恶的女巫与完美的公主的对比。一旦事物以这样的方式呈现，学习者可以通过填补两种极端之间的空白的方式来形成概念。
- 这些孩子认为想象的世界是生动且真实的，因此他们能够自由地出入一个动物会说话的世界，或者在有着通往另外一个世界的神奇之旅中遨游。
- 神话层次的学习者常常认为世界就如同他们所想象和感知的一样。
- 这些学习者以如同神话故事中的绝对方式诠释世界。邪恶的女巫是绝对恶毒的，勇敢的公主是绝对善良的。
- 对于神话层次的学习者来说，故事是理想的教学方式。教学像神话故事一样要有清晰的开头、主体和结尾；要用强烈的对比来介绍事物；要用绝对意义；要有强烈的情感和道德感。尽管教学不必都采用故事的形式，但应包含鲜明的故事元素。

浪漫层次：8、9 岁到 14、15 岁

- 小学高年级和中学阶段的学习者开始区分外在世界和内心世界——他们不再认为世界正如他们所想象或感知的那样。他们在广阔的世界中形成了自己的身份认同感。
- 浪漫层次的学习者认为外在世界既精彩又可怕。在他们寻求世界极限时，他们被极限吸引，例如，最高的山峰、最长的单词。他们同时也沉醉于现实细节，这些细节与他们自身经历差异越大越好。
- 这些学习者收集各种事物，从棒球明信片到关于另外一个大陆上的某个国家的有趣信息。他们通常喜欢研究自己选择的话题，并且有着很强的记忆力。
- 外在世界看起来有些可怕，因此当新信息具备并且注重那些能够克服威胁的品质（例如，勇敢、高尚、天赋、有抱负、精力充沛或创造力等卓越的品质）时，学生的学习效果最佳。
- 故事形式对于浪漫层次的学习者来说仍然重要，但是要更加注重现实细节和现实生活中的英雄。
- 尽管可能并不明显，但是浪漫层次的学习者在寻找和形成一种"浪漫、神奇和敬畏"的情感。

哲学层次：14、15 岁到 19、20 岁

- 学习者将内心世界与外在世界融为一体。他们知道世界是一个整体，而自己是这个整体中的一部分。
- 哲学层次的学习者试图组织他们从浪漫层次获得的事实和细节，创建属于他们自己的认知世界体系。
- 一旦形成了一个认知世界的体系，这些学习者更加相信他们已经找到了正确的体系。他们会认为自己了解任何事情的意义，因而变得自信或者过于自信。

讽刺层次：19、20 岁到成年

- 学习者认识到没有任何一个单独的体系能够涵盖所有知识，但是体系对于理解信息却是必不可少的。如果一个体系无法胜任，可以摒弃它，用另外一个体系取而代之。
- 在此阶段，学生已成为成熟的成年学习者。

1.4.6 教师评语：小学和初中学生

以下几位经验丰富的教师从语言教师的角度阐述了对不同年级（幼儿园到初中各年级）学生的观察。这些教师是：

哈尔·格罗斯（Hal Groce），美国明尼苏达州阿诺卡公立学校

艾伦·汉斯（Alan Hans），美国俄亥俄州西利亚德·萨普学校

帕蒂·汉斯（Patty Hans），美国俄亥俄州哥伦比亚威灵顿学校

杰茜卡·哈奇（Jessica Haxhi），美国康涅狄格州沃特伯里玛隆尼·马格尼特学校

希尔德加德·默克尔（Hildegard Merkle），美国马里兰州贝斯达

乔尔·斯旺森（Joel Swanson），美国明尼苏达州圣保罗蒙德帕克学院

米里亚姆·查普曼（Myriam Chapman），美国纽约市班克大街学校

安娜·隆巴（Ana Lomba），美国新泽西州普林斯顿，儿童语言教材作者

薇琪·阿尔维斯（Vicki Alvis），美国佐治亚州富尔顿县公立学校

凯特·诺特（Kate Naughter），约旦安曼

学前学生（2 到 4 岁）

图 1.2　嬉戏中的三四岁儿童

这些学生处于语言发展的敏感阶段。他们毫不费力地吸收语言，并且善于模仿语音。他们以自我为中心，不善于小组学习，因此当学习情境和活动与他们自身的兴趣和经历相关时，他们会做出最好的回应。尽管他们的注意力持续时间较短，对待重复性的活动或游戏却极有耐心（见图1.2）。学前班的孩子对体验型和高参与度的语言学习反应良好。

安娜（Ana）：年龄小的孩子非常活跃，注意力持续时间较短。设计课程时要考虑到这些因素。我会在1小时的课程中设计10~15个不同的活动，但其中大部分的活动是重复上次课的内容。这些活动各具特色，能吸引不同性格的学生。最好准备一项"救命"的备用活动。不论你今天的活动有多精彩，也不论你的教学技能有多出色，总会遇到一些棘手的情况。在这种时候，我会把课堂计划推迟到明天进行，用一包橡皮泥或者其他触觉活动替代今天的活动。就只能这样了。

对于拼音语言，从学前班阶段开始开发学生的语音意识极为重要。这些语音技能能够在不同语言中迁移。例如，西班牙语中的有助于开发语音意识的活动，也能帮助年幼的孩子建立良

好的英语阅读技巧。这是所有早期语言教育者应该知道的。在教学中使用童谣、诗歌、故事、绕口令以及其他语言内容丰富的活动，不仅能帮助年幼的孩子在第二语言中获得更好的交流技巧，也能使他们的第一语言阅读能力更进一步。

年幼学生（5到7岁）：幼儿园及小学一、二年级

这些孩子大多处于动作先行阶段，具体经历和短期目标能帮助他们获得最佳的学习效果。对于他们来说，以意义相反的词对的形式呈现出新的概念或词汇更有意义。孩子们喜欢给事物命名，为词语下定义，在他们自己的世界里学习知识。他们想象力丰富，对于充满幻想的故事往往能做出积极的回应。他们需要通过感知来学习。年幼的孩子通过口语来学习语言，当遇到好的模仿对象时，他们能够培养出较高的口语技巧和标准的语音、语调。从一年级开始，戏剧表演、角色扮演及开头、过程、结尾清晰的故事能够帮助他们更好地学习语言。由于他们的注意力持续时间较短，课堂活动应多种多样。教师须谨记这一年龄段的孩子容易产生厌倦情绪。他们需要大运动量的活动，不太擅长运动量较少的活动。教师在每天的课程计划里要设定清晰具体的要求，并建立常规的日常模式。

幼儿园

帕蒂（Patty）：学前和幼儿园阶段的学生需要每天都有机会做跑跳活动、摆弄东西，或者唱歌、打节奏。他们喜欢分享自己的喜好（最爱的颜色、动物、水果等）。他们喜欢调动一切可以调动的感官感知"神奇"（使用水彩笔、百宝箱或教室里不同寻常的东西）。"轮流参与"对他们来说极为重要。做游戏时，当看到游戏规则可以确保每人都有份参与（在卡片或冰棒棍上写上每个孩子的名字），孩子们会更加放心。

希尔德加德（Hildegard）：我常常会"忘记"我的学生（幼儿园阶段的学生）是非母语者，他们非常轻松地执行我的指令。他们需要感受到自己是被接受的、受到喜爱和关注的。他们希望是团队中的一员，能够得到老师的微笑鼓励。如果在课堂上有挫败感，他们会产生生理上的不适（如肚子痛）。他们喜欢不停地走动、摆弄实物、拆装东西，并且很容易对故事着迷。

杰茜卡（Jessica）：幼儿园阶段的孩子所能达到的会话水平比我们预想的要高，能掌握的内容也比我们想象的要难。他们喜欢用玩偶表演短对话，谈论与自己有关的事情（姓名、喜好等）。他们热衷于预测和试验（如"沉与浮"一课）。他们还喜欢在课上每个阶段使用"我做好了！""看这个！""是我做的！"一类的表达方式做出评论。

乔尔（Joel）：这些孩子很有趣。他们会毫无保留地告诉你他们在想些什么。如果你说得太久，他们会问你什么时候下课。他们想动就动。我在备课时会在35分钟的课程里设计9~10个活动。当然，所谓"新"的活动只是对以前的活动稍做改动。你可以在歌曲里加点小花样，或者在一首诗里故意制造几个错误，但是这些都要预先设计好，放在适当的位置。

一年级

帕蒂（Patty）：一年级的学生依然需要语法结构和常规练习，但是也喜欢日常练习中有更多的惊喜。使用椅子帮助每个孩子界定自己的地盘非常有效，轮流参与的规则也同样重要。我教的一年级学生喜欢设计并参与那些能够强化所学语言要素的游戏，需要闭上眼睛和藏东西的游戏尤为有效。我在一个公告板上记下学生正在学习的内容。他们喜欢看到公告板上的内容发生神秘的变化，并且试图找出导致这些变化的原因。（如哪种动物折断了苹果树的树枝？）他们喜欢配有大幅度动作的歌曲，还喜欢在歌曲或游戏里加点小花样，也喜欢角色扮演。

希尔德加德（Hildegard）：他们需要有成就感。他们喜欢把东西带回家里，并且不停地谈论与他们自己、行动、做手工、画画或与贴标签有关的话题。他们几乎对任何事情都感兴趣，欢庆节日、童话故事或者他们自己。当然玩是最重要的！这是引入和训练同伴学习和协作学习的最佳年龄。可以制作家庭作业文件夹，让学生带回家给家长看。

杰茜卡（Jessica）：一年级的学生喜欢那些他们能够实际参与的文化活动，如夏季节日舞蹈、茶道或模拟"赏花"野餐。五年级的学生对这些小时候参加过的文化体验活动还会记忆犹新。

乔尔（Joel）：他们正在学习读写。当能够用目的语读写时，他们会很高兴。我总是会利用这一点。他们喜欢别人读东西给他们听，当他们自己能用目的语读一些东西时，他们会感到惊喜。不要忘记他们的注意力持续时间较短。你需要为一节 30~35 分钟的课设计很多活动。

二年级

杰茜卡（Jessica）：我们要珍视二年级学生的热情。他们最乐于参与故事扮演，喜欢亲身参与冒险，甚至喜欢重复对话。和其他年级一样，每个单元必须有意义且要有明确的目的。二年级学生很容易过于兴奋，因此有必要在每节课结束前安排一首让人"冷静"的歌曲或歌谣，使他们安静下来。

乔尔（Joel）：每天他们都提醒我，虽然他们要比幼儿园的孩子大一些，但从认知发展的角度来看，他们有很多共同点。他们能使用目的语做很多事情，但是也不能期待太多。他们还不能很好地理解抽象的事物。如果一次下达多个指令，他们也无法应对。不要忘记把复杂的指令分割成多个简单的指令。

帕蒂（Patty）：二年级的学生喜欢有点荒诞、让人意外的结局，也喜欢假设自己处于各种不同的状况之中。在学习与各种动物有关的知识时，他们喜欢询问细节。他们还喜欢尽可能地在课上使用一些科学的方法。

中高级阶段学生（8 到 10 岁）：三、四、五年级

这个年龄段的孩子对他人和不同于自己以往经历的环境能够最大限度地呈现开放心态。对于这些学生来说，全球化的视角极为重要，因为这让他们有机会了解世界上各个国家的信息。

中高级阶段的学生处于对具体事物的认知发展阶段,他们开始懂得因果关系,并且能很好地参与小组活动。他们能够以更加系统化的方式学习语言,但仍需要以直接的、具体的经历作为起点。他们也会从嵌入式情境学习中获益。这个年龄段的学生开始有男女性别意识,可能会拒绝异性小组成员。他们还是会喜欢想象和幻想,重视意义相对的词对,会将所学内容与强烈的情感联系起来,并且喜欢开头、主体、结尾清晰的故事。除此之外,那些以在真实生活中展现出卓越品质、克服人生挑战的英雄为主题的活动也让学生受益匪浅。

杰茜卡(Jessica)指出这个阶段的学习者能够把以前学过的词汇和功能语块整合在一起并运用到更为复杂的情境里。在考核时,我们应该给学生一个有意义的情境,让他们能够运用已掌握的语言创造新的语言,例如,设计商业广告或短剧,根据图片提示做出回应,或者给笔友写信。学生能够顺利地使用评价准则,并且喜欢由同伴做出修改和打分。教师可以参照学生在单元学习过程中进行的小测验和单元结束时依照评价准则进行的测验来观察学生的语言学习进展。

三年级

帕蒂(Patty):我教的三年级学生都很喜欢传奇故事、地理知识、戏剧和角色扮演。对这个年龄段的学习者来说,时不时添加一些粗鄙的细节(比如传说中圣奥伯特头骨上的洞的相关细节)会获得他们的青睐。他们还需要教师给出对话和写作任务的框架(如明信片),但是希望在既定框架内有更多选择的空间。这个年龄段的学生能够很好地接受把数学任务融入课堂中。例如,在学习卢瓦尔河谷时,学生在方格纸上绘制梦想中的城堡的平面图,然后我们计算并比较每个学生的城堡和房间的面积和周长。

乔尔(Joel):这个阶段的大多数孩子能够使用他们的第一语言读写。让他们用目的语读写也并非难事。他们喜欢童话故事,我还没有遇到过不喜欢用目的语自己编故事的三年级学生。他们具备较高的语言技能,能够帮助比他们小的孩子。我喜欢把不同年级的学生合班上课,让三年级的学生给幼儿园的孩子读故事。

杰茜卡(Jessica):和低年级的学生相比,我们的三年级学生更加能够静下心来,也更加好学。他们喜欢更复杂的、基于故事的主题,但仍热衷角色扮演。他们能够胜任更加独立的任务,比如利用图表、图画进行课堂展示,展开调查研究,进行两人或多人小组讨论。

四年级

乔尔(Joel):四年级学生与之前的学生不同。他们进入到一个新的认知发展阶段,抽象思维开始发挥作用,同样,荷尔蒙和同龄人之间的压力也开始发挥作用。在很多学校,学生们开始有"与异性约会"的压力。试着让你自己看看这些孩子到底有多大能力。他们将会让你感到震惊。

帕蒂(Patty):和低年级学生相比,我教的四年级学生更喜欢在游戏中加入一些友好的竞争。他们沉迷于历史、事实真相和传奇。他们更渴望写作任务,也希望有一点家庭作业,前提是要在日常规定中明确写出作业内容(我每周三布置作业,要求周五提交,家长和班主任老师从学期开始就清楚地知道这一点)。这个年龄段的学生喜欢假设他们处在别人的环境里。因此我们在讲到世界上说法语的国家时,会组成虚拟的家庭。这样他们就可以选择一个新的名字,在对他们现在所"生活"的国家进行调查研究之后,分享他们的喜好和厌恶。在这个阶段,我们将更多的活动安排在计算机房里。虽然我们不让学生随意上网(大部分的小学都不会允许),但是在我们探索各类主题时,学生可以利用浏览器上设置好的收藏网页,在老师的指引下进行研究。

杰茜卡(Jessica):这个年级的学生对语言学习更多地采用元认知的方式。他们会问为什么这种语言有某种特定的使用方法,并且能够发现句型和其他差异。我开始使用一些直接的策略,帮助他们懂得如何延展对话、如何回答别人的问题,以及在读和听的过程中如何在上下文中找出含义。

五年级

杰茜卡(Jessica):五年级是个挑战!学习另外一种语言的"新鲜感"已经褪去,学生能够运用的语言也变得愈加复杂。有些学生可能已经觉得他们并不喜欢学习这门语言。这一阶段的关键是在培养学生语言能力的同时,给他们提供一些学习体验,重燃他们对于语言和文化的兴趣。他们喜欢能在他们自己的控制下变得有趣的对话、有多种可能以供选择的作业(一首歌、一幅画、一篇作品等),也希望了解目的语文化中年轻人的情况。一些近期的学生访谈显示这一阶段以及整个中学阶段的学生对于能够自己选择小组和合作伙伴最感兴趣。

希尔德加德(Hildegard):他们喜欢坐在自己的椅子上(这让人震惊!)背诵列表、诗歌和剧本,大量地写作,创作故事,设计活动和表演。他们喜欢以认真的态度工作,希望被当作"大人"看待。他们对德国(目的语国家)的同龄人及其社会生活很感兴趣。他们喜欢展示带着文字和图画的海报。学生们有德国笔友,很多人还会保持联系直到毕业。

薇琪(Vicki):五年级学生通常是小学阶段年龄最大的学生。他们希望做学校和课堂的领导者,因此可以将领导者角色融入其中,让他们使用目的语展示他们的领导才能。我教的五年级学生喜欢运用有趣的小道具播报天气,或者是在学校的新闻广播中用西班牙语报出午餐菜单。教师和校方管理者非常感谢五年级的学生运用自己的语言能力推广一些重点活动。例如,在"忘我阅读日"活动中,我的学生阅读了学校媒体中心的西班牙语书籍和关于西班牙语言文化的书籍,并且在电视新闻播报中分享了他们写的小小读后感。让五年级学生写信给新生,描述西班牙语课上的体验,这是圆满地结束一个学年的好办法。下一届的新生喜欢收到这样的信。同时,写这些信给了五年级的学生一个反思自己语言学习过程的机会。要给五年级的学生在课堂以外闪光的机会,例如在家长会或国际之夜上演唱或者表演短剧,参加外语协会口语和海报大赛。让这些小学阶段年龄最大的学生展现自我,展现他们运用语言的能力,这不仅给学生提供了发挥领导作用的机会，同时也能起到推动外语课程的作用。

在课堂上，要制订有建设性的、能够彰显学生日益增长的独立意识的规则和秩序。例如，在开学初就用简单的口令（如"用1分钟的时间组成2人、3人或5人小组"）让学生练习快速有效地分组。要记住高年级的学生在其他课程中要坐更长的时间，因此要让他们在每节课都有机会活动。五年级的学生对学校有足够的认识，这让他们能够有意识地建立如何学习的意识。教师可以制作自评清单，并给学生提供多种自评方式。这个年龄的孩子在逐步完善第一语言读写技能的同时，也在培养目的语的读写能力。他们爱交际，并且能够体恤别人的感受。因此，这一阶段是结交笔友的最佳时期，或者仅仅是与在同一座教学楼中的"秘密同学"交换自己手写的配有插画的明信片。要循环使用之前几年学过的词汇和语法结构，但是不要重复之前的活动，除非这些活动能够变得更有意义、更有挑战性、更让人着迷，并且适合这一年龄段学生的智力发展水平。总之，请记住五年级的学生可能是整栋教学楼中最"年长"的学生，但是他们也希望在学习中找到乐趣。

青春期早期的学生（11到14岁）：六、七、八年级

在初中阶段，学生们经历着比其他任何时期都更为显著的变化，日程安排也大不相同。这一阶段的学生必须学习去应对各种不同的体验：身体发生着不可预知的变化，出现性别特征；认知能力达到相对平稳的阶段，并且开始探索新的成人智能模式；兴趣爱好数量剧增而又多变；自我概念不稳定；需要重建与成人的关系；情绪易波动；极度理想主义；主张独立；强大的同辈团体。对于这一年龄阶段的孩子而言，学校的主要目标就是鼓励他们建立积极的人际关系，并塑造正面的自我形象。中学阶段的学习者需要有机会展开广阔的探索，并且产生对学术学科的兴趣。

在这一年龄段，探索真实世界的极限至关重要，因此学生对他们感兴趣的事物的各种细枝末节都会做出积极的回应。我们尤其要重点介绍一些凭借卓越品质战胜困难的英雄人物，中学阶段的孩子们需要带有强烈情感因素的学习体验。学生对真实世界中的不寻常和极端事物表现出浓厚的兴趣。

米里亚姆（Myriam）用充满爱意的句子描述了这些初中学生：

> 他们并没有厌倦学校；他们会直白地表达自己的感情，但不会太过分；如果你要他们做的事情不会影响他们的友谊，也不会使他们感到被羞辱，你就能赢得他们的心。他们渴望在学校获得成功，喜欢征服（"嘿，我们今天学了很多东西！"）。只要预期清晰且在他们能力范围之内，他们会做任何事情。我喜欢他们身上的复杂性和奋斗精神，不喜欢他们的琐碎（为了一些在成人看来很愚蠢的事情争吵）、辩解（"她先开始的！"）和偶尔的不经思考冷酷无情地对待他人（尤其是七年级的女孩们）。我发现我们很难时刻记得他们是孩子。作为他们的老师，我和他们的关系越来越亲近，以至于

忘记了他们还只是处在人生开始阶段的学习者，还是正在成长的孩子。

每个单元都以内容为基础，并且都能形成一个明确的结课作品，这对这个年龄段的学生最为适用。在任何情况下，学生必须在每个单元学习结束时展示自己的作品：一本书、一部短剧、一个视频、一张海报或者一幅墙画。

六年级

艾伦（Alan）：什么能够激发六年级学生的学习热情呢？极端的、让人震惊或厌恶的事物。有关真实生活和现实问题的故事。关于挑战和成功的个人经历，尤其是来自老师自己的类似经历。与他人合作的安全感。将电视、流行文化、青少年的普遍焦虑等因素融入课程当中。要记住他们喜欢被当作成年人对待，但是在布置任务时不要把他们设想为成年人。他们需要并且希望有一个人指引他们，做他们的榜样，尽管有时候他们并不会按照示范去做。他们喜欢挑战，喜欢打破一个分数、时间或其他数量上的记录，设定一个可以达到的目标，你会在他们身上发现更多的惊喜。宠物、音乐和团队竞技都是很好的话题，教师可以从这些话题中借鉴思路，尤其有助于建立与那些参与度较低的学生之间的联系。

给他们机会去评价自己的学习。在完成一个项目或任务之前让他们按照评分细则预估自己的分数，完成之后再核对他们预估的分数是否准确。这样我们会从中得到很多宝贵的信息，如学生对自己的认知以及你是否清楚地将预期目标传达给了学生。

给学生提供一个框架——他们需要这种框架。分组搭档的任务效果很好。我们总是假设他们能完成超出他们实际能力的任务，而且一旦他们无法理解所教内容，我们就会感到沮丧泄气，但实际上我们本应给予他们更多的指导。然而，在此框架下，他们能够自由地创造，并且将他们有趣的、充满创造力的、令人震惊的、出乎意料的一面与我们分享。他们常常会分享一次痛苦的受伤经历、曾经做过的一件"恶心"的事情，或者展示出超出他们年纪的智慧和反思。这些不可预见的行为、他们日常生活中的喜怒哀乐以及他们对自己感受的外向表达都使针对这一年龄段的年轻人的教学永远充满了新鲜感和乐趣。

哈尔（Hal）：六年级的学生想要知道本国文化和其他文化中的"古怪的事物"。他们喜欢比较和对比。维恩图解（Venn diagram）效果很好，并且被证明对于验证相似性很有帮助。他们喜欢研究其他文化，并能发现一些"奇怪的"兴趣点。他们也乐于寻找对其他人来说美国文化中有哪些事物是"奇怪的"。

他们喜欢搭档合作，但还是喜欢和同性一组。他们不介意每隔两三分钟交换搭档，比如做采访任务。各项任务都要计时。每当我给他们规定的时间少于我认为他们完成这项任务所需的时间，这对他们来说就是一种挑战，能够让他们把注意力集中在任务上。如果到了规定时间他们还在继续，我会把时间延长。

教师是一个"监督者"。我们必须给学生提供信息。一旦获得足够的信息，他们就需要有机会利用这些信息进行创作和探索。他们不想要"同辈"老师——举止行为和他们相近的老师。他们想要能够走近他们并且能够理解他们使用的词语和兴趣所在的老师。成人角色至关重要。

这一年龄段的学生喜欢创造新的事物，然后炫耀他们的创造。他们尤其喜欢制作菜单或完成那些可以向别人展示的任务。他们喜欢书本上没有的、"只有"他们才知道的补充语言。

薇琪（Vicki）：六年级的学生愿意抓住机会体验新的语言和文化，但同时需要常规的课堂惯例和有序的教学程序。他们很能体会别人的感受，这使得他们愿意去欣赏并接受文化差异。他们善于与人交往，因此我经常安排有意义的同伴活动或者小组活动。他们喜欢游戏，比起竞争性的游戏，他们更喜欢能够在游戏过程中运用语言的游戏。六年级的学生渴望参与基于真实生活场景的任务，例如在设计"最佳和最差宣传册"（向参观者介绍他们所在社区商业情况的宣传手册）的过程中表达并且支持自己的观点。

七年级

哈尔（Hal）：他们很想知道目的语文化中与他们同龄的孩子在做什么，也想知道那些孩子在日常生活中使用哪些词语。他们更愿意和异性同学搭档，当然这还取决于学年中的不同阶段。

和六年级的学生相比，这一年龄段的学生更擅长自学。但是和六年级的学生一样，所有的语言学习都必须要有一个目的。这些学生并不关心语域、语法或者语言是否完全正确。他们关心的是使用这种语言，并且让其他人也使用这种语言与其对话。

米里亚姆（Myriam）：我们普遍认为七年级的学生能把语言当作一个体系来看待，但是其实只有小部分学生能够做到这点。我会先讲，然后让学生分析。我会用各种方法把语法设计成有趣的活动，如抛球游戏、魔法句子等。但是最终我得出的结论是，如果你必须教语法，那就教，但是不要期待七年级的学生都能记住。

凯特（Kate）：七年级的学生爱玩而且聪明。做一些有意义的事情对他们来说会更有动力。他们喜欢有规律可循的、明确的指示，例如，每天在哪儿查看作业。他们需要老师一遍又一遍地重复。如果你班级里有20个以上的学生，他们不会同时都在听你说话。他们喜欢学习，尽管会掩饰说学习不够酷，或者假装自己并不聪明。

八年级

哈尔（Hal）：八年级的学生开始重视"真实"世界。和七年级的学生一样，他们喜欢在真实场景中使用语言，例如问路和指路、询问和回绝信息。这个年纪的学生仍然喜欢探索，但是不再局限于他们自己的"安全"世界里。这是科技给教学带来的便利。他们对于不知道的事物充满好奇，但是（有时）在没有指引的情况下会犹豫是否要继续探索。丰富的词汇，尤其是俚语是必不可少的。大多数文化都对音乐感兴趣，而且现代音乐对这个年龄阶段的学生至关重要。

在这个年龄阶段，学生希望得到更直接的答案。他们也希望在一个"非正式"的环境里和同伴一起学习讨论。和六年级相比，在这个年龄阶段同伴活动变得更加容易。根据学生对教学内容感兴趣的程度，每20分钟要更换课堂活动。

希尔德加德（Hildegard）：他们需要感受到自己已经长大，和老师几乎是平等的，是受到尊重的——他们的意见应予以重视。他们喜欢用自己的方式做事情。他们（当中的部分人）具有自我激励的精神。他们对公正、全球意识、世界和平、宗教感兴趣，并想尽自己所能使世界变得更好。老师需要告诉学生他们需要做什么，用什么策略去完成任务，然后给他们时间去独立完成；要清晰地描述出预期目标和评分步骤。对我来说，给出评分细则最为有效。然而很多学生有着各种各样的问题，我们要顾及他们的感受。

米里亚姆（Myriam）：我教的八年级学生会坚持记日记。每周他们必须用法语写12个句子。我会对每个句子做出回应，给出评语并且保持我们之间的对话。我也会指出其中的小错误，也可能会加入一些课程以外却对他们的写作有所帮助的信息。我不会纠正所有的语法错误，因为记日记是为了表达自我和使用语言，并不要求语法上绝对正确。有的学生喜欢与朋友或者是全班同学分享他们的日记，也有些学生想要写连续的故事。我们会收集这些日记并把他们编成大家都可以阅读的班级图书。

凯特（Kate）：八年级学生的接纳性和社会意识更强。他们试着了解自我，能够反思并看到自己的成长。如果班级里有一两个学生有政治、社会意识，他们能够带领整个班级进行更有深度的思考——分享观点、提出问题。和七年级的学生一样，他们好奇心很强，不管表面怎样，其实内心很脆弱。

⊙ 本章小结

- 第二语言习得理论、社会文化理论、学习类型、多元智能、大脑研究、认知心理学以及有关认知和教育发展的信息都有助于更好地理解语言和学习者。
- 这些领域的知识是不断发展的，而且总是会随着我们对人类发展历程和内心世界的认识不断加深、变化，新的问题和阐释也将不断出现。

⊙ 练习和深入讨论

1. 选择一个不同年龄段的孩子都感兴趣的话题或单元（如动物、食物、地理），详述面对三个不同年龄段（幼儿园、三年级、六年级或七年级）的孩子你将如何安排教学活动。然后详述你会提供何种帮助。针对三个不同年龄段的孩子，你所提供的帮助会有何不同？

2. 首先，考虑在语言教学中运用哪种调节工具（社会的、物质的、还是象征性的，如运用教师语言）。在确认某几种调节工具之后，请解释为什么和其他工具相比，一些工具能够更加有效地辅助学习和认知发展。其次，作为老师，你是否有过使用一种调节工具辅助语言教学却发现它并不适合的情况？具体情况如何？你是否做出改变，使用其他工具？如果是，做出了怎样的改变？结果如何？
3. 请解释脚手架理论与调节理论的差异。
4. 教学是需要教师做出回应性帮助的互动活动。这一陈述对你来说有何含义？
5. "概念"一词在教育领域频繁使用，以至于我们常常无法审视概念性发展（区别于简单地了解一个事实或完成一项任务）的含义。你是如何理解"概念"一词的？你能分别举例说明学习完成一项任务和发展一个概念吗？学习完成某项任务和发展概念性理解是相互排斥的吗？最后，你认为这两者之间的区别重要吗？为什么？
6. 假设一位老师刚对学习类型和多元智能的概念有所了解。这位老师决定从现在开始设计活动，要求每个孩子使用某种特定的学习类型和学习模式完成活动。你会对这位老师说些什么？
7. 请想出一项与大脑研究的发现毫不相关的常规教学活动。然后，再准备一项能够反映出基于大脑研究发现成果的教学活动。请解释此项活动是怎样体现大脑是如何处理信息、学习是如何开展的，以及此项活动是如何区别于前面提到的常规教学活动的。

补充阅读

Bredekamp, Sue, & Carol Copple, eds. *Developmentally Appropriate Practice in Early Childhood Programs Serving Children from Birth through Age 8*. Rev. ed. Washington, DC: National Association for the Education of Young Children, 2009. http://www.naeyc.org/files/naeyc/file/positions/position%20statement%20Web.pdf

Ellis, Rod. *Second Language Acquisition*. Oxford, U.K.: Oxford University Press, 1997.

———. "Principles of Instructed Second Language Acquisition." *CAL Digest* (December 2008). http://www.cal.org/resources/digest/instructed2ndlang.html

Gardner, Howard. *Intelligence Reframed: Multiple Intelligences for the 21st Century*. New York, NY: Basic Books, 2000.

Jensen, Eric. *Teaching with the Brain in Mind*. 2nd ed. Alexandria, VA: Association for Supervision and Curriculum Development, 2005.

Lightbown, P., & N. Spada. *How Languages Are Learned*. 4th ed. Oxford, U.K.: Oxford University Press, 2013.

Pinter, Annamaria. *Children Learning Second Languages.* New York, NY: Palgrave Macmillan, 2011.

Roth, Genevieve. *Teaching Very Young Children: Pre-School and Early Primary.* London, U.K.: Richmond Publishing, 1998.

Sousa, David A. *How the Brain Learns.* Thousand Oaks, CA: Corwin Press, 2001.

⊙ 相关网站

学龄儿童的发展特性和兴趣

http://www.lawrence.edu/mfhe/www_dept_student_dean_sub_volunteer/Everyone/developmental%20characteristics.pdf

艾奥瓦青少年发展合作委员会：青少年各发展阶段

http://www.icyd.org/YD_toolbox/files/Adolescent_development_chart.pdf

第二部分

设 计

第 2 章 课程、单元和单课设计

如何通过设计学习体验帮助学生学习语言?

- **设定全面的语言能力目标**
  - 我能够为各个阶段的学生设定学习目标和语言能力目标。
- **课程发展设计过程——从国家标准到单课和活动设计**
  - 我能够遵循课程研发的整个过程,从标准到单个活动。
- **设计能够引导学生达成能力水平目标的教学方法:运用主题设计和评价设置单元教学**
  - 我能够设计一个融合语言、文化和学科内容的主题单元。
- **设计能够引导学生达成能力水平目标的教学方法:单课设计**
  - 我能够设计满足学生不同需求的每日课程,并涵盖表现性目标和形成性评价。

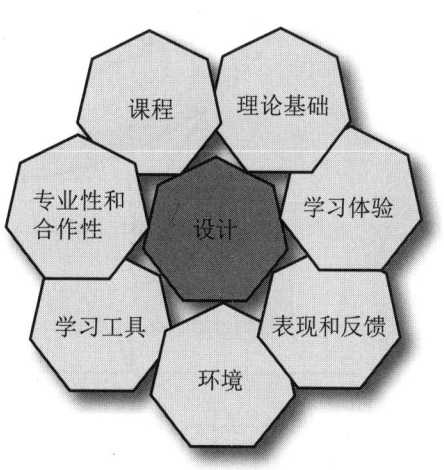

2.1 设定全面的语言能力目标

美国世界语言顾问格雷格·邓肯(Duncan, 2013)指出,有效的语言课程主要注重以下三个步骤:

1. 在教学中设定全面的语言能力目标(全部四项技能);
2. 设计教学方法,引导学生达成语言能力目标;
3. 通过内部和外部评价确定目标是否达成。

以上三个步骤构成本章的基础,图 2.1 中的课程开展过程图详述了上述步骤。第 9 章将详细讲解评价环节。

在为学生设计语言课程时,我们为他们提供了成为世界公民所必备的经历。在此过程中,

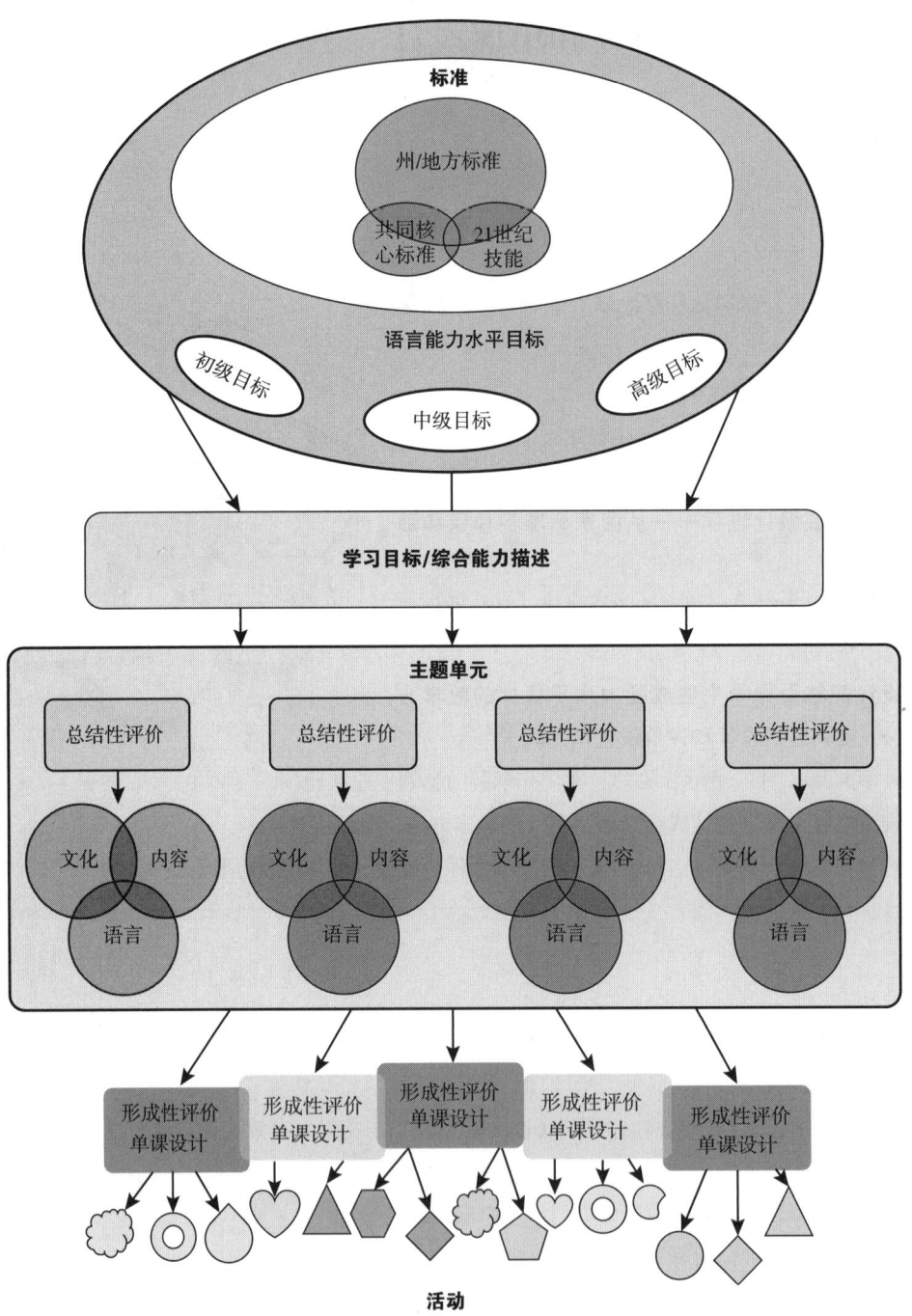

图 2.1 课程开展过程

从头到尾地考虑整个过程尤为重要。课程设计的整体框架包括长期学习目标、统一且连续的学习目标,以及帮助确定学习目标是否达成的形成性和总结性评价。每天的课程都构成这一框架的一部分。课程开展的过程从标准和沟通原则的制订开始。这会为学生提供一些体验,使他们能够在各种不同的情境和沟通模式中进行有效沟通。在标准的介绍部分中提到,制订标准的目的是要让我们的学生能够"知道以什么样的方式、在什么时候、出于什么样的原因要对谁说什么"(ACTFL,2006)。

我们通过为课程中各个级别设定能力目标并为其附上以能力描述形式呈现的全球基准,使这一过程得以延续。这些基准与课程可提供的教学时间相关。一旦设定了能力水平的目标和基准,教师就要确定或编写教学单元和课程,帮助学生实现目标。形成性和总结性评价是每节课、每个单元必不可少的组成部分,而外部评价是对内部教师发展评价的验证,确保课程能够帮助学生达成既定目标。

图2.1概述了课程设计过程中必须涵盖的要素,以及在将标准转化为每日课程计划和课堂活动的过程中所要经历的每一个步骤。该图展示了课程中各个阶段的具体步骤。下面是对这一过程的简略阐述。

我们必须时刻谨记,学习者的特点决定并且限制课程设计中的各项决定。课程设计和评价中的各个环节都必须考虑到学习者的认知发展阶段和个体差异。以往的语言学习经历和学习者的经验背景都对课程设计有重要影响。城市里居住的学生每天都会见到公共交通工具、博物馆或街头贩卖车,而居住在乡村的学生的世界则截然不同。因此,不同的主题和活动能够激发不同学生的学习兴趣。

在设计课程时,教师的特点也是重要的因素。教师的语言技能和对目的语文化的体验会影响语言教学的各个方面。无论是对于教师还是学生,教室都应该是一个舒适的场所。当教师能够依据自身的优势和兴趣组织教学时,教学效果最好。例如,一位在魁北克居住过几年、喜欢加拿大法语区音乐和历史的教师,很可能也很适合设计一个能够体现这些兴趣的课程,而喜欢唱歌的教师则会将音乐融入课程中。

2.2 课程发展设计过程——从国家标准到单课和活动设计

2.2.1 《面向世界的语言学习标准》

《面向世界的语言学习标准》(*World Readiness Standards for Learning Languages*)为美国国内的语言学习设定了总体方向,并且概述了学生应该掌握的知识和技能。五个目标领域共涵盖了11条标准细则,对学习体验设计给予指导,并使之概念化。这些目标和标准是外语专家规划设计课程的重要基础（见第 3 章表 3.1）。这些标准需要一个支撑体系，涵盖学生需要习得的语言技能、语言知识及其评价方法。

除国家外语标准外，还有两个重要项目与这些标准密切相关，即《各州共同核心标准》（Common Core State Standards）和《21 世纪技能》（21st Century Skills）。

《各州共同核心标准》和《21 世纪技能》

《各州共同核心标准》（语言艺术和数学）旨在为全美学生提供一个统一的学习指引，其目标是使全美国的学生和世界其他国家的学生站在同一起跑线上。《各州共同核心标准》要求学生参与有意义、有挑战的学习体验，认为这些学习体验和语言学习同等重要。即使是初级阶段的学生也会从这些需要高级思维技巧的挑战性学习体验中获益。

《21 世纪技能》定义了美国学生在高效的 21 世纪生存所必备的技能和品质。这些技能为各学科学习体验的开展奠定基础。我们很难预测学生需要掌握哪些知识，因此必须使他们具备掌握新知识的技能和品质。正是源于这一想法，《21 世纪技能》针对美国学生提出了技能要求。语言教师应该意识到《21 世纪技能》中提到的技能与美国国家标准《面向世界的语言学习标准》（见 http://www.actfl.org）是相互呼应的，而 ACTFL 制订的标准与《21 世纪技能》（见 http://www.p21.org）也是相辅相成的。

2.2.2　语言能力水平目标

图 2.1 的顶层规划中位于标准之下的是语言能力水平目标。《ACTFL 语言能力大纲》（*ACTFL Proficiency Guidelines*）（见 http://www.actfl.org）详细描述了语言能力水平的各个级别，对语言能力水平给出了概括性的描述，但没有对语言习得的环境做出描述。

更多信息可以参见《ACTFL 语言学习者语言运用能力描述》（*ACTFL Performance Descriptors for Language Learners*）（见 http://www.actfl.org），其旨在描述 K–16 学习者的语言运用能力。第 3 章将围绕语言能力水平展开讨论。

为课程中的各个阶段设定语言能力水平目标并将此目标解释给每一位相关者是十分重要的。设定能力水平目标和综合能力基准意味着教师要设计出旨在完成这些目标的单元和课程，同时也意味着评价要与学习目标一致，因此我们侧重于学生能够主动使用的语言内容，而不仅仅是他们已经掌握的语法和词汇。在此过程中，教师给学生描述性反馈，并在帮助学生提高语言能力水平的过程中扮演教练的角色。

表 2.1 是亚利桑那州图森市卡塔丽娜山麓学区设定的语言能力水平目标。它展示了该校对各年级学生语言行为的预期目标。此表帮助教师清楚地认识到他们必须在教学中为学生提供以语言能力为基础的学习体验，帮助学生达到设定的语言能力水平。

表 2.1　亚利桑那州图森市卡塔丽娜山麓学区语言能力水平目标

语言课程衔接表

	小学						初中				高中				目标
	幼儿园 EK 初级初等	1年级 E1 初级初等	2年级 E2 初级中等	3年级 E3 初级高等	4年级 E4 初级高等	5年级 E5 初级高等	6年级 MS1-A 初级高等	6年级 MS1-B 中级初等	7年级 MS1-B 中级初等	7年级 MS2-A 中级中等	8年级 MS2-A 中级中等	8年级 MS2-B 中级中等	9年级 HS1 初级高等	10年级 HS2 中级初等	11年级 HS3 中级中等	12年级 HS4 中级中高等	中级中高等
													9年级 HS2 中级中等	10年级 HS3 中级中等	11年级 HS4 中级高等	12年级 HS5 中级高等 高级初等	中级高等 高级初等
													9年级 HS3 中级 中高等	10年级 HS4 中级 中高等	11年级 HS5 中级高等 高级初等	12年级 HS6 高级初中等	高级初中等
	每周3~4次课，总计120分钟 2小时/周 72小时/年						每周5次课，总计162分钟 4.5小时/周 162小时/年						每周5次课，总计207分钟 3.45小时/周 124.2小时/年				

注：(1) 以每年36周计算。
(2) 语言课程衔接表旨在为学生提供指导。在某些年级/阶段，由于学习时长和沟通能力不同，语言能力水平也不尽相同。即使某些年级/阶段的语言能力目标相同，课程预期也会逐年增长。

2.2.3 学生学习目标和综合能力描述

学生通过学习体验所能获得的能力可以使用多个术语表达，如：目的、目标、结果描述、基准、学习指标、进展指标等。本书主要侧重于学习目标和能力描述，同时也会使用一些其他的术语。在设计课程时，要注意所使用术语的层级。有的是综合描述，有的是更加具体的以单元、单课为基础的描述，有时也指"拆解了"的描述。

图2.1中的第二层级展示的是在指定级别结束时学生需要达到的学习基准。一旦设定了某一水平的整体语言能力目标，NCSSFL[1]-ACTFL综合能力基准（NCSSFL-ACTFL Global Can-Do Benchmarks）随即成为学习目标的有效来源（见 http://www.actfl.org）。能力基准有在线互动版和下载版，其中PDF文件第4页和第5页的图表包含了对能力水平等级和沟通模式（理解诠释型、人际交流型和表达展示型）的大致描述，并且从初级到高级，对各个等级和模式逐一做出了描述。

NCSSFL-ACTFL能力描述（NCSSFL-ACTFL Can-Do Statements）旨在让语言学习者使用自查清单评价自己在理解诠释、人际交流和表达展示三种沟通模式中的语言运用能力。NCSSFL-ACTFL能力描述有两大功能，其一是针对课程，其二是针对学生的自我评价。针对课程，它为课程和单元设计提供学习目标，并以此作为学习进展指标。针对学生的自我评价而言，能力描述能够帮助他们逐步地记录学习进展。表2.2展示的例子是对人际交流和表达展示模式下初级高等（novice high）阶段口语能力水平的描述。

对于课程来说，NCSSFL-ACTFL综合能力基准能够帮助确定适合的学习目标，但它却并不是包罗万象的。作为指引和建立学习目标的起点，它是非常有效的。其中的一些基准比其他基准更加具体。大部分的全球语言能力水平目标能够拆解成单元目标，然后再次细化为单课目标。例如，在表2.2下面，"我能描述每个季节的天气"可以是一个单元的语言能力水平描述，而它下面的陈述是拆解后的单课的语言能力水平描述。

---

[1] NCSSFL，全称National Council of State Supervisors for Languages，全美州级外语督学委员会。——译者注

表 2.2　NCSSFL-ACTFL 能力描述节选

人际交流沟通模式

> 初级高等
> 我能够用短语、简单的句子或熟记的语句就熟悉的话题进行交流并交换信息。
> 我通常能够通过简单的问答来应对日常简短的社交互动。

我能够交换以下个人信息：
☐ 我能够询问并说出家庭地址和电子邮件地址。
☐ 我能够询问并说出国籍。
☐ 我能够询问、讨论有关朋友、同学、老师或同事等话题。
☐ 我能够_____

我能够询问并描述简单的方向：
☐ 我能够询问一个地方的方位。
☐ 我能够告诉别人如何从一个地方到达另一个地方，例如直走、左转或右转。
☐ 我能够描述位置，例如"在……的旁边""在……的对面"或"在……的中间"。
☐ 我能够_____

表达展示沟通模式

> 初级高等
> 我能够用练习过的词组或简单的句子就熟悉的话题给出基本的信息。

我能够用词组和简单的句子谈论熟悉的经历或事件：
☐ 我能够说出在课堂上或工作中都做了哪些事情。
☐ 我能够说出在一周里我都做了哪些事情。
☐ 我能够说出下课或下班后都发生了什么事情。
☐ 我能够_____

我能够用短语和简单的句子说明如何做某件事情：
☐ 我能够说出如何准备简单的食物。
☐ 我能够描述简单的日常事务，例如在自助餐厅吃午餐。
☐ 我能够给出简单的指令，例如如何到达附近的一个地点或者如何获得网上资源。
☐ 我能够_____

我能描述每个季节的天气。

- 我能够说出四个季节。
- 我能够描述今天的天气。
- 我能够描述春季的天气。
- 我能够描述秋季的天气。
- 我能够描述冬季的天气。
- 我能够描述夏季的天气。
- 我能够说出我喜欢什么样的天气。
- 我能够说出我不喜欢什么样的天气。

史蒂芬·查普伊斯、简·查普伊斯和斯蒂金斯（Chappuis, Chappuis & Stiggins，2009）概述了四种类型的学习目标。

　　知识目标——我们想要学生知道的事实和概念
　　论证目标——要求学生运用知识做出推论并解决问题
　　技能展示目标——让学生运用知识去表现并展示某一项特定技能
　　最终成果目标——具体说明学生将进行哪些创作

技能展示目标是语言课堂中使用最多的目标。在确立学习目标和能力描述时，我们需要自问我们希望学生具备哪些能力。学习目标应该有清晰、可实现的目的，有具体的任务，并且使用易于学生理解的语言。一旦设定了学习目标，教师就可以针对个人或班级给予反馈，让学生知道他们是否在朝着目标进步。表2.3展示的是田纳西州孟菲斯市谢尔比县学校为初级中文、日语、俄语和西班牙语语言课程设定的主题单元学习目标。

表2.3　田纳西州孟菲斯市谢尔比县学校初级高等阶段语言能力水平目标单元框架

谢尔比县学校
现代语言课程

3年级：第2单元
野生动物

语言能力水平目标
对学生的表现有何预期？

初级初等　初级中等　**初级高等**　中级初等　中级中等　中级高等

单元学习目标
学生运用已学知识能够做些什么？

理解诠释型目标	人际交流型目标	表达展示型目标
听力	人与人之间的沟通	口语
☐ 我能够识别一些栖息地和居住在那里的动物的名称。	☐ 我能够说出动物栖息地有些什么。 ☐ 我能够说出不同栖息地的气候状况。 ☐ 我能够询问并说出动物正在做些什么。 ☐ 我能够询问并说出动物吃什么。 ☐ 我能够询问并说出动物栖息在什么地方。	☐ 我能够做一个关于某种动物及其栖息地的报告。

学生运用已学知识能够展示哪些跨文化能力？

最终成果	实践	文化互动
☐ 我能够识别其他国家的一些地理特征。	☐ 我能够识别其他国家的原生动物及其栖息的地理位置。	☐ 我能够在会话中运用文化知识，如原生动物。

单元展示任务
学生如何运用已学知识展示他们能做些什么？

人际交流型目标 结合评价	表达展示型口语目标 结合评价	表达展示型写作目标 结合评价
动物园宣布将要开展一项国际活动，要求会说目的语的学生参与导游工作，使目的语参观者能够听到母语解说。你被选中解说动物展。你的老师正在问你关于动物及其栖息地的问题，帮助你为解说做好准备。	在你的目的语课堂上，你的老师正在让学生做一个关于最喜爱的野生动物的报告。你想要为你在动物园的新任务做些准备。在班上做一个关于你最喜欢的动物的报告，报告它的栖息地、饮食和行为习惯。	你认为如果制作一份介绍参展动物的传单发给参观者，会为他们提供更多的信息。请确认传单中包含以下信息：你所介绍的动物及其栖息地、饮食和行为习惯。

词汇/功能
哪些信息能够帮助学生展示他们运用已学知识能做些什么？

语块	基础词汇

2.3 设计能够引导学生达成能力水平目标的教学方法：运用主题设计和评价设置单元教学

如前文图 2.1 的课程开展过程图所示，接下来的阶段主要侧重于主题单元、单课和课堂活动。一旦设定整体能力水平目标和综合能力学习目标，下一步就是将综合能力学习目标细分为单元教学目标，然后设计单元教学，同时设计每一节课、课堂活动和评价体系，帮助学生达成既定目标。总结性评价在每个单元里以诠释理解、人际交流和表达展示三种形式呈现。形成性评价则是嵌入在课程计划当中。

对于学生来说，运用超越语言本身的词汇和语言功能，通过内容丰富的课堂活动获取知识是非常重要的。围绕主题单元组织教学是确保教学内容丰富的方法之一。本章将详细解答有关主题设计和单课设计的问题。

我们的标准提倡综合性学习和运用语言建立与其他学科领域的联系，因此主题设计和教学成为有效语言课程的重要因素。逐步深入了解基于大脑研究的学习也对主题教学起到辅助作用。在教第二语言时，我们关注于意义的构建，而不是发音的准确性或句子语法的正确性（尽管这些可能也很重要）。埃里克·詹森（Jensen，2005：96）建议考虑到语言习得中的意义构建，日常练习要包括三个要素：情感、相关性以及语境和模式。精心设计的主题可以包括：情感——最有力的学习渠道之一，相关性——语言学习的重要动力，丰富的语境——使语言学习变得鲜活并且激活大脑模式化功能的重要元素。

《面向世界的语言学习标准》的重要特征之一是强调朝着目标努力，专注于"宏观概念"或者"大的概念"。一位帮助试行该标准的德语老师评论说，以该标准为导向的教学规划更具宏观性——基本上是针对一个重要目标设计出相对时间较长的主题课程。该标准中的很多设想可以作为综合性主题单元的范例。

小学阶段，各学科的课程大部分是围绕主题展开的，通常用同一主题整合在校一天的几门课程。中学阶段则要应对早期青少年智力、社交和发展的需求，课程也越来越侧重于以主题为基础。语言教师把语言教学和主题（既有主题或专门为语言课堂设计的主题）联系起来，因此语言课程显然已成为学校生活中的一部分，而语言则被认为是学习中有意义的要素。高中阶段，语言课程愈加倚重主题单元来确保教学是基于能力水平的，而不是单独依靠课本作为课程的资料来源。

为了获得并保持学生对语言课程的浓厚兴趣和学习动力，设计者必须围绕学生的需求和兴趣组织课程和每日的教室活动。在小学和中学阶段，不同的学校、不同的班级都要面对各自的挑战。由于长期面临出版物匮乏的情况，小学语言教师必须自己制作教学材料，因为现有教材通常需要改编才能满足特定学校或班级的需求。大多数语言教师发现已出版的教材可能并不适合他们所教学生的语言发展水平。初高中教师也经常发现他们正在使用的教材不能满足学生的需求，也不能帮助学生提高目标能力水平。

2.3.1 基于主题的课程设计的优势

下面列出一些以主题为基础的课程设计的优势：

1. 主题创造有意义的语境，因此基于主题的课程设计使教学更加易于理解。在一个主题单元中，学生能够在他们已有背景知识的基础上诠释新的语言、新的信息。他们不仅仅学习词汇，还通过词语识别在南美洲有哪些濒危动物，或者有哪些食物是在哥伦布（Columbus）大交换中从欧洲交换来的（哥伦布发现美洲时交换而来的货物和食物）。主题教学使学习与学习者相关度更高。如果选择一个好的主题，学生将会更加投入地学习，因为他们能够明确学习的目的，并且发掘出学习的乐趣和魅力。

2. 主题教学将学科内容、语言、文化与宏观概念联系起来。什么是真正值得去了解的？是不规则动词过去式，还是说出六种交通工具的名称？威金斯和麦克泰格（Wiggins & McTighe, 2005）主张围绕宏观概念来设计课程，即学科中核心的且超越课堂价值的观念、话题和过程。这些观念、话题和过程并不是显而易见的，甚至可能会被学生误解，正因如此，学习成为一个探索或者揭秘的过程。学生很容易被这类话题引发浓厚兴趣，尤其是当他们需要回答问题、讨论议题或解决难题的时候（Wiggins & McTighe, 2005: 65–66）。

3. 主题教学避免使用孤立的语法结构练习，同时也避免使用脱离语境、倾向于将语言局限于字和句的层面而忽略其语篇层面的练习。主题单元给学生提供大量在有意义的语境下聆听并使用语言的机会。我们通过大脑研究得知，在练习中掌握词汇和语法远没有在丰富的语境下有意义地使用语言效果显著。学生需要通过语境来扩展听力、进行对话交换真实信息，并且以口头和书面语形式表达信息和观点。碎片式的语言并不像在语境中学习到的语言那么易于记住，当然也不大易于使用。

4. 基于主题的课程设计将教学重心从语言本身转变为以达成有意义的目标为目的的语言使用。在主题教学当中，我们侧重于运用语言进行与主题相关的交流，而不是不断重复与学生和课堂都不相关的词语。主题教学重心朝着信息交流转变是有原因的。当我们把教学重心转变为语言的意义和实际使用时，学生由于想要交流感兴趣的话题，所以获得了习得语言的动力，开始更加准确地使用语言。

5. 主题教学涉及一些活动和任务，帮助学习者进行深度思考和使用更为复杂的语言。即使学习者能够运用的语言可能很少，但是只要有机会并且对话题感兴趣，他们仍然能够以一种复杂的方式使用已学的语言。例如：在一个关于濒危动物的主题中，要求一个初级水平的学生运用简单的词汇完成一段非常复杂的陈述。在以美洲豹为主题的课堂上，学生在一张海报上写下了这样的标题"No soy un abrigo"（我不是一件外套），见图2.2。这比"我是一个男孩或我是一个女孩"这类陈述要复杂得多，是对系动词（to be）的有意义的使用。

6. 主题教学使学生能够在不同的场景、方式和文本类型中参与真实的语言使用。尤其在一个故事的情境当中，主题教学为学生提供机会在不同的情境（包括模拟文化体验）中运用语言。主题对于三种沟通模式（即人际交流型、理解诠释型及表达展示型）都有所帮助。主题单元中的文本类型可以是读诗、阅读标题，可以是创造或者听一段描述，也可以是参与会话或者是听一段话剧，等等。

7. 主题教学为叙事结构和任务型内容提供了一个自然的环境。威金斯和麦克泰格（Wiggins & McTighe，2005）认为故事结构是一种理想的课程设计形式。在故事里，语义逐步展开，就像一个单元要经过开头、中间和结尾一样。故事使学习变得更加容易，因为大脑的天生构造决定了它是用叙事的方式来组织记忆的。当学生为了完成一个重要的最终任务而应对挑战时，任务型学习也具有了叙事特征。这些有力的学习策略都是单元主题的自然要素。

图 2.2　西班牙语海报"我不是一件外套"

2.3.2　组织主题单元

主题单元围绕着一个主题以及与主题相关的任务组织有意义的语言体验。这些体验帮助学生为使用语言做好准备。学生使用语言的目的各不相同——课堂以外他们自己的目的。

格拉斯顿伯里公立学校依据威金斯和麦克泰格（Wiggins & McTighe，2005）《追求理解的教学设计》(*Understanding by Design*)一书的原则设计课程。学校的西班牙语课程围绕着"宏观概念"和各个年级的中心问题设计。它是通过每个单元的引导性问题逐步展开的。例如，三年级的"宏观概念"问题是"为什么我的一天是这样子的？其他文化背景下的一天会有何不同？"，引导性问题包括"学校是用来做什么的？"和"我的家庭和其他人的家庭有何不同？"；四年级的中心问题是"为什么我们要探险？我们都发现了什么？"，引导性问题有"怎样才算是一名探险家？""探险家给我们今天的家庭类型留下了哪些影响？"以及"探险家使用哪种类型的交通工具？"。

主题教学帮助学生在语言运用中超越知识和技巧，实际运用这些技巧获取重要信息。这些重要的"宏观概念"具有超越了课堂和语境的永恒价值。

例如，学习各种食物名称是早期语言课堂的典型内容。食物词汇本身是静态知识，很容易忘记。然而当它出现在以哥伦布大交换（指发生于新旧世界之间的交换，1492年哥伦布在寻找印度时发现了伊斯帕尼奥拉岛之后）为背景的单元中，同样的词汇成为了学习某一具有永恒价值的事物的工具，因而具备了相关性和重要性，变得更易于记住。这一主题单元开始揭示一些"宏观概念"，例如，当一种文化与另外一种文化开始相互影响之后会发生什么，或事物随着时间推移会发生什么样的变化。

另外一个常见的早期语言教学话题是动物。这一话题也经常涉及有限的静态知识。例如，四年级的初级法语班学生使用学过的动物词汇发现并分享有关濒危动物的信息。这种体验将动物和其生存的环境联系起来，帮助学生建立"宏观概念"之间的相互联系。

在设计一系列的主题单元过程中，首先是帮助学习者在即时环境中取得主控权，然后向外延伸，使他们能够在课堂外、家里和社区针对兴趣、需求和关心的问题展开讨论。同时，学生会在设计好的富于文化意义和文化贯连的语境中学习并使用新的语言。

主题设计能够解放各阶段的语言教师，使他们不再受现有材料的限制。从学生的角度来说，课堂变得更加有趣，学习效果更好。不论是初中还是高中阶段，外语教学设计都应该是基于标准的、有主题的、多学科的，并且是能够满足全体学生的需求和发展。贯连其他学科领域的跨学科价值能够有效地融合语言。

2.3.3 资料搜集

主题设计的第一个步骤是为设计过程收集资料和指导方针。这些资料和方针至少要包括以下内容：

1. 《面向世界的语言学习标准》，以及各州和地方外语标准。
2. 《ACTFL语言学习者语言运用能力描述》和《ACTFL语言能力大纲》为确定学习者属于何种能力水平提供必要的背景信息。
3. NCSSFL-ACTFL综合能力描述能够提供适合学生能力水平的详细条目。在某些情况下，为课程设计的地方、地区或州级别的框架已经存在。表2.4的语言功能表列出了语言学习课程中将要完成的基本语言任务。
4. 来自课程目录大纲或者当地文化产物、习俗和观点的一系列文化学习目标。
5. 核心课程及通识课程中其他学科内容的成果和标准，包括数学、科学、语言艺术、社会学、健康、音乐、艺术和体育。总的来说，主题单元相关内容能够成功地从当前所在年级或以前学习的概念和技能中获得。虽然在学前和小学阶段学生就能够成功地使用目的语交流大多数课程中的概念和技能，但是在中高年级的某些课程中，学生的语言技能可能还是不足以理解更为复杂的内容。

表 2.4　沟通功能

功能：以沟通为目的的语言使用方式	
（包括提出要求和做出回应）	
社交 - 使用不同的称谓 - 询问健康情况 - 问候 - 介绍 - 感谢 **交换信息** - 确认 - 询问或提供信息 - 描述 - 叙述个人经历 - 询问或表达知识 - 询问或表达观点 - 请求或给予许可 - 陈述必要性和需求 - 询问或表达喜恶/偏好 - 询问或表达愿望	**完成任务** - 请求 - 建议 - 做出安排 - 对请求、建议、邀请做出回应 - 邀请 - 指令 **表达态度** - 表达赞赏 - 表达同意/不同意 - 表达感兴趣/不感兴趣 - 表达友好 - 表达遗憾 - 表达歉意 - 表达需求 **进行交流并延续交流** - 吸引关注 - 表达困惑 - 要求重复或重新表述 - 询问如何使用目的语表达 - 询问如何拼写 - 请求他人解释刚才所说的内容

来源：改编自《澳大利亚语言等级指导手册：教学大纲的设计与编写》(*Australian Language Levels Guidelines*, Book2: *Syllabus Development and Programming*)。(Woden, A.C.T.：Curriculum Development Centre，1988)

2.3.4　建立主题中心

主题中心是课程研发的中心。主题中心的选择取决于学生和教师的兴趣爱好、已开设的其他课程的需求，以及应用和开发有助于提高语言能力的、适当且有用的语言功能和沟通模式的可能性。主题中心的焦点可以是学校通识课程中的任意话题，或者是出自目的语的文学作品或文化的某些内容。对主题中心的理解和基本问题都是围绕单元中的活动进行的，并且形成决策过程。主题的重要功能之一是聚焦有意义且有趣的信息和经历，从而带动语言的学习和使用。它同样有助于贯连概念和信息，使其更加易于理解和记忆。主题的选择要考虑到恰当的语言结果、显著且恰当的文化体验或强化通识课程中重要概念或技能的可能性。

每一学年的课程包括若干主题中心。各主题中心相互联系，每一主题单元都会系统地强化前一主题单元的学习内容，并且会为向下一主题单元过渡做好准备。鉴于中学课程呈现螺旋状上升的特点，各单元都会包含语言功能和基础词汇，并且逐步强化。各单元内容都符合学校或学区既定的主体语言框架。

在选择主题中心时需要注意以下因素：

- 学习者和教师的兴趣
- 与不同年级、不同年龄层次的课程目标之间的联系
- 与所教语言的文化背景相融合
- 故事形式——选择有趣的、逐步展开的故事线和具有清晰的开头、过程、结尾的故事
- 能够回答伊根（Egan）所提出的问题："为什么它对儿童（或任何年龄的学习者）有重要意义？"
- 对恰当且实用的语言功能和沟通模式的应用与开发
- 有意义的最终表现评价，使之与现实生活中的语言使用相关联

其他影响主题选择和开展的因素还包括全校和各学科关注的重点、节日活动、特别的学校活动或社区活动、足够的材料和资源，或者学校/社区某些人具有的背景，并且能够把这些背景知识带进语言课堂。

主题中心的焦点可以是学校通识课程中的任意话题，或者也可以是出自目的语文化或文学作品中的一个话题。较为宽泛的主题单元可以用两周的时间完成，例如探险或改变。其他单元的主题可能更加集中，建立在一个故事、一个假期或一个特殊场合（如生日聚会）的基础上。表 2.5 列出了大学先修课程所采用的一些主题。这些主题可以作为很多主题单元的切入点。格瑞斯学区的网站（见 http://www.greece.k12.ny.us）上也提供了主题话题列表。

2.3.5　从话题转入到主题

这一过程可以有多个切入点。这个切入点可以是基于课程中某个概念的一个观点或话题，也可以是一首诗、一个故事、一本书、一个学校或一个年级的关注焦点、一件艺术品或一位艺术家，或者是一段音乐、一位作曲家。

选好一个话题仅仅是第一步。下一个步骤是把话题变为主题。主题是一个单元的基础，它更为丰富，对于意义和目的也有着更大的可能性。话题通常包含一些零散的想法，主题却是一个"宏观的概念"，也更能聚焦单元内容。主题通常探究话题的重要性，为学习设定目标或设计活动，将课堂推向高潮。我们经常通过指引单元活动的焦点问题来表现这一目标。

表 2.5 大学先修课程[1] 主题

1. 全球问题	4. 个人身份和公共身份
• 多样性——宽容 • 经济问题 • 环境问题 • 健康问题 • 人权 • 营养和食品安全 • 和平和战争	• 异化和同化 • 信仰和价值观 • 性别与性征 • 语言和身份 • 多元文化 • 民族主义和爱国主义
2. 美与美学	5. 科学与技术
• 建筑学 • 世界艺术遗产贡献 • 审美标准 • 文学 • 音乐 • 表演艺术 • 视觉艺术	• 当前研究题目 • 发现与发明 • 道德问题 • 未来技术 • 知识产权 • 新媒体 • 科技对社会的影响
3. 家庭与社区	6. 当代生活
• 年龄和阶级 • 童年和青春期 • 公民责任与义务 • 习俗和礼仪 • 家庭结构 • 友谊和爱情	• 广告和营销 • 教育 • 假期和庆祝活动 • 住宅和居所 • 娱乐和运动 • 职业 • 人生大事及其庆祝仪式 • 旅游

来源：大学理事会（College Board）。

例如，"动物"话题可以提出常规课程中的概念，但是却缺少能够把它们联系在一起的焦点。如何展开这样一个单元？是否有足够的焦点让学习内容更加易于记住？我们如何保证这样一个宽泛的话题能够为学习者提供有意义的体验，使学习持久化？一个松散的单元有可能只会获得表面化的学习成果。相反，一个标题为"动物住在哪里"的单元焦点清晰，能提供丰富的学习机会。食物本身是一个静止的话题，却可以转变成"我们如何保持身体健康"或"早餐吃什么"一类的主题。在早餐单元，学生可以调查不同经济水平国家的早餐食物及其价格。

---

[1] 大学先修课程，Advanced Placement，简称 AP。——译者注

2.3.6 反思伊根提出的故事框架

基兰·伊根（Kieran Egan）提出的故事框架（见第3章）包括三个主要问题，它们和每个年级、某个单元、某一节课、某一项活动都有联系：

1. 这个话题中最重要的是什么？
2. 为什么它对学习者来说至关重要？
3. 这个话题从情感上来说最吸引人的是什么？

在《教与学的想象：中学阶段》（*Imagination in Teaching and Learning: The Middle School Years*）（Egan，1992：94）中，伊根建议要为年纪稍大的学生准备与之相关的附加问题。他还建议关注英雄和"人类的卓越品质"（如忠诚和勇敢），以及极端情况和"现实的局限性"。他对学生提出以下发人深省的问题：

- 这个话题集中展现了哪些人类的卓越品质？
- 在希望、恐惧、意愿或其他情绪中，这些品质将如何展现？

在基于主题中心设计一节课或一个单元时，语言教师还可以提出以下问题：

- 学生需要用何种语言交流本单元中的概念？
- 哪些活动能够帮助学生促进交流？
- 作为教师，我如何激励学生？
- 哪些材料能够帮助学生使新的信息变得更加清晰，并且使学习体验变得鲜活？
- 会获得哪些收获？
- 用哪些任务作为一个单元的结束能够让教师和学生明白他们的单元目标已经达成？

单元设计和单课设计必须包含为达成目标而设定的各种任务。

2.3.7 通过头脑风暴集思广益

头脑风暴是设计主题单元时的初级步骤，各种想法像一张网一样汇集在一起，同时由于彼此之间的意义相关并且有着共同的主题而相互联系起来。没有这一步骤我们也能够设计一个单元，但是头脑风暴网图的作用在于这张网图起到了组织认知的作用，是各种概念及其相互关系的可视化展示，使课程设计者能够以非线性的方式看到这些想法和活动是如何相互联系起来的。这张网图允许设计者向各个方向延展主题，并用有意义的分类和再分类充实话题（Pappas, Kiefer & Levstik, 2005）。虽然我们不能够将头脑风暴网图中的每个元素都融入单元当中，但是通过这种方式收集到的想法和活动为未来的课程设计奠定了基础。

构建这样一张头脑风暴网图的方式有很多，但是我们建议以学科内容为基础，因为这样能够使你想起那些可能被忽视的活动，为单元提供丰富的创意源泉。当然，围绕学科内容进行头脑风暴也能够把各学科贯连起来，与常规课程建立联系，并为学科内容贯连教学提供支撑。图

2.3 展示的是围绕学科内容的头脑风暴网图模板。图 2.4 是一张完整的头脑风暴网图。学科内容与贯连目标相关，头脑风暴网图由文化和沟通目标支撑。比较和社区目标则出现在每个学科领域的各项活动中。

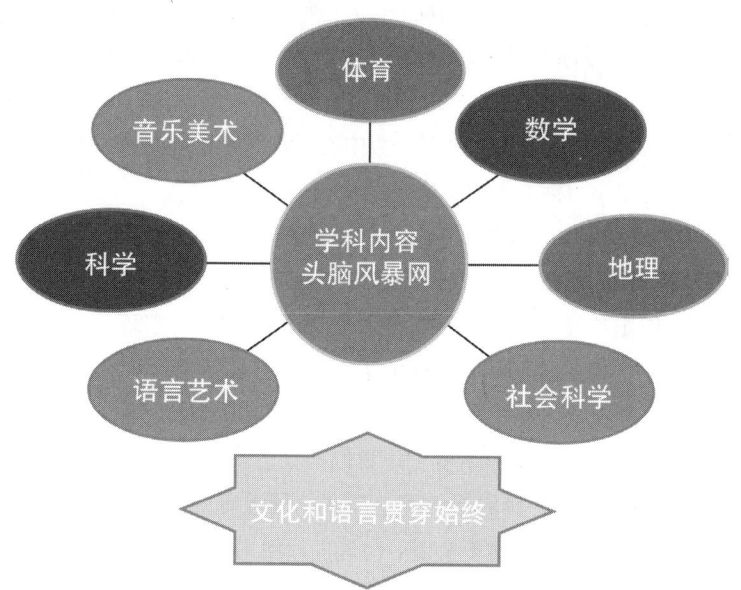

图 2.3 学科内容头脑风暴网图

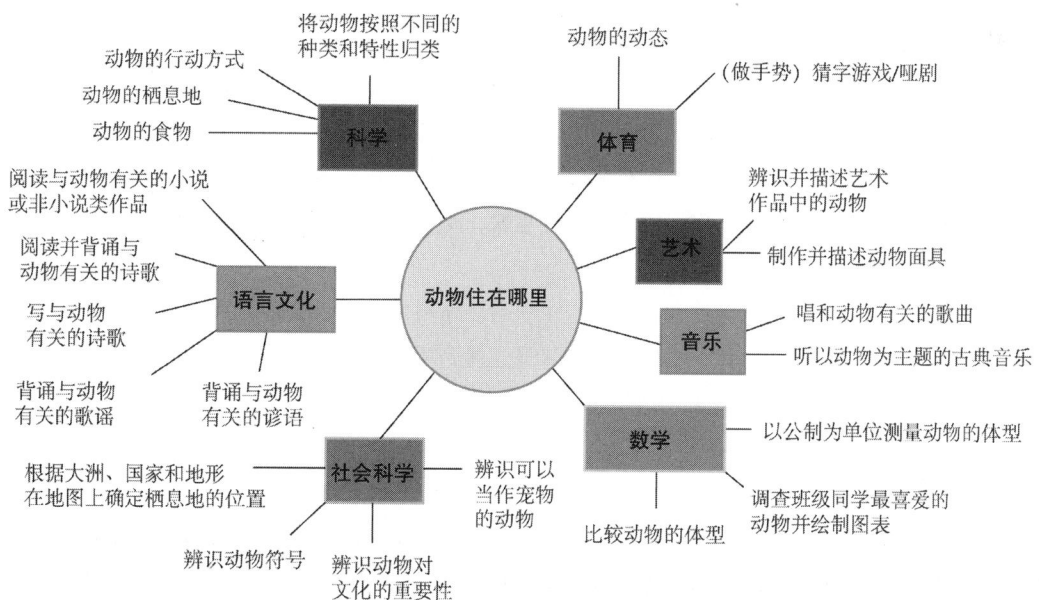

图 2.4 完整头脑风暴网图范例

2.3.8 确保语言、学科内容和文化目标之间的平衡

1. 功能性语言目标。这是恰当地安排主题的语言基础。学习的目标并不是语法项目和词汇表,而是语言的功能性运用,如请求许可、解释、指出方向、描述等。这些成果反映了《21世纪外语学习标准》(Standards for Foreign Language Learning in the 21st Century)中的沟通目标。
2. 学科内容成果/跨学科目标。这是对一般中小学课程中的概念和目标的强化和扩展,反映了《21世纪外语学习标准》中的贯连目标。
3. 文化目标。它反映了使用目的语的社区中的典型思维模式和行为——《21世纪外语学习标准》文化目标中的文化产物、文化习俗和文化观点。

在这三个目标中做出选择并且维持平衡是课程开发的基础。就像三条腿的凳子一样,每个目标的分量相等,才能基础牢固。语言、学科内容和文化之间的平衡非常重要,但并不是说在每个单元中都要维持平衡。它会根据你所教授的话题的不同而有所变化。我们不希望一门课程只教数学和科学,却忽略文化知识。我们不希望一门课程只进行语言练习,却不触及任何有意义的话题。我们也不希望一门课程只使用母语讲授目的语文化。如果一个单元侧重于学科内容教学,那么下一个单元可以侧重于文化知识。我们必须记住运用语言和理解文化观点是我们主要的目标。我们用课程内容去丰富语言活动,这样我们布置给学生的任务才能在认知上具有吸引力。

这三个目标之间有部分重叠,有时会带来麻烦。例如,在语言功能和文化之间的互动中,语言与文化之间的紧密联系显而易见。这种联系深厚且紧密,以至于有些时候很难在教学中把语言和文化分开。如此紧密的联系会使人们做出不当的假设,认为在使用语言的过程中会不可避免地讲授文化知识。有些时候,这种假设会导致我们无法识别语言课程中具体的文化目标和内容。维恩图解显示即使三个目标中可能存在重叠,但每个目标在教学中都起到重要的宝贵的作用,必须分开来认真设计。

文化和学科内容为有意义的语言运用提供机会。学科内容是综合性元素,将语言学习和学习者眼前的相关事物融为一体。文化对学习者通识教育中的语言课堂有着巨大的贡献。在平衡这三个基本要素的过程中,重要的是要避免象征性地选择琐碎的、表面化的文化和学科内容。

2.3.9 逆向设计

主题教学的另外一个重要基础是逆向设计。威金斯和麦克泰格(Wiggins & McTighe, 2005)在其里程碑式的著作《追求理解的教学设计》中描述了一种课程开发方法,这种方法的基础是将教育重心放在标准和表现性评价之上,并使其更加充实。设计过程分为三个阶段,见图2.5。

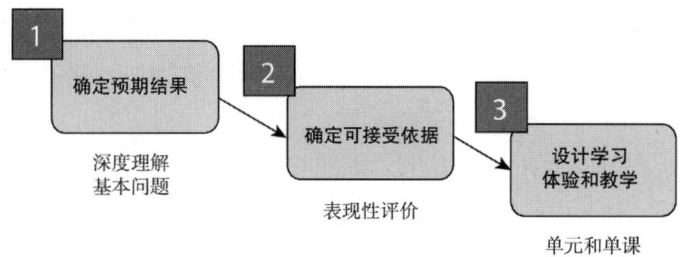

图 2.5　逆向设计过程中的各个阶段

第一阶段　学生应该知道些什么，又应该具备哪些能力

第一阶段是确定预期结果。他们所提出的问题类似于基兰·伊根（Kieran Egan）列出的"学生应该知道，理解什么，又应该具备哪些能力？哪些是值得去理解的？需要怎样的深度理解？"（Wiggins & McTighe，2005：17）。

第一阶段包括：

- 深度理解：深度理解是每个单元中的"宏观概念"。
- 基本问题：基本问题为每个单元提供焦点。
- 目标标准：目标标准是单元学习中的重要元素。它可以是全国范围或地方范围的外语学习标准，同时也要涵盖各学科内容标准。并不是每个单元都能够达到所有标准，但是每个单元都应该考虑到标准中建议的各种可能性。
- 学习目标：三组主要的学习目标或进展指标主导主题单元。学习目标应该在语言、文化和学科内容之间取得平衡。

第二阶段　学生如何展示所学的知识和具备的能力：表现性评价

在第二阶段，设计者确定展示学生达到预期结果和标准的可接受依据。评价可以是非正式的对理解程度的考查，也可以是一项表现性任务或项目（每个单元都要包括表现性任务或项目）。

在基于标准的课程中，总结性表现评价包括人际交流型任务、理解诠释型任务和表达展示型的任务实践，提供机会给学生展示他们在真实语言运用情境中使用本单元涉及的语言和概念的能力。

第三阶段　帮助学生做好准备展示所学知识和具备的能力

在第三阶段，教师设计学习体验和教学活动。在这一阶段，设计者需要：（1）确定学生需要掌握的知识和技能；（2）确定帮助学生获得这些知识和技能的教学活动；（3）确定需要讲授哪些知识，以及如何以最好的方式讲授这些知识；（4）确定材料和资源；（5）确定设计是否连贯有效。

2.3.10 组织单元设计模板中的信息[1]

单元设计模板中包含上述元素和下文将要提及的一些元素，形成一个图表，用来组织单元中的信息。表 2.6 是一个空白的单元设计模板范例，对设计主题单元很有帮助。表 2.7 是一个已经完成的模板范例，详细地解释了如何完成一个单元设计模板。

表 2.6　空白单元设计模板范例

题目/主题/年级/教师:

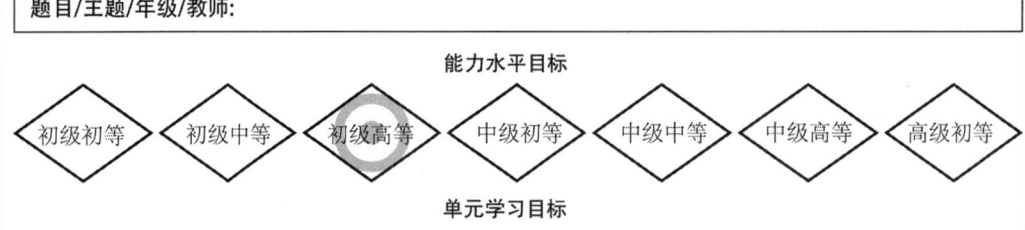

能力水平目标

初级初等　初级中等　初级高等　中级初等　中级中等　中级高等　高级初等

单元学习目标
学习者运用已学知识能够做些什么
单元焦点问题：（下面哪些问题会引导单元主题并使学习更加深入？）
目标标准或基准：（本单元需要达到什么样的州级或地方主要标准或基准？在整合其他课程领域标准时，这一部分尤其有帮助。）
学习目标（整体性的能力描述）：（列出具体的、拆分了的学习目标和能力描述。确保即使是在初级水平，目标也是通过关联语块来培养语言能力水平。仅列出学生能够做些什么。学生为了完成能力描述所必须知道的内容将出现在模板底部"单元语言、文化和学科内容"部分。）

单元表现性任务		
学习者如何运用已学知识展示他们能做些什么		
理解诠释型评价 听力或阅读	人际交流型评价 与人交流	表达展示型评价 口语或写作

主要活动
哪些主要学习活动能够帮助学生运用已学知识展示他们能做些什么
（列出主要活动。这并不能替代课程设计，而是设计出单元结构，帮助展示单元流程，精确地指出单元中最为重要的活动。部分活动还能起到形成性评价的作用。）

---

[1] 利用单元设计模板组织教学内容，帮助你了解你所强调的元素符合课程标准和基准。创建一个主题单元不是一个线性的过程，而是一个螺旋的过程。在此过程中的每一个步骤都需要我们去监督和调整，这样才能体现一个好的单元设计的特点和内容。

开头	（什么样的活动能够吸引学生的兴趣？为了激励学生，你将如何开始这个单元？）
过程	（仅列出与学习目标相关的主要单元活动。不需要列出你将在每一节课的课程设计里涉及的全部活动。）
结尾	（你将用什么样的活动结束本单元，让学生感受到这个单元的完结？这是将本单元推向高潮的活动。它可以是前面提及的任意表现性任务。）

单元语言、文化和学科内容（学生知道些什么）

语言		
语块 短语和句子结构	**基本词汇** 关键词	**结构** 支撑语言功能

文化		
产物和观点	习俗和观点	文化元素

学科内容贯连	
学习技能	学科内容

材料和资源		
数字资源	文本材料	小道具/实物/教具

表 2.7 单元设计范例：五年级健康主题单元设计

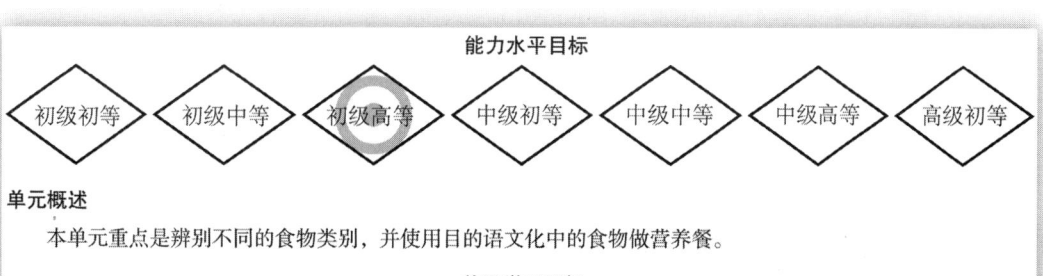

单元概述

本单元重点是辨别不同的食物类别，并使用目的语文化中的食物做营养餐。

单元学习目标
学习者运用已学知识能够做些什么

单元焦点问题： 我们如何知道怎样吃才算好？

续表

目标标准或基准：纽约市五年级食物和营养标准
学习目标（整体性的能力描述）： 　　我能够识别三种西班牙水果或蔬菜，并说出我喜欢或不喜欢它的味道。（理解诠释型/表达展示型目标） 　　我能够识别三种对强壮骨骼有好处的奶制品。（理解诠释型/表达展示型目标） 　　我能够识别三种提供能量的谷物。（理解诠释型/表达展示型目标） 　　我能够识别四种不同的食物类别，并说出多样性对健康饮食的重要性。（理解诠释型/表达展示型目标） 　　我能够说出一种食物我应该吃多少，以及这样吃是否健康。（理解诠释型目标） 　　我能够展示我的食谱和菜单列表。（表达展示型目标）

单元表现性任务

学习者将如何运用已学知识展示他们能做些什么		
理解诠释型评价 听力或阅读	人际交流型评价 与人交流	表达展示型评价 口语或写作
阅读食谱和营养标签 听同学描述一个菜谱的各个步骤	描述一份拉丁美洲美食菜单，并描述你最喜欢这种美食的哪些元素	给班级的参观者展示一份食谱（原产地和原料）及其步骤

主要活动

哪些主要学习活动让学生做好准备展示他们运用已学知识能够做些什么	
开头	在触摸水果实物之后品尝异国水果将激发学生的积极性，同时也可以用图表显示他们的喜好和厌恶。
过程	品尝来自各拉美国家的正宗食物，并用目的语与同伴讨论喜好。（如果可以的话使用原装包装） 采访同伴，并汇报他认为本单元中学到的食物味道如何。 描述食物并将其进行分类。 确认哪些食物有益于能量的补充及肌肉和骨骼的生长。 创建健康模式与非健康模式的对比，这样能够在食物和健康之间建立起具体的联系。 将个人饮食与西班牙菜单和食谱进行比较。 给一位观众背诵食物健康歌谣。 使用目的语阅读营养信息。 使用教师提供的食物创建均衡菜单，并用简单的目的语描述原料，解释为什么所选食物是健康的。 使用目的语阅读一份食谱。
结尾	学生将在教室举办食品展，展示他们所学内容，并邀请其他人参与或在社区中心展示他们的食谱。 学生将表演一首与健康饮食有关的歌曲。

续表

单元语言、文化和学科内容

语言

语块 词组和句子结构	基本词汇 关键词	结构 支撑语言功能
Me gust a No me gusta Le gusta No le gusta Me hace crecer Tomo decisiones 我喜欢 / 我不喜欢 您 / 他喜欢 让我成长 我做决定	Las frutas, las verduras hispanas, fuerte/débil, sano/dañino, importante, la fuerza, los huesos, los muslos, la energía, el plato, una variedad, la fibra, los carbohidratos, una fuente, los lácteos, los granos, proteínas, las grasas, las porciones, el tamaño de una ración, los embalses, las recetas, la fuente, las calorías, las vitaminas y los minerales, pirámide alimenticia 水果，西班牙蔬菜，强健的 / 虚弱的，健康的 / 有害的，重要的，力量，骨头，鸡腿，能量，盘子，品种（多），纤维，碳水化合物，一个大盘子，乳制品，谷物，蛋白质，脂肪，（定量的）份额，一份的量，（饮料）包装，菜谱，大盘子，卡路里，维生素和矿物质，食物金字塔	Gustar (me, le) Es Escojo Corto Bato Mezclo Cocino 使喜欢（我，您 / 他） (他 / 它）是　我选择 我切　　　我搅动 / 搅拌 我混合　　我做饭 / 做菜

文化

产物和观点	习俗和观点	文化元素
西班牙食谱中的食物、典型的融合菜以及不同菜系分别适合使用哪些食物	拉美菜单中主要的水果、蔬菜、蛋白质、豆类、鱼、猪肉、鸡肉、谷类（如大米和藜麦）	教师会给学生提供目的语食谱，让学生在单元结束时准备并展示一场典型的庆祝宴会

其他学科内容贯连

学习技能	学科内容
根据碳水化合物、蛋白质、水果/蔬菜或脂肪来分类食物 把食物种类和它对身体成长和健康的影响联系起来	纽约市《科学范围和序列》中有一个五年级的食物和营养单元 为描述的食谱选择相应国家的地形和国旗

续表

材料和资源		
数字资源	文本材料	小道具/实物/教具
访问http://www.goya.com，选择西班牙语	访问http://www.choosemyplate.gov，选择西班牙语	用实物水果或塑料水果展示目的语文化中的水果
访问http://www.exchange.smarttech.com，选择西班牙语的食物金字塔单元	访问http://www.enchantedlearning.com，选择西班牙语的食物金字塔单元	包装目的语文化中的健康食物和非健康食物

注：已获维多利亚·吉尔伯特（Victoria Gilbert）许可使用。

填写单元设计模板

这里列出的要素可能会随着所使用的单元设计版式的布局不同而有所变化，但是这些元素却是模板中需要涵盖的通用元素。这些元素可以被放置在界线地图集一类的课程地图框架中。

场景概述（可选）

用几个句子总结本单元，做出简短描述，包括开头和结尾。这有助于与其他教师分享单元设计。

学习者运用已学知识能做些什么

目标标准：地方标准和基准。这些标准和基准通常是整体性的主要描述。在整合《各州共同核心标准》中提出的标准和其他课程标准时，这一部分尤为重要。

学习目标：具体的能力描述，明确地指出本单元学习结束时学生根据已学知识能够做些什么（这些目标通常是描述学生能做些什么，而不是你将教些什么）。学习目标的数量取决于具体的单元。请记住学习目标必须是看得到的，要详细说明学生能够做些什么。在这一过程中使用确定、描述、证明、解释、分类等行为动词。

记住要想使单元内容深刻丰富，就要确保单元中包含文化、学习技能和通识课程的部分内容。单元内容应该使学生能够交流有意义的话题。这些话题来自于语言本身、文化和其他学科领域的课程。

学习者如何运用已学知识展示他们具备哪些能力

表现性评价：学生将在不同的时间点完成表现性评价（评价未必一定放在每个单元结束时），证明他们已经完成了学习目标。三种沟通模式（人际交流、理解诠释和表达展示）要分别进行评价。每次评价都要列出评分细则，详细说明预期。

使学生做好准备运用已学知识展示他们具备哪些能力

主要学习活动：模板中，这一部分包含了单元中的主要学习活动，但并不是涵盖所有的同伴小组活动、游戏和练习。完成这一部分有助于看清整个单元结构。它并不是包含了所有活动的完整列表，而只是单元中主要活动的总体框架。在"开头"部分，写出为了激发学生的积极性，你将如何开始这个单元。在"中间"部分，列出单元中主要的技能培养活动。"结尾"部分阐述你将如何结束这个单元，并列出将课堂推向高潮的教学活动。在撰写课程计划时，你还将列出其他的单元活动。

单元中的语言、文化和学科内容（学生知道些什么）

语块（短语和句子结构）

列出语块和短语。让学生说出短语和句子，使单元目标不仅仅是单个的单词，这极为重要。一旦学会了这些语块，学生就能够把这些语块与衔接词（如"和、但是、因为"）联系起来，培养语言能力。

基本词汇（关键词）

列出单元中的基本词汇。你不需要列出每一个词，但是列出的词要给出详细的解释，使词汇范围清晰。例如，"形容词，如'高的、矮的、冷的、热的'"，而不单单是"形容词"。这有助于确定本单元的词汇范围。

结构（支撑语言功能）

列出本单元中学生将会使用的语法内容。单元语法目标是沟通目标的支持。学生需要在一个有意义的语境中练习语法结构。学生需要实际使用语法结构，而不是通过分析和操练来学习。

文化

列出单元中的文化元素。

学科内容贯连

列出布鲁姆分类法（Bloom's Taxonomy）或《各州共同核心标准》中的学习技能和过程。在学科内容部分列出其他学科领域（如社会学或科学）中的话题。

基本材料/资源

完成这个单元需要哪些材料？按照书名和作者列出书籍，给出歌曲的名字，并给出网站地址。尽可能详尽地列出这些信息。请记住其他人想要从你设计的单元中获益。

2.3.11　主题设计中的一些挑战

把一个主题单元中的内容放在一起，有时会有太多潜在的贯连，以至于很难知道应该何时结束！似乎并不是所有在头脑风暴过程中收集的活动都能用到当前的单元中，这就是它应有的发展方式。这些好的想法并不会浪费，因为大部分可以在以后的单元中使用。

我们也要适度地掌控主题教学。本书的作者之一听说了这样一个故事：一位小学老师决定在她的课堂上讲授与"熊"有关的内容。她的学生用带有泰迪熊图案的计算器做数学题，解答跟熊有关的问题，读一个又一个关于熊的故事，吃小熊饼，制作以熊为主题的布告栏，等等。虽然这些活动中的每一项单独看来都很吸引人，但是"熊"作为课堂焦点的时间过长，导致一个学生发问："我们还要继续讨论熊吗？"这个故事告诉我们要留意话题讨论的深度，还要衡量学生对话题的感兴趣程度。尽管这个例子是基于话题的，并不是基于主题，但是它还是让我们认识到一定不能过度使用任何材料。在进行主题设计时，直觉的判定力要起到掌控作用。

在设计贯连学科内容的主题单元时，我们并不期望学习者能掌握单元中涉及的全部学科内容。沉浸式教学和双语教学要求学生必须掌握该年级所在级别的全部课程。而在贯连学科内容的教学中，我们是将不同学科领域贯连普通学校课程，为学生提供丰富的、引人入胜的语言材料。贯连学科内容的教学重点是把语言学习和学科内容作为工具，使学习过程更加吸引学习者。

2.4　设计能够引导学生达成能力水平目标的教学方法：单课设计

书面化的课程设计的重要性不能被过度渲染。详尽的书面课程设计和教师在实际教学环境中的创造性和灵活性是相辅相成的。很多早期的语言课程课堂时间有限，不能给孩子们提供足够的目的语学习体验。在课堂时间有限的情况下，只有精心的设计才能避免浪费时间。在设计每一节课的时候要考虑以下问题：为确保学习者完成这一节课的学习应该使用哪些活动？教师应该做些什么？学生应该做些什么？

2.4.1　学习目标 / 目的 / 成果

认真规划书面学习目标（有时也叫作能力描述、目标、成果等）有助于教师设计相关活动，加强每节课之间的连贯性。有效的学习目标通常能够描述出在每节课结束时学生能够做些什么。学习目标中使用行为动词描述观察到的学生活动。"教""学""理解"一类的动词并不实用，因为它们描述的是过程不是目标，而且本质上来讲它们不易于察觉。通常每一个目标都以"学生能够……"这样的表达方式开头。

下面的例子是小学初级语言课程的单课学习目标。

沟通

- 能够恰当地与老师或同学互相问候。
- 能够在日历上指出听到的日期。
- 即使不是按照顺序排列，也能够识别数字 0~5。
- 无论是自己一个人还是在小组活动中，都能够对以下指令做出正确反应：

起立	坐下
指出……	触摸……（颜色、数字、身体部位）
走路	转身

文化

- 能够识别与目的语文化中的庆祝、传统、节日或重大事件相关的物品和图片。
- 能够模仿目的语文化中常用的课堂手势和礼貌性表达。
- 能够描述目的语文化中的一件重大事件。

贯连

- 能描述天气和季节。
- 能够根据特性（如颜色、形状、长度）描述物体并将其分类。
- 能够说出并展示物体的相对位置（如"在……上面""在……下面""里面""外面"）。
- 能够识别简单的地形。
- 能够识别常见动物，不论是自己文化中的，还是目的语文化中的。
- 能够将食物分类（如水果、蔬菜、谷物和肉类）。
- 能够识别自己或他人美术作品中的元素（如形状和颜色）。
- 能够识别并正确使用表达尺寸、货币和时间的术语（如以厘米为单位测量衣服的大小、清点目的语国家的货币、说出时间）。
- 能够在地球仪或地图上根据视觉或口头线索找到目的语国家。
- 能够在老师的帮助下通过把重要元素以图表或表格的方式来复述故事。

2.4.2　单课设计模板

语言教育顾问格雷格·邓肯（Greg Duncan）曾在逆向设计的基础上创建了一个课程设计模板，见表 2.8。这个模板非常简单，却有效地展示了逆向设计的三个阶段。表 2.9 是基于这一模板的单课设计范例。要确保在课程设计中让学生明确地知道在本节课结束后他们能够做些什么，也要让他们了解本节课的活动顺序。

表 2.8 单课设计模板

单元 _____	第 ___ 课 _____
年级 _____	授课时间 _____
第一阶段：学习者在本节课结束时能够运用已学知识做些什么？	
掌握 本节课的学习目标是什么？	**了解** 为了达成本节课的学习目标，学习者需要知道哪些词汇、语块，贯连哪些学科内容和文化背景？

第二阶段：学习者在本节课结束时能够运用已学的知识展示些什么？
　　学习者需要做些什么来展示他们达到了本节课的能力描述的要求（学习任务 / 活动 / 形成性评价）？

第三阶段：学习者如何运用已学知识展示他们能做些什么？
开场学习活动 *
学习活动
学习活动
学习活动
结尾学习活动
……

本节课需要的材料

反思 / 笔记

　　* 活动的数量根据每节课分配的时间不同而有所不同。

注：已获格雷格·邓肯（Greg Duncan）许可使用。

格雷格·邓肯和米里亚姆·麦特（Duncan & Met，2010；http://startalk.umd.edu）在上述课程设计模板的基础上又添加了以下问题。

> **第一阶段**
> **掌握** 你想要学生在本节课后能够做些什么？
> 　　　　这应该是真实生活中的语言运用。
> **了解** 学生在完成你所设定的目标时需要知道哪些词汇、结构和 / 或文化知识？
>
> **第二阶段**
> 　　你如何知道学生能够达到你所提出的目标？他们将如何向你展示？
>
> **第三阶段**
> 　　课堂活动是否能够……
> 　　□ 在期待成果展示之前提供足够的机会去理解新的单词。

- ☐ 给学生各种各样的机会在直观的语境中听到新的单词或表达，使意义更加明了。
- ☐ 为学生使用这些单词和短语提供一个真实的目的。
- ☐ 让所有的学生都参与（而不是一次吸引一两个学生的注意）。
- ☐ 给学生一个需要或想要关注并且完成任务的理由。
- ☐ 逐步转换不同层次的教学深度和学生的肢体参与程度。
- ☐ 尽可能合理地利用教学时间。
- ☐ 参考学习者的年龄来确定适当的学习时长。
- ☐ 让学生而不是教师成为积极的参与者。

设计每项活动时，还可以考虑……
- ☐ 在活动中教师做些什么？
- ☐ 学生做些什么？
- ☐ 活动的时长？
- ☐ 教师需要准备哪些材料/资源？

注：由格雷格·邓肯（Greg Duncan）和米里亚姆·麦特（Myriam Met）开发。

表 2.9　健康单元单课设计范例

第二课：西班牙语国家的蔬菜	
教师：维多利亚·吉尔伯特（Victoria Gilbert）	五年级能力水平目标：初级高等
本节课学习目标	
学习者在本节课结束时能够运用已学知识做些什么	
掌握	了解
能够识别三种西班牙语国家的蔬菜。 能够说出我喜欢或不喜欢它们的味道。 能够说出我的同伴喜欢或不喜欢它们的味道。	me gusta, no me gusta, le gusta, no le gusta, las verduras, el chayote, la yuca, las arvejas, las zanahorias, los ejotes, la batata/el camote, ovalado, redondo, puntiagudo, comida basura/dañina, comida saludable, las vitaminas, los minerales, sano/enfermo 我喜欢，我不喜欢，您/他喜欢，您/他不喜欢，蔬菜，佛手瓜，木薯，豌豆，胡萝卜，嫩豆角，红薯，椭圆形的，圆形的，尖头的，垃圾食品/有害食品，健康食品，维生素，矿物质，健康的/生病的
评价	
学习者将如何运用已学知识展示他们能够做些什么	
理解诠释型评价：学生能够在 TPR 练习中正确地识别蔬菜。 人际交流型评价：学生能够采访一个同伴，并讲出他们的喜好。	

续表

活动
学习者将如何运用已学知识展示他们能够做些什么
（1）选择三到五种蔬菜的图片，运用 TPR 技巧让学生听并说出这些蔬菜的名称。（图片可以重复，每个孩子都要有一张图片。）给出简单的指令，如 "levanta el chayote, baja el chayote, levanta la yuca, baja la yuca"（把佛手瓜举起来，把佛手瓜放下来，把木薯举起来，把木薯放下来），并逐渐加快速度，让学生明白这个游戏的目的就是让他们跟不上速度。级别稍高的学生能够模仿老师的样子给出指令。直到老师故意说出错误的蔬菜名称时，学生仍能够确认图片上的每种蔬菜，游戏结束。老师："Es un chayote?"（这是一个佛手瓜吗？）学生："No! Es una yucca."（不是的！是木薯。）
（2）在篮子中放置蔬菜实物。说出蔬菜的名称或者说出一个与它有关的句子（如颜色），然后把蔬菜传递给其他人。让学生尝试匹配蔬菜的外观图和剖面图（在活动结束后切开蔬菜来确认他们的预测）。按照颜色、形状或大小将蔬菜分类，让学生预测是否会喜欢这种蔬菜。
（3）在一个单独的容器里放置足够的预先烹饪好的蔬菜串。每个学生一串。按照顺序品尝蔬菜，每次可以品尝一块。让学生告诉一个同伴，"Me gusta la/el ____"（我喜欢 ____）或 "No me gusta el/la ____"（我不喜欢 ____）。然后同伴告诉老师 "A María, no le gusta el____"（玛利亚喜欢____）或 "Sí le gusta e____"（她确实喜欢____）。当品尝完之后，老师用一幅柱状图总结全班同学的蔬菜喜好。
（4）在海报板上展示健康的孩子和生病的孩子的图片，介绍有关健康和疾病的知识（分成两部分）。让学生把水果、蔬菜或垃圾食物的图片正确摆放在相应位置，回顾水果和蔬菜如何有助于保持健康。给学生介绍健康和疾病的知识，并描述图片上的食物。|
材料
蔬菜图片，剖面图和外观图，完整的蔬菜实物，刀和案板，一些烹饪好的蔬菜（将蔬菜切块并以同样的顺序穿成串），盘子和餐巾纸，横坐标轴为蔬菜的种类、纵坐标轴为喜欢某一种蔬菜的学生总数的坐标纸；用来绘制柱状图的图纸，贴有一个健康的孩子和一个生病的孩子图像的海报板（在下面放半个粘贴挂钩和环形贴），让学生把健康蔬菜和垃圾食物的图片（用另外一半的粘贴挂钩和环形贴）贴到海报板上相应的位置。

马里兰大学星谈项目（Startalk Program）开发了一个完整详尽的单课设计指南，名为《单课设计指南：从理论到实践》(Lesson Planning Guide: From Paper to Practice)（详见 http://startalk.umd.edu/lesson-planning）。

尽管上述单课设计模板看起来非常简单，但是也涉及很多复杂的细节。下面是第三阶段单课大纲中的一些细节。

第三阶段描述活动的每个步骤和程序以及每个步骤的时间分配。在设计课堂流程时，要谨记你从认知学专家那里学到的知识。一节课开始的五分钟和最后五分钟是学习的关键时刻，必须要十分谨慎地利用这段宝贵的学习时间，并确保这段时间没有浪费在日常活动或没有挑战性且没有目标的活动上。

- 热身活动：帮助学生完成从之前的其他活动到语言课堂的转换，通常包括常规的开场活动。
- 介绍：介绍本节课的内容，并告知学生本节课的目标。
- 课堂活动或程序：一步一步地指导你如何呈现本节课的主要部分以及学生如何就本节课

的要素展开练习。给学生展示日程表，使其知晓本节课将进行哪些内容。确保你设计的活动类型丰富，因为初级的语言学习者需要多样性。如果一项活动时间过长，他们无法持续集中注意力。埃里克·詹森（Jensen, 2005）认为幼儿园到二年级的孩子注意力最长能够集中 5~7 分钟，三到七年级的孩子注意力最长能够集中 8~12 分钟，八到十二年级的孩子注意力最长能够集中 12~15 分钟。

- 结尾：你将如何结束本节课？这将是把本节课推向高潮的教学活动，也是学生展示刚刚学到的知识的机会。

后续活动 / 作业

本节课的学习有何后续活动？如果布置了作业，请在此列出作业，并显示此次作业是否需要使用课堂讲义。

反思 这节课效果如何？在这一部分记下下次讲授这一课时需要注意的事项，或者下次见到这个班级时需要注意的事项。在此也可以列出对学生个体观察的结果。

其他因素 提前设计课堂策略是十分重要的，这有助于满足班级里各类学生的需求。例如，对差异的关注（详见本章），或针对有特殊需求的学生做出适当的调整。

2.4.3 与学生分享单课设计

在黑板上写出单课设计或单课大纲实际上能让学生对他们即将体验的各种活动有所期待，并且感受到学习进度贯穿整节课乃至所有的学习材料。老师让学习者提醒自己下一项活动是什么，或邀请他们从剩下的活动中挑选一项活动，因此课程设计本身成了有意义的语言交流和语言练习的目标。在一些高级别班级中，老师会在黑板上用句子写出每天的日程安排。在每节课或每天结束时，他们会用过去时态改写这些句子，确认完成了所有的活动，而这本身也是一项课堂活动。老师并不会直接讲解动词时态的变换，取而代之，他可能会问："这个句子现在（时态）不对了，我们应该怎么改正这个句子？"在一些班级里，尤其是在使用沉浸式教学的班级里，修改好的每日日程安排可以写进班级日志，作为班级历史保存下来。

2.4.4 单课设计中需要考虑的因素

热身活动

每一节语言课，无论时间长短，都应该以简短的热身活动开始。在这段时间里，要运用完全熟悉的语言内容进行交流。热身活动有以下几个目的：

1. 它是对学习内容的回顾，也是介绍新内容的基础。
2. 它帮助学生从刚刚结束的母语授课课堂转换到用目的语思考的强化学习体验中。
3. 因为热身活动中使用的语言相对简单，能够帮助学生建立或重建信心，让他们相信自己有能力使用目的语进行交流。在热身活动中，每个孩子都应该有机会用目的语说些什么，不论是以个人、小组或更大的团体形式。

4. 它给老师和学生提供了分享各自性格和兴趣的时间——他们一起谈论好恶、家庭、天气（以及他们如何应对各种天气）——他们能够在一个更有条理的环境里个性化地运用先前学过的内容。

热身活动并非即兴的。它必须经过认真的设计，涵盖各种材料和策略。

新旧材料的平衡

在学习者能够恰当地使用新材料完成功能性和交流性目的之前，他们需要针对这些新材料进行大量的练习。每节课应该既涵盖新材料也涵盖一些熟悉的旧材料，新旧材料的平衡度每天都有所不同。教师的任务之一是让旧材料看上去像新的，而新材料看上去是熟悉的。教师必须设计出不同的语境进行练习，防止学生对练习感到厌烦，也要让学生感受到进步——旧材料看上去总是新的是因为沟通信息的语境是新的，而且信息沟通的需求也总是新的。例如，当孩子刚刚接触到数字的时候，他们可能会数物品、唱数数儿歌、猜测藏在老师手中的数字、参与有关数字的游戏、用数字卡片做推理游戏、掷骰子并报出骰子上的数字、唱和数字有关的歌曲、做数字接龙游戏等。教师可以告诉学生在目的语文化中怎样用手指表示数字，因为其他文化中用手指表示数字的方式可能和本国人的方式完全不同。每项活动都是新的语境和新的挑战。但是，在此过程中，学习者有足够多的机会练习数字词汇，直至流畅自然。

引入新材料

在引入新材料时，教师尽可能地让新材料建立在学生已经学习过的材料的基础上，让学生的安全感和自信心最大化。例如，在课程的第一天，教师可以指出一些母语和目的语的关联和同根词，并且告诉学生他们已经熟知目的语中的很多单词，只是没有意识到而已。当学生第一次听到一首歌、一首诗、一个故事或其他信息时，教师可以邀请他们来识别熟知的单词和短语。为了更好地让新材料看起来很熟悉，教师可以有意识地在星期一的课上引入新材料。在星期三或星期四，这些材料就会出现在更为宽泛的语境中。这样，这些材料就不再是完全陌生的——熟悉的材料已经呈现在那里了。

例如，一位同学星期四过生日，德语老师决定教一首生日歌：

Zum Geburtstag viel Glück!	祝你生日快乐 / 好运！
Zum Geburtstag viel Glück!	祝你生日快乐 / 好运！
Langes Leben und Gesundheit!	愿你健康长寿！
Zum Geburtstag viel Glück!	祝你生日快乐 / 好运！

星期一，老师在游戏过程中介绍了如何表达"祝愿好运"（viel Glück），并且对比了美国文

化和德国文化中表达"祝愿好运"的手势，即在美国是用交叉手指的方式来表达，而在德国是以按压拇指的方式表达。这一表达在整整一周的时间里都会不断重复出现。星期二课上讲的是长和短（kurz 和 lang）这对反义词，通过在黑板上完成 TPR 练习来强化它们的用法，即要求学习者画出留着长头发 / 短头发、长手长脚 / 短手短脚、长耳朵长鼻子 / 短耳朵短鼻子的怪兽。在星期三课上，老师假装感冒了，不断地打喷嚏。老师发现很多学生都说出了"祝你健康"（Gesundheit）（对打喷嚏的人的祝愿）这句话，因为这句话对他们来说已经比较熟悉了。到了星期四，生日歌中唯一的生词就是"生日"（Geburtstag）这个词，老师通过展示生日蛋糕和礼物来解释"生日"一词；而"生命（Leben）"一词则通过对比一个 96 岁的老人和一个 2 岁的孩子的生命长短来解释。在听过生日歌两三遍（尽可能少的重复）之后，学生们已经可以唱这首歌了。

每天的课程设计都应该有这样的衔接。教师要不断地帮助学生意识到这些衔接，这样学生会发现语言学习与其他学科有所不同，是一个累积的过程。而在学习其他学科的过程中，为了考试而学习（考试结束后忘得一干二净）的情况有时是可行的，也是经常发生的。

教学常规

每节课，尤其是在小学阶段，都要有一定数量的常规的、可预测的固定模式的课堂活动。在这段时间里，学生要进行大量的语言重复和固定模式的师生互动。很多小学都是以日历上的活动和天气预报活动开始一天的课程的。这就是典型的固定模式课堂活动，能够给学习者以安全感，并且为接下来将要在课堂活动中讨论的内容提供有意义的线索。当排队离开教室或在教室里变换活动内容时，也经常会用到一些特定模式的常规活动。很多教师也会利用收发试卷的时间进行常规活动。

在做日历活动时要注意：它尤其适用于初学阶段，但是在学生的语言学习取得进步之后，日历活动应该占用尽可能少的课堂时间，让学生有更多的时间去关注正在学习的内容。在有些班级里，即使学生早已不再需要这样的语言练习，日历活动仍旧年复一年，从未变过。这样一来，浪费了本应用来学习更加吸引人的新知识的时间，同时也影响了学生的学习进度和动机。

多样性

每节课都要有一定数量的不同种类的活动。总体来说，班里的学生年龄越小，每节课需要设计的活动种类就越多。随着年龄的增长，孩子注意力持续的时间会变长，但是即使是中学或高中阶段，课堂活动也尽量不要超过 10 分钟，通常 5~8 分钟为宜。

在设计活动时，要注意到活动对老师和学生精力的要求。教师在设计活动时可能要考虑兴奋度、运动度、身体参与度和口头参与度的最高值和最低值。教低年级学生的语言老师应该利用每节课结束前的活动帮助学生为接下来的其他科目的课程做好准备。以一个让学生兴奋、吵闹或者处于不可控状态的活动结束一节课很难赢得下一节课任课老师的赞赏与合作。

每节课，课堂活动应该是平衡的，包括：动静平衡，大组活动、小组活动和同伴活动之间的平衡，或单方面交流和双方交流之间的平衡。对于学习者来说，提出问题和回答问题的机会都很重要，尤其是在 TPR 为导向的课堂里，给出指令和做出回应都很重要。改变节奏，同时让活动不仅局限于课桌或学习小组的范围是明智之举。歌曲、游戏和伴有动作的歌谣都可以改变课堂的节奏和重心，同时也可以深化沟通目标。

互动式家庭作业

很多老师认为家庭作业是连接语言课堂和家庭学习的有效方式。当他们要求学生完成家庭作业并由家长在作业上签字时，家长会更多地意识到孩子在课堂上做了些什么，而这将转化为对学习更加有力的支撑。学生可以读一本书或一个故事，说出饭桌上所有食物的名称，教给家庭成员一系列的 TPR 口令，伴随手势表演一个故事，或者给卧室的每件物品贴上标签。类似的家庭作业实际上还有很多。佛罗里达州皮内拉斯县的教师们用一系列的互动式家庭作业作为评价工具（见第 9 章）（Gilzow & Branaman, 2000）。对于那些课堂时间有限的课程来说，互动式家庭作业能够增加学生接触第二语言的时间。

大脑研究中的首因和近因效应（primacy-recency effect）

大卫·索萨（David Sousa）认为活动在一节课中放置的位置极为重要，因为在一个学习时段里，我们往往对最开始的部分印象最深刻，其次是课程结束前的部分。而一节课的中间偏后时段讲授的内容往往是我们印象最不深刻的。索萨（Sousa）告诉我们，这并不是新的发现，早在 19 世纪 80 年代就已经首次公开发表了关于首因和近因效应的研究。这一理论的重要延展之一就是新内容的学习必须要安排在学习开始的时段（黄金时间段 1），总结性的内容要放在学习结束的时段（黄金时间段 2），中间的时段（非黄金时间段）可以用来查考勤、检查作业、宣布事情、做练习或者复习。图 2.6 详细地解释了这一理论。

值得一提的是随着课堂时间的延长，非黄金时间的比例也会增加，因为信息进入活跃记忆区间的速度要比大脑对信息进行分类整理的速度快。索萨（Sousa）建议把课堂时间分割为小的区

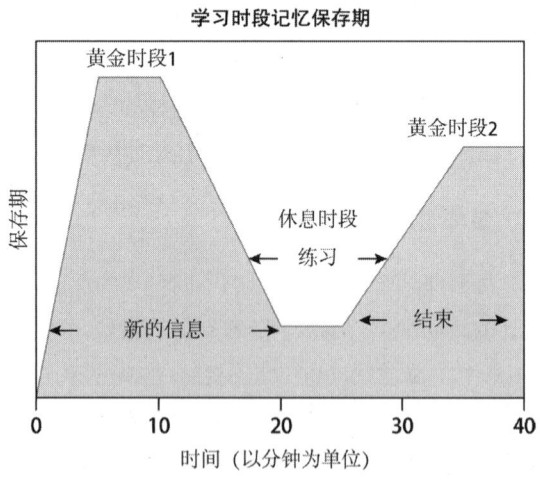

来源：索萨（Sousa）。

图 2.6 学习时段内记忆保存期的首因和近因效应研究

块。因此，一节80分钟的课可以分割成2节40分钟的课程，其中包括黄金时段1、非黄金时段和黄金时段2，甚至可以分割成4节20分钟的课程，因为这样可以产生更多的黄金时间段。所以在设计课程时，必须要首先考虑学习效果的黄金时间段。

2.4.5 差异化教学

我们知道所有的学生都是独一无二的个体，他们把自己的优势和需求带进课堂。我们也知道每个人都能学习一门语言，但是每个人的学习方法、学习进度各不相同，而且学习目的也不尽相同。鉴于这一事实，差异化教学尝试为学生吸收信息和理解概念提供多种选择。同时要求教师的教学方法要灵活，并且要针对不同的学习者调整课程和信息的呈现方式，而不是一味地期望所有的学习者都能用同样的方式完成课程要求。差异化教学的目的是通过了解每一个学生并在学习过程中给他们提供帮助，使他们的成长和个人成功最大化。

在差异化教学的过程中，所有的学生学习同样的概念，但是方式不同，复杂程度也各不相同。差异化教学的关键是为学生提供多种选择，并且给学生布置符合他们各自学习状态的任务。无论学生做出何种选择，学习目标必须是相同的：相同的关键知识和技能。差异化教学是基于如下观念（Tomlinson，2001）：

- 学生的学习状态各不相同。
- 如果学生在课堂上能够积极地学习、制订决策、解决问题，这样的课堂会比那些千篇一律、视学生为被动接受者的课堂更加自然、有效。
- 从重要的概念中获得意义是课程的重点，要避免"蜻蜓点水"式的教学。

课程差异可以反映在以下三个方面：

1. 内容：教师希望学生学习的概念、原理和技能。所有学生都能够接触到同样的核心内容，并没有因为学习者学习较为吃力而减少他们的学习内容。他们和其他同学学习同样的宏观概念，只是方法和复杂程度不同。
2. 过程：在吸收学习内容时可以有多元选择。活动帮助学生理解讲授的概念和技能。根据学生的接受情况，教师让一些学生参与较为复杂的活动，也会为其他学生提供更多的帮助。
3. 成果：给学生多元选择去决定如何表达他们掌握的内容。灵活的分组和阶梯式活动是差异化教学的两个基本要素。教师可以通过小组或单个学生的教学使全班整体教学有所不同。可以把学生按照接受情况、兴趣或学习状态分成小组。各组的特征不必完全相同。在进行阶梯式活动时，教师要确保在每组讲授的概念和技能相同，但是在学习的复杂程度、抽象程度和开放性上学生可以有多种选择。在后面的论述里有多个有关阶梯式活动的例子。

威洛比（Willoughby，2013）建议教师在执行差异化教学时可以使用以下策略：

基于内容的差异化教学

- 用预备考试来衡量每个学生应该从哪里开始展开给出的话题和单元的学习。
- 鼓励按布鲁姆分类法中的各认知层次进行思考。
- 使用各种教学方法来应对不同的学习风格。
- 把任务分成较小的、可控的部分,并且每个部分都有清晰的指示。
- 选择宏观的教学概念和技能,使其在不同复杂程度中都能够被理解。

基于过程的差异化教学

- 接触各种针对不同学习喜好和阅读能力的材料。
- 开展面向听觉、视觉和动觉学习者的活动。
- 安排探究式独立学习活动。
- 设计对复杂程度和抽象思维程度要求不同的活动。
- 运用灵活的分组方式把学生按内容、能力和评价结果等因素分组和再次分组。

基于成果的差异化教学

- 运用多种评价策略,包括表现性评价和开放式评价。
- 平衡教师指定活动和学生自选活动的比例。
- 让学生能够选择反映不同学习风格和兴趣的活动。
- 使评价成为一个持续、互动的过程。

苏珊娜·伊鲁霍(Irujo,2004)提出了一些有关差异化教学的宝贵理论:

1. 差异化教学不同于个性化教学,并不是每个学生都学习不同的内容。他们学习相同的内容,只是方式不同。教师不需要对每个学生单独授课,差异化教学是用不同的方式、在不同的水平上完成同一任务,让所有的学生用自己的方式完成任务。
2. 你必须要了解学生必须达到的标准和他们已经达到的标准,这是差异的基础。为了掌握这些信息,你必须在观察学生课堂活动表现的基础上建立一个切实可行的记录体系。
3. 如果课堂管理存在问题,你需要在开始差异化教学之前解决这些问题。很多老师都是在一节课上到一半才开始区别学生的差异,因为这是他们能够掌控课堂的唯一方法。
4. 只有每次做出微小的改变,这改变才有成效。很多老师错误地试图一次性做出巨大的改变,却发现什么都没有改变,因为他们不能同时关注很多新的事物,最后只好放弃尝试改变。
5. 读一些关于差异化教学的例子,并与其他正在尝试差异化教学的老师讨论,这很有益处。但是,要记住在其他环境里有效的方法在你的环境里也未必有效。

纽约圣戴维学校的维多利亚·吉尔伯特（Victoria Gilbert）运用差异策略进行西班牙语教学。以下是她对自己在健康主题单元中设计的活动做出的评论。在这个单元中，她把印加文明和健康结合在一起。

通过对比印加饮食和现代饮食的差异来学习食物主题单元，使用与吃有关的动词、"我喜欢/我不喜欢"等表达方式，讨论每天在教室里吃些什么零食——这也是日常惯例的一部分。学生也会练习询问同伴一日三餐都吃什么。表 2.10 显示了在内容、过程、成果等方面的差异。教师使用差异化教学应对班级里多元的学习风格。根据内容、过程和成果的差异进行教学是明智的做法。

表 2.10　印加饮食和现代饮食的差异

内容	我吃了些什么	印加人吃些什么	我喜欢吃什么/不喜欢吃什么	健康食物选择
过程	视觉图片	品尝印加食物	有道具辅助的游戏	有关食物选择的歌曲
成果	说出你的同伴早餐、午餐、间食或晚餐吃了什么	填写关于印加美食传统的小册子	写出你早餐、午餐、间食或晚餐吃了什么	配合手势表演歌曲

如表 2.11 中显示的系列问题所示，吉尔伯特（Gilbert）在她的班级里使用了差异化教学，同时也确保了教学涉及更深层次的思考。这些系列问题出自表 2.7 中的健康主题单元。

表 2.11　差异化教学系列问题

记忆	用 TPR 动作代表"X"	指出白色美洲驼。
记忆	回答是非题	这是一只美洲驼吗？
理解	辨别某个事物	这是一个_____，还是一个印加徒步信使？
应用	详细描述某个事物的特征	徒步信使是什么样的？（参考答案：快速、聪慧、步行等）
应用	融合两个或更多元素	徒步信使的工作是什么？（跑向下一个邮局，传递信息） 你会用什么吃这个东西？
	比较两个事物	你更有可能会吃哪种水果？
分析	分析并汇报某个事物的重要性	印加国王从印加人的结绳语（古代秘鲁印加人通过排列各种带有颜色的小绳结来记录信息）中看到了什么关于 X 镇上美洲驼数量的信息？ 为什么这是一个健康的选择？

续表

	对某个事物做出判断	那是一个好消息还是坏消息？ 你同意他对健康选择的推理吗？
评价	就某个事物征求许可	印加国王现在应该做些什么？ 我们应该在沙拉里放些什么？
创造	创造新的事物	你将如何用结绳语把出勤情况告诉学校的护士？ 还有其他将这种水果纳入我们菜单的方法吗？

注：已获维多利亚·吉尔伯特（Victoria Gilbert）许可使用。

层列式选择板范例

选择板是差异化教学中常见的阶梯式活动。选择板上列出多种活动供学生选择。它赋予学生责任，让他们决定如何达成课堂目标，并且要求学生在侧重不同技能的选项中做出选择。根据学习偏好、准备情况、挑战性或复杂程度方面的差异，选择板上的任务各不相同。选择板上提供的各种学习偏好和教学活动具有挑战性，但不会让人失去信心。选择板最大的优势是为教学任务提供来源，并且可以做出调整以应对特定学习者群体的需求。表 2.12、表 2.13 和表 2.14 都是选择板活动的范例。

表 2.12　选择板

展示你所知道的 ＿＿＿＿＿，你能够运用本周我们学过的 ＿＿＿＿＿。	
制作一个表格，分析动词形式	借助苏珊用西班牙语写给她朋友的信件中的词汇表完成填空
用动词自己编写歌曲	阅读一个故事（使用动词），并绘制故事图 　人物　｜ 　问题　｜ 　结果　｜
用学过的 10 个动词编写并表演一个短剧	背诵一首老师给你的诗歌

注：已获维多利亚·吉尔伯特（Victoria Gilbert）许可使用。

表 2.13　晚餐菜单

* 可以用晚餐菜单的方式来区分任务。

开胃菜		每位同学必须"分享"这项活动
主菜		学生在三个选项中选择一个
配菜		学生至少在四个选项中选择两个
甜点		（可选）

表 2.14　服装主题单元中的圆点任务卡（think dots）选择板

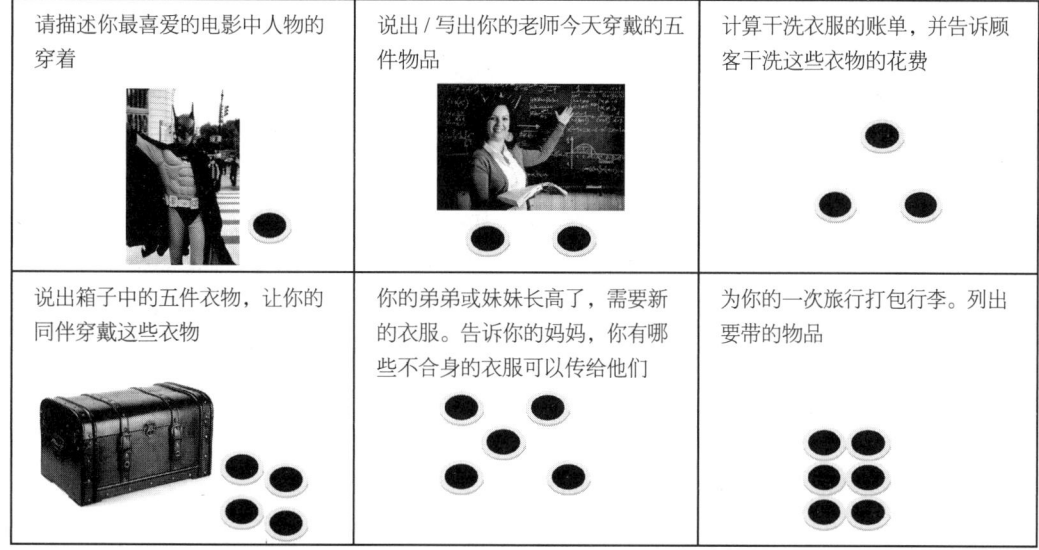

请描述你最喜爱的电影中人物的穿着	说出/写出你的老师今天穿戴的五件物品	计算干洗衣服的账单，并告诉顾客干洗这些衣物的花费
说出箱子中的五件衣物，让你的同伴穿戴这些衣物	你的弟弟或妹妹长高了，需要新的衣服。告诉你的妈妈，你有哪些不合身的衣服可以传给他们	为你的一次旅行打包行李。列出要带的物品

注：已获维多利亚·吉尔伯特（Victoria Gilbert）许可使用。

选择板有时以"井"字形状排列九个方格，也可以根据任务需求和学习者需求的不同进行调整，加减方块的数量。教师可以要求学生沿横向、纵向或斜线方向选择三项任务，或者也可以要求学生任意选择三个方块。"井"字选择板也可以与布鲁姆分类法一起使用，分别在每个方格中填入一项任务，任务选自分类法中的各个层次。

圆点任务卡

圆点任务卡是由6张卡片组成，在每张卡片的一角打孔，将6张卡片用活页圈（或任何类似物品）固定在一起，让学生能够自由翻页。每张卡片的正面都有一个或多个圆点。每张卡片的背面都写有一个问题或任务，要求学生运用与正在学习的话题相关的知识、概念和技能去解决问题或完成任务。表2.14中的例子向我们展示了维多利亚·吉尔伯特（Victoria Gilbert）是如何在教学中使用圆点任务卡的。

⊙ 练习和深入讨论

1. 检验一门外语课程，参照本单元给出的课程开展过程图检验这门课程是如何逐步开展的。
2. 选择一个主题单元，并设计一个网站，列出本单元的概念和内容。
3. 填写单元设计模板。
4. 为一个与学科内容相关的话题编写单课设计。
5. 为一个与文化相关的话题编写单课设计。
6. 选择一个教学主题，根据内容、过程或成果的不同，设计不同的教学活动。

⊙ 补充阅读

Adair-Hauck, Bonnie, Eileen W. Glisan, & Francis J. Troyan. *Implementing Integrated Performance Assessment.* Alexandria, VA: American Council on the Teaching of Foreign Languages, 2013.

Clementi, Donna, & Laura Terrill. *Keys to Planning for Student Learning: A Guide to Curriculum, Unit and Lesson Design.* Alexandria, VA: American Council on the Teaching of Foreign Languages, 2013.

Wiggins, Grant, & Jay McTighe. *Understanding by Design.* 2nd ed. Alexandria, VA: Association for Supervision and Curriculum Development, 2005.

⊙ 相关网站

《面向世界的语言学习标准》
http://www.actfl.org/publications/all/world-readiness-standards-learning-languages

《ACTFL 语言能力大纲》

http://www.actfl.org/publications/guidelines-and-manuals/actfl-proficiency-guidelines-2012

《ACTFL 语言学习者语言运用能力描述》

http://www.actfl.org/publications/guidelines-and-manuals/actfl-performance-descriptors-language-learners

NCSSFL-ACTFL 综合能力基准（互动文档）

http://www.actfl.org/global_statements

学习设计要素：有效的课程、单元、单课设计，由唐纳·克莱门蒂（Donna Clementi）和劳拉·特里尔（Laura Terrill）2013 年撰写（电子书）

http://www.actfl.org/publications/books-and-brochures/the-keys-planning-learning

课程设计指导

https://startalk.umd.edu/lesson-planning

设定能力水平/表现目标

http://resourcesfromgreg.wikispaces.com/Proficiency+Resources

语言教师必备：单课设计

http://www.nclrc.org/essentials/index.htm

外语课堂的差异化，维基（Wikis）条目由马里兰外语专业学习促进者莱斯利·格兰（Leslie Grahm）和黛比·埃斯皮蒂亚（Debbie Espitia）创作

http://daretodifferentiate.wikispaces.com

外语教学差异化策略，维基条目由 ACTFL 2009 年度教师托尼·泰森（Toni Theisen）创作

第三部分
学习体验

第3章 语言学习基础

要想有效教授年幼的语言学习者(以及各年龄阶段的语言学习者),我需要哪些背景知识?

- **聚焦《面向世界的语言学习标准》**
  - 我能够识别并解释语言学习标准。
- **聚焦语言能力**
  - 我能够识别语言能力水平。
- **聚焦沟通模式**
  - 我能够区分各种沟通模式,并将不同的策略应用于相应的模式。
- **语言教与学的基础概念**
  - 我能够描述意义、语境、故事形式以及正确使用语法在语言课堂中的作用。
- **语言教与学的主要策略**
  - 我能够识别语言教与学的理论和策略。

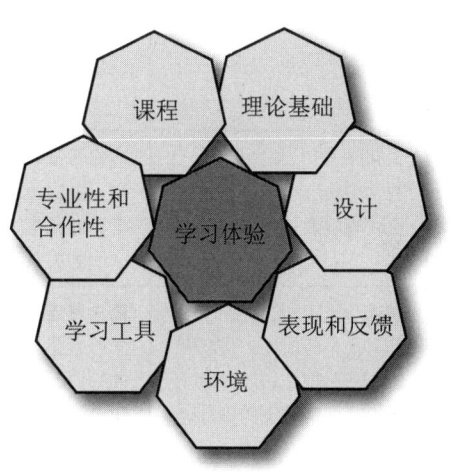

3.1 聚焦《面向世界的语言学习标准》

在语言教育中,我们有一套有序的教学理论:在完整的学习方法下实现有意义的沟通。《面向世界的语言学习标准》(ACTFL,2013)(见表3.1)中的五个目标——即沟通、文化、贯连、比较和社区——被称之为"5C"[1]。第一个目标是沟通:以一种以上语言进行有效沟通,实现多元目的和不同情境下的沟通。

沟通目标是本章重点。其他四个目标(文化、贯连、比较和社区)都源于沟通,并且依附于沟通。正如《21世纪外语学习标准》中指出:"要想与另外一个人形成有意义的联系,我们必

---

[1] 这五个目标的英文首字母都是C开头,即Communication, Cultures, Connections, Comparisons, Communities。

须要沟通。"（ACTFL，2006：11）本书将以不同的方式解释标准中的目标。

表 3.1 《面向世界的语言学习标准》

目标	标准		
沟通 以一种以上语言进行有效沟通，实现多元目的和不同情境下的沟通	人际交流沟通： 学习者以口头、手语或书面对话的形式互动并进行意义协商，以实现信息、反应、感觉和观点的交换	理解诠释沟通： 学习者理解、诠释并分析所闻、所读、所见的各类话题	表达展示沟通： 学习者呈现信息、概念和想法，运用适当的媒体就各类话题面向不同的听众、读者或观众进行告知、解释、劝说和叙述
文化 互动中体现出文化能力和文化理解力	文化习俗和文化观念相关联： 学习者运用目的语调查、解释并思考目标文化中文化习俗和文化观念之间的关系	文化产物和文化观念相关联： 学习者运用目的语调查、解释并思考目标文化中文化产物和文化观念之间的关系	
贯连 与其他学科贯连，获取信息和多种视角，以实现学术、职业情境下的语言运用	建立贯连： 学习者建立、巩固并扩展其他领域的知识，同时运用语言展开批判性思考，并且创造性地解决问题	获取信息和多种视角： 学习者通过语言、文化获取信息和多种视角，并对其进行评价	
比较 增强对语言文化本质的洞察力，使之与文化能力相互作用	语言比较： 学习者通过比较母语和所学语言，运用目的语调查、解释并思考语言的本质	文化比较： 学习者通过比较本国文化和所学文化，运用目的语调查、解释并思考文化概念	
社区 以参与国内外多语言社区为目的，展开沟通和文化能力互动	学校及全球社区： 学习者在课堂内外都使用所学语言，并且在社区乃至全球范围内进行互动与合作	终身学习： 学习者设定目标，并思考语言运用在娱乐、自我完善和提升等方面取得的进展	

来源：https://www.actfl.org/sites/default/files/pdfs/World-ReadinessStandardsforLearningLanguages.pdf。

　　二语习得研究、沟通能力和语言能力水平的发展、大脑研究、沉浸式教学体验、认知心理学，以及《面向世界的语言学习标准》（ACTFL，2013）都在某种程度上促进了专注沟通的教学发展趋势。有意义的沟通取代了以往中学和高等教育阶段的侧重语法的语言教学和经常针对年幼学习者使用的强调记忆和背诵的教学方法。语法退居次位，起到支撑沟通的作用。以沟通为导向要求语言学习的设计和教学侧重过程。当我们逆向设计课程时，我们明确说明了学生能够做什么，从而利于沟通。为了保证沟通顺利进行，我们也会明确指出学生需要知道些什么（词汇和语法）。表 3.2 展示了 21 世纪的语言教学是如何改变我们的职业面貌的，该表比较了过去和现在的语言教学实践和设想。

表 3.2　语言教学的过去与现状

过去	现状
学生学习语言（语法）	学生学习运用语言
教师为中心的课堂教学	学习者为中心，教师作为辅助者/合作者
侧重于各项单独技能（听、说、读、写）	侧重三种沟通模式：人际交流、理解诠释和表达展示
课本贯穿整个教学	侧重终极目标的逆向设计
使用课本	使用主题单元和真实语料
强调教师作为讲述者/演讲者的作用	强调学习者作为实干家/创造者的作用
孤立的文化"事实"讲解	强调文化观念、习俗和产物之间的联系
技术是一种"很酷的工具"	将技术融入教学中以提升学习效果
单纯的语言教学	以语言为工具讲授学术内容
针对全体学生讲授同一教学内容	差异化教学，满足不同学生的个体需要
使用课本上的综合情境	个性化设计现实生活任务
语言学习局限于课堂	为学习者寻找课堂以外运用语言的机会
测试学生还有哪些内容没有掌握	测试学生已经掌握了哪些内容
仅教师掌握评分标准	学生通过阅读任务评分细则知道并理解评分标准
学生"交"作业仅仅是为了应付老师	学习者把作业"分享并发布"给老师和其他观众

来源：21世纪技能地图——世界语言地图，http://www.actfl.org/sites/default/files/pdfs/21stCentury SkillsMap/p21_worldlanguagemap.pdf。

　　鉴于沟通的核心地位，理解沟通并且知晓如何加以鼓励尤为重要。里弗斯（Rivers，1986：2）认为："当注意力集中在传递和接收真实的信息时，学生的语言运用更加流畅。也就是说当处于一个对于演讲者和听众都很重要的情境中，与其他人互动分享演讲者和听众都感兴趣的信息时，学生能够更为熟练地运用语言。"克拉申和特雷尔（Krashen & Terrell，1995：55）称之为"语言教学悖论，即在传递信息时，而不是有意识地学习时，语言教学效果最佳"。萨维尼翁（Savignon，1997：xi）认为："学习者沟通能力的发展更多的是取决于他们有多少机会在现实生活情境中诠释、表达和协商意义，而不是取决于他们花多少时间练习语法结构。"《21世纪外语学习标准》（ACTFL，2006：11）中将成功的沟通定义为"知道如何、何时、为什么要对谁说什么"。

　　沟通能力是语言学、社会语言学、语篇和策略四个领域的能力的集合。语言能力是指运用语法、句法和词汇正确地生成或诠释信息的能力。社会语言能力是指根据社会情境恰当地选择语言运用的能力。语篇能力是指将几个观点连接在一起并且在连贯的整体中持续交换信息的能力。策略能力是指即使在缺乏足够的词汇和语法结构的情况下，也能够理解基本含义或使自己被别人理解的能力。

本章中我们将检验那些帮助学生建立语言能力的基本原理，从《面向世界的语言学习标准》开始到那些帮助学习者提高语言能力的教学方法。本章涵盖各种教学方法和策略，帮助语言初学者发现进行有意义的沟通所必需的资源。这些策略是理解诠释和表达展示沟通的基础，也是全面参与人际交流沟通中的自发性互动和意义协商的基础。

3.1.1 沟通

以一种以上语言进行有效沟通，实现多元目的和不同情境下的沟通

沟通目标包含三个维度，或者说三种模式，即人际交流模式、理解诠释模式和表达展示模式。《面向世界的语言学习标准》中描述的平衡的沟通方式要求学生在语言课堂上承担多种角色。在口头和书面语言任务中，他们是对话练习的同伴，是观众，也是演讲者。教师需要设计多种活动帮助学生培养完成这些角色所需要具备的能力。图3.1揭示了各种沟通模式的趋向。接下来我们将进一步解释三种沟通模式。

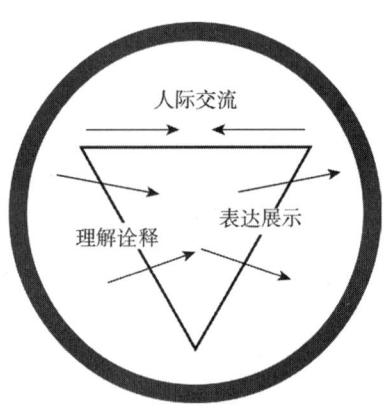

图 3.1 沟通模式

人际交流模式

人际交流模式：学习者以口头、手语或书面对话的形式互动并进行意义协商，以实现信息、反应、感觉和观点的交换。

人际交流是自发的、双向的沟通模式，要求参与者相互交换想法、信息或观点。这种沟通模式通常是口头上的，但也可以是书面形式的。它是主动的意义协商，即参与沟通的任意一方都可以要求另一方对信息做出澄清或解释。人际交流模式包括自发性互动和意义协商，因此极具挑战性。初学者在开始真正的人际交流沟通前需要做好充分的准备。背诵材料，如滑稽短剧的台词，不属于人际交流沟通型任务。但是，初学者可以参与同伴活动，相互提问并做出回答。即使问题和答案都来自学生背诵过的材料，但是由于其他的学生并不知道问题的答案，因此同样构成自发性互动。

理解诠释模式

理解诠释模式：学习者理解、解释并分析所闻、所读、所见的各类话题。

理解诠释模式注重不可协商的单向沟通。在理解诠释模式下，距离、时间或具体情境将信息的创造者与听众、读者或观众分隔开来。因此，学习者不能改变或影响信息，不能要求信息提供者澄清、重复或重新表述原来的内容。听众或读者在本质上没有或很少与信息源产生互动。翻译不属于理解诠释模式的任务。

表达展示模式

表达展示模式：学习者呈现信息、概念和想法，运用适当的媒体就各类话题面向不同的听众、读者或观众进行告知、解释、劝说和叙述。

表达展示模式中，书面或口头展示必须清晰，让听众或读者在不要求重复或澄清的情况下能够理解展示内容。作者或演讲者无法检验听众或读者的理解程度，因此也无法根据理解程度相应地改变信息。语言能力或文化意识的欠缺将阻碍诠释者或演讲者顺利地实现沟通。

大多数情况下，表达展示模式是单向的。观众不能修改信息，也不能与作者或演讲者互动。

在此模式下，口头或书面语言会帮助我们实现一个有意义的目标。一个重要的目的或一个重要的观众的存在会让学习者更容易意识到清晰和准确在沟通中的意义。因此，语法的准确性和文化的适宜性极为重要。认真修改和练习成为师生共同的目标。

初学者的人际交流以单个的词语、语块和短句的使用为特征。而表达展示模式建立在此基础上，并将其扩展。早期语言教学课堂上，表达展示沟通主要依靠语言材料的背诵，同时需要辅助，也就是说，需要大量的教学辅助。

本书就是一个很好的理解诠释和表达展示沟通模式的范例。对于读者，它是理解诠释模式的沟通。对于作者，它是表达展示模式的沟通。作为读者，你需要了解早期语言学习中的教学法术语以及课堂和教师职业的文化背景。作为作者，我们需要确保认真地选择语言和例子以帮助你们清楚地理解我们传递的信息。我们必须要时刻关注读者。

这里我们要强调的是：沟通是一个整体概念。三种沟通模式在教学中并不是孤立存在的，而是会由一种模式转换为另一种模式。人际交流模式本身除了作为一种教学模式之外，通常被用来引导、加强、联系课堂上的其他沟通模式。

3.1.2 文化

与文化能力和理解互动

文化习俗和文化观念相关联：学习者运用目的语调查、解释并思考目标文化中文化习俗和文化观念之间的关系。

文化产物和文化观念相关联：学习者运用目的语调查、解释并思考目标文化中文化产物和文化观念之间的关系。

语言教师对文化目标并不陌生，但是《面向世界的语言学习标准》以一种全新的方式对其进行了诠释。对目的语文化中的产物和习俗的体验会使新的文化看上去亲近且真实。学习文化就意味着建立一种对某个社会中的习俗、观念和产物的理解。对于初级阶段的学习者，文化产物和习俗是朝着这个标准努力的最自然的着手点。我们要记住，标准同时也强调把习俗与它所代表的观念联系起来。

文化标准中的关键是观念、产物和习俗三要素的相互作用。例如，本书的作者之一有一辆大众汽车，她很喜欢。她嘲笑她丈夫的福特汽车，认为它在急转弯时的性能比不上她的大众汽车。他们一起去德国旅行时，租了一辆奔驰斯玛特，这款车比德国城市街道上的普通汽车还要小巧。她的丈夫观察后得出结论："我现在明白为什么德国人要用那样的方式制造汽车了，因为他们要把车停到空间狭小的停车位上，有时甚至要停在人行道上。"这就是文化产物和习俗的体现。那么文化观念呢？好吧，德国市区保持着它在几个世纪前的样子，或者是按照当时的样子进行了重建。珍视过去可能是德国人的文化观念。

学习者，尤其是年轻的学习者，并不容易发现文化产物、习俗和观念之间的关系，但是文化目标和标准提醒我们，作为语言教师，我们要意识到融入课堂中的文化产物和习俗中所展现出来的文化观念，并围绕这些观念来设计我们的教学。（有关文化标准的详情，见第 7 章）

3.1.3　贯连

与其他学科贯连，获取信息和多种视角，以实现学术、职业情境下的语言运用

建立贯连：学习者建立、加强并扩展其他领域的知识，同时运用语言展开批判性思考，并且创造性地解决问题。

获取信息和多种视角：学习者通过语言、文化获取信息和多种视角，并对其进行评价。

我们有必要把语言课程和通识课程，以及其他学术学科结合起来。加强其他课程的学习会使学生感到语言学习与学校里其他重要事情是融为一体的，也会为学生提供一些其他的角度、做法或见解，使学习更加鲜活。对于一些学生来说，这种做法也为他们提供了额外的机会。贯连目标中最大的挑战就是为学生提供使用语言技能获取新知识的机会。（有关贯连标准的详情，见第 7 章）

3.1.4　比较

增强对语言文化本质的洞察力，使之与文化能力相互作用

语言比较：学习者通过比较母语和所学语言，运用目的语调查、解释并思考语言的本质。

文化比较：学习者通过比较本国文化与所学文化，运用目的语调查、解释并思考文化概念。

外语使学习者能够跨越母语和本国文化，并通过比较和对比本国语言文化与外国语言文化的异同获得新的视角。在审视这些异同的同时，他们会更好地理解本国的语言和文化，并且领会到认识世界有很多不同的方法。

3.1.5 社区

以参与国内外多语言社区为目的，展开沟通和文化能力互动

学校及全球社区：学习者在课堂内外都使用所学语言，并且在社区乃至全球范围内进行互动与合作。

终身学习：学习者设定目标，并思考语言运用在娱乐、自我完善和提升等方面取得的进展。

社区目标让语言走出课堂，进入整个学校、家庭、社区，甚至更远的地方。同样它也可以把社区引入课堂！这样，学生会体会到语言学习的重要性，并且看到语言对于他们一生中的自我完善和兴趣、乐趣的重要性。语言学习使学生能够以正确的文化方式融入国内外的多语言社区。

《面向世界的语言学习标准》为课程设计者建立了以下构想：

- 他们能够使学生的思考不仅局限于语言课堂；
- 他们能够帮助学生在其他领域运用语言；
- 他们能够帮助学生接触到其他的思考方式和行为模式；
- 他们能够帮助学生寻找机会将语言的使用贯穿个人目标和终身目标；
- 他们能够帮助学生对语言和文化产生不同的看法。

要想记住这个构想，我们就要在每次坐下来设计一个单元、一节课或一年的课程时，回想一下《面向世界的语言学习标准》中提到的内容。

3.2 聚焦语言能力

与《面向世界的语言学习标准》密切相关的是《ACTFL 语言能力大纲》（ACTFL，2012）。与《面向世界的语言学习标准》一样，《ACTFL 语言能力大纲》描述了学生满足标准内容的程度。它为语言教学提供了评价语言表现水平的衡量标准。它描述了学生听说读写、任务和功能、语境和内容、准确度、语篇类型等各方面的语言能力。它将每种技能分为五个级别的能力水平，即：卓越、优秀、高级、中级和初级。五大级别中的高级、中级和初级又分别细分为高等、中等、初等三个级别。这些级别描述了不同的语言能力水平，从善于表达、受过良好教育的语言使用者到几乎不能使用所学语言进行沟通的语言学习者。图 3.2 用倒金字塔图揭示了语言能力从初级到卓越的过程。有趣的是当学习者从金字塔底层级别向上层级别前进时，随着级别的提升，每向上一个级别所需要的时间也随之增加。因为级别越高，语言需求越复杂。表3.3是NCSSFL-ACTFL综合能力描述中有关人际交流沟通能力的部分，描述了各能力水平级别学生的语言能力。

《ACTFL语言能力大纲》有助于评价学生的语言能力，进而根据能够提供的教学时间设定适当的课程学习目标。在过去的25年里，《ACTFL语言能力大纲》对全美的语言教学和语言学习有着深远的影响。语言能力水平的概念帮助我们去发现学生的语言能力，而不是他们对所学语言的了解。

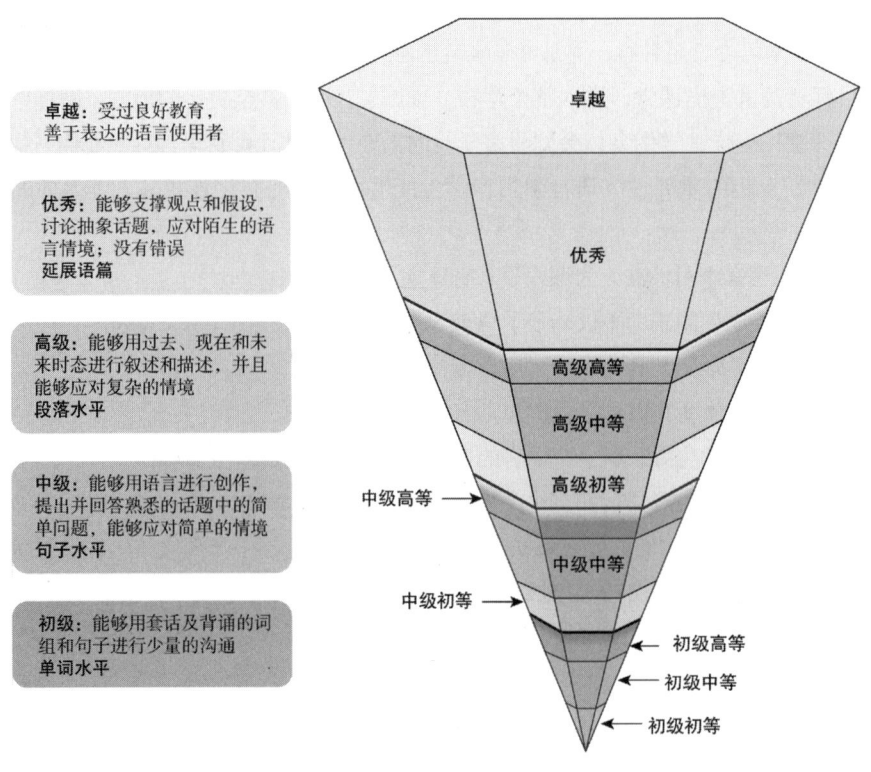

图3.2　由ACTFL能力水平金字塔演变而来的能力水平倒金字塔

表 3.3　NCSSFL-ACTFL 综合能力描述——人际交流模式部分

初级初等	我能够就一些非常熟悉的话题用我背诵并练习过的简单的单词和短语进行交流。
初级中等	我能够就一些非常熟悉的话题用我背诵并练习过的单词和短语进行交流。
初级高等	我能够就熟悉的话题用短语和简单的句子或者背诵过的语言进行交流并交换信息。我通常能够提出并回答简单的问题，应对简短的日常社交互动。
中级初等	我能够就一些熟悉的话题用简单的句子参与对话。我能够提出并回答简单的问题，应对简短的日常社交互动。
中级中等	我能够就熟悉的话题用一连串的句子参与对话。我能够提问并回答各种问题，应对简短的日常社交互动。我通常能够随心所欲地介绍我自己和我的日常生活。
中级高等	我能够轻松自信地参与讨论熟悉的话题。我通常能够在任何时间范围内谈论事件和经历。我通常能够描述人、地点和事物。我能够应对日常社交互动，即使是在无法预期的复杂情况下。
高级初等	我能够参与讨论熟悉的日常生活以外的话题。我能够在任何时间范围内清晰、详细地谈论事件和经历。我能够清晰、详细地描述人、地点和事物。我能够应对无法预期的复杂情况。
高级中等	我能够完全地表达自己，不仅是熟悉的话题，也可以是一些具体的社会、学术、专业的话题。我能够在任何时间范围内详细、清晰地谈论事件和经历。我能够自信地应对无法预期的复杂情况。我能够在讨论一些复杂的问题时分享我的观点。
高级高等	我能够自由地、自发地就具体的话题和复杂的问题表达自己的观点，而且在大部分情况下我的表达是准确的。我通常能够就感兴趣的话题或擅长的专业领域提出假设并自圆其说。
优秀	我能够轻松、准确、流利地交流。我能够充分、有效地参与各种正式、非正式话题的讨论。我能够组织论证、做出假设、详细地讨论复杂的问题。
卓越	我能够以复杂的文化形式就一系列全球问题和抽象概念展开交流。

3.3　聚焦沟通模式

3.3.1　人际交流模式下的口语能力

人际交流标准是所有沟通标准中最具挑战性的。我们从二语习得研究中知晓提高语言能力的第一个关键步骤是扩展听力。尽管在语言学习初期，学生能够掌握的语言有限，听力仍然是互动的。学生会对指令做出反应、模仿老师的动作，或者表明他们理解/不理解听到的信息。即使是在语言学习的初期，学生也希望并且尝试使用语言做出回应。他们渴望沟通，而在此过程中词汇是关键。

各种不同的活动引入并强化了功能语块（见第4章），为从单个单词到完整句子搭建了桥梁，并且为沟通和随后的语法学习打下基础。在语言中加入动作和故事的方式，如自然教学法、TPR、手势故事教学法、古安系列教学法，使学生从主要通过身体反应互动转变为以人际交流的方式运用语言。第4章和第5章列举了很多人际交流模式下的口语活动。

这些方法都需要有意义的语言运用，并且不断地邀请学习者以口头和书面的形式互动。语言学习的初期，这些都能够帮助学生提高参与对话、提供和获取信息、表达感觉和情感以及交换意见的能力。

3.3.2　人际交流模式下的写作能力

迄今为止，我们大部分的讨论集中在口语能力的提高上。但是学生也需要做好准备，使用目的语写作。只有这样，在人际交流模式中，他们才能够在使用口头语言的同时也使用书面语言。这种类型的写作要求学生注重表达和交换个人信息，而不是机械地进行句型练习。例如，学生可以写便条给其他同学，并把它放到班级邮箱或信箱里。他们也可以将信息（写在便利贴上）贴在留言板上。在这种类似游戏的情境下，他们可以相互交换书面的TPR指令，或开展一系列的阅读活动（见第12章）。笔友或网友也为学生提供了在人际交流模式下进行沟通的机会。

3.3.3　理解诠释模式下的听力能力

很多教师和研究者认为听力是语言发展的基础。初学阶段，学生主要是通过倾听、接触目的语和目的语文化来学习。听力强化了可理解性输入的概念（见第4章）。在理解诠释模式下，听力的难点在于要提供给学生课堂对话以外的有目的地扩展听和看的机会。

例如，"我能看见一些你们看不见的东西"这样的游戏帮助学习者获得更多不同的听力体验。教师在课堂上详细地描述一位同学或一个物体，学生试图猜出所描述的人或物体。在口语能力提高并且熟悉描述时使用的语言之后，学生可以自愿承担描述任务。

3.3.4　理解诠释模式下的阅读能力

阅读是另外一种单向的理解诠释模式。和听力一样，有目的的阅读活动更为有效。很多阅读活动都与听力活动一样，只是呈现信息的媒体发生了变化。和听力一样，在理解诠释模式下，阅读的难点是让学生在熟悉的、有意义的语境下有目的地把阅读作为一种工具。

理解诠释模式下的阅读活动主要建立在读写能力的基础上（见第6章）。理解诠释标准主要侧重通过阅读来学习，而不是学习阅读。这些活动的目标通常不是简单的一次性读完一个单词或一句话。相反，学生会读一些包含真实语言材料的篇幅较长的连贯的语篇。这对于我们把《各州共同核心标准》融入语言教学中尤为重要。

理解书面语言的过程涉及对记忆中存储的经验和信息的利用。弗兰克·史密斯（Smith, 2006: 34）认为："阅读更多的是要依靠非视觉信息，而不是呈现在我们眼前的视觉信息。为学生准备新的阅读体验能够激活非视觉信息。"如果学生无法把阅读内容形成概念性的框架，将很难获得成功的阅读体验。这种构建意义的结构叫作图式。阅读可以被理解为一个复杂的意义构建的过程。学习者从印刷物上获得信息，然后根据记忆中的图式构建意义。下面列举的活动都利用了学习者已经掌握的视觉和非视觉信息。

理解诠释模式下的阅读活动范例

假设学生要去一个目的语国家旅游，他们可以从选定的目的语广告或目的语网站获得有关他们想要购买的商品的信息。有很多网站可供掌握目的语的孩子们选择，这些网站中大部分包含适合目的语学习者的游戏或信息。这就构成了有目的地阅读目的语信息的活动。

例如，五年级的德语学习者可能会为了写一篇描写宠物的作文而阅读德国孩子写的关于宠物的文章。这些文章可以在为德国孩子设立的 Blinde Kuh 网站（http://www.blindekuh.de）上找到。学习者会完成自己的作文，他们的作文也可能会被收录在该网站上。

中学生可以在网络上浏览目的语文化中的一些城市信息，并预先设定一些想要了解的城市特征。然后在全班讨论假想旅行应该去哪个城市时做出推荐。

显然，阅读和写作关系密切。对初学者来说，最好的阅读材料是他们自己写的或者是他们的同学写的作文。因为在语言和语境都熟悉的情况下，学生会出于兴趣和乐趣来阅读其他同学的书面作业。

这种类型的阅读最好从语言经历教学法（见第 6 章）入手。教师和全班同学一起编写一个简短的故事，分享某种体验，例如做饭、外出活动，或者他们喜欢的一个故事。学生大声地朗读并抄写这个故事，也可以给它配上插画，然后带回家读给家人听。

第 6 章展示了大量可以用来给班级里的其他同学当作阅读材料的学生的写作范例。在初级语言课堂上，各种类型的诗歌、有些荒谬的描述、改写耳熟能详的故事以及主题绘本都可以成为阅读材料。

向别人大声地朗读非常有趣地结合了理解诠释和表达展示两种沟通模式。学生可以把课上大家一起编写的书读给家人甚至其他班级的同学听。

辨识并诠释书面、口头或视觉材料中的文化信息的能力是理解诠释模式的一个重要元素。为了帮助学生达到这一标准，我们要为他们提供真实的听、看和读的体验。但是为同龄的母语者设计的阅读材料大多在语言上过于复杂，不适合初学者。

专门为语言学习者编写的阅读材料能够帮助学习者向独立阅读真实的语篇过渡。在我们选择这些语篇时，要确定这些阅读材料是有趣的，是交流所需的重要信息，而且适合我们学生的语言水平。很多教师根据班里学生的兴趣和教学单元的主题自己编写语篇；也有些老师把这些材料放在自己的个人网站上，供班里的学生、其他老师或其他班级的学生阅读。洛丽·兰格（Lori Langer）的网站（http://www.miscositas.com）就是一个很好的例子。她在网站上重述了来自西班牙语和法语文化中的真实故事，并配有精美插画。

当然，阅读中也有很多不同的元素，需要我们的学生去发现。这些元素通常源自中小学课程。阅读特定信息适合任何单元或主题。例如，假如学生去汉堡旅游的话，他们可以通过阅读一则天气预报决定要带哪些衣服，或者他们也可以通过阅读一些线索发现在哪里能够找到藏宝。初学者在试图独立阅读较长的文章或故事之前需要做大量的准备工作（见第6章）。我们需要让学生练习那些能够帮助他们成为有效率的读者的技能。

菲利普斯（Phillips，1984）建议做以下活动：

1. 总结短篇阅读材料或段落的大意；
2. 找出主题句和文章大意；
3. 从选项中选出文章大意或结论的最佳释义；
4. 按照副标题搭配相应的段落；
5. 填写列有关键概念的图表或表格；
6. 为文章拟标题；
7. 用全球视角理解阅读篇章。

学生能够学习浏览文章并找出文章大意。然后快读文章，定位文章中与大意有关的具体观点。最后，细读文章，完成既定目标。与菲利普斯（Phillips）列表中的活动一样，这些活动需要一个有意义的语境。阅读的目的是完成学生的目标而不是教师的目标。

所有这些活动的目标都是让学生成为独立的阅读者，无论他们的阅读目的是查找信息还是追寻个人兴趣。这对于让语言学习走出课堂、走进社区、融入个人世界有着重要意义。

3.3.5　表达展示模式下的口语能力

在表达展示模式下，提高口语能力的最佳方法是表演滑稽短剧和戏剧歌曲。学习者喜欢为本班同学或其他班级同学表演故事、歌曲和滑稽短剧。当然，对于他们的观众来说，这些表演是理解诠释模式的听力材料。

小学阶段的很多歌曲融入了肢体动作、舞蹈或故事。这些歌曲都可以以戏剧的形式表演给家长、其他同学或社区成员观看。

以展示和表演结束一个单元是非常受欢迎的活动，而且最好能够和更多的观众一起分享这些活动。下面列举一些展示表演活动：

- 戏剧表演，每位同学都有份扮演角色；
- 歌曲表演，用体现目的语文化特色的乐器伴奏，如竖笛或打击乐器；
- 小组表演与主题单元有关的故事片段；

- 学生创作滑稽短剧，将主题单元中的语言和信息结合起来；
- 学生自己编写或创作木偶剧，并制作成电子版本，给观众播放；
- 借助电子媒体的口头展示，通过搜集与主题单元相关的话题，分享信息；
- 发表简短演讲，推荐目的语国家某个城市的游览胜地或著名地标；
- 通过视频或播客（podcast）广告宣传目的语文化中真实的或假想的实用产品；
- 制作"指南"视频，如如何烹饪美食、制作手工艺品的步骤，当然这门手艺一定要来自目的语文化；
- 制作关于学校或校园生活的视频或播客，并将其发送给一个目的语国家的班级或学校。

还有很多其他课堂活动可以稍做调整，然后呈现给观众。例如，用手势讲故事的目的是让学生能够把老师讲的故事用书面和表演的形式呈现出自己的、不同于老师的版本。学生展示的机会很多，可以自愿参加家长会的表演，也可以在学校集会上为其他班级表演或者在邀请家庭成员参加的特别"课堂项目"上表演。有些老师会拍摄学生的表演，学生可以把视频带回家给家人观看。

在所有这些活动中，观众是重要因素。有观众的表演能够让学生更加注重准确度和有效性。在为母语是目的语的观众表演时，对文化的关注也变得非常重要。

我们从诸多例子中都可以清晰地看到口头和书面展示交流的密切关系。在口头表演滑稽短剧之前，学生们通常要先编写剧本并进行修改。

3.3.6 表达展示模式下的写作能力

表达展示模式下的写作和口语有很多共同点，重点是要带着目的把一个作品展示给观众。不同于语言练习中的活页练习题或阅读理解题，表达展示模式下的写作目的不仅限于完成老师要求的作业和使老师满意。在设计活动时，教师可以自问"在现实生活中，什么时候、为什么会做这样的活动"。（见第6章）

3.4 语言教与学的基础概念

3.4.1 意义是课堂活动的重点

意义是沟通发展和沟通方式中最为关键的元素，也就是说，关注的焦点是意义而不是形式。大脑研究为帮助我们了解课堂做出了巨大贡献，它强调了教和学过程中意义的关键作用。同时，它也为我们提供了几点思考。大脑总是在信息和经历中寻找意义和模式。我们的关注和记忆总是集中在意义上（Caine & Caine, 1997; Sprenger, 1999; Sylwester, 1995; Wolfe, 2001）。关注和记忆新信息的关键因素是情感——有意识或无意识地决定新信息或经历中的某些因素重要并且值得记忆（Goleman，1995；Sylwester，1995）。我们可以给学生提供有意义的、带有情感的课堂体验，这能够促进沟通技能的提高。

意义——真正的沟通——总是发生在某一特定语境当中。杰纳西（Genesee，1983）指出："初级阶段，语言教学尤其应该考虑到学习者对丰富的语境和有意义的环境的需求。"在清晰的、有意义的、有趣的语境中，新的语言能够被理解，熟悉的语言变得更易于记住。实际上，语境为大脑创造了环境，使其能发挥所长：

- 找出模式并建立联系
- 把新旧信息联系起来，形成有效记忆

另外，有意义的活动通常出现在以学习者为中心的课堂上。学生受到鼓励，承担起提高自己语言技能的责任。在以学习者为中心的课堂上，学生主动地使用语言。语言丰富的语境和频繁地在真实任务中使用语言的机会帮助他们内化目的语语言技能。

3.4.2 "沟通"何时不可沟通

我们在听到或看到"沟通"这个词时必须要谨慎。并不是贴有"沟通"标签的每一篇文章、每一个操练或每一项活动都是沟通的例证，也并不是贴有"基于标准"标签的每一册课本或每一个单元都能反映《21世纪外语学习标准》的理念。很多试图"个性化"语言课堂活动的尝试实际上并不能够真正地实现信息的交换。例如，当班上所有同学互相都知道彼此姓名后，"你叫什么名字"这个问题就不再具有沟通价值。如果使用母语而不是目的语提问"你是男孩还是女孩"，任何年龄的学生都会认为这个问题荒谬无礼。但是，如果在游戏中一个学生被蒙上眼睛，试图猜出另外一个学生的身份，提问"你是男孩还是女孩"和"你叫什么名字"的目的是询问信息，这时问题和答案就都具有了沟通价值。

遗憾的是，初级语言课程常常具有局限性，通常用非沟通的方式组织教学。针对年幼学习者的课程历来具有以下特点：

1. 重视背诵
- 列表
- 标签
- 主要以单个词语形式使用的单词
- 通常由教师提问引出背诵的句型和对话
- 大部分歌曲没有被纳入语言课程
- 用游戏来改变课堂节奏或练习语法
- 随机选择歌谣和诗歌
- 背诵；大声朗读

2. 在课堂上最大程度使用母语 [1]
- 课堂管理
- 给出指令
- 澄清目的语
- 检查理解程度
- 讲授文化知识

在基于内容的课堂上，例如沉浸式教学和双语教学，良好的沟通语境已经建立。语境是已知的日常生活和学校的常规课程。语言成为一种教学工具，确保信息的交换。但是，在大部分非沉浸式教学课堂上，为了避免对背诵和单个单词的强调，必须要创造一个利于沟通的语境，这个语境必须由教师来创造。

在讨论如何创造利于沟通的环境时，我们可以参照音乐课的做法。音乐课上，每位音乐老师的目标是传授给学生表演音乐作品的基本技能，让学生享受音乐并且与他人交流音乐体验。这需要很长的一段时间，即使是极具天赋的学生也需要经过多年的练习。但是，成功的音乐课并不仅仅包括技巧、音阶的训练，还包括实际的表演体验。在缺乏适合初学者表演的音乐作品的情况下，敏锐的教师会为学生准备适合学生水平的作品——能够让学生愉快地表演，将包含真实音乐信息的音乐作品表演给听众。这些音乐作品是由教师谨慎、有计划地挑选出来的，同时考虑到了音乐家的技巧和学校环境的局限。课堂上的年轻人能从这些表演和音乐思想的交流中获得快乐和自信。

语言课堂与刚刚提到的音乐课堂极为相似。初级语言学习者不具备在自然的沟通情境下运用目的语的技能和机会，但是教师可以在课堂上创造让学习者满意的、能够形成真正的信息交换的情境。这些体验帮助学习者做好准备迎接自然沟通的机会。语言教师如果只注重背诵基础词汇、训练语法结构和练习发音，就无法设计出激发学生积极性的任务，学生也无法获得交换真实信息的机会。

3.4.3 改进传统课堂活动

尽管作为一种教学组织原则，沟通已经被关注了很长一段时间，但市面上现有的出版物或校际相互交换的材料对培养沟通技能几乎没有什么帮助。要想给学生提供沟通的机会，教师必须对这些材料进行大量的改动。例如：

> 一套教材的教师用书推荐了一个关于辨认和猜测的游戏。一位同学离开教室，其他同学选出另外一位同学，在黑板上画出任意一位同学的画像。离开的同学回到教

---

[1] 英文版为"在课堂上最大程度使用英语"，此处"英语"实为"母语"，故中文版改"英语"为"母语"。本书其他类似情况不一一赘述。——译者注

室，看着黑板上的画像，问"这幅画画的是老师吗？""是玛丽吗？是约翰还是琼斯女士？"，然后接着问"画中的人物是老师还是学生？是男孩还是女孩？是红色头发还是绿色头发？"，等等，直到这位同学猜出画像中人物的身份。

　　从现有形式来看，这个游戏大约有一半是起不到沟通作用的，因为一旦知道了这个人的名字，所有参与者也就清楚地知道了其他信息。如果是通过提问首先确定角色、然后确定性别、头发的颜色、服装的颜色等其他信息，那么整个任务才具备沟通作用。

　　当然，基于沟通的课堂上，学习者也需要进行练习和训练，只是练习和训练的动机与环境不同。在以沟通为基础的课堂上，练习和训练的目的是让学生参与到某个沟通情境当中，去讨论学习材料，谈论某些感兴趣的信息，或者以其他方式交换对全体参与者都有意义的信息。

　　这里我们还有一个例子，当教师希望学生练习"我的名字叫……"这个句型（在德语里是"Ich heisse"）时，如果班级里有来访者、有机会在视频里与其他学校的同学交流或者是在其他自然的沟通情境里，学生就可以使用这个句型介绍自己。在大多数情况下，他们已经知道彼此的姓名，所以让班级里的每位学生轮流说出"Ich heisse Fritz."（我叫弗里茨。）或"Ich heisse Maria."（我叫玛利亚。）没有任何的沟通价值。教师必须创造一个语境，让"Ich heisse Maria."（我叫玛利亚。）这句话变得有意义。其中一种可能是，老师带上班级里某位同学的名牌，假装是这位同学，直到他说出自己的名字。直到班级里每位同学都得到机会练习这个句型，游戏结束。另外一种可能是，在学生掌握了这个句型但是还需要更多练习的情况下，每次蒙上一位同学的眼睛，让他说出这个句型。

3.4.4　语法的作用

　　当我们考虑语法在语言教学中的作用时，必须记住沟通的过程是课程的重点，语法知识是沟通过程的辅助。在从以语法为基础的教学方法向沟通式教学方法转变的过程中，关键是在设计课程时要考虑到学生在一节课的时间里能够讨论哪些内容，然后加入完成这些沟通所需要的语法知识。而在语法大纲是教学重点的时代，教师可能会围绕着某个语法点来设计课程。这恰好体现了教学方法的转变。我们以间接宾语代词为例。首先教师将讲解语法项目，然后找出有助于理解该语法项目的活动。假设，学习者想要表达"给某人某物"（他正在给她／他＜宾格＞／它／他们＜宾格＞食物）。如今，在我们使用的课程大纲侧重沟通功能的情况下，我们的课程设计首先要从沟通开始。"学习者需要讨论些什么？他们要表达'给某人某物'。我们需要哪些语法项目才能实现这种沟通？需要的语法项目是间接宾语代词。"我们正在经历的改变就是把沟通放在首位，语法学习是沟通的有效支撑。

　　在设计课程时，我们需要思考：这项活动的目的是什么？是讲解语法获得语法知识，还是运用语言进行有意义的信息交换？首先，我们要考虑学生能够完成怎样的沟通。其次，要考虑完成这些沟通需要的语法项目。沟通式语言教学并不是取消语法学习，而是把沟通功能放在首位，语法学习次之。

我们如何选择讲解哪些语法项目？选择讲解的语法项目必须有助于完成本单元的学习目标。例如，一个关于濒危动物的单元，学生要提出并回答有关动物的问题。他们需要对动物进行描述，在描述中会用到形容词。如果语法学习离开了特定的情境，或者仅仅是做语法练习，那么语法知识就无法在大脑中形成长期记忆。但是，如果学生在有意义的情境里或者是在小组活动中使用过某些语法项目，他们会比较容易记住这些语法项目并且形成长期记忆。

年幼的学习者无法理解语法，因为语法是抽象的系统，而他们是具象型的学习者。全部小学阶段的学习者，大部分初中阶段的学习者，甚至一些高中阶段的学习者都处于皮亚杰（Piaget）理论中的具象运算期。语法学习必须要以有意义的具体沟通体验为基础。学生需要大量的反复使用语法结构的机会，而不是讲解现在进行时或者亚洲语言里某个模糊词或量词一类的语法概念。在做游戏、唱歌、吟诵、讲故事、同伴或小组活动时，学习者能够反复地使用语法结构。语法学习必须要嵌入沟通任务当中。

3.4.5　叙事作为一种课程设计原则：故事形式

叙事结构是最宝贵的教学工具之一。认知研究学者如布鲁纳（Bruner，1990、1996）和西尔维斯特（Sylwester，1995）发现叙事或故事形式是最重要的认知工具之一。大脑在叙事时处于兴奋状态。叙事是我们人类梳理个人经历的一种方式。叙事中的情感元素会渗透到各类经历当中，并且让这些经历更加难忘。威金斯和麦克泰格（Wiggins & McTighe，2005：139）在第一版《追求理解的教学设计》中建议设计者使用叙事逻辑作为课程设计的原则。

伊根（Egan，1986）在其极具影响力的《像讲故事一样教学》（*Teaching as Story Telling*）一书中勾勒出了以故事为基础的课程模式，并建议一节课或一个单元应该是一个好的故事，而不是一系列的技能和目标。伊根（Egan）认为尽管故事通常是有效的，但并不是说我们必须把教学中的每一个概念都编写成故事。他认为我们应该使每个单元、每节课、每项活动都具备一个好故事所必备的元素，尤其要有清晰的开头、中间和结尾，见表3.4。他强调采用故事形式将意义置于教学的中心位置，因而这一设计原则尤其适合语言课堂。

故事形式或叙事结构，不仅局限于让故事成为一个单元或一节课的一部分。一首数数歌谣、一个让学生预测一棵蔬菜会浮在水面还是沉入水底的实验、一个游戏、一个字谜或者一个有待解决的难题都能体现好的故事元素。基于任务、

表 3.4　故事形式结构

开头
● 激活动机
● 学习者的投入
中间
● 以目标为导向的活动
● 学习者的参与
结尾
● 结局
● 成果
● 解决方案
● 故事结局
● 学习者实现目标

项目和问题的学习也都属于故事形式。

教师可以借助一些策略，以故事的形式设计活动。在每一个单元、每一节课都安排一些能够把课堂气氛推向高潮的活动，而且每项活动都能够带来完成感和成就感。如同体操运动员"稳稳"落地一样，学习者能够感受到成就感，并且有恍然大悟之感。

预测是吸引学生注意力的最有效工具之一，却常常被我们忽略。如果让学生在一项活动开始前预测结果，他们可能更有动力把这项活动坚持到最后。例如，全班一起唱数数歌谣，当还有五个孩子站着时，教师可以暂停游戏，让全班同学预测谁将是胜利者。或者，在完成一项与科学有关的语言活动时，学习者预测哪个水果（或其他物品）将下沉到水底或漂浮在水面，然后总结他们的亲身经历。这些活动强化了故事形式的结构，同时也带来更有意义的语言使用。

有时某个单元或某项活动能够为一次表演做好准备。音乐教师在这方面有很大优势——每次排练都可以成为一次表演。同样，课堂活动也可以是一场戏剧、一场滑稽短剧或者是与母语者的一段对话。表演歌曲、舞蹈或歌谣都能够有效地提高表达的准确性和学生的注意力。

一个以成果（如故事书、艺术展或其他有形的可共享的成果）为目标的单元通常以故事形式呈现，而且能够激发学习者的积极性！这个成果可以是班级简报，或者是在当地有线电视播放的简讯。

故事形式也可以是一个智力游戏或是一道难题。电脑游戏"神偷卡门"就是一个很好地运用了这个策略的例子。有些教师会将寻找一个"被偷走的"或消失的事物贯穿整个单元。这场搜索活动会带领大家在使用目的语的国家里畅游，从一个国家到另一个国家，或者从一个城市到另一个城市。"我能看见一些你看不见的东西"游戏是一种比较简单的智力游戏。在这个游戏里，教师（之后可以换成一位同学）描述某件物品或某个人，学生试着猜出这件物品或这个人。另外一个例子是"拼图"游戏。每个学生知道一条信息，信息的内容各不相同，小组成员必须交流各自的信息才能解决一道难题或完成一项任务。故事形式就像孩子们的图画书一样——建立一种重复模式，然后以一个意外惊喜结束。

这些策略的共同之处是它们为每个单元、每一节课、每一项活动赋予意义，并且都有着清晰的开头、中间和结尾。故事形式以及对结局的期盼为学习增添了情感元素，也增加了使其成为长期记忆的可能性。有些时候故事形式的使用可以很简单，教师为一项活动设计开头、中间和结尾，而不只是带领学生做活动。例如，全班同学需要完成课本上的一项关于食品的活动。在活动开始前，教师说："我很饿。班里还有其他人也饿了吗？如果你饿了，请举手。我看到有些人举手了。我有办法！请把书翻到 62 页，看看 62 页上面有哪些吃的东西。"

然后教师和学生继续课本上与食物有关的各项活动。

活动结束后，教师可以告诉学生："我很高兴我们在 62 页找到了一些吃的东西。现在我不太饿了。班里还有其他同学也不饿了吗？"

这个游戏很好玩，但是它也体现了故事形式的概念。因为教师为活动设计了开头和结尾。通常我们完成一项活动就接着去做另一项活动，不会花时间设计开场和结尾。我们倾向于注重"过程"。

伊根（Egan，1986：41）提出的神话层次的故事形式框架是组织主题单元和每日课程的有效工具之一。他提出的关于组织教学的建议考虑到了不同发展阶段的学习者的特性。（见第 1 章）

故事形式展开或强化策略	
预测	困惑
表演	待解决的问题
成果	模式→意外
简报 / 简讯	提供模式
提出挑战	做游戏
目的	

3.4.6　使用目的语教学

沟通情境中最为宝贵的元素是目的语本身。我们从二语习得研究中了解到学习需要沉浸于可理解性语言（或输入）中，从而刺激语言习得。这种输入应该是有意义的，而且是学习者感兴趣的。否则大脑无法处理语言或语言所承载的信息。

教师必须不断地提供这种语言输入，从第一天开始贯穿每一节课。成功的语言教师会特别注意尽可能多地使用目的语。ACTFL 在其定位描述中建议 90% 以上的课堂时间使用目的语（见表 3.5）。教师在常规课堂任务中使用目的语尤为重要，例如：给出指示、组织活动和规范行为。常规课堂任务证明了目的语能够"发挥作用"——学生可以使用目的语完成所有重要的课堂活动（并且可以自然地延展到日常生活当中）。

表 3.5　ACTFL 定位描述：目的语的课堂使用

研究表明有效的语言教学必须提供各种重要的、有意义的沟通*，并使用目的语提供互动反馈，从而提高学生的语言文化能力。语言学习中目的语互动的关键是《21 世纪外语学习标准》。因此 ACTFL 建议，处于语言学习各阶段的语言教师和学生都要尽可能多地在教学时间（90% 以上的教学时间）里使用目的语，如果可能的话，在课堂以外也要尽可能多地使用目的语。在最大化使用目的语的课堂上，教师使用各种策略促进学生的理解，并帮助构建意义。例如：

1. 提供可理解性输入，以此协助完成沟通目标；
2. 通过肢体语言、手势和视觉的帮助使意义更加清楚；
3. 检查学生的理解情况，确保他们能够理解；
4. 与学生进行意义协商，并鼓励学生之间进行意义协商；
5. 提高会话的流利程度、准确性和复杂程度；
6. 鼓励自我表达和自然的语言使用；
7. 教给学生要求澄清的策略，并在其遇到困难时提供帮助；
8. 提供反馈，帮助学生提高使用目的语进行口语互动的能力。

* 对古典语言来说，沟通强调的是阅读能力；对美国手语（American Sign Language，简称 ASL）来说，沟通指的是手语交流能力。

来源：http://www.actfl.org/news/position-statements/use-the-target-language-the-classroom。

语言是通往文化的钥匙或"车票"。我们把这张"车票"交给了学生，教给了他们目的语，使其通过语言了解文化并融入其中。即使并不是所有的教师都是母语者，但是他们都是文化载体，在课堂上展现目的语文化。如果学生感觉沉浸在语言当中，他们也可能会觉得像是生活在一个每天都使用这种语言的地方。我们要帮助他们为在使用目的语的文化中生活做好准备。同时，课堂时间是他们唯一必须使用目的语的时间。如果我们有太多时间使用母语，会减少他们接触目的语及其文化的机会。

既然使用目的语是语言学习的重要部分，为什么有些教师拒绝使用目的语而坚持使用母语呢？可能出于以下原因：

- 他们担心学习者无法理解，并且无法听懂指令；
- 他们担心自己的语言能力不够，无法有效地使用目的语；
- 他们担心目的语难度较大，需要用母语解释；
- 他们担心如果使用目的语，将会无法管理课堂秩序；
- 他们也可能从其他教师手里接手这个班级，而之前的教师课上大部分时间使用母语。

下一小节中列出的策略将为那些不常使用目的语的教师提供帮助。语言教师的主要任务是创建一个注重意义的沟通环境，让语言习得自然地发生。而创建沟通环境的关键是目的语的使用！如果学习者有 90%~100% 的课堂时间沉浸在目的语中，如果教师完全地使用目的语，那么语言的使用是有目的的，学生也有学习的动机。

当然，在使用目的语时，我们必须确定学生能够理解，并且保证运用技巧使我们所说的内容是具体的、可理解的。下一小节将介绍一系列策略，帮助教师和学习者使用目的语。

帮助学生习得目的语最重要的技巧是在课堂上使用目的语。当然，我们必须保证使用的目的语是可理解的。我们可以尝试坚持始终使用目的语，但是只有采取各种方式将语言难度控制在学生能够理解的范围内，学生才能够习得语言。可理解输入理论认为学生最好能够理解教师讲授内容中的主要观点。我们必须帮助学生认识到，他们只要能够理解教师讲授内容的大意即可，不需要每一个字都一一理解。年龄稍大的学生有时会感到不安，因为他们认为必须要逐字理解每条信息。我们必须让他们知道，在初学阶段我们的目标就是理解大意或完成基本的交流。我们可以给他们解释，随着他们语言能力的提高，他们将能够理解更多的细节信息。

3.5 语言教与学的主要策略

我们可以借助一些策略使目的语易于理解。这些策略是有效的教学的基本要素，也是成功的语言学习的基础。因此，我们要在语言课堂上使用这些策略。

- 关联背景知识；
- 创造一个有意义的语境；
- 检查理解情况并保证学生的参与；

- 为学生提供频繁互动的机会。

3.5.1 主要策略：贯连背景知识

把新概念和学习者的背景知识贯连起来

理解语言和新概念的过程需要吸取记忆中存储的经验和信息。因此，背景知识是理解的关键。学生已知的关于一个话题的背景知识将帮助他们获得新的信息。教师可以利用学生已知的知识帮助他们学习新的知识。

确保学生了解单课学习目标

以"我可以做"能力描述的形式给学生列出学习目标。能力描述让学生了解他们将要学习哪些内容，以及哪些词汇和结构将帮助他们完成目的语输入。设立一个书面的类似"我可以做"能力描述的学习目标能够帮助教师和学生关注课程和语言输入。

3.5.2 主要策略：创造一个有意义的语境

为课堂语言使用提供一个有意义的语境

可理解性输入不仅与语言发展和课程内容相关。本章列举了多种创造语境的方法。创造一个有意义的语境为语言学习任务的目的性提供了保证。

想要获得有意义、可理解的学习体验，就必须建立一个有意义的语境。语境应该是从易到难的，是真实的、现实生活中的经历。它可以是视频、歌曲一类的简单内容，也可以更为复杂，如：所有的活动都围绕单元主题来组织。

具体教学材料——道具和教具

创造沟通语境的一个基本要素是对道具和教具的使用。各年龄段的初级语言学习者都会在具体的情境中获得最佳学习效果。语言使用中对实际物品（尤其是体现目的语文化的物品）的应用越多，语言本身带来的影响就越大。从操控木偶到做科学实验等，使用道具和教具亲自动手参与的活动都能够吸引各阶段的学生。其他活动还包括艺术体验、手工艺品制作和体育活动等。第 11 章将详细讲解道具和教具，并给出使用建议。

具体的、亲身实践的语言体验

沉浸于具体的语言体验当中是创造语境的一个重要策略，很多活动都能够为这种具体的语言体验奠定基础。教师设计一节课，课上学生分小组完成一项具体的、亲身实践的活动。艺术体验、手工艺品制作和烹饪活动是很好的例子。例如，在一节法语课上，课程以法式薄饼为主题。教师和学生一起完成制作薄饼的步骤，如果可以的话，分成小组制作薄饼，或者通过哑剧的形式由教师将制作步骤展示给全班同学。在制作法式薄饼的过程中，教师要使用目的语做出描述和解释，期间使用的语言和语言的重复次数要比使用母语描述和解释同样的活动多得多。这些语言使用可能包含邀请学生在参与活动的过程中模仿短语、回答问题或做出评论。

> 现在让我们来做面糊。
> 我拿一个碗。看，这个碗很大。它是一个大的、闪着光的碗。
> 我把碗放下。
> 我拿一个鸡蛋。让我们看看，我是应该拿一个白色的鸡蛋还是红色的？
> （学生给出回应。）
> 鸡蛋是白色的，圆的。（等等）

之后，回顾整个过程，语言得以重现并被再次激活。回顾过程中使用到的语言，为讨论、展示、视频或数字演示、剪贴本活动、故事书活动以及其他各类活动奠定基础。教师可以在这一过程中嵌入在其他情境中也能够使用的功能和目标。语言与行动的联系加强了语言本身的作用，同时也促进了语言的长期记忆。

游戏

游戏是语言教师用来创造二语习得环境的一种常用方法。大脑研究和教师经验显示情感联系和游戏的乐趣也能够促进学习和记忆。除了语境之外，游戏也能够提供情感联系和趣味性，脑科学研究和教师的经验都能证明这些游戏能够促进学习和记忆。教师选择或自创游戏，介绍并且练习学生在自然的沟通语境中能够用到的语言。伊根（Egan, 1986）指出游戏和故事一样，有着明显的开头、中间和结尾，这是使中小学阶段的语言学习具有意义的重要因素。游戏不是以练习为主，它本身应该是具有沟通功能的。通常，像前文例子中提到的一样，一个简单的变化就能够把机械的练习或训练变成一个符合课堂沟通目标的游戏。

游戏也可以提供一个练习日常社交会话开场白的情境，而课堂上通常缺乏真正的机会进行这类练习。弗吕格尔曼（Fluegelman, 1976）的《新游戏手册》（*The New Games Book*）中的一个游戏就是很好的例子，它可以适用于任何一种目的语。

> 孩子们围成一个圈，面向中心，手拉手站好。一个孩子绕着圆圈的外围走，轻拍另外一个孩子的肩膀，然后开始沿着同一方向快跑。被拍肩膀的孩子沿着反方向跑。在某个点两个孩子相遇，他们必须握手、使用目的语问候彼此，甚至可以加上一句："你怎么样？我很好。"然后赛跑，看谁能先回到圆圈里的空位上。

很多"新的游戏"建立在每天的社交语言的基础上,而且很容易适用于外语环境。游戏可以帮助创造练习语言的环境,之后这些语言将在真实的沟通环境中使用。第 12 章将列举更多的游戏、歌曲和歌谣。

伴有或不伴有动作的歌曲、歌谣、短诗和手指游戏

带有大幅度或小幅度肢体动作的歌曲、歌谣和手指游戏也能够把语言和动作结合起来。很多儿歌和歌谣在创作中加入了动作,手指游戏是把手部和手指的动作完全地融入歌谣表演中。即使没有动作,歌曲、歌谣和诗歌也可以营造出吸引人的语言学习环境。

想想有多少成年人能够毫不犹豫地背出下面的歌谣,就知道这些语言材料的影响力是显而易见的。手指游戏最适合儿童,而针对 K–16 各阶段的学生,歌曲和歌谣都是适合的、能够激发活力的学习辅助工具。

这是教堂,	泰迪熊,泰迪熊
这是尖顶,	转个圈。
打开门	泰迪熊,泰迪熊
看到所有的人,	碰地面。
大拇指在哪里?	泰迪熊,泰迪熊
大拇指在哪里?	给我看看你的鞋子。
我在这里。	泰迪熊,泰迪熊
我在这里……	读新闻。

这些歌谣仅仅是美国成年人共有的童年语言经历中的几个例子。目的语文化中的歌曲、歌谣和手指游戏能够使概念和一些常用表达更加生动,为课堂增添文化内涵。在某些情况下,这些歌曲和歌谣也可以改编自母语中的歌曲或歌谣。年幼的孩子更喜欢以动作为主(尤其是带有滑稽动作)的歌曲和歌谣,他们喜欢反复地背诵和歌唱。

在基于语言学习标准的沟通方式中,衡量歌曲和歌谣在教学中的使用情况要看他们是否与教学主题紧密结合。第 12 章将详细介绍如何在教学中使用游戏、歌谣和歌曲。

社会情境——对话和角色扮演

与社会情境相关的语言发展,如模仿、对话和角色扮演,也能够营造沟通情境。对话对学习者很有价值,因为它为构成情境、观点或经历的一系列表达提供了一个框架。如果经过认真的选择或创作,对话能够为戏剧创作和角色扮演提供表达途径。对话可以帮助学生做好应对会话和情境的准备,这些会话和情境很可能会成为课程中某个故事或课文的一部分。对话也可以用作重新创作学习者已知的一个故事的途径。

帕蒂·汉斯（Patty Hans）是一位 K-4 法语教师。她从她的学生上二年级开始使用对话。为了激发学生的创造力，对话中可以给出多个选项。下面是一段由她设计的对话。斜体的部分由学生使用他们在课上学过的单词来创造。帕蒂（Patty）发现学生喜欢荒唐的对话！年龄稍大一些的学生的对话通常围绕社会状况展开，但也可能会很荒唐。

A：你好！
B：你好！
A：你去哪里？
B：我去*沙漠*。
A：怎么去？
B：*骑自行车*。
A：我也是。
B：太好了！我们一起去吧！

A：看！一条*蛇*。
B：哦！它在*爬行*。
A：看！一只*更格卢鼠*。
B：哦！它在*跳*！
A：看！一只*蝴蝶*。
B：*它要攻击我们！我们离开这里吧！*

以下指导方针将帮助教师选择或创作对话：
1. 对话要简短，包括学生要说的简短的话语。
2. 对话是自然的语言运用，并不局限于人为强加的语法限制。
3. 对话应该是形式多变的，可以以它为基础改编成其他情境下的对话。
4. 对话要灵活，学生可以运用自己的创造力和幽默感进行创作。
5. 对话应该包含大部分之前学过的词汇和功能，学生不至于被大量新的语言知识淹没。

角色扮演比对话更进一步，它使学生有机会运用背诵的对话或其他课堂活动中记下的语言素材去应对意外情况或新的环境。例如，学习过一个购物情境的对话之后，学习西班牙语的学生会进行角色扮演，假装去一个秘鲁市场购买一样物品，在购物的过程中要用到新的词语或面对新的挑战。他们也许在食品商店寻找最喜爱的美国品牌的早餐麦片，或者在服装店发现一件衣服却没有合适的尺码。然后他们分小组合作，围绕新的情况，展开一段没有剧本的对话。

对于初级阶段的学习者来说，角色扮演通常是在新的情境中运用一些背诵过的简短话语。尽管如此，角色扮演却能够提供宝贵策略，帮助学习者提高语言能力。

故事

儿童最喜欢讲故事和读故事。好的故事能够吸引各年龄阶段的学习者。熟悉的故事结构能让意义更易于理解，尤其是有画面、手势等辅助手段和学生参与的时候。很多教师也发现故事可以成为一个单元的焦点。第 6 章将详细介绍故事对语言学习的价值。

贯连学科内容教学

课程内容为学校环境中的外语学习提供了一个自然、必要的语境。语言课程与学校其他课程的一体化以及学习技能和学习方法在语言教学中的运用增加了语言学习的趣味性和相关性。语言教师将《各州共同核心标准》和《21世纪技能》融入帮助学生掌握高阶思考、学习技能和学习方法的任务和活动中,为学生提供大学阶段和工作中必备的技能。我们将在第8章展开关于内容相关教学的讨论。

同伴活动和小组活动

合作学习框架下的同伴活动和小组活动也是课堂沟通语境之一。同伴活动和小组活动具备合作学习的优势,能够帮助学生使用目的语展开交流。当学生与同伴或小组成员合作时,他们使用语言的机会成倍增长。通常,在小组活动中,同伴或小组成员之间掌握不同的信息,正是这种"信息差"促成了有意义的沟通。我们必须用语言来"弥补差异",解决问题或者达成某个目标。

合作学习(Johnson & Johnson, 2005; Kagan & Kagan, 2008)为学生提供了小组活动和彼此互动的机会,是提高语言能力的策略。学生有了沟通的需求和动机,因此小组合作活动能够强化社交发展目标。第5章将详细列举同伴活动和小组活动,并给出具体的指导方针。

3.5.3 主要策略:使语言具有可理解性

不断地使用目的语,让学生沉浸在目的语当中

- 显示出目的语对学生的重要性,因为这将让学生得到他们需要和想要的东西,如:关注、一支铅笔、帮助、赞赏或者离开教室的许可。
- 和学生交谈时,假设他们能够听懂,并且使用视觉资料和手势确保他们能够听懂交谈的内容。
- 在课堂活动中使用"自言自语"的方式。例如,当走到教室的前面时,你可以说(用目的语),"我现在要走到桌子那里,去拿我们下一个活动要用的纸和铅笔。我把那些铅笔放在哪里了?哦,在这儿呢——在我的成绩册下面",等等。
- 借助可预测的活动和不断重复的日常口语强化学生对语言的理解。
- 使用保姆语,即家长与孩子交流时使用的语言。(第1章详细讨论了保姆语)

监视并评价目的语的使用情况

- 确保学生了解你很重视目的语的使用。其中的一个方法是记录他们的语言使用情况,并将其纳入学生评价当中。在同伴活动或小组活动过程中,你可以在教室里走动,收集信息,并且提醒学生使用目的语。例如,康涅狄格州沃特伯里市的日语教师杰茜卡·哈奇

（Jessica Haxhi）就头戴用加粗的日语字母写有"请说日语"字样的"警察帽"，手拿夹纸板，在教室里来回走动。

- 另外一种奖励学生使用目的语的策略是有形的象征性奖励——它可以是一张奖状，或者是一张目的语文化中使用的纸币的仿制品。这种象征性的奖励仅在短时间范围内有效，因为它不能够替代语言使用的实质性动机。语言使用必须成为课堂管理和课堂文化的一部分。

将母语和目的语分离——避免翻译[1]

在语言教学中使用一种以上语言和翻译并不是有效的做法。原因有二：其一，如果学生知道教师会使用两种语言就不会专注于目的语，而是耐心地等待母语"版本"的出现；其二，如果教师知道自己将用母语解释或重复，他将不会花费很多功夫让目的语更易于理解。保持语言课堂的目的语环境需要付出很多努力，同时也需要大量的视觉材料和其他材料的支撑。母语这个"捷径"夺走了学生构建意义、体验情境、使新的语言变得有意义且能够长期记忆的机会。母语捷径也阻碍了大脑和已知语言或概念之间的联系。因为搜索母语中对应的词语增加了大脑运转的步骤。我们的目标是通过新的语言，而不是母语，去体验概念。

有些时候，学生已经理解指令或新的词语，但是为了帮助其他同学理解或者告诉老师他已经理解，他们可能会用母语大声地说出这些指令或词语。教师可能会欣赏这些学生展现出的热情，但是却不应鼓励或强化这种做法。如果这种做法成为习惯，语言课堂就会变成翻译猜谜游戏，语言学习的沟通目标也会逐渐模糊。

事实证明用提示牌显示出正在使用的语言是非常有效的方法，因为提示牌能够清晰地提醒教师和学生持续使用目的语。有些教师在一节课开始的时候仪式性地使用目的语，但是在下课前却早已将授课语言转换为母语。例如，在一节课刚开始的时候，丽塔·格利克森（Rita Gullickson）和学生慢慢转身，拍打手鼓，并用英语数"一、二、三"。在下课前，他们重复同样的动作，再用西班牙语数"一、二、三"。丽塔（Rita）带领学生完成这些动作，几天之后，她让学生轮流带领大家完成动作。作为西班牙和拉丁美洲都使用的一种乐器，手鼓为活动增添了文化气息。

初学者当然无法完全适应新的语言。当他们用母语而不是目的语提问或做出回答时，我们可以用目的语改述他们用母语给出的问题或回答，然后再回答他们的问题或对他们的回答做出回应。这一策略能够为学生提供新的词汇或短语，满足他们的需求或兴趣。我们只能把翻译当作是为学生提供可理解性输入的万不得已才使用的方法，而不是把翻译作为一种教学策略。

---

[1] 沉浸式语言课程是在全部教学时间内100%地使用目的语，沉浸在目的语中。双语教育证明与混合使用两种语言的学生相比，两种语言分开使用的学生语言能力更好；使用一种以上语言或是将一种语言翻译为另外一种语言都会造成混淆，对学习者来说可能会适得其反。

提供多元脚手架式辅助

在学习新的概念或策略的初级阶段，学生需要各种脚手架式辅助，这让他们在学习过程中不会感到厌烦。教师通常在讲授一个新的概念或策略的初级阶段给予学生一些脚手架式的辅助，然后随着学习者多次练习之后获得经验，会逐渐减少给予的辅助。脚手架式辅助是指专家为学习者提供的不间断的帮助。它包括把复杂的任务细分为简单、易于操作的步骤，也包括在每个步骤给出一些专业的帮助。脚手架式辅助为学生提供了所需的语境、动机或理解新的概念所需的基础。

将指令和新信息分解成具体的、递进的步骤

学习者年龄越小，指令的步骤越要具体。教师用简单、直接的语言（即保姆语）呈现信息，并且选择学习者熟悉的词汇和结构。

充分利用语言和非语言策略使语言易于理解以适应学生的语言能力水平

语言策略　教师用简单、直接的语言（保姆语），以适应学生的语言能力水平。

- 放慢语速
- 发音清晰
- 语调夸张
- 词汇量和句子长度适中
- 使用高频词汇
- 释义和重复
- 同义词、反义词、同根词
- 将新单词按照一定的趋势排列（如在表示"冷""暖"的一系列单词中，从"炎热"到"寒冷"依次排列）
- 逻辑关系
- 个性化语言或信息

非语言策略

- 具体指示物——视觉的、可操作的、具体的物体。这些物体应该是彩色的、引人注目的，并且体积较大，在教室的各个角落都能够看到。
- 多元呈现——以一种以上的形式呈现一个概念。例如，教师使用多于一种的视觉材料，同时还使用动作。
- 概念归类图——概念归类图直观地描述信息（见第8章）。
- 课堂环境——保持固定的课堂环境（如果不更换教室的话）。在学校和教室建立明显的

目的语环境。例如，教师用目的语书写学校、教室和教室物品的标签。张贴用目的语书写的班级课表、物品标签、值日表以及班级管理规定是十分有效的方法。学校走廊里的展示栏和布告板能够有效地提醒大家目的语在学校环境里的重要性。展示学生使用目的语创作的作品尤为有效。

- 身势语
  - ▶ 手势、面部表情、肢体语言和哑剧；
  - ▶ 展示，以表演的形式表达词语的含义，示范；
  - ▶ 教具和亲身实践活动。

示范过程中的每个步骤或指令

示范通常伴随着夸张的手势或其他材料。在示范之后，教师可以再次重复指令，让学生表演指定的动作。

逐步下放责任

我们的目标是在学习上给予学生支持和示范，并逐步把责任下放给学生，让他们在经历过各个阶段之后能够独立完成教师已经给出示范的任务。下面将详细列出责任下放的四个步骤（Pearson & Gallagher, 1983）。它与我们在第 1 章提到的维果茨基（Vygotsky）的脚手架教学概念和最近发展区理论有着密切的联系。

1. 成功的教学 / 明示教学　　　　"我来完成它。"
2. 依赖性学习 / 指导性练习　　　　"我们一起完成它。"
3. 共享学习 / 指导性练习　　　　"你们一起完成它。"
4. 独立学习 / 独立练习　　　　　"你自己完成它。"

母语的作用

当然有些时候使用母语也是必要的，甚至是明智的。例如在学生的身心健康和安全受到威胁的时候。在某些情况下，尤其是在情绪低落的时候，学生可能需要使用母语进行私人间的谈话。在教学中也可能有一些极其重要的概念是无法用目的语解释清楚的。

如果使用母语，那么应该是有计划、有目的地使用。母语的使用应该是有意识的决定，而不是教师不经思考做出的举动。以下步骤能够帮助我们决定是否应该使用母语，而不是目的语。教师应该首先提出以下问题：

- 我是否能够用目的语交流想法？
- 我是否能够简化概念或信息？
- 我是否能够添加具体材料、视觉材料或个人经历，以便丰富语境，使概念或信息在目的语中更易于理解？

如果以上问题的答案都是否定的，请思考以下问题：
- 我是否能够用一个不同的概念替换原来的概念？
- 我是否可以把这部分内容延后到学生能够使用目的语谈论该话题的时候？
- 我是否可以请主课老师用母语完成后续的任务？
- 我是否可以把这部分内容留给在我出差时替我代课的说母语的老师？
- 这部分内容是否可以作为作业布置给学生，要求他们使用母语材料完成？

如果以上问题的答案是否定的，请思考以下问题：
- 这部分内容是否非常重要，重要到一定要牺牲宝贵的本该使用目的语的课堂时间去使用母语完成讲解？

当然，如果在思考过以上问题之后，教师做出的最终决定是为了某个特殊的目的使用母语，那么还是要保证目的语的使用占课堂时间的 95%~100%。

一些教师认为课堂管理用语要使用母语，以确保学生能够理解。但是我们需要用目的语来管理课堂因为课堂秩序极为重要！如果教师在课堂管理等重要事情上都使用目的语，他们将清晰地向学生传递这样的信息：这种语言很重要，值得学习！

3.5.4 主要策略：检查学生的理解情况并确保学生的参与

语言的易于理解和语境十分重要，但是这并不足够。我们如何检查学生的理解情况？我们是否应该让学生用母语说出我们刚才用目的语讲授的内容？绝对不可以！我们希望学生通过目的语本身来体验语言，而不是用母语来学习目的语。我们需要用其他方法让学生告诉我们他们的学习情况。检查学生的理解情况是每一节课必须要做的事情。教师可以用各种方式检查学生的理解情况。

观察学生表现

观察学生是检查学生是否理解课程内容最基本的方法。如果学生无法按照指令完成任务或者流露出困惑的表情，那么显然他们没有理解课程的内容。

使用多种策略澄清意义，调整语言输入

如果学生无法理解课程内容，教师必须改变策略，使语言变得易于理解。

利用非语言反应检查学生理解情况

学生用动作表达对理解度检验的回应。
- 竖起拇指代表"是"，拇指向下代表"不是"，摆动拇指代表"不确定"。他们也可以用不同颜色的卡片代表"是""不是"和"不确定"。
- 如果问题的答案是数字，学生可以用手指代表数字，可以把数字写在纸上，或者也可以从装有各种数字的信封里找出正确的数字。
- 学生也可以用图画来表明他们的理解程度。
- 他们也可以表演或模仿教师示范的动作。如果学生闭上眼睛按照教师的要求做出表演，那么教师可以轻易地看出他们是否理解，而且也不会让学生感到尴尬。

学生可以用图画表示他们对问题的回应。图 3.3 显示的是老师为一个问题准备的相关答案选项——即面部表情图案，分别画在不同的卡片上面。学生必须按照老师的提示举起正确的卡片。

注：已获尼克·斯塔法（Nick Staffa）许可使用。

图 3.3　可用于检查理解情况的表情反馈板

用语言反应检验学生理解情况

学生用语言反应表现他们的理解情况。

- 教师或学生能够用是非题、二选一或者"谁、什么、哪里、何时、为什么"等词语提问；
- 学生举起写有答案的小白板；
- 学生能够完成开放式的句子或补充缺失的信息；
- 学生能够了解一系列指令或者故事复述中的下一个步骤或下一个片段；
- 学生能够更正教师（故意的）错误或参与某个概念认知图表的设计；
- 学生在离开教室时，在门口能够以口头或书面形式完成出门条上的指示。

3.5.5　主要策略：为学生提供频繁互动的机会

我们也需要为学生提供机会和工具，让他们能够使用目的语达成有意义的目标。在第一语言里，年幼的孩子学习"使……发生"一类的语言最快。请求许可、告诉他人该做些什么、索要玩具或座位——在教师完成示范之后，这些行为可以激发有意义的语言使用。

- 提供多种方法帮助学生针对学习内容进行练习，如：口头、书面、图画和动作。在提供可理解性输入的过程中，多元呈现至关重要。同样，在学生练习所学内容的过程中，机会的多元性也十分重要。

- 在期待语言产出之前给学生时间去处理语言输入。我们经常在学生做好准备之前就要求他们使用语言，而学生在做好准备使用语言之前往往需要更多接触语言的机会。
- 给学生机会使用目的语进行有意义的互动，完成口语练习。从课程的第一天开始，教师可以要求学生进行有组织的小组和同伴活动（见第 5 章）。
- 给学生机会参与认知上具有吸引力的任务。尽管初级阶段的学生并不具备太多语言技能，但他们还是能够思考和满足认知需求。他们可能只能用"是/不是""不是/就是"或者简短的短语、句子做出回应，但是教师还是可以鼓励他们进行思考。第 2 章中我们曾提及一个学生在学习有关濒危动物的主题单元时，制作了一张海报，上面画有一只美洲豹，并配有文字"我不是一件外套"。这个例子让我们看到了如何使用简单的语言展示深度思考。
- 使用各种类型的问题，确保问题难易程度不低于布鲁姆分类法中的最低难度。第 6 章举例说明了如何利用不同程度的思考完成以"熟悉的童话"为主题的活动。第 4 章列举了可以在早期语言教学中用到的自然教学法问题序列（Natural Approach Question Sequence）。
- 教给学生非语言策略，帮助他们使用目的语进行交流。如同教师使用视觉资料、手势和迂回语使含义易于理解一样，学生必须明确如果他们想要成功地使用目的语交流，必须也要使用这些策略。在开始教法语的第一年，唐纳·克莱门蒂（Donna Clementi）让班里的高中生在不使用任何语言的情况下，向班里其他三位同学介绍自己。
- 讲解功能语块，提供给学生足够的短语储备，使他们能够持续使用目的语进行交流。第 4 章将列举出能够帮助初级学习者展开沟通的语块范例。这些语块包含对话管理策略，如：要求改述、重复或者表达困惑。

⊙ 练习和深入讨论

1. 为什么教师很难从以语法为导向的语言教学转变为以沟通为导向的语言教学模式？哪些帮助可以促成这种教学模式的转变？
2. 下列任务或评语分别属于哪种沟通类型（理解诠释型、人际交流型或表达展示型）？答案参见第 111 页。

（1）和一位朋友谈论周末都做些什么。
（2）观看一个有关烹饪的视频，并做笔记。
（3）准备一张有关你的爱好的海报。
（4）给一位朋友写一封电子邮件。
（5）编写一个以市场购物为主题的短剧。
（6）给一位朋友打电话。
（7）问路。
（8）编写一本关于你最喜欢的旅游地点的小册子。
（9）听众或读者输入为主的单向沟通模式。
（10）在餐馆点菜。
（11）听众或读者输出为主的单向沟通模式。

（12）和朋友一起做计划。
（13）写一篇文章。
（14）在最终表演之前反复练习，并询问反馈。
（15）双向沟通。
（16）观看一个关于某个目的语城市的视频。
（17）自发的交流或对话。
（18）保持观众的注意力。
（19）对他人的谈话内容做出恰当的反应。
（20）画图描述一个故事中的主要事件。
（21）使用上下文线索帮助理解故事。
（22）编写一个以餐馆点菜为主题的短剧。
（23）收听新闻广播，并列出讨论话题。
（24）给你在另外一个国家的寄宿家庭写一封信，介绍自己。
（25）和朋友一起做游戏。

3. 另外一位教师告诉你，她尝试了使用目的语授课，但是放弃了。她说学生无法理解她的授课，尤其是幼儿园和一年级的学生。如果有人帮助的话，她可能想要再次尝试。你会给她哪些建议？

⊙ 补充阅读

Asher, James J. *Learning Another Language through Actions: The Complete Teacher's Guidebook*. 7th ed. Los Gatos, CA: Sky Oaks Publications, 2012.

Fisher, Douglas, & Nancy Frey. *Checking for Understanding: Formative Assessment Techniques for Your Classroom*. Alexandria, VA: Association for Supervision and Curriculum Development, 2007.

Krashen, Stephen D., & Tracy Terrell. *The Natural Approach: Language Acquisition in the Classroom*. Rev. ed. Englewood Cliffs, NJ: Prentice-Hall, 1995.

Shrum, Judith, & Eileen Glisan. *Teacher's Handbook: Contextualized Language Instruction*. 4th ed. Boston: Heinle/Cengage, 2010. See Chapter 7—Using a Story-Based Approach to Teaching Grammar.

⊙ 相关网站

语言教学要领

http://www.nclrc.org/essentials/index.htm

本网站主要针对大学初级语言课程助教，但是也同样适用于任何其他阶段的语言教师。

视频资料：双语现象对语言教师的启示

http://www.analomba.com/anas-blog/what-language-teacher-can-learn-from-bilingual-parents

"GO TO"策略：K–12 英语教师辅助选项，由琳达·纽·莱文（Linda New Levine）、劳拉·卢金斯（Laura Lukins）和贝蒂·安森·斯莫尔伍德（Betty Ansin Smallwood）于 2007 年创作

http://www.cal.org/projects/pdfs/go-to-strategies.pdf

答案：沟通模式测试

（1）人际交流型	（8）表达展示型	（15）人际交流型	（22）表达展示型
（2）理解诠释型	（9）理解诠释型	（16）理解诠释型	（23）理解诠释型
（3）表达展示型	（10）人际交流型	（17）人际交流型	（24）表达展示型
（4）表达展示型	（11）表达展示型	（18）表达展示型	（25）人际交流型
（5）表达展示型	（12）人际交流型	（19）人际交流型	
（6）人际交流型	（13）表达展示型	（20）理解诠释型	
（7）人际交流型	（14）表达展示型	（21）理解诠释型	

第4章 语言能力培养策略

- **语言能力基础：词汇扩展**
  - 我能够描述语言课堂上有助于词汇扩展的语境。
- **语言能力基础：功能语块**
  - 我能够解释功能语块在语言能力发展过程中的作用。
- **功能语块的展示与教学**
  - 我能够识别功能语块教学中的策略。
- **语言课堂的学习中心**
  - 我能够解释语言中心如何促进语言课堂及其具体实施过程。

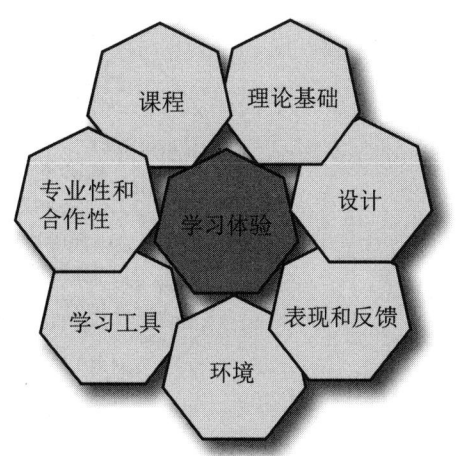

根据《面向世界的语言学习标准》中描述的均衡沟通方式，学生在语言课堂上要承担多重角色。他们既是口头或书面语交流的参与者，也是观众，还是发言者。教师要设计多种活动，帮助学生发展每个角色所必备的能力。本章列举了学习者发展语言能力应必备的策略。

4.1 语言能力基础：词汇扩展

词汇是运用第二语言进行沟通的重要基础。初学者的首要任务是扩展大量实用词汇。初级阶段的语言学习者能够理解他们听到和读到的由熟悉的词汇构成的内容，但是由于内化的词汇有限，他们的表达能力受到限制。因此，教师的重要任务之一就是帮助学生扩展有效的实用词汇。

大多数人听到"词汇"一词，总会想到分类的单个单词。在我们谈论学生所掌握的单词时，会列举出一些类别，如颜色、数字、家庭成员、动物等。

单个的单词当然是词汇扩展的要素。对于初学者来说，单个的单词是意义的第一线索，也是意义表达的基础。在每个新的主题单元，基础词汇都会以各种方式在不同的语境中得以呈现。

讲故事和读故事为学习新的词汇创造了宝贵的语境。教师可以强调重要或有趣的词汇，并用目的语描述这些词语带给自己的感受，或者让学生从肢体上或情感上感知这些词语。例如，在讲一个关于鬼屋的恐怖故事时，教师在讲到"鬼"这个单词时可能会停下来，颤抖着不断重复"鬼"这个单词,然后告诉学生:"鬼非常可怕!呜——有鬼!鬼!"教师可以鼓励学生重复该单词,并把可怕的鬼的形象表演出来。学生也可以把"鬼"这个单词写在黑板上,并在单词周围勾勒出鬼的轮廓。这一系列的活动可以通过动觉和情感手段强化记忆。

图表或认知归类图能够显示新单词之间的相互关联,以及新单词与主题之间的关系。图4.1是雷娜特·格兰特(Renate Grant)和学生在比较狗和狼时绘制的维恩图解,揭示了用来描述狗和狼的单词之间的关系。

图4.1 图表或认知归类图(揭示新单词之间的联系以及新单词与主题之间的关系)

通过单个单词的学习促进词汇扩展的方式还有很多。大部分教师都有自己储备的词汇练习活动。例如:如果你代替母亲做晚饭,请列出你将购买的食物清单;列出你能想到的以某个字母开头的动物名称;单词接龙游戏,保证每个单词的首字母都与前一个单词的最后一个字母相同;"箱子游戏",学生列出箱子里所有物品的名称,然后在箱子里加入新的物品。除了本身具有娱乐性之外,这些词汇练习活动还能够起到"海绵"的作用:在课堂时间仅剩几分钟时,或者在课堂上的任何间隙时段,这些活动可以避免时间的浪费。

学生以各种方式使用新的词汇,从而使这些词汇更加牢固地存储在长期记忆区间,以便日后随时使用。学生可能会按照喜欢或不喜欢将食物分类。教师可以组织活动,要求学生给出新单词的反义词或与之押韵的词语。学生可以按照喜欢的程度从最喜欢到最不喜欢排序。单词与个人的联系越多,学生越有可能长久地记住这个单词。

这些策略的共同点在于他们都离不开特定的语境,且任何词汇列表都有其目的。同时,它们也都不涉及目的语和母语之间的相互翻译。无论我们使用哪种策略,都要记住杰纳西(Genesee,1983:1)基于认知研究而提出的建议:"学生的词汇习得通过将单词嵌入熟悉的、复杂的真实语境中得以强化。"本着这一原则,运用单词表和翻译的词汇教学都不可取。相反,复杂的、语言内容丰富的环境和语境是词汇累积最为坚实的基础。每个儿童学习者都能够掌握那些对他们来说有目的、有意义的词汇。

手势可以有力地强化词汇记忆，我们将在后面的章节详细探讨。将一个特定的手势与一个生词联系起来能够帮助学习者记住这个单词，因为手势具有强化记忆的功能。

4.2 语言能力基础：功能语块

年幼的孩子首先学会使用母语中的功能语块与他人互动，从反复听到的内容当中获取信息。他们会模仿"坐下""再见""谢谢"等语块，并不断重复。在课堂上，这些未经分析的功能语块能够表达学习者的需求，有助于对话的延续，并且能够帮助他们理解老师或其他同学的谈话内容。"我可以……吗""我不明白"或"我喜欢……"等语块能够使学生的语言习得有一个好的开端，并提高他们的沟通能力。

学生能够熟练运用的词汇不仅包括单词及其含义，更重要的是也包括功能语块，即记忆中未经分析的高频短语。功能语块的使用比较灵活，稍做变动就能够在不同的语境中使用。功能语块还被称为词汇短语、固定表达或预制语块。英语中的"How're you doing?"就是一个功能语块。其他的例子还有："I don't_____ (understand, sing, swim).""Let's_____(go, run, play)!""Please may I have_____?"。不论哪种语言，大部分的礼貌用语都属于功能语块，通常以整体形式出现，早于单词习得之前。功能语块长度不限，学习者初期学习的语言都是语块模式。

蹒跚学步的儿童早期学会的语言都是由功能语块构成的。一些语块（如"这不是重点"和"我都说了一千遍了"）是家长或看护人经常重复的话语，年幼的孩子却经常将其用在符合逻辑却不合时宜的语境中。

功能语块对于语言发展尤为重要。原因有二。其一，它使学生在语言学习的初级阶段就能够完全地参与人际交流。功能语块能够以有效的、易于理解的方式传递完整的思想。它可以像单词一样存储在大脑中，却能起到单词无法达到的作用。功能语块是年幼的学习者能够熟练运用的词汇的重要组成部分。其二，功能语块是迈向语法习得的第一步。随着词汇的扩展，学生的语言使用更为熟练，大脑中存储的功能语块成为了语法学习的基础。实际上，这些存储在大脑中的功能语块是学习语法的最佳基础。

当学生有机会在表达中用到记忆中的语块时，它会变得更加有意义。例如，在一个关于职业的主题单元中，学生可以用"我想成为……"表达真实意图。语块"我可以……吗"可以用作日常课堂用语。如果在课堂上有很多机会表达喜好或做出选择，学生就能够熟练地使用"我想要……"这一语块。一旦介绍了某个语块，教师就应该创造语境，让学生以沟通为目的，练习使用该语块。

随着语言能力的提高，学生从初学者成为中级水平的学习者，参与的语言活动从风险较低的模式化活动和受控活动，提升到中级水平的开放式对话和演讲活动（见表4.1）。本章和第5章、第6章中提供的活动适用于表4.1中初中级阶段的语言学习，因为模式化和受控语言活动所提供的辅助作用能够帮助学生建立自信。

表 4.1　学习者参与的语言活动

低风险		高风险
模式化活动	**受控活动**	**独立活动**
练习活动 （吟诵、歌曲、故事、 歌谣、游戏、动作）	有条理的对话 同伴活动（有限选择） 背诵展示 短剧	开放式对话 演讲

4.2.1　口令和每周一词

口令是由教师选出的实用单词或短语，如："请问我可以削铅笔吗？"作为一个语块，存储在记忆中。教师直接讲解这些单词或短语，然后将其贴在墙上，并辅以图示帮助学生回忆起其含义。在午饭、休息、去上另一堂课或放学离开教室之前，教师要求学生使用这些口令。选出来的这些词语为学生提供了应对课堂上反复出现的情境所需的语言表达。威斯康星大学麦迪逊分校的康斯坦丝·诺普（Constance Knop）博士证实了这一事实。这些词语通常是嵌入模式的，最初以记忆语块的形式习得，随后会在各种情境中使用。

口令通常每天或每周都会学习。当学习者试图用已经学过的词语表达想法时，教师可以引导他们看贴在墙上的词语，帮助他们回想起学过的词语。下面列举一些口令：

我可以去洗手间（办公室、饮水处等）吗？	请让我一个人安静一会儿。	可以借我用一下吗？
这个应该怎么表达？	我胃疼（头疼、嗓子疼等）。	那是我的。
你能帮我一下吗？	我快做完了。	我的车晚点了。
我找不到我的橡皮（纸、书、作业、午餐券等）。	我可以拿我的外套（书、铅笔、乐器等）吗？	请坐在我旁边。
请把＿＿＿递给我。	我需要纸。	他坐在我的座位上了。
轮到我了。	我来帮你。	我们吃些什么？
几点了？	谢谢你这样做。	昨天我缺席了。
请关上门（窗、抽屉、柜子等）。	我不会说。	今天＿＿＿没有来。
	能给我一张纸巾吗？	我不知道该怎么说。
		请拉上窗帘。

在对话中注意倾听有哪些词语是学生使用频率较高，却总是使用母语而无法用目的语表达

的，然后选择这些词语作为口令。如果口令的选择是出于真实的信息交换的需要，学习效果最佳。图4.2是洛丽·兰格·德-拉米雷斯（Lori Langer de Ramirez）列出的课堂必备用语。

来源：洛丽·兰格·德-拉米雷斯（Lori Langer de Ramirez），http://www.miscositas.com。

图 4.2　口令范例（目的语中出现的常用口令）

肯塔基州路易斯维尔杰斐逊县公立学校的梅甘·约翰斯顿（Megan Johnston）和卡拉·帕克（Kara Parker）在教学中使用了类似口令的策略，他们称之为"每周一词"。在他们的博客（blog）"创造性语言课堂"中，梅甘·约翰斯顿（Megan Johnston）描述了自己教西班牙语的经历：

当我对学生进行人际交流型口语评价时，发现他们很难将对话继续下去，因为他们不会使用类似"请重复一下""请讲慢一点""我同意"等短语。我试着把这些短语嵌入课堂活动中，但是学生却不能长期地记住这些短语。在尝试了"每周一词"之后，我发现有些学生已经能够自信地表达了。

我是这样做的：

每周周一，我会给出本周的词语。上周我们的词语是"Estoy de acuerdo"（我同意）。我把它写下来，贴在教室的墙上。我会鼓励学生做出列表，并一一记在本子上。有些学生会照做，有些不会。

在开始上课之后，我们开始做传球游戏。一位同学手举一张电影明星海报，说

"El substituto es muy guapo, no?"（代课老师很英俊，不是吗？）。然后他把球传给另外一位同学，另外的这位同学要说："Estoy de acuerdo!"（我同意。）或 "No estoy de acuerdo."（我不同意。）。

我在口袋里放一打空白纸条。每当有一位同学正确地使用了一个短语，我会发给他一张纸条。我发现他们会认真地听我说话，因为他们希望抓住机会使用这个短语。他们在纸条的背面写上自己的名字，然后放到我教具车上挂着的小桶里。

来源：http://creativelanguageclass.wordpress.com/class-routines/phrase-of-the-week，已获梅甘·约翰斯顿（Megan Johnston）许可使用。

4.2.2 语言阶梯

语言阶梯类似于口令，也是让学生每天或每周学习一个短语。它帮助学生记住目的语中的日常用语。语言阶梯通常是指在不同语域、礼貌程度或社会情境下，以一系列不同的方式表达一个相似的概念。例如，一个语言阶梯可以是对家庭作业的不同等级的打分，或者是在合作学习模式中给予小组成员的不同程度的赞美或鼓励。语言阶梯图通常贴在教室的墙上或者悬挂于屋顶，有时也会如图4.3所示配有图示。语言阶梯通常按照一定顺序排列或成组出现，以显示其递进关系，并帮助学生加深记忆，例子见表4.2。

图4.3　阿拉伯语中表示赞美的表达方式

表 4.2　言语阶梯范例

Thank You 感谢	Praise 表扬	Praise 表扬	Expressions for Group Work 小组活动用语
Thanks! 谢谢！ Thank you! 谢谢你！ Thank you so much! 非常感谢！ Thank you very much! 十分感谢！ It's so nice of you to _____. 谢谢你帮我 _____。 I appreciate your _____. 感谢你的 _____。	Optime! 不错！ Magnifice! 很好！ Lautissime! 太棒了！ Mirabile Dictu! 简直是奇迹！ Bene Factum! 做得非常好！	Spitze! 太好了！ Erstklassig! 一级棒！ Wunderbar! 好极了！ Phantastisch! 棒极了！ Prima! 做得好！ Grossartig! 了不起！	What a good idea! 好主意！ I like what you said! 我喜欢你刚刚所说的！ Wonderful! 好极了！ What do you think? 你怎么想？ I agree./I don't agree. 我同意。/我不同意。 It's your turn. 轮到你了。 We have...minutes left. 我们还剩下……分钟。

Conflict Resolution 解决冲突	Permission to Go to the Bathroom 请求使用洗手间		Farewells 再见
I don't like it when you _____. 我不喜欢你 _____ 的样子。 Please stop. 请不要这样。 I feel _____ when you _____. 当你 _____ 的时候，我觉得 _____。 Please don't _____ anymore. 请不要再 _____。 I think you have my _____. 我觉得你那儿有我的 _____。 Could you give it back please? 请你把它还给我好吗？	¿Puedo ir al baño? 我能用一下洗手间吗？ ¿Me permite ir al baño? 我可以去洗手间吗？ Por favor permítame ir al baño. 请让我去洗手间。 Necesito ir al baño. 我需要去洗手间。		Arrivederci! 再见！ Buona Sera! 晚安！ Ci vediamo domani! 明天见！ Ciao！Addio! 你好！再见！

Excuses for Not Having Homework 没有完成作业的理由		Conversational Management 对话管理	
Dejé mi libro en la escuela/casa. 我把书忘在学校了。 Estaba ocupado(a), cansado(a), enfermo(a). 我很忙/累了/病了。 No tenía el libro. 我没有这本书。 Se me olvidó. 我忘记了。 No sabía cómo hacerlo. 我不知道怎么做。 Tenía sueño. 我困了。 Salí con mis padres. 我和父母外出了。 No pude hacerlo. 我做不到。 No entendí. 我不懂。 Tuve práctica de...fútbol, piano, coro, ballet, gymnasia. 我有足球课、钢琴课、唱诗班、芭蕾舞、体操课……		J'ai une question. 我有一个问题。 Est'ce que... 这是一个…… Pourquoi? 为什么？ Je crois que. 我想。 Parlez plus fort. 请大声点。 Pouvez-vous m'expliquer? 可以请你解释一下吗？ A quelle page sommes-nous? 我们讲到哪一页了？ Pardon je n'ai pas compris. 对不起，我不明白。 Répétez s'il vous plait. 请再说一遍。 Excusez moi. 对不起，打扰了。 Un instant. 请稍等。 Pour quelle saison... 为了……的原因 Parce que... 因为……	

4.2.3 游戏

游戏是练习功能语块并使之成为习惯用语的理想方式。对于教师来说，如何引导学生用语块而不是单个的单词做出回应是游戏设计的难点。例如，在"热–冷游戏"中，一位同学离开教室，其他同学一起决定，将一件物品藏在一个"显而易见"的地方。离开的同学回到教室后，全班一起喊出物品的名称，声音的大小取决于这位同学所藏物品的远近。同样的游戏，如果用类似"我丢了……"语块替代物品名称，那么学生练习的就是整个语块而不是单个的单词。

"二十问"或其他提问类游戏让学生有机会练习短语或功能语块。第12章中列出的活动和游戏都能够帮助学生练习功能语块，为其提供在真实的人际交流中运用这些语块的绝佳机会。要记住，游戏的目的是为学生提供语境，练习使用功能语块。在学校的时间里分配给语言学习的时间有限，因此语言课堂上应尽量避免那些使用母语或只使用目的语中单个单词的游戏。

4.2.4 歌谣、吟诵和歌曲

没有什么比朗朗上口的歌谣或有节奏的吟诵更能够使短语深深地印在学生的记忆中。目的语文化中的儿歌或手指游戏将不同国家的孩子联系在一起；跳绳歌和数数歌则可以把活动场所从教室转移到操场。活动的选择取决于是否能够帮助学习者练习功能语块，并为日后的熟练使用打下基础。表演短剧和戏剧歌曲是鼓励学生培养口语能力的最佳方法之一。孩子们热爱互相表演故事、歌曲和短剧，甚至愿意为其他班级的同学表演。当然，这些展示对于观众来说也是理解诠释模式下的听力体验。

小学生接触到的大部分歌曲都附带动作、舞蹈或故事。这些歌曲可以非常戏剧性地表演给家长、同学或社区成员看。歌曲赋予歌词和节奏以旋律。带有副歌或动作的歌曲使词汇和语块的学习和重复更加有效，也更有意义。（更多歌曲，见第12章）

教师想要在学习者记忆中加深印象的任何短语都可以编成歌谣，在游戏时唱诵。下面就是一个关于季节的歌谣：

四季歌

秋，冬，春和夏
秋，冬，春和夏
秋天，秋天——刮风和下雨！
冬天，冬天——下雪和下雨！
春天，春天——开花和下雨！
夏天，夏天——阳光和开心！
秋，冬，春和夏
秋，冬，春和夏

德国早期语言专家布里奇特·乔南（Brigitte Jonen）使用一根神奇的魔法棒指挥合唱团一遍又一遍地重复有韵律的短语。教师像指挥管弦乐队一样，合唱声随着指挥时大时小、时快时慢，最后在高潮中结束。其他练习短语的技能还包括：

- 一边唱歌，一边排成一列纵队，绕着教室行进
- 重复短语，把每个学生想象成是婴儿、大象、小老鼠或者是嘶嘶作响的蛇
- 用不同的情绪重复短语（如悲伤、生气、快乐、害怕或骄傲）
- 转向一位同伴，用尽可能快的语速重复短语，然后再用尽可能慢的语速重复一遍
- 和同伴按照老师的指令轮流说出短语（如一人用生气的语气说出短语，另外一人用悲伤的语气说出短语）

这些活动对不同学习类型的学生都具有吸引力。如果将短语和经历与情感联系起来，则能够激发学生的学习动机，并且有辅助记忆的作用（见第12章）。

4.3 功能语块的展示与教学

4.3.1 自然教学法的问题序列

克拉申和特雷尔（Krashen & Terrell，1983、1995）在《自然教学法》(*The Natural Approach: Language Acquisition in the Classroom*)一书中概述了提供可理解性输入和促进语言习得的策略。在"自然教学法"模式下，学生通过体验习得词汇，或者也可以通过与扩展的可理解性输入体验中的词语关联习得词汇，包括视觉资料、手势、全身反应教学法中的教学活动，以及一系列起辅助作用的选择题。

这种模式下，教师通过为学生提供体验和有意义的语境下的词语之间的联系，帮助学生把新的语言知识"粘合"起来，使语言更有意义、也更易于记忆。语言习得的第一阶段主要是利用 TPR、用生动的图片阐述概念和让学生主动参与（如用肢体接触所谈论的图片和物品）来扩展听力体验。第二阶段，学生以回答是非题、选择题和论述题的方式参与口语讨论。

自然教学法中的问题序列对早期语言习得很有帮助。因为它让学生通过不断的重复在具体的语境中学习词汇和短语。如今，一些教师把克拉申和特雷尔（Krashen & Terrell，1983、1995）提出的这一方法称之为"循环法"。下面将举例说明如何使用问题序列，见表4.3。

很多教师依照自然教学法的系列问题设计提问，从最简单的级别开始一直到最难的级别。如果学生无法回答某个级别的问题，教师可以退回到之前较为简单的级别，给学生机会继续下去。有很多教师会把用目的语书写的系列问题贴在教室的后面，提醒学生现在正在使用的问题的难度。

表 4.3 问题序列

	初学阶段的问题策略
	把物品或图片（如铅笔、纸、尺子）发给几个学生（如帕特、托尼和汤姆）。如果是初学者，最好三人一组，每人领取不同的物品。如：给托尼书，给帕特尺子，给汤姆铅笔。
1.a.TPR b.给出持有物品或图片的学生的名字	a.告诉学生： 　　指向纸。指向铅笔。指向尺子。 学生必须指向你叫出名字的物品或图片。重复几遍，然后更换指令。（你可以略过这一阶段，直接从 b 部分开始。） b.向学生提问： 　　谁有尺子？谁有铅笔？谁有书？ 他们必须回答出持有这一物品的学生的名字。重复几遍，然后更换指令。
2.学生必须回答"是"或"不是"	让学生回答"是"或"不是"。由你来决定他们在回答时是否需要使用完整的句子。 　　托尼有纸吗？汤姆有铅笔吗？ 　　帕特有铅笔吗？托尼有书吗？ 　　汤姆有纸吗？帕特有____吗？ 重复几遍，然后更换指令。 (你也可以用陈述句替换疑问句。)
3.学生通过回答二选一问题说出目的语词汇	使用二选一问题询问词语名称。尽管学生指出过代表词语的图片或物品，回答过谁有（或者没有）这个物品，这却是他们第一次说出代表这个图片或物品的词语。 　　托尼有书或铅笔吗？帕特有铅笔或尺子吗？ 　　汤姆有铅笔或书吗？汤姆有尺子或书吗？ 　　帕特有尺子或书吗？汤姆有尺子或铅笔吗？ 不断地提问这些问题，并不停地更换命令。 学生是使用词语还是完整的句子回答问题，取决于词语的难度和学生的语言水平。
4.特殊疑问句：什么？谁？什么时间？什么地点？	托尼有什么？汤姆有什么？帕特有什么？ 学生应该回答出物品的名称。由你来决定学生是用一个单词还是完整的句子来回答问题。其他问题还有： 　　这是哪种……？ 　　……在哪儿？ 　　托尼忘记了什么？
5.告诉我关于……(简单的话语延展)	告诉我这把尺子是什么样子的。"这把尺子是红色的。""这把尺子很长。" 告诉我这本书是什么样子的。"这本书是红色和白色的。""这本书很大。" 告诉我这支铅笔是什么样子的。"这支铅笔是蓝色的。""这支铅笔很短。" 这一阶段，引导学生说出有意义关联的句群尤为重要，以此增强学生延展话语的能力。

延展对话的问题策略	
为什么？ 如何？	你有什么建议或意见？ 你认为这个故事的结局会是怎样？

续表

告诉我关于 / 谈谈关于……（对回应的期待比以前更为强烈）	你如何看待这个问题？
你是怎么想的？	请描述 / 比较……
请描述……	这些文章有何相似 / 不同？
你将如何改写这个故事的这个部分？	如果……，会怎样？
	你更喜欢哪一个？为什么？

语境和个性化使自然教学法第一和第二阶段的听说练习变得更有意义，而不再是机械的训练。经过一段时间语言和意义的习得与培养，直到第三阶段才形成真正的沟通。

4.3.2　口语直接教学

尽管 20 世纪 60 年代听说教学法中的很多理论都无法适应现在的沟通环境，但是这一教学法中提出的几条策略对口语直接教学很有帮助。学生的口语应该是在沟通环境里自然而然地发生，教师可以选择使用直接教学法引入课堂活动，如歌曲或对话中的口令或短语。以下几点建议有助于教师更有效地使用口语直接教学法：

1. 教师重复。在需要小组或全班回应的活动中，教师不应该和学生一起重复答案。像啦啦队队长一样示范快速、清晰、充满活力的回答是很有诱惑力的，但是学生很快会依赖教师的带领。此外，教师和学生一起念出答案就会忽略评价学生作答的质量和学生对学习材料的实际掌握程度。

2. 示范。教师应该用自然的语速和语调示范语言。尤其是在练习中，教师更容易加重语调，强调他们认为句子中学生会出错的部分。在这样的情况下，教师尤其要注意保持自然的语速和语调。当学生遇到某个难句子时，教师最好用自然的语速和语调把句子重复几遍，而不是减慢语速或加重语调来强调句子的难点部分。

3. 逆向讲解。歌曲、口令、歌谣和对话中的语言应该简单直接，让学习者能够理解并且学习完整的语句。但是，如果一个句子多于 7 个音节，往往无法一口气讲解整个句子，而是要把句子分成几个部分来讲解。这种情况下，可以把句子按照意群分成若干部分，这样介词及其宾语会在同一个练习部分中出现。而且，我们通常会从离句尾最近的部分开始讲解。例如，在讲解 "I wasn't able to get my homework done yesterday." 这个句子时，教师可以按照以下步骤讲解：

    yesterday.
    done yesterday.
    my homework done yesterday.
    to get my homework done yesterday.
    able to get my homework done yesterday.

> I wasn't able to get my homework done yesterday.

> 逆向讲解应该仅用于学习者能够理解或参与度较高的特定情况下，例如一个重要的口令，贯穿后面章节的一首歌曲，或者完成一个游戏或表达一条对学生来说很重要的信息所必备的语言。

4. 先学会回答再学习提问。在处理问答对话时，有效的做法是先教会回答问题时要用到的句子，再教提问时会用到的句子。例如可以先教给学生"现在三点钟""今天星期三""我的名字叫玛丽"或者"我觉得很糟糕"。这些句子都是可以单独使用的，并且能够清晰地交流对听者来说有价值的信息。一旦学生学会了用于回答问题的句子，就可以通过问题引出上述回答，而且问题本身也成了语言输入："几点了""现在三点钟"。最后一个步骤是学习用于提出问题的句子，这样问题和回答就可以一起用在自然情境中。与先教会用于提问的句子相比，这种方法更为自然。因为问句在没有回答的情况下不能够独立存在。当学会了回答之后，问句通常可以与回答一起练习，这样能够创造出更有意义、更真实的情境。这可以让我们自然地意识到目的语中的典型相邻语对，即通常会一起出现的问题与回答。

4.3.3 语音教学

尽管直接法在口语教学中具有其重要性，而且也有一些有效的技巧能够实现口语的直接教学，但是在语音方面，至少在语言习得的早期阶段，直接法却远非良策。伯蒂·西格尔（Berty Segal）曾指出，强调语音的讲授和更正可能会带来一系列问题，也可能会传递不恰当的信息。西格尔（Segal）描述了使用直接教学法讲授和训练发音时可能会产生的三个问题：

1. 学生常常不知道应该练习哪些发音。他们有时无法区分教师的指令和需要重复的单词或词组。他们经常不能确定词组中发音出现问题的是哪个部分，因此他们不知道要把注意力放在哪里。

2. 如果一个语音在母语中并不存在，学生至少要听 40 遍以上才能够辨识出他们试图去模仿的这个语音。如果一位学生无法辨识出正在学习的某个语音，那么针对这位学生的单独训练对于教师和学生来说，都是极为痛苦的。

3. 这种不成熟的发音训练会使学生焦虑并且对语言学习失去自信。

除此之外，最为重要的是，在语言习得的早期阶段运用于语音教学的直接法鼓励学生关注语言的表象特征，而不是倾听语言的含义；鼓励他们机械地模仿语言，而不是真正提高语言能力。

避免过于强调发音并不意味着彻底将其忽略。教师必须要确定自己在发音和语言结构两方面都为学生提供了有效的语言示范。准确的教师示范是学生发音准确的关键。教师也要预测可能出现的发音问题，并设计策略让学生更多地接触这些语音。教师可以在一首歌曲、一个游戏或一段朗诵中强调某个容易出错的语音，这样学生会更加热情地跟着模仿。与其他错误一样，早期阶段的发音问题可以通过教师以"反思聆听"的方式不断重复正确信息得以有效解决，而不是使用纠正改错的方式。大部分的学习者都有着很强的模仿能力，因此不必担心，这种方式并不会强化不良的发音习惯。

在学生对目的语产生自信、开始适应并建立了沟通之后再强调发音会比较妥当。教师可以指导学生改进发音、语法、结构和语言使用中的问题，帮助学生进行更为有效、准确的沟通。只有当更正是为了更好地沟通意义和想法时，它才能与大脑的运行模式一致，也更为有效。

4.3.4 学生承担"教师"的角色

语言教师面临的一大挑战是让学生从轻松自在的倾听者的角色转换为相对更为"冒险"的语言使用者的角色。本章所介绍的策略以及同一理论框架下的其他策略能够鼓励学生参与语言课堂中的活动和互动。学生通过讨论熟悉且感兴趣的话题和使用在教师系统的帮助下习得的词汇学习沟通。鼓励学生进行沟通的最佳方式之一就是让学生有机会体验一下教师的角色。

一旦学生有机会担任教师的角色，他们会充分利用他们掌握的全部的功能语块。例如，当学生熟悉课堂开始时的常规程序后，他们可以成为带领者。在 TPR 活动中，目标之一就是让学习者开始发号施令（有关 TPR 的内容请参见下一小节）。有些教师在每节课都会以问答环节开始，学习者也非常乐于带领大家完成这一环节。所有这些活动，以及其他更多的活动，都促使学习者全情投入到课堂沟通当中。

4.3.5 语言结合动作和手势：TPR

TPR 借助动作帮助构建意义，并且设定语言使用的目的。这种系统地运用指令的方法是由心理学家詹姆斯·阿舍（Asher，2000）在 20 世纪 60 年代提出的。TPR 已经成为一种常见的、有效的方法，尤其是在语言学习的初级阶段。它引导学生通过听觉和身体参与学习目的语。很多教师发现它对词汇习得和意义构建尤为有效。这种方法在游戏中使用最为有效，教师和学生都乐在其中。

根据 TPR，教师通过发布指令与学生互动，学生则用身体动作做出回应，示意自己对指令的理解。以下是伯蒂·西格尔（Berty Segal）推荐的指令序列，本书作者在此序列的基础上添加了一些例子。

1. 包含全身大幅度动作的指令
   - 用手指着耳朵
   - 把左手放在头上，转三圈
   - 倒退着走到教室前面，和老师握手
2. 包含具体教学材料和教具辅助的指令（从教室中的物品开始）
   - 拿起绿色蜡笔并把它放在你的椅子下面

- 走到黑板前，拿起一支黄色粉笔，画一轮太阳

3. 包含图片、地图、数字和其他间接教学材料的指令

- 走到地图前，勾画出巴拉圭的轮廓
- 走到一张盥洗室的图片前，（假装）做出刷牙的动作

在第一次给出指令时，教师先示范动作，在重复几遍之后停止示范。在学生能够自信地回应大部分单个指令之后，教师用创新的、意想不到的方式重新组合这些指令，让学生发现自己能够理解并回应之前从来没有听到过的语言表达。

在学生做好准备之前，不要期待他们会做出口头回应。早期的口头回应包括转换角色（学生承担教师的角色，并给班级其他同学发出指令），以及用"是/不是"和单个单词回答教师提出的问题。这些策略几乎不会带给初学者任何压力。

TPR 还包括一些其他重要方面，例如教师要设计新颖的指令鼓励学生认真地倾听指令；组合多个指令让学生按照顺序完成一系列动作。指令组合要有不可预测性，同时要让学生确信老师不会让他们难堪。另外一条明确的基本原则是：当学生承担教师角色发布指令时，同样也要考虑到上述因素。

下面的列表将帮助你最大限度地运用这一方法：

TPR 活动设计自查列表

- 教师给出指令；学生用动作，而不是用语言做出回应。
- 在期待学生用动作给出回应之前，尽可能地重复指令，让学生有足够的听到指令的机会。
- 教师充分地示范动作，确保学生能够理解。
- 重组指令，使其保持新奇性和不可预测性。
- 增加指令的长度和复杂程度，要求学生在最短的时间内完成一系列动作。
- 变化指令的顺序，增加趣味性。

表 4.4 列举了初级阶段 TPR 活动中会用到的几类词汇：

表 4.4　初级 TPR 教学实用词汇

Verbs 动词		Adjectives/Adverbs 形容词/副词		Nouns 名词
stand up 起立 sit down 坐下 lift/raise (hand, etc.) 举起（手等） lower 垂下 point to 指向 lay/place 放下 take 拿起 jump 跳	turn around 转身 clap 拍手 open 打开 shut 关上 wave 挥手 draw 画 write 写	fast 快速的 slow 缓慢的 ___ times (to the) 　left 向左 ___ 次 　right 向右 ___ 次 　front 向前 ___ 次 　back 向后 ___ 次 high 高的	low 低的 backwards 向后地 forwards 向前地 side-ways 向一侧地 above/over 在……上方 below/under 在……下面 in 在……里面 on 在……上面 next to 紧挨着……	body parts 身体部位 classroom objects 教室里的物体 parts of the room 房间里的位置 colors 颜色 numbers 数字

注：表中所列词性为英语的词性，相应的汉语词性不一定与之完全一致。——译者注

简单来说，如表 4.5 所示，TPR 是通过肢体动作来讲授新概念。学生发现不需要教师的翻译或解释，他们自己可以把目的语和其意义联系起来。

当教师发出令人吃惊的指令时，TPR 活动的趣味性会增加。例如：教师发出指令"把你的肘部放到屋顶"，学生学会了用"那不可能"做出回应。用不可预测的方式把指令串联起来，并用这些指令完成一个有开头、中间、结尾的故事（见表 4.5 步骤 5），这样会更有吸引力。

表 4.5　TPR 步骤和例子

步骤	例子
1. 发布指令，并示范动作 　a. 以肢体动作开始 　b. 指令涉及具体实物 　c. 指令中包含图片、地图、图表等	a."举起你的手。""把手放在脚（膝盖/头/手肘）上。""转身。""把手放到地板上。" b."拿起笔，把它放在地上。" c."走到白板那儿，画一条裙子。""走到卧室（图片）那儿，梳头发。"
2. 重复示范几次指令动作之后，教师停止示范。如果学生在没有教师示范的情况下能够做出回应，那么再重复指令几次，将单个指令用不同的顺序组合。	"把手放到手肘上。" "抬起膝盖。" "转身。" "向后跳三次。"
3. 在学生能够成功地、自信地对几个单个指令做出回应之后，将单个指令用新颖的、不可预测的方式组合在一起。惊喜和幽默会使 TPR 活动保持新鲜感和吸引力。	"把手肘放到膝盖上并转身。" （新的指令组合）
4. 学生自愿举手回应更长、更复杂（往往也更好笑）的指令，将熟悉的语言用在新的指令组合中。	"谁能做这个动作？请举手。倒着走到地图旁，把左手放在头上，把右肘放到南美洲的位置。好的，玛利亚来做。"
5. 把指令串联起来，用它来讲一个有开头、中间、结尾的故事。	"安吉，用你的右手拿着小猴子（毛绒玩具）。马里奥，把手肘放到小猴子的鼻子上（用身体的各部位和小猴子营造出好笑的画面）。大家拿出你们（想象中）的照相机，给猴子和它的朋友们拍张照片。微笑！"
6. 邀请自愿的同学扮演老师，给班里其他同学发布指令（角色互换）。学生的自愿性很重要，不要点名指定学生。	"谁今天想做老师？"
7.（可选）在完成第 6 个步骤之后，TPR 活动可以延伸到阅读或写作练习中。	"今天玛丽发布的指令中哪条最难？让我们把它写到黑板上。" "谁能够完成我刚刚写在黑板上的这条指令？"

4.3.6 语言结合动作和手势并运用叙事结构

当教师把语言和动作联系起来之后,他们为学生提供了更多的语境、学习方式和智力模式。手势帮助学生记住口令、歌谣和歌曲中的关键词语。年幼的学习者会立即对手指游戏和"小蜘蛛"一类的歌曲做出反应。

在动作的基础上添加故事线有助于增加情感因素,并且利用大脑功能以故事的形式组织、存储和回忆信息。教师能够运用以下策略引入并扩展词语和功能语块,为人际交流和表达展示模式中的语言构成奠定基础。

古安系列教学法(动作系列教学法)

古安系列或称动作系列,是一个很好地帮助学生从听力向口语过渡的方法。它也为功能语块的嵌入提供了语境。依照古安系列教学法,教师要准备一系列 6~8 个简短的陈述语句,描述出在某个特定语境(如早上起床、做饭、在图书馆或打电话)里发生的一系列合乎逻辑的动作。对话是交换信息的过程,而古安系列与对话不同,强调的是按照顺序叙述一系列的动作。它是叙事,不是对话,只有一个人参与。它把语言和动作联系在一起,用动作澄清语言的含义。动作可以激起对语言结构的记忆,而倾听则有助于回忆动作。例子如下:

走进墨西哥面包店

我走进面包店。

我说:"早上好,先生 / 夫人 / 小姐。"

我点了一个面包卷。

我付了钱。

我把面包卷放到袋子里。

我说:"再见,先生 / 夫人 / 小姐。"

我离开了面包店。

古安系列教学法起源于 19 世纪 90 年代,弗朗索瓦·古安(François Gouin)创立了当时被称为"系列方法"的一种教学法。这一方法与 TPR 和 TPR 故事教学法(TPR Storytelling)类似,都融入了一系列的动作。在全身反应教学法中,动作是随机的;而故事教学法中,动作是按照故事从开始、中间到结尾的叙事顺序展开的;古安系列教学法也是叙事形式的,可以用来讲解文化、强调课堂程序或强化各学科内容,也可以用来复述故事。古安系列教学法中的全部陈述语句应该包含动作动词,并在整个过程中使用同一人称和时态。教师口头上做出陈述,同时伴随手势动作。学生则先模仿教师的动作,然后在做出动作的同时模仿陈述语句。在为古安系列教学法准备课堂活动时,有些活动可以辅以简单的道具和视觉资料。

图 4.4 是一张贴在一所小学的西班牙语教室里的图表,为我们示范了如何使用古安系列教学法。表 4.6 是一位教师编写的几个古安系列教学法范例。

第 4 章 语言能力培养策略

我饿了。我做一个三明治。
（动作：用面包、花生酱和果酱的图片开始一系列的动作）
我饿了。（动作：揉肚子）
我拿面包和刀。
（动作：拿起面包和刀）
我涂果酱。
（动作：把果酱涂到面包上）
我涂花生酱。
（动作：把花生酱涂到面包上）
我吃三明治。
（动作：拿起三明治，咬一口）
嗯……
（动作：说"嗯……"）

注：已获埃琳·哈里斯（Erin Harris）许可使用。

图 4.4　古安系列教学法范例

表 4.6　古安系列教学法展示

看医生	用德国人的方式吃三明治
我生病了。	"哦，我真的饿了！"
我去看医生。	我把手放到桌子上。
我坐在台子上。	我左手拿叉。
我张开嘴。	我右手拿刀。
我伸出舌头。	我用叉子叉到奶酪三明治里。
我深呼吸。	我用刀把奶酪三明治切下一小块。
我吃药。	我吃奶酪三明治。
我感觉好多了。	我说："很好吃！"
过马路	**做酱汁**
我走到人行道的边缘。	我拿出锅。
我向左看。我向右看。	我把它插上电。
我看到一辆车。	我倒入巧克力。
我停下来。	我加入奶油。
我向左看。我向右看。	我搅拌。
我没有看到车。	我闻一闻。
我穿过马路。	我尝一下。
	我说："好吃，好吃，真好吃！"

注：教师应使用目的语给学生展示以上内容。在此为了便于理解，我们使用母语展示。

古安系列教学法的要素

1. 在开头部分设定情境，激发动作。（可能会需要视觉资料来帮助设定情境）
2. 把语言与动作和视觉资料联系起来。
3. 运用多种方法强化意义：
   - 肢体动作
   - 简单的道具或视觉资料
   - 逻辑顺序（背景知识能够帮助学生记住逻辑顺序）
   - 开头、过程、结尾（故事形式）
4. 使用动作动词。（这点极为重要，因为动作是理解的基础，有助于把语言置于长期记忆区域）
5. 要有简单的、特定的、明确的语境。
6. 包含 6~8 个陈述语句，也可以使用指令。（如果系列动作较长，可以分成两个部分）
7. 陈述语句不要超过 7 个音节。（因为短期记忆的限制）
8. 只使用一种时态（不必局限于现在时）。（因为动词的词形变化）
9. 只使用一种人称，不必局限于第一人称单数。（因为动词的人称变化）

古安系列教学法的教学顺序

1. 教师口头描述系列动作，以动作和道具作为辅助。
2. 教师口头重复动作陈述，全班同学一起模仿动作，但是不要模仿陈述语句。
3. 教师口头重复动作陈述，但是停止示范动作，全班同学做出动作。教师先重复陈述语句，然后停顿，观察学生是否能够独立完成该动作。如果他们无法独立完成，教师再次示范动作。重复一到两次，直到学生能够自信地完成动作。
4. 学生闭上眼睛完成动作，教师通过这一环节检查学生是否掌握动作。
5. 在没有动作示范的情况下，教师口头重复动作陈述，让学生自愿表演动作。如果学生十分自信，教师可以故意出错，检验学生是否已经听懂。
6. 全班一起口头重复动作陈述，然后做出动作。可以请学生自愿带领全班做出动作，有时也可以对动作做出一些有趣的改动。

转换为读写训练（可选）

7. 教师发给学生写有系列动作陈述的卡片，逐个举起每张卡片，让学生重复他们在卡片上"读"到的动作陈述。
8. 教师和全班同学一起重复系列动作。当教师读到描述某个动作的陈述语句时，学生举起正确的卡片，然后按照动作的序列顺序站到教室的前面。
9. 全班一起"朗读"卡片上的系列动作陈述。
10. 教师发给学生按照正确的序列顺序写好的动作陈述，并给每个动作配上插图。学生看图叙述"故事"，并且大声读给彼此听，或者把它带回家，大声朗读。例子见图 4.5。

图 4.5　范例：如何将古安系列教学法扩展为读写练习

4.3.7　配合手势动作的故事教学法

动作和手势能有效地促进语言学习！TPR 强调的是随机的、不可预测的单个动作，利用没有任何顺序的、新颖的动作不断地引发学生的兴趣。古安系列教学法不同于全身反应教学法，因为它是有着开头、中间和结尾的叙事形式。每个环节都配有一个动作。故事（配合动作和手势）也是有着开头、中间和结尾的叙事形式，但是不同之处在于故事里的每一个单词都会配有一个指定动作，而不是整个句子用一个动作表达。

这三种方法都很有效，因为它们都是利用肢体动作作为学习工具。但是，古安系列教学法和配合动作手势的故事教学法更为有效。因为除了加入肢体动作之外，这两种方法中还融入了一个由来已久的教学方法——有着开头、过程和结尾的叙事或故事。当然，在幼儿园和小学阶段，配合动作的故事几乎是每个课堂中的常见元素。把手势和故事结合起来非常有效，小学教师经常使用这种方法。他们用动作和手势配合歌曲、吟诵和故事。

世界各地有很多语言教师把手势和故事结合起来作为一种教学策略。在这些教师当中，作者发现琳恩 • 富尔顿－阿彻（Lynn Fulton-Archer）的方法尤为引人注目。琳恩（Lynn）并没有将翻译作为意义构建的工具。她选用的故事意义深刻、内容丰富。同时，她选择或编写的故事包含不止一个语言目标，她会把故事与文化和其他学科内容结合起来，把故事嵌入某个主题单元中。

琳恩（Lynn）最喜欢的是在秘鲁神话故事单元中，一个有关美洲驼的故事。故事中，一只美洲驼警告它的主人一家和其他动物，一场洪水即将到来。这个故事是根据阿亨蒂娜 • 帕拉西奥斯

（Argentina Palacios）编著的一本名为《美洲驼的传说》（*El secreto de la llama*）（现已绝版）的书改编的。她还把这个单元和三年级的课程内容——地形结合起来。下文记录了琳恩（Lynn）讲述的这个关于美洲驼的故事。配合手势的故事教学，教学时间较为随意。这个关于美洲驼的故事配合着其他的单元活动，持续了很多天，时间跨度较长。故事的长度取决于单元的学习目标。琳恩（Lynn）把故事和语言、文化以及常规课程的学习内容融合在一起，把故事变成一种深刻、丰富、引人入胜、富有文化含义的学习体验。

秘鲁传统故事——《美洲驼的传说》故事文本

从前在秘鲁有一家人。他们最需要的是一只美洲驼。美洲驼帮他们驮土豆和玉米。

男人每天把美洲驼牵到草原去吃草。

但是有一天，美洲驼不想吃草。"美洲驼，你怎么了？你病了吗？"男人问。

美洲驼回答说："将要有可怕的事情发生。雨水会很多，然后会有洪水。和我一起到山上去吧。"

男人和美洲驼一起跑回家里。

到家之后，家人问："美洲驼，你怎么了？"

美洲驼回答说："雨水会很多，然后会有洪水。和我一起到山上去吧。"

他们一起离开了。他们走啊走啊，不停地走。过了一阵子，他们来到湖边，看到两只火烈鸟。

火烈鸟问美洲驼："美洲驼，你怎么了？"

美洲驼回答说："雨水会很多，然后会有洪水。和我一起到山上去吧。"

他们一起离开了。他们走啊走啊，不停地走。然后，他们来到了河边，看到了两只美洲狮。

美洲狮问美洲驼："美洲驼，你怎么了？"

美洲驼回答说："雨水会很多，然后会有洪水。和我一起到山上去吧。"

他们一起离开了。他们走啊走啊，不停地走。然后他们来到了河边，看到了两只秃鹰。

秃鹰问美洲驼："美洲驼，你怎么了？"

美洲驼回答说："雨水会很多，然后会有洪水。和我一起到山上去吧。"

他们一起离开了。他们走啊走啊，不停地走。然后他们来到了河边，看到了狐狸一家。

狐狸们问美洲驼："美洲驼，你怎么了？"

美洲驼回答说："雨水会很多，然后会有洪水。和我一起到山上去吧。"

但是狐狸一家不相信美洲驼的话，并没有和他们一起离开。

当他们到达山顶的时候，下起了雨，雨下个不停。

水面开始上涨，狐狸一家往山上跑。

但是当狐狸一家跑到山顶的时候，他们长尾巴的尖儿已经在水里了。

过了一阵子，雨停了，水面开始下降。狐狸一家和其他动物下山回到各自的家里。

> 从山上下来之后，狐狸们发现浸在水里的尾巴尖儿上有黑色的痕迹。
>
> 现在，当美洲驼在草地上吃草的时候，男人吹着笛子，美洲驼扇动着耳朵，听着音乐。
>
> 为了表达感谢，居住在安第斯山脉的人们如今用丝带和铃铛装饰他们的美洲驼。
>
> 注：改编自《美洲驼的传说》（已绝版）。已获琳恩·富尔顿–阿彻（Lynn Fulton-Archer）许可使用。

珍妮特·格拉斯（Janet Glass）是 ACTFL 的 2008、2009 年度教师。她选择缩减美洲驼的故事，并且更侧重故事的语言和文化层面。下面是格拉斯（Glass）的版本。

《美洲驼的传说》简略版故事文本		
词汇	故事	
niño（男孩）	Hay un niño.	有一个男孩。
agua（河）	Hay agua.	有一条河。
miedo（害怕）	El agua sube y sube.	河水上涨。
ve（看到）	El niño tiene miedo.	男孩很害怕。
pico（山峰）	Ve un pico.	他看到一座山峰。
corre（跑）	El niño corre.	男孩奔跑。

注：已获珍妮特·格拉斯（Janet Glass）许可使用。

故事叙述步骤

下面将展示富尔顿–阿彻（Fulton-Archer）在讲述故事时使用的叙述步骤。教师在使用这个叙述步骤时，可以根据自己的课堂时间做出调整，以适应自己班级学生的语言能力。

1. 第一步是确定故事中的关键词汇。画出或找出图片，并给每幅图片指定一个手势。在教师准备故事的过程中完成这一系列活动。

2. 教师讲解不同的地理位置及其地形。教师和学生复习地理位置及其地形。教师讲述有关秘鲁的知识，并介绍美洲驼。教师给学生展示秘鲁的图片，并向学生介绍秘鲁的地形和生活在那里的动物（包括美洲驼在内）。

3. 教师把各种词汇的图片从"魔法箱"中拿出来（见第 11、12 章），并给每张图片指定一个动作。在复述故事时，富尔顿–阿彻（Fulton-Archer）使用了以下基本词汇：

la llama（美洲驼）	la montaña（山）	el condor（秃鹰）
el hombre（男人）	la inudacilin（洪水）	el puma（美洲狮）
el flamenco（火烈鸟）	la familia（家庭）	el zorro（狐狸）
la roca（岩石）	llover（雨）	caminó（走）
el río（河）	el lago（湖）	

图 4.6 和表 4.7 分别展示了与新单词搭配使用的图片和动作。

注：已获琳恩·富尔顿–阿彻（Lynn Fulton-Archer）许可使用。

图 4.6　秘鲁传统故事——《美洲驼的传说》配图

表 4.7　秘鲁传统故事——《美洲驼的传说》搭配动作

美洲驼 把拇指、食指和中指放在一起。另外两根手指是美洲驼的耳朵。	男人 把双手接近头部，做戴帽子的动作（因为故事里的男人戴着一顶帽子）。
湖 两个手臂向前伸，双手在身前环抱，围城一个圆圈。	雨 上下移动双手，同时摆动手指，代表下雨的状态。
火烈鸟 举起手臂做火烈鸟的脖子，掌心朝下，把拇指放在其他四根手指下面，代表火烈鸟的嘴。	狐狸 把双手放在头顶，竖起食指和中指代表狐狸的耳朵，拇指和其他手指握成拳头。
岩石 握起拳头代表岩石。	走 做走的动作。

续表

河 把手放在身前，做出波浪状，代表河水的流动。	洪水 把手慢慢向上举，越举越高直到超过头顶，代表洪水没过头顶。
山 双手合在一起，双手指尖贴在一起，形成山的形状。	秃鹰 展开手臂，做飞翔的动作，好似在空中翱翔。
家 将双手从身体的方向向外伸展，环绕形成一个圆圈。	美洲狮 用手指代表胡须——从鼻子的位置开始向外延伸。

注：已获琳恩·富尔顿-阿彻（Lynn Fulton-Archer）许可使用。

4. 教师给学生介绍词汇。教师先读出单词，并示范手势。学生只是听和看。然后，学生和教师一起练习动作。接着，当教师配合动作读出单词时，学生用"是"或"不是"做出回应，然后回答二选一问题。

5. 教师以不同的形式组合单词，组成不同的句子或问题，例如"美洲驼很担心。""这个男人担心吗？""火烈鸟担心吗？""狐狸担心吗？""你是在教室里走吗？""你是在河里走吗？""你还在哪些地方走？"，学生做出回应。

6. 学生以多种方式练习单词。例如，学生把单词说或者读给同伴听，看他们是否能够做出动作。然后反转过来，学生做出动作让同伴说出单词。让学生在做动作的时候闭上眼睛能够检验他们的理解程度。难度升级，学生用几个动作表达一个句子，让他们的同伴说出句子或者用图片组成句子。

7. 教师在一个单元里会将同一个故事重复几遍。每讲一遍，都应该给学生参与的机会，并检验学生的理解程度。在每次故事的讲述过程中，教师都可以运用不同的活动，帮助学生内化语言，使他们对词语的运用更加自信。例如：

    - 教师展示图片，学生必须做出配合图片的手势。
    - 学生根据故事情节，用"是"或"不是"回答问题。
    - 学生回答二选一问题。
    - 学生回答是非题。
    - 教师暂停故事讲解，让学生说出单词。
    - 教师故意犯错，让学生更正。

8. 学生按照顺序排列故事中的事件。

9. 学生复述故事。

10. 学生表演故事。每位同学扮演一个角色。（有人扮演岩石，有人扮演山，等等）随着故事的发展，学生在教室里走动。

11. 学生可以自己写出／画出一个故事，或者参与制作班级图书。

12. 学生可以写一个同样背景的故事，并且加入新的人物、新的词汇或者给故事一个新的结尾。

用手势配合故事可以帮助学生从人际交流沟通模式向口头和书面的表达展示沟通模式转变。学生建立词汇和语法结构储备，以备日后随时使用。琳恩·富尔顿–阿彻（Lynn Fulton-Archer）对配合手势讲故事有着极高的热情。她说："我清楚地记得第一次在一个单元结束前用一个故事结束这个单元时学生的反应。现在我在每个单元里都会加入一个故事。"

珍妮特·格拉斯（Janet Glass）也对这一策略很有热情，她说："我的经验告诉我，这会让学生记得更长久。我想这是因为他们同时要看图、要听、做手势、重复并且沉浸在故事当中。他们喜欢给故事做小小的改变，然后彼此分享。这让他们有很多听和说的机会。"珍妮特·格拉斯（Janet Glass）为"帝王蝶"单元设计的故事及其配合的手势可以参见 http://www.senoraglass.com。

图像、手势、动作、有意义的语言运用和造句能够让学生更长久地记住语言。这一系列的活动让学生在每一节课都有多重机会听到、使用并掌握语言。富尔顿–阿彻（Fulton-Archer）说："即使已经五年级了，我的学生们也会要求复述和表演《美洲驼的传说》。距离第一次听到这个故事已经过去了三年，但是他们几乎没有忘记任何一个细节。最大的不同是，作为五年级的学生，他们现在是老师，而我是观众。"

4.3.8　故事叙述和故事阅读作为可理解性输入

很少有听力练习可以和教师讲或读的故事相媲美。在语言发展的初期阶段，教师可以在故事中加入视觉材料和动作，用视觉材料和动作辅助听力练习，帮助学习者利用他们能够获得的各种资源（如背景知识、语调和手势、图片或其他视觉材料及动作）理解信息。这有助于学习者为日后独立的听力活动做好准备。

故事具有多重价值。伊根（Egan, 1986、1997）认为故事形式是年幼学习者沟通新信息的最有效工具之一。布鲁纳（Bruner, 1990）的观点更为激烈，他认为我们对世界的认知是由我们接触到并且内化的故事开启的。当然，神话、童话和传说构成了一种直接的、愉快的沟通文化观念和价值的方式。在语言课堂中，这些故事能为学习者提供目的语国家的文化体验。

故事叙述

故事是融合情感和教学的手段。平克（Pink, 2006：103）将故事描述为"赋予丰富情感的语境"。作为人类，我们讲故事的天赋与生俱来。我们会把自己的经历存储、检索并以故事的形式展现出来。分享的故事把我们和我们的文化连接起来，帮助我们理解我们所在的世界。故事叙述对于外语课堂有着特殊的教学价值。

韦津利（Wajnryb, 1986：17–18）建议初学者可以把故事叙述分成若干步骤。在选好适合的故事之后，讲述者可以把故事"大纲化"——按照动作的顺序用单词和短语写出故事的主要人物和情节。或者，教师也可以设计一张故事图（见第 6 章），提醒故事主线，让讲述者用自然的口语方式讲述，并根据学习者的反应和理解程度做出调整。教师还可以设计一些活动，通过重复强调特定的词汇或语言特征，从而加强实用语言的习得。

下一个步骤是设计一些高级的归类整理形式，如：利用视觉材料、肢体动作或其他方式展示或回忆关键词汇，然后为接下来的动作做好准备。接着，故事讲述者开始用视觉资料和夸张的表情讲述故事，并通过动作和预言（如果有的话）吸引学习者参与。故事讲完之后，可以根据故事本身和得到学生热情回应的情节设计诸多后续活动。

只要故事符合以下标准，即使是在语言习得的初级阶段，故事叙述也能够为学习者提供理解诠释模式的沟通体验。

1. 故事是极具可预测性的，或者是学习者在母语文化中较为熟知的，其中大部分的词汇是已经学过的。在初级阶段，选择的故事如果能涵盖孩子们在家庭和学校环境中常用的词汇会很有帮助。
2. 故事是重复的，使用有规律、可预测的固定模式。选择的故事最好能够利用这些重复的语句为学习者提供稍后表达自己想法时可以使用的语言内容。《棕色的熊，棕色的熊，你在看什么》或者《杰克造房子》都是很好的例子。在语言发展的初期阶段，也可以成功地使用目的语展现那些目的语文化中为儿童编写的、语言内容重复的故事。
3. 故事本身具有戏剧性，并且适合设计动作。
4. 故事本身适合大量使用视觉材料和教具来解释内容和展开情节。

符合上述标准的故事可以不借助母语，仅依靠视觉材料、手势和学习者对于故事已知的知识就把含义表达清楚。《三只熊》就是这样的故事，它包含了所有这些特征。教师可以在故事结束之后，利用肢体反应（指着大熊，拿起小碗）、是非题和前面章节提及的自然教学法检查学生的理解情况。

在重复几遍故事之后，学习者可以在教师再次重复故事时，用动作把故事表演出来。这种"运用肢体动作叙述故事"的方法可以更进一步地加以运用。教师可以把学习过的 TPR 指令和熟悉的故事材料结合起来，创造出新的故事。在教师讲述故事时，学生把故事表演出来。

很多教师会把代表故事中词语的毛绒玩具、木偶或其他具体实物从魔术箱、神秘口袋或者特别的隐藏地点拿出来。在教师引入或复习这些词语时，每次拿出一件物品，发给班里的学生。在故事开始之前这些实物是游戏的焦点，可以用来强化词汇。当某个实物在故事中出现时，学生可以把它举起来，也许这样会使动作更具戏剧性。

在早期语言课堂教学中，教师可以根据学生的兴趣和背景知识对故事做适当的调整。佐治亚州道格拉斯郡西班牙语教师乔·彭宁顿（Joe Pennington）为他所教的二年级学生创造了神奇的听力体验，解释为什么他是夸张地、一瘸一拐地走进教室的。他告诉这些好奇的睁大双眼的学生，他在当地一家打折店里遇到了恐龙。最后他从恐龙的嘴里救下了一个小女孩。乔（Joe）

运用肢体语言、熟悉的语境和适当的词语选择帮助他的学生从语境中获取意义,这便是理解诠释沟通模式的基本要素。

朗读故事

大声地朗读故事能够把叙述和书面文字联系起来。在语言习得的初级阶段,教师可以把熟悉的故事大声朗读出来,尤其是那些配有大量插图的故事。在大声朗读的同时,用手指指出他们正在朗读的文字,从而强调口头语言和书面文字的联系,尽管学习者可能还不能真正地识字、阅读。大部分小学教师的教学模式是先介绍书的名字,介绍作者和插图画家,然后大声朗读题词。这样孩子们会把读书看作是作者和艺术家与某个特定读者之间的沟通。在朗读的过程中,教师可以时常停下来评论一下插图或情节,让学生参与预测或者解释故事中的某些细节。

4.3.9 带有目的性的听、读、看

带有目的性的听、读和看能够强化这些活动的效果。当然,之前提到的游戏"我能看见一些你看不见的东西"的目的是揭开谜底。而读故事和讲故事可能仅仅是因为听了一个有趣的故事所带来的喜悦。

有时,表格可以用来建立听的目的。表 4.8 用于根据目的语播报的天气预报填写信息。如果学习者要根据天气预报决定(假想的)外出该穿什么衣服,或者告诉即将去某个城市或国家旅行的家人如何准备行李,那么该活动的目的则更有意义。

表 4.8 收听或观看天气预报指引表格

高温 ____℃	低温 ____℃	雨/雪情况	风力情况	天空条件	湿度
体感温度 • 严寒 • 冷 • 凉爽 • 温暖 • 热 • 酷热	体感温度 • 严寒 • 冷 • 凉爽 • 温暖 • 热 • 酷热	• 小雨 • 大雨 • 雪 • 雨夹雪 • 冰雹 • 雾 • 雷雨	• 大风 • 微风 • 无风	• 晴朗 • 多云 • 局部晴朗 • 局部多云	

就像对待任何正式的听力活动一样,教师可以激活学生已知的与天气有关的词汇和表达,经由头脑风暴预测他们在天气预报中可能听到的词汇,然后创建词汇表或网络词汇表。做好这些准备工作,学生更有可能成功地完成听力活动。

面对任何正式的听或看的练习,学生都要认真地准备。例如,在观看一段关于德国狂欢节的视频之前,学生可以讨论他们喜欢的这个国家的一些庆祝活动,当然是用德语讨论。教师可

以引导他们讨论化装舞会、服饰、游行、节日美食和音乐，同时由教师或一位同学把讨论的内容写在黑板上。他们观看视频的目的可能是找出德国狂欢节庆祝活动与本国庆祝活动的相同与不同之处。

以下活动可以帮助学生在理解诠释沟通模式中进行听和看的训练：

- 学生可以看或听目的语商业广告，按照预先设定好的标准在几个同类商品中做出选择。他们可能会把目的语商业广告中最重要的标准（形容词）和本国同类商品的商业广告中强调的标准做比较，并且画出维恩图解。这为表达比较标准创造了良好的机会。
- 任务的指令也是很好的扩展听力训练的机会。例如，在学习中心安装播放指令的音频，要求学生按照指令完成字谜、给图画或图表涂色、玩折纸游戏。
- 有些教师用电话答录机录下一段故事或一系列指令（可能是作业要求）。学生拨打电话听取留言，然后按照要求完成任务或解决问题。这对于那些依赖电话的中学生来说是一项非常生活化的听力训练活动！
- 有些时候，一个新的单元或任务的背景信息可以以一种改进的"讲座"形式呈现——这也是一种理解诠释模式的沟通。

很多活动最初是扩展听力训练，慢慢会自然地转换成阅读、口语或写作训练。实际上，这些语言能力是紧密相连的。古安系列教学法很好地展示了这些语言能力之间的转换。古安系列教学法最初是听力活动，配合大量动作，有时也有视觉资料作为辅助。当学生按照顺序摆放动作的文字陈述时，它就变成了一项阅读活动。当学生背诵并改编这些动作陈述时，它又变成了口语活动。

4.4 语言课堂的学习中心

特拉华州教育部西班牙语教育专家安吉·托特（Angie Toth）和纽约圣戴维学校的维多利亚·吉尔伯特（Victoria Gilbert）分享了如何利用语言课堂的学习中心。

学习中心或学习站，为学生提供自己掌控学习的机会，同时有助于探索他们对语言课堂的兴趣和需求。即使没有教师的直接教学，只是依次在各学习中心学习，学习中心也必须围绕学习目标和既定的各项技能来组织活动。如果语言学习的时间有限，学习中心就很难利用起来。我们必须找到一种方式确保学生主动地使用语言，而不是保持沉默，这对于学习中心也是一种挑战。

语言课堂的学习中心能够将学习最大化，因为它允许教师的教学对象是同类的小组（水平相同的一组学生），教师为他们提供额外的帮助。在教师复习一小部分学生需要额外练习的内容时，其他学生可以探索语言和文化、加强个人技能或利用他们的创造力扩展学习（即用目的语设计活动）。另外，学生有大量协同学习的机会，在社交或学术环境里学习口头语言。最后，学习中心为学生提供了一段"可控的"、自治的课堂时间，以增强他们的自信、激发他们的赋权感。

对于新手教师来说，建立学习中心具有挑战性。如果在开始的第一天没能仔细地讲清规则和程序，学习中心的有效性将会减弱。或者，如果教师一次引入多个学习中心，学生更倾向于放弃任务，无法完成学习中心原本计划的技能训练。最后，如果学习中心吸引力不够或者没有意义，学生也不太可能有学习的兴趣，从而错失教学时间。

一次只能引入一个学习中心。即使是面对高年级的学生，一次也只能引入一个中心，这样学生才能掌握其程序和预期。多花些时间确保学生能够在一个中心完成一次有效的合作，教师才能够更快地引入下一个中心。

根据学习环境的类型和水平的差异，在语言课堂上建立的学习中心也会有所不同。例如，一周只有一次课的初级语言学习课程，一个月可能只需要 3 次 10 分钟的学习中心活动，或者是在每个单元结束的时候完成一次活动。而小学沉浸式课程可能几乎每天都要有 30~60 分钟的学习中心活动。沉浸式课程中，教师至少要有半天的时间是和学生在一起的，因此学习中心活动可以时间更长、内容更复杂。

首先，把学生分成人数相同的小组。把学习中心计划张贴出来，各小组依次参加各学习中心。请谨记，学生小组并不是固定的，要根据学生的需求经常变换。同时要考虑到让学生自己选择学习中心，让他们有赋权感。给每个中心设定最大人数限制，然后让学生自己选择参加学习中心的顺序。这种自由选择的学习中心可以轻松地替代教师指定的学习中心。当然，教师有必要为学生示范当一个中心超过人数限制后如何选择另外一个中心。而教师主导的学习中心是不能自由选择的。教师必须要预先明确这些要求，这样才能够保证小组的同类性，并给予辅助和干预。

根据教师和学习中心的不同，同一中心不同内容之间转换的时间范围也会有所不同。重要的是教师要关注学生的需求。在课堂上引入一个中心之后，教师要问自己三个问题：

1. 学生正在进行的任务是否有助于掌握中心的学习目标？
2. 学生在中心是否全程积极参与？
3. 学生是否有机会达成学习目标？对于提前完成任务的学生是否有扩展活动或固定活动？

当学生掌握了中心的学习目标，或者不再投入地参与，教师需要对学习中心做出调整。可以先取消中心，在学习其他单元/主题时再次引入；或者更换部分学习资料。

学习中心能够很好地融入语言课堂的教学策略。它为教师提供了与学生交流和观察学生的机会，用目的语给学生提供语言支撑和辅助。

需要记住的是语言课堂必须起到提高语言能力的作用。活动要精心地设计，注重与语言相关的学习目的。

在小学阶段，学习中心独立于语言课堂之外，或者设置在相应年级的课堂里。

维多利亚·吉尔伯特（Victoria Gilbert）在一个帖子中写道："我们发现如果你的目标是在学生独立学习时增加他们使用目的语的机会，除非学习中心是课堂中常规化的一部分，否则对学生的管理（尤其是 K–1 阶段）会是很大的挑战。年幼的学生要想与中心的其他学生互动，需要使用目的语中的短语做大量的练习。我建议，创建一个词汇表，包含 3~5 个学习中心活动中将要用到的短语，把练习和掌握这些短语作为第一个目标。当你不在教室时，通常可以选择让学生用耳机听故事，这是一个常用的学习中心活动。在课堂时间内，你可能希望学生在与你交谈或相互交流时尽最大可能地使用目的语，即使他们还停留在依靠示范的阶段。"

技术探索入门

谷歌环聊（Google Hangouts）、电子邮件或面对面聊天。

设计一张信息图，并展示给全班同学。

学生准备一次校园寻宝活动。藏起一件"宝藏"，记录下指令并上传到云平台。另外一队学生使用移动设备获得指令，并按照指令完成活动。

云平台可参见 http://www.nch.com.au、苹果 iTunes 和 http://www.spreaker.com。

学生可以在 http://www.classtools.net 上合作编写一个有关任意课堂主题的模拟脸书（Facebook）页面。

⊙ 练习和深入讨论

1. 基于沟通和语言标准的语言课堂中，初级学习者更需要词汇和功能语块的练习，而不是系统的语法教学。然而，语法能帮助学习者运用语言并实现沟通。语法在初级语言课堂中的作用是什么？
2. 选择一个学生在目的语语言课堂中会用到的短语，设计一系列活动来讲解这个短语，确保满足多种不同的学习风格。
3. 按照古安系列教学法设计一个主题。该设计必须能够帮助学习者使用目的语适应课堂环境，或有助于讲解合乎目的语文化的行为。
4. 在哪些情况下需要用直接法进行口语技能教学？
5. 选择一个故事，符合本章描述的成功故事的叙述条件，设计故事导图和故事讲述过程中会用到的高级归类整理工具，设计故事讲述过程中会用到的视觉材料和活动。
6. 创建若干个可以安排在年级教室的学习中心。如果学生有额外的时间，可以参加。

⊙ 补充阅读

Council for Exceptional Children. *Universal Design for Learning: A Guide for Teachers and Education Professionals.* Arlington, VA: Council for Exceptional Children, 2005.

⊙ 相关网站

全方位课程设计（UDL）

http://www.cast.org

语言教学要领

http://www.nclrc.org/essentials/index.htm

⊙ 世界各国语言教师的博客和创意

注：很多博客来自西班牙语教师，但是他们的想法适用于任何语言。感谢托马斯·索尔（Thomas Sauer）和萨拉-伊丽莎白·科特雷尔（Sara-Elizabeth Cotrell）为汇集列表给予的帮助。

http://musicuentos.com
萨拉-伊丽莎白·科特雷尔（Sara-Elizabeth Cotrell），西班牙语教师，美国肯塔基州路易斯维尔

http://creativelanguageclass.com
梅甘·史密斯（Megan Smith）和卡拉·帕克（Kara Parker），西班牙语教师，美国肯塔基州路易斯维尔

http://www.amylenord.net/blog.html
埃米·莱诺德（Amy Lenord），西班牙语教师和咨询顾问，美国西得克萨斯

http://senorab1972.wordpress.com
温迪·布劳内尔（Wendy Brownell），西班牙语教师、美国中部外语教学年会（Central States Conference）2011年度教师，美国密苏里州

http://marishawkins.wordpress.com
马里斯·霍金斯（Maris Hawkins），中学西班牙语教师，美国马里兰州

http://elmundodebirch.wordpress.com
沙龙·伯奇（Sharon Birch），西班牙语教师，美国马里兰州

http://leesensei.edublogs.org
菲利普·李（Philip Lee），高中日语教师，加拿大不列颠哥伦比亚省（近温哥华）

http://neiljones.org
尼尔·琼斯（Neil Jones），西班牙语教师，英国伦敦

第 5 章　通过互动任务建立语言能力

要想有效教授年幼的语言学习者（以及各年龄阶段的语言学习者），我需要哪些背景知识？

- **合作学习和互动语言任务**
  - 我能够解释语言课堂上运用同伴和小组互动任务的价值。
- **小组和同伴活动中的课堂管理**
  - 我能够建立一个在课堂上以同伴和小组形式开展学习的管理体系。
- **小组和同伴活动细则**
  - 我能够按照准则在课堂上以同伴和小组形式开展学习。
- **同伴和小组活动类型**
  - 我能够解释各类基本的同伴和小组活动的区别。
- **同伴和小组活动范例**
  - 我能够在课堂上实践本章提及的同伴和小组活动。

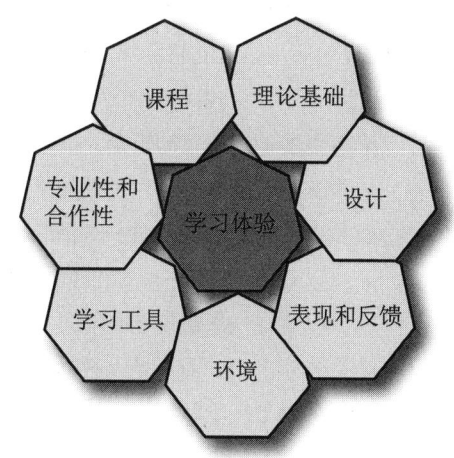

"以学生话语作为学习机制的证据是令人信服的。学生话语比例和水平较高的课堂，有更多学生在学习上表现优异"（Stichter，Stormont & Lewis，2009：23）。

5.1　合作学习和互动语言任务

互动是人际交流模式和二语学习者语言发展的关键。互动语言任务是实现这种沟通的最重要途径之一。在有限的课内时间里为学生提供足够多的互动和建立人际交流模式沟通的机会是语言教师的一大挑战。

传统的大班、教师主导的大班课堂结构有着严重的局限性。沟通主要是从教师到学生的单向沟通，学习者鲜有机会测试自己在个人交流中的语言运用能力。但是认知学习理论和二语习得理论指出，为了达到语言习得的目的，学习者必须口头上表达自我。用自己的语言表达概念，向他人解释概念，大声说出猜测，在新的情境中应用概念，找到创新的、个性化的方式去记住新概念或语言材料，这些都有助于真正的、成功的语言学习。

5.1.1　合作学习

同伴和小组形式的合作学习为语言课堂带来希望。当学生学着以小组或同伴的形式合作学习时，他们使用语言的机会和主动参与具体的有意义的体验的机会都会成倍增加。与教师主导的大班活动不同，小组和同伴活动对语言学习者有诸多好处：

- 有更多使用语言的机会，能带动学生说更多的话
- 真实交流活动中学生说话的比例更高
- 构建了一个更像一对一对话的"安全"的沟通环境
- 可以双向沟通——既能提问也有回答问题的机会
- 给学生提供了锻炼社交能力的机会
- 以学生为中心而不是以教师为中心
- 更多地专注于执行学习任务的行为

需要强调的是同伴和小组活动是非常有效的策略，练习在各种其他活动中学到的语言，并且使用这些学到的语言实现重要的目标。如果在没有准备好必备的语言基础时过早地引入同伴和小组活动，学生会有挫败感，可能为了完成任务而把使用的语言转换成母语。一位教师观察后得出结论，活动越有吸引力，学生越有可能使用母语完成，尤其是当他们对完成任务需要用到的语言感到不适应的时候。

任何年龄段的学生都可以完成同伴活动。帕蒂·汉斯（Patty Hans）甚至在学前班和幼儿园的学生中使用同伴活动，但是她指出在活动中教师经常起到领导者的作用，引导学生完成分享、合作和话轮转换的过程（如"同伴A，拿起这个包""同伴B，从包里拿出红色的方块"）。

5.1.2　发展合作技能

学习者发展交流技能需要很多的指引，同样发展合作技能也需要指引。语言课堂是天然的有助于增长合作技能的环境。

小组和同伴需要一些合作学习的要素才能发挥作用（Johnson & Johnson，2005）：

1. 积极的相互依赖意味着每个人都依靠彼此，没有人会感觉到是被利用的、多余的或者被忽略的。
2. 只有在不需要提高嗓音就可以轻松地彼此讨论和学习的环境里，学习者才能够面对面的互动。

3. 当每个学习者知道他可能承担全组学习某些知识或技能的责任时，个体职责才会生效。
4. 语言课堂中各项合作活动都需要社交技能的训练（见图 5.1）。教师帮助学习者理解合作学习中需要的技能，并帮助和监督他们练习这些技能。和语言技能的学习一样，在最开始的时候，要强调几个具体的合作技能，例如，确保每个人都有说话的机会，给予鼓励，在其他小组成员讨论的时候要认真倾听。

图 5.1　学生在合作学习的过程中发展语言和人际关系技能

5. 合作技能中的分组过程对于课堂的常规活动非常重要，就像小测验和其他策略对于决定课程内容的进展非常重要一样。教师帮助学习者分析小组合作过程中哪些是好的，哪些可以改进，当单个小组有特别问题时给出建议，并且每次在全班范围内着重强调可以控制的、有限的几个技能。大部分的分组过程可以用目的语完成，这样也可以提供一个在课堂上进行有意义的交流的机会。在活动结束前，教师可以提问："今天你们小组的每个成员都有机会发言吗？如果你觉得表现出色，请竖起三根手指；如果你觉得还需要一些改进，请竖起两根手指；如果你觉得还需要更加努力，请竖起一根手指。"对这些问题的回应可以是书面的，或由小组决定后给出回应。

合作学习的支持者指出角色分工对社交技能的发展有重要的作用。同样，他们对语言功能的发展也有重要作用，因为这些角色可以帮助发展语言功能——二语课程中重要的组成部分。这些角色包括：

激励者 / 赞扬者：激励小组成员的表现，保证小组任务顺利进行。

管理者 / 计时员 / 监督者 / 检验者：组织小组活动，保证小组活动顺利进行，确保小组中每个成员的参与。

记录员 / 秘书：记录小组讨论内容。

发言人 / 演讲人 / 汇报人：向全班汇报小组讨论内容。

在解释角色的过程中，教师可以讲授并且练习每个角色需要使用的语言，可以把这些信息贴在墙上作为提醒。例如，激励者可能会说"这是个很好的主意""玛丽，做得好""我们做得很好"。管理者可能要说"大卫，你有什么想法""我们只剩下三分钟了""我们应该先做什么"记录员则需要要求澄清和重复。发言人需要检查思路是否清晰。每项任务结束后，小组成员角色转换，小组中每个成员都有机会扮演全部角色。在每项任务开始之前，教师可以问"激励者应该说些什么会让我觉得他做得很好""管理者应该说些什么"等。这些对话都应该用目的语完成。

奥尔森、威恩 – 贝尔和卡根（Olsen, Winn-Bell & Kagan, 1992）展示了一张小组和任务角色列表，这张列表同时还向我们展示了重要的语言要素。学习如何进行小组互动能够让学生在本国文化中获得短期的益处，同时，长远地来说，如果他们有机会到目的语国家去旅游，也会受益于小组互动。这种经历将使他们在面对目的语使用者时更加开放、更具接纳性。教师将针对一些小组相关社交技能提供语言支持（见表 5.1）：

表 5.1　小组、任务相关社交技能

小组相关社交技能	任务相关社交技能
寻求帮助	要求做出澄清
称赞	要求做出解释
相互客气	检查理解程度
听从指令	详细阐述他人观点
倾听	解释观点或概念
依次发言	给出信息或解释
赞扬他人	释义和概括
验证共识	保持眼神交流（一种基于文化的行为）
保持小组活动顺利进行	
协调争执和矛盾	

5.2　小组和同伴活动中的课堂管理

对小组和同伴活动缺少经验的教师可能会担心小组和同伴活动与传统的大组教学相比，更加需要学生具有独立性。这些教师可能还会担心教室噪音、注意力分散。但其实如果精心设计同伴和小组活动，它为学习带来的好处要远远大于这些担忧。

合作学习活动给课堂管理带来了巨大的变化。传统的课堂活动相对简单，学生很少讨论和互动。实际上，其目标通常是完全阻止学生在课上讨论。合作学习活动更加复杂，不能像其他课堂一样的简单、安静。合作活动可能会很吵闹，教室里的桌椅需要挪动，教师可能要扮演矛盾解决者的角色，尤其是当有学生拒绝与其他人合作时。最重要的是，教师要扮演协调者而不是管理者的角色。

5.2.1　互动活动分组：小组

课堂上，学生可以以"家庭"为单位分成长期的小组，每个家庭围坐在自己的桌子旁边。这样，学习者不仅有了目的语名字，还有了一个"姓"。在小组内，每个成员会被分配一个角色：父亲、母亲、姐妹、兄弟、（外）祖父母等。教师可以利用家庭分工分配任务，例如，今天母亲是领导者、父亲是记录员等。小组构成了情境模拟的基础，在这个情境当中，一个家庭外出遇到另外一个家庭，大家可以轮流进行自我介绍。这类的模拟创造了在想象的情境中有意义地使用语言的机会。

组织小组进行短期活动可以有以下几种方式。丽塔·格利克森（Rita Gullickson）把一桶彩色塑料衣夹放在教室门口附近。在学生进入教室的时候，每人拿一个夹子，夹在衣服上。例如，所有夹紫色夹子的同学分为一组，所有夹黄色夹子的同学组成另外一组。彩色纸、彩色牙签、彩色的泰迪熊筹码（帮助小学生理解数学概念的教具）、彩色的代用币或者其他教具都可以起到相同的作用。黛博拉·罗伯茨（Roberts, 2002）进一步延伸了这一策略，让学生根据颜色为小组命名。例如，黄色的小组可以命名为"太阳组"。

罗伯茨（Roberts）提供了很多有趣的分组方式。她建议给每个学生一张写着简单算术题的卡片，算术题答案相同的学生组成一个小组：12×5，30+30，15×4，等等。也可以按照类别分类，把属于各个类别的物品名称写在卡片上。例如，一个学生的卡片上写着"食物"，其他学生的卡片上写着"汉堡、面包、葡萄"。类似的方法还有，教师可以使用国家和城市名称：德国、柏林、法兰克福和慕尼黑。另外一个类似的方法是，有些学生的卡片上是单个字母，其他学生的卡片上是字母组合，把单个字母和字母组合拼到一起，能够组成一个单词，例如，c/offee 和 g/old。

也可以用报数的方式分组。首先，教师决定活动中每个小组需要的人数。然后，教师用班级人数除以每个小组需要的人数，学生按照得出的数字报数。例如，一个35人的班级，每组需要5人，那么学生按照7来报数——学生从1到7报数，然后再从1开始，直到每个人都有一个1到7之间的数字。年幼的学习者最好用竖起的手指代表自己报的数，直到报数结束——以免他们忘记自己的数字。在报数结束之后，所有数到数字6的学生分成一组，数到数字2的学生分成一组，等等。

拼图或抽签也可以是分组的依据。可以按照历史人物分组。例如，法国的国王和王后是一组，其他小组可以按照法国的音乐家、画家、体育名人和科学家分类。分组依据也可以是食物金字塔中不同类别的食物和不同栖息地的动物。

不同形状的彩色纸也可以用来作为分组依据。例如，30张卡片，使用5种不同颜色的卡片纸。在每种颜色的卡片上分别印上、画上或写上一个形状或一个数字。形状可以有：星形、三角形、长方形、正方形、菱形和心形。这样，你就可以按照三种不同的分组方式分组：颜色、数字和形状。

有些分组方式不需要太多的准备，而且这些分组方式本身就是语言活动。例如，学生可以按照他们家里的汽车的牌子来分组。如果小组人数不平均，教师可以干预，可以快速地把一个大组分成两三个小组，或者把人多一组的几个学生分到另外一组。其他的分组依据还包括昨晚睡眠的小时数、昨晚上床睡觉的时间、兄弟姐妹／家庭成员的数量，名字包含的音节数，以及鞋子的号码或颜色。

5.2.2　互动活动分组：同伴／双人

大部分情况下，学生喜欢在一段时间内与不同的同伴合作，而且同伴不是由他们自己选择。双人活动可以有多种不同的组织方法。可以是非正式的，只是说"转向你旁边的同学""和你前面的同学组成一组""和教室里穿与你相同颜色衣服的同学组成一组"等。一位中学教师给学生10秒钟与另外一位同学对视然后组成搭档——不需要发出任何声音。报数也可以用来寻找搭档，例如，在一个20人的班级，学生可以从1数到10，反复两遍，或者反复两遍字母从A到J。

内圈—外圈

图5.2展示了另外一种有效的分组方式，可以让学生有机会连续地与不同的同伴合作。教师可以通过让学生1、2报数将全班分成两组。数到1的学生围成一个圈，面向圈外。数到2的学生在第一个圈的外面围成另外一个圈，面向圈内。每个学生都面对一个同伴。这样，学生可以练习对话，例如，简单地问候彼此、询问对方的年龄、讨论各自最喜欢的东西或任何需要练习的互动。如果学生能够从同伴那里了解到一些有趣的事情，练习就更有效果。互动结束，教师发出信号，外圈的学生向左移动一个位置（内圈的学生不要移动）。对一个新的同伴重复一遍同样的对话。随着教师发出信号，外圈的学生再次移动。外圈不断移动，直到转回到最初的位置。

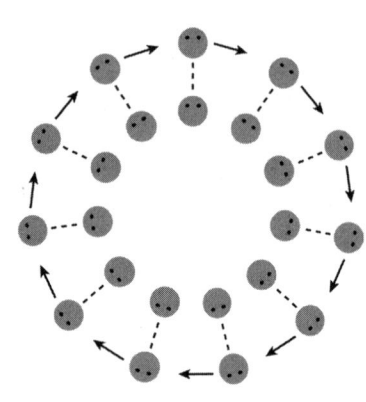

图 5.2　内圈—外圈

"排成一排"

学生面对面站成两排。这种方式在空间不够围成圆圈的时候尤为适用。其中一排循环，排头的学生每次向队尾移动一个位置（见图5.3）。有时两排的学生都可以移动，每排队尾的学生每次向另外一排移动一个位置（见图5.4）。这会让学生每次合作的同伴大不相同。这种方式尤其适合练习两个人的对话，因为当学生和不同的同伴合作时，感觉更像是真实的交流。

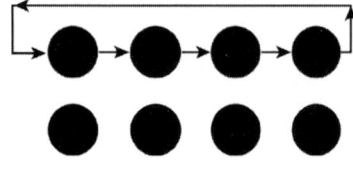

图 5.3　排成一排：
一排循环，另外一排保持不动

同伴配对

也可以用更加正式的方式分配同伴。教师可以把一套卡片分发给学生，卡片中有完全一样的配对卡片。学生依次询问，直到找到持有和自己手中的图片（数字、形状、动物、食物等）完全一样的图片的人。例如，一个学生手中的卡片上是数字3，他必须找到持有数字3卡片的同伴；或者一个学生手中的卡片上是一个动物，他必须找到持有同样卡片的同伴；或者，也可以是一张带有图画或数字的卡片和一张写有图画或数字的文字描述的卡片配对。

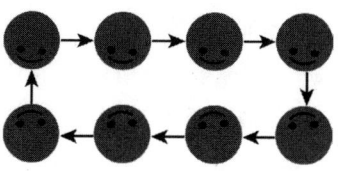

图 5.4 排成一排：
两排移动，新的同伴面对面

教师也可以按照搭配关系准备和分发卡片，学生通过找出相关联的卡片来确认同伴。这样，寻找同伴本身也变成一种学习体验。例如，一个学生的卡片上写着一个国家的名称，他的同伴的卡片上写着这个国家首都的名称。或者一个学生的卡片上写着目的语文化中一句谚语的上半句，他必须找到持有写着谚语下半句的卡片的同伴。配对可以依据不同的类别，例如：

- 艺术家或历史人物的名和姓
- 不同形式的动词
- 反义词和同义词
- 图片或单词的拼图（艺术图片、谚语和俗语可以增添文化维度）
- 常见表达，如"生日／快乐"和"早上／好"
- 交流／对话的上下句
- 关联词对，如：锤子／钉子，医院／护士，红色／苹果

举手击掌

学生通过举手的方式找到同伴。学生找到一个同样举起手的同伴，并和他击掌。完成任务之后，再次举起手，找到其他同样举着手正在寻找同伴的人。

"十二小时不同时段的同伴"

另外一种分配同伴的方法是按照一定的程序每隔一段时间更换同伴。"十二小时不同时段的同伴"就是这样的程序。每个学生都有一张画着空白钟面的纸。钟面的空白要足够大，能够在每个表示小时的数字旁边写上名字（见图5.5）。教师可以在空白处画一条线，让学生把名字写在画线处。教师给出活动要求并设定时间限制。学生与不同的同学合作，钟面上每个小时旁边的画线处都写上不同的名字。每条线上只能写上一个名字。学生可以在教室里走动寻找同伴，询问彼此"你在1点钟或3点钟有空吗""中午的时候你忙吗""我们可以约5点钟

图 5.5 组织同伴间的交流时
可以使用的钟面

吗"。在指定时间结束之后，教师确认每个学生在每个画线处都写有不同的同伴的名字。教师可以快速地询问哪位同学在哪个时间段需要同伴，这样可以帮助还没有找到同伴的学生预约同伴。这对那些害羞或没有被其他同学作为第一选择询问的学生很有帮助。

如果最后还是有学生没有找到同伴，这些学生可以"双重预约"或者三人一组。重要的是每个学生都参与活动，甚至即使缺席的同学也参与其中。学生也可以在缺席的同学的钟面上写下名字，预约他们的时间。

一旦所有的时间全部被填满，教师可以将钟表作为组织对话或其他任何语言活动的基础，例如，"下一项任务你将与三点钟的同伴一同完成"或"与十点钟的同伴一同讨论解答黑板上的猜字游戏"。学生可以保留画有钟表的这张纸，几天、几周甚至一整个学期都会用到它。也可以由教师收藏这些画着钟表的纸，下次学生需要使用时再发给他们。如果是学生自己保存的话，可以额外多做几张，如果有同学丢失了，可以备用。让学生们在找到一个同伴之后交换"钟表"能够让游戏进行得更快，并且使游戏对于年幼的学生来说更加简单。然后每个学生在同伴的钟表上按照商量好的时间写下自己的名字。

教师也可以使用目的语国家或城市的地图，在不同地点的旁边画线处签上名字。这样能够为这项活动增加文化维度。例如，学生拿着一幅日本地图，他们可以问另外一位同学，"我能够和你在东京见面吗""我们可以在那霸见面吗"或者"你在京都的时候有空吗"。用类似的方法安排同伴使教师不用再苦于找不到办法为学生安排同伴。使用世界地图，在每个大陆安排"会面"，能够强化与地理知识的贯连。一些教师使用一个工具，将同伴活动与电视节目"命运之轮"联系起来。一个学生走上前来转动轮盘，决定使用钟表上哪个时间。学生很喜欢这样，因为这让他们觉得自己能够掌控这个过程。

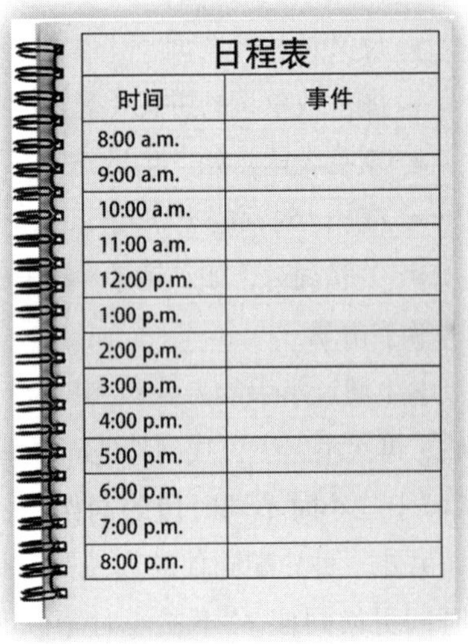

教师也可以使用简单的日程表。图5.6是俄语课上使用的一个简单的日程表。

图5.6 可用于组织同伴交流活动的日程表

5.3 小组和同伴活动细则

小组活动能够在一段时间内把关注的焦点从教师身上移开，但是只有在认真的组织和不断的监督下，它才能够展现效果。尤其是在最初的几次活动中，和传统的教师为中心的课堂模式相比，教师需要付出更多的努力来准备和组织这些活动。然而，同伴和小组活动的优点使它值得额外的付出。以下细则能够帮助教师有效地设计课堂上的同伴或小组活动。

1. 用已建立的体系管理同伴和小组分组。
   - 随机分配同伴，有意地按照任务的本质组织分组。
   - 让学生有机会在一段时间内与不同的同伴合作。
   - 保证小组人数不多于 5 人。
   - 确保每人都有同伴或者是小组的成员之一。
   - 要有明确的程序告诉学生如何处理同伴缺席的情况。
2. 建立一个吸引学生注意力的体系。
   - 必要的时候找一个降低噪音的办法。很多教师用交通信号灯或类似于"温度计"的噪音测量仪来测量噪音。
3. 确保个人责任。
   - 保证每个同伴或小组成员都有要扮演的角色和要完成的任务。
   - 轮换制度保证不会只由一位同伴或小组成员主导对话。
   - 设立一个指示标志指导学生如何轮换角色或任务。
   - 保证同伴之间明确谁先发言、谁先回答。
4. 创建信息差，以形成积极的相互依赖关系。
   - 保证每个人都有指定的任务或角色。
   - 保证活动或任务结束后学生都找到了问题的答案或创造了新的事物。让学生了解他们合作的成果将如何被分享和评价。
5. 帮助学生做好语言准备。
   - 如何在活动中引导、控制或辅助语言的运用？
6. 激发参与活动的积极性。
   - 用令人兴奋的方式介绍活动，使学生想要参与并期待在活动中有好的表现。
7. 解释肢体语言和音量。
   - 为学生示范正确的肢体语言和音量：
     ▶ 看着你的同伴。
     ▶ 身体略微倾向你的同伴。
     ▶ 降低你的声音。
     ▶ 专心地倾听。
   - 认真准备指令，按照顺序排列活动的每个步骤。
   - 向学生清楚地描述活动的结果。
   - 确认学生在开始活动前知道他们需要做些什么。

- 保证每个同伴或小组成员都有角色，且角色任务描述清晰。
8. 设定清晰的对活动过程中目的语使用的预期。
    - 让学生明确活动的目的不是尽快地完成任务，而是使用目的语完成一项有趣的任务。
    - 用目的语给出指令。
    - 保证每个同伴或小组成员掌握了完成活动需要的语言知识。
9. 示范如何按照确切的步骤完成活动。
    - 尽可能多做示范，让学生确切地知道对他们的预期。
    - 按照活动步骤的顺序做出示范，让学生确切地知道每一步所要达到的目标。
    - 教师可以亲自示范每个步骤；或者与全班同学一起合作，教师扮演同伴 A 的角色，全班同学扮演同伴 B 的角色；或者找一位同学扮演同伴 A，教师扮演同伴 B；或者找两位同学从头到尾完成整个活动步骤，班上其他同学观看他们的表演。
    - 让学生针对每个步骤做出反馈，确保学生知道活动将如何进行，避免在活动步骤上浪费时间：
        ▸ 谁来开始？
        ▸ 同伴 A 的第一个步骤是什么？
        ▸ 同伴 B 要做什么？
        ▸ 同伴 B 还需要做什么？
        ▸ 如果同伴 B 不同意，应该怎么办？
        ▸ 同伴 A 接下来要做什么？
10. 设定时间限制。
    - 使用定时器记录时间。
    - 在活动过程中可以根据需要调整时间限制。
11. 活动过程中在学生中来回走动。
    - 监督目的语的使用情况。
    - 监督每位同伴或小组成员都参与活动。
    - 提供反馈。
12. 建立一个体系让同伴或小组成员确认正确地完成了活动。
    - 发给每个同伴或小组成员一张检查表。
    - 提供一种方式让同伴之间可以互相检查。
13. 活动结束前检查完成情况。
    - 通过提问检查学生是否完成任务。
    - 在活动结束前检查每个小组的完成效果。
14. 利用交际反馈技巧扩大任务中语言使用的范围。

- 利用交际反馈技巧扩大任务中语言使用的范围，而不仅仅是检查任务是否正确地完成了。这对于全体小组成员来说会很有趣。例如，在一项与食物相关的活动中，教师可以提问"你同伴准备的晚餐是你想吃的吗"或者"你为什么喜欢（墨西哥）玉米粽子"。

5.4 同伴和小组活动类型[1]

学生以小组的形式合作解决问题或针对教师设计的情境做出回应。互动语言任务有多种类型。同伴或小组可以为其他小组或教师设计一系列指令，最初这些指令是口头的，之后也可以变成书面形式的。小组成员之间可以通过排练确定小组里的每位成员都能够要求去洗手间、削铅笔、请求重复、表达赞同或反对。共享的教学任务为沟通创造了有效性，因为它直接指向某个目标，并且在管理和监督下完成目标。

同伴活动对于沟通能力的发展十分有效，尤其是人际交流沟通模式，市面上可以买到很多供年龄稍大的学习者进行同伴活动使用的材料。例如，很多高中和大学课本都涵盖同伴任务，而且很多活动侧重于一对一的互动。同伴活动对于年幼的学习者也同样有效，例子如图 5.7 所示。

图 5.7　告诉你的同伴

同伴活动从"变相操练"到有意义的信息交换，取决于参与者完成任务的真正动机、对结果的投入程度和设定任务的自主程度。如果学生能够看到清晰的任务目标，同时任务能够带来具有独立意义的结果或答案，则更容易达成真正的人际交流。例如，在"让我们一起开派对"活动中，确定一份每位成员都喜欢吃的晚餐菜单就是一个真实的难题，需要真正的沟通才能协商出一个结果——这个"真实的"答案不是由教师预先确定的。经过讨论得出的菜单作为任务

---

[1] 本章提及的活动是为初级学习者设计的，但是变换词汇、语法及任务的难度之后，可以适用于任何阶段的学习者。这些活动可以作为范例，适用于任何语言水平或年龄阶段的学习者。

的结果可以和大家一起分享。

本章的非洲动物"语言拼图"任务是由教师预先确定的，但是拼图的语境更具有激励性，不仅仅是一个简单的操练。下文中将介绍很多同伴活动的例子，从"变相操练"到更能体现沟通能力的任务。不同类型的同伴活动都有其各自的价值。更接近操练类型的活动在把语言和其他学科内容结合在一起的教学环境里为学习者提供必要的练习。沟通性更强、自我激励更强的任务能够帮助学生提高人际交流的语言能力。作为教师，我们可以增加同伴和小组任务所需的沟通难度，并且不断地问自己基兰·伊根（Egan，1986）提出的问题："为什么它会对孩子们至关重要？"

同伴和小组活动分为两个基本类型：

1. 非正式配对——学生在一次任务中合作。在非正式配对中，同伴合作完成一项任务或分享双方都能够获得的信息。学生可以一起阅读、一起完成拼图或者一起完成一项任务。这种情况下，很难知道学生是否有互动，除非教师认真地为同伴间或小组内如何分工设定标准。可能有些学生不参与活动，让其他同学完成任务。任何学生活动都有可能发生类似的情况。
2. 信息交换——互动任务或有信息差的语言拼图活动。在这种情况下，每个人都掌握一条信息，同伴必须分享信息才能完成任务。这种信息交换任务有时可以称作信息差任务。一位同伴掌握的信息或观点是另外一位同伴需要找出的。在任务完成之后，每位同伴都会从另外一位同伴那里获得新的信息，而且将完成一些收集信息的目标。这种类型的活动让学生有机会提高构建意义的能力，这是人际交流的基础。

以下是常见的几种信息交换任务：

- 采访或调查
- 找出不同和/或相同
- 给出/听从指令
- 解决问题

5.5 同伴和小组活动范例

5.5.1 采访或调查

在采访或调查活动中，以获得信息为目的，每位同伴都要采访另外一位同伴，或者逐个采访班级里的其他同学。以下的例子可以作为在不同的主题和结构下使用采访和调查活动的范例。

"找寻某人"

"找寻某人"采访活动可以重复使用。通常它可以作为破冰活动，但是它的使用也可以有多种方式。如表5.2所示，密尔沃基公立学校的一位英语为非母语的教师玛丽安娜·索达维尼（Marianne Soldavini）在以营养为主题的单元中使用了此项活动。

表5.2 "找寻某人"活动表

找寻某人：营养单元	
找出喜欢去麦当劳的人。	姓名_____
找出今天吃了早饭的人。	姓名_____
找出能够说出一种蛋白质的人。_____	姓名_____
蛋白质的名称	
找出能够做饭的人。_____	姓名_____
他会做什么	
找出能够说出一种食物种类的人。_____	姓名_____
食物种类	
找出讨厌吃西兰花的人。	姓名_____

来源：玛丽安娜·索达维尼（Marianne Soldavini），密尔沃基公立学校。

"你的消遣活动是什么"

这项采访活动提供给学生一张消遣活动列表，列表上所有的消遣活动词汇都是近期课上学过的。他们的任务是在班级里为列表上的每项活动找到一位以此为消遣的同学。采访表格可以参照表5.3中所示的表格（用目的语书写，尽可能的简单）。表5.4展示的是一项简单的关于班级成员食物偏好的调查。

活动的选择以先前学习过的内容为基础，选择学生喜欢的主题。在学生完成采访后，教师提出后续问题：

谁打网球？（有人会给出他记下的同学的名字）
还有谁打网球？（会给出其他同学的名字）
还有人打网球吗？请举手。（有可能会有人举手）
谁弹钢琴？（一位同学说"玛丽弹钢琴"）
谁能告诉我一些关于玛丽的事情？（有些同学可能在其他消遣活动列表中记下了玛丽的名字，所以教师会得到关于玛丽的兴趣爱好的描述）
玛丽，你还喜欢什么？（玛丽可能会补充一些其他活动）

后续问题可以用这样的方式持续下去，直到教师认为学生已经达成了这一任务的目的，同时他们的好奇心也得到了满足。

表 5.3　与消遣活动有关的调查活动

为来访者做好准备
校长刚刚宣布将有几位来自瑞士的同学对我们学校进行为期两周的访问。他们的老师提供给我们一份表格，列出了这些同学的兴趣爱好，希望我们班级里有同学和他们有同样的兴趣爱好。采访班级里的其他成员，直到每项爱好都至少找到一位同学。 你打网球吗？＿＿＿＿＿＿＿＿＿＿＿＿＿＿＿＿＿＿＿＿ 你弹钢琴吗？＿＿＿＿＿＿＿＿＿＿＿＿＿＿＿＿＿＿＿＿ 你下棋吗？＿＿＿＿＿＿＿＿＿＿＿＿＿＿＿＿＿＿＿＿＿ 你踢足球吗？＿＿＿＿＿＿＿＿＿＿＿＿＿＿＿＿＿＿＿＿ 你玩纸牌吗？＿＿＿＿＿＿＿＿＿＿＿＿＿＿＿＿＿＿＿＿ 你拉小提琴吗？＿＿＿＿＿＿＿＿＿＿＿＿＿＿＿＿＿＿＿ 你喜欢阅读吗？＿＿＿＿＿＿＿＿＿＿＿＿＿＿＿＿＿＿＿ 你喜欢游泳吗？＿＿＿＿＿＿＿＿＿＿＿＿＿＿＿＿＿＿＿

表 5.4　班级成员食物偏好调查

学生姓名	喜欢比萨	不喜欢比萨	喜欢玉米	不喜欢玉米	喜欢喝水	不喜欢喝水

"你喜欢什么"

这是典型的信息差同伴活动（见表 5.5），把采访和寻找信息结合起来，因为每位同伴掌握的信息不同。第一步是让每个人对自己提问，并用"是"或"不是"做出回答。然后同伴询问彼此喜欢吃什么、喝什么、喜欢做什么。第三步询问玛丽索尔，一位来自墨西哥的女孩。每位同伴得到的关于玛丽索尔的信息各不相同，他们必须通过提问"是/不是"问题确定她的喜好。同伴之间可以将他们自己的好恶与玛丽索尔的比较，然后全班同学可以一起做出比较。一个来自墨西哥的女孩能够为这项活动增添文化贯连。当然，采访表格完全使用目的语书写。这个范例适用于任何主题，玛丽索尔也可以换成任何真实的或想象中的人物。

表 5.5 你喜欢做什么

A				B			
	你	你的同伴	玛丽索尔		你	你的同伴	玛丽索尔
你喜欢吃……				你喜欢吃……			
橙子？			不是	橙子？			
汉堡？				汉堡？			不是
米饭？			是	米饭？			
肝脏？				肝脏？			是
比萨？			不是	比萨？			
玉米圆饼？				玉米圆饼？			是
杧果？			是	杧果？			
你喜欢喝……				你喜欢喝……			
牛奶？				牛奶？			不是
咖啡？			是	咖啡？			
果汁？				果汁？			是
可口可乐？			不是	可口可乐？			
你喜欢……				你喜欢……			
踢足球？				踢足球？			不是
看电视？			是	看电视？			
做作业？				做作业？			是
注：此项活动使用目的语完成。				注：此项活动使用目的语完成。			

超感官知觉 / 第六感

这项活动改编自康斯坦丝·诺普（Constance Knop）博士，他提供了很多很有帮助的同伴活动。这项活动之所以叫作超感官知觉（extra sensory perception，简称 ESP）或第六感，是因为它提供给了学生测试自己的超感官知觉的机会。这项活动的关键是通过学生预测同伴的回答，加强他们的参与度，让他们对问题的答案更有兴趣。

每个学生会收到一份关于他们爱好的必选题的问题列表，问题以近期课上学习过的主题词汇为基础。每位同伴对每项爱好做出自己的选择，然后专心地看着同伴，看是否能够感知到同伴对每项爱好做出的选择。接着，每位同伴依次问出纸上的问题，确定他们的预测是否正确。

预测正确的问题数目即"超感官知觉分数"。如果学生提前完成，他们可以预测老师的回答，或者教师也可以预先把问题列表拿给校长或学校里其他的人，然后让学生预测校长或其他人的回答。问题列表可以参照表5.6。教师也可以稍做改变，通过电子邮件联系目的语文化中的一位教师，用这位教师班里学生的回答作为预测的第三人。

表5.6 "超感官知觉/第六感"——你能猜到你的同伴在想什么吗

	同伴	校长
超感官知觉/第六感		
你了解你的同伴吗？你能猜到你的同伴在想什么吗？		
1. 预测你的超感官知觉等级（1级到5级），并写在空白处。		
2. 做出你的选择，必须选择一个答案。		
3. 看着你的同伴，你的同伴会做出怎样的选择？		
4. 写下你猜测你的同伴会做出的选择。		
5. 同伴A首先提问，每个正确的预测加一分。		
6. 同伴B提问，每个正确的预测加一分。		
谁的超感官知觉分数最高？		
如果有时间，和同伴一起预测校长的选择。		
你喜欢橄榄球还是足球？	_____	_____
你喜欢流行音乐、爵士乐还是摇滚乐？	_____	_____
你喜欢电影还是音乐会？	_____	_____
你喜欢纸牌游戏还是棋类游戏？	_____	_____
你喜欢看网球还是高尔夫球？	_____	_____
你的超感官知觉分数是多少？ 超感官知觉分数：	_____	_____
你预测的自己的超感官知觉分数是多少？	_____	_____

"超感官知觉"活动是通用的，经过重新设计它几乎可以适用于任何单元。每次会有新的内容，而且每次的同伴也会不同，因此活动过程会保持其吸引力。

这类的采访通常非常有趣，因为学生想要知道其他人的想法或说法。可以用来设计有效采访的话题包括：最喜欢的电视节目、宠物的名字、最喜欢/最不喜欢的食物、喜欢/讨厌的任务、最喜欢的动物和未来的职业。

猜猜看

纽约市圣戴维学校的伊丽莎白·惠特曼（Elizabeth Whitman）设计了这个版本的战舰游戏。游戏中，每个学生都有一张画有很多格子的表格，上面有着相同的句子或图片。学生两人一组，把白板笔放在套了塑料套的表格上。

每位同伴悄悄做出自己的选择，并在表格上圈出选择的句子（见图5.8）。游戏的任务是一位同伴先猜测另外一位同伴可能圈出了哪个句子。同伴 A 提问："你圈出的句子是'我说法语'吗？"同伴 B 回答："不是，我的句子不是'我说法语'。"两位同伴继续相互提问，直到他们正确地找到各自选择的句子。为了记录问题和回答，学生每次提问后发现不是正确的选择时，在整个句子上画一个叉。

5.5.2 找异同

每位同伴掌握不同的信息，同伴必须找出信息的差异才能达成共同的目标。找异同就是一个非常典型的信息差游戏。信息可以是文字、图片或者文字结合图片。每位同伴可以有一幅或多幅图片。图 5.9 展示的是一张多幅图片的范例，来自一个主题为"动物及其栖息地"的单元。

图 5.8　猜猜看

找不同（多幅图片）

同伴 A 开始游戏，因为同伴 A 的第一幅图片中数字 1 的旁边标有星号。同伴 A 依次说出第一幅图片中的动物名称，同伴 B 将 A 说出的动物名称与自己的第一幅图片中的动物进行比较。同伴 A 说"我的图片里有……"，同伴 B 说"我的图片里有……"。如果他们的描述吻合，同伴 B 说"它们是一样的"；如果不吻合，同伴 B 说"它们不一样"。当他们确认他们的图片相同，就在这一行的旁边画一个加号。如果他们的图片不同，则画一个零或减号。然后同伴 B 依次说出第二幅图片中的动物名称，因为同伴 B 的第二幅图片中数字 2 的旁边有星号。游戏继续，直到学生完成所有的图片。最后，同伴之间可以比较各自的图片，确认他们的选择是否正确。

这项游戏可以是双重活动（我们从马里•哈斯<Mari Haas>那里受到启发，想出了这个主意）。在学生确定他们的图片是否相同之后，他们可以进行下一个步骤。同伴 A 第一幅图片中的动物和同伴 B 第一幅图片中的动物居住在相同的栖息地吗？如果游戏的任务之一是找出放错位置的动物（即出现在错误的栖息地的动物）并确定它们应该属于哪个栖息地，那么这项游戏就更具有游戏猜谜的属性，而不再仅仅是操练。游戏的指令可以是：

在我们给出的动物图片中，有些动物出现在了错误的位置上。把带有星号的每一行的动物名称告诉你的同伴，和你同伴的图片比较异同。如果不同，确定哪个动物不属于这个栖息地，并写下动物的名称（或者在图片中圈出）。在完成比较之后，确定找出的放错位置的动物属于哪个栖息地,并且画出栖息地的图片。

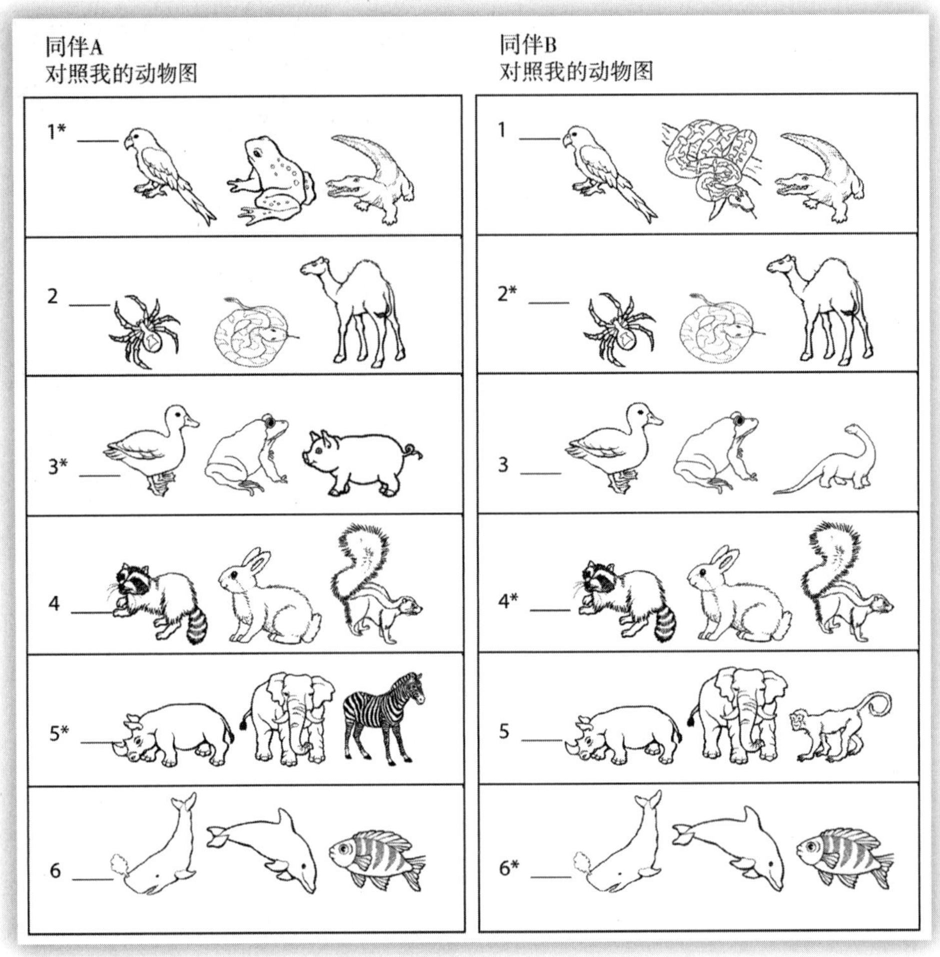

图 5.9　找不同(多幅图片)

根据学生语言技能和活动目的的不同,这类的搭配游戏可以有很多变化。练习阅读技能的学生可以把图片和单词搭配,或者把更复杂的图片和书面的描述搭配。

找不同(单幅图片)

在另外一个"找不同"游戏中(见图 5.10),学生比较单幅图片,图片中的不同之处不大却很明显。每个学生拿着同一幅图片的不同版本,在没有看到同伴的图片的情况下,学生要找出两幅图片的不同。这项游戏要比之前的游戏复杂得多,因为同伴在试图找出差异时必须使用描述性的语言和问题。告知学生两幅图片中共有几处不同之处能够有效地避免学生产生厌倦情绪。也可以设置时间限制,看学生在规定的时间内能找到几处不同。这种单幅图片的找不同游戏可以作为任何语言、文化或课程的练习范本,仅需要准备显示练习内容的黑白图片和一瓶用来修改图片的白色修正液或者白色修正带。

另外一个"找不同"的游戏,一位同伴有一张图片,另外一位同伴有两张或更多相同的图片。第一位同伴描述图片,另外一位同伴尝试通过描述和提问确定第一位同伴描述的是哪张图片。

图 5.10 找不同(单幅图片)

5.5.3 听从指令和发布指令

使用教具的同伴活动

在同伴活动中,一位同伴发出指令,另外一位同伴执行指令。并不是所有的同伴活动都需要阅读任务。例如,在积木游戏中,同伴 A 手中的图片显示了彩色积木的摆放顺序。同伴 B 手中是彩色积木实物,他必须根据同伴 A 给出的指令,把积木按照图片中的顺序摆放。如果指令不清楚,同伴 B 可以提问以澄清任务要求。在任务顺利完成之后,同伴互换角色,根据新的图片摆放积木。也可以把摆放积木换成摆放房间里家具、移动地图上的图标或者摆放各种形状组成一幅图片(见图 5.11)。

图 5.11 学生在互相帮助下按照预先设定的模式摆放积木

如果要为游戏添加一些文化背景,教师可以从网络上下载目的语文化中一位或多位艺术家的作品并复制成小幅图片,发给每个学生一个装有 8 幅或更多图片的信封。任务是:假设一位同伴选取信封中的部分图片为学校礼堂展览设计图片的摆放,假设另外一位同伴置身学校礼堂准备组织展览。第一位同伴必须模拟打电话向对方描述如何摆放图片。在第二位同伴摆放好图片之后,两位同伴通过比较确认他们的沟通是否有效。

"神秘的连线"

这项游戏会用到写有乱序数字的"点对点"的连线图片。一位同伴拿着图片，另外一位同伴手中是带有正确数字顺序的卡片，要正确地连线，就必须要按照正确的数字顺序把各点连接起来。手持卡片的学生告诉同伴如何按照数字顺序把各点连接起来，完成整幅图片（教师可以设置一些"干扰"数字和点，增加连线任务的难度）。一种提高学生积极性的方法是让他们在开始的时候就把一些点可能会连成什么图像写下来或圈出数字。然后，在反馈阶段，教师可以询问每对学生是何时猜出图片画的是什么并且完成连线的，或者最初的猜想是否正确，等等。

"给小熊穿衣服"

发给每位同伴一张图片，图片上印有一只小熊和各种小熊穿的衣服（见图 5.12）。同伴 A 给小熊穿好衣服，然后告诉同伴 B 给小熊穿上哪些衣服。同伴 B 可以通过提问澄清指令。在指令完成之后，比较两位同伴的小熊身上穿的衣服是否完全一样。

图 5.12　给小熊穿衣服

这项游戏也可以扩展为"找不同"游戏。在两位同伴分别给自己的小熊穿好衣服以后，他们通过相互提问找出两只小熊身上所穿衣服的相同和不同之处。

5.5.4　找出信息和提供信息

背靠背

在语言发展的初期阶段，背靠背同伴游戏是一项有趣的信息交换任务。例如，在学习过一些表示颜色的词语后，学生可以手拿彩色蜡笔背靠背站着，学生能够用目的语表达手中所有蜡笔的颜色。同伴 A 用目的语喊出"红色"，同时抽出并举起红色蜡笔。同伴 B 也找出并举起红色蜡笔。两位同伴一起用目的语从 1 数到 3，然后转身查看他们是否选择了同样的颜色。接着，再次背靠背站好，同伴 B 给出指令。同类的游戏还可以把表示颜色的词语换成表示身体部位或情感的词语，或者任何可以伴随手势的词语。这个游戏也许尤其适用于配有手势的故事。这项游戏是可以自我修正的，因为给出指令的人通常不会选择自己不确定的事情。此项游戏时间长短比较灵活，是可以安排在下课前几分钟进行的小海绵活动。

"语言拼图游戏"

同伴或三四个人的小组可以一起进行"拼图游戏"。每个人都掌握一部分信息，所有人的信息整合在一起才能完成任务。例如，每个学生掌握一部分必要的能够帮助找到地图上某个位置的信息或为父母选择一份礼物、找出某个班级成员的信息。在口头上分享信息的同时，学生解决了问题并且练习了语言。表5.7展示的是一项适用于语言学习初级阶段的较为简单的语言拼图游戏。

表5.7 拼图游戏范例

屋内设施			
学生 A	学生 B	学生 C	学生 D
1. 有一把椅子	1. 有一张桌子	1. 有一个水槽	1. 有一个炉子
2. 有一盏灯	2. 有一个钟	2. 有一个窗子	2. 有一张床
3. 有一扇门	3. 有一条毛巾	3. 有一个水槽	3. 有一个马桶
4. 有一张桌子	4. 有一盏灯	4. 有一台电视机	4. 有一张沙发

如表5.8中的拼图游戏所示，四人一组，发给每组一个信封，信封里有四张纸条，每人一张纸条。每个学生知道一条上个单元学习过的有关动物的信息，并且读出纸条上的信息。学生A读出纸条上的第一条信息（"它是非洲的动物"），然后学生B读出纸条上的第一条信息（"它有条纹"），接着学生C读出纸条上的第一条信息（"它以小群体形式群居"），最后学生D读出纸条上的第一条信息（"它的名称的最后一个字母是A"）。在所有学生读完他们的线索之后，小组成员共同确定动物名称并写在纸上。小组成员以同样的方式继续确定第二个动物的名称，直到确定完纸条上所有动物的名称。

如果小组需要协助，教师可以在信封里放入动物的图片，如果学生不能确定，可以查看图片。或者教师可以将答案放在另外一个信封里，并将信封放在其他地方。这样小组成员可以自我修正，确认找出正确的答案。

此项游戏可以设计多种后续活动，并且稍做修改可以适用于语言学习的各个阶段。纽约州奥尔巴尼吉尔德兰学区的阿尔伯特·马蒂诺（Albert Martino）提供了以下选择：

1. 学生完成动物语言拼图的口语任务之后，可以转换成写作任务。学生将继续与口语任务中的小组成员共同合作，继续使用信封中的四张纸条。学生选择一个动物，并把纸条中的动物描述抄下来。但是动物描述中要包含一条与所选择的动物不匹配的描述。这些"疯狂的描述"以书面形式在小组内分享，学生可以猜测哪一条描述与他们所说的动物不相符。也可以由小组中的一位学生大声朗读这些描述，其他小组成员认真倾听，然后确定哪一条是不相符的描述。

2. 另外游戏也可以转变为教师与全班学生互动的听力任务。教师选择描述其中的一种动物，并告诉全班学生动物的名称。然后教师大声朗读其中的一条描述，全班学生用目的语说出是对还是不对。

表 5.8 确认动物栖息地的拼图游戏

学生 A	学生 B	学生 C	学生 D
它是非洲的动物。	它有条纹。	它以小群体形式群居。	它的名称的最后一个字母是 A。
它是一种猿。	它的名称的最后一个字母是 N。	它的前肢很长。	它生活在树上。
它有黑色的斑点。	它生活在森林里。	它被发现于非洲和亚洲。	它属于猫科。
它生活在热带草原。	它以小群体形式迁徙。	它最高可达到 5.5 米。	它从树上获取食物。
它可以在水下潜 15 到 20 分钟。	它的幼崽是白色的。	它的脂肪有 1 到 6 英寸厚,能够保暖。	它有鳍状肢。
它的后腿很有力量。	它会蹦跳。	它被发现于澳大利亚。	它把它的孩子放在一个袋子里。
它的名称是字母 L 开头。	它被发现于南美洲。	它属于驼羊类。	它可以在高海拔地区干活。
它是现存的最大的陆地哺乳动物。	它是一种濒危动物。	它非常聪明。	它生活在非洲和亚洲。

3. 每个小组有两个小的透明塑料袋:一个装有动物图片,另外一个装有印着描述语句的小纸条。学生拿出图片和纸条,试图正确地匹配纸条和图片。

4. 在学生把文字描述和图片匹配之后,他们可以随机使用任意四个句子,描述一种新的动物,创造出一种疯狂的动物。然后把他们创造出来的疯狂的动物画在另外一张纸上,并写下动物描述。

"我们一起来做三明治"

每位同伴收到一个信封，信封里装有剪切好的小幅食物图片（包括两片面包）。每位同伴收到的图片是相同的（见图 5.13）。

首先，每位同伴独立用一个预先规定好数目的图片"制作一个三明治"（使用纸片面包和剪切好的食物图片）。同伴之间不能看彼此的三明治。在完成三明治制作之后，预测两位同伴制作的三明治里会用到几张相同的图片，并私下写下代表图片的数字。然后同伴之间相互提问，找出他们的三明治中用到了哪些相同的图片和哪些不同的图片。

沟通式的反馈可以通过提问实现，例如，"你的同伴制作的三明治里有你从来不吃的东西吗""三明治里有什么""你们当中有几个人会吃这个三明治"。

注：已获米里亚姆·麦特（Myriam Met）许可使用。

图 5.13　我们一起来做三明治

游戏中也可以融入文化背景，例如，在中文课上，学生可以用具有中国元素的食物制作三明治。有些教师会发给学生折叠起来的半张纸，让他们在纸上写出或画出制作三明治的食物。三明治制作游戏也可以和价格、卡路里、食物种类等其他课程内容联系起来。可以要求学生在一定的预算内制作出不超过一定卡路里数的三明治，或者要求学生制作的三明治代表某种食物种类。因为涉及动觉维度，游戏会很有吸引力。学生可以以多种方式组合信封中的图片。当然，信封中的图片也可以涉猎各种语言、文化和课程内容。

"我的背包里有什么"

每个学生在纸上画一个背包，然后把纸对折（见图 5.14）。学生预先设定好背包里物品的数目，可以参照贴在布告板或黑板上的物品列表，画出并标出这些物品。然后学生与同伴商量确定他们各自的背包里都有哪些物品，列出每位同伴的背包里有

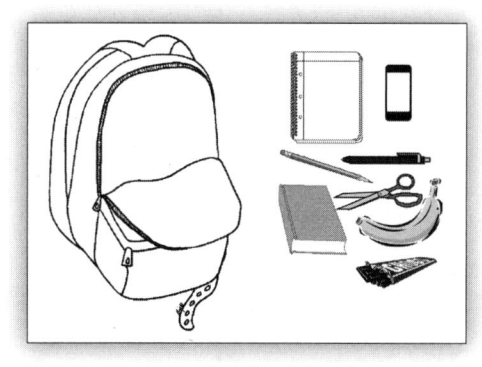

图 5.14　背包里有什么

哪些物品和没有哪些物品。游戏结束前，学生把同伴背包里的物品口头汇报给全班同学。例如，"玛利亚有一把尺子""她没有铅笔"。

学生也可以在同学中间缓慢走动，找出背包里与自己背包里的物品相同的同学。在游戏结束前，教师可以确定哪位同学找到了最相同的背包；或者，学生也可以标出他们找到的与自己背包里完全相同的物品的数量。

游戏也可以改编成"我的书桌上有什么""我的箱子里有什么"或者"我的野餐篮里有什么"。学生可以把物品放在纸的"书桌"上，为一次想象中的旅行打包行李，准备野餐篮里的物品，或者把任何符合逻辑的物品放在一起比较。

"你的购物单上有什么"

类似的同伴游戏可以用书面语言完成。学生学习书写，首先从单词开始。游戏中，学生从选项列表中选出五种物品，为海滩之旅制订一个购物清单。然后，把自己的清单与一位同伴的清单比较，或者通过对其他同学的提问找出和自己的清单相同的同学。每个学生最好找到和自己清单完全不同的同学，这样他们就可以在海滩分享物品啦！

"泰迪熊在哪里"

每位同伴有一张图片，图片中是一栋有多个房间的房子，可参照图5.15。每位同伴都有一些小物品或聚会小礼物，如泰迪熊计数器（小学生算术用的一个泰迪熊形状的塑料教具），他可以把这些小东西"藏"在这栋房子里。

同伴A把泰迪熊计数器或其他小物品放在这栋房子的一个房间里，同伴B必须通过提问找出物品藏在哪个房间。可以把物品藏在房间的中央，这样提问会比较轻松，使用的词语也相对简单；或者也可以把它藏在房间里某个物品的里面、上面、下面或旁边，这样可以增加练习的词汇量。在同伴B找到物品之后，同伴A开始寻找同伴B藏起来的物品。房子图片可以用于其他课堂游戏，例如，猜测或描述泰迪熊在房子里做什么。

这项游戏的优点在于泰迪熊或其他物品可以藏在任何地方。泰迪熊可以"藏"在一张历史遗迹的图片、一张地图、一幅画里或者雨林的某层中，通过这种方式将游戏与各种语言、课程内容和文化贯连。俄亥俄州哥伦比亚威灵顿学校学前班到四年级的法语老师帕蒂·汉斯（Patty Hans）要求她班里的一年级学生们画一幅叫作"我的花园"的图画，随着学生陆续学习了有关动物、水果、果树的词汇，以及表达"在……之上"和"在……下面"的介词之后，他们开始不断地在花园里增添内容。他们把花园当成游戏板，一位同学把一个代表一种动物的图标藏在图画中一棵树的上面或下面。第二位同学猜测动物藏在了哪里。

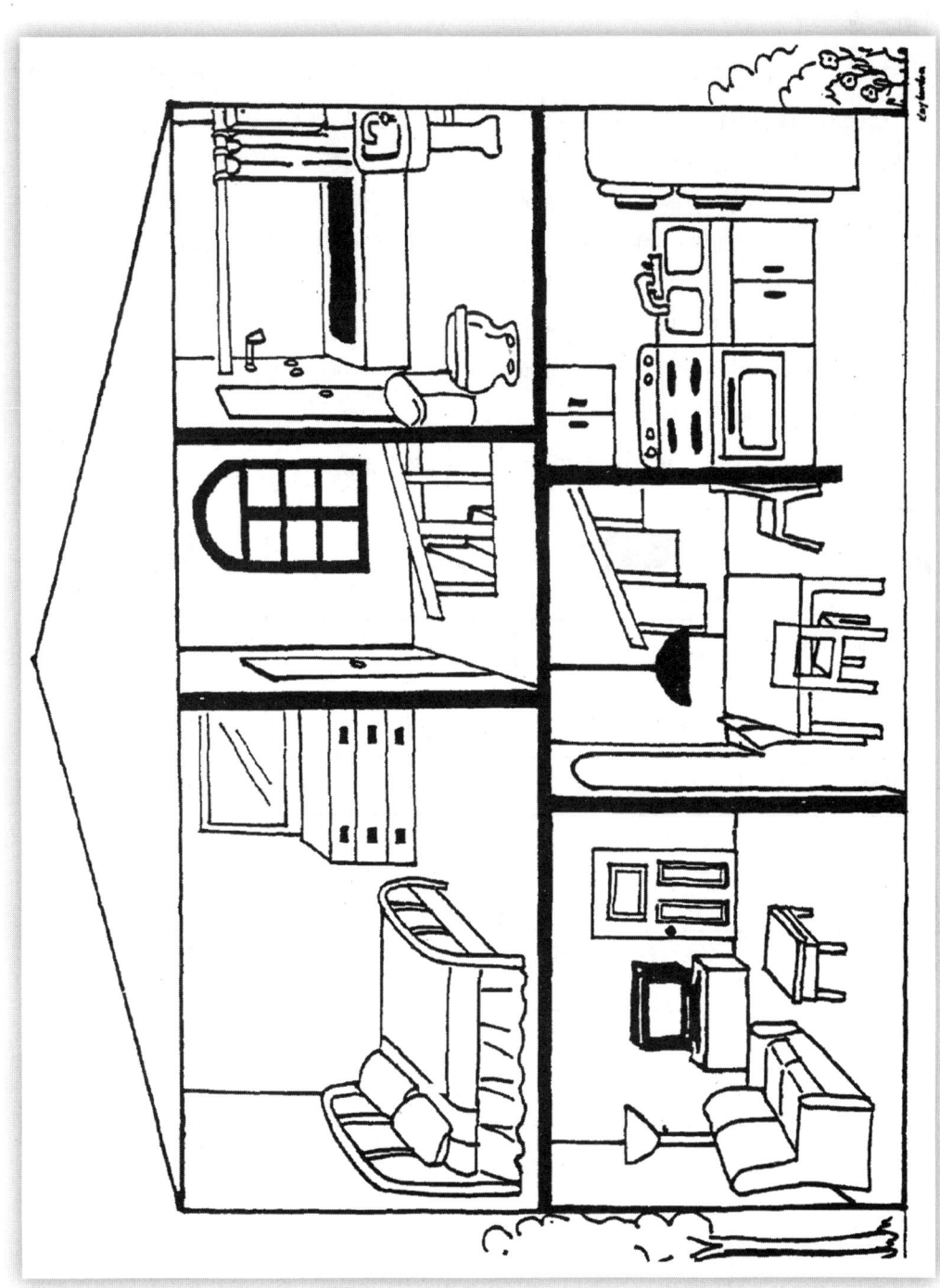

图 5.15 泰迪熊在哪里

"听－说"

这项游戏需要认真地听和说。每位同伴有一张分为两列的表格。其中一列的顶端画着一只耳朵或其他标志，或者有标有"我听"的文字。另外一列的顶端画着一张嘴或其他标志，或者标有"我说"的文字。同伴 A 说出"我说"一列中带有星号的文字。同伴 B 在"我听"一列中找到这个句子，并说出同一行的"我说"一列中的句子。同伴 A 在"我听"一列中找到这个句子，并说出同一行的"我说"一列中的句子。如此反复循环，直到回到最初的带星号的句子。例子见表 5.9。此项游戏适用于包括图片在内的任何语言项目，也适用于语言学习的各个阶段。学生可以听一个完整的句子，甚至大段的描述，或者将故事情节按时间顺序排列。学生参与游戏几次之后，他们可以作为同伴利用熟悉的词汇或概念为其他同学设计一个"听－说"游戏。注意：此项活动也可以把整个班级作为一组，为每位学生分配一个句子。

表5.9　关于植物的"听－说"活动

我听	我说 A	我听	我说 B
植物使我们的世界更美丽。	*种子是一种植物。	对我们来说植物是食物。	植物使我们的世界更美丽。
动物携带种子。	人们种植种子。	然后开花。	然后果实生长。
种子需要阳光。	先长出根部。	人们种植种子。	种子需要好的土壤。
然后果实生长。	灌木是一种植物。	种子需要水。	种子需要阳光。
风吹走种子。	水带走种子。	种子是一种植物。	风吹走种子。
树是一种植物。	对我们来说植物是食物。	先长出根部。	然后长出叶子。
然后长出叶子。	然后开花。	灌木是一种植物。	树是一种植物。
种子需要好的土壤。	种子需要水。	水带走种子。	动物携带种子。

来源：玛丽安娜·索达维尼（Marianne Soldavini），密尔沃基公立学校，2000。

"角落"

改编自斯宾塞·卡根和米格尔·卡根（Kagan & Kagan，2008）的这项游戏为初级语言沟通任务提供了一个宝贵的、灵活的模式。教师将图片贴在房间的各个角落（或者其他适合的地方），并且要求学生考虑为什么他们想要去那个角落，或者他们想在那里做些什么。如果有语境的设定，游戏的效果会更好。例如，教师可以用目的语解释：

　　假设我们刚刚被批准今年有一次全班的假期旅行。我们有四个选择：海边、山、森林或湖。思考你最喜欢四个选择中的哪一个，以及在这个地方你想做些什么。

　　很快，你将走到你选择的度假地点。在你达到之后，找到一个同伴，然后安静地举起手。现在，走向代表你选择的度假地点的图片。

　　既然你有了一个同伴，告诉你的同伴你想要在度假地点做的事情。在你和同伴交换答案之后，请举起手。

　　现在找到另外一个同伴，请告诉新的同伴你想要做什么。在交换答案之后，请举起手。

　　现在找到第三个同伴，并告诉他你的前两位同伴想做什么。

　　谁能告诉我玛丽在海边想做什么？

　　理查德在山里想做什么？（等等）

角落里的图片可以代表任何话题，例如季节、食物、月份、星期、服装、城市、国家、大洲、职业、城市中的地方、房屋的类型、博物馆的类型和活动（见图5.16）。

教师可以控制游戏中使用的语言，也可以设计他们希望强调的语法结构。具体步骤如下：

图 5.16　角落

- 教师宣布各个角落。最好把图片或文字描述贴在每个角落。
- 给学生时间考虑他们想要去哪个角落及其原因。（有些教师让学生在便条纸上写下他们想去的角落的名称。这样可以确保学生会自己思考，而不是跟着班里的同学去他们想去的角落。）
- 学生去他们选择的角落，并且找到一个同伴一起完成语言任务。例如，教师可以贴出四季的图片，要求学生告诉同伴他们在这个季节里最喜欢的活动，如"我喜欢游泳"。
- 学生找到第二个同伴分享同样的信息。
- 然后学生找到第三个同伴，并告诉他前两个同伴说过的话。
- 然后是反馈环节，和全班一起分享结果。

另外一个"角落"游戏是将不同类型的鞋子或衣服的图片贴在每一个角落，并且询问学生想要穿哪种类型的鞋子或衣服。也可以用来自目的语文化的风景或艺术图片，学生可以选择他们最喜欢的一幅，走到贴有他们选择的图片的角落，并告诉他们的同伴他们喜欢这幅图片的原因。

如果要求学生做出预测，可以增加游戏的叙事环节。例如，在班级旅行游戏开始的时候，要求学生依据他们对老师的了解或者老师在描述每个角落时所表现出来的热情，预测老师可能会选择哪个度假地点。在游戏结束前,让学生指出他们预测老师会选择的度假地点。最后,老师走到选择的度假地点并说出他会在那里做些什么,游戏结束。

尽管可以买到很多有关同伴游戏的材料,教师也拥有一些游戏的版权,但是很多教师会发现,利用这些材料作为范例创造自己的游戏,效果更好。根据特定的一组学习者的兴趣和课程内容设计同伴和小组游戏,这样的游戏效果会更好。

5.5.5 解决问题

"我们一起晚宴聚会吧"

这个名为"我们一起晚宴聚会吧"的游戏是一项需要配合的游戏,适用于初级语言学习者(见表5.10)。在游戏中,学生会被分配不同的角色和任务,小组合作策划晚宴菜单。教师用目的语给学生提供食物选择以及完成游戏需要的语言帮助。每位小组成员负责确认一种类型的食物。菜单必须包括各种颜色、形状和材质。每位成员必须都认可这个菜单,而且爱吃菜单中的菜!游戏中还可以加入动觉维度,因为学生必须在纸盘上(用蜡笔或笔)画出他们设计的菜单,可以全班投票选出最喜爱的晚宴。学生也可以写出他们小组策划的晚宴或者他们想为自己策划的晚宴。学生还可以设计一次旅行,列出他们会选择的衣服或者设计行程;可以设定预算,在游戏活动中融入数学元素。

表 5.10 合作游戏"我们一起晚宴聚会吧"任务单

我们一起晚宴聚会吧

任务:

四人一组,编写晚宴菜单。

1. 菜单中的菜必须包括各种颜色、材质和形状。

2. 晚宴中的每个人必须都认可这个菜单,而且爱吃菜单中的菜。

3. 如果必要,你可以使用列表中没有给出的食物。

角色:

每位小组成员负责食物金字塔中的一个种类,确认菜单中要包括这个种类的食物(可以忽略脂肪/油/糖这一类别)。

任务领导者: 分配每个组员代表的食物种类。

记录员: 在一个纸盘上画下菜单里的每道菜,在盘子背面写下每道菜的名字。

发言人: 把菜单展示给全班同学。

激励者: 在小组做决定和画菜单的时候给予鼓励。

会使用到的语言(一些例子)

Let's serve...(我们上 < 菜 >……) I really like...(我真的很喜欢……)

续表

I don't like…（我不喜欢……）
We need a different (shape, texture, color).（我们需要一个不同的 <形状、材质、颜色>。）

脂肪/油/糖	面包/谷类	肉/蛋白质	蔬菜	水果
人造黄油	法式面包	牛排	西兰花	黄桃酱汁
植物油	大米	猪排	菠菜	葡萄
橄榄油	薄饼	香肠	青豆	水果杯
	墨西哥玉米薄饼	汉堡	花椰菜（白菜花）	苹果片
乳制品	全麦面包	烤牛肉	土豆泥	
牛奶	蓝莓松饼	火腿片	胡萝卜条	
瑞士奶酪	天然酵母面包	小牛肉	小青南瓜	
农家奶酪	玉米面包	肉丸	西红柿片	
蛋奶糕	空心松饼	羊肉	拌蔬菜沙拉	
冰激凌	白面包	法兰克福香肠	薯条	
酸奶		虾	卷心菜沙拉	
巧克力布丁		多利鱼片		
车达奶酪		三文鱼排		
		烘焙鸡		
		鸡胸肉		
		烤火鸡		
		炸鸡		
		鸡蛋		

⊙ 补充阅读

Johnson, David W., Roger T. Johnson, & Edythe Johnson Holubec. *Cooperation in the Classroom.* 8th ed. Edina, MN: Interaction Book Company, 2008.

Kagan, Spencer, & Miguel Kagan. *Kagan Cooperative Learning.* San Clemente, CA: Kagan Publishing, 2009.

⊙ 相关网站

珍妮特·格拉斯（Janet Glass）同伴活动
http://www.senoraglass.com/talkeToTech

第 6 章 读写能力培养

要想有效教授年幼的语言学习者（以及各年龄阶段的语言学习者），我需要哪些背景知识？

- **用另外一种语言阅读和写作**
  - 在读写教学中，我能够在经过练习之后执行读写策略。
- **使用故事和儿童文学作品**
  - 我能够运用和编写故事，培养学习者的语言能力。
- **培养读写能力：聚焦写作**
  - 我能够设计适合学生语言能力水平的写作活动。
- **《各州共同核心标准》及其与语言学习的联系**
  - 我能够通过课堂上的读写活动强化《各州共同核心标准》的目标。

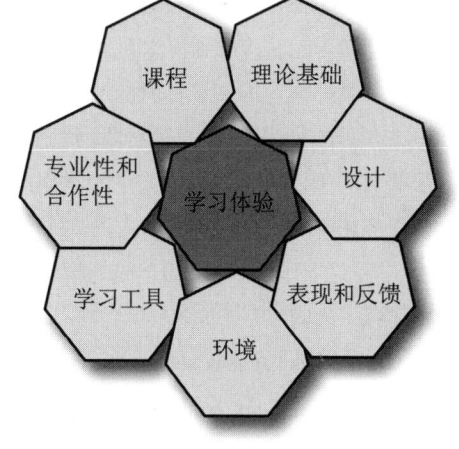

本章将探究第二语言读写的基础，并回答一些关于第二语言读写的基本问题。学生要想在人际交流和表达展示模式下实现沟通，就必须利用阅读和写作技能开发有效沟通的渠道。路易斯·罗森布拉特（Rosenblatt, 1988）将阅读和写作的关系描述为"交易的关系"。也就是说，阅读和写作以各种不同的方式相互影响。实际上，在现代文献中阅读和写作通常被放在一起合称为读写。

6.1 用另外一种语言阅读和写作

从第一语言习得和第二语言习得理论中，我们得知口语是在现实生活、自然情境中通过与他人的互动习得的。口语为第一语言和第二语言阅读奠定了基础。不论是在第一语言课堂还是第二语言课堂中，有意义的阅读体验基于学生对口语的理解、已知的背景知识和经历。国家读写委员会在检验口语和读写之间的关系时发现它们是相互依赖的关系（August & Shanahan, 2006）。在学生发展听力理解能力的同时，他们也开始建立口语表达与书面语表达之间的联系。

有些学生能够以比其他人更快的速度建立起这种联系。有些学生则在已获得的书面语言中找到了安全感和帮助。这种情况可能发生在小学二三年级或者更高年级。

6.1.1 阅读应该何时开始

20 世纪 60 年代的课堂教学和方法论认为，由于母语中声音和符号之间的联系会成为一种干扰，阅读和写作被认为是口语发展的潜在阻力。当时的一些方法论建议语言课程中年幼的学习者应该至少三年内不要接触所学语言的书面形式。现在我们已经证实这种观点会适得其反，因为它让学生无法接触到视觉刺激，而视觉刺激是传达意义的重要方式。

如果把学生的阅读体验与他们在其他课堂活动中接触到的内容相关联，那么学生即使处于语言学习的初级阶段也可以体验到用目的语进行阅读的成就感。延迟使用目的语阅读可能会让那些倾向于以视觉型学习为主的学生产生挫折感。阅读延迟也可能会导致一些学生发展出一套自己的秘密的书写系统。

下面的例子是一个四年级的学生在暑期学校的法语课上写下的内容。她在书桌的名牌上写下了以下内容：

an du twa kat sank sees set weet nerf dees

（表示 un, deux, trois, quatre, cinq, six, sept, huit, neuf, dix，即 1 到 10）

这位学生需要看到书写的单词和它在视觉上的强化。她试图记住法语中表达数字的单词，因为她没有接触过这些单词的书面形式，于是创造出了自己的方法来书写这些单词。

对于阅读应该何时开始，最好的回答是：越早越好！这并不意味着我们要把文字材料发给一年级的学生，也不代表我们将把阅读作为使用目的语传达指令的主要方式。它意味着即使是在低年级，我们也不会排除读写，而在高年级，我们更加强化学生早已习得的阅读技能。我们将读写视为一种沟通工具，并给予足够的重视。

6.1.2 母语到目的语的技能迁移

第二语言阅读不同于第一语言阅读，因为大部分学生（沉浸式课程中的学生除外）已经在第一语言中建立了意义与书写符号之间的联系。他们会将在一种语言中习得的技能迁移到目的语中。因此，学习用目的语阅读就意味着学生必须学着将新的语言结构带入到他们已经习得的结构当中。大部分情况下，这些技能十分相似。但是，鉴于语言和技能的差异，也有一些技能是不同的。应用语言学中心（Center for Applied Linguistics，简称 CAL）（http://www.cal.org）提出的双向式沉浸工具包为我们提供了有关读写技能的有用信息，让我们了解了西班牙语和英语之间的读写技能迁徙，以及每种语言中需要明确讲解的技能。

所有的阅读者（不论是哪种语言）都具备的、通用的读写概念和技能是存在的。这些技能和概念从一种语言迁移到另外一种语言，不需要明确的教学。

以下是可以在各种语言之间迁移的通用概念和技能：
- 字母和拼写意识

所有的阅读者都知道纸上的符号代表语音。拼音文字（如英语和西班牙语）的阅读者更加理解字母都有各自的名称和发音，字母组合在一起构成单词、短语和句子。因此，字母都有自己的名称和发音这一事实从英语迁移到西班牙语（但是教师需要把两种语言中不同的字母名称和发音教给学生）。

- 印刷文本的意义

印刷文本承载着意义，而这一概念正是迁移的最有力的原因之一。阅读者知道阅读即从印刷文本中获得意义。利用理解策略构建意义是各语言间迁移的一项技能。

- 读写习惯和态度

第一语言中成功的阅读者和写作者以及在第一语言中有着良好学习习惯的学生能够把这些态度和习惯迁移到第二语言的阅读和写作中。将自己视为一个有读写能力的人、一个成功的学习者，这种认知可以迁移到任何语言。这并不需要在第二语言教学中明确地去教。

- 高级别的思考能力和元认知技能及策略

这些技能可以迁移到任何语言中。所有有效的阅读者都具备略读、释义、总结、预测、查阅词典和其他材料以及做笔记的技能。

- 其他学科知识

其他学科知识可以迁移到任何语言中。用一种语言掌握的其他学科知识可以迁移到第二种语言中。

需要针对特定某一种语言明确讲解的问题：
- 印刷文本的方向性

印刷文本可以横向从左向右阅读（如英语和西班牙语），横向从右向左阅读（如阿拉伯语），或者纵向从右向左阅读（如古汉语）。因此，印刷文本的方向性可以在某些语言之间迁移（英语和西班牙语），但是在某些语言之间却不能迁移（如英语和古汉语）。印刷品的方向性是否需要明确的讲解取决于两种语言中印刷品的方向性是否相同。

- 语法和拼写特征

每种语言都有其各自的语法和拼写系统。

- 词汇

每种语言中的词汇都是特定的，而且不论哪种语言，词汇都是必教的内容。即使是遇到像英语和西班牙语一样的同源语言，明确的英语和西班牙语同源、同词根和词缀教学也能够促进迁移。

- 文化模式

文化模式包括嵌入每种语言文化中的文化假设、文化价值和文化主题。所有的文学作品都是以文化为基础的。但是，嵌入书面文本中的文化价值是因语言而异的，并且不能从一种语言迁移到另外一种语言。教师明确地讲解文化模式十分重要，因为这些讲解能帮助学生成功地与以第二语言书写的文本互动。

- 故事结构和修辞手法

教师要帮助学生了解各种语言之间的故事结构和修辞手法各有不同，这至关重要。教师需要明确地讲解其中的差异。

正如语言和文化的其他方面一样，上述相似和不同能够帮助我们提高学习者对自己的语言及其惯例的认识。这也是比较标准的目的之一。

6.1.3 视觉辨识和方向性

在提及双向性沉浸式教学工具包时，我们提到过方向性必须要有明确的讲解。视觉辨识和方向性是最基本的读写技能。学生要能够分辨形状，也需要知道眼睛移动的方向，才能够沿着文字的方向阅读。例如，印刷品的文字方向是横向从左向右，还是从右向左？文字方向是纵向的吗？阿拉伯语图书（文字方向从右向左）是应该从被我们称为"背面"的方向打开吗？阿拉伯语课程的教师在改编材料时，通常把图书重新排版，这样才能从正确的方向打开。在学生阅读阿拉伯语、希伯来语和其他非欧洲语言材料时，他们必须知道方向性是相对的。

图 6.1 展示的是日语班级图书的封面和其中的一页，由威斯康星州默纳沙的琳恩·奈策尔（Lynn Neitzel）和她的幼儿园学生编写。书的名字叫《小青蛙，你看到了什么》，效仿小比尔·马丁（Bill Martin Jr.）的《棕色的熊，棕色的熊，你在看什么》。

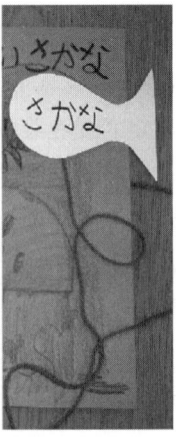

注：已获琳恩·奈策尔（Lynn Neitzel）许可使用。

图 6.1　学生在班级图书中找出日语中"鱼"这个单词

每个学生都参与了班级图书的创作。他们每人用纸折出一条鱼，把它贴在书页上，然后用插图装饰书页。琳恩（Lynn）在书页上加上了"鱼"（sakana）这个单词，单词的颜色与学生制作的纸折鱼的颜色相同，还利用这本书帮助她的学生提高视觉辨别能力。她设计了一项活动帮助学生把"鱼"这个单词和书页上发生的事情联系起来。书页上有一条细绳，绳子的一端连接着纸折鱼，鱼上写着"鱼"的日语单词。学生拿着纸折鱼，在书中每一页里找到相同的单词，与之对应。琳恩（Lynn）还让学生用一张卡片来对应自己的名字。她帮助学生建立日语中口语和书面文字之间的联系。图 6.1 中的第二幅图片展示的并不是书中完整的一页，而只是纸折鱼连着细绳的部分。

正如我们所看到的，学日语、中文或者其他小语种课程的学生，一定要从新语言的视觉分辨开始，因为他们正在学习全新的书写体系。当然，学生在建立词汇表、参与语言体验或分享阅读活动时，他们也是在进行视觉分辨和找出常见词。

6.1.4 拼音文字和非拼音文字中的罗马拼音阅读

由于逐渐意识到全球互联的重要性，美国也越来越重视对有着自己独有读写系统的非西方语言的学习，一些非字母读写体系的语言对于那些习惯了字母拼写体系的人来说具有很大的挑战性。书写体系通常以三种方式呈现：拼音文字、音节文字和语素文字。拼音文字体系以音素为基础，音节文字体系以代表音节的字符为基础，语素（非拼音）文字体系中语素或单词表示口头语言。

英文、德文、俄文和阿拉伯文都是拼音文字。在拼音文字体系中，字母在空间上成线性排列。平假名，日语中的书写体系之一，是音节文字体系的例子。48 个平假名符号中的每一个符号都代表了日语中一个特定的音节，因此一旦学会了所有的音节及其对应的平假名，就可以清楚地读出用平假名书写的任何内容。当然，如果要理解朗读内容的含义，就必须要知道每个语音的意义。中文是语素文字。中文中，每个字符有一个读音。中文字符是方块状的，由交错的笔画构成。

当所教语言的文字系统与第一语言不同时，我们总会面临如何培养读写能力的问题。在这种情况下，通常使用罗马拼音来获得语言学习初级阶段的读写体验。罗马拼音在两种语言之间搭建起一座桥梁，使学生不需要等到视觉帮助来记住新的文字。罗马拼音将一个不同的文字书写体系转变成罗马（拉丁）文字。它可以通过音译实现，音译代表书面语言，音节代表口头语言，或者两者相结合。要谨记在不同的语言体系下，罗马拼音体系也会有所变化。在非沉浸式课程中使用罗马拼音体系能够让学生在学习新的书写文字的同时接触到这种语言。下面是一段关于罗马拼音在中文中所起的作用的讨论。

中文的罗马拼音体系叫作汉语拼音，字母的上方带有标记，代表语调。虽然有些拼音字母与英文中的字母发音不同，但还是能够为口语提供语音上的帮助。拼音帮助学生正确地发音，读出单词，也是键盘输入系统的基础。

根据教学时间长度的不同，拼音在中文教学中的运用也有所不同。沉浸式课程中年纪较小（K–2）的中文学习者有大量的时间用于读写学习，所以他们可以学习汉字，不需要依赖拼音来培养中文读写能力。

传统语言课程中的学习者没有足够的时间学习中文。例如，有些学习者每周只有90分钟甚至更少的时间接触中文。对于这些学生，在学习的初期阶段他们能够使用汉字之前，利用拼音作为读写的桥梁是十分有效的。学生可以在教室的印刷文本上和教师读给他们听的简单的故事中看到拼音。当年幼的学生学习第一语言阅读时，拼音体系的引入可能会引起混淆。同样的情形可参见本章之前关于何时允许学生看到印刷文字的讨论。将拼音展示给学生能够帮助他们建立读写和口语之间的联系。通过不断使用和丰富语境（如故事和歌曲），学生将逐渐熟悉字母的发音。在学习新的汉字时，拼音是有效的帮助。一旦学生学会了一些汉字，将不会再使用拼音，而是把拼音和汉字结合起来使用。

很多中文教育者主张只使用汉字，强调汉字才是中文的书写体系，而不是拼音。他们认为培养基于汉字的读写能力至关重要。但是，值得一提的是建立这种读写能力需要相当长的时间，因为汉字不是基于音形对应的文字，它可能承载发音和意义的提示，也可能没有。

6.1.5　创造性拼写

在拼音文字体系中，我们通常建议让学生经历一段"创造性拼写"的时期。在这段时期，他们尽最大可能地接近正确的拼写，但即使拼写并不完全正确，阅读这些文字的人也能够理解。在小学低年级阶段过度地重视形式可能会使学生失去尝试用书写表达思想的勇气。在培养学生写作能力的过程中，教师可以在他们接近书面语言的标准形式时，逐步要求他们正确拼写。

6.1.6　要强调准确性吗

年幼的学习者也许还不能用母语准确地拼写，因为通常小学高年级才要求准确拼写。同样，任何年龄的初学者都会遇到拼写准确性的问题。在这种情况下，灵活性就很重要。在一些早期写作体验中，关注的重点是交换重要的、有意义的信息，不必强调所有写在纸上的文字的准确性。准确性会随着学生母语准确性的提高和第二语言技能的发展而不断提高。对于高年级学生，当他们的ACTFL能力达到中高级水平时，准确性也会随之提高。

母语中有阅读障碍的学生在第二语言中也会遇到类似的问题。比较合理的解决方法是在第二语言中对他的要求不要高于他在第一语言中能够达到的标准。有英语读写障碍的学生也许在学习拼读一致的语言（如西班牙语和意大利语，每个字母或字母组合只对应一个发音）时，困难会小一些。

6.1.7 阅读需要的技巧

克劳德、杰纳西和哈迈因（Cloud，Genesee & Hamayan，2000）描述并归纳了重要的阅读技巧。这些技巧可以依据学生的语言水平和语言发展水平在第二语言课堂中使用，并且通过阅读得以强化。《各州共同核心标准》（详见本章稍后章节）号召教师在第一语言读写课程中鼓励全班学生参与包括高级别思考能力在内的认知活动。同样，该标准也号召外语教师在针对年幼学习者的语言教学中使用这些技能，并在此基础上加以创新。

解码技能：理解词语

- 发出单词的读音
- 认出看到的单词
- 利用上下文

文本处理

- 文本的方向性（并不总是像英语一样从左向右）
- 句首字母大写
- 略读、浏览和其他预览技巧的运用
- 运用题目和插图帮助理解文章

阅读理解

- 确认主旨和重要细节
- 预测结果／事件
- 确认故事顺序
- 总结和释义
- 解释文章中表述的信息，得出有理有据的结论

批判性阅读技能

- 区分事实和观点
- 识别原因和结果
- 采用诸如利用上下文线索、词语分析技能等策略帮助理解词语和文章

文学研究

- 识别人物的重要情感和动机
- 识别故事中的矛盾、解决方法和结局

6.1.8 已知知识（图式）

读写能力最重要的方面之一是背景知识。理解书面语言的过程是一个从记忆中获取经历、信息、概念和相互联系的过程。例如，如果一个人对移民的概念没有图式或已知知识，他需要很多帮助才能理解文章中"移民"一词的意义。大量的视觉辅助和其他解释能够帮助这个人理解文章的意义。同样，学习者在理解一篇任何语言的文章时，都需要有足够的背景知识才能理解其含义。第二语言读写尤其如此。各种语言中的概念可能相似，也可能有大量的重叠，或者也可能由于文化背景不同而大不相同。在开始阅读、阅读过程中和阅读之后，教师需要做大量的工作，确保学生能够理解他们阅读的内容。第二语言读写有两个重要元素：概念本身和目的语中概念的标签。因此，为了能够阅读、写作和理解，学生必须依赖和参照他们对语言、读写和概念已知的知识。

6.1.9 拼读和语法

单独使用拼读法并不足以培养年幼第二语言学习者的阅读能力。孤立的语音无法促进词义的习得。同样，年幼的学生还没有达到抽象思维的阶段，因此他们无法专注于语法规则和仅以语法为基础的读写活动。这些学生需要自然的、与他们生活息息相关的阅读和写作体验。他们还需要有真实的生活经历或者令人兴奋的阅读体验，这会成为他们写作的基础，让他们有感兴趣的东西可写。如果学生仅有的写作体验是孤立的句子和课本上的练习，那么他们很难将阅读和写作联系起来。

6.1.10 循环朗读

循环朗读（学生按照预先安排好的顺序一个接一个地朗读）通常被认为是一种对早期语言学习者不太有利的练习。阅读应该是一个从书面文字中获得意义的过程，而不是使用书面文字来刺激口语表达或者背诵。循环朗读虽然常见于小学语言课堂，却并不是一个适合培养第二语言阅读能力的策略。

循环朗读倾向于鼓励学生对语言的表面特征做出反应，而不是对其所传达的信息做出反应。很多学生掌握了将语音和符号联系起来的"技巧"，却没有培养出理解或沟通的能力。大声朗读有着悠久的传统，这让很多教师在使用它作为一种策略的时候感到安全。但是，当前对阅读过程的解读告诉我们这种方法并不应该继续提倡。

当学生将有效沟通作为目的时，大声朗读十分有效，例如：

- 分享学生尤其喜爱的一段故事
- 朗读一段学生已经写过或他们想要分享的故事
- 朗读一段戏剧，作为表演前的练习

- 为低年级的孩子朗读
- 为同伴朗读，为在家里给父母朗读同一本书做准备
- 为同伴朗读，为在另一场景中朗读做准备

6.1.11 与主流课堂的主课教师交流

在我们解决年幼学习者的目的语读写能力问题时，我们必须要考虑到主课教师的担忧。大部分主课教师通常会担心低年级的学生，尤其是幼儿园和小学一年级的学生，看到两种语言的书面文字会产生困惑。他们的担忧是可以理解的，特别是在他们没有经验、不清楚儿童如何学习新语言的情况下。但是，在很多学校，阅读专家却热情地支持较早地将阅读和写作引入外语课程中。

在低年级阶段，外语教学并不注重新的阅读技巧，而是更侧重于打好口语基础，为二语读写奠定基础。我们提供的书面文字环境支持了学生已经习得的口语。我们可以向主课教师保证，我们会利用学生在第一语言中已经习得的技能，而不是花时间去强调阅读技巧。在新的语言中，我们会把读写作为人际交流和理解诠释模式的沟通工具，而不是专注于讲授阅读技能和其他相关技能。

6.1.12 作为沟通工具的阅读和写作

在语言课堂上，我们将阅读和写作当作重要的沟通工具，实现人际交流、理解诠释和表达展示模式的沟通，却并没有将其视为最终目的。单独的填空练习并不能够提供有意义的阅读和写作体验。对阅读相关技能的强调和孤立的练习让本来学习第一语言就有困难的学生处于劣势，同时也减少了他们成功的机会。而在以《各州共同核心标准》为基础的早期语言课程中，这些学生有机会成功地重新开始在目的语中建立阅读和写作体验。

在一个综合的、基于《各州共同核心标准》的语言学习方法中，听力、阅读、口语和写作活动并不是孤立的，它们相互联系，贯穿学生正在进行的沟通任务。图6.2展示了一个二年级学生如何在早期语言学习阶段用读写的方式尝试沟通有关超人的主题。花在阅读和写作体验上的时间视学生的年级和教学时间而定。

图6.2　第二语言读写的早期阶段

6.1.13 奠定第二语言读写的基础

在本小节中,我们将观察如何在一个基于《各州共同核心标准》的课堂中开展有意义的阅读和写作体验。与母语课堂一样,在外语课堂中,如果强调对拼写和语法准确性的训练和练习,读写能力的培养有时就会受到限制。然而,在一个基于意义和标准的课程中,阅读和写作训练会更多。抄写孤立的字母和单词,除了训练和练习之外没有任何意义。我们可以找到方法,将基本的训练和练习融入沟通语境当中,使读写活动对学习者更有意义。

在学前和小学课堂上,初级的阅读体验侧重于教师讲故事和朗读故事,偶尔接触到书面语言。这就是说,教师可以在教室和学校里张贴一些标签,让学生在学校各处都能看到他们正在学习的词汇和语法结构的书面形式。对于教师来说,在课上示范阅读和写作过程是一个简单地将读写纳入早期外语课程的方法。例如,教师可以给学生写一条信息,要求他在上课开始的时候朗读出来。随着学生逐步建立了第一语言的读写技能,我们可以在新的语言中利用并强化这些技能。与小学一年级或更小的初学者相比,小学二年级及以上的学生可以更快地引入书面语言。但是,即使是面对最年幼的学习者,我们还是应该辅以活动来帮助他们获得第二语言读写技能。教师可以对第二语言课堂中唱过的歌曲进行排行,利用这些彩色的、配有插图的歌曲排行榜,对所有 K–2 学生读写能力的培养很有帮助。图 6.3 中一位教师正在使用一张歌曲排行榜。另外一种在早期语言体验中融入读写训练的方法是为学生提供文本材料,让他们配上插图。

图 6.3 教师在使用歌曲排行榜进行教学

关键词和词汇库

西尔维娅·阿什顿-沃纳(Ashton-Warner,1963)在其影响深远的《教师》(*Teacher*)一书中最早提出了关键词和词汇库策略。关键词是符合学生个人兴趣、学生主动要求学习的单词。学生把他们询问过的单词记在卡片上，保存起来，建成词汇库，在需要的时候可以查阅。

学生可以将词汇库记录在笔记本上，或做成索引卡放在小档案盒里。教师可以将全班都感兴趣的关键词贴在教室周围。全班同学还可以一起创建词汇库，然后把它贴在教室里，为某项写作或口语活动做准备。担任传统发言人角色的同学负责单词的抄写，这会帮助他们在记录越来越多的班级词汇的同时提高写作技巧。

这些策略适用于第一语言课堂，帮助学生通过自身的体验向读写训练过渡。在早期的语言课堂中，这些策略能够帮助学生习得和使用语言，这对满足他们的需求和兴趣尤为宝贵。很多教室都使用"单词墙"作为学生的词汇库。图6.4展示的是一位同学正在使用个人的"单词墙"，这与使用卡片创建词汇库的方式一样。

图6.4 个人的"单词墙"

第一层、第二层和第三层词汇

贝克、麦基翁和库坎（Beck，McKeown & Kucan，2002）将词汇分为三个层次，即第一层、第二层和第三层。这一概念对于培养学生初级以上的语言技能具有重要意义。

第一层：基本词汇，每个学习者在口语中完成沟通、阅读和写作所必须掌握的词汇。

第二层：高频词汇和出现在多种情境中的词汇。它们可以是一词多义的多义词、连接词、转折词或者是用于细节描写的复杂词汇。

第三层：低频词汇，较少使用的科学、技术、医学、艺术等领域的学科专属词汇。

他们将"健康的"词汇积累描述为：在对话式的、互动的、持续的课堂教学中使用新词汇，或者是在学生之间的对话或师生对话中使用新词汇。在讲授第二语言阅读的过程中，一条很好的词汇教学的经验是：如果一个新词语是故事复述中的基本词汇，在阅读故事开始之前一定要完成这个词语的教学。如果一个新词语在故事中只是偶尔出现，教师可以在阅读故事的过程中解释这个词语，然后在故事结束之后再进行这个词语的教学。如果学生要习得词汇或进行词汇练习，不论是小组阅读开始之前进行词汇教学或是故事阅读之后进行词汇教学，单词教学都必须以健康合理的方式进行。简单地定义句子中的单词或是背诵一些单词及其含义并不能够帮助学生习得新词汇，可以将新词语添加到自己的语言储备中以备将来使用。健康的词汇积累是以有意义的方式、通过有意义的综合教学活动来进行词汇教学。这些教学活动包括确定词汇的含义、与已知的词汇进行比较、确定词汇不包含的含义，以及频繁地在有意义的课堂互动中使用词汇。

技术探索入门

第 13 章为我们提供了若干词汇学习的例子。在互联网上，教师几乎可以找到任何一个单词的图片。在开始一节课或一个单元之前，教师可以找出并且收集这些图片，建立词汇库。然后，学习者可以利用互联网找出他们选择的其他单词，为本节课或本单元贡献材料。

在课上，教师利用投影仪、苹果电视盒、白板或其他设备将词汇投影到屏幕上，这样单词和图片可以以另外一种形态呈现出来。教师可以在 Edmodo[1]、博客或脸书上发布课外词汇资源。Edmodo 培训视频可以在 http://digitallearningandteaching.wordpress.com 上获得。

在给学生提供资源时，教师可以在给出一个配有图片的单词的同时给出录制好的单词发音。在互联网上，有很多在线外语词典也可以播放单词的发音。如果将单词直接链接到这类在线词典上，教师就不再需要单独录制单词发音了。

克里斯特尔·布罗迪（Christel Broady）

环境中的印刷文字和功能性的印刷文字

在母语中，很多孩子是在开始理解了环境中的印刷文字和功能性的印刷文字之后，自然而然地成为了阅读者，例如，牛奶盒上的文字或者他们最喜欢的麦片粥或糖果的牌子，建筑物、商店和感兴趣的商品的名字，交通和信息标识，以及很多其他物品。外语课程通常不会在一个遍布着用目的语书写的公共信息的环境中进行。但是，要想让教室充满阅读的机会可以创造类似的环境。环境中的印刷文字包括能够在教室里看到的任何第二语言的印刷文字，例如：

- 图表
- 午饭菜单
- 布告栏
- 标识
- 展示品
- 日历

- 密码
- 黑板上的课程计划
- 语言阶梯
- 班级规则
- 张贴出来的古安系列
- ……

后文将提及的表 6.1 和图 6.5（见第 191 和 192 页）是环境中的印刷文字的范例，使用图片加以强化，帮助学生理解他们看到的中文词语的含义。

环境中的印刷文字和功能性的印刷文字还包括目的语文化中真实的书面材料，例如用来向阅读者传递有直接价值的信息的书面材料。这类印刷文字还包括印在包装、广告、CD 封面和电视广播节目指南上的标签和说明。在学习活动中，即使在一些不以读写训练为主的活动中，教师也可以利用环境中的印刷文字和功能性印刷文字，将书面语言融入活动当中。

---

[1] Edmodo 是美国教育类内容分享的开放平台。——译者注

语言经历阅读法

早期语言课堂中有意义的读写经历的第三个基础是语言经历阅读法。这种方法涵盖了全部的沟通技能——口语、听力、写作和阅读，并从人际交流模式过渡到理解诠释模式，也有可能过渡到表达展示模式。

如果印刷文字是儿童日常语言和经历的一部分，那么他们就有能力阅读这些文字。语言经历阅读法正是建立在这一理念的基础上。熟悉的经历可以转化为口头表达，然后被记录下来并朗读出来。如果我们将一个视觉符号和一个口语单词联系起来，而且这个单词是学习者经历中的一部分，那么单词的意义就很容易理解，并能立即建立联系。教师通常不会要求学生阅读那些他们没有任何背景知识的材料。

最初，教师通过组织学生分组讨论某段经历，引导学生使用语言。例如：某次语言课上，教师、学生和家长到一个擅长做目的语文化美食的餐馆用餐。为了写出一个关于本次活动的语言经历故事，教师可以按照以下步骤进行：在用餐活动结束之后，教师和全班同学一起讨论他们刚才的经历。教师只使用目的语，学生可以使用母语自愿提供一些信息。在活动进行的过程中，教师通常在一张大表或黑板上记下学生的词语和想法。

一个日语班在一家日本餐厅用餐后完成的故事可以是这样的：

> 我们去了东京寿司店。
> 我们脱掉了鞋。
> 我们坐在了地板上。
> 我们看了菜单。
> 我们点了寿司。
> 我们用筷子吃。
> 我们的父母也用筷子吃。
> 我们喜欢寿司。

故事可长可短，可以简单也可以复杂，主要取决于学生的年龄和语言水平，但是故事必须用目的语书写。

故事写好之后，教师和学生一起大声朗读故事。然后学生可以抄写故事并配上插图，在学校和家里反复阅读。在小学高级阶段的语言课程中，当学生更多地接触目的语之后，他们可以自己编写故事，并放在班级的故事角或图书馆里和大家一起分享。

由于阅读材料来源于个人经历并且与口语结构相近，这种阅读方法使任务变得简单而且没有那么令人沮丧。我们并没有要求学习者去尝试解读那些对于他们来说没有意义、不熟悉、易混淆的文字。尽管学生对口语的掌握有限，但是如果教师用语言经历法引入书面文字，就可以确保学生能够理解阅读的内容，并发现这些内容是有意义的。

语言经历阅读法对第一和第二语言的学习者都有效。但是，针对两类不同的学习者，语言经历阅读法的应用却略有不同。尽管对于这两类学习者来说，语言经历阅读法的使用过程相似，但语言教师需要花更多的时间构建经历和指导口述过程。第一语言课堂上，教师记下学习者说过的全部内容，几乎不做任何修改。而第二语言课堂上，教师通常需要给学生做出提示并补充词汇。学习者口述的真实语言通常是经过修改的（在有需要的地方重新措辞），而且在这个阶段有时教师也会解释这些语言内容。

在第二语言课堂上，语言经历阅读法必须做出适当的调整，让教师进行更为严格的指导。但是这种方法的核心观念保持不变——尽可能多地利用学生自己的经历背景和自己的词语创建阅读材料。

任何课堂经历都可以构成学生写作的材料，这一概念是语言经历阅读法的延伸。口语课堂活动可以用文字总结出来，从而为课堂语言的扩展提供另外一个场所，同时为学生提供有意义的阅读和写作体验。

6.2 使用故事和儿童文学作品

使用故事和儿童文学作品，尤其是图画书，是一种颇具吸引力的方法，能够培养学生的理解诠释、人际交流和表达展示模式的沟通能力。图画书通过图画传达意义，自动地辅助学习者理解语言和概念。图画书通常都配有美丽的插图，在视觉上很有吸引力。书中的辅助性图画通常与文字一一对应。儿童文学作品具有普遍的吸引力，因为作品的主题中包含了关于人性普遍真理的元素，学生可以将这些元素带入到自己的生活当中。图画书经常带有幻想和娱乐元素，所以极具感染力。

儿童图书的语言清楚、具体，场景简单，而且主要人物较少。故事线通常有逻辑性而且可以预见，以典型的故事结构展开，由人物、问题、目标、场景（包括时间和地点）、事件和结果构成。成人图书往往更加复杂。尽管勇于创新的教师经常会尝试让年龄大一些的孩子使用图画书，但是图画书通常只适合年幼的孩子。

在第二语言学习中使用图画书有诸多益处。图画书提供的是真实的语言（通常是在真实的文化语境中）和真正的沟通范例。图画书的使用让学生有机会扩展理解诠释模式的听力体验。同时，故事是按照一定的顺序展开的，并由学生进行复述。在此过程中学生获得了表达展示模式的口语表达机会。故事提供功能语块，为口语和语法结构的理解奠定基础。图画书非常适合主题单元或作为主题单元的核心内容。它可以用来引入概念和复杂的观点。我们的学生都是"数码族"（见第13章），因此这些习惯于通过数字媒体进行视觉型学习的学生对这种图画书模式会感到轻松自在。

　　在选择儿童故事时，首先选择你觉得吸引人、在情感上引人入胜、主题有趣的故事，选择那些有重复的语言结构或有韵律和节奏的故事。这些因素是语言能力的基础。选择的故事要易于理解、适合表演，要有明确的人物和主题。如果要选择神话、传说和民间故事，你需要将故事分成若干可以掌控的部分，或者简化故事。你也可能需要简化或缩短故事的语言，让学生能够理解这些故事，不会因为无法理解而感到沮丧。在选择故事时，要注意故事的语言、文化和学科内容的相关性。设计一个主题计划，这样你可以想出多种方法来延伸故事，并让故事成为一种有效提高语言能力的途径。在设计计划时，要考虑三个关键因素，即故事之前、故事过程中和故事之后的学习设计。这些关键因素的策略如下：

阅读前

激活已知知识	激发好奇心/动机
设定学习目的	为吸收新知识奠定基础

阅读中

吸收信息	满足好奇心
检查理解情况	

阅读后

总结信息	扩展并详细阐述概念
识别信息	转移并应用信息和概念
完善理解	

6.2.1　使用熟悉的文章的译本，还是使用正宗的来自目的语文化的文本

　　在使用儿童文学作品作为第二语言教学工具时，我们常常会讨论是否应该使用由母语翻译成目的语的文章。特蕾丝·卡卡瓦尔（Therese Caccavale）通过外语教师常用的 Ñandu（蛛网）邮件列表发长帖阐述了同时使用两种类型的文章的优点。她认为应该权衡使用这两种类型的文章，而本书作者也一致认可这种说法。

　　我一直以来都在认真地考虑要选择哪些书让小学生来读，发现同时使用翻译版和原版儿童文学作品是一个全面的方法，而且效果很好。如果孩子们在故事中看到早已熟悉的形象并且能够预测故事的结局，他们会有动力去学习第二语言中的关键词汇。根据施勒姆和格里桑（Shrum & Glisan, 2010）提出的"编辑的是任务，并非文章"准则，小学课程可以大量使用原版故事和民间传说。这都取决于每篇文章的教学目标。

当1979年我第一次开始启动我们区的法语沉浸式课程时，有些人建议我一定不要用熟知的美国儿童文学作品，只能用那些被认为是正宗的法语文化作品。从文化角度来讲，这是很好的观点，但是在读写能力的培养方面却有所欠缺。当前的研究提倡把激活关于一篇文章的已知知识作为一种策略，开启儿童的理解能力。在我们的课程中，我们选用学乐教育集团（加拿大）（Scholastic Canada）出版的图书，并且选用了上百本英语原著的法语译本，仅仅因为这些书都是很好的儿童文学作品。永远不选用埃里克·卡尔（Eric Carle）的《饥饿的毛毛虫》(The Very Hungry Caterpillar)的法语或西班牙语译本是一件让人遗憾的事情。而让那些可能了解也可能不了解这本书的英文版的孩子们阅读这本书的西班牙语和法语译本，能够帮助他们把母语和学校里的二语教学联系起来，让他们有读下去的动力！当选用的译本图书多于原版图书时，我们的学生也会有足够的机会培养读写能力。他们喜欢用另外一种语言阅读好奇猴乔治（Curious George）、大红狗克利福德（Clifford）和小乌龟富兰克林（Franklin）！这些书让学生接触到日常用语，但是原版的民间故事会让他们接触到更加丰富的语言结构，如"很久以前……"。所有的学生都应该既读原版也读译本。

我们选用学乐教育集团出版的语音故事系列（Cuentos Fonéticos）系列来教我们三年级的西班牙语学生解码的技巧。我们还选用原汁原味的、市面上能够买到的艺术家（如帕蒂·洛扎诺 <Patti Lozano>）的歌曲来帮助他们培养读写能力。同样，这些都取决于你的近期目标是基于文化还是基于读写能力的培养。我必须承认我自己会使用的法语表达里，有一半是通过阅读儿童读物习得的。类似"as big as all outdoors"（<像室外一样>宽敞）一类的表达是对我们词汇储备的很好的补充。

所以，不论是小学外语课还是沉浸式课程，我都鼓励教师，如果教学目标是语言（读写能力），就尝试一些好的译本读物，那些原版是英文后来被翻译成法语、西班牙语或德语等其他语言的读物。以文化标准衡量，译本读物明显不够原汁原味。但是，我相信以培养目的语读写技能为目标的小学课程完全可以同时选择译本和原著。

6.2.2 用大书或投影到屏幕上的电子书分享阅读和写作体验

分享阅读是语言课堂中培养读写能力的有效组成部分。在分享阅读体验的过程中，教师大声朗读图书给语言学习者听，为他们提供口语输入并建立通往目的语读写技能的桥梁。大书成了教师用来吸引学生阅读的一种流行方法。所谓大书是指市面上销售的或学生制作的扩大了页面幅面的图书，旨在与全班一起重建一对一"大声朗读"环节的亲密感和良好氛围。有时候也称作"促膝阅读"体验。之所以叫"大书"是因为它足够大，能够让全班一起阅读、分享。大部分的大书故事线可以预见，有强烈的节奏和韵律，有重复结构、逻辑顺序和辅助插图。由于现在很多书都有电子版本，教师也可以把书投影到大屏幕上，并以此种方式重新设计"促膝阅读"活动。

在看书的时候，学生逐字阅读，从而强化了阅读的方向性。在母语读写课程中，学生从背诵和默记、识别看到的单词、解读课文开始学着"读"。早期语言课程中，学生通过分享阅读经历将口语和书面文字联系起来。与老师和其他同学一起轻松地看课文能够帮助学生建立口语和印刷文字之间的联系。

尽管学生不能像分享阅读时一样接触到书面文字，但使用目的语给学生朗读也是一种很有价值的经历。因为朗读为学生提供了语言输入，帮助他们在目的语中构建起意义。朗读给学生听对学习和增进师生感情都有好处。如果由教师朗读，那么可以使学生理解那些让他们自己阅读可能很难理解的书。如果在阅读文章时读出声来，听到的则是口语表达，这为学生从开始使用听到的口语表达到最终使用这些表达完成阅读和写作奠定了基础。

下面以埃里克·卡尔（Eric Carle）的《饥饿的毛毛虫》为例，展示如何设计、开展儿童分享阅读，并针对二语学习者对故事进行改编。

分享阅读体验范例——以《饥饿的毛毛虫》为例

这些步骤在整个过程中逐步展开，其中一些活动是每天都会进行的。

必备物品

- 三本书，一本用来阅读，另外两本（平装本）用来剪切（你需要剪切两本书，这样才能使书正反面上的图片都能被剪切下来）。阅读用书可以使用大书、电子版或印刷字体大到足以让全班同学看到的版本。
- 词语图片，要足够大，让全班同学都能看到：苹果、梨、橙子、草莓、李子、太阳、月亮和叶子；或者也可以是其他词语图片：蛋以及星期六毛毛虫吃的食物。
- 故事中每个事件的插图（将剪切下来的书页贴在厚纸上）。
- 配图文字，搭配故事中 10 个主要事件的图片。文字要足够大，让全班同学都能看到，并将其贴在厚纸上。
- 毛毛虫毛绒玩具、塑料毛毛虫或者一张真正的毛毛虫的图片。
- 用来藏毛毛虫玩具的袋子或盒子。
- 可选：和大图片完全一样的一套小图片。将其放在信封或塑料袋里发给每位同学。让学生从信封中把画着你所描述事件的图片抽出来，并将其举起。例如，"举起画着苹果的图片"，或者"举起画着会让毛毛虫胃疼的食物的图片"。这是另外一种检查学生对故事理解情况的方法。此方法可以在读完故事之后立即进行，也可以在读故事的过程中进行，这样学生可以更加积极地参与其中。

步骤

阅读前

- 使用故事词汇图片。让学生指出教室四周的各种词汇图片或其他同学手中拿着的图片，让学生触摸或拾起食物实物的复制品，使用第4章描述过的自然教学法问题序列。
- 给每位同学一个代表故事中的词语的小教具（纸质或塑料复制品）。让所有的学生在你喊出某个词语时，举起代表这个词语的教具；或者让他们在你喊出他们手中正在举着教具所代表的词语时站起来。稍后，在读故事的过程中，当故事中提到了他们手中教具所代表的词语时，请他们举起手中的教具。
- 将毛毛虫玩具放在一个袋子或盒子里，让学生猜猜袋子或盒子里面装的是什么物品。当有同学猜出正确答案之后，开始读故事。如果学生猜测的时间过长，教师可以将物品从袋子里拿出来。

阅读中

- 读故事，表演并润色故事的各个部分，加强学生对故事的理解。

阅读后

- 制作一张表，列出毛毛虫每天吃的食物（见表6.1）。将星期几放在图表的底部，然后制作一张柱状图，列出当天毛毛虫吃的食物。在学生将食物图片放到正确的一天之后，重复故事中的文字。
- 再读一遍故事。
- 展示故事中描述事件的图片（乱序）。在展示每一张图片时，示意一位同学过来领取那张图片，然后拿着图片回到他的座位。
- 在发完所有图片之后，询问哪张图片代表故事中发生的第一个事件，并用手指做出"第一"的手势。让拿着第一张图片的学生走到教室前面，举起这张图片让全班同学都能看到。
- 第二张图片按照同样的步骤进行，以此类推，直到拿着图片的所有学生都按照故事的正确顺序站在教室前面。
- 接着，给学生展示文本张贴图（乱序），让他们默读。在展示每张图的同时，询问是否有人能把图片和文字联系起来。让自愿举手的同学站到举着这张图片的人的后面，并举起对应的文本张贴图。如果是人数较少的小组，可以让"全班同学"一起确认哪张图片搭配哪些文本张贴图，然后将文本张贴图交给拿着相对应的图片的同学。让那位同学同时举起文本张贴图和图片。不要让学生大声读出他们正在阅读的内容，因为这样会干扰到其他阅读文本的同学。
- 和全班同学一起复习每张图片和与之对应的文字。

表 6.1 《饥饿的毛毛虫》

星期	毛毛虫吃的食物
星期一	🍎
星期二	🍐 🍐
星期三	🍑 🍑 🍑
星期四	🍓 🍓 🍓 🍓
星期五	🍊 🍊 🍊 🍊 🍊
星期六	蛋糕、冰淇淋、腌黄瓜、奶酪、香肠、棒棒糖、馅饼、热狗、纸杯蛋糕、西瓜

后续活动

- 继续读几遍故事。用教具或者仅用图片复述故事。让学生开始讲故事。
- 发给学生故事图片和故事文本,让他们先和同伴一起,以小组的形式或自己一个人将图片按照正确的顺序摆放。然后,让他们将图片和文本匹配。接着,让他们不看图片,把文本按照正确的顺序摆放。
- 让学生编写自己的《饥饿的毛毛虫》故事,配上插画,并带回家和父母一起分享。让父母和其他人在家庭作业互动表上签字,表明他们听到了孩子读的故事。孩子们也可以制作一部迷你书,有时候也叫"smoosh",是一种多样化的折叠式小书(见图 6.5),做成蝴蝶或毛毛虫形状的书、翻翻书、折叠书、立体书或其他类型的可折叠的创意图书。
- 选择可行的后续活动,如用同样的语言结构编写另外一个名为《饥饿的毛毛虫》的故事,让故事里的毛毛虫吃不同的食物;或者编写一个故事,将毛毛虫替换成吃不同食物的其他动物(可以是目的语文化中特有的动物)。让学生为故事画插图,并使用你给他们的句子为插图配上文字。其他后续活动还包括判断正误、填空、完形填空、歌曲和诗歌。

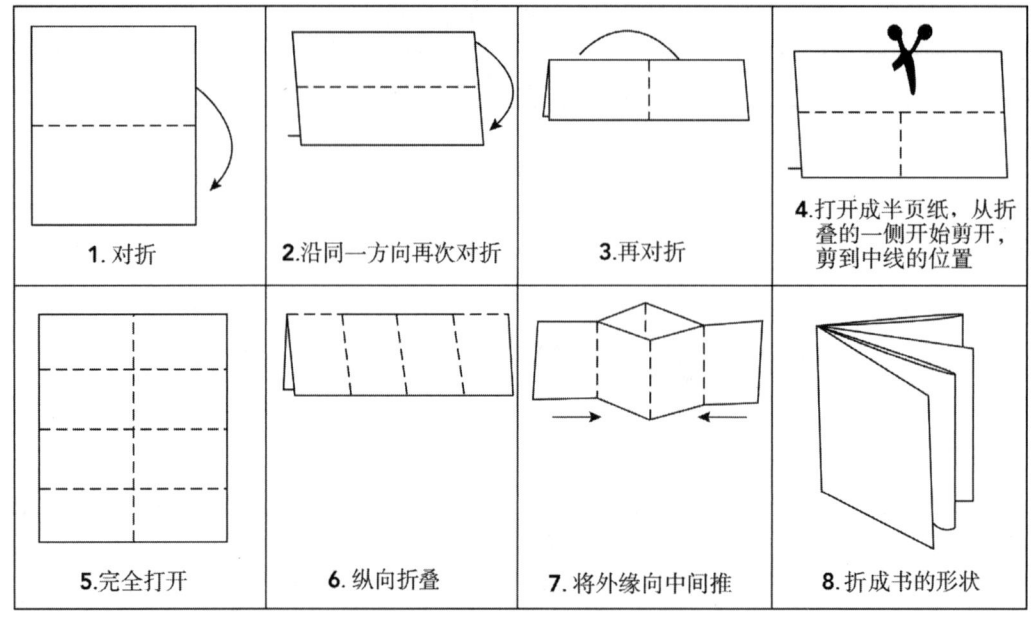

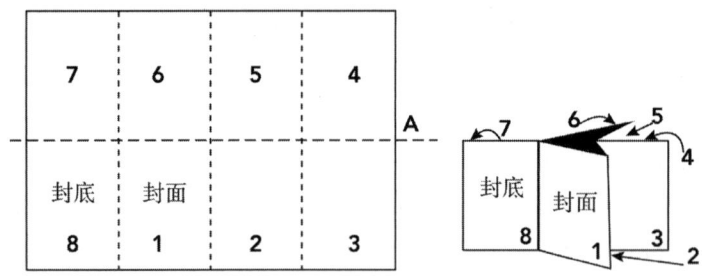

图 6.5　如何制作迷你书

有"心"的故事

儿童文学作品是深刻、丰富的资料来源，蕴含着有意义的文化关联或对人性的洞察。儿童故事往往是有"心"的，而且很有人情味！我们培养学生能力的时间如此有限，为什么不同时也树立一下价值观呢？

表 6.2 列了一些有"心"的故事，可能有些故事在目的语中并不存在，但是你可以轻松地翻译或改编它们。这些故事十分有趣，是很多语言活动的来源，可以用于语言活动开始之前、活动过程中或活动之后。这些故事并不只适用于儿童，任何年龄的学习者都适用。很多故事也适用于第 2 章中推荐的大学先修课主题（见表 2.5）。

表 6.2　有"心"的故事

题目	作者	主题
《拼拼凑凑的变色龙》	埃里克·卡尔（Eric Carle）	喜欢自己
《三只小猪的真实故事》	乔恩·谢斯卡（Jon Scieszka），莱恩·史密斯（Lane Smith）	不同的角度
《胆小鬼威利》	安东尼·布朗（Anthony Browne）	面对欺负你的人
《第一天的焦虑》	朱莉·丹尼贝格（Julie Danneberg）	对未知的恐惧
《无论你是谁》	梅姆·福克斯（Mem Fox）	全球意识
《大卫，不可以》	大卫·香农（David Shannon）	学校行为
《大器晚成的里奥》	罗伯特·克劳斯（Robert Kraus）	在你做好准备的时候，你将很出色
《小房子》	弗吉尼娅·李·伯顿（Virginia Lee Burton）	有时候，提高并不是进步
《野兽国》	莫里斯·桑达克（Maurice Sendak）	你能面对"怪物"
《臭起司小子爆笑故事大集合》	乔恩·谢斯卡（Jon Scieszka），莱恩·史密斯（Lane Smith）	每件事都是像表面看到的一样吗
《一百条裙子》	埃莉诺·埃斯蒂斯（Eleanor Estes）	嘲笑
《玛德琳》	路德维希·贝梅尔曼斯（Ludwig Bemelmans）	陷入麻烦

有些故事是来自作者自己的经历，有些来自其他来源：

- 埃米莉·坦普尔（Emily Temple）编写的从儿童书中获得的最重要的 10 条人生经验，见 http://www.theatlantic.com
- 10 本教给你重要人生经验的图画书，见 http://simplemom.net
- 教给你人生经验的儿童书，见 http://www.amazon.com

模式故事

模式故事是指情节稍做改变后不断重复的故事。模式或重复故事对语言学习十分有效，因为它是功能语块的来源，而功能语块则是沟通的基础。模式故事的节奏有助于语言的长期记忆。

模式故事分为不同的类型，但是它们的共同点是至少有一个元素是重复的。

叠加式故事　　每当有新的事情发生，故事中所有其他的事件都会被重复：

《吞下苍蝇的老奶奶》

《杰克造房子》

《大萝卜》

按照熟悉的或逻辑的顺序　　顺序可以是星期、月份、字母或数字等。

他们吃了 1 个……　　　　他们第一个吃的是……　　　　1 月份他们吃了……

他们吃了 2 个……	他们第二个吃的是……	2 月份他们吃了……
他们吃了 3 个……	他们第三个吃的是……	3 月份他们吃了……
……	……	……

《小红母鸡》是按照种植和收获的顺序来写的，也包含了一个重复的短语。

问题和回答　　故事的每个部分都重复一个类似的问题。

当他们饿了的时候，你知道他们吃了什么吗？

他们吃了……

"镜子，镜子，谁最美？"

重复短语　　不断地重复一个短语或句子。

传统故事《在一片黑黑的树林里》

在一片黑黑的树林里有一条黑黑的小路。

在这条黑黑的小路上有一栋黑黑的房子。

在这栋黑黑的房子里，有一段黑黑的楼梯。

在这段黑黑的楼梯上面，有一个黑黑的房间。

在这个黑黑的房间里，有一个黑黑的壁柜（衣橱/五斗柜）。

在这个黑黑的壁柜（衣橱/五斗柜）里，有一个黑黑的盒子（储物箱）。

在这个黑黑的盒子（储物箱）里，有……

一个幽灵！！！！！！

韵律　　整个故事贯穿着押韵的词和结构。

| 跑，跑，跑 | 你抓不到我 |
| 尽你最大努力！ | 我是姜饼人！ |

连锁或循环式故事　　情节循环发展，并且头尾相连，故事的结尾又回到了最初开始的地方。莫里斯·桑达克（Maurice Sendak）的《野兽国》（Where the Wild Things Are）就是一个循环式故事的例子。马克斯被送回了房间，因为他做错了事。当他回到房间的时候，出现了一片神奇的森林，一只小船将他带到了荒野世界。在经历了许多冒险之后，他又回到了自己的房间，发现晚饭正放在桌子上。后文将提及的图 6.8（见第 199 页）呈现了这个故事的循环图。

歌曲集　　有一首熟悉的歌曲，包含一个重复的短语或其他可预测元素。这类的故事有：
- 《公共汽车上的轮子》
- 《玛丽穿了件红裙子》
- 《这位老人》
- 《老麦克唐纳有个农场》

教师编写的故事

模式故事很好写，而且写起来很有趣。很多教师发现他们写给学生的故事特别符合学生的学习目标。在教师自己编写故事时，他们侧重于学生需要的功能语言和词语，并将其融入故事当中，创建了有意义的语境、令人愉快的节奏和模式以及令人满意的叙事模式的开头、中间和结尾。表 6.3 展示了一个由尼克·斯塔法（Nick Staffa）编写的故事，适用于小学三年级的中文课程。你能看到他如何利用重复建立学生的自信并培养他们的技能。图 6.6 是由两位法语老师编写的故事，在一个关于雨林的单元中使用。故事是关于蜂鸟寻找雨水资源的，单元的学习目标以故事的形式呈现出来。一组正在秘鲁学习的中学老师创作了一个很好的模式故事，名为"¿Donde vive la Llama?"（《美洲驼住在哪儿》）。故事中的每一小节都会询问美洲驼是否住在某个特定的国家，并且会在下一小节中指出另外一种动物住在这个特定的国家。最后，在故事结束的时候，我们发现美洲驼住在秘鲁！

美洲驼住在哪儿

美洲驼住在威斯康星吗？

不，松鼠住在威斯康星。

美洲驼住在中国吗？

不，熊猫住在中国。

美洲驼住在南极吗？

不，企鹅住在南极。

美洲驼住在澳大利亚吗？

不，不，不！袋鼠住在澳大利亚。

美洲驼住在印度吗？

不，大象住在印度。

美洲驼住在津巴布韦吗？

不，长颈鹿、斑马、猴子和狮子住在津巴布韦。

然后……

美洲驼住在哪儿？

在秘鲁！

表6.3 模式故事：你喜欢做什么

	厨房里，厨房里， 你喜欢做什么？ 妈妈喜欢做饭。 爸爸喜欢吃饭。 厨房里，厨房里， 你喜欢做什么？	Chúfángli, chúfángli, Nǐ xǐhuan zuò shénme? Māma xǐhuan zuòfàn. Bàba xǐhuan chīfàn. Chúfángli, chúfángli, Nǐ xǐhuan zuò shénme?	In the kitchen, in the kitchen What do you like to do? Mom likes to cook. Dad likes to eat. In the kitchen, in the kitchen What do you like to do?
	1, 2, 3, 4	yī, èr, sān, sì	
	客厅里，客厅里， 你喜欢做什么？ 妹妹喜欢跟朋友玩。 弟弟喜欢看电视。 客厅里，客厅里， 你喜欢做什么？	Kètīng li, kètīng li, Nǐ xǐhuan zuò shénme? Mèimei xǐhuan gēn péngyou wán. Dìdi xǐhuan kàn diànshì. Kètīng li, kètīng li, Nǐ xǐhuan zuò shénme?	In the living room, in the living room What do you like to do? Little sister likes to play with friends. Little brother likes to watch TV. In the living room, in the living room What do you like to do?
	1, 2, 3, 4	yī, èr, sān, sì	
	卧室里，卧室里， 你喜欢做什么？ 姐姐喜欢做功课。 哥哥喜欢睡觉。 卧室里，卧室里， 你喜欢做什么？	Wòshì li, wòshì li, Nǐ xǐhuan zuò shénme? Jiějie xǐhuan zuò gōngkè. Gēge xǐhuan shuìjiào. Wòshì li, wòshì li, Nǐ xǐhuan zuò shénme?	In the bedroom, in the bedroom What do you like to do? Elder sister likes to do her homework. Elder brother likes to sleep. In the bedroom, in the bedroom What do you like to do?

注：已获尼克·斯塔法（Nick Staffa）许可使用。

下面是一些广受欢迎的、可以起到模式故事作用的重复故事：

- 《一个黑黑黑黑的故事》布朗（Brown）
- 《你是我的妈妈吗》伊士曼（Eastman）
- 《棕色的熊，棕色的熊，你在看什么》马丁（Martin）
- 《卖帽子》斯劳柏肯纳（Slobodkina）
- 《你的妈妈是美洲驼吗》瓜里诺（Guarino）
- 《打翻的牛奶》肖（Shaw）
- 《玛丽穿了红裙子》皮克（Peek）
- 《一百万只猫》盖格（Gag）
- 《糊涂太太》考利（Cowley）
- 《在大草地上》基茨（Keats）
- 《睡垫上的猫》瓦尔德史密斯（Wildsmith）
- 《门铃响了》哈钦斯（Hutchins）
- 《小火车头做到了》由派珀（Piper）复述
- 《小红母鸡》盖尔顿（Galdone）
- 《打瞌睡的房子》伍德（Wood）
- 《饥饿的毛毛虫》卡尔（Carle）
- 《公共汽车上的轮子》科瓦尔斯基（Kovalski）
- 《今天是星期一》卡尔（Carle）
- 《我们一起去猎熊》罗森（Rosen）
- 《遇上袋鼠怎么办》梅尔（Mayer）
- 《小玻在哪里》希尔（Hill）

1. 这是南美洲的雨林。这儿炎热、潮湿,而且雨水很多。
2. 这是蜂鸟。他身上的颜色有紫色、蓝色、绿色和黄色。他是一只喝花蜜的小鸟。他正在睡觉,感觉到雨点落在他的头上。他想看看雨点是从哪儿来的。
3. 蜂鸟开始向上飞,看到了一只貘。他问貘:"你是谁?"貘回答:"我是貘。我是一只黑色的哺乳动物。我吃昆虫。我住在森林地面层。""不,你不是雨。谢谢你。我要继续去寻找。"
4. 蜂鸟飞得更高一些,看到一只切叶蚁。"你是谁?""我是一只蚂蚁。我是一只很小的、黑色的昆虫。我吃树叶。我住在森林地面层和林下叶层。""不,你不是雨。谢谢你。我要继续去寻找。"
5. 蜂鸟飞得更高,看到一只蟒蛇。"你是谁?""我是蟒蛇。我是一只棕色的爬行动物。我吃小的哺乳动物。我住在林下叶层。""不,你不是雨。谢谢你。我要继续去寻找。"
6. 蜂鸟飞得更高,看到一只美洲豹。"你是谁?""我是美洲豹。我是一只白色、黄色和棕色的哺乳动物。我吃小的哺乳动物。我住在林下叶层。""不,你不是雨。谢谢你。我要继续去寻找。"
7. 蜂鸟飞得更高,看到一只犀鸟。"你是谁?""我是犀鸟。我是一只黑色、黄色、红色、绿色、蓝色和白色的鸟。我吃水果。我住在树冠上。""不,你不是雨。谢谢你。我要继续去寻找。"
8. 蜂鸟飞得更高,看到一只树懒。"你是谁?""我是树懒。我是一只棕色的哺乳动物。我吃植物。我住在树冠上。""不,你不是雨。谢谢你。我要继续去寻找。"
9. 蜂鸟飞得更高,看到了天空。天空晴朗而且温暖。他看到一只金刚鹦鹉。"你是谁?""我是金刚鹦鹉。我是一只红色、蓝色、绿色和黄色的鸟。我吃水果。我住在树冠上和突出层。你为什么要这么问?""我住在林下叶层。那儿经常下雨。雨是从哪儿来的?""这儿也下雨。雨来自上面的云层。看!你能看到那儿正在下雨。""谢谢你。现在我明白了。"蜂鸟回到了林下叶层。他喝了些花蜜,又开始下雨了。"现在我知道雨是从哪儿来的了。"

注:已获杰姬·达夫(Jackie Dove)和斯蒂芬妮·雷丁(Stephanie Reddin)许可使用。

图 6.6　雨林单元模式故事:雨从哪里来

故事示意图

故事示意图是一种策略，用来确认并在视觉上整理简单故事的主要结构和组成部分。它可以用于阅读之前、阅读过程中或阅读之后。故事示意图将故事简化，并用图表的形式梳理了故事。因此，它帮助学习者从故事中找出较为重要的信息，从而更好地理解故事。对于教师来说，它也是有用的工具，可以在他们为讲故事或读故事做准备的时候使用。故事示意图可以有各种不同的形状和模板。图6.7和图6.8的范例展示了几种不同的形状和模板。教师阅读故事，并在故事构成和学生语言能力的基础上构建故事示意图。教师可以根据学生的需求简化故事，或者减少故事中事件的数量。

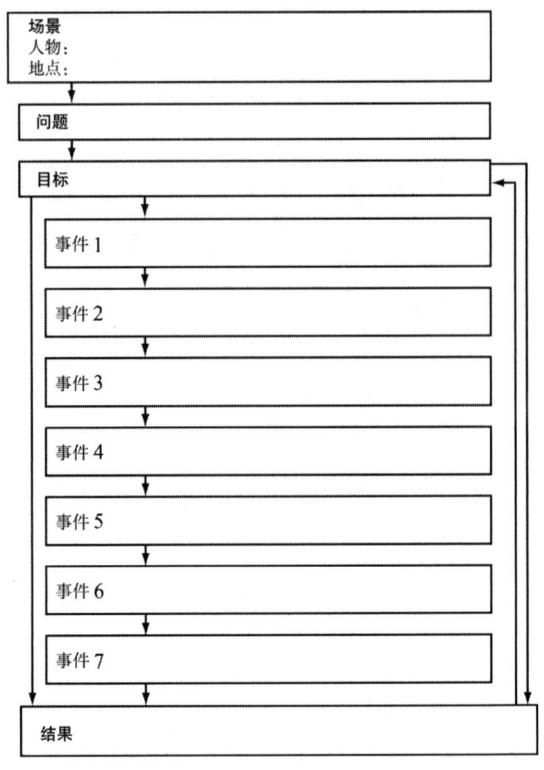

图6.7　故事示意图范例

如何使用、在课上什么时间点使用故事示意图由教师决定。示意图的框架是提出适当的阅读理解问题的基础。它也可以作为阅读前归类图用于故事开始的时候，帮助学生理解他们将要读或听的内容，或者也可以在读故事的时候，由教师和学生一起填好示意图。学生可以用示意图编写故事摘要，也可以变换其中一个或几个要素，重写故事。例如，他们可以变换场景或创造一个新的主人公。学生以个人形式或小组形式，都可以制作故事示意图，然后将它用于原创故事的创作。

设计故事示意图时经常用到的常见问题如下：

  场景是什么？
  主要人物是谁？主要人物想做什么（目标）？
  问题是什么？主要人物是如何解决问题的？
  接下来发生了什么？
  最终，目标是如何达成的，问题是如何解决的？或者还没有解决？
  最后主要人物感觉如何？

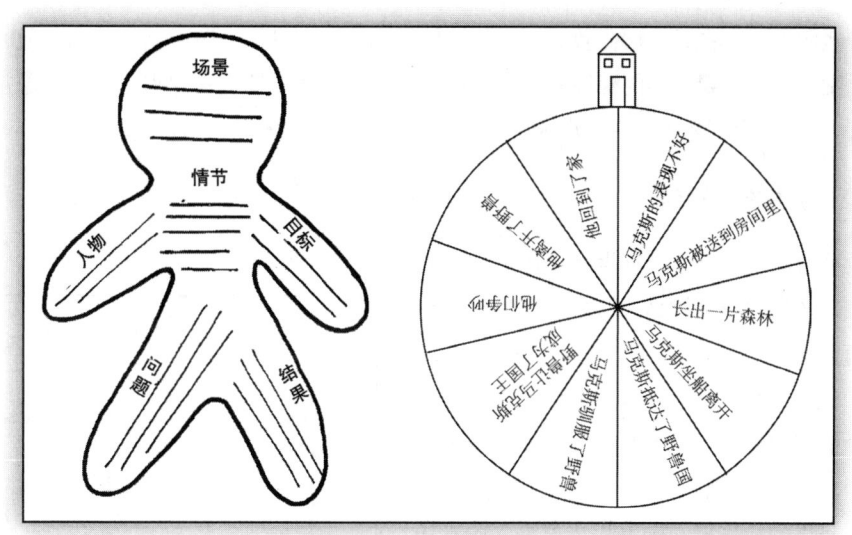

图 6.8 故事示意图范例——以《姜饼人》和《野兽国》为例

6.3 培养读写能力：聚焦写作

本小节，我们将考察大量适用于各种语言和不同读写水平阶段的读写能力培养活动。写作是强化学习并使学习变得集中明确的最佳方法之一。当然，作者目的明确而且有现成的读者会让写作效果更佳。这些写作活动的重点是为读者创作一件作品，并达到一个目的。与语言练习后面的工作表或阅读理解问题不同，表达展示模式写作的目的不仅仅是为了让老师满意而完成一项任务。在设计这些帮助学生以表达展示模式进行创作性写作活动时，教师可以自问："在现实生活中，什么时候以及为什么他们会做这项活动？"我们将从单词、句子和段落层面考察各种读写能力培养活动。根据活动需要帮助的程度不同，这些活动可以分成以下几类。

6.3.1 培养读写能力的活动——单词层面

大部分二语学习者熟悉阅读和写作的过程，并且很有可能已经在第一语言中有过读写经历。在初级阶段，很多活动尤其侧重于单词和句子的层面，以朗读、抄写和贴标签的形式呈现。学生有可能在单词和句子层面进行意义沟通。

贴标签

以贴标签的形式开展二语读写活动有多种方法。学生可以将自己写的标签或教师准备好的标签贴在真实物品上。他们可以举起标签回应教师提出的问题，可以将标签贴在图表和图片归类图上。他们也可以将标签贴在教室里，不仅仅是物品和家具上，还可以延伸到其他区域，比如在墙上贴上指示主要方向的标签——东、南、西、北。在早期语言课程中，学生通常积极参与贴标签活动，而活动的基本目标是将印刷文字与已经学习过的口语内容联系起来。

具象诗/图案有形诗

学生可以使用单个的单词设计出创造性的表现的形式，来表达一个物品或概念。有时具象诗或图案有形诗能够让创作者和观众都乐在其中。策略之一是反复使用一个单词创作出一幅图画，表达这个单词的意义。更多的情况是使用多个单词，每个单词勾勒出整幅画的一部分。图 6.9 展示的是一幅用德语单词勾勒出的房屋图，图 6.10 是一幅用英语单词勾勒出的飞机图。两幅图均针对外语课堂设计。使用重复单词策略为读者创作书面形式的作品有很多种方法。但是，教师必须要注意，学生反复书写的单词必须要保证正确，因为多次练习会形成固定模式。

另外还有一个单个单词策略，是指使用一个单词作为基础，画出一幅描述某件物品的图画。单词的含义以写或画的形式呈现。图 6.11 展示的是两个西班牙语单词，意思分别是"眼睛"和"手表"。图 6.12 用汉字展示面部各个部位的名称。使用一个或多个单词编写一条信息是具象诗或图案有形诗更为复杂的使用方式。例如，学生可以用"爱"字，而不是"心"字勾勒出心的形状。

单词层面的排序和分类活动

因为需要认知上的投入，排序和分类本身就是很有意义的活动。当学生对单词进行排序和分类时，他们必须集中注意力，才能将其归入正确的类别。每当一个单词在不同的分类练习中重复出现一次，学生必须再次集中注意力专注于这个

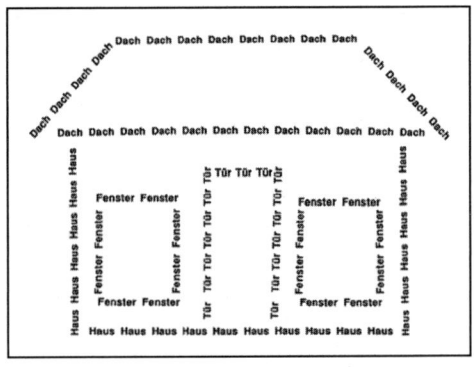

图 6.9　具象诗/图案有形诗

图 6.10　具象诗/图案有形诗

图 6.11　具象诗　　图 6.12　具象诗

单词。每次重复都迫使大脑再次处理这个单词，在重复足够的次数之后，这个单词迟早会"印"在脑海里。下面的例子呈现了这个过程：拿到一组有关食物的单词，你可以让学生以不同的方式进行分类。例如，哪些食物长在地面以上？哪些长在地下？哪些食物我们吃茎，哪些吃根，哪些吃叶？哪些食物生吃，哪些要煮熟了吃？还有很多其他的分类方法，例如，喜欢或不喜欢的食物，热食或冷食，加工过或未加工的食物，咸味或甜味的食物，等等。

其他单词层面读写能力培养活动

以下例子是一些其他的单词层面读写能力培养活动：

- 将书写的单词和贴在白板或磁力板上的图片匹配，或者是与"注意力游戏"或"多米诺骨牌"游戏中的图片匹配。
- 就熟悉的故事回答是非题。
- 列出商店里销售的商品，列出要为父母、朋友或聚会购买的物品清单。
- 创作一些代表特定词语的有视觉效果的拼贴画。
- 从目的语出版物的电影介绍中选择一部电影，并记下相关信息与一位朋友分享。
- 通过完成表格和图表来表达信息或展示喜好。
- 写出家庭合照中每位成员的名字。
- 尽可能写出一串长的"单词接龙"——写出一串单词，让一个单词的最后一个字母和下一个单词的第一个字母相同。
- 在图片中的物品上贴标签。
- 为一家餐馆写菜单，从列表中选择菜品和食物。
- 写一份外卖订餐单，从餐馆的菜单中选几样菜品。
- 从目的语商品目录中"购物"，列出要购买的物品并填写订购单（初学者的表格要简化）。
- 参照食物种类分类图表，制订出一份营养均衡的菜单。
- 将图片中的物品列表，并将其按照不同的类别进行分类。
- 写一份生活必需品购物清单。
- 在地图上贴标签。

6.3.2　培养读写能力的活动——句子层面

写作框架

在初级阶段的语言学习中，写作需要大量的辅助。也就是说，写作是以一个清楚的、既定的模板为基础的。学生在预设好的模板中填写自己的内容，完成写作任务。

下面的这个诗歌模板在常规的小学二年级课堂中使用，非常适合语言初学者用来作为创造性写作的起点。当然，模板可以用目的语（而非母语）书写。

雪

雪像 _____ 一样 _____ 。　　　　雪像 _____ 一样 _____ 。

雪像 _____ 一样 _____ 。　　　　雪像 _____ 一样 _____ 。

作者 _____

图 6.13 是克里斯蒂·莱布弗莱德（Christy Leibfried）的学生在介绍自己的时候使用的一个简单的写作模板。

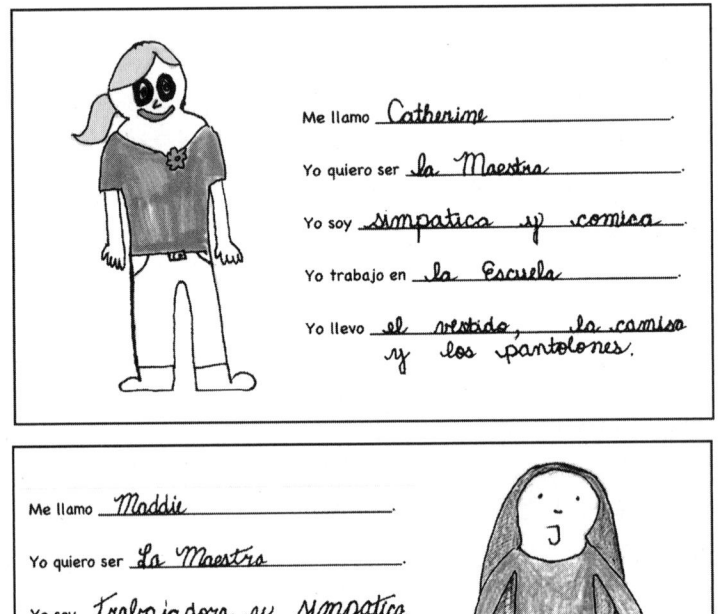

来源：克里斯蒂·莱布弗莱德（Christy Leibfried）的学生，伊利诺伊州布拉夫湖校区。

图 6.13　学生使用模板辅助写作

另外一项使用目的语完成的活动是使用头脑风暴的方法收集一些与雪有关的词语，并将这些词语列在黑板上组成词汇表。然后，全班一起集思广益，找出一些在某些方面与雪相似的事物，在另外一个词汇表中列出这些词语。全班创作一首诗作为范例，然后每位同学创作自己的诗歌。这些诗可以张贴在教室里，或者结集成册作为班级图书。

下面这首西班牙语的关于白色的诗，也是建立在类似的模板基础上。

Blanco　　　　　　　　　　　　　　　白色

Blanco es el color de la nieve.　　　　　白色是雪的颜色。

Blanco es el color de las nubes.　　　　白色是云的颜色。

Blanco es el color del invierno.　　　　　白色是冬天的颜色。

Blanco es el color al opuesto de negro.　白色是和黑色相对的颜色。

Blanco es el color de un oso blanco.　　白色是白熊的颜色。

Blanco es el color de mi papel.　　　　　白色是白纸的颜色。

Blanco es el color de un cisne.　　　　　白色是天鹅的颜色。

Blanco es el color mío cuando estoy miedoso.　白色是我恐惧时的颜色。

图 6.14 是另外一种类型的写作模板或框架。学生把不同动物的特性综合起来，创造出他们自己幻想中的动物。他们利用给出的语法框架为动物命名，并做出描述。

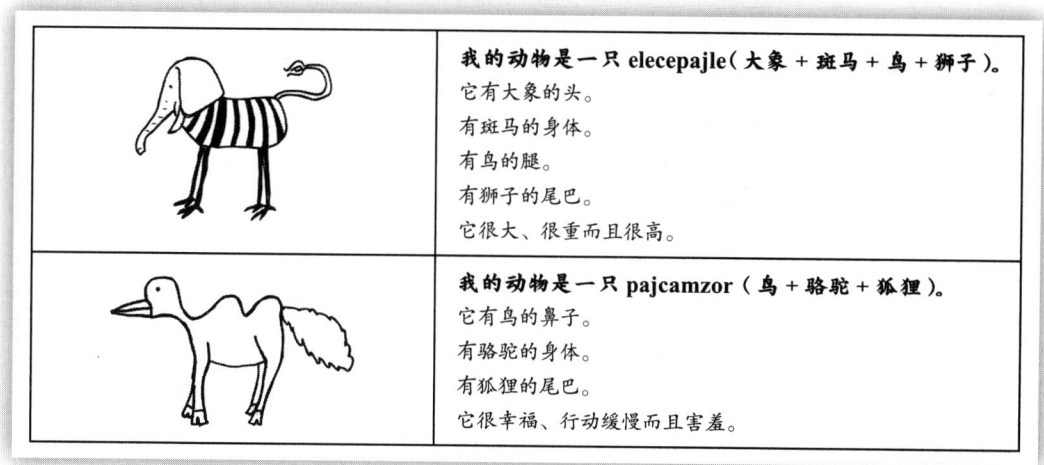

图 6.14　学生描写幻想中的动物

我的动物是一只 _____。

它有 _____ 的 _____。

它有 _____ 的 _____ 和 _____ 的 _____。

它是 _____ 和 _____ 的（特性）。

（它也是）_____ 和 _____ 的。

学生写作的成果可以用于多种用途是此类活动的优势之一。每篇学生习作对于班里其他同学来说都是有趣的阅读材料——而且几乎可以保证这些习作都适合他们的阅读水平。

文字描述可以和图片分开，单独写在记事卡上。教师发给每位学生一张不同的记事卡，看他们是否能将文字描述与教室里张贴的某张动物图片对应起来（理解诠释沟通）。

由教师或一位学生大声读出动物描述，班级成员可以尝试画出这只幻想中的动物。然后他们可以将自己画中的动物和动物原形做比较（理解诠释沟通）。

最后，图片和文字描述也可以用于同伴活动中——一位同伴朗读文字描述，另外一位同伴试着画出动物。负责画动物的同伴在画的过程中可以要求澄清。活动之后，他们可以查看自己的画和原作者的有多相似（人际交流沟通）。

珍妮特·格拉斯（Janet Glass）在类似的活动之后附加了一个"美术馆"阅读体验作为后续活动：

> 迄今为止，我们在故事、歌曲和游戏中已经见过25~30种动物。我把这些单词找出来，并写在黑板上。我让他们根据其中三种不同的动物画出一种新的动物（一种混合了三种动物特点的动物），并在图画的背面写下动物的名字。例如，我在黑板上画了一只混合了绵羊、大象和鸟的特点的动物，并告诉他们不要模仿其他人的画，而且也不要给其他人看自己的画。
>
> 第二天，我将教室布置成一个美术馆，在教室四周挂满学生的画作。每幅画对应一个数字。我会发给学生一张打乱顺序的列表。学生在教室里走一圈，找出和他们幻想中的动物（如牛—蝴蝶—鸡）相对应的画。然后写下他们认为匹配的画所对应的数字。当然，在寻找和阅读的过程中，学生要使用西班牙语交谈。他们也需要运用想象力，这会让活动更加有趣。

克里斯蒂·莱布弗莱德（Christy Leibfried）是来自布拉夫湖的西班牙语教师。她在学生记录去芝加哥外出活动的写作任务中，为他们提供了写作帮助。为了要确认学生在旅途中的每一天都使用到西班牙语，她给学生布置了问题。在旅行结束后，她和每位学生面谈，学生必须回答他们在旅途中看到了什么，以及什么让他们印象最深刻。值得一提的是这些小学三年级的学生在写作中使用了过去时！他们的问题是：

A: ¿Qué viste ayer en Chicago?　　　　　A: 你在芝加哥看到了什么？

B: Yo vi ____, ____, y ____.　　　　　　B: 我看到了 ____，____ 和 ____。

A: ¿Cuál fue tu cosa favorita?　　　　　　A: 你最喜欢的是什么？

B: Mi cosa favorita fue ____.　　　　　　B: 我最喜欢的是 ____。

图 6.15 是两个例子，展示了学生是如何作答的。

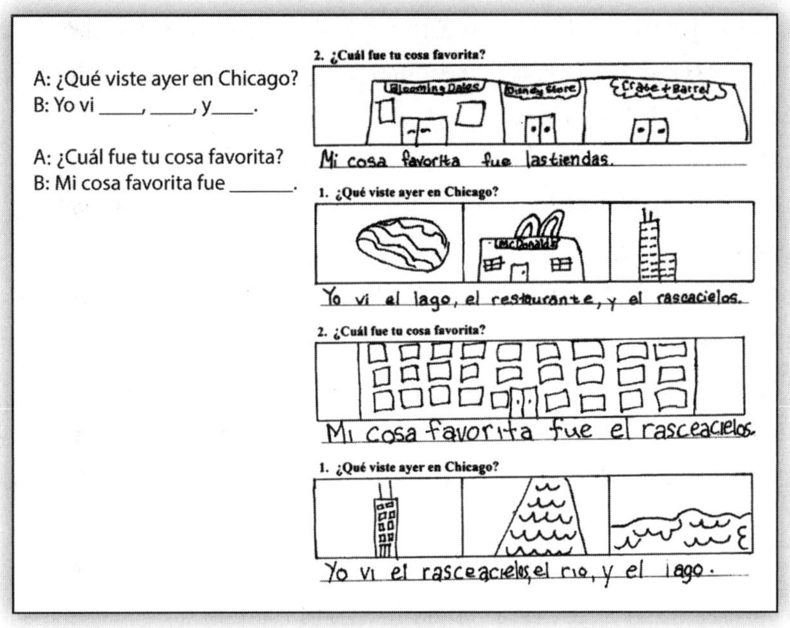

来源：克里斯蒂·莱布弗莱德（Christy Leibfried）的学生，伊利诺伊州布拉夫湖校区。

图 6.15 学生写作：初级水平使用记忆模块练习过去时

模式诗

模式诗很有可能会限制年幼学习者的创造力，让他们在写作过程中注意力集中在模式上。藏头诗是一个例子。藏头诗中，纵向拼写一个单词，以这个单词为中心，其他单词和句子都围绕这个单词排列，并用某种方式描述或表达其含义。藏头诗也可以用来描述自己或解释任何与主题相关的关键词。

图 6.16 是由一位西班牙语二级的中学生写的一首藏头诗。他还为这首名为 "Gracias"（谢谢）的诗设计了动画形象，在此无法展示。

Gracias por	感谢你因为
Ropa que es comfortable	舒适的衣服
Una c**A**sa que es bonita	美丽的房子
Comida deliciosa	美味的食物
MIs amigos	我的朋友
Cuando h**A**ce buen tiempo en octubre y noviembre	十月和十一月份的好天气
Dia de acción de gracia**S**	感恩

图 6.16 一首以 "Gracias"（谢谢）为中心词的藏头诗

初级的创造性写作体验包括格式简单的诗歌，如具象诗、俳句、钻石诗或五行诗。

钻石诗可以先由教师和全班同学一起创作，然后再由学生以个人或同伴的方式创作自己的诗。它被称之为钻石是因为它的形状，完成后的诗歌是类似钻石的形状。下面的例子展示的是钻石诗的基本要求和一首英文的钻石诗：

一个单词：名词	猫
两个单词：修饰名称的形容词	柔软的，温暖的
三个单词：分词（或动词）	玩耍、跳跃、打呼噜
四个单词：与主语相关的名词	尾巴、舌头、爪子、胡须
三个单词：分词（或动词）	咬、舔、梳理
两个单词：形容词	优雅的，鲁莽的
一个单词：第一个单词的同义词	暹罗猫

一些教师也会使用简短的模式，诗歌最中间的一行使用三个，而不是四个单词。五行诗与钻石诗相似，模式如下：

1. 选择一个主题，用一个单词表达出来。	冬天
2. 用两个单词描述这个主题（名词+形容词，形容词+形容词）。	白色的雪
3. 用三个单词（通常是三个动词）描述与主题相关的动作。	滑雪，滑冰，玩雪滑梯
4. 用两个单词表达与这个主题词相关的情感。	兴奋，快乐
5. 用一个单词做出总结，表达要点。	奇幻之境

这些模板的优点是它只需要使用单个词语，这对于初学者来说是一项自然而然的任务，但是当把这些单个的词语放在一起成为一首诗的时候，就会很有趣而且让人印象深刻。它还能帮助学生根据语法分类识别单词——当然，这只是模糊的猜测！

俳句是一种更为复杂的格式，因为它是由完整的句子组成，而不只是单个的词语。它是一种配合自然风景画，以三行、十七个音节为固定格式的日本诗歌。例子如下：

第一行：五个音节　Summer sun is hot.（夏天太阳很热。）
第二行：七个音节　Making grass and gardens brown.（把草地和花园变成了棕色。）
第三行：五个音节　Hurry, bring water!（快！拿水来！）

与前面几种诗歌相比，由于其本身富于表现力，俳句同时可以作为其他学习者的阅读材料使用，这也是俳句的主要特点。

听写接龙

听写接龙是一项可以以个人、同伴或小组形式进行的培养读写能力的活动。听写接龙的目的在于根据记忆完成阅读和写作。具体要求如下：

在读完一本图画书、完成故事复述、按照食谱做饭或其他任何语言活动之后，在卡片上写下目标词语或句子，将卡片正面朝下放在教室里几个不同的地方，或者用一张纸遮住卡片并贴在墙上，到需要阅读卡片上的文字时，再将纸掀开。为了确保活动成功，教师可以帮助学生复习目标词汇，让他们闭上眼睛想象词汇所代表的实物，并在空中、同伴的背上、自己的手臂上或者类似的地方画出来。教师使用 TPR 指令，要求学生拿出纸和笔画出目标词汇所代表的实物。然后，认真地示范（不仅仅是描述）听写接龙：

1. 放下纸和笔，拿起你想象中的照相机。
2. 在教室里走一圈，寻找一张卡片，将这张卡片翻过来。
3. 拿着你想象中的照相机，拍下卡片上的文字（"曝光时间"可以根据学生的需求调整）。
4. 记住这张照片上的文字，回到你的座位，拿起铅笔，写下你脑海中的文字，标注在你画过的图画上。
5. 认真地看你记下的文字，放下纸和笔，回到放置卡片的地方，将卡片上的文字和你记忆中的文字比较。
6. 如果记忆中的文字不正确，回去更正；如果正确，去寻找下一张卡片，重复同样的步骤。

设定时间限制，指导学习者开始游戏。

结束活动：再次朗读故事，让学习者将他们自己的故事与原作做比较。

给中高级别的学生的建议是：用几句话在卡片上写一个故事或一首诗，而不仅仅是单个的单词。步骤如上所述。学生先随机写下所有句子，然后排序，也可以在活动的结束环节朗读故事或诗歌。如果能为故事准备几个意外的结尾，将更加有趣！

根据上述描述，每位学生都要参与，并在教室里走动。但是，如果教室空间过大或过小，活动可以以同伴或小组的形式进行，由小组中的一位成员去看卡片上的文字，然后告诉其他小组成员应该写些什么。

其他句子层面的读写能力培养活动

以下是一些句子层面的读写能力培养活动范例：

- 阅读和编写口语中学过的歌曲、歌谣和诗歌。
- 编写天气预报，并配上图片。
- 比较两个国家的天气。
- 让学生给彼此或给老师编写 TPR 活动指令。
- 改写一个故事。
- 编写数学题。
- 在漫画的对白框中填写简单的文字说明。
- 为图片或图画书编写简单的对话。
- 为班级或个人相册中的照片编写简单的文字说明。

- 让学生保留自己用来记录课堂要求和课堂有关基本词汇的日记本或笔记本。
- 编写食谱。
- 编写一张便条,并将其放入班级信箱,或者贴到教室的信息板上。
- 编写访谈话题,包括最爱的电视节目、宠物、旅行、最喜欢的食物、老师、科目,等等。
- 编写邀请函。
- 编写出生公告。
- 创作一个阅读动作链(见第12章)或者一项"听-说"活动(见第5章)。
- 使用熟记的语块编写学习日志。
- 准备对一位历史人物就其历史地位提问,并编写提问问题。
- 完成一个以提示词开头的句子,如"当……的时候,我感到高兴"或"当……的时候,我感到难过"。
- 为一本班级图书编写其中的一页,班级图书可以涉及任何主题。
- 为一张图片编写文字说明。
- 为一部动画片编写对话。
- 编写一个新闻标题。
- 编写一份旅行计划。
- 编写预言。
- 编写一张任务清单。

6.3.3 培养读写能力的活动——段落层面

对话日记

对话日记是一种以书面形式表达的学生和教师日常交流的会话(Peyton, 1993)。学生选择话题,并编写对话,教师不再是只做出更正或评论的评价者,而是一个正在进行的书面会话的参与者,在回复中给出回应、建议、评论和观察结果。对话日记的写作是为了一个真实的目的,与一个熟识且有趣的读者交换真实的信息,因此它为语言和写作的发展提供了语境。对话日记适用于语言学习过程中从初级到高级的各个阶段。在初级阶段,学生可以写或抄写学过的几个单词,并将其与图片结合起来。在较高级别的阶段,他们可以参与有关文化问题或其他课程内容的讨论,并且表达个人感情和观点。

鲍里奇(Borich, 2001: 16)阐述了使用对话日记对二年级尤卡坦[1]主题单元进行评价的价值。她总结道:"数据显示学生的对话日记为使用西班牙语教学的文化主题单元提供了素材。"

---

[1] 尤卡坦(Yucatan)指墨西哥尤卡坦半岛。——译者注

对话日记写作的成功部分取决于教师是否能够及时地将日记返还给学生。如果班级里学生人数太多，教师会发现对话活动难以开展。另外一个可以有效地使用这种策略的方法是和高中生或大学生一起记日记。高年级学生可以使用电子邮件记日记。

其他段落层面的读写能力培养活动

以下活动有助于提高学生段落层面的读写能力：
- 学生根据听过或看过的范例创作模式故事。
- 画一幅图画表现你现在的穿着，并进行描述；然后再画一幅图画表现你长大以后的穿着，并进行描述。
- 描述你现在居住的房子，然后描述你长大以后想要居住的房子。
- 用班级经历创作故事。
- 撰写（人物、地方、书籍的）介绍。
- 写日记。
- 寄一张明信片给家人，描述你的幻想之旅中的亮点。
- 编写一本模式故事书。
- 更换你读过的一个故事中的人物、场景或结局，创作一个类似的故事。

下面列出了一些段落层面的读写能力培养活动，这些活动可以用纸和笔完成，也可以用电脑完成：

广告	社论	申请信	成绩单
建议专栏	请假条	投诉信	滑稽短剧
通告	游戏	汽车牌照	歌曲
传记（简短）	贺卡	地图	演讲
小册子	采访	备忘录	故事板
汽车保险杠贴纸	职位描述	菜单	调查
词语定义	笑话	影评	目录
对话	日记	新闻报道	通缉公告
视觉故事	课程计划	图画书	婚礼
指令	通知书	诗歌	通知
		明信片	维基百科条目
		智力游戏	

6.3.4 写作过程

对于学习同一门语言多年的学生来说，大量的写作训练是一个不错的选择。任何事物都可以成为短故事或其他写作活动的灵感。一件艺术品或一幅漫画都能成为一个故事的灵感——之前发生了什么，接下来将会发生什么？目的语报纸上的一个标题也可以被用来创作一个标题背后的故事。一件具有文化意义的产品在杂志广告中使用的广告语和图片可以带来一场以不同方式呈现的广告宣传活动。

级别较高的学习者可以为年幼的学习者创造精彩的阅读和听力经历。中学生可以为小学生创作图画书，然后读给他们听。这个过程涉及表达展示模式的写作和口语训练。小学高年级的学生也可以为低年级学生创作阅读材料。

随着活动复杂性的增加，"质量管理"这一写作过程中的重要元素将开始发挥作用。鉴于信息和读者的重要性，学生将会关注行文是否清晰、准确，文化上是否得体，而不再仅仅是使教师满意。当学生们在一起尽可能地互相帮助时，他们的作品和语言能力必然会越来越好。

写作的过程包括以下步骤：

1. 写作前：通常是在教师指导下以大组的形式进行；
2. 草稿：独立完成或和同伴一起完成；
3. 写作分享和反馈：和同伴或小组成员一起完成；
4. 修改：独立完成或和同伴一起完成；
5. 编辑：和同伴或小组成员一起完成；
6. 出版：定稿。

这一过程可以在表达展示模式写作的早期阶段引入并展开。

随着学生语言能力的提高，教师可以指导他们进行第二语言写作，并且使用学生提高第一语言写作时用到的方法，以此来提高他们的第二语言写作能力。教师要根据下一小节中列出的写作主要特点确认学生的习作是否合乎标准。

6.3.5　写作的主要特点

1. 主旨和内容
2. 组织
   - 时间顺序
   - 空间顺序
   - 逻辑顺序
   - 重要性
   - 比较/对比
   - 阐明确认
3. 语态
4. 词语的选择和使用

5. 句子通顺和多样性

6. 拼写正确，标点和大写的正确使用

正如我们所见，学生可以使用非常有限的语言向读者传递信息、观点，进行个性化表达。尽管本章强调的是语言发展早期阶段的活动，但是各个阶段表达展示模式写作的原则是一致的。当学习者成为更加娴熟的语言使用者之后，他们越来越多地承担了安排和监督自己学习的责任。引用维果茨基（Vygotsky，1986）非常著名的一个观察论断来说，就是学习者今天能够在教师或同伴的帮助下完成的任务，明天他们将能够自己完成。

在所有沟通模式中（人际交流模式、理解诠释模式和表达展示模式），目的是最重要的元素。当学习者发现他们能够使用目的语达成他们认为重要的目的时，他们的动机和语言能力会继续提高。

6.3.6 互动笔记本

在语言课堂，特别是不使用课本的语言课堂上，互动笔记本是有效的组织工具，小学三年级及以上的学生使用效果更佳。笔记本让学生可以记录下他们正在学习什么和已经学到了什么。学生可以记录课上需要的信息、自己创作的图解词典、游戏、同伴活动、评价准则以及他们正在学习的课程的学习笔记。它通常是以作文本的形式呈现，见图6.17。互动笔记本在课堂教学中被作为一种组织工具使用。教师整理笔记本的内容，列出目录，并提供可以贴在任何笔记本上的活页，给学生作为参考或让学生填写。年幼的学生需要更多的时间来整理笔记本（粘贴活页）。有些教师每周会选择某一天的某个时间让学生将活页粘贴在笔记本上。在指定的时间之前，需要粘贴的活页可以保存在笔记本后面的口袋里。为了让学生感受到整理和保护笔记本的责任，很多教师会设定规则，规则会包含以下项目：如整洁、完整、有条理、有创造力以及努力程度，教师会在每个季度/学期给他们的笔记本评分。图6.17展示的是田纳西州孟菲斯市谢尔比县学校的中文教师麦迪逊·帕克（Madison Parker）的笔记本。在学习如何在笔记本中插入信息时，她将这个示范展示给她的学生，并让学生模仿这个示范创作自己的笔记本。互动笔记本让学生能够记录他们正在学习的内容，同时还帮助他们学习和培养整理能力。它是语言课堂宝贵的工具。学生能够将学习资料清楚地整理在一起，像一本书一样，而不是松散地放在文件夹里。

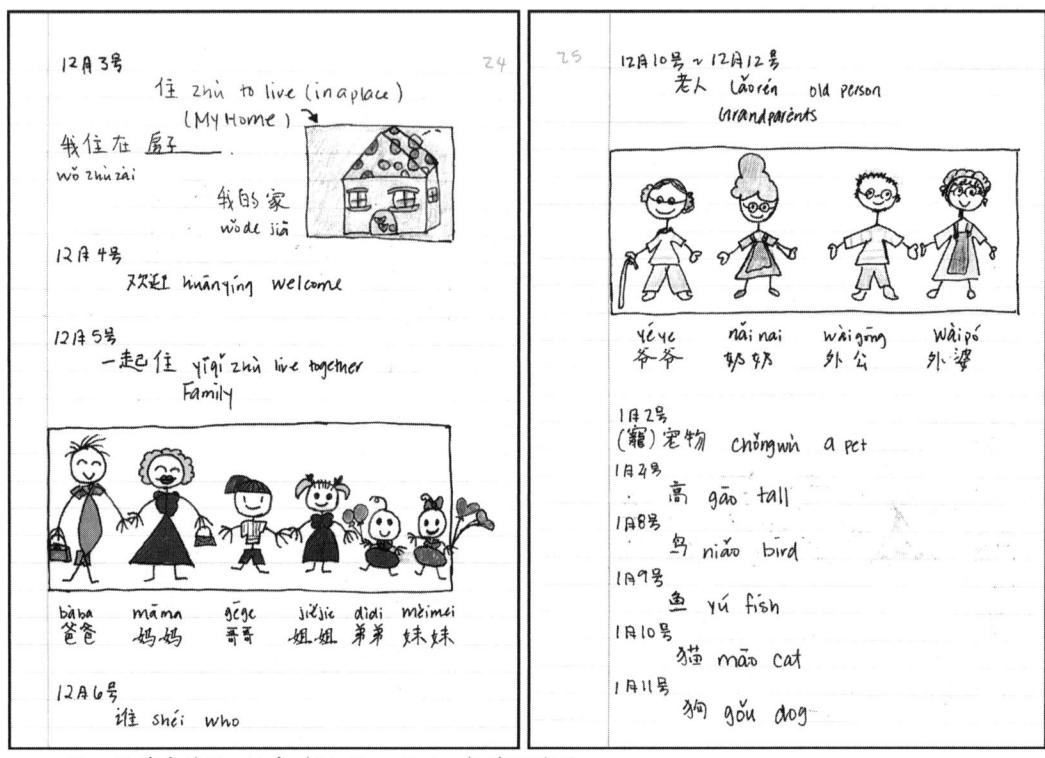

注：已获麦迪逊·帕克（Madison Parker）许可使用。

图 6.17　互动笔记本

6.4　《各州共同核心标准》及其与语言学习的联系

第 4 章中我们讨论过，《各州共同核心标准》是贯穿美国教育领域的一项标准，其中指出的读写能力技能是与语言课堂上练习和强化的技能同样的技能。年幼的学习者（不包括参与沉浸式课程的学习者）已经建立了第一语言中意义与书面符号之间的联系，并将他们在第一语言中习得的技能迁移到第二语言中。

初级语言课堂上，很多教学活动是以听力和口语为主的口头活动。而针对母语是英语的学生，很多《各州共同核心标准》相关的活动将通过阅读和写作来完成。语言教师必须谨记《各州共同核心标准》中的一些技能也可以通过听力活动来培养。例如，教师在学生还不能独立使用目的语进行阅读时，朗读给学生听。

根据《各州共同核心标准》，要注意以下方面：

- 学术词汇：第一、二、三层词语

- 语言：内容丰富多彩的对话、讨论和问题
- 阅读：文本的复杂性、信息性、文学性，文本结构，理解技巧
- 写作：根据学生正在阅读的文章写作
- 学习其他学科的知识：通过讲授科学、社会学和数学领域的阅读、词汇和写作，学习其他学科知识，而不仅仅是学习语言本身

在以上这些方面中，本书作者选择关注三个主要方面：第一，通过内容丰富的非虚构作品学习知识；第二，以论证为基础的阅读和写作；第三，定期使用复杂文本和学术语言作为练习材料。我们将考查以上三个方面，并研究其与早期语言学习的关系。

通过内容丰富的非虚构作品学习知识

根据《各州共同核心标准》文件要求，各级别的语言学习应更加重视说明文。因为如果学生想要成为好的阅读者，他们必须要了解周围的世界。他们必须通过阅读小说和内容丰富的非虚构作品接触到其他学科领域，如社会学和科学。研究表明，目前小学读写课上阅读的文章中，说明文仅占不到10%（Alberti，2012：25）。

《各州共同核心标准》推荐的小说和非小说文章比例是：

四年级　　　50% 小说和 50% 说明文

八年级　　　45% 小说和 55% 说明文

十二年级　　30% 小说和 70% 说明文

目前，很多小学的读写课程占用大量时间，导致科学和社会学课程没有足够的时间。为了改善这种局面，《各州共同核心标准》强调读写课程的课内时间必须涵盖与其他学科领域相关的内容。

与早期语言学习课程的贯连

《各州共同核心标准》要求在使用高质量小说类作品的同时，加强对非虚构作品的重视，该要求适用于为年幼学习者开设的任何语言课程。首先，我们要找出有趣、吸引人的故事，使其成为有意义的教学中心和重点。

《各州共同核心标准》建议使用多种类型的文本，例如寓言、神话、民间故事、诗歌、故事、短剧以及短篇文章和叙事文。其附录 B 中还提供了适合年轻读者阅读的儿童图书列表。

之所以会选择列表中的故事，除了因为故事的叙事有趣、引人入胜之外，还因为这些故事能教给学生宝贵的人生经验或教训。K–5 的语言教师应该使用列表中的故事以及其他故事，因为高质量的小说类作品和非虚构作品都可以作为主题单元的中心，不仅能够提高语言能力，还能与世界文化和常规课程联系起来。

这意味着，在早期语言学习课程中，对于那些不仅有趣、引人入胜，而且能够提供宝贵的学科内容和文化贯连的小说、文本和活动，我们在使用时必须谨慎。如果想要达到《各州共同

核心标准》的要求，我们使用的文本需要包含情感学习的内容、常规课程内容、与普适文化的贯连——文化贯连不必仅局限于目的语文化。

以论证为基础的阅读和写作

《各州共同核心标准》中另外一个重点是，随着复杂程度的增加，培养学生批判地分析说明文和小说类文本的能力。这就要求阅读和写作是以使用文本中的论证为基础的。《各州共同核心标准》要求学生认真分析文本中的信息，并确定优先顺序，而不仅仅是依据他们的已知知识或经验回答问题。《各州共同核心标准》强调的是论证，而不是基于口语和写作的经历和观点（Alberti，2012：25）。

与早期语言学习课程的贯连

卡尔金斯、艾伦沃斯和莱曼（Calkins, Ehrenworth & Lehman, 2012：9）指出《各州共同核心标准》比之前的其他标准更加重视较高级别的理解技能。他们认为很多语言课堂过多地停留在较低级别的阅读技巧，需要尽快地着手培养较高级别的阅读技巧。鉴于复杂性的增加和对第一语言读写技能要求的提高，教师也需要审视我们在早期语言课程中所讲授内容的复杂性。

自问我们是否过多地停留在较低级别的阅读技能，而未能着手培养较高级别的阅读技巧。简单地说，这意味着我们必须自问是否侧重单个的单词，而非短语和句子中的语块。学生听和说的是语块，而不是没有关联的、孤立的单词，这极为重要。我们必须自问在可利用的时间范围内，我们是否培养了足够的以能力为导向的语言技能。我们还必须要自问，是否在课上90%以上的时间里都在使用目的语，是否培养了学生使用语言的能力，而不是语言知识。

我们必须审视我们的活动，看看这些活动是否对技能有较高的要求，是否有吸引力，是否能帮助学生处理文本并应对他们的语言学习。第二个过渡问题"学生用他们阅读过的内容做些什么？"与第三个过渡问题"他们阅读的是哪个级别的内容？"交织在一起。下面的小节将回答上述所有问题，并给出教学建议——概念归类图和思考能力的运用。

定期使用复杂文本和学术语言作为练习材料

依照我们关注的三方面中的第三个方面，学生需要定期地进行学术语言和复杂文本的练习。为了理解复杂的材料，教师需要帮助学生扩展学术词汇中的关键词，并帮助他们理解叙述文和说明文的结构。博伊尔斯（Boyles，2012/2013：37）认为，向使用更为复杂的文本转变需要更多的精读练习，即"揭开更深层的含义，通向更深层的理解的阅读"。

与早期语言学习课程的贯连

《各州共同核心标准》强调培养学生分析越来越复杂的信息性和文学性文本的能力。所有的文本，不论是信息性文本还是叙事性文本，都取决于文本结构。叙事性文本的整体结构包括故事结构，或者作者提出或支持的一个观点。文本的结构也可以指明各观点之间的关系。对这些关系的理解有助于学生对复杂文本的结构的理解。同时，我们也可以应对各种文本和各种复杂程度的学习活动。图片的概念归类图（见第 8 章）也是重要的工具，能够帮助学生理解文本中各个概念之间的关系。使用布鲁姆（Bloom）修订的分类法是另外一个增加课程和活动复杂程度的方法（Anderson & Krathwohl，2001）（见第 8 章），复杂程度能够确保学生达到《各州共同核心标准》的要求。

《面向世界的语言学习标准》与《各州共同核心标准》有多重关系。两者之间有重合的部分，因为它们都与不同水平的听、说、读、写能力相关。如果想让学生具备 21 世纪外语技能，我们必须要让他们参与有趣的、认知上有吸引力的、与全球文化相关的活动。我们必须不仅努力为学生提供提高语言技能的机会，还要为他们提供符合《各州共同核心标准》要求的复杂的语言学习。在我们检验我们的课程是否能够达到《各州共同核心标准》的预期时，我们要考虑以下问题：

- 我们是否有较高、清晰、目标明确的预期？
- 我们使用的文本和活动如何能够帮助我们培养学生的语言能力，如何与学生能做的活动和能说的内容联系起来？
- 我们使用的材料是否不仅能够提高语言能力，还能够提供其他学科的知识和技能？
- 我们的课程和单元内容是否深刻丰富？
- 我们是否不仅注重学生语言技能的培养，同时也关注思考能力的培养？
- 我们在设计单元学习时是否设计了对学生来说有趣的、有吸引力的长效知识和基本问题？
- 我们围绕特定主题组织教学，通过这些主题我们能否将文化与课程中的技能培养相贯连？
- 我们是否要求学生掌握语块和语言衔接，帮助他们轻松地从一个语言能力水平过渡到另一个语言能力水平？

⊙ 练习和深入讨论

1. 假设你是一位外语教师，教授 K–1 新开课程。你的任务是要为主课教师解释新的语言课程将如何开展。你知道他们必然会担忧目的语的写作体系和母语读写技能之间的相互干扰。请你准备好如何做出解释，并列出提纲。
2. 循环朗读似乎并不是十分有效的语言课堂策略。请描述一些可行的、能够将有意义的体验融入朗读中的其他策略。
3. 选一本故事书，大声朗读故事数遍，设计一个听写活动作为朗读之后的后续活动。
4. 教师指引学生学习语言艺术和其他语言材料，用来在早期外语教学中设计形式简单的诗歌。根据本章范例或其他范例，教师用自己的语言创作诗歌范本，并设计一节课指导学生自己创作诗歌。

⊙ 补充阅读

Cloud, Nancy, Fred Genesee, & Else Hamayan. *Dual Language Instruction: A Handbook for Enriched Education.* Boston, MA: Heinle and Heinle, 2000.

——.*Literacy Instruction for English Language Learners: A Teacher's Guide to Research-Based Practices.* Portsmouth, NH: Heinemann, 2009.

Graves, Michael F., Diane August, & Jeannette Mancilla-Martinez. *Teaching Vocabulary to English Language Learners.* New York, NY: Teachers College Press, 2013.

Guillaume, Andrea M., Ruth Helen Yopp, & Hallie Kay Yopp. *Fifty Strategies for Active Teaching: Engaging K–12 Learners in the Classroom.* Upper Saddle River, NJ: Pearson Merrill/Prentice Hall, 2007.

Herrell, Adrienne L., & Michael Jordan. *Fifty Strategies for Teaching English Language Learners.* 4th ed. Upper Saddle River, NJ: Pearson Merrill/Prentice Hall, 2011.

Peregoy, Suzanne, & Owen F. Boyle. *Reading, Writing, and Learning in ESL: A Resource Book for K–12 Teachers.* 6th ed. Boston, MA: Pearson, 2013.

Tompkins, Gail. *Fifty Literacy Strategies Step by Step.* 4th ed. Upper Saddle River, NJ: Pearson Merrill/Prentice Hall, 2012.

Trelease, Jim. *The Read-Aloud Handbook.* 6th ed. New York, NY: Penguin Books, 2006.

Yopp, Ruth Helen, & Hallie Kay Yopp. *Literature-Based Reading Activities.* 6th ed. Boston, MA: Allyn and Bacon, 2013.

⊙ 相关网站

国际儿童数字图书馆

http://www.openculture.com/2013/12/the-international-childrens-digital-library.html

国际儿童数字图书馆为 3~13 岁的儿童免费开放，提供 40 多种语言的儿童文学读物。图书馆工作人员寻找世界各地出版的书籍，并将其数字化，以原著的语言呈现给读者。

维基第二语言写作

http://getitwrite.wikispaces.com

由马里兰州一位名为莱斯利·格兰（Leslie Grahn）的资源教师和专业开发人员创建。同时建立起来的还有一个名为"把它写出来"（Get It Write）的研习班。此网站还提供很多实用写作资源的链接。

语言教学基础：阅读教学、写作教学

http://www.nclrc.org/essentials/index.htm

谢丽丝·蒙哥马利（Cherice Montgomery）编制的主题童书

http://languagelinks2006.wikispaces.com/Topical+Listing+of+Children's+Books

第 7 章　贯连语言与文化

要想有效教授年幼的语言学习者（以及各年龄阶段的语言学习者），我需要哪些背景知识？

- **课堂上的文化体验**
  - 我能够将文化产物、习俗和观念等元素融入我的教学计划和教学实践中。
- **识别可将文化融入教学中的资源**
  - 我能够识别哪些资料可以融入教学中。
- **幻想体验 / 幻想旅行 / 虚拟旅行**
  - 我能够设计一次前往目的语国家的虚拟旅行。
- **全球意识与多元文化意识教育**
  - 我能够帮助学生通过课堂活动建立全球意识和多元文化意识。

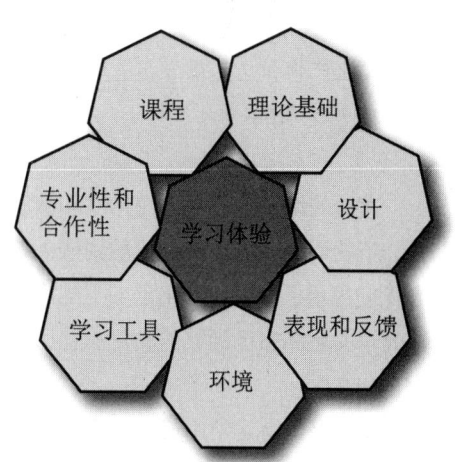

7.1　课堂上的文化体验

即使是在 75 年前，当语言课堂上还经常使用"语法—翻译法"作为教学手段时，当学生还没有学习用于互动和沟通的语言技能时，文化就已经是常规语言课程中的一部分了。从那时起，语言教学中的文化目标主要侧重于所谓的"大 C"文化，即历史人物、地理、文学、音乐和美术。同时，文化相关课程开始扩展，涵盖了目的语文化中人们的日常生活模式、民间传说、当代媒体以及使用目的语的人们在生活和思想上呈现出的无数其他方面的内容。

随着我们的世界越变越小，我们的社会也越来越多元化，语言课程已经成为一个重要的教学领域，能使年轻人了解世界文化，并培养他们对其他文化的认同感和对多元文化的欣赏。语言课程还能够帮助学习者培养全球意识，这对于 21 世纪的技能培养是十分必要的，因为我们的世界即使和十年前相比，也已经变得更小，更密不可分。数字技术让学习者可以用真实的语言在真实的文化环境里倾听和互动，语言教师不再是唯一的语言和文化来源。数字技术也让语言教师可以利用网络来延伸课堂教学,从而使学生用目的语、目的语文化互动的时间成倍增加。

《面向世界的语言学习标准》重新定义了文化和语言学习其他各个方面之间的关系,并提升了文化在语言课程中的重要性。文化标准在其他四个标准中,起到贯穿作用。语言教学中的文化目标包括两个方面:

文化习俗和文化观念相关联:学习者运用目的语调查、解释并思考目标文化中文化习俗和文化观念之间的关系。

文化产物和文化观念相关联:学习者运用目的语调查、解释并思考目标文化中文化产物和文化观念之间的关系。

有效的沟通是由文化得体性和敏感性决定的,文化贯连可以丰富语言教学与通识课程的联系,新的语言可以让我们接触到嵌入在另外一种文化里的信息、观点和观念。语言之间的比较为我们揭示了一系列文化定义下的表达模式和观察世界的方式,并且帮助学生更加深刻地理解目的语文化和自己国家的文化。社区标准则鼓励学生在课堂外直接、持续地运用自己所学到的语言和文化。

文化是语言学习中最为重要的语境。正如兰格(Lange,1999:47–48)指出的:"新的标准将文化作为外语学习的主要内容,并将其置于核心位置。"《面向世界的语言学习标准》本身也明确地指出:在现实中,外语课程的真正内容并不是语法和词汇,而是通过这种语言所表现出来的文化。

在综合的、基于沟通的中小学外语课程中,一般来说,选择文化相关话题至少有一部分是基于以下原因:这些话题可以促使学生使用目的语进行交流,而且话题本身可以激发学生的阅读兴趣和就所呈现的话题和主题展开讨论的兴趣。对目的语文化的兴趣能够激励学生学习和练习语言。此外,当学习者开始对两种文化进行比较,开始去理解目的语文化中的观点和使用目的语表达的观点时,语言课堂中的文化元素能够帮助他们更好地理解他们本国的文化。

在选择教学中使用的文化相关信息时,比沟通更为重要的是班级中学生的兴趣和他们所处的身心发展阶段。第二语言的习得和"第二文化"的习得很可能同步进行。很多类似的标准都适用于这一过程。因此,如果文化信息、习俗与学生经历相差太远或者看上去滑稽甚至怪异,那么他们将无法理解,也不会接受。对于自己不感兴趣、没有切身体会的内容,学生也不会乐于去学习。同样,学生也不太可能"习得"目的语文化中主要影响成年人的那些文化信息,因为他们尚未接触到成年人文化,即使是自己本国的成年人文化也时常会让他们感到困惑。儿童的语言习得主要依靠有意义的、在沟通中实现的语言体验,而不是依靠从别人口中得到的经验。同样,儿童在了解新的文化的过程中,也是依靠有意义的体验去感知那些适合他们的年龄层次、兴趣和课堂环境的文化习俗和现象。

7.1.1 文化三角

针对文化目标,《面向世界的语言学习标准》为我们将文化融入语言课堂提供了额外的、更具挑战性的视角:了解和理解其他文化。虽然目标本身看起来十分笼统,但是与之相关的两个标准却使我们的思考方式发生了巨大的转变。

依据标准中的定义,文化包含了哲学观念、行为习俗以及有形和无形的社会产物。图 7.1 描述了这三个要素之间的密切关系。

下面这个例子也许有助于解释文化三要素之间的关系。鼓是一种文化产物,是美洲原住民文化中常见的手工艺品,有时也是游客买来作为玩具送给孩子的旅游纪念品。鼓也是一种文化习俗,一群鼓手围坐在一面大鼓周围,击鼓,吟唱,这是一种仪式。鼓作为产物和习俗都反映了一种观念或价值观,即大家聚集在鼓的周围,分享传统的仪式、韵律和舞蹈。如果只是把鼓作为一种文化产物来呈现,不去考虑它存在的背景和它承载的价值,那么鼓的意义就完全丧失了。

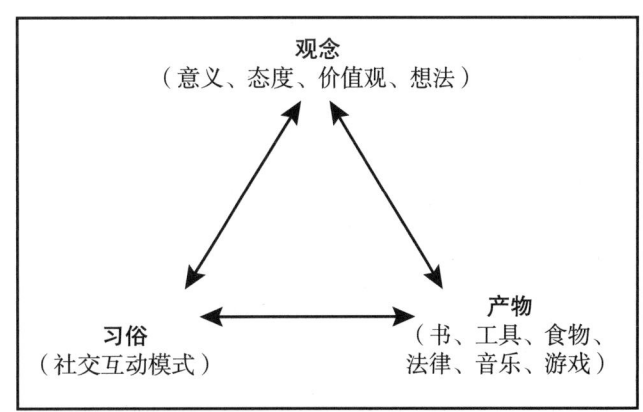

来源:全美外语教育标准项目(2006),已获 ACTFL 许可使用。

图 7.1 文化三角

另外一个例子来自德国。美国游客到德国的各大城市旅游,往往会发现与美国的大多数汽车相比,德国的汽车体积都很小,而且停在人行道上的汽车随处可见,这让他们感到惊讶。这种体积很小的汽车是微型汽车,它尤其适合停在狭小的空间。在这个例子中,微型汽车是文化产物,在人行道停车是文化习俗。如果我们意识到很多德国城市的市中心保持着或修复成几个世纪之前的样子,道路狭窄,没有足够的停车空间,我们就形成了文化观念,我们由此可以看出德国人珍视历史的文化观念。

7.1.2 建构文化观念

在语言习得的早期阶段,学习者(尤其是年幼的学习者)可能会通过对文化产物和习俗的关注,最终建立起对文化观念的理解。文化的"缘由"体现在产物和习俗中。年幼的孩子,即便是在他们的第一语言中,可能也无法理解这些"缘由"。在处理文化标准时,教师要注意他们融入课堂中的文化产物和习俗所呈现出来的文化观念。文化标准对于教师是一种挑战,我们要围绕这些观念设计教学。在早期语言课堂，我们通过让学习者体验那些已经浸入到语言课程方方面面的文化产物和习俗，奠定理解文化观念的基础。

杰茜卡·哈奇（Jessica Haxhi）和她所教的五年级的学生，依据文化三角对所学的与日本文化有关的事物进行了总结（见图 7.2）。尽管日语课通常是全日语授课，但是此次讨论是用英语进行的。

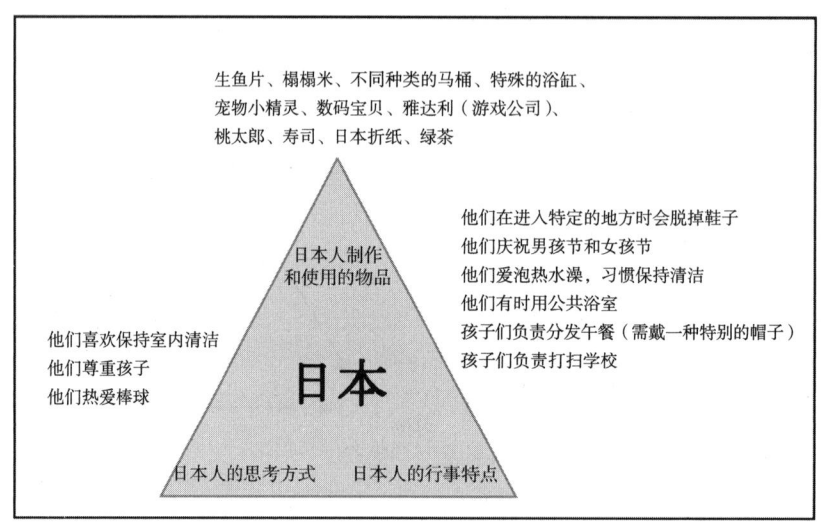

注：已获杰茜卡·哈奇（Jessica Haxhi）许可使用。

图 7.2　文化三角头脑风暴

请注意哈奇（Haxhi）为了便于孩子们理解，重新命名了文化三角中的三个要素：日本人制作和使用的物品、日本人的行事特点和日本人的思考方式。这些头脑风暴的结果显示，通过对文化产物和文化习俗的丰富体验，学生（在一定的提示下）已经能够辨识文化观念。

7.1.3　创造与文化相关的体验

对目的语文化中的产物和习俗的体验，可以从第一堂语言课开始，并且贯穿所有课堂活动。例如，德语课上，学习者从第一天起就在学习问候别人时伴随握手仪式（标准 2.1）。年幼的学生在刚开始学习西班牙语时，可以先学习墨西哥国旗的颜色，再学习如何将这面国旗放置在北美地图中墨西哥的位置上（标准 2.2）。法语初学者可以在愚人节将鱼形物体贴在他人的背上（标准 2.1）。日语教师可以鞠躬问候学生，并让学生以同样的方式彼此问候（标准 2.1）。学习中文的孩子可以学习中国人表示数字的手势（见 http://chinatravelgo.com）（标准 2.1）。德语课上，学生很早就可以学习按压拇指祈求好运，或者用敲桌子替代鼓掌表示赞同（标准 2.1）。这些体验都不需要详尽的解释，但是每一次体验都更进一步地加深了对日常环境中另外一种思考方式和另外一种行为模式的认同（见图 7.3）。

很多文化习俗都能够轻松地融入常规课堂教学中。教师可以使用某种文化中特有的童谣来决定接下来将由谁来背诵，或选谁参加游戏。在日语课上，如果游戏出现平局，可以用"石头—剪刀—布"来决定胜负。学生想要回答提问时，在法语课上要学着举起两个手指，而不是挥动整个手掌；但是在中文课上，可以在举手的同时，将左手放在举起的右手的手肘下，举起的右手手掌朝左。

简单的手工和食物游戏可以让学生体验目的语文化中长久以来形成的文化产物，其中一些同时符合标准 2.1 和 2.2。例如，全班一起做一个皮纳塔玩偶（piñata）[1]，然后将其打碎，或者自己用纸袋做几个皮纳塔玩偶。这样学生就有机会在新的活动中使用语言，并且体验目的语文化中的日常庆祝方式。课上可以让学生体验某个特定目的语文化中的节日庆祝活动，如很多德语、法语和西班牙语国家在大斋期前的狂欢庆祝。这些庆祝活动通常是从制作面具开始的。日语课上，学生可以学着按照指令完成折纸，然后用他们的折纸作品装饰教室。也有一些活动是和食物有关的。例如，在德语课上，准备一个馅儿露在外面的三明治，然后右手拿刀，左手拿叉，把三明治吃掉。这样学生就能够体验不同文化在食物制作和就餐习惯上的差异。在中文课上，学生可以学习煮面条，然后用筷子吃面条。

图 7.3 "贴鱼"游戏[2]

这些手工和食物活动会成为语言体验故事、写作或模仿活动的焦点。它们可以作为模仿活动的主要特色，也可以作为学生自己准备的短剧或表演给家长的节目的开端。无论是全班同学一起庆祝，还是邀请其他班级的同学或嘉宾一起参与，为节日所做的准备，例如制作皮纳塔玩偶、纸花或面具，最后都会出现在这些节日庆祝活动上。这些节日庆祝活动是接触目的语文化习俗和产物的有效途径。同时节日庆祝活动也应该和文化观念联系起来，并予以强化，这样学生才能够理解"原因"与"事物"和"方式"之间的关系。

使用多种代表目的语文化的视觉教具，能够帮助学习者对使用目的语的广阔世界产生兴趣。海报和公告板可以使学生意识到目的语文化背景。目的语文化中的杂志和漫画书可以用来解释词汇，或者发布公告。目的语文化中的硬币可以用作数学游戏的筹码，或者当作棋类游戏的棋子，这样可以让日常的文化物品具有真实感。在学习中心、教室里专门的外语角或者图书馆，

---

[1] 皮纳塔玩偶流行于墨西哥，每到节日、生日或其他喜庆的日子，人们用泥巴或硬纸糊成彩色玩偶，玩偶内装满糖果、玩具等物，让人蒙上眼睛用棍棒击打悬挂起来的玩偶，直到击破，大家争相去捡散落一地的糖果、玩具，预示着能有好运气。——译者注

[2] 在 4 月 1 日做"贴鱼"游戏，让学习法语的学生体验法国文化。

学习者都会接触到棋类游戏、智力玩具和图画书，这会让他们了解目的语文化中孩子们的日常生活。同时，学习者也能够体验到一小部分目的语文化中的日常生活。

当乔·埃伦·黑格（Jo Ellen Hague）访问巴黎时，她为班里的学生创造了精彩的文化资源。她将班级吉祥物（青蛙古斯塔夫）带在身边，在很多不同的地点给古斯塔夫拍照，如：古斯塔夫在巴黎圣母院的照片，古斯塔夫盯着法式甜点看的照片。让学生看到熟悉的吉祥物在目的语文化中的照片，会使这些照片中陌生的地点看起来更加真实可信。

塔米·丹恩（Tammy Dann）利用自编故事中的人物使文化教学更具针对性。这些故事中的人物通常与她的学生们年龄相仿，他们会帮助塔米（Tammy）用更有针对性、更有意义的方式讲授西班牙语国家的文化。通过数字媒体和视频，三年级的学生们认识了一个居住在西班牙格拉纳达的小女孩安娜（Ana）。安娜（Ana）带着孩子们游览了她居住的城市，并且给他们讲解，她妈妈是如何在专卖店和街边的杂货店购买日常用品的。孩子们用自己的经历与安娜（Ana）的经历比较。安娜（Ana）和她的表姐特雷莎（Teresa）会出现在每个单元里，而孩子们也很期待从同龄人那里学习词汇和文化信息。埃琳·哈里斯（Erin Harris）帮助年幼的学生探索波多黎各是如何庆祝狂欢节的。通过制作维吉甘特（Vejigante）面具，学习者形成了与当地文化之间的联系。然后他们在脚手架式辅助下描述自己的面具（见图 7.4）。

7.1.4　比较文化

在与教师一起学习目的语文化习俗、产物和观念时，学生自然会开始将这些新学的文化与自己的文化进行比较。教师可以鼓励这样的比较，帮助学生逐步了解文化行为是系统的，并且由该文化中的观念支配。有了足够的体验和指导，学生可以就广义的文化提出假设，同时将自己的文化作为诸多文化中的一种加以反思。

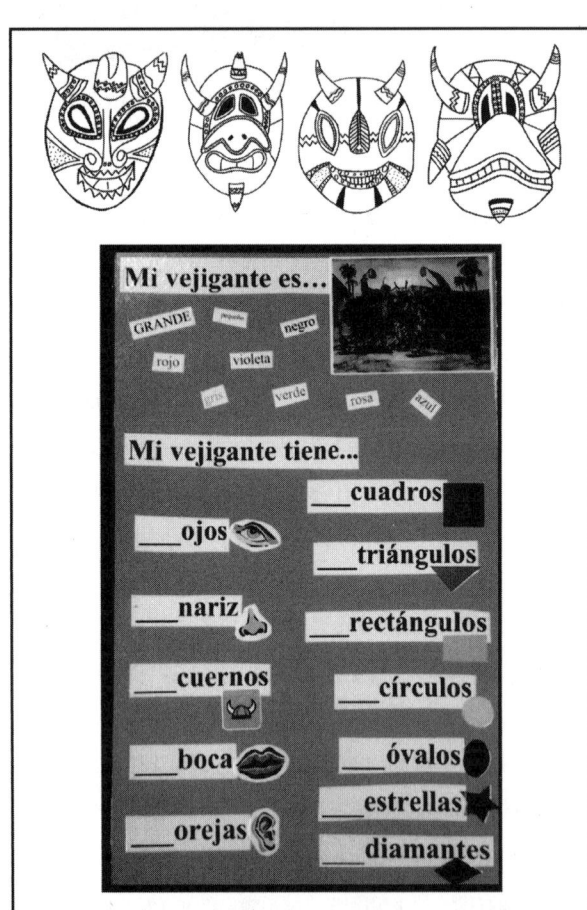

注：已获埃琳·哈里斯（Erin Harris）许可使用。

图 7.4　用于维吉甘特面具描述的脚手架式辅助

这种文化比较可以通过对比世界地图来实现。为美国人设计的地图通常将北美洲放在中心位置，为欧洲人设计的地图则把欧洲放在中心。同样，为亚洲人设计的地图会把亚洲放在中心。引导学生注意这些对比会让他们理解为什么每一种地图安排都是相对的，只适合特定的人群。

杰茜卡·哈奇（Jessica Haxhi）以一部广受欢迎的日本电影《龙猫》为例，引出一系列文化上的对比。《龙猫》围绕着一只毛茸茸的、只有孩子才能看得见的小动物，讲述了它和两个小女孩的冒险故事。课上的其中一项活动是比较日语名字中不同的后缀。然后，全班一起制作一张对比表格，一栏是"电影中小女孩的家"，另外一栏是"我的家"。学生根据在电影中看到的，分别在两栏里画出床、浴缸、桌子、餐具等物品。这是一种很好的对比方式，可以避免类似"日本家庭""美国家庭"这样的泛泛之谈。

珍妮特·鲍里奇（Borich，2001：19）设计了一个教学单元，提供了诸多进行文化比较的机会（尽管她最初的目的并非文化比较，而是将文化与其他学科联系起来）。她组织二年级的学生进行了一次幻想之旅，从他们的家乡艾奥瓦州来到拉丁美洲的尤卡坦半岛。他们沿路有很多机会去对比各种文化元素：气候差异下的季节概念、庆祝生日的方式、食物的种类，以及乡村和城市里房屋的式样。教师鼓励孩子们用记日记的方式反思这些文化体验："在尤卡坦州，梅里达是一个大城市，而蒂努姆是一个小镇。这两个地方的房屋有什么特点？在尤卡坦，玛利亚如何庆祝生日？"这些体验帮助学生观察异同，避免仅凭第一印象得出草率的结论。

正如上述例子中所描述的，学生在教师的指导下，用目的语对文化体验和文化观察进行深入反思，这为他们提供了意义构建的机会。我们并不能指望一个理解某特定文化的人仅通过一次讲座或多媒体展示就能够"传递"对该文化真正的、个人的理解。文化的传递需要借由个人对文化产物和习俗的体验、对不同观念的认知和对文化三要素的对比来实现。比较标准可能正是学习文化的关键。

7.2 识别可将文化融入教学中的资源

很多教师发现将文化和文化体验融合起来是他们教学中最具挑战性的任务，因为他们缺少亲身经历，无法提供丰富的背景知识参照。即使是那些在国外居住过很长时间，甚至是在国外长大的教师，也很难把握语言教学中的文化内容应该从何入手。下列内容可以作为将文化融入课程计划的切入点。

7.2.1 找出适合各单元和各课的文化信息

在考虑一个主题单元可以融入哪些文化信息时，我们可以从文化产物和文化习俗入手。例子如下：

文化产物

- 与学习者兴趣相关的旗帜和徽章
- 与节日相关的象征物
- 好运和噩运的象征物
- 动物的象征意义
- 历史或神话中的英雄
- 视觉艺术作品（艺术家）
- 文学
- 儿童歌曲、童谣、游戏
- 故事和传奇
- 民间艺术
- 货币、硬币、邮票和其他实物教具
- 重要的国家或地理标志物
- 舞蹈、音乐
- 食物
- 服装
- 家/房子/公寓
- 社会和经济体制
- 音乐录像
- 文化基因和其他通过社交网络工具共享的图片和文字
- 电影和电视节目

文化习俗

- 问候方式
- 手势
- 与节日相关的传统和习俗
- 节日庆祝方式
- 手势的运用和人际距离（对话者之间的距离）
- 饮食和饮食习惯
- 购物
- 对空间的利用
- 就餐习惯/餐桌礼仪
- 面对各类事件的社会行为
- 最喜爱的娱乐活动
- 家庭和学校生活
- 表示礼貌的方式
- 宠物的种类和对待宠物的态度
- 孩子和家庭如何迁徙

文化观念

- 对家庭的重视程度
- 对时间的不同态度（对准时的重视程度）
- 对金钱和物质的重视程度
- 性别角色（母系社会/父系社会）
- 对语言的重视程度（双语）
- 注重个人/注重集体

以上各项内容都可以作为一个主题单元的切入点或教学元素。

儿童文学，如民间传说、童话故事、当代儿童书籍、歌曲、童谣和手指游戏，都是宝贵的文化信息资源。使用目的语文化中专门为儿童设计的文学作品可以让目的语学习者直接获取文化体验和文化态度，从而获得与在目的语文化中长大的孩子相似的经历。找出并使用目的语文化中原汁原味的故事可能是最有价值、最成功的文化活动。

7.2.2　故事与文化

故事或叙事，是体验文化的有力工具。通过讲故事、读故事或把故事改编成戏剧，我们可以分享神话和民间传说中隐含的文化价值和概念，使之成为学生童年经历中的一部分，为以后更深层次的理解奠定基础。此外，如第6章所述，故事对帮助学习者接触思想和情感尤为有效。有关历史人物或传奇英雄的故事蕴含着在特定文化中被珍视的个人品质和行为。实际上，故事是连接产物、习俗和观念的最佳方法，简而言之，它是对文化观念的表达。与母语和母语文化一样，童年时期接触到的故事会为文化洞察力和文化敏感行为奠定基础。

使目的语文化中的物品或实物教具具有意义的最佳途径之一是将其编进故事里，并将它与特定文化习俗联系起来。例如，乔·埃伦·黑格（Jo Ellen Hague）就根据法国国王饼的传统编写了一个故事，让她所教的幼儿园的孩子们永远不会忘记法国文化中的这一习俗。她不仅给学生讲解三王节庆典中的国王饼和其他文化传统，还让学生"烘焙"一个假想的国王饼。学生轮流将假想的原料放进画在纸上的碗中，按下"搅拌器"的开关，机器在搅拌原料时发出"嗡嗡声"。每个孩子都参与其中，他们把每种原料都在班里传递一圈，然后将它加到面糊中，并唱一首与饼有关的歌曲。最后加进去的原料十分重要，是一颗豆子。乔·埃伦（Jo Ellen）将假想的面糊倒入画在纸上的蛋糕烤盘中，并将其放进纸板做的、有铰链门的"烤箱"中。

在"烘烤"国王饼期间，学生唱了另外一首歌，同时对正在烘烤的国王饼满怀期待。当国王饼出炉时，竟然奇迹般地已经烤好了——这就需要教师用一些小花招，在关烤箱门时，提前将硬纸板做的国王饼放在烤盘上。现在有四大块国王饼放在纸板做的桌子上，四个人围坐在桌旁，他们是：父亲、母亲、姐姐和哥哥。在自己的那块国王饼中找到豆子的家庭成员，将成为今天的"国王"或"女王"。

教师让学生举手表决，预测哪块国王饼中藏有豆子，并记下票数。接下来，他们依次查看每块国王饼的下面，看看哪块藏着豆子。找到豆子之后，就把王冠戴在那位家庭成员的头上，然后大家一起鼓掌。

洛丽·兰格·德–拉米雷斯（Lori Langer de Ramirez）制作了一本图画书，介绍墨西哥万圣节庆典中的文化产物、习俗和观念。她的这本名为《我的奶奶不在了》的图画书（见图7.5，查看全文可登录http://www.miscositas.com）讲述了一个小女孩悼念她去世的奶奶的故事，同时介绍了她的家庭里关于亡灵节的一些传统。

学生在读故事的同时，开启了奇幻的墨西哥之旅，尝试自己制作"祭品"（西班牙语

ofrendas)[1]。与看一段视频或读一些关于亡灵节的非虚构类文学作品相比,这个故事让学生更加深刻地了解亡灵节。

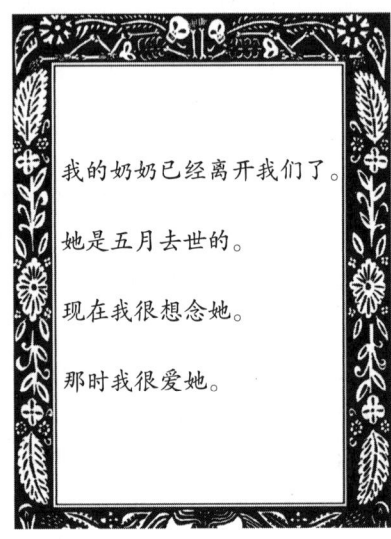

图 7.5 《我的奶奶不在了》

7.2.3 艺术与艺术家

视觉艺术以多种方式吸引学生对文化的关注,而且艺术几乎在任何语言活动中都能够发挥作用。例如,我们可以使用名画的复制品来解释词汇、概念,或者用作艺术角活动的道具。著名艺术家的故事往往会吸引学生,激励他们去更多地了解这位艺术家的作品、人生和生活环境。一些教师将关注点放在某一位特定艺术家的作品上,让学生在创作自己的作品时模仿这位艺术家的风格。这个关注点可以作为整个单元的主题中心,融入对颜色、描述、形状和艺术手法的学习。

艺术家主题单元的第一个步骤是由教师介绍一位艺术家,也可以讲一个能够体现其精神的故事,然后展示几幅这位艺术家创作的作品。通过这样的方式,学生可以获得许多使用语言的机会:描述他们所看到的事物,找出作品中特定的物品或元素。如果作品是现实主义风格的,学生可以描述或找出作品中体现现实感的元素。如果是其他风格的作品,学生则可以解释他们是通过什么线索找出作品所要表现的内容。在这一阶段,学生开始熟悉讨论艺术设计基本元素会用到的词汇。

例如,在学生讨论过多幅弗朗兹·马克(Franz Marc)的作品后,他们可以用同样的风格创作自己的作品。教师可以举办一场画展作为这类主题单元结束时的一个高潮活动。每位学

---

[1] 由于这项活动涉及的话题比较敏感,学生可以自行选择悼念的对象——已经去世的一位家庭成员、宠物或名人。

生为自己的作品命名，然后简短地口头描述一下这幅作品及其主要特点，就像参观画廊一样。

有些艺术家的风格尤其适合开展此类活动。弗朗兹·马克（Franz Marc）创作了大量动物为主题的作品，其中大部分作品色彩明快。费尔南多·博特罗（Fernando Botero）的大部分作品以其独特的风格描绘日常生活中常见的事物，如动物、街道、房屋和人。葛饰北斋（Katsushika Hokusai）的作品描绘的是典型的日本风景——尤其适合学习有关天气和季节的词汇。胡安·米罗（Joan Miró）的绘画风格易于学生模仿，而马蒂斯（Matisse）的很多作品都适合用来开展创造性的模仿活动。开展这类的艺术活动，并不需要教师具备专业的艺术知识。在很多为儿童编写的艺术书籍中都能找到相关的实用信息，可以帮助教师设计这类艺术主题的单元课程。

如今，为课堂教学寻找艺术作品是再简单不过的事情。博物馆的商店里经常能找到适合儿童的艺术书籍，或者以某位艺术家的作品为主题的日历特辑——而且这些商品通常在一月或二月打折出售。当然，网上可以找到任何艺术家的作品。

7.3 幻想体验／幻想旅行／虚拟旅行

即使是面对语言背景知识非常有限的学生，我们也可以在课堂上开展大量的文化体验活动。结合幻想、文化、故事形式和 TPR，教师可以在学生和目的语文化之间建立起生动、鲜活的联系。与模仿活动一样，幻想体验能够将学生置身于一个复制了目的语文化重要元素的环境中，让他们有机会体验新的感受、各种状况的新的组合形式以及常见问题的新的解决办法。安德拉斯·贝克（András Beck）是西班牙的一位幼儿英语教师。他给我们讲述了他所教的五六岁的孩子们的趣事。当他告诉孩子们将要开始一段前往澳大利亚的奇幻之旅后，孩子们在第二天带来很多三明治，因为他们以为要开始真正的旅行。在奇幻之旅的旅途中，他们在去海滩见圣诞老人的途中吃了三明治。当然，澳大利亚的天气是海洋性天气，不像西班牙那么寒冷！安德拉斯（András）说，他的学生们在活动结束后还不停地要求回到海滩！

下面将要描述的奇幻体验结构性很强，需要教师去掌控，适用于早期阶段的语言教学。人们通常认为语言教学的早期阶段很难用目的语讲授与目的语文化相关的内容，但是将这种方法稍加改变和调整之后，它可以适用于语言教学的各个阶段。

7.3.1 第一堂课上的幻想活动

幻想体验可以从第一堂课开始。伴随着柔和的巴洛克风格的弦乐，教师让学生将自己想象成身处目的语文化中的学习者，并且选择一个名字，在这门课上将一直使用这个名字。学生闭上眼睛，听老师先是充满感情地念出一串名字，然后再用愤怒的语气念一遍。这样学生就会知道老师如果生气了，会用怎样的语调念这些名字。最后，学生睁开眼睛，第三次听老师念出这些名字。当他们听到自己喜欢的名字时，就举手示意。如果两个或更多学生选择同一个名字，老师就继续往下念，直到每个名字只有一个学生选择。如果有些名字太受欢迎，多名同学都想选择，老师可以让几名同学使用同一个名字，或者干脆从列表中删除这个名字，让学生另做其他选择。

这项活动将背景音乐和想象联系起来，同时让孩子们有机会迈出文化体验的第一步，开始认同新的文化、新的思考方式，甚至新的称呼。

7.3.2 语言习得早期阶段的幻想活动

下面将介绍一个备课计划，适用于早期阶段语言教学的简单的幻想体验。伴随着背景音乐，教师告诉学生自己非常疲惫，并且带领他们一起伸懒腰、打哈欠、将头枕在胳膊上、闭上眼睛、开始睡觉（甚至打呼噜）。教师倒数计时，提醒孩子们睡觉，甚至打呼噜（也可以不打呼噜）。7点钟时，教师播放录制好的教堂钟声（反映德国文化）或者让闹钟响铃，然后引导学生起床、（再次）伸懒腰、洗脸、刷牙、穿衣服、整理床铺，然后坐下吃早饭。如果课堂上允许吃东西，就以一小份欧式早餐结束这次的幻想体验，或者也可以用哑剧的形式表演离开家门，去参加其他活动。

7.3.3 飞机旅行幻想

如果想要尝试更长时间的幻想体验，可以带领学生开启一段旅程。发给学生护照和机票，准备去德国、中国、哥伦比亚、塞内加尔或者任何一个能够使用所学语言的地方"旅行"。除了巴洛克风格的背景音乐之外，教师还要用胶带在地面勾勒出"飞机"的轮廓。这会占用教室里大部分的空间，尤其是当班级人数较多时，要根据人数的多少决定是将椅子排成两排还是四排，并且像真正的航班一样，在椅子上标出字母和数字。在飞行体验中，将使用真正的航空票夹（制作过程见 http://omatic.musicairport.com）、行李牌、航空呕吐袋、机上杂志以及飞机上其他常见物品作为实物教具。教师引导孩子们向空乘人员出示机票和护照，寻找座位，系好假想的安全带。当然，孩子们也会被告知禁止吸烟，并且参与飞机起飞前的所有其他活动。在飞行过程中，孩子们从假想的窗子望出去，会看到画好的云朵和其他飞机。遇到气流时，教师带领学生轻微摇晃。当教师大声要求孩子们假想自己胃不舒服时，他们可以在幻想体验中使用真实的航空呕吐袋。在幻想体验的扩展活动中，教师也可以分发航空餐，把半个三明治、一份泡菜、一份水果、一颗薄荷糖或一块饼干放在小托盘上，用塑料食品保鲜膜包好。他们甚至可以看一小段有关目的地的机上电影（http://www.miscositas.com 或 http://www.youtube.com/miscositastv 提供西班牙语、法语和中文的机上电影）。然后，教师引导孩子们闭上眼睛，开始睡觉。在这一过程中，教师倒数计时，并提醒学生不同时区的时间变化。最后，孩子们抵达目的地，面对着抵达城市的大幅图片大声欢呼，并且在教师的指导下观看和寻找这个城市的地标性建筑。经过这次体验活动，全班学生通常会记住这种仿佛真的坐着飞机去远方旅行的感觉。作为飞机旅行的后续活动，全班学生可以一起编写一个语言体验故事，或者在明信片大小的纸板上画下旅途中的见闻，假装在目的地写下几句话，然后寄回家（见图7.6）。

当乔·埃伦·黑格（Jo Ellen Hague）想让她幼儿园班上的学生体验巴黎的气氛时，她让班级吉祥物青蛙古斯塔夫加入了飞行活动。实际上，是由班级里的一个孩子扮演飞机，将青蛙古斯塔夫固定在这个孩子的衣服上，这个孩子载着它在教室里转上一圈，就从佐治亚州飞到了巴黎!

图7.6　飞机幻想体验[1]

7.3.4　轮船旅行幻想

另外一个幻想体验发生在一艘行驶在德国莱茵河上的轮船上。幻想体验同样是伴随着巴洛克风格的音乐进行，使用便宜的太阳镜和简单的纸做的相机作为道具，并且在地面上用胶带勾勒出轮船的轮廓。在教师的指引下，学生用硬币买票，把船票交给乘务员，然后登上轮船。在轮船沿着莱茵河行驶的过程中，学生按照要求走向甲板的左侧和右侧，观赏并指出沿岸的城堡和其他地标性建筑，并且来回传递相机，为莱茵河沿岸有特色的景物"拍照"。如果需要快餐的话，可以选择一些手抓食物、冰激凌或果汁。在莱茵河之旅结束一两天后，学生可以观看一组真实的莱茵河旅游幻灯片，再次指出他们曾经看到过的地标性建筑，或许还可能在莱茵河游客照片中找到自己和班里的同学（当然，尽管实际上他们不可能出现在照片里，但学生常常还是能在照片里的一大群人当中"找到"自己）。

7.3.5　利用谷歌地图进行虚拟旅行——目的地中国

尼克·斯塔法（Nick Staffa）利用谷歌地图帮助学生实现幻想体验。

---

[1] 几件道具就可以营造出有助于文化和语言习得的幻想环境。

我带着我的学生们进行了一次前往中国的虚拟旅行。步骤如下：

首先，登录谷歌地图，与学生一起将所有想"去"的地方保存到收藏夹中，以便在"旅行"中可以轻松地前往这些地方。在收藏这些目的地之后，就可以开始虚拟的校外考察之旅了。要确定将你的学校也保存在收藏夹中。从外太空（打开谷歌地图后显示在屏幕上的第一个画面）开始，告诉学生你将和他们一起踏上一段旅程，但是在行程开始之前要先做好准备。然后，点击打开你预先设置的收藏夹，将屏幕上显示的画面从外太空拉近到你的学校。这样做会为旅程的开始增添一些"惊奇"的元素。你已经给学生讲解过这些国家、城市、地标性建筑以及相关的关键词了，例如：

"你想去哪里？"

"我想去……"

"你想做 / 看什么？"

"我想做 / 看……"

"我们现在在哪里？"

"我们现在在……"

"你看到了什么？"

"我看到了……"

从这一步骤开始，行程由学生主导，你只要跟随着就好。地图上大部分的地方都有很多泡状对话框，你可以点击观看全景图，会有身临其境的感觉。例如，你可以点击参观铺着玻璃地板、360度全景镜头的上海东方明珠塔塔顶观景台。在台湾，台北101大楼是一栋非常高的大厦，过春节的时候可以在此观看焰火。这类地方有助于学生学习表示方向的词汇，从一个城市 / 地方到另外一个城市 / 地方会用到的表示主要方位的词汇，以及描述图像时会用到的形容词。

在虚拟旅行结束后，你可以飞回出发地，并就此次旅行展开讨论。学生可以和你分享在旅途中令他们印象深刻的事物，以及旅途中他们喜欢什么、讨厌什么。这是一次极好的学习体验，为将科技融入《21世纪技能》和基于实际语言应用能力的语言学习提供了丰富的语境。

7.3.6 其他幻想体验

其他可能的幻想体验场景还包括坐巴士或步行游览巴黎、开罗、马德里、东京、柏林或北京等沿途有重要旅游景点的城市。也可以在教室的中央用胶带贴出一条"流淌"的河流，幻想是在加拿大乘独木舟沿河顺流而下，两岸时常有动物在树林里出没。类似的体验还可以发生在卢瓦尔河或巴黎的游船上、亚马孙河的木筏上、尼日尔河的独木舟上或者香港的帆船上等等。幻想的地铁之旅也会十分有趣，而且具有教育意义，尤其是在配有录制好的真实的地铁列车声音的情况下。也可以幻想体验一次在上海的中餐之旅（见图7.7）。艾奥瓦州的珍妮特·鲍里奇（Jeanette Borich）制作了一架纸飞机，带领着她教的幼儿园和小学一年级的孩子们坐在这架纸飞机里进行了一次奇幻之旅。

在有些幻想体验中,如飞机旅行或简单的早餐情境中,所有的学生可以同时参与体验。但是在其他幻想体验中,仅能有几名学生参与体验,其他学生则在一旁观看。同一次体验可以多次重复,每次由不同的学生参与。每一次的剧本也会略有不同,以便让学生在多次重复的过程中依然能够保持注意力集中。例如,在一次柏林幻想体验的过程中,几名学生站成一排,按下电梯上下按钮,进入电梯后选择正确的楼层按钮,然后按键,抵达观景台。此次幻想体验可以设计多种情境,例如,电梯门无法打开或中途卡住,一名学生掉队,一名学生(或老师)的手或衣服被电梯门夹住。教师引导学生在相似的情境中表演不同的活动。在电梯幻想体验中,需要准备的道具只有用胶带贴出的电梯、电梯外的上下按钮和电梯内的楼层按钮。(将胶带从地面暂时揭开,代表电梯门"打开"。)当电梯快速上升到很高的位置时,电梯里的乘客可能会感到胃不舒服(见图7.8)。

图 7.7 幻想体验——吃中餐

图 7.8 即便是在教室里,也可以"制作"一部电梯用于虚拟旅行或幻想旅行

7.3.7 设计幻想体验

教师在设计幻想体验时,要考虑以下关键因素:
1. 在开始大型的文化体验之前,先进行一些时间较短的文化体验。
2. 选择的背景音乐应该是常见的、不会产生干扰的(巴洛克弦乐非常适合)。
3. 用实物搭建场景,可以使用胶带、椅子或其他实物。
4. 选择可能产生戏剧效果的文化特征。
5. 所选择的主题要能够在戏剧场景中融入动作、道具和声音。
6. 设计场景的顺序,要包括开头、中间和结尾。
7. 要融入幽默和惊喜的元素。
8. 不要使用过多的道具,仅选择几件合适的即可。
9. 使用熟悉的指令,或者在体验开始前认真介绍新指令。
10. 为接下来的课堂时间设计自然沟通的后续活动。

上述幻想体验活动能够为学生提供生动的、难忘的目的语文化体验。因为幻想需要暂时放下怀疑，所以教师不能过多地使用大型幻想体验，否则将会失去其独特之处。即使是再精心设计的幻想体验，如果频繁地使用，学生暂时放下现实开始幻想的意愿也会减少。

7.4 全球意识与多元文化意识教育

7.4.1 全球意识与多元文化意识

早期语言课堂提供了一个特别有利的环境，向学生介绍世界文化的多元性。如果语言教师将学生关注的范围局限于使用目的语的某一个国家或地区，那么学生会错过接触多元文化的重要时机。美国小学里最常教授的几种语言几乎都是通行于多个国家的语言，而且这些国家的习俗和生活方式差别很大。如果教师通过课堂活动、视觉展示、歌曲、游戏、手工艺品、食物和其他体验将文化多样性带入课堂，那么课堂教学将会变得更加丰富。

如果教师利用每一次机会展示目的语国家与世界上其他国家之间的关系，那么学生的全球意识便会增强。例如，南美洲有很多德国人居住，当地与日本的贸易往来，或者法国探险家对美洲和其他地区的影响，都可以成为早期语言课堂上交流的内容。教师可以邀请曾访问过世界其他国家的目的语使用者，为全班同学展示幻灯片，并用目的语讨论他曾经访问过的国家。在语言水平较高的班级，教师可以和学生一起讨论发生在世界上某些地方的大事件对目的语国家的影响，以及对学生自己产生的影响。

以全球视角将文化学习扩展到文化观念和习俗领域，也有助于学生在更加广泛的背景下发现他们亲身体验过的本国环境和目的语文化之间的差异。学生不再只是看到冲突或非此即彼的选择，他们开始将自己的本国文化和其他文化看作是多种选择中的两种可能。

与其他课程的教师一样，语言教师在设计课程时也有责任对班级里和学生所处环境中的种族和民族多元化保持敏感。早期的语言课堂上，如果教师将精心设计的文化教学与全球意识、多元文化意识的教学目标结合，则有助于学生获得全新的、更加广阔的视角。通过学习接受生活在目的语文化中的某个人的观点，学生也能学着重视与他们自身的生活经历迥然不同的其他人的观点。

通过学习其他语言和了解他国文化，学习者将习得一些 21 世纪应具备的技能，这对于他们在全球环境下在生活和工作上取得成功至关重要。对文化的理解不仅能帮助学生在政治和经济层面做好国际化的准备，也有助于提高他们的生活质量。道格拉斯·布朗（Brown，1991：257）曾写道："语言是克服软弱的工具。我们的职业承诺从本质上驱使我们帮助这个星球的居民彼此沟通，探讨和平、友好以及生存在这个温柔脆弱的星球上的意义。"

7.4.2 班级交流活动

班级交流活动是将语言和文化目标相结合的有效途径。它为学习者提供直观的、从个人角度出发体验目的语文化的机会。它可以在一段时间内作为外语课程的核心,也可以作为任何课程模式的有益补充。

中小学语言教师可以与目的语国家的一位教师建立联系,尽可能选择相应年级的一位英语教师。两位教师可以一起为班级交流的一系列活动设定目标。班级交流活动的重点是班级内的小组活动,因此早期的班级交流活动并不包括结交笔友或网友。活动分两个阶段进行:第一阶段,每个班级为合作班级设计和准备活动;第二阶段,他们理解合作班级设计的活动并做出回应。下面我们将展示一个班级交流活动的范例。

纽约的一个七年级班级通过 Skype 与委内瑞拉加拉加斯的一个七年级班级建立联系。首先,学生在电子邮件中用西班牙语自我介绍,并互相问候。在邮件互动之后,教师访问了加拉加斯,并将带回的合作学校的纪念品作为礼物送给学生。几个月之后,学生参加了一次通过 Skype 举行的会议。会上,学生就彼此喜欢的活动、生日和其他信息提问(见 YouTube 上的 MisCositasTV 视频 "Skyping in Spanish Classroom",http://www.youtube.com/miscositastv)。

还有一些类似的例子。例如,纽约的一个六年级中文课班级与上海的一组学生通过电子邮件互动。纽约的学生通过 VoiceThread(一款应用软件,见 http://www.voicethread.com)设计了一系列展示环节,介绍他们的学校、家庭和他们最喜欢的活动,他们将展示的链接发给上海的学生。然后,上海的学生可以对这些展示的内容做出评论,两个班级可以就此在网上进行交流。最后,纽约的学生设计"图解博客"(见 http://www.glogster.com),并与上海的学生分享。这些内容丰富的虚拟展示能够帮助学生形成和表达自己的想法,同时也能够帮助他们在有趣、互动的情境中练习中文。

找到一个合作伙伴

如果希望开展班级交流活动,教师可以通过种种方法寻找合作伙伴。一些专业机构和期刊能够为教师提供与其他国家的语言教师结交笔友的机会,这些机会可以发展成为班级交流活动。很多学校和大学都有海外学习项目,参加这些项目的学生通常乐于充当联络人的角色,帮助建立班级交流活动。开展班级交流活动的最佳途径是在到目的语国家旅游的时候,与目的语国家的一位教师或一个学校建立联系。在班级交流活动开始之前,双方要充分地讨论活动目标。交流活动最好在秋季学期开始,这样才有足够的时间准备材料、传递材料,并在一学年结束之前对收到的材料做出回应。

班级交流活动也可以在形式上稍做改变。如今,科技让我们能够通过 Glogster、电子邮件问卷和基于互联网的视频聊天工具(如 Skype、FaceTime、Blackboard Collaborate、Adobe Meet、

Google Chat）交换数码照片、相关介绍（如多媒体文件、电影、迷你海报）。学生也可以使用网络工具（如维基或博客）共同设计活动，共享音频文件和播客。与使用目的语的几个不同国家建立互动关系，每年关注不同的国家，能够帮助学生发现使用同一种语言应对日常生活的不同方法。对于学生来说，与美国其他地区或世界其他国家学习同一门语言的学生互动，具有激励和启迪作用。因为学习者会发现，即使这些不同地区或国家的人使用的是同一种母语，其生活方式和习俗也不尽相同。

当然，班级交流活动也可以有更进一步的扩展。有时在这类活动开始之前，学生之间可以互相访问彼此的国家。一些教师曾指出带领少年儿童到国外游览大有益处。在某些情况下，与高年级学生相比，他们更容易想家，但也更容易接受这种家庭体验，同时，也更加不会抗拒国外旅游途中必须要遵守的规定和限制。五年级以下的班级交流活动通常都比较成功，因为参与的教师之间形成了紧密的合作关系，同时，教师与家长之间也建立了密切的配合。有着充分准备和监督的交流活动能为我们提供其他方式无法实现的语言运用和文化接触的机会。

让学生与目的语国家的同龄人接触能够以有意义的方式实现国家语言学习标准的目标。信息交换会产生比较，尤其是文化比较（标准 4.2）。学生为他人解释本国文化，并与合作班级的同伴一起比较文化的异同，这将加深他们对本国文化的认知。同时，他们得以了解合作班级的信息和观点（标准 3.2），并将语言学习延续到教室以外的场景中去（标准 5.1）。

卡片娃娃斯坦利——你去哪里了

《卡片娃娃斯坦利》（*Flat Stanley*）是杰夫·布朗（Jeff Brown）创作的一本儿童读物。它激发了教师和孩子们的想象力，人们甚至建立了几个与其相关的网站。它讲述的是一个被倒下来的布告板压扁的、只有大约半英寸厚的小男孩斯坦利的故事。不过斯坦利发现变成扁平的卡片人也有一些好处，可以被装到棕色的大信封里，游览整个大洲拜访朋友（见图 7.9）。

在卡片娃娃斯坦利的活动中，学生制作一个纸制或电子的卡片娃娃斯坦利，并与其他班级互相交换。他们有时会复制故事书上卡片娃娃"斯坦利"的形象，有时也会在纸片上画上自己的面孔。朋友们将前来拜访的斯坦利视为宾客，并用照片、明信片等在日志中记录下他来访时的重要事件。随后，这些记录会发回给制作斯坦利的班级的学生。有一些班级会将卡片娃娃斯坦利邮寄给全国各地的亲朋好友，也有一些班级将斯坦利作为与其他文化和国家的语言学习者互动的一种方式。我们有无数种可能通过类似的活动来学习地理和文化。卡片娃娃斯坦利网站提供了更加丰富的信息、照片和故事（见 http://www.flatstanley.net）。同时卡片娃娃斯坦利的 iPad 应用软件也提供了电子版的斯坦利（或斯特拉）形象，大家

图 7.9　卡片娃娃斯坦利

可以拍照或者通过安全的、学生感兴趣的社交网络平台共享。

7.5 附加活动

致力于为学生提供文化体验的教师一直在寻找能够与学生分享的、地道的游戏、歌曲、手工艺品、食物和习俗。下面列出的活动可能会对教师有所帮助：

1. 邀请外国游客或目的语使用者来班级里做客，分享他们的经历。在此项活动中要尽可能多地使用视觉教具和实物材料。
2. 学习并表演目的语文化中的民族舞蹈，进行歌唱游戏。
3. 在班级里庆祝目的语文化中的节日，尤其是那些本国没有的节日。
4. 如果可以的话，到一些能够反映目的语文化的社区、餐馆、博物馆或商店进行实地考察。
5. 请学生将在家里找到的与目的语文化或目的语有关的物品带到班级里来。很多学生变得善于在说明书、商店招牌和广告中发现目的语。学生或教师与全班同学一起分享这些物品，能够激励学生学习更多的语言。
6. 找出可能源自目的语的当地地名或附近地区的地名，并调查这些地名的起源。一些社区可能在目的语文化中也有对应的社区，或者本市与其他国家的城市是友好城市，教师可以利用这些关系开展活动。
7. 让学生浏览目的语报纸或杂志，寻找能够与他们在外语课或其他课上学到的概念相匹配的插图。
8. 从目的语文化或其他文化中找出一些寓言、民间传说和传奇故事，讲给学生听，或者大家一起读这些故事（均使用目的语）。
9. 找一本目的语文化中为儿童编写的、能够反映目的语文化现象的图画书，读给学生听。
10. 观看目的语文化中为儿童或青少年制作的录像。
11. 去超市或食品店，找出从目的语国家进口的食品。
12. 鼓励学生阅读目的语文化中有关儿童生活的虚构和非虚构类纪实作品。学校媒体中心的负责人通常乐于为每个年级的学生列出一张书单。
13. 从世界游戏大全中找出适合的目的语文化游戏，并将其融入教学单元和课程中。
14. 通过电子邮件或其他专业渠道，与目的语文化中的语言教师及其所教的班级建立联系。利用这些联系解答教师和学生关于目的语文化中人们日常生活的问题，彼此交换文化产物、儿童文学作品和最新的文化信息。
15. 订阅使用以目的语编写或者由目的语国家出版的杂志。这些杂志中既有针对与语言学习者年龄相仿的儿童的，也有针对父母和其他监护人的。这样可以让学生直接接触到地道的文化材料，也可以让教师深入地了解目的语文化中儿童的生活情况，以及他们关注的焦点。

16. 在动物主题单元中加入目的语文化中动物的叫声。这些声音能够增加趣味性，同时强化不同语言之间的差异。
17. 烹饪和品尝目的语文化中的传统食物和大众喜爱的食物。学生可以利用简单的古安系列法烹饪食物，并讨论与这些美食有关的历史、起源或庆祝仪式。
18. 分享目的语文化中的民间艺术，并探讨与这些民间艺术有关的传统、艺术家、历史及其重要意义。
19. 浏览目的语文化中为儿童和青少年制作的网站，并在这些网站玩在线游戏、看视频、读/听故事。
20. 阅读目的语文化中由学生创作的博客、维基百科条目或其他在线网页。在适当的情况下，全班一起回复网页上的帖子或对其做出评论。

技术探索入门

对于很多教师来说，跟上不断变化的年轻人的文化是一件十分困难的事情。年轻的语言社区成员用文化来定义自己。因此，教师如何查找自己从未体验或学习过的事物？如何讲授目的语环境下年轻人文化中的产物、习俗和概念三大要素？

下面列出一些例子，告诉我们如何帮助我们的学生与二语文化社区中的学生取得联系。

学生使用什么样的书包

对于孩子们来说，知道目的语文化中的孩子在使用什么样的学习用品是一件十分有趣的事情。学习用品能够反映当代文化中的装饰品趋势。学生可以访问购物网站，将网站上的学习用品与自己拥有的学习用品进行比较。同时，学生也可以举行一次评比，看目的语文化中的哪些学习用品在他们自己的班级里最受欢迎。学生或教师可以在互联网上搜索目的语国家中的书包。

当代图书文化

目的语国家的儿童都喜欢读哪些主题的图书？这些书是什么样子的？这是一个十分有趣的问题。美国的女孩子经常读乔妮·B. 琼斯（Junie B. Jones）系列读物，而男孩子常读《小屁孩日记》(*Diary of the Wimpy Kid*)。其他国家的孩子都在读些什么书？同样，我们也可以通过购物网站和儿童博客得到答案。

其他国家的快餐店都供应什么食物

从麦当劳的网站（http://www.aboutmcdonalds.com）开始，该活动会十分有趣。

从该网站学生可以找到链接，进入其他国家的麦当劳网站，也可以找到目的语菜单和广告。这是一个很好的学习工具！

> **班级采访互动**
>
> 学生组成两人小组或多人小组,在网上寻找一个目的语国家中与学习者同样年级的班级。学生用目的语设计在线采访的问题,将这些问题发给目的语国家的同学,考虑到时差,请对方有空的时候回答这些问题即可。在采访结束之后,用目的语写一张感谢卡发给对方。
>
> 详细信息请访问 http://broadyesl.wordpress.com(将文化带入课堂:跨国网友)。
>
> 我希望以上想法能够为你带来灵感,设计出一些有趣的活动,帮助你的学生学习目的语中同龄人的文化!
>
> 克里斯特尔·布罗迪(Christel Broady)

⊙ 练习和深入讨论

1. 向一位同事解释你为什么花费大量时间搜寻原版的目的语歌曲、游戏、童谣和故事,将其应用于中小学课堂中,而不是简单地复述或翻译那些学习者早已熟知的母语版的内容。
2. 假设你邀请一位母语者来演讲,听众是六年级的学生,这是他们学习你所教语言的第二个年头。为了使这场演讲成为学生宝贵的经历,基于你所掌握的语言和文化知识,你会事先给演讲者哪些建议和帮助?
3. 与班级里的一位学生或一位你所教语言的母语者一起,编写一份清单,列出主题教学中可以选用的文化产物和文化习俗。你能否找出清单上列出的事物所反映出的文化观念?
4. 选择目的语文化中的一个特征,利用这一特征设计一次课堂幻想体验。参照本章的指导,选择一个你最熟悉的年级和语言能力级别,为他们设计一次幻想体验。

⊙ 补充阅读

Asia Society. *Ready for the World: Preparing Elementary Students for the Global Age.* New York, NY: Asia Society, 2010.

Bellanca, James A., & Terry Stirling. *Classrooms without Borders.* New York, NY: Teachers College Press, 2011.

⊙ 相关网站

语言教学必备:文化教学

http://www.nclrc.org/essentials/index.htm

如何在教学和评估中使用目的语文化中的真实材料
http://web3.scetv.org/profdev/tlc/tlc-april07-126603.wmv

http://www.miscositas.com
该网站提供多种语言的文化资源，包括虚拟旅行的视觉资料。

第 8 章　语言与其他学科内容贯连

要想有效教授年幼的语言学习者（以及各年龄阶段的语言学习者），我需要哪些背景知识？

■ **建立语言与其他学科内容之间的贯连**
  - 我能够将语言和其他学科内容融入我的课堂设计和教学中。

■ **语境融入式和语境缺乏式语言任务**
  - 我能够设计和开展活动，为语言学习提供适当的语境。

■ **一般学习技能的应用**
  - 我能够结合正确的策略，运用通识课程中的知识内容，充实并延伸语言教学。

■ **设计贯连其他学科内容教学时需要考虑的因素**
  - 我非常清楚贯连学科内容教学需要考虑的因素。

8.1　建立语言与其他学科内容之间的贯连

语言是学校里教和学的媒介，我们通过这一媒介改变并发展对概念的思考。因此，语言与其他学科内容联系在一起，密不可分[1]。

《21 世纪外语学习标准》中的贯连目标强调了语言在扩展和丰富学生各学科领域学习中起到的作用。语言帮助学生接触那些他之前无法接触到的信息、观点和观念。基于此标准的语言课堂为学生提供在新的语言中获取信息所需的技能和训练，并将外语课程与学生的其他学科活动联系起来。

---

[1] 加利福尼亚州教育部. 加利福尼亚州英语语言发展标准（*California English Language Development Standards*），2012：7（附录 C）.

贯连其他学科内容的教学与《21世纪外语学习标准》中的贯连目标有着直接联系：贯连其他学科和获取信息。贯连目标中包含两条标准：

建立贯连：在运用语言进行批判性思考和创造性地解决问题时，学习者建立、强化并扩展其他学科的知识。

获取信息：学习者获取信息，并通过学习语言及其文化接触到不同的视角。

贯连标准认为建立外语与其他学科领域的贯连能够使学习者利用外语获取新的信息。这种贯连的一个重要益处是利用新的语言作为思考和学习的工具。

在获取信息标准中，学生运用新的语言能够接触到那些没有掌握这种语言的学生无法接触到的信息和观点。此标准提醒我们第二或第三语言能够扩展学生的视野，并丰富其各个方面的学习资源。

贯连其他学科内容教学的教学目的如下：

- 为语言训练提供认知上具有吸引力的语境；
- 将语言发展融入其他课程内容的学习；
- 为强化常规课程所需的学习技巧、学习方法和认知技能提供工具；
- 通过语言学习充实其他学科内容中学到的概念。第15章表15.5以南卡罗来纳州为例展示了儿童在早期语言学习中的互动系列课程。

8.1.1 贯连语言和其他学科内容的课程

在现今《各州共同核心标准》和《21世纪技能》的大环境下，外语教师的目标与其他学科教师的目标趋于一致。外语课程为学习者提供诸多重要技能，因此语言教师需要认识到他们为帮助学生做好准备融入大学和世界起到了重要作用。

其他学科内容和学习技能与语言和文化教学的结合是有积极意义的，既能满足语言教学的目标，也能满足其他学科内容教学的目标，同时还能满足《各州共同核心标准》和《21世纪技能》的目标，并且将语言融入每个学生的课程当中。实际上，很多语言课程已经将语言与其他学科内容结合起来了。

单向和双向沉浸式语言课程和双语课程已经证明在过去的半个世纪，学生能够同时成功地学习语言和其他学科内容。作为双语教学的一部分，"融合其他学科内容"的英语课程的有效性也已得到证实，它能够成功地为第二语言学习者提供基于其他学科内容的教学。融合其他学科内容的英语课程旨在使用经过特别调整的（但质量不打折扣的）课程和材料为英语学习者讲授英语和其他学科内容。在这样的课程中，学生使用目的语学习其他学科内容，但是不需要达到母语使用者的水平，也不需要和母语使用者使用同样的语言工具。融合其他学科内容的语言课堂和沉浸式语言课堂一样，语言是一种学习其他学科内容的工具，而不是主要的教学目标。

沉浸式、双语和融合其他学科内容的英语课程的设计目标是讲授小学各年级的学科内容。贯连其他学科内容的课程使用常规课程作为工具，使语言活动在认知层面更具吸引力。尽管这类课程可能会讲授一些不同级别的话题，但是不会专注于常规学校课程中某个特定年级中特定学科的内容。中小学阶段基于标准的语言课程通常与其他学科内容贯连，因为它将贯连目标融入了课程。虽然融入其他学科内容是一个重要的因素，但是它并不比其他教学目标更为重要。

这种课程内容设计方式有助于将外语课程安排进已经非常紧凑的学校课程中。贯连其他学科内容的课程能够强化学校课程，可以使用但并非必须使用与学生所在年级完全吻合的学科内容。越来越多的学区开始认识到融合其他学科内容是一种有力的工具，有助于说服家长、学校董事会和主课老师，让他们认识到第二语言教学的价值和可行性。

8.1.2 贯连其他学科内容教学的理由

贯连其他学科内容进行教学有双重理由。首先，沟通能力、语言水平和语言标准的提高都有助于语言课堂上学生运用有意义的语境。要想实现沟通，沟通双方必须分享知识和信息。将其他学科内容的教学融入小学外语课堂中，能够为学生使用语言提供有意义的语境，同时鼓励学生以兴趣为目的使用语言。

支持贯连学科内容教学的第一个理由源于我们对第二语言习得和人类大脑的认知。其他学科内容的教学满足了"可理解性输入"的需求。在进行其他学科内容教学时，学生接触到的语言都与他们过往的具体经历相关，或者是基于他们熟悉的信息。

在地图、图表、估算、测量、濒危动物、太阳系或热带雨林等主题课程中，教师可以通过有意义的视觉和触觉体验，为学生提供理解所输入语言的机会。教师确保用清楚、具体、可理解的语言将思想和概念传递给学生，因此学生能够理解教师使用的语言。此外，视觉教具或具体实物等语境提示可以帮助学生理解教师使用的语言。

贯连其他学科内容的教学符合我们对大脑理解模式和学习模式的认知。学生积极地参与意义构建，并且以目的语为工具理解呈现在他们面前的有趣事物。

贯连其他学科内容进行教学的第二个理由与小学教学时间的分配有关。学校管理人员和主课教师总是会问："如果我们想要在课程表中加上语言课，那么需要去掉哪门课呢？现在我们没有足够的时间去完成既定的教学目标。"如果语言课程能够介绍或强化一些数学、社会学或科学的概念，同时通过强调学习技巧和方法，使课堂活动更能调动学生参与的积极性，那么就有了充分有力的理由，让语言教学在小学课程中占有一席之地。

8.1.3 适合贯连其他学科内容教学的课程领域

很多学科内容的标准或基准适合与语言课程贯连。体育、家庭和消费者教育、健康、艺术、音乐等课程都有可能实现贯连学科内容教学。因为这些课程主要通过体验来学习，通常是视觉学习。使用第二语言进行概念沟通是一种自然的、有效的教学方法。社会学、数学和科学等课程都有潜在的实现贯连学科内容教学的可能性。

社会学

小学社会学课程中涉及的很多概念是在语言课程中学习过的，只是学生并没有进行系统的学习。家、家庭、社区、社会模式和文化对比是外语课程中经常选择的话题。地理和地图知识也易于融入贯连学科内容教学当中，同时这类知识天然地具有文化贯连性。美国学生在地理知识方面远远落后于其他国家的学生。用另外一门语言学习地理概念可以强化较弱的学科，或许还能够提高学生对这门学科的兴趣。图8.1中的网络图是基于食物主题设计的，由于该主题与文化相辅相成，因此其潜在含义与社会学相关。

社会学课程教学中使用的许多技术和资源也适用于用另一种语言介绍相同的概念。例如，使用多媒体、探究法、照片、图片、教学挂图和历史文物，以及参考彩色期刊，这些都能够促进以意义为基础的语言教学。

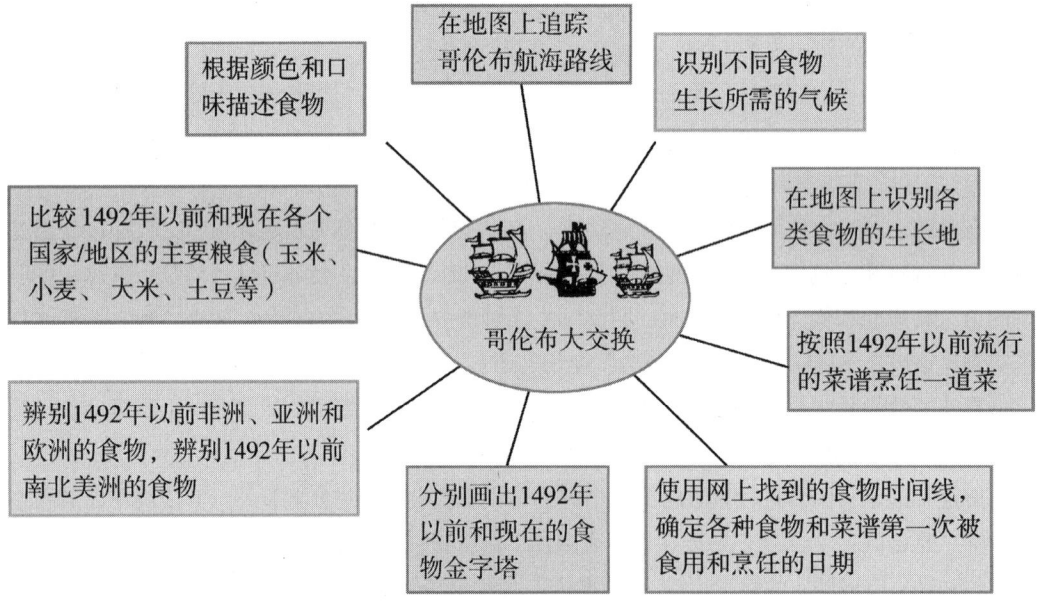

图8.1 "哥伦布大交换"单元课程设计网络图

尽管社会学，尤其是地理，为贯连学科内容教学提供了丰富的语言和资源，但是将社会学作为早期语言课程的基础有利有弊。一方面，话题领域中大量有意义的语言和词汇运用与语言和文化课程有密切联系；另一方面，社会学课程的教学内容和过程需要更大的词汇量和更高的语言水平，而这些要求都高于初级语言学习者所能达到的词汇量和语言水平。在K–5课程中，这一问题从三年级开始就显露出来了。然而，很多重要的地理概念，如识别地理位置、使用地图和辨别地图上的方向等，尽管在认知上十分复杂，初级语言学习者却能很好地掌握。

数学

数学概念的解释和数学教学中高级阶段的抽象概念可能很有难度，但是，计算和具体解决问题都会对贯连其他学科内容的教学很有帮助。大小和形状的概念很容易用目的语表述，而小学语言教师一贯使用简单的计算帮助学生形成数字的概念。我们在此列出小学数学课程的部分内容，并举例说明如何将语言课程与其他学科内容贯连（图8.2为幼儿园孩子参与测量活动）。

图8.2 幼儿园班级测量活动

测量
- 学习以英寸/英尺/厘米/米作为单位进行测量
- 使用适当的单位（长度、重量、面积、体积、时间和温度等单位），大致准确地估计测量结果
- 识别标准度量单位和系统内的单位换算

统计
- 阅读、解释和绘制图表
- 计算出一组数据的平均值
- 将数字按照质数和合数分组
- 说出、读出、写出当前时间（精确到分钟）

算术
- 使用外语进行简单的计算，复习、强化数学基本运算和测量单位
- 读出、写出并说出从零到一千亿的整数
- 将数字四舍五入到十位、百位、千位、万位或十万位
- 列出一个已知数字的倍数
- 计算出整数的积和商
- 用心算法计算出一个数字乘以10、100或1000得出的结果

图表活动是一种能与数学有效结合的活动，适用于语言课堂上多种不同的主题。即使孩子们的语言表达能力有限，教师仍可用图表的方式设计多种数学活动。图表也是科学和社会学课程中的基本概念。例如在初级日语课上，学生创建一张图表（见图8.3），描述他们最喜爱的食

物。又如图 8.4，展示了西班牙语课上创建的天气图表。

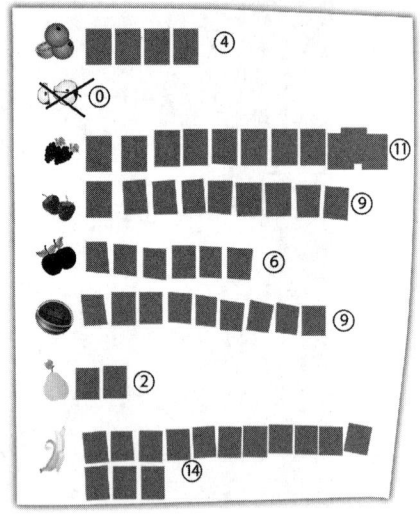

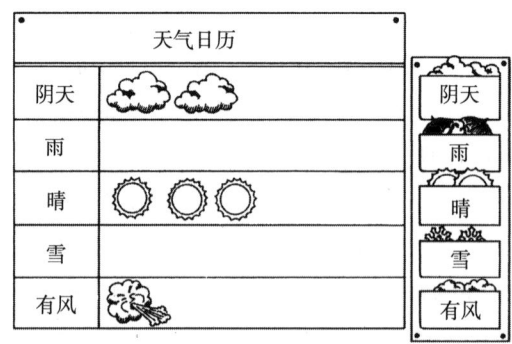

图 8.3　最喜爱的食物　　　　图 8.4　每日天气图，帮助学生体验条形图

学生第一次体验图表活动时，可以完全由教师引导，学生只需做出肢体反应（当教师描述时，学生应该学过并了解颜色和各类服装的名称）。

教师：请穿棕色鞋子的人起立。

请抬起左脚，让我们看到你的棕色鞋子。

（绕教室走一圈，查看大家鞋子的颜色，并做出评论）

玛丽穿了棕色的鞋子——玛丽，你的鞋看起来很新！

汤姆穿了棕色的鞋子。

让我们看一下有多少人穿了棕色的鞋子（请数一下）。

1，2，3，4……（或者学生也可以跟着一起数）。

（走到投影仪、图表纸或黑板上预先绘制好的图表前）

七个孩子穿了棕色的鞋子。

（在图表里填上颜色——七个方块，可以用棕色记号笔标记，或者在图表上画上彩色的鞋子）

穿棕色鞋子的人，请坐下。

穿黑色鞋子的人，请举手。

请挥动你的手！

抬起你的脚，让我们看看你的黑色鞋子。

（以这样的方式继续下去，每种颜色可以稍做改变）

在活动结束后，教师整理出一张完整的表格，供学生讨论。如果教师同一天在一个以上的班级开展此项活动，则可以对比不同班级的表格，同时可以针对一些概念（如多和少）进行练习。

对于年幼的孩子来说，在图表中使用实物会更有意义。在用图表记录鞋子的活动中，第一步可以提前在地上画出图表，让孩子们在图表中找到适当的位置，将自己的鞋子放上去。接着，孩子们可以用一张与自己鞋子同样颜色的纸来替换鞋子，从而在纸的数量和鞋子的数量之间建立联系。

以厘米为单位测量学生的身高并绘制图表，对于各年龄段的学生来说都具有文化上的"冲击力"，即使是大学生也乐于参与其中。教师可以按照绘制鞋子图表的步骤，将全班学生的身高绘制成图表。

另外一种图表活动可以选择以食物（或其他物品）偏好为主题。教师可以将不同的食物图片挂在教室墙上，让学生指着图片选出他们最喜欢的食物，然后走到教室里挂着他们最爱的食物图片的区域（如果学生在课堂上已经进行了较多的口语练习，那么他们可以直接口头说出自己的喜好）。教师统计一下选择每个选项的学生人数，并用彩色笔在图表上把结果标记出来；或者教师也可以让学生用一个小方块代表自己的选择，在上面写下自己的名字，然后将其放在图表上，构成图表的一部分。完成的图表可以作为课堂讨论的基础，用于讨论、比较、回顾班级里学生喜爱的食物，做游戏或其他沟通活动。

口语水平较高的学生可以就他们感兴趣的话题在班级里进行调查，将调查结果绘制成图表，并借助图表向其他同学介绍他们的调查结果。可选的话题很多，例如，家中有几个兄弟姐妹，养什么宠物，最喜欢的……（颜色、星期、季节、蔬菜等）。

科学

科学课程尤其适合在外语教学中进行学科贯连。随着STEM[1]课程越来越受重视，这些课程逐渐被融入语言课程。学生亲身参与的科学活动可以为他们提供用有意义的语言进行互动交流的机会。提出假设或者在假设出现不同结果后再次提出假设等活动为初级以上的学习者提供了交换真实信息的机会。科学课程的教学会使用图表，以帮助学生理解。图8.5示范了如何将科学课程融入西班牙语课程。学生在学习热带雨林及其生态系统的同时，也学习用西班牙语表达他们学到的内容。图8.6展示的是三年级中文课上完成的营养主题的活动。

---

[1] STEM 是科学（science）、技术（technology）、工程（engineering）和数学（mathematics）四个词的英文首字母组成的缩略词。——译者注

图 8.5 书面描述热带雨林

科学课程的教学中最有效的策略之一是预测。学生在遇到难题或设计实验时，对结果进行预测，从而亲身投入到实验项目和解决方案中。如果教师在体验过程中尽可能多地使用目的语，并且精心设计提问技巧，那么即使学生的语言表达技能有限，此策略也是适用的。下面的例子示范了教师如何引导学生参与其中。

教师：谁认为梨能漂浮在水面上？请举手。

谁认为梨不能漂浮在水面上？请举手。

让我看看（数一下）……

16 位同学认为梨能够漂浮在水面上，12

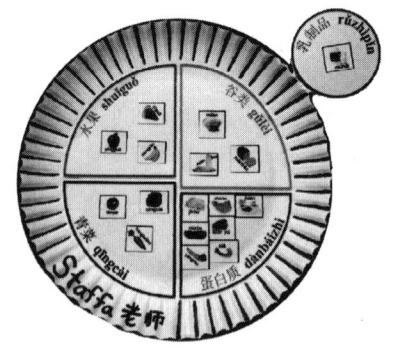

注：已获尼克·斯塔法（Nick Staffa）许可使用。

图 8.6 餐盘上的营养

位同学认为梨不能漂浮在水面上。

（教师或学生在黑板上或图表上记录大家的答案）

我想知道哪一边是正确的。有人想改变主意吗？如果你要改变主意，请举手。

教师：罗斯，你认为梨能漂浮在水面上吗？能还是不能。

罗斯：能。

教师：罗斯的答案是肯定的。我们用 X 代表肯定答案。

（教师逐一提问每位学生，并在图表上记录答案，或请一位学生记录答案）

教师：卢克，你认为梨会沉入水中还是漂浮在水面上？

卢克：沉入水中。

教师：卢克认为梨会沉入水中。我们用一个标记代表"沉入水中"。

（教师逐一提问每位学生，并在图表上记录答案）

8.1.4 使用目的语获取只能通过目的语获得的信息和见解

贯连目标的重点是与学校课程的结合。获取信息目标让学生走出课堂，在学校课程之外寻找对他们有特殊重要性的信息和观点："学生获取信息，同时找出只有借助外语及其文化才能接触到的独特观点。"（ACTFL，2006：56）。

年幼的语言学习者在外语课堂上获得的很多经历都是他们在其他地方无法得到的。他们聆听或阅读为母语使用者编写的民间传说、故事、诗歌和音乐，有时这些材料也会根据学生的语言水平稍做改编。例如，第 7 章提及的虚拟旅行或幻想体验也可以帮助学生更好地理解一些难以通过其他方式理解的观点和信息。

当教师在教学中使用目的语文化中的世界地图时，学习者发现其他文化都将自己的国家和所在的大洲放在地图的中心位置，而不是——如美国学生所习惯的——将北美洲放在地图的中心位置。在其他语言中，国名也会有所不同。同样地，学生原本熟悉的很多城市，在这些城市所在国家的语言中也会变得难以辨认。

所有这些经历都将成为学生更加独立地使用目的语、从目的语文化中寻找新的信息的基础。康涅狄格州沃特伯里的杰茜卡·哈奇（Jessica Haxhi）以日本电影《龙猫》为主题设计了一个教学单元。学习者在电影中发现了很多独有的文化特征，并将其与自己的家庭和生活进行对比。这些活动与两种文化、与对比目标都有着密切的联系，同时也帮助学生体验和理解了一些无法通过其他方式理解的内容。由于这部电影的目标受众是目的语文化中的同龄人，因此这次经历对于日语学习者来说尤为宝贵。

学习者在使用目的语唱歌、玩来自目的语文化的游戏的同时，也获得了语言课堂之外无法得到的收获。与早期语言教学中用于丰富课堂内容的图画书和故事或者前面提到的日本电影一样，这些游戏和歌曲为学生打下了语言基础。而这样的基础只有在学生年龄较小的时候才能奠定，因为童年是获取这些经历的天然时期。同时，学生通过这些经历所获得的理解并传达信息的能力和独特视角，也会随着时间的推移慢慢显现。

如果早期语言课程的授课教师与目的语文化中的一个班级建立了伙伴关系，那么他们能够很好地引导学生探究目的语文化以及目的语文化中同龄人的生活。班上的学生可以设计一份问卷或开展一次调查，了解同龄人对国际时事的反应。学生也可以向同龄人核实自己在故事书或课本里了解到的信息。他们还可以询问目的语文化中生日、节日等的庆祝活动，然后与同龄人分享自己文化中的习俗。教师在语言教学早期阶段的精心设计和引导可以发展成为有趣而富有意义的个人或小组研究项目。

高年级学生有更多的语言文化经历，他们可以更加独立地获取信息和观点。中学生可以利用网友、网站和目的语文化中为青少年设计的杂志，来准备自己感兴趣的主题报告。他们也可能受到鼓舞，开始研究流行音乐、电影和青少年娱乐爱好等话题。

这种独立研究恰好符合获取信息标准的目标——鼓励学生超越课程设置的限制，到教师专长之外的领域去寻找信息。在语言课堂上，教师的作用是将学生实现这一目标所需的技能和语言基础传授给学生。获取信息标准与社区标准有着密切的联系：

学校和社区　学习者在校内外使用语言与他人合作，与全球化的世界相连。

终身学习　学习者设定目标，反思自己在使用语言娱乐、充实、提高自己方面取得的进展。

这些经历同样有助于学生在文化标准倡导的视角下取得进展，通常是教师专长之外的领域（见第7章）。学生也可以将新的视角与自己的世界观进行对比，从而满足文化比较标准——"学习者利用所学的语言进行调查和解释，并且通过比较所学文化与自己的文化来理解文化的含义"。获取信息标准鼓励学生将学习内容扩展到课堂之外。因此，在课堂上，教师和学生可以共同学习。

贯连标准下的所有活动都有一个共同的目标，即为学生提供"打开新世界的窗口"，帮助他们以更加独立的方式使用新的语言，实现对自己有意义的目标。

8.2　语境融入式和语境缺乏式语言任务

卡明斯（Cummins，1981）的著作至今仍有助于阐释贯连其他学科内容教学中一些行之有效的策略。卡明斯（Cummins）阐明第一或第二语言能力水平的评定依据是通过语言进行表达或理解时获得的语境支持程度。他在描述中指出"语境融入式"对语言有一系列的线索支持，而"语境缺乏式"对语言则缺少支持，完全依靠词语本身来表达一切。卡明斯（Cummins）还指出语言能力水平也可以通过认知参与来评定，也可以通过完成一项任务时一个人必须同时或连续处理的信息量来评定。

根据卡明斯（Cummins）模型，涉及语言使用的任务可分为四种类型，如图 8.7 中的所示的四个象限。这些类型分别是：

A. 认知需求低，语境融入（融入语境，有助于明确意义）

B. 认知需求低，语境缺乏（提供的语境有限）

C. 认知需求高，语境融入

D. 认知需求高，语境缺乏

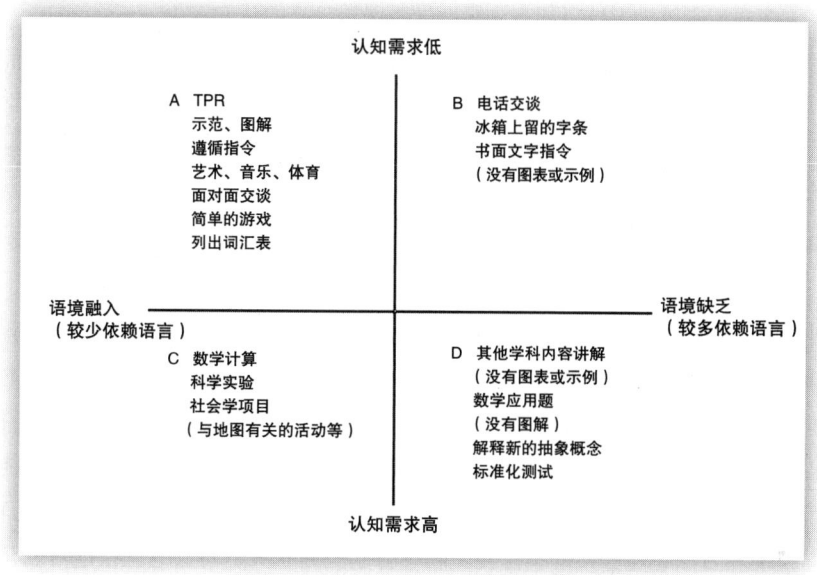

图 8.7　沟通活动中不同的语境支持范围和认知参与度

图 8.7 诠释了不同程度的语境支持和不同学科领域的学术复杂程度。图中介绍了从 A 至 D 的各个象限。象限 A 的活动中融入语境，活动相对简单；象限 D 的活动更依赖于语言，缺乏语境，活动相对复杂。

当教学过程中涉及象限 B 和象限 D 的概念特征时，教师可以使用视觉和实物教具，并通过精心建立的语境帮助学生更好地理解这些概念。

教师可以利用视觉教具或图表使象限 D 中的数学应用题更加易于理解。恰当的图表和亲身体验能够使概念诠释变得更加生动。在语境的帮助下，目的语中原本难以理解的材料也可以对学生的学习有所帮助。

卡明斯（Cummins）的四象限图示对于早期语言课程有如下明确的意义：

使新的概念尽可能少地依赖语言

1. 增加视觉教具和实物教具的使用。

2. 为学习者提供实际参与的机会。

3. 增加例子、类比的数量和生动性。

4. 建立清晰、有意义的语境。

5. 利用学习者过去的经历和本门课程中已经学过的内容。

6. 尽可能多地改换表述方式、重复。

使语言任务尽可能在认知层面具有吸引力

1. 将外语课程与普通学校课程中的概念贯连起来。

2. 即使在语言本身较为简单时,也可以利用区别、分类、图表绘制、估算、预测、比较、排序、模式识别等学习技巧和方法帮助学生保持较高的认知水平。

3. 为学生创造机会,在沟通和解决问题的情境中练习新的语言,例如做游戏,而不是单纯依靠模仿和反复练习。

8.3 一般学习技能的应用

随着外语教师开始在课堂教学中融入其他学科内容,其教学计划将从三个层面得以呈现。他们设计的课程既要培养学生在其他学科领域的技能,又要让学生理解和体验文化,同时还要让学生掌握达成上述两个目标所必需的语言,而学生的智力或一般学习技能贯穿了这三个层面。

认知心理学对教与学最有效的贡献之一就是对学习者思维过程的关注。思维技能和语言一样,在语境和努力思考重要的观点或决定的过程中,才能得到最好的发展。同时,有目的地使用多种学习技能和方法也能够帮助学生在新的语言中构建意义。讲授这些技能可以帮助学习者处理信息、制订计划、做出判断、决策并解决问题。学习者要学会运用学习技能和方法,才能提出问题并给出可能的答案。孩子们同样需要意识到自己的思维过程,并评估自己已获得的知识,从而决定自己还需要学些什么。

对于语言教师来说,各种思维技能都是一种提醒,提醒他们需要通过提高思维的复杂性使活动在认知层面更具吸引力。布鲁姆思维过程分类法(Bloom's Taxonomy of Thinking Processes)(Bloom et al., 1956)对于很多教育者来说都是一种非常熟悉的工具。

8.3.1 修订版布鲁姆思维过程分类法

布鲁姆(Bloom, 1956)列出了技能的六个类别,即知识、理解、应用、分析、综合和评价。教师需要通过提出更加深刻的问题,唤起学生更为复杂的思考,而布鲁姆思维过程分类法正是基于这一想法建立起来的。安德森和克拉斯沃尔(Anderson & Krathwohl, 2001)将原有的分类法重新进行了修订,修订后的版本包括记忆、理解、应用、分析、评价和创造。他们将最后两个类别并列,因为他们认为在认知层面,创造比评价级别更高。

表 8.1 列出了分类法中不同级别所需的技能,对其进行定义,同时描述了一系列能够帮助学

生思考的问题。创造、评价和分析是三个较高级别的技能，而应用、理解和记忆是较低级别的技能，我们必须确保培养学生较高级别的技能，而不仅仅是较低级别的技能。

表8.1 修订版布鲁姆分类法中的思维技巧和活动

技巧	产品	目的	问题
创造	设计、构建、计划、制造	将各种元素整合成为一个新的模式或产品	从……，你能够预测或推断出哪些想法？ 你将如何创造/设计一个新的……？ 如果将……和……结合起来，会发生什么？ 对于……，你能提供哪些解决方案？
评价	检查、评论、评判、猜测、总结、解释	依据一系列评判标准做出判断或决定	你同意……吗？ 什么是最重要的？ 首要任务是…… 你在评价……时，会采用哪些标准？
分析	比较、整理、指出差异、解构	拆分或审阅信息	……的特征是什么？ 请根据……将……分类。 大纲/图表/网络图…… 如何比较……和……？
应用	执行、实施、使用、应用、展示、解决	将知识应用于新环境	……的例子是什么？ ……和……的关系如何？ 为什么……很重要？
理解	描述、解释、命名、判断、预测	理解和诠释意义	请用你自己的语言复述……。 ……的大意是什么？
记忆	识别、列表、描述、确认、检索	记住并能回溯事实	谁/什么/何时/如何……？ 请描述……

8.3.2 学习策略

年幼的学习者如果能够注重学习策略，则可以更好地监测自己的学习。有些学生能够自然而然地运用这些策略，而其他学生必须通过学习才能学会使用。学习策略通常分为元认知策略、认知策略、情感和社交策略三类。

1. 元认知策略。设计和反思学习进程，例如概括大意或设计口头、书面表达内容。
2. 认知策略。学习者直接将策略应用于任务中，例如：

- 列出大纲
- 总结
- 使用语境线索
- 分组和归类

- 补偿策略（如使用手势）
- 记忆策略
- 学习技巧

3. 情感和社交策略。学习者通常会奖励自己，鼓励自己，以缓解紧张感和挫折感，或者向他人寻求帮助。例如：
   - 通过质询来澄清事实
   - 自言自语
   - 寻求帮助
   - 与其他同学合作

8.3.3 帮助学生接触其他学科内容的策略

迪恩等（Dean et al., 2012）给出了几条能够帮助学生接触其他学科内容的重要建议。当其他学科内容通过新的语言呈现出来时，这些建议将尤为有用。其中两条经过研究验证的建议是找出异同和使用非语言表现方式。

找出异同

明确地指导学生找出异同，或者要求学生独立找出异同，都能提高学生对知识的理解和运用。寻找异同的策略包括比较、分类、使用比喻和类比。这些策略也可以延展到语言课程中。例如，学生可以比较目的语文化和自己文化中庆祝生日的方式，或者把表示衣服的词语按照冬装、夏装或冬夏皆可进行分类。学生也可以依据一个比喻（如"冬天就像北极熊一样"）进行写作。语言水平较高的学生可以创作一些更为复杂的作品。在已学词汇的基础上，结合新词汇进行类比，可以强化对词汇的理解和记忆。即使是处在只能说出单个单词的阶段，学生也可以使用类比进行词汇游戏，例如"黑暗对明亮，正如黑夜对……"。

非语言表现方式

非语言表现方式代表着知识存储的第二个体系——形象形式，不同于语言表现形式。当学生同时使用两个体系时，他们能够更好地思考和记忆知识。迪恩等（Dean et al., 2012）列出了以下能够辅助学生学习的非语言表现形式：

- 制作实体模型，例如，使用数学教具解答应用题，可以使原本抽象的概念变得具体且富有意义。
- 大脑中形成的画面可以建立故事或情感联系，使之与词汇或信息联系起来。如果教师在讲故事之前详细地描述故事发生的背景，则有助于学生在脑海中形成画面，从而辅助学生理解。

- 绘制图画和象形文字可以帮助学生巩固新语言中的词汇。例如，学生可以制作属于自己的、个性化的图解词典。
- 动觉活动（即身体活动）是一种帮助学生理解和记忆语言的常用方法。TPR、全身反应故事教学法、古安系列教学法以及配有动作的歌曲和歌谣都强调用动作把语言和思想联系起来的重要性。
- 图形表现形式有助于理清思想和概念之间的关系。

下一小节中，我们将着重讲解如何使用图形表现形式帮助学生用新的语言学习其他学科知识。

8.3.4　使用图形表现形式作为认知归类工具

图形或认知归类工具是一种视觉教具，将单词或概念分类展示，以显示它们之间的联系。这种整理信息的方式可以使信息更加易于理解、记忆和应用。认知归类工具将语言和视觉信息联系起来，既能促进新知识的学习，也能回顾已知知识。

初级阶段的语言学习者往往认为列举和说出事物的名称是最自然的使用新语言的方法，而图形归类工具为词汇的运用和练习提供了认知层面具有吸引力的理想语境。教师使用各种认知归类工具，将语言教学从卡明斯（Cummins）四象限中的象限 A 转移到象限 C（见图 8.7），即从认知需求低、语境融入到认知需求高、语境融入。同时，学生在各种有意义的语境中体验词汇，而且更有可能将词汇存储在长期记忆区域。

图表、时间线、流程表、地图、维恩图解和其他各种归类工具都能帮助学生将词汇和信息放置在易于理解和记忆的语境中。认知归类工具也可以用于以不同的方式列举概念。根据不同的信息整理方式，归类工具可以分为不同的类别。例如：

- 简单的列举 / 绘图（地图、网状图）/ 归类
- 时间顺序 / 年表
- 比较
- 过程 / 因果关系

下面，我们将逐一举例说明这四种信息整理方式。

简单的列举 / 绘图（地图、网状图）/ 归类

这种类型的归类工具以结构化的方式呈现信息或阐明信息并对信息进行分类。根据所描述的关系，这些归类工具既可以是线性的，也可以是非线性的。这类归类工具通常用来描述和列举特征或模式，或者用来整理有关特定事件、场景或人物的信息。它们可以将信息整理为一般性陈述，并辅以例子作为支撑，也可以用来解释代表一类人、地点、物品、事件的单词或短语。

绘图、归类等归类工具可以用来列举学生能够想到的、与一个中心概念（如一个地理概念、

一种动物或一个特定的人）有关的所有事物。表达这个中心概念的词语可以放在图表的中心位置，然后列出由这一中心概念引发出来的其他概念。例如，一张有关非洲的图表可以帮助学生把非洲大陆本土生长的各种动物形象化。其他归类工具，如大括号图、树形图和话题分类图，展示了观念和概念是如何在等级分类中相互联系的。系谱图就是这类分类工具的一个简单例子。图 8.8 展示了几种绘制这类归类工具的方法。

时间顺序 / 年表

这类认知归类工具按照时间顺序或年表将信息分类，比如时间线或流程图。流程图可以是线性的，也可以是循环的。循环流程图展示了一系列事件如何反复产生同一结果，例如水循环或者蝴蝶、青蛙的生命周期（见图 8.9）。

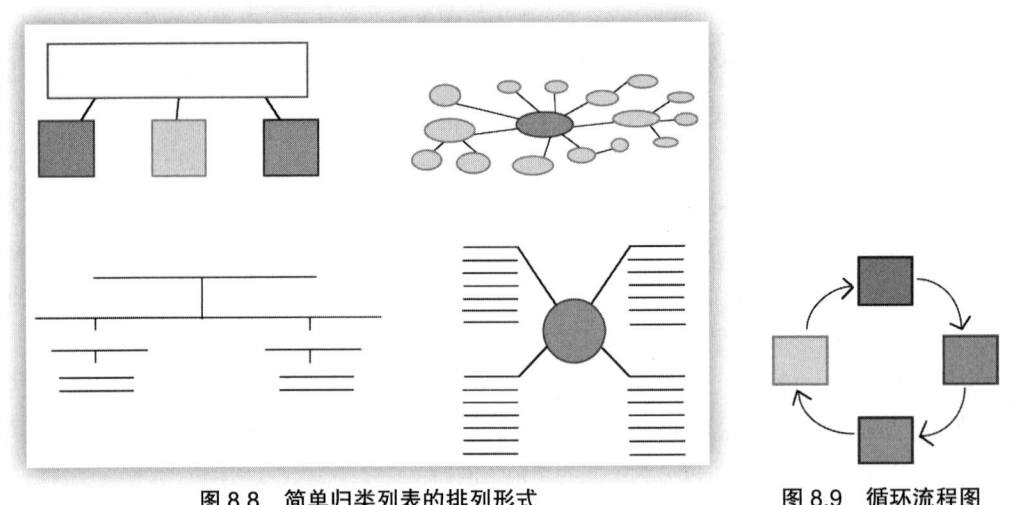

图 8.8　简单归类列表的排列形式　　　　图 8.9　循环流程图

时间顺序 / 年表等归类工具也可以展示一连串的事件、事件的各个阶段、过程中的各个步骤或人物的一系列动作。故事图也属于这种类型的归类工具（见第 6 章有关故事图的章节）。另外一种用图表整理时间顺序或年表的方法是连续展示某一过程的起始点和终结点，或某一属性两极之间的范围，例如一个班级里学生的身高范围。表 8.2 是一张有关食物的年代表，可以作为一个有趣的部分放在以营养为主题的单元中。

表 8.2　食物时间轴

公元前 4000	橙子和西瓜
公元前 3600	爆米花
公元前 2000	棉花糖
公元前 490	意大利面和通心粉

续表

1395	姜饼和蜂蜜小甜饼
1484	热狗
1553	土豆（欧洲）
1762	三明治
1819	意大利面（细）
1830	软饮料（美国）
1894	好时巧克力棒
1941	玛氏（M&M's）巧克力豆和 Cheerios 麦圈
1947	贝蒂妙厨（Betty Crocker）蛋糕粉
1954	冷冻快餐
1955	麦当劳餐厅
1965	佳得乐饮料
1998	小番茄

来源：改编自"食物时间轴"（见 http://www.foodtimeline.org）。

比较

第三种整理分类信息的工具是比较。这种类型的归类工具有助于学生分辨异同。表 8.3 将墨西哥和中美洲的玛雅文化与秘鲁的印加文化进行了比较，用一张简单的表格展示了两种文化之间的相同点和不同点。表格中的第一栏列出了比较的元素，第二栏和第三栏具体说明了这些元素在每种文化中是如何体现的。

表 8.3　比较列表——发现相同与不同

	印加文化	玛雅文化
食物供给		
住所		
地点		

在进行比较时，通常会用到维恩图解。维恩图解由两个或多个相交的圆形构成，用图表描述两个或多个概念之间的逻辑关系。图 8.10 中的维恩图解由两个相交的圆圈构成，每个圆圈代表一个概念。其中一个圆圈中列出了第一个事物的各种特征，另外一个圆圈中则列出第二个事物的各种特征。两个圆圈中间重叠的部分是两者之间的共同点，而重叠区域之外的部分则是两者之间的不同点。这项活动可以锻炼逻辑思维，也可以用来进行有意义的写作练习，图中每个区域自成一个段落。

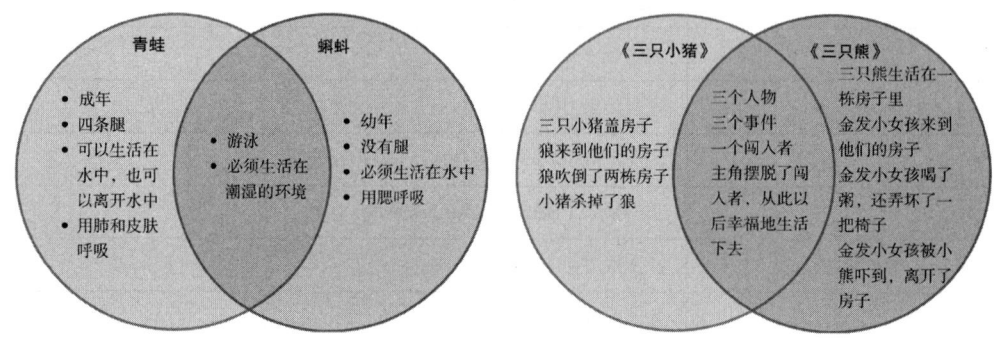

图 8.10　维恩图解——展示被比较事物的异同

维恩图解也可以用于简单的口头归类活动。教师可以用两个大的呼啦圈或两根跳绳围成两个相邻的圆圈。例如，教师可以要求学生在其中一个圆圈里放入蓝色物体，而另外一个圆圈里放入圆形物体。然后，教师可以加入一些蓝色的圆形物体。当学生意识到这些物体既可以放入第一个圆圈，也可以放入第二个圆圈，他们会感到困惑。他们通常会挪动圆圈，使两个圆圈相交，在中间形成一块区域，放置同时具有两种特征的物体，难题得以解决。如果学生在一定的时间内无法找到解决方法，教师可以给他们一些提示，或者直接移动两个圆圈使其相交。

过程 / 因果关系

最后一类归类工具是原因和结果之间的逻辑关系。这类归类工具可以用于呈现故事中各个事件之间的关系，或过程中各个步骤之间的关系。图表中代表原因和结果的图形必须要具体标出"原因"和"结果"标识，从而清楚地呈现两者之间的关系（见图 8.11）。

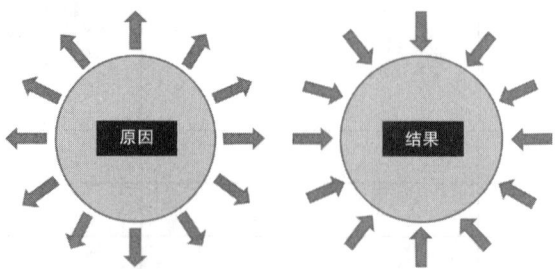

图 8.11　因果关系归类工具

8.4 设计贯连其他学科内容教学时需要考虑的因素

在准备一个综合主题课程、一个单元或一节课时，设计与其他学科内容的贯连时，需要考虑多个因素。这些因素大部分同样适用于沉浸式课程、双语课程或基于其他学科内容的课程。

- 能够最为有效地与语言目标联系起来的其他学科领域的技能和概念
- 学习所选学科内容必备的语言能力
- 完成课上任务所需的认知技能
- 与文化概念和文化目标融合的潜在能力

当教师将常规课程内容融入主题单元时，不应忽视语言、学科内容和文化目标之间的平衡。在一个单元中，可以利用一些课时着重强调学科内容，但是也同时要顾及文化标准和沟通标准中的元素。

8.4.1 平衡语言、文化和其他学科内容目标

很多学校的儿童语言课程往往关注与学科知识相关的教学，却忽略了其他目标。本书的两位作者都曾经有过在这样的校区工作的经历。在这种情况下，学校课程的其他方面会被忽略。当然，学生虽然也在学习，却没能最大限度地挖掘早期语言课程的潜力。这种情况的出现，往往是因为学校管理层只注重常规课程，而完全忽视了语言教学中的其他方面。当我们开展贯连其他学科内容教学时，必须谨记我们的愿景是由语言、学科内容和文化之间的相互联系构成的，以《21世纪外语学习标准》中的五条标准为基础，而不仅仅是"贯连标准"。

8.4.2 课程资源

对贯连其他学科内容教学感兴趣的教师来说，开设二语课程的中小学校区的课程大纲是最佳资源。如果没有课程大纲，或者大纲已经过时，那么州教育部门将为各个年级设定教学标准。各学科的国家标准也能起到指导作用。当语言教师审视课程大纲时会发现，他们在教学中已经涉及了某些概念，只是没有系统地讲解。例如，教师在给五年级的学生讲解法语国家的地理位置时，通常会将课程内容扩展，加入使用基本坐标在简单的地图上确定首都等活动，从而强化学生读懂地图的技能。

8.4.3 使用目的语教学的可行性

早期语言课堂应采用具体的、亲身体验的、以活动为主的教学方法。语言教师要寻找尤其适合这种教学方法的概念。所以，语言教师必须自问："这些概念可以用初学者能够理解和使用的简单语言讲解吗？还是要用更加抽象、复杂和高级的语言？"

例如，在一个部分沉浸式项目的四年级科学课中，教师选择了以岩石和图表为主题的单元

作为西班牙语教学的可选素材。他们选择这个话题是因为其中很多活动都涉及触摸岩石，观察岩石的特征，然后按照视觉标准将岩石分类。

但是，教师认为以磁力为主题的单元需要较为复杂的目的语指令，因为可以预见到，在评价和讨论结论时会涉及很多细节。第6章图6.6中的例子介绍了两位儿童教师在讲解热带雨林主题单元时是如何利用模式故事解释各个不同的雨林层、帮助四年级学生理解这一主题的。

8.4.4　与学科内容相通的语言和学习学科内容必备的语言

在设计课程中的语言元素时，教师要为学生提供特定学科领域的专用词汇和理解课程所必须掌握的新的语言。教师还必须确定，在使用第二语言进行教学的情况下，讲授多少学科领域专用语言知识是合理的。

学习学科内容必备的语言是指在语言课程中为了讲授或强化其他学科概念而必须掌握的语言。而与学科内容相通的语言是指，语言课程中在通过其他学科概念或信息创建易于理解的语境时所使用的语言。例如，教师知道热带雨林主题单元中所需的基本语言技能是识别和描述，但是教师想要利用这个单元教给学生一些其他的语言技能，如：询问信息、提供信息和表达赞美。学生可以进行角色扮演，开启虚拟的热带雨林之旅，就生活在不同雨林层的动物提出问题，或者对动物和花草的美丽表达赞美。

教师可以设计一个幻想主题，赋予动物拟人的性格。这样，与学科内容相通的语言甚至可以延伸到社交领域。教师也可以让动物们互相问候。

学生A：你好，我是美洲虎。我住在林下层，很高兴认识你。

学生B：你好，美洲虎，我是蜂鸟。我也住在林下层，很高兴认识你。

8.4.5　获得相关材料的可能性

在课程设计阶段，确定需要使用的教学材料至关重要。是否有足够的目的语材料？是否需要翻译大部分的材料？如果能够获得目的语材料，那么有多少材料需要进行改编？

如果文字材料难度较大，需要将材料简化；如果这些材料无法为外语学习者提供足够的可理解性输入，则需要将材料扩充。同时，要确保已将所选教学材料准备好（如果你是巡回教师，没有固定的教室，则要确保材料易于携带）。

8.4.6　材料的改编

埃切瓦里亚和格雷夫斯（Echevarria & Graves，2010：131）列出了一系列改编材料的实用技巧。虽然其中一部分技巧是基于学科内容或沉浸式教学设计的，但教师也可以将这些技巧应用于其他课程中。

1. 使用图形描述

2. 列出文本大纲

3. 重写文本

4. 使用录音

5. 现场演示

6. 使用其他可选书籍

8.4.7 融合其他学科内容的教学

在英语课程中,融合其他学科内容的教学是指能帮助学习者获得学科内容,同时有助于语言发展的教学方法,通常适用于贯连其他学科内容教学。在此推荐几本融合其他学科内容教学的著作:埃切瓦里亚和格雷夫斯(Echevarria & Graves,2010)《融合其他学科内容教学》(*Sheltered Content Instruction*);埃切瓦里亚、沃格特和肖特(Echevarria, Vogt & Short,2012)《帮助小学阶段英语学习者理解其他学科内容:SIOP 模式》(*Making Content Comprehensible for Elementary English Learners: The SIOP Model*);埃切瓦里亚、沃格特和肖特(Echevarria, Vogt & Short,2012)《帮助中学阶段英语学习者理解其他学科内容:SIOP 模式》(*Making Content Comprehensible for Secondary English Learners: The SIOP Model*)。

8.4.8 贯连语言和其他学科内容的挑战

对小学阶段语言教学中的其他关键因素(即语言和文化)关注不够是在教学中将语言与其他学科内容贯连(尤其是在沉浸式教学或其他基于学科内容的课程中)的一大挑战。仅融入学科内容并不能够确保有效的语言教学。贯连其他学科内容教学通过融入常规课程中的概念和活动来强化语言学习,因为这些学科内容提供了有意义的、能调动学生积极性的、真正有趣的体验,并以此为基础进行语言教学。首次尝试基于学科内容进行教学或贯连学科内容进行教学的外语教师通常在特定学科领域的专业知识上准备不足。因此,他们需要把大量的精力放在学科内容的准备上。由于准备时间有限,他们可能无法精心准备语言和文化方面的内容。

教师可能会将第一语言教学中的一些问题带到第二语言教学中。这是沉浸式教学或其他基于学科内容的课程教学中可能出现的第二个问题。传统的非语言学科课堂上,教师通常会提出一系列问题,检查学生的已读内容或背景知识。教师的提问往往是快问快答类型的,要求学生给出简短、具体的答案。课上提问环节之后,教师可能会发给学生一张问卷,列出更多问题,让学生逐个回答。在这种情况下,教师说得多,学生很少有机会消化已学内容或扩展对话。如果将此方法应用于语言课堂中,学生可能无法以有意义的方式使用第二语言。在这种情况下,即使学生使用第二语言,教师也可能只注意到知识内容方面的错误,却不会纠正语法或发音方面的错误,甚至根本不会注意到这些错误。

设计系统的语言发展规划;开展目的明确的主题活动,使学生有机会向"重要观众"展示成果；通过合作学习和互动任务，使学生能够经常参与到扩展对话中。这些都是可行的解决方案，有助于解决上述问题。本书中提供的很多想法和活动可以直接用来解决这些问题。解决这些问题的关键是要有一个基于意义的主题课程，有目的且不断地将语言、学科内容和文化方面的教学融入课程中。

⊙ 练习和深入讨论

1. 围绕常规课程中的一个主题，设计一个主题网站。
2. 设计一项活动，运用图形认知归类工具帮助学生理解并记忆主题单元中的词汇。你还可以运用哪些其他的图形认知归类工具理解和记忆这些词汇？

⊙ 补充阅读

Chamot, Anna Uhl, & J. Michael O'Malley. *A Cognitive Academic Language Learning Approach: An ESL Content-Based Curriculum.* Rosslyn, VA: National Clearinghouse for Bilingual Education, 1986.

———. *The CALLA Handbook: Implementing the Cognitive Academic Language Learning Approach.* Reading, MA: Addison-Wesley, 1992.

Dean, Ceri B., Elizabeth Ross Hubbell, Howard Pitler, & BJ Stone. *Classroom Instruction that Works: Research-Based Strategies for Increasing Student Achievement.* 2nd ed. Alexandria, VA: Association for Supervision and Curriculum Development, 2012.

Echevarria, Jana, & Anne Graves. *Sheltered Content Instruction: Teaching English Language Learners with Diverse Abilities.* 4th ed. Boston, MA: Pearson Allyn and Bacon, 2010.

Echevarria, Jana, Mary Ellen Vogt, & Deborah Short. *Making Content Comprehensible for Elementary English Learners: The SIOP Model.* 4th ed. Boston, MA: Pearson Allyn and Bacon, 2012.

Gibbons, Pauline. *Scaffolding Language, Scaffolding Learning: Teaching Second Language Learners in the Mainstream Classroom.* Portsmouth, NH: Heinemann, 2002.

Zacarian, Debbie, & Judie Haynes. *Teaching English Language Learners Across the Content Areas.* Alexandria, VA: Association for Supervision and Curriculum Development, 2010.

⊙ 相关网站

应用语言学中心

http://www.cal.org

详见应用语言学中心网站有关语言与其他学科内容的页面。（完整的应用语言学中心研究项目和成果列表见 http://www.cal.org/topics/ilc.html）

美国国家英语习得和语言教学项目资料库（National Clearinghouse for English Language Acquisition and Language Instruction Educational Programs，简称 NCELA）

http://www.ncela.gwu.edu

该资料库为结合其他学科内容的语言教学提供了大量资料，如"课堂工具包"，包括适合 K–12 教育体系中各个年级使用的活动范例。（见 http://www.ncbe.gwu.edu/library/curriculum/index.htm）

思维导图和图形整理工具

http://cooltoolsforschools.wikispaces.com/Organiser+Tools

该网站包含大量信息管理应用列表。

世界级教学设计与测试（World-Class Instructional Design and Assessment，简称 WIDA）

http://wida.wisc.edu

世界级教学设计与测试联盟设定了一系列全面的语言能力水平标准，为日常用语和学术语言提供了框架。

第四部分
表现和反馈

第 9 章　利用评估帮助学习者成长、促进课程发展[1]

我和学生如何利用学习成绩和反馈促进学生进步？

- **交际性评估：过程概述**
  - 我能够将语言和学科内容整合在教案设计和教学中。
- **设定学习目标：我期望学习者学会并能做些什么**
  - 在评估阶段我能够将学习目标的设定作为评估的第一步。
- **确定适当的学习依据：我如何知道学习者是否达到了学习目标**
  - 我能够确定合适的依据来证明学习者是否达到了我设定的学习目标。
- **建立标准：我如何了解学习者达到学习目标的程度**
  - 我能够建立标准来考核学习者达到学习目标的程度。
- **汇报成果：我如何汇报学习者的学习成果**
  - 我能够针对学习者掌握的知识和能力提供总结报告。
- **课程评估**
  - 我能够确定与课程评估相关的评估标准。

　　当前的教育领域中，人们更加关注对学习者成长过程的问责，因此学习评估更具相关性和迫切性。"共同核心标准""21世纪技能"等当代教育改革浪潮越来越多地将教育内容与学习者的未来职业及其发展相关联，重点强调诸如跨文化交际之类的技能。为了响应这些动议，也为了促进学习者在这些领域的发展，国际语言教育领域也必须转移重点，帮助学习者打好基础，以应对其将来走向社会时所面临和承担的交际任务。为了加强人们对最终教育目的（即培养各种环境下的沟通模式）的关注，国际语言教育专业也必须将远景放到语言评估上。这种做法一改以往将评估放到课程设置和教学的最后环节，而是把课程评估、标准设定和水平预期一同作

---

[1] 本章部分内容由阿里德安娜·布兰特（Adriana Brandt）撰写。

为课程设置的重中之重，同时推进"逆向设计"的规划过程。利用"逆向设计"的教师首先要预估出学习者的学习成果、表现，提出预期要达到的交际水平和语言熟练程度；然后再设计有助于产生上述预期成果的教学内容、教学活动和教学任务。

重新组织课程体系时要围绕标准和交际目标，同时还要求对评估理念和评估操作也有类似的重组。以交际为目标、基于标准的课程体系是无法用几十年来一直使用的评估理念和评估方法来进行评估的。因为人们熟悉并常用的分项测试主要是用来考查孤立的语法点和词汇的，这种测试显然不适合用来评估以沟通模式为目标的学习效果。这种测试在某种程度上可能更适合检验学习者在以语言形式为教学重点的课程中的语言运用能力，但是由于这些评估方法往往为人们所熟知，并且又能给人以一种客观评估的错觉，在很多课堂上这种评估方式仍然在发挥重要作用。

"教什么"和"考什么"之间的差异对交际目标的可信性及交际目标的实现都构成威胁。当学习者和家长意识到课程目标和考核内容之间存在差异时，他们一定会更相信测试的结果，这也是无可厚非的。桑德拉·萨维尼翁（Savignon, 1997: 223）对这个问题做了精辟的阐述：

> 交际能力概念中最重要的一个含义无疑是需要建立测试体系以衡量人们是否能够有效运用语言以达到交际目的。20世纪60年代发展起来的语言结构分项测试不仅无法衡量交际背景的复杂性和动态变化，在某些情况下，因为这种考试过于强调语法的准确性反而不利于发展交际能力所需的语言策略，从而阻碍了更多交际课程的发展。如果一门语言课程在设计之初就要涵盖基础教材中的所有语法点，然后考核学习者对这些语法点的掌握情况，那么这门课程就没有时间培养学习者的交际能力。

分项测试尤其不适合用来衡量在交际性标准化课堂背景下学习者掌握语言的丰富性和多样性。随着教师在培养学习者表情达意能力方面越来越有经验，随着教师能够逐步帮助学习者在丰富的目的语环境中以各自特有的方法汲取营养，随着教师鼓励学习者用目的语逐步建立起自己的意义结构和表达方式，教师也失去了对零碎语言内容的控制，这些碎片内容用传统手段很容易测量。与此同时，对学习者进行评估的任务、明确描述学习过程的需求却越来越重要。我们面临多重压力，既要遵循一定的标准、对学生成长负责，又要注意不同级别课程之间的有效衔接，这都要求我们开展有意义的测试实践，在业内、校内、社区内采取明确手段传达学生成绩和学习成果。

这些压力迫使我们采用熟悉但不适合的考核方法，甚至为了使现有的考核方法可以用来考核早期语言课程而降低我们的学习目标。学习者如果在以意义为主体、以交际为导向、发展合宜的早期语言课程中学习，学习效果必须按照上述这些标准来考核。否则，课程基础就会受到影响。正如伊根（Egan, 1988: 240）指出的那样，"我们必须警惕学习过程简单化，这样才能更有效地评估学习效果"。

9.1 交际性评估：过程概述

早期的许多语言课程中存在的问题并不是其评估方法不恰当，而是当时的课程体系中完全缺乏正式的评估手段。由于课程目标的特点，加上教师每天或每周教授的学生数量太多，所以当时的课程并没有重视对学习者学习效果的评估。有的教师担心，任何一种形式的考试或考核对学生（尤其是那些在传统的学校课程中表现不太出色的学生）而言，都会增加他们的焦虑，降低其学习积极性。但是学习者及其家长都非常重视那些进行定期考核或报告的科目，因此，由于缺乏定期认真的评估和学习报告，语言课程更加被看作是一门"多余的"、与其他课程相比不太重要的课程。

事实上，与选择主题、有针对性设定标准及设计相关任务和活动一样，评估在课程设计和教学中也是至关重要的。课程规划的每一步——从主题选择到标准制订及授课内容的选择——都与评估相关。合理制订的学习目标其实就包含或暗含着某种评估策略。设计任何一节课时，第一步就是要提出两个问题："我期望学习者在学习后能够了解并做到什么？""我如何了解他们是否实现了目标？"，问题的答案关系着学习者、家长、教师以及教育领域中其他所有相关人员的既得利益，对他们而言至关重要。

早期的语言教师之所以对评估感到不安，其中一个原因就是我们大多数人在自己的教育经历中所体会到的对教育的普遍认识。也就是说，考试经常是教师（被赋予权力的一方）为了呈现（经常是负面的）对学习者在课业和学习能力方面的成绩判定而采用的一种方式。因此，那些重视激发学生兴趣、帮助他们找到自信和成功的教师一想到考试就会觉得不安，这就不足为奇了；事实上，这些教师甚至可能拖延考试并尽力避免在评估时完全采用考试的形式。

如果参与评估的各方能够将重点从做出判定转移到收集信息上来，上述关于评估的种种不安就可能被消除。这种角度转移可以避免相关人员把评估看作是对学习者还没有掌握知识的惩罚性评判，相反，这种转变是把评估当作学习者庆贺并展示自己所学的东西和获得的能力的机会。最后收集的信息可以用来了解学习者的学习进展，认清需要进一步加强的地方，描述学习者的语言水平以利于课程规划及各级别之间的衔接，这种转变还有可能带来很多其他的好处。因此，重要的一点就是要牢牢记住语言评估不仅仅是测验、阅卷以及填成绩单。有效的评估是一个复杂的、行进式的过程，测试是要为教学提供直接的信息，让学生了解自己的进步及未来需要加强学习的地方，同时提供课程效果检验的依据。表 9.1 的范例展示了田纳西州孟菲斯市谢尔比县公立小学的教师如何让学生了解自己在语言课堂上的进步。

表9.1 谢尔比县公立小学"能做"检查样例（汉语）

一年级第二单元 汉语"能做"检查

说明：你能用汉语做什么？利用"能做"声明的句子来检查你取得的进步，根据你目前的水平把相应的熊猫涂上颜色。单元学习过程中的每个结点你都有机会为你的熊猫涂色，这样你就能看到你正一步步实现掌握本单元学习内容的目标。

5	3	1
我能在有一点帮助或没有帮助的情况下做这个。	我能在获得一些帮助的情况下做这个。	我只能在接受很多帮助的情况下做这个。

检查	完成日期	我的熊猫的颜色
#1	_____	○
#2	_____	○
#3	_____	○

第二单元 进步图示	我的		
我能说出直系家庭成员的名字。（记忆）	5	3	1
我能说出家里有多少人。（应用）	5	3	1
我能说出我家是大家庭还是小家庭。（评价）	5	3	1
我能认识学校里的人。（应用）	5	3	1
我能用适当的方式跟学校里的人打招呼。（应用）	5	3	1

注：已获尼克·斯塔法（Nick Staffa）和阿莉萨·维拉里尔（Alyssa Villarreal）许可使用。

关于过程的讨论让人想到一个动画片，其中一个小男孩在下课后问教师："琼斯小姐，我妈妈想知道我今天都学到了什么？"这个动画片提醒我们，对于教师、父母或其他监护人来说，确定学生在课堂上学到了什么是至关重要的。最重要的是，学习者需要有人帮助他们总结自己在语言学习上的进步。

正如我们在课程规划过程中介绍的，评估是课程规划最初需要重点考虑的因素。我们在准备一个活动之前，首先为讲授的单元或课程设定学习目标，同时还要清楚我们需要什么信息以判断学习者是否达到既定目标。课程规划的最初阶段就确定好学习目标和需要提供的学习依据，有利于我们确定语言运用任务（即语言输出结果和语言运用能力），这些任务应该侧重于授课单元内容和相关活动，还要突出学习者在任务中如何展示他们已经学到的东西。下列步骤和问题可帮助教师开始评估准备过程：

- 设定学习目标：我期望学习者能够学会并做些什么？
- 确定适当的学习依据并建立标准：我如何能知道学习者是否达到了目标？
- 汇报成果：我如何汇报学习者的学习成果？

9.2 设定学习目标：我期望学习者学会并能做些什么

如果询问任何一位学习者他学习外语的目标是什么，他可能会说："与他人进行交流。"教师都知道，学会用一门新语言"与他人进行交流"是一个集语言、文化和学科知识为一体的复杂过程。仅仅局限于上述知识的一两个方面还远远不能为学习者实现"与他人进行交流"的目标打下基础。因此，我们设定的驱动评估的最终学习目标应该以生动、有意义的方式将这些知识融为一体。在下面的几个部分，我们会探讨教师如何设定集语言、文化和学科内容为一体，从而实现语言的交际目的的学习目标。

如果学习者想要积极参与到对话中，我们必须在课上课下为他们创造积极参与的机会。所以，我们设计任务和评估的目标时对学习者行为的关注要多于对他们呈现出的事实的关注。教师不应注重学习者学到或理解了什么——比如语法时态、单词表或文化知识点，而是要注重培养学习者如何将所学的知识运用到交际语境中的能力。经过设计后，这些评估任务应该与学习者的生活和社交场合相关联，并要求学习者可以把所学的知识和交流能力运用到有意义的情境和任务中。这样，评估任务就可以按照针对知识运用而不是死记硬背的规则来衡量基于标准的课程目标。如果侧重对每天及各单元规划的语言运用能力进行评估（即对语言水平进行的总结性课程评估），就会恰当地衡量在各种时间、各种需要表情达意的环境中，学生都了解到了什么语言知识以及能够做到什么。

威金斯（Wiggins，1992：27–28）提出了几条建议，这些建议有助于设计可用于语言运用能力评估的任务：

1. 将任务情景化。该任务考查的学习内容是什么？在什么背景中学习者会运用该语言功能或完成该语言任务？提供丰富的情景细节，这样学习者能够清晰地了解任务的目的及其在任务中承担的角色。
2. 以设计"表情达意"的任务为目标。一项"表情达意"的任务与"直接相关或实用"的任务可能并不相同，但对学习者而言可以是有意义的。一个情景、一个问题或一项任务都可以设计得与学习者生活的环境有真实直接的关联。通过一系列的问答形式帮助学生识别外星球，这种形式尽管并不直接相关或实用，但是既有意义又有趣，便于了解学习者是否可以运用语言进行描写。
3. 设计语言运用而不是语言操练。许多语言点的考核仅仅只是操练而不是考查语言知识的运用，而是从自然语境中剥离出来的孤立的语言信息。语言运用并不是背记知识点，而是通过准确的判断"将所有的语言点整合起来"。
4. 从设立典范和打分标准开始，逆向建立学习设计的学习任务从而完善语言任务。学习者应该事先了解学习目标和语言运用的标准。

语言课堂可能为学习者提供最真实也可能是最丰富的语义材料。因此语言课堂要围绕着表情达意的任务和交流机会进行，这样学习者才能练习他们在课堂以外的环境中所需要的语言技能。下面将介绍几种可能的方法，可用来收集有效信息，了解学生课堂表现。

9.3 确定适当的学习依据：我如何知道学习者是否达到了学习目标

在交际能力方面，一旦我们确定了学生应该知道并能做什么的时候，我们必须确定学习者如何表明自己可以用语言进行交际。收集学习者语言运用的相关依据可以帮助教师考评学习者在交际能力上的进步，这也是教师反馈学生进步所在的出发点。但是在注重交际能力的语言学习环境中，诸如纸质的练习活页这样普通的学习依据并不适合记录学习者的语言运用能力。以下几种策略可以帮助教师在标准化课堂促进并记录学生表现。

为了帮助并鼓励学习者在沟通模式中运用语言，教师应该将一般的语言运用任务融合到课堂之中。正如标准本身，语言运用的任务也注重学习者对语言的运用，而不是他们对语言的了解有多少或他们对语言点的运用。一项语言运用任务是指可以激发学生在语义情境（最好是与"真实世界"的语言挑战一样的情境）中运用某一单元的教学内容中获得的语言能力和词汇。

请思考下面这一点：如果教学是在主题情境中进行，并且注重交际能力的培养，评估功能也应该是情景式和交际性的。教师评估的应该是什么该教，如何教学，这样学习者才能按照他们的学习方式展示他们获得的能力。如果是以听力为主的课堂，听力就应该是评估情境中的重点。如果在课堂上主要练习的是口语，评估中口语部分的比重就应该与课堂教学中的比重相同，并且使用相似的口语情境。如果教师在备课时，精心准备课堂用语，并以学习者为主体，就已经为评估中出现的活动打下了基础。每一个考核目标的重要性都应该与该目标在课堂活动进展中所占据的重要性大致相同。

简单地说，如果每天的课程和整个课程体系的重点都是培养交际能力，按照三种模式进行的评估就是评估学习者学习效果最适合的方式了。这样，评估机制就会反映课程的持续目标而不是重点强调语言细节和语法（这一点似乎很容易评估）。下面就是针对每一种沟通模式进行评估的评估策略。这些策略既可以用在形成性评估中（持续的语言评估和练习），也可以用在终结性评估中（基准和终结性目的），教师要确定每一个评估的目的并与学习者事先做好沟通。

9.3.1 人际交流模式

很多情况下，人际交流都是真实的，因此就自然有机会评估语言运用能力。人际任务应该专注于自然交流，为学习者提供在特定语境中表情达意的机会。但是，对教师而言，他们每天或每周要教很多学生，进行定期一对一的人际交流评估似乎既容易让人望而生畏也不现实。通过重新组织课堂活动的节奏，同时创新性地使用科技手段，教师可以更加频繁地评估学习者的人际交流能力，从而对以后的教学加以指导。下面介绍评估人际交流能力的策略。

个人问答

学习者与你或学习者彼此间讨论一个熟悉的话题。话题应该是课堂上讨论过的内容，讨论的方式也应该一样；话题也可以是学习者已经有了必要的背景信息的话题。尽管讨论的程序是学习者熟悉的，但他们事先不能得到任何提示，因为对人际交流能力的有效评估要求交流必须是不能事先演练过的。

关于讨论的话题，你可以写一些与单元或课程话题相关的开放式观点性问题，也可以是书上现有的或各种破冰式问题网站上的总结，或者可以让学习者自己确定要讨论的内容。通过让他们进行自发的有意义的对话，学习者可以把自己学过的交际技巧运用到对话中并能够与其他人进行话题讨论。

在大班教学中，组织这样的对话是很有挑战性的。可以考虑把班级分为小组或让学生结成对子，为确保公正，给每一组（对）学习者提供相似的对话提要，再在班级的每一组（对）中循环使用。除此之外，借助科技手段辅助教学评价：给每一组（对）学习者一个录音机来记录下他们的对话。录下对话有下列几个好处：即使你不在现场，也可以听到整个对话。那些因为教师在场而羞于或不敢说话的学习者则会更加愿意在这种情况下参与对话；同时，这些对话还可以留作将来备用，教师可以用作打分的依据，学习者可以用来进行复习并看看他们在语言熟练程度上取得了哪些进步。

情景卡片

情景卡片是指未经演练过的角色扮演，要求学习者在假定的情景中以小组或结对形式来扮演特定的角色。情景卡片中应该列出语言任务，该任务要求学习者用目的语完成；这个任务也是学习者在现实生活中可能会遇到的情景，同时任务也要为参与的每一个学习者清晰地描述出他们的角色。

情景卡片通常配对或配套发出，这样每一个学习者都有自己的卡片。每一张卡片都要描述出每一个学习者在情景中扮演的角色，并提供完成学习任务的指导和支持。此外，区分角色还会保留一份惊喜，由于学习者并不知道其他人要扮演什么角色，学习者在进行情景表演时就要求进行意义上的沟通。

即使语言水平更高的学习者可以理解用目的语写成的任务要求，情景卡片也要用母语来写以保证学习者能够理解他们要做的任务。下面是两张用于入门水平学习者的情景卡片：

情景 1：指引方向（中学水平）——两人一组

学生 A：老师请你帮助一名新入学的（说目的语）学生了解到哪里去上课。听听对方询问自己关于课程安排的问题，然后指导他找到每一个对应的地点。

学生 B：你是一名新入学的（说目的语）学生，你想找到上课地点。年级教室[1]的教师为你指定了一名学生带路。你要把教师提供的课表描述给同伴，然后询问每节课的上课地点。

情景 2：准备晚餐（小学或中学水平）——四人一组

你和你的三个朋友准备在你们其中一人的家中用晚餐。你们要确定下列几项来准备晚餐：

- 谁来主持晚餐
- 哪一天 / 什么时候用餐
- 你们要吃什么、喝什么
- 每一种食品由谁来准备

角色反串

角色反串为角色扮演增加了一个角度，它要求学习者扮演一个完全不同的角色。角色反串是一种评估独立学习者的口语和讨论技巧的方法，但是教师和学习者都不应该把角色反串看作一种评估工具。如果角色反串已经成为课堂程序的标准或学生已经适应的一部分，教师应该将这一活动中的一些因素融入评估模式中。

回应

在一对一模式下与一名学习者共同练习，让学习者对自己的陈述做出适当的回应。例如，

---

[1] 这里指美国学校中学生定期接受导师指导的教室。——译者注

如果你说"我今天感觉不太好",学习者应该说"太糟糕了"。

9.3.2 理解诠释模式

找出评估解释性交际能力的方法不太容易,但不是没有可能。第一步就是要求学习者完成口语或写作任务。这些任务可以随着学习者的进步而逐渐复杂化,教师也可以把学习者持续的理解能力作为评估学习者解释性能力发展的方法,同时将其融入整节课或单元教学中。

除此之外,学习者可以在完成一个真实任务之外同时证明自己的解释性交际能力和理解力有所提高。这种情况下,评估应主要侧重于学习者的单向理解力,即学习者理解到什么,因此无须学习者在真实的交际语境中给予回应。但这并不是说这些类似成果的解释性评估可以在语境之外进行。相反,评估中体现出来的语言水平难度将表明学习者在语境内对意义的理解能力。例如,阅读理解中的多项选择题讲述了泰迪熊在雨林中的经历,学习者可以选择适当的词汇或回应来使这个故事意义完整。

接下来讨论学习者在听说方面的解释性技能的评估策略。

指令

要求学习者完成写作或口语中的指令,可以是个人形式,也可以全班学生同时完成笔试测验。记录学习者对内容的理解的方式可以是根据口语指令的顺序在彼此之间进行录音;或者生成一段语言输出成果,其中记录下学习者对每一个步骤的理解。再或者,教师可以读出或做出指令,也可出示要求或描写的指令图片,然后学习者根据指令或陈述与活动/图片是否一致而做出真假判断。将活动或指令按照有意义的、与故事类似的顺序连接起来,给出最大化的语境。

完形填空或补全内容

要求学习者在熟悉的文章内(或在口语语篇内,如果更适合的话)填空。同样,学习者可以不需要在直接的模板中完成一篇书面或口语故事。这种评估中,语境非常重要,这样学习者才能完成填空,使意义变得完整。

标注和识别任务

学习者通过标注和识别任务来证明自己掌握了适用范围较大的理解技巧。最基础阶段中,学习者能够给图片或物品进行标注,证明自己的口语或书面词汇的理解能力。例如,学习者在听到或读到目的语单词或句子时,能够准确地识别图片的每一个部分(身体部分、餐桌布置、地图上的国家等)并准确地标注号码。这时要尽可能地使图片富含联系甚至幽默感。下面是德语课堂上一个将文化和活动联系起来的项目:

科隆城里的小矮人悄悄溜进一个病人家帮助他们。每个小矮人都有事可做，但是他们中的一些人选择了奇怪的工具。请标注出所描述活动的序号。1号是洗碗。

将这种评估理念从词汇层面扩展到句子层面，同时确保这些句子选自意义上相互关联的完整语篇，这就实现了对学习者语言能力的评估，这种能力是指学习者能够领悟出在自己不熟悉的语言中还有自己所熟悉的语言的能力（见图9.1）。

教师可以考核学习者对长篇文章的理解或以相似的方式进行口语考核。为了评价学习者对按先后顺序发生的事件（如一个故事中的事件）的理解，你可以给学习者提供几张标了序号的图片，也可以给学习者展示这些图片，或出示一些电子版或纸质版的标有序号的图片。学习者读到或听到一句话时，就让他们指出相对应图片的序号；非正式考试中，还可以让学习者用手指表明序号；正式考试中则让学习者在空白处写下序号。为了达到最好的考核效果，这些图片应该有意义上的关联，或许可以按照故事发展的顺序摆放。

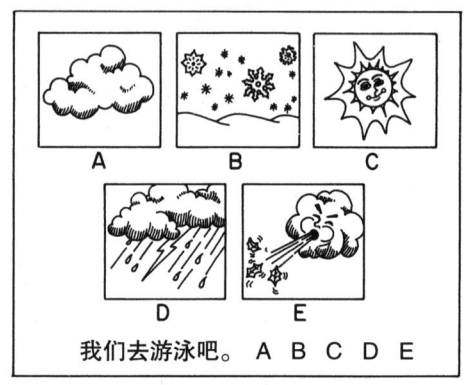

图9.1　多项选择题选项范例

判断真假

给学习者出示一篇文本或讲话稿，可以是一个短段落、一段对话或者一个真实的语言样本，例如，电视广告或印刷广告；然后就选择的材料或情境做几句陈述，学习者根据每句话的准确性、合理性或逻辑性做出"真"或"假"的判断。例如，假设教师读到"海龟汪汪叫"，学习者就会做出这句话为"假"的判断（见图9.2）。

关于判断真假还有几点其他的注意事项（这些也适用于多项选择试题）：

- 真假判断的句子中不要包含否定句。双重否定容易引起混淆，导致不能准确考核学习者实际的理解能力。
- 用来问问题的语言（可以是母语也可以是目的语）一直是理论研究与实际应用中讨论的话题。用目的语来问问题可以防止学习者在目的语与母语之间进行语码转换。同时这对外语水平较高的学生而言也很重要。但是，提倡用学习者的母语来问阅读问题有两个主要原因。第一，学习者可能

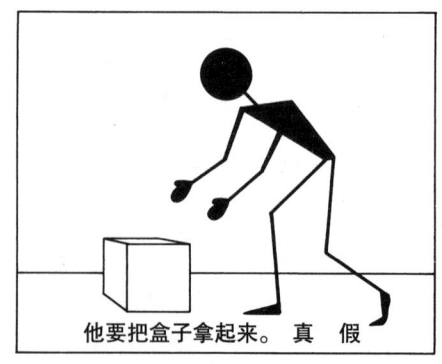

图9.2　判断真假范例

完全理解用母语所提出的问题，这可以对学习者的理解能力做出准确的考核；如果学习者针对用目的语提出的问题回答错误，那么就很难判断出学习者的误解是与问题有关还是与文章或口语篇章有关。第二，如果使用目的语提出问题，学习者可能会利用像词汇这样的线索做出正确的答案，而不用完全理解文章内容。这样，通过学习者给出的答案则无法评价出他的理解能力。总之，到底用何种语言提出问题还没有一致的看法，因此教师可以根据学习者的需求和课程目标来做出最好的判断。

9.3.3 表达展示模式

表达展示模式包括口语演示和书面语演示。早期的针对年幼学习者语言教学课程中，口语交际能力是考核的重点，这一点与把写作能力当作考核重点是一样的。同样，针对年幼学习者的口语和写作能力的评估策略有如下几种：

标注

要求学习者用恰当的目的语术语来标注图片或图片的某些部分（见图 9.3）。语言水平较高的学生可以写出描述图片的题目。

指令

要求学习者写下教师或同学表演的指令。

图片反应

给学习者展示与他们目前正在学习的主题相关的图片，要求学习者针对图片做出回应，如讲述故事，或做出图片上的指令（在年幼阶段）。见图 9.4 中的范例。学习者可以与教师进行面对面的交流，也可以通过数码录像设备录下他们的表现。

识别和／或描写

要求学习者从一个袋子里或"魔术盒"中抽取物品，然后口述或写下对这些物品的描述。这种方式是考核学习者如何处理提出的要

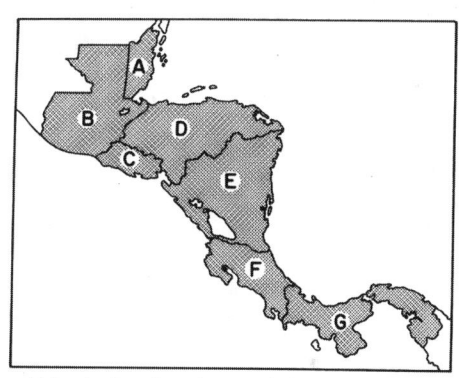

教师说："哪些国家的人来我们班旁听过？在这张地图上标出这些国家。"

图 9.3　考核项范例

教师说："给我讲述一下这张图片。"或"根据这个动作给出指令。"

图 9.4　图片项范例

求、运用礼貌词汇和遵守既定课堂程序的好方法。这种策略可以以游戏的形式来构建，游戏中学习者向班级或小组成员描述这些术语，然后让其他学习者来猜测这些术语的意义。

对话

两（多）名学习者可以演示他们创作、背诵或改编的对话。

木偶表演

要求学习者两人一组或几人一小组表演木偶剧，这样可以来展示他们所学到的知识。

9.3.4 语言运用能力任务范例

杰茜卡·布拉德利（Jessica Bradley）在格林代尔学校组织三年级和五年级学习西班牙语的学生参加了一个怪物活动，见表 9.2 和表 9.3。

表 9.2　怪物项目的语言运用能力评估

怪物活动描述
学习目标： 1. 我能做自我介绍。 2. 我能够用身体部位词汇和几个形容词来描述物体。 3. 我在描述某人的相貌时能使用正确的动词（"tiene""es"）。 **情景：** 　　一家叫"购买季"的公司，坐落在威斯康星州的新柏林。这家公司是世界上最大的化妆品和派对用品经销商。他们正在征寻新的皮纳塔彩色陶罐设计方案以及戏装和装饰品上的怪物设计。如果你有一个好主意而且想把你的设计展示给这家公司，希望你的设计会被选中，成为送往波多黎各、墨西哥、西班牙和其他地区的派对用品。 **你的任务：** 1. 设计并画一张怪物或皮纳塔彩色陶罐的素描，将它展示或描述给你班上的同学。 2. 向公司代表（即你的同学）做自我介绍及产品介绍。（如"你好，我叫_____。我的好办法是_____。"或者"你好，我叫_____。我的皮纳塔是_____。"） 3. 陈述中需要包括很多细节、描述性词汇以及色彩词汇，这样公司才能信服并接受你的设计。 4. 陈述中需要使用"有（tiene）……"和"是（es）……"。（如"我的怪物有_____，我的皮纳塔是_____。"） 5. 这应该是一个经过不断打磨、反复记忆的陈述，你不能再照着纸读了。练习，练习，再练习。

续表

评价标准:

超级西班牙摇滚明星 4	超级西班牙演说家 3	在路上 2	需要更多练习 1
• 自我介绍,想法介绍 • 5个以上带有描述性词汇的句子 • 运用以前学过的西班牙语 • 流利地介绍信息 • 描述带有色彩词的、创新的、详细的设计 • 设计非常努力	• 自我介绍,想法介绍 • 5个带有描述性词汇的完整句子 • 正确使用"tiene"和"es" • 较为流利地介绍信息 • 描述带有色彩词的、创新的设计 • 设计比较努力	• 自我介绍,想法介绍 • 不到5个句子 • 很少有描述性词汇 • 不能够正确使用"tiene"和"es" • 结结巴巴 • 设计付出了一定努力	• 难以进行自我介绍、想法介绍 • 句子不完整 • 句法不正确 • 很少有描述性词汇 • 设计缺少细节

在这页纸的背面写下你的设计。

注:已获杰茜卡·布拉德利(Jessica Bradley)许可使用。

表9.3 怪物项目学生作业范例

	大家好,我叫毛加内。我10岁了。我是密尔沃基人。我的好主意就是做一个怪物面具。我的怪物眼睛很大。我的怪物是红色和绿色的。我的怪物有红色的嘴唇。我的怪物有六条胳膊、四条腿。我的怪物的头是绿色的。
	大家好,我叫伊莉斯。我9岁了。我是格林达勒人。我的好主意是做一个怪物面具。我的怪物有一个脑袋、四条腿。它有两个翅膀。它的头发卷卷的。它有一颗牙齿。我的怪物非常年轻而且很小。
	大家好,我叫马可娜。我8岁了。我是格林达勒人。我的好主意是做一个怪物装饰。我的怪物有大大的眼睛,一颗牙齿,个子很矮。它有两条胳膊,三只蓝色的脚。我的怪物特别好。

下面是两个单元学习中最后练习的语言运用任务的例子,这些任务承接前面已经学过的关于服装、季节和天气话题的单元内容,是为初级高等或中级初等水平的中学生设计的,设计此任务时假定他们已有过几年语言学习的经历。

注意每一个任务都有详细的描述,也有大量可以佐证学生每一点进步的支撑材料。每个任务中都具有所有交际能力模式中的要素:人际交流能力、理解诠释能力和表达展示能力。每一个任务也包含着一个故事结构：所有活动都清晰地按照开头、过程、结尾的结构来完成。任务说明可以用母语写，但如果学生的语言技巧足够熟练，同时任务介绍有足够的模式可以遵循并有详细的解释，也可以用目的语来写。

语言运用能力任务实例 1：决定目的地

一位匿名的捐赠者资助班里学生在明年这个时候到任何一个西班牙语国家的首都旅行。我们的任务就是决定去哪一个城市。

班里每个学生要针对我们可能参观的城市进行调查，包括天气和景点，然后把自己的调查结果向全班进行介绍。所有学生介绍之后，班里同学投票决定我们要去参观的城市。最后再集体给匿名捐赠者写信说明我们的选择。这个项目包括两个小任务。

任务 1：天气预报

在接下来的一周中，在不同的四天里，浏览你所选择的西班牙语（或其他目的语）国家城市的网站。在即将上交的表格中记录下该城市的天气状况（见表 9.4）。我们假设这是该城市每年这个时节中典型的天气特点。准备一下你在班级里要做的天气报告，报告中你将：

- 列出你调查的这段时间平均最高气温和最低气温（提醒：用气温之和除以天数）。
- 描述天空状况、风力状况，也包括降水状况（如果有的话）。
- 描述对天气的感觉，建议应该准备的衣服以及其他与天气相关的必备品（如防晒霜、雨伞等）。
- 准备图片以便大家能够理解你的天气报告。
- 讲讲你找到的关于天气和该城市的其他有趣的事情。

使用我们学习过的天气词汇，再用完整的句子介绍你的信息。如果不照着写好的稿子念，你的介绍效果会更好，但是如果你觉得有一个稿子在手边会舒服些，你也可以准备一个讲稿。准备回答同学们提出的问题。

表 9.4　天气调查表

日期					平均气温
最高气温	___℃	___℃	___℃	___℃	___℃
最高气温的感觉： • 严寒　• 寒冷　• 凉爽 • 暖和　• 热　　非常热					
最低气温	___℃	___℃	___℃	___℃	___℃
最低气温的感觉： • 严寒　• 寒冷　• 凉爽 • 暖和　• 热　　非常热					

续表

日期					平均气温
降水： • 小／大雨 • 雪 • 雨夹雪 • 冰雹 • 薄雾 • 雷暴雨					
风力状况： • 大风 • 微风 • 无风					
天空状况： • 晴 • 多云 • 有时晴 • 有时多云					
湿度					

任务2：旅游景点

通过各种西班牙语（或其他目的语）网站了解你所选择的城市，找出至少五个你觉得对同学们来说有趣的特点或值得参观的景点。然后，准备一个简短的报告，说明为什么选这个城市作为大家参观的目的地。你可以选择做一段时长两分钟的多媒体商业广告、一段数码播客或可以与班级同学分享的纸质宣传册。

语言运用能力任务实例2：接待一位交换生

两个月后有20名来自目的语国家的中学交换生要到你们的社区。这些交换生将与你们一起上课，他们将向你征求此次学习之旅的建议。你的任务就是提供一些准备行装的建议，再帮助他们深入了解一下访学期间的一些情况。

你们每个人都会成为交换生的小顾问，你们还要准备一封电子邮件或一个视频，与交换生分享你为其量身定制的建议。

第一步：自我介绍。准备并做一个简短的自我介绍。除了姓名、年龄等必不可少的内容，你还应该在自我介绍中加上以下几点：

- 你的家庭／家庭成员情况。
- 你最喜欢的科目或学校活动。
- 在课外你喜欢做的事情。

第二步：景点和活动。根据自己要接待的交换生的资料，至少选择5个你认为交换生会喜欢或你觉得家乡"必看"的景点和"必做"的活动。为每一个景点准备一份简单的介绍，说明你选择这些景点的原因。介绍中可以包括图片和网站。

第三步：整理行李建议。在电子邮件或视频中，你还要为交换生提供一些整理行李时的注意事项。介绍整理行李时要带些什么东西及其原因时，要包括下列几项：

- 交换期间平均最高气温和最低气温。做些调查会很有帮助。
- 介绍典型的天气状况、风力状况和可能出现的降水情况。
- 交换期间需带的衣服。提出着装建议时，要考虑到天气、学校着装规范以及你所建议的活动类别，这也会很有帮助的。
- 描述任何交换生可能需要的用品（如防晒霜、雨伞、帽子和手套）。

9.3.5 以档案袋的形式记录学习者的成长

为每个学习者建立一个档案袋已经成为一种最受欢迎并广为应用的评估方式。无论是以实物形式还是数字形式，档案袋不仅仅只是与其他童年纪念册一起留存的剪贴簿，档案袋更是存放了由学习者自己筛选、用来说明自己在语言学习中进步成长的成果和作业。除了作业样品外，学习者还可以对自己所学的内容进行反思，指出自己认为学习很成功的方面以及设定自己将来的学习目标。

这种评估方法有一个特别的好处，就是学习者和教师要相互合作，进行档案袋资料的整合及反思。有时，教师可以针对全班或全小组提出建议，比如："这项活动可以成为你档案袋中的最佳例证。"有时，教师还可以建议说："选取这单元中完成的一个写作作业放在学校的档案袋中，其他的可以带回家与父母分享。"

学习者在档案袋中的每一个物品上可以用母语或目的语写上一个简短的陈述。这些陈述可以是学习者为何选择此物放在档案袋中——可能是学习者引以为傲的，也可以是表现学习者所学内容的，还可以是学习者需要进一步学习的内容。尤其是在准备档案袋初期之时，教师需要为学习者提供一个样板或加以指导，告诉学习者如何诠释档案袋里面的信息。由俄勒冈大学第二语言应用研究中心（Center for Applied Second Language Studies，简称 CASLS）和马里兰大学的国家外语中心（National Foreign Language Center，简称 NFLC）联合赞助的 LinguaFolio[1] Network 上面有各种教学工具和教学策略，教师可以用来帮助学生在幼龄阶段建立自己的学习档案，同时还可以进行学习反思和自我评价。教师可以登录 http://lfonetwork.uoregon.edu 来获取这些资料。

为了全面说明学习者的语言能力，档案袋应该包含三种交际能力模式的所有例证：人际交流沟通模式、理解诠释沟通模式和表达展示沟通模式。档案袋中的综合信息可以包含下面内容：

- 学习者能够解释或描述的图片或照片
- 书面成果（如个人转述的课堂语言体验故事）
- 诗歌或其他表达性写作
- 信件、邀请函、贺卡或其他"对外公示"的写作作品
- 照片或短句幻灯片、木偶剧、模仿剧或学生参加的其他活动，（如果有的话）还可以加上

---

[1] LinguaFolio® 是一个供语言学习者设定学习目标、记录学习过程并进行自我评估的电子档案和学习工具。——译者注

- 学生所参与活动的录音
- 与课堂或其他体验有关的笔记
- 音频或视频文件，记录学习者所参与的小组或个人活动的口语资料（如读者剧院、哑剧、合唱歌单、舞蹈、角色表演、演讲、辩论、讲故事、诗歌朗诵或广播模拟）
- 由课堂活动衍生而来的视觉材料或它们的照片（如地图、表格、陈列品、布告栏等）

书面表达
- 表达性的（日记、日常记录、书写记录）
- 交际性的（信件、调查、报告）
- 文学性的（诗歌、故事、戏剧）

语言运用
- 角色扮演、戏剧
- 舞蹈/活动
- 读者剧院
- 哑剧
- 齐声朗读
- 音乐——乐器与合唱
- 地图
- 曲线图
- 立体模型
- 模型
- 实物模型
- 陈列品
- 布告栏
- 图表/复制品

视觉和图形艺术
- 故事板
- 图画
- 海报
- 卡通画
- 可活动物体

媒体展示
- 录像带
- 录音带
- 幻灯片
- 图配文
- 印刷媒体
- 计算机程序

报告
- 辩论
- 讨论
- 采访
- 演讲
- 讲故事
- 口述历史
- 诗歌朗诵
- 广播

9.3.6 观察——一种评估形式

很多教师进行的评估,尤其是在早期语言学习阶段,大多是根据对学习者的课堂表现或语言运用任务完成情况的观察而进行的。为了更好地收集信息并有效运用这种评估方法,教师要考虑到如下两个主要因素:(1)列出评分标准指标或评分清单,这有助于教师侧重于自己所观察到的最重要的因素;(2)通过观察,收集记录信息的方法。

要收集早期学习者所学内容和语言能力的信息,最自然、最恰当的方法之一就是观察。在学习的某些方面,教师仅仅观察学习者是否能够完成一项语言任务就足够了。

学生能够按要求指出至少三种颜色吗?
学生能够描述同伴的衣服吗?
学生能够选出一件衣服并说出它的名称吗?

这些都是初学者的学习任务,在这方面,观察是一种非常普通的评估策略。

学习者课堂参与的频率和准确度是衡量其理解力和学习进步程度的一个标准。为了鼓励学习者的参与,并将参与情况记录下来,同时也为了回报学习者的参与,几名教师曾经使用过一套评估体系。在这个体系中,学习者参与一次教学活动或在教师主导的活动(如TPR活动)中有个人表现时,就会得到一张纸条(或一张小贴画、一个目的语文化的象征标志);学习者将一节课中获得的所有小纸条保存在一个固定的地点(公告板上或笔记本里)。课间休息时,教师记下每一位学习者的累计得分。这种评估还有一种实际操作方式,就是学习者可以用特定的语言输出成果记录下自己在学习中获得的进步,比如,用目的语请假去卫生间。另外,教师也用夹纸板或电脑记录下学习者在实现课程或单元学习目标过程中的点滴进步(见表9.5和表9.6)。

表9.5 评估参与度的评分表

参与度分数	年级 _____ 标准	评语
4	√积极主动保证小组完成任务	
	√热情参与	
	√迅速开始并结束任务	
	√完成自己负责的部分	
3	√积极主动完成自己负责的部分	
2	√在教师或同伴的鼓励下完成自己负责的任务	
1	√在教师和同伴的坚持下完成一部分任务	

4(A)= 出色　3(B)= 好　2(C)= 满意　1(D)= 需要改进

表 9.6　学生照古安系列学习的成绩反馈表

标准	太棒了	做得不错	需要努力
含义	画的图画与书写步骤匹配准确	7 幅图中有 5 幅与步骤匹配	图画与步骤不匹配
准确度	步骤按顺序书写准确	有一些词或短语使用不准确	有很多词或短语使用不准确，步骤没有按顺序书写
任务完成情况	7 个步骤全部配有插图和句子	7 个步骤中有 5 个配有插图和句子	配有插图和句子的步骤不到 5 个

9.3.7　ACTFL 的综合语言运用能力评估

ACTFL 的综合语言运用能力评估（Integrated Performance Assessment，简称 IPA）包含了三种语言任务，每个任务对应标准中三个沟通模式之中的一个，即人际交流沟通模式、理解诠释沟通模式和表达展示沟通模式。设计者设想在语言运用能力评估和基于标准的课程之间形成无缝连接。ACTFL 的综合语言运用能力评估（Adair-Hauck et al., 2013：9）是为了评估学生为达到 K–12 标准而取得的进步，也是为了评估学生在语言水平日趋熟练的过程中取得的进步。

综合语言运用能力的任务是在单一的语义背景下完成的，这些任务的设计也是互为基础的。任务的目的是为了反映学习者在学习某一个单元时学到的语言在现实世界中的运用。学习者的学习兴趣受到激发是因为这些任务有趣，并与学习者生活的环境和爱好相关联。为了帮助学生准备好评估，教师可以采取下面的两种方法：在课堂教学过程中对学生的语言表现能力进行不断的反馈，为综合语言运用能力体系提供适当的语言运用能力的评分标准和评分模式。

新泽西州外语教育者（Foreign Language Educators of New Jersey，简称 FLENJ）网站就有以 ACTFL 综合语言运用能力为模型的任务范例，这些任务是被作为语言运用能力评估标准共同体（Consortium for Assessing Performance Standards，简称 CAPS）的一部分而开发的，这也是新泽西州的一项外语援助项目（Foreign Language Assistance Program，简称 FLAP）拨款项目。这些评估标准是按照 11 种内容 / 主题范围来组织的，针对初级、中级和准高级的水平设计的。评分标准和许多学生范例，既有书面语形式，也有口语形式，都可以在相同的网站（http://flenj.org）上找到。

9.4　建立标准：我如何了解学习者达到学习目标的程度

在本章前面的部分，我们讨论了学习者如何通过各种交际性语言运用来说明他们能够利用目的语做的事情。另外，我们也探讨了教师和学习者如何记录语言运用的情况，例如，录下对话或做一个书面评估任务。目前，我们必须把注意力转到评估上来，或者可以说转移到对我们所收集的数据、信息和语言运用能力的解释上来。

9.4.1 建立标准：评估语言运用任务

教师有时会避免使用语言运用的评估方式，因为这种评估方式要求教师以标准答案为评估基础，而不是以题解为基础，教师也会担心是否能够做出公正的评估。然而，如果在布置任何评估任务之前就设立评估标准，这有助于我们的评估与观察到的结果相一致并且相关联。在做评估任务前确定质量标准，同时在课程或单元开始时（一定要先于任何评估任务发生的时间）就与学生分享这些标准，这样有利于教师和学生都能够明确学习目标，并集中力量达到学习目标。对于教师而言，在备课之初就明确评估标准可以指导教师做出决策，教师能够利用这些标准为学生提供充足的机会进行练习，以达到所要求的学习标准。此外，由于教师在整个学习过程中能够不断地调整自己提供给学生的反馈和指导，所以这些标准在师生之间互为反馈的循环中起到了指导作用。对于学习者而言，如果在学习之初就了解了最终的学习目标，学生对评估的紧张感就会有所减缓，同时学习者在学习和运用语言的同时会更关注自己的成长。如果学习者非常清楚对自己的考核标准，他们就可能会更积极地看待评估考试，而不会把评估看成是对自己的威胁。同样，如果教师非常清楚自己要怎样来评估学生的语言运用能力，他们就更不可能认为评估过程是主观且不公正的了。

运用评估标准来指导语言任务或语言运用能力的评估，可以确保我们把精力放在清晰的语言输出上，而不会被其他因素分散注意力。比如：在表演喜剧时，教师不会因被学生设计出来的精巧的道具所吸引而忽视了语言实际应用时出现的重要问题。下面就是教师可以回答的问题，以便用来指导评估标准的制订。

- 在针对学生语言运用能力提供反馈时，最重要的方面有哪些？
- 评估标准是否以语言运用质量为核心？还是仅仅以完成任务为核心？我是否充分强调了标准的权威性？
- 我是否使学生对以标准为基础的评估做好了准备？学习者是否进行了充分练习和准备，从而能够达到这些标准？
- 评估标准是否以清楚的、学习者能够理解的语言和词汇来撰写？标准中是否没有任何教育术语？评估是否以鼓励性条款为框架？
- 标准中的信息与我已经掌握的信息相比有何异同？相对于其他信息有何重要性？我还需要其他什么信息？

9.4.2 优先语言运用能力标准

在教师已经确定一种或所有沟通模式下的语言运用任务，也确定了如何记录语言运用能力后，重要的一步就是决定语言运用能力中的哪个方面会驱动评估方式。比如：重点评估学习者在人际社交背景下通过电话商量计划的能力，还是重点评估在真实的文化背景中学习者理解重点词汇，随后又将词汇运用到演示任务中的能力？语言运用能力评估的重点取决于学习者的语言熟练程度、任务的背景以及正在学习的语言功能技巧。

教师可以参考《ACTFL 语言学习者语言运用能力描述》（Sandrock & Swender，2012）来确定语言运用能力的评估点。《ACTFL 语言学习者语言运用能力描述》描写了三种沟通模式以及各级语言水平（初级、中级和高级）中的语言运用能力。登录 http://www.actfl.org，在"出版物（Publications）"的条目下来搜索，就可以了解《ACTFL 语言学习者语言运用能力描述》的细节。

《ACTFL 语言学习者语言运用能力描述》概述了需要考虑的七个方面：

- 功能：指学习者能够运用所学外语完成的综合任务。
- 语境和内容：语境是学习者进行语言运用能力的情景，而内容则包括学习者能够理解并讨论的话题。
- 篇章类型：由学习者掌控的篇章类型是指学习者能够理解并输出的篇章，从而体现其所达到的语言水平。
- 语言掌控：学习者的语言准确程度如何？
- 词汇：学习者掌握的词汇量是多少？能够运用多少词汇？
- 交际策略：学习者如何维持交流、表情达意？
- 文化意识：学习者的文化知识是如何在语言使用中反映出来的？

教师可以利用这些方面作为参照点来决定哪个语言运用要素作为评估重点。教师一旦选出了评估的语言运用要素，就应该考虑如何把这些要素利用起来行使两项功能：评估学习者在目前的语言运用能力水平上的进步；促进学习者进一步学习，在其达到的最高语言运用水平上体现出自己的语言技能。评估过程中，确定评估要素后的下一步就应该是研发评分标准和评分检查表来描述每个水平等级上的语言运用能力。

9.4.3 确定质量标准：按部就班地制订评分标准

评分标准是评估学习者语言输出和语言运用能力的一个有价值的工具。评分标准中描述了各种语言运用水平之间的质量特性，是教师向学生提供清晰、连续的反馈的方法。评分标准可以有多种用途，例如：全面性评分标准（见表 9.7）通常评估的是历时语言运用能力，起到的是终结性的评估作用，而分析性评分标准（见表 9.8）则注重对更小的语言任务和语言运用能力进行更细致的评估。评分标准也可以有各种不同的形式，可以是图或表格的形式，也可以是简化的列表。但是，不管使用评分标准的方式及原因是什么，所有用途和形式的评分标准还有一些需要考虑的方面。下面就是教师可以用来研发能够恰当地评估学习者语言水平进步和语言运用能力的评分标准和评分检查表的步骤。

表 9.7　天气预报的综合性评分标准

3	超过预期目标	• 所有要求的信息都以有趣的方式加以呈现和组织。 • 自始至终使用西班牙语，句子完整，句式多样。 • 图像有力地支撑信息，内容的关联性清晰有用。 • 展示信息时几乎不参考文本，用语漂亮，发音准确。 • 学生与观众有眼神交流，并根据观众的反应调整自己的展示。
2	达到预期目标	• 展示中包括了所有要求的信息，组织得令人满意。 • 自始至终使用西班牙语，大多数句子完整。 • 图像整体上支撑信息，内容关联性整体上清楚有用。 • 大多数信息是照着文本读的，用语发音较好。 • 学生与观众有一些眼神交流。
1	需要努力	• 展示包括了所有的信息，但是组织得不好。 • 能够使用西班牙语，但大多是单个的词和简短的短语。 • 图像并不清楚，或者与内容关系不大。 • 信息是照着文本读的，断断续续，错误很多。 • 与观众没有眼神交流。
0	无法打分	• 不能连贯使用西班牙语，只是使用单独的西班牙语单词。 • 没有完成任务。

表 9.8　天气预报的分析性评分标准

标准	新手上路（1）	地方频道实习生（2）	周末气象播报员（3）	可去气象频道播报（4）
适当的信息	呈现了天气信息，但添加的信息不恰当。	要求提供的天气信息得到了展示但是不清楚。添加的信息太粗略或不相关。	包括了所有要求提供的信息。展示了添加的信息，但是不相关且无趣。	包括了全部要求提供的信息，添加了有趣、相关的信息。
适当的衣着建议	建议非常不清楚或不恰当。	建议不清楚或者不完全恰当。与天气状况相关。	建议清楚且与天气状况相关，有关衣着的词汇有限。	建议有趣，使用熟悉的词汇，词汇清晰并与天气状况相关。
使用图像	制作了图像但不清楚。	图像粗糙或没有图像，或者与展示没有清晰的关联。	展示了图像，但是不完全清楚，或者使用得不太有效。	图像使用非常有效，有助于清楚表达信息。

续表

标准	新手上路（1）	地方频道实习生（2）	周末气象播报员（3）	可去气象频道播报（4）
表达	一些单独的单词，混杂着母语。语言很难理解。	非常依赖笔记，很少有眼神交流。有一些发音错误，但还是可以理解的。缺乏激情。	能够不时地离开笔记，有一些眼神交流。发音准确，只有几个错误。有时表现出激情。	展示时几乎没有或完全没有参考笔记，与听众保持了良好的眼神交流。自始至终发音准确。表现出明显的激情。

步骤一：确定所要考虑的主要因素

这些因素有可能是从早先确定的语言运用能力中选出的，通常竖排列在评分检查表的左侧。

步骤二：确定语言运用能力水平等级——通常三到四个等级

这些等级通常横排列在评分准则表或检查表的顶部。设计评分标准是为了通过描述学生在各种交际背景下所取得的进步而给学生提供反馈，因此评分标准的等级要清楚地列出来，同时用肯定性的语言表述，这一点非常重要。学习者的进步应该总是能够得到认可并表达出来，尽管这些进步有时并没有达到教师的预期。比如，一个包含三个等级的评分标准应该包括这些等级[1]：

- 接近预期目标
- 达到预期目标
- 超过预期目标

步骤三：确定可接受水平上的语言运用能力

"可接受"标准与"达到预期目标"一样，在评估任务的语境之下，"可接受"标准概括了出色的语言运用能力特点。对可接受等级的描写应该在学习者参与的任务、活动及学习经历的语境下才能实现。这种描写有助于把可接受等级看作平均期望值，这也为语言运用能力设定了目标。

步骤四：确定其他等级的语言运用能力

对可接受的语言运用能力进行描写后，就该准备描写其他等级的语言运用能力。这一步骤中要注意以下几点。

- 在描述"超出预期"的表现时，要为最初未能设想到的学生反应和创造力留出余地并给予奖励。你可能都不知道在语言运用层面什么样的表现才算是"超出预期"的，因此，要对学习者的潜力保持开放的态度，他们很可能会超出你的预期。可以这样来想：如果

---

[1] 如果评分标准或评分检查表上的要素是不容商议的，则应该仅仅以是或否来表示，而不是要量化等级。

你能对某一行为给出定义，它就有可能成为你的预期目标。有些评分标准甚至把这一项空出来，让教师来描写他对"超过预期目标"的判断。

- 确保不可接受的语言运用能力和可接受的语言运用能力之间的界限是明显的。同时，确保一个等级和另一个等级之间的区别是公平对等的。
- 在描写不同等级之间的要素时要避免模棱两可的语言。例如：许多评分标准使用像"一点""一些"或"大多数"这样的词来区别不同等级之间的语言运用能力。然而，这些标准——以及与它们相关的描写——在评价学生实际的语言运用能力时很难量化，也很难加以证明。如果觉得很难清晰地区别不同等级的语言运用能力，可以考虑减少等级数量的设定，使其能够更易于表述预期的行为。

在你已经描写了可接受等级之上或之下的等级之后，一定要再去看看可接受等级的描写，以保证这些描写能反映出可接受的语言运用能力。

步骤五：检查评分标准以确保其能够真正表述出语言输出或语言运用能力最重要的特性，并确保其能够反映出教学中的优先点

如果评分标准或评分列表是用来评价学习者的语言输出或语言运用能力，那么主要的质量特性都应该集中在语言使用上。融入可以完成的或易于量化的要素，能够帮助学习者提前准备和组织好他们的语言输出或语言表达。为此，教师常用的要素包括给出学生需要完成的具体页数、图片或目的语词汇，鼓励学生书写整齐及按时提交作业等。然而，教师应该万分小心，以确保评分标准一定要侧重语言使用和语言运用能力，同时还要确保非语言特性没有左右对语言的考量评估。

同样，还记得本章在前面讨论过的准则吗？教师应该按照讲授语言的方式来评估所讲的内容，这样学习者能够按照自己学习时运用的方式来展示自己的学习成果。语言运用能力的特点应该能够反映出教师教学和反馈的优先顺序，也应该与学习者在评估前所练习的语言技能相关。

步骤六：确保语言运用能力的描述中仅包含可观察到的行为，确保使用的语言清楚，对学习者有利并且没有专业术语

如果评分标准包含可观察到的行为，学习者就更容易理解可接受的语言运用能力是什么样的。比如，评分标准中有一个普遍存在、问题重重的评分范畴——"努力"，但是，学习者投入到语言运用或语言任务中的努力等级却很难观察得到或进行量化。如果你把像"努力"这样的范畴也包含在评分标准中，就要确保用清晰、具体的语言来描述与该范畴相关的学习者行为的种类。

还有一点也很重要，那就是使用学习者易于理解的语言来描写每个级别，同时确保这些描写没有教育类或语言类的专业术语。有时，将描写改写成适合学习者的语言也很有挑战，但是这却有利于我们明确学习者要达到的等级水平并加以改进。第一次向学生介绍评分标准时，可以考虑将其融入课内讨论中，让学习者描述他们认为每一个范畴或等级中对自己语言运用能力目标的描写是什么样子。这样，学习者就会更清晰、更深入地了解语言运用能力究竟是什么样的，教师也可以澄清误解，甚至可以根据讨论结果调整评分标准中的语言。

如果教师和学习者定期对评分标准进行总结，评分标准本身就构建成了一个主要的语言输出成果和语言运用能力，这样就会具有一定的价值。由于教师和学生在一起思考什么是良好的学习成果，学习者就可能在自己的功课上下更大的功夫，同时还可以分担描述各个等级的语言运用能力任务。

步骤七：检验评分标准以确保所有的特性都同等重要

如果你在记录评分标准上进行累计积分，自然希望能够给予那些更重要的特性更高的分数。以表9.8中的天气预报为例，"适当的信息"或"表达"可能比"使用图像"更重要，因此教师会给每个更重要的范畴内的质量等级两分，而给"使用图像"一分。

步骤八：提供高质量语言运用能力的范例

如果评分标准和评分列表中带有高质量的语言输出成果和语言运用的例子，它们的用途则实现了最大化。如果学习者能够看到几个成功的语言输出的例子或者一两个较为成功的例子，他们才会有更清晰的努力目标。如果这些例子在研发评分标准之前就展示出来，它们则有助于引导学习者在共同建立的评分标准范畴和描写的时候进行思考。如果这些例子是在评分标准制订出来之后才发现的，就可以将它们用于练习，根据评分标准评判这些语言输出的优劣。

在提供成功的语言输出和语言运用的例子时，有一点是很重要的，那就是教师要把不同的成功范例囊括进来，最好是每一个都不相同。如果单个优秀的例子得以展示，就会促使学习者尽可能地模仿这个例子。如果为学习者展示一系列成功的范例，他们就更有可能表达自己的观点并展示出他们的创造力。通常情况下，最好在范例中不列出学习者的名字，尤其是那些稍有瑕疵的例子。

9.4.4 评估性学习档案

尽管很多学习档案严格来说是用来给学习者进行自评、记录自己学习成长的过程的（如LinguaFolio®），但是也可用作正式的总结性评估。如果这样使用学习档案，就需要让学习者在自己学过的、创造的或运用过的例子中选择最佳的例子。

设立评估性学习档案的标准与设立评估其他语言运用能力的标准相似，但其中重要的一点是学习档案的标准更注重的是学习者随着时间的推移，在较长的一段时间内所能获得的能力。与鉴定语言运用能力的评估标准一样，在学习者建立学习档案之前就建立标准并与学习者分享也是同等重要的。事实上，学习者和教师应该共同商议这些标准。在本章前面的部分中，我们探讨了《ACTFL语言学习者语言运用能力描述》如何指导建立评估语言运用能力任务的标准。其间提到的七个方面这里同样适用，此外可以加上其他一些标准，比如改编自肖特（Short, 1991：51–55）的标准。

多样性：学习档案中除了学习者已经习得并学到的技能，还展示了一系列学习者能够运用的交际任务和功能。

成长性：学习档案表明了学习者经过一段时间后在语言水平、语言技能和学科知识方面的进步。学习档案的内容同时也反映了学习者的进步以及达到课程目标的能力。

准确性：学习档案展示了学习者在语言机制中的技能。

合理性或重要性：学习者在其学习档案中还可以解释选取这项作业的原因或选取该课题研究的意义所在。

完成度：学习档案达到既定标准中对完成程度的要求（如所完成作业项目的准确数量、遵循编制的规定、工整干净等）。

学习档案最终的价值在于它表明学习者对学习进行过反思，同时也表明这种反思有助于学习者可以进行更有成效的学习。在学期末或年底，学习档案应该突出学习者已经学到了什么，学习者的语言水平达到何种熟练程度。这样，下一个语言教学阶段的教师就可以通过学习档案来了解自己即将教授的学习者所掌握的语言技能和取得的进步。

9.4.5　同伴评估

同伴评估对正被评估的学习者和完成评估的其他学习者都很有价值。这是确定学习质量、诚信自我评估的非常有益的一步。明确的指导方针（通常以评分标准的形式出现）是有效的同伴评估的基本要素。此外，同伴间完成高质量的评估时，教师的指导也至关重要，尤其是年幼的学习者，他们还不熟悉这个评估程序。促进同伴评估的一些策略范例包括：

- 作为一个班级，让学习者们制订对其有利的反馈类型，让他们思考对当前手边的任务而言，什么类型的反馈比较重要。学习者们甚至可能列出一系列他们能够用来反馈的词汇或语块。
- 在全班面前进行同伴评估的场景角色扮演，告诉他们如何做出有用的反馈。
- 提供具体的准则或策略来指导同伴间的评估。评分标准，尤其是那些教师也使用的评分标准也可用于此目的。此外，教师还可以鼓励学习者给自己的同伴们"两颗星和一个希望"，或者使用不同颜色的荧光笔标出同伴的优点和有待提高的地方。薇琪·阿尔维斯（Vicki Alvis）在表9.9中使用了简单的、学生易于理解的口语评分标准，用来评估各种口语话题和语言表达。

表9.9　容易使用的表格：反馈学生的学习展示

4	☺☺	我们很容易理解你的意思。
3	☺	在教师和其他学生的少许帮助下，我们能够理解你的意思。
2	☹	在教师和其他学生的大力帮助下，我们了解了一些你的意思。
1	☹☹	你努力了，但我们无法理解你的意思。

4=优秀；3=良好；2=满意；1=待提高

希尔德加德·默克尔（Hildegard Merkle）在中学生中使用同伴评估让学生们在课堂展示过程中时刻关注自己的语言任务。表 9.10 是用来评估关于"著名的德国人"这一单元的语言输出成果的。每个学习者从列表中选择一位德国名人，进行调查，然后准备一个带有海报的课堂报告。表中给学生的评分标准/检查单是用德语写的。希尔德加德（Hildegard）使用这个核查单的一种方法是让学生在完成任务时，展示自己对检查单上列出的所有语言项的掌握程度——可以不用包括检查单上最后的两个语言项目。学习者首先到自己的同伴处，由同伴负责监督学习者的语言表达并检查其是否可以被接受。在与同伴进行成功的展示后，学习者再到教师处进行最后的核查。

表 9.10　终期口语活动的评分标准

用法说明：每一位展示者使用一张新的评估表。填写最上面的信息部分，圈好给出的分数。最后，在回答完所有的问题后，填写最后两行，给出评语，上交评估表。

我的姓名：＿＿＿＿＿＿＿＿＿＿＿＿＿＿＿＿

报告人的姓名：＿＿＿＿＿＿＿＿＿＿＿＿＿＿

报告陈述的名人：＿＿＿＿＿＿＿＿＿＿＿＿

	1 分	2 分	3 分
语言	很难理解。 句子不完整。 缺失过去时。 不准确。	我理解几乎所有的内容。 我学到了一些新词汇。 语法大多正确。 混用了一些母语。	我学到了很多东西！ 出色的德语。 容易理解。 语法正确。 使用过去时。
	1 分	2 分	3 分
信息	很难不犯困。 我只学到了一点东西。 只给出了很少的指定信息。	非常有趣。 事实清楚。 缺失一些信息。	简直太迷人了！ 我对此人的一生有了清晰的印象。 我想了解更多。
	1 分	2 分	3 分
问题回答	无法回答多个问题。	回答简短。 信息准确。	简直就是一名专家！ 详细回答所有问题。 能够讲述关于此人的故事。
	1 分	2 分	3 分
报告	大多事实是读出来的。 声音不够大也不够清晰。	发言自如，有时候参考了一下笔记。 声音洪亮、清晰。	是一名很有活力的演讲家！ 吸引听众！ 我还想再听一些！

续表

	1分	2分	3分
图片／海报	草率、缺乏想象力。对报告没有帮助。	并不能真正地吸引我。没有给出太多细节。	对我很有启发！对报告做了说明。

报告长度：_____　　　　得分：_____

评语：_____

9.4.6　在年幼的学习者中进行自我评估

进行自我评估的学习者往往更具自我导向，更有动力，也更清楚自己在学习中的长处以及有待提高的地方。如果学习者在年幼的时候就反思自己的学习情况，可以开始培养重要的自我评估的能力，这对他们将来能够更独立地完成学习非常有帮助。但是，年幼的学习者在培养这些能力时需要有人进行指导并给予帮助，因此教师为学习者提供精心构思的机会，使其对自己的作业和取得的进步进行评估和反思。

一种可以促进有组织的和结构性的自我评估的方式，可以让学习者使用与教师所用相同的工具（如评分标准、检查单或其他文件）进行自我评估。在一个语言运用的任务中，例如，学习者在最后的表达前可能会利用教师做的评分标准来完成自我评估。这种自我评估可以用来检验学习者到目前为止取得的进步，同时教师也可以针对今后的语言运用和自我评估为学生提供相关的专门性指导。

教师还可以针对某一个任务、某一个单元或整体进展情况制作一个独立的自我评估评分表或评分标准。有的教师在开始一个单元的学习时就给学习者提供学生在该单元应该达到的学习目标检查单，这样，学习者可以随时检查自己的进步。

这个列表就是学习者和教师同时使用的检查表。表9.11就是这样的一个检查单，希尔德加德·默克尔（Hildegard Merkle）在讲授一个关于庆祝生日的单元时，把它用在自己的德语学生身上。这样的核查单或评分标准还可以指导学习者在一定时间后进行自评。杰茜卡·哈奇（Jessica Haxhi）利用表9.12让自己的日语学生在学期结束时进行终结性评估。学习者评估自己的进步，然后教师通过学习者的面试及学习者的作业样本来检验他们的学习效果。

如果要对学习者在一段时间后（如学习语言几年后而不是学习某个单元课程后）的学习成果进行更系统、更全面的评估，LinguaFolio®（语言成长档案）及LinguaFolio Junior®（语言成长档案少儿版）则是尤其有用的工具。以"欧洲语言学习档案"（European Language Portfolio）为基础，LinguaFolio®是一种学习档案评估工具，可以帮助学习者设定自己的语言学习目标，记录达到该目标过程中的进步，以此来判定学习者一段时间后在语言熟练程度上的成长。

表 9.11　单元检查表：今天是我的生日！

☐	☐	用德语说出我的年龄。
☐	☐	介绍我家人的年龄。
☐	☐	说出所有的月份和季节。
☐	☐	介绍时间和一周里的每一天。
☐	☐	测量并介绍我的身高。
☐	☐	可以写下生日宴会所需物品的购物清单。
☐	☐	用德语数钱。
☐	☐	指出我要去购物的商店。
☐	☐	给我的一个朋友写邀请函。
☐	☐	至少用德语唱一首生日歌并表达祝福。
☐	☐	用德国人的方式娱乐。（介绍本单元教过的一项自己最喜爱的活动）
☐	☐	根据食谱做一个蛋糕。（在家完成）

请检验你能用德语做的事情（画"√"表示）。
现在我能够：

LinguaFolio® 可以用来做实体档案或电子档案，包括三个部分：

- 护照：学习者记录自己正式的外部评估及自我评估（检查单），主要有三类沟通模式：人际交流沟通模式、理解诠释沟通模式和表达展示沟通模式。
- 传记：学习者记录自己的语言背景、语言活动以及与其他文化进行互动的相关信息。
- 档案材料：学习者提供自己的作业和语言运用能力的范例。

此外，LinguaFolio® 中还包括能力描述的检查单，这与《ACTFL 语言能力大纲》的内容相关，这样学习者在经过一段时间的学习后可以进行语言能力发展的自我评价。这些能力描述代表功能性任务，使用学生易于理解的语言来撰写，并鼓励学习者记录实现每种功能过程中取得的进步。例如，初级中等人际交流沟通模式的能力描述可能是"我能进行自我介绍并介绍他人"。然后学习者能够利用下列量级再评估自己完成这个任务的能力：

- 这是我的目标之一。
- 我能够在得到帮助的情况下完成。
- 我能完成！

表 9.12 为康涅狄格州沃特伯里市三年级日语学生准备的终结性检查表

姓名 _____ 12 月 / 三年级

我能用日语做的事情

想一想你能用日语做的事情。在适当的栏目中为每个句子做好标记。测试后,老师会根据你在测试中的表现在相应栏里画出红色的"○"。

	是的	需要帮助	还不是
交际技能			
我能用 "_ ga aru" 说我是否有某物。	○	√	
我能用 "kudasai" 要东西。	○		
我能说"给你"和"谢谢"。	○		
我能以十为单位数到百。		○	√
我能以百为单位数到千。	○		
我能读目前学过的所有的平假名(35 个)。	所有 √	很多 ○	很少 ___
文化技能			
我能认出三种日语书写形式:汉字、平假名、片假名。	√	○	
我能识别日本不同的硬币。	○		
我能用日语玩石头剪刀布的游戏。	○		
与其他学科贯连			
我能在地球仪和地图上找到日本和美国。(地理)	○		
在如果给我一个价格,我能用 1 元、5 元、10 元、50 元、100 元和 500 元的硬币拼凑出正确的金额。(数学)		○	
(语言和文化)比较			
我知道日元和美元之间的区别,并能够说出日元对应的美元价值。	○		
社区(学校以外的日语)			
今年到目前为止,我已经做了至少两项日语作业。	是的 ○	不是 ___	
我已经告诉校外的人我在日语课堂上学过的东西。	是的 √	不是 ___	

注:已获杰茜卡·哈奇(Jessica Haxhi)许可使用。

一旦学习者表明他能够独立完成这项任务,学习者选择可以记录他达到这项功能的例证。例如,就上面提到的能力描述而言,学习者可能会选择一段录音,录音中他向一位交换生进行了自我介绍。

一个重要的提示:LinguaFolio® 是学习者专属的,因此不应该用作课堂上正式的评估方法。如果学习档案由教师进行打分，学习者不可能进行准确的自我评估。但是，教师可以借助 LinguaFolio® 中的组成部分来培养学习者自我评估的能力，同时也可以规划学习者最终会涵盖 LinguaFolio® 中的语言运用能力和成果。例如，教师可以把每日及每单元的教学目标以学习者易于理解的能力描述作为框架，学习者就能够利用 LinguaFolio® 的等级（或类似的等级）来自评自己的进步。教师可以让学生和家长直接使用额外的工具，也可以直接进入 http://lfonetwork.uoregon.edu 中的课堂。自我评估的检查表可以通过全美州级外语督学委员会网站 http://www.ncssfl.org 查到。

9.4.7 家长参与评估

佛罗里达州皮尼拉斯县的西班牙语教师开发了一个评估系统，该系统将家长、主课教师也纳入评估中。语言教师为每位家长送去一张语言运用活动卡片，同时附上一封解释信件。活动按照十个不同的语言等级设计，每个级别十个语言运用活动。如果学习者能够完成这些活动中的一个，家长就在卡片上签字，再让孩子带回学校。学习者将卡片存放在教室里的收纳袋中，主课教师再与完成这些任务的学习者一起回顾这些卡片。西班牙语教师在上课前也会检查几个学习者的完成情况。

学习者看到卡片积累起来会感到很自豪，而这些卡片也成为学习者语言运用能力培养的长期记录。学习者可以按照任何顺序完成每个级别中的卡片，这主要取决于他们的兴趣以及个人的学习风格。初学者可以使用卡片来补上他们落下的内容。这个体系有助于建立起语言教师与主课教师之间、家庭与学校之间的良好沟通。这些精心制作的卡片将课程的重要目标和培养能力都融入语言运用任务中（Gilzow & Branaman，2000）。肯塔基州路易斯维尔市杰斐逊县公立学校已经以皮尼拉斯县的理念为模型开发了能力描述卡片。图 9.5 是杰斐逊县的一些卡片范例。

注：已获托马斯·索尔（Thomas Sauer）许可使用。

图 9.5　杰斐逊县公立学校能力描述卡片

9.5　汇报成果：我如何汇报学习者的学习成果

一旦学习者已经证明他们对所学的语言了解多少，能做些什么，一旦教师已经对这些语言运用能力进行了评估并给予了反馈，教师就必须考虑如何向有关各方汇报学习者语言学习的成果了。因此建立一个描写、汇报语言学习成果的体系至关重要；同时学习者、家长及行政管理人员可以利用这些数据来描写学习者经过一段时间的学习后所取得的进步，还可用来强调国际语言用于表情达意的重要性。尽管汇报体系可能由地方政策来决定，但下面仍就几个适合汇报学习成果的策略进行描写和讨论。

9.5.1　计算分数

在以学校为本体的语言课程中，评估过程中的最后一步就是评分——将收集起来的评估数据转换成数字或符号作为评估的结果。评分标准各学校之间、各门课程之间都有差别。有些课程已经避开评分这一问题，不再给学习者评分，这样做的依据是因为评分会使一些学习者气馁，因此让学习者乐在其中是最好的。尽管这种做法在那些不是以学校为本体的课程中是一种合乎逻辑的评估方法，但这种方法在传统的学校背景中可能会有问题，至少有两个原因。

首先，正如我们表明的那样，学习者想了解他们都学到了什么、都取得了哪些进步——家长们也是如此。其次，如果学习者在其他课程中都得到了分数，而语言这门课却没有分数，就会让学习者认为语言课程并不像其他课程那样严肃或重要。这就会使语言课程在削减预算和减少课时的情况下更容易受到冲击。

如果教师用丰富翔实的资料（评估数据）来评分，评分就不会很困难并且令人难受了。数字分值可以分配到评分标准和检查单上。观察结果、对学习理解能力、任务完成的系统检验以及成绩测试都可以评分。所有这些评分的结果都可按不同的方式进行衡量并计算平均值。

教师可以在即将进行分数计算时问自己下面几个问题：在最后一单元、一学期或四分之一年级结束时，作业完成情况是否应该加进去？课堂参与度应该占多大比重？最终的语言运用能力的评估应该在最终分数中占多大比重？

只有单个教师在优先考虑了哪一个单元、哪一个特定的班级及哪种特定学校背景的基础上，才能回答这些问题。这些决策应该在课程规划前就确定下来，而不是教师在要交学生成绩的前一天晚上才确定的。

如何记录分数在很大程度上是学校政策或地区政策规定的，可能是 A 到 F 的等级，可能是百分比，可能是满意/不满意。最需要考虑的应该是给学生及家长提供多少信息。某些学校体系会在小学阶段采用实例型或基于标准的成绩单。实例型成绩单可以在报告学生个人成绩的同时传递课程信息。

9.5.2　课堂观察的记录体系

正如我们在本章开始时讨论的一样，教师的观察记录是一种恰当且常用的评估形式。创建并使用一套记录观察数据的体系是利用观察数据向学习者通报学习进程和分数的重要途径。

首先，教师必须确定记录观察数据的时间。很多教师是在每节课之后来记录对每一个学习者的观察，采用的形式是列出课文或单元学习成果及班级里的学生名字。当然，教师不可能每天都记录下对每一个学习者的观察。大多数成长观察记录都要经过一段时间才能积累起来，这样教师就必须要有一个能够追踪学习者课堂表现的记录步骤，还要定期记录学习者的课堂表现。一种切实可行的做法是教师（即使是每天要给很多个班级上课的教师）每天都要选择三到五名学习者进行观察记录，包括学习者的任何表现，尤其是出色和突出的学习者；另一种做法是至少每周记录一次每个学习者的部分课堂表现。这种程序不仅可以记录学习者的真实表现，还可以提醒教师哪些学生需要更多的关注或哪些学生可能在课堂上被忽略了。

其次，教师还必须确定如何记录观察数据。如果要建立一个记录体系，教师必须确定自己要多久进行一次记录，还要确定记录什么样的数据才是最重要的，比如，学习者在达到每一课或每一单元学习目标过程中取得的进步、用目的语给出的反馈、全面的参与及行为等。下面是对教师能够在自己的课堂上使用或改编的一些方法和体系的描写。

利用剪贴板进行观察

有的教师在夹纸板上保留一张打分表，一个班一张，记录下学习者每天的课堂表现。珍妮弗·罗思（Jennifer Roth）是佐治亚州考维塔县的 K–5 年级的法语教师，表 9.13 就是她用来做每周每班的观察记录的。利用这张表格，她每周总结一种类型的课堂表现，并在表格下部记录所有的特殊信息。

表 9.13　记录学生每周课堂表现的信息表

班级＿＿＿＿＿＿＿＿＿＿＿＿＿＿＿＿　　周＿＿10/2 – 10/6＿＿
主体 / 目标＿＿＿＿＿＿＿＿＿＿＿＿＿＿

姓名	P	C	D	W
约翰·史密斯（John Smith）				
简·多伊（Jane Doe）				
爱丽丝·詹姆斯（Alice James）				
汉娜·亚当（Hannah Adam）				
乔希·库克（Josh Cook）				
金·伯恩斯（Kim Burns）				
布里特妮·托普（Britney Top）				
桑德拉·麦克维（Sandra McVeigh）				

P= 参与
C= 内容
D= 学科
W= 布置作业

S= 满意
N= 需要提高
　（还不够满意）
U= 不满意

总体观察

星期一	星期二	星期三
爱丽丝↑参与 桑德拉√讲话	约翰跟不上 桑德拉√离开小组，离开自己的座位	上午9点集合 桑德拉√讲话过多（打电话）
星期四	**星期五**	**星期六**
课堂很吵闹，讲话现象严重	简讲话过多	布里特妮调换座位 10–2

注：已获珍妮弗·罗思（Jennifer Roth）许可使用。

便利贴

有的教师使用一本便利贴加一个剪贴板来做记录。把设计好的评估形式（如语言运用成果）都写在一张纸的顶端，一个班一张。如果学习者成功地通过评估，教师就把他的名字写在便条上，贴在班级的纸上。一天结束后，教师可以把每个班级的信息转移到计分本上，或者转移到为每个学习者保留的文件袋中。

"盒子"策略

阿利莎·道恩（Alisha Dawn）样本是阿利莎（Alisha）在 K–5 年级教授法语时建立的一套有效的评估体系和记录策略。她先是用了两个不同颜色（如蓝色和绿色）的配方盒，蓝盒子里放上彩色附录卡片，一个班级一个颜色，每个学习者一张独立的卡片。在课程教案中，她会写下每天的评估目标。每节课结束时，她定时与学生做"盒子"游戏，学习者也非常愿意参加。

每个单元开始时，所有学生的名字都放在蓝盒子里。阿利莎（Alisha）从蓝盒子里抽出一个学习者的名字，然后问学习者一个问题或者要求学习者做一个当天课堂上练习过的练习。学习者明白，如果自己是个积极的参与者，他们就有机会通过完成与当天课堂相关的任务来表现一下。如果学习者表现很好，阿利莎（Alisha）就把他们的名字移到绿盒子里。如果学习者表现不够好，名字就还保留在蓝盒子里。一天的学习结束时，阿利莎（Alisha）会记录下成功的学习者的语言运用情况，他们的名字已移到绿盒子里，还要记录下学得不太好的学习者的语言运用情况，这些学生的名字还会被留在蓝盒子里。学习者明白，如果自己的名字再回到蓝盒子里时，他们以后还会有一次成功地完成学习任务的机会。这样，学习者就不会把它看成是一次失败，而只是一次初次尝试。

学习者也明白，如果自己的名字被放到绿盒子里，就会保留在那里，直到其他人的名字卡片都陆续放到了绿盒子里。那时，阿利莎（Alisha）就会把所有的名字都再放到蓝盒子里。有的单元会有多种评估，所有的学习者都会用盒子策略；有的单元只有一个评估会使用盒子策略。如果所有的名字都已从一个盒子移到了另一个盒子，该单元或该任务的评估就完成了。学习者要庆贺一番，然后再开始新一轮的学习。

重点提醒的是这个活动只能占课堂时间的五分钟左右，也不能用同样的任务或在同一天里评估所有的学习者。有时，在某一天只能评估五到七名学习者。另外，如果学习者的名字在单元结束时还在蓝盒子里，没有移到绿盒子里，任务的难度等级就可以调整一下（并做好标记），这样剩下的学习者就能够做出回应，还会产生成就感。单元结束时，阿利莎（Alisha）能够回顾一下学习者全面的身体反应和/或口语反应以便讨论他们的进步程度。这只是阿利莎（Alisha）在课堂上使用的评估方式之一。

有的教师用压舌板、冰激凌棍、小塑料盒或罐子对盒子策略稍做改动。棍子上用永久性记号笔写上学习者的名字，棍子的一端由学生用一种颜色标上号。如果学习者表现优秀，教师就把小棍从一个盒子移到另一个盒子，并在做好记录前把棍倒着放置。如果学习者表现不好的话，小棍就倒着放在原来的盒子里，直到教师做好记录。有一名教师把三个塑料盒连在一起，这样冰激凌棍可以放在合适的盒子里，分别用来表示表现不稳定、表现令人满意及表现出色。当然，如果学习者根本无法完成任务，冰激凌棍就放回原来的那堆里，学习者还可以再试一次。

9.5.3 基于标准的报告卡

在基于标准的课程中，基于标准的计分法是描写学习者在达到标准过程中取得的进步和语言运用能力的有用工具。尽管这种报告机制要求教师要灵活掌握如何汇报学习者的进步，但一张基于标准的报告卡提供了一份更全面的描写，包括学习者所了解的知识、学习者能做的事情以及学习者将来应该继续努力的目标。在基于标准的计分机制中，对学生的评估要根据学生对学习目标的掌握情况，而不是按照学生学习一段时间后的平均表现来进行的。报告中的分数反映了学生的最佳表现。一些以前用来确定学生分数的指标如下：

- 学生参与课堂活动的情况
- 学生在课堂上的行为
- 学生完成作业的情况
- 学生任务和小组作业
- 加分
- 出勤
- 迟交的作业

相反，在基于标准的计分机制中，评估者只是根据学生了解的知识和学生所能做的事情对其做出评估。

在一些学校中，报告卡必须包括一个字母分数。在注重多种模式的交际语言运用能力和语言水平的课程中，对学习者进步程度的评价不容易直接转换成一个字母分值。肯塔基州路易斯维尔市的杰斐逊县公立学校使用的报告卡体系，在报告学习者在每种沟通模式下成绩的同时，还会给出一个对应的字母分数。在计分过程中，学习者参与各种与不同主题相关的语言运用能力评估，然后在评分过程中，教师根据由附带的评分标准评估的语言运用能力来确定学习者在每种模式下所取得的成绩。学校已经把他们的报告卡进行了调整，这样教师就可以针对每种沟通模式单独给出分数报告。表 9.14 和表 9.15 中是这种报告卡片的范例及相对应的字母分数机制。

第9章 利用评估帮助学习者成长、促进课程发展 **303**

表9.14 杰斐逊县公立学校学生成绩单（按沟通模式划分）

杰斐逊县公立学校
国际语言：语言运用能力评估标准
学生姓名：
评估：
课时：
日期：

主要的重点	初级初等	初级中等	初级高等	中级初等	中级中等	中级高等	高级初等
我使用的是什么样的语言？词汇	对于一般的目标和活动，我能重复使用一些词汇与短语。	对于一般的目标和活动，我能够使用有限的词汇和短语，但是要重复使用。	针对熟悉的任务、活动，我能够使用各种词汇和短语。我能做一点判断说明。	针对一系列熟悉的话题，能使用各种熟悉的词汇。针对一个话题我能够更多地留并开始进行判断说明。	我能够使用大范围的话题及的词汇，和表达方式，开始能够针对一个话题使用广泛的词汇，并在一个话题内使用目的语进行细节描绘。	针对大范围的话题，我能够始终能够内使用首选者的词汇、短语和表达。我能做当地使用目的语文化中的用语。	针对大范围的话题，我能够在一个话题内使用首选者的词汇。我能做当地使用目的语文化中的用语。
我如何运用语言？功能&结构	我能使用简单的词汇，基本的信息。	我能使用词汇、短语，偶尔使用一些句子。	我能够使用驱语和简短的句子提供基本的信息。我开始能够使用词和短语造出新的句子。	我能够使用。我能够使用自己的想法，搭建与表达。我能够用连接词和短语的句子余分起来，造出新颖的句子。	我能够使用由连接词连接的句子进行表达，搭建与表达。我能够表达的内容可以达到一个段落的长度。	有条理的段落来表情达意。	有条理的段落来表情达意。
别人在多大程度上理解我的意思？可理解性	别人理解我的意思很费劲。	对习惯于跟语言学习者打交道的人来说，他们能够理解大多数的意思。	对习惯于跟语言学习者打交道的人来说，他们能够理解我的意思。	对不习惯于跟语言学习者打交道的人来说，他们很容易理解我的意思。	对于不常跟语言学习者打交道的人来说，他们在总体上能够明白我的意思。	母语者，即使那些不习惯跟语言学习者打交道的人也能理解我的意思。	母语者，即使那些不习惯跟语言学习者打交道的人也能理解我的意思。
我能理解到什么程度？理解力（只用于人际交流任务）	我能明白一些个的词。	我能明白一些简单的问题和话语，我经常要听一遍才能明白。	我能明白一些简单的问题和话语，有时，我要再听一遍才能明白。	我能够明白熟悉话题下的问题和话语，有时，我要再听一遍。	我能够明白熟悉话题下的问题和话语，可以是面对面的，也可以是电子材料。	对于熟悉的话题，我能明白对话中的大意和大多数的细节。	在广泛的讨论中，我能明白并能把这些意思联系起来。我能积极积极地参与多数非正式对话和一些正式对话。

注：摘自《ACTFL语言能力大纲》(1999)，《ACTFL K-12学习者语言运用能力大纲》(1998) 及LinguaFolio (2009)。

次要的重点

我对语言的应用有多好？语音把握	语法、语序和措辞上的错误经常阻碍交际。	语法、语序和措辞上的错误有时阻碍交际。	语法、语序和措辞上的错误不常阻碍交际。	没有任何妨碍交际的语法、语序和措辞上的错误。
我表达的语言量有多少？任务完成	要求完成的任务，我完成了一部分。	要求完成的任务，我完成了大部分。	要求完成的任务，我全部完成。	要求完成的比要求做的还多。

附加的反馈

杰斐逊县公立学校国际语言—语言运用能力评估标准—TMS 08/11

表 9.15　杰斐逊县公立学校字母等级评分方案（配合基于标准的成绩单）

杰斐逊县公立学校
国际语言：语言运用能力评估

	计分标准					
	初学语言		发展中语言		扩展中语言	
	等级 1A	等级 1B	等级 2A	等级 2B	等级 3A	等级 3B
初级初等	C	D	D	U	U	U
初级中等	B	C	C	D	D	U
初级高等	A	B	B	C	C	D
中级初等		A	A	B	B	C
中级中等				A	A	B
中级高等						A
高级初等						

注：已获托马斯·索尔（Thomas Sauer）许可使用。

9.6　课程评估

　　课程评估是一个与课堂测试方法的研发既独立又相关的话题。中小学语言课程，尤其是新纳入课程体系或正在进行大范围修订的中小学语言课程，需要证明语言课程的教学目标正逐步实现。课堂语言水平或成绩测试就可以是这种佐证的一部分。语言课程对学习者在其他学科领域学习的影响、学习者自我意识的影响、学习态度的影响或对学习者的认知或社会发展等的影响都亟待证明。这种评估要求有周详的实施方案，同时要求管理者、主课教师及评估人员（如果学校设有的话）之间的合作。如果课程是由政府机构或私人基金投资设立的，在制订评估方案时就可能有外部的评估人员参与。特拉华州制订的课程评估（见第 15 章）是由教育专家自己设计的评估方案，所以可以作为其他课程的评估范本。

　　课程评估过程中遇到的问题之一就是很难恰当有效地评估学习者的语言运用能力。在用标准化测试分数衡量课程效果的教育大环境下，必须要有合适的方法来衡量中小学生的发展。语言运用能力指标既有内部的也有外部的。外部指标会验证内部指标所显示的内容。就内部评估而言，不同教师、不同语言、不同级别需要对预期学生成果达成共识，这一点很重要。下面列出已经开发出的几个有用的学生语言水平考试，其中有些考试尤其关注年幼的学习者。

ACTFL 以达到语言熟练程度为目标的语言运用能力评估

ACTFL 以达到语言熟练程度为目标的语言运用能力评估（ACTFL Assessment of Performance toward Proficiency in Languages，简称 AAPPL）是由 ACTFL 按照《外语学习国家标准》（*National Standards for Foreign Language Learning*）所研发的互动式评估手段。该评估是在计算机媒介环境中实施的，由学习者完成评估任务来展示自己的语言能力，诸如参与虚拟的视频情景对话、制作维基和博客节目、发电子邮件、使用应用软件等。该评估测试系统可以针对人际交流模式（听说）、表达展示模式（写作）、理解诠释模式（读写）进行评估，同时在不同等级上针对初级学习者和中级学习者的每种技能给出不同等级的评分报告。该评估包括真人扮演的情景视频，视频中包含为学习者准备的真实任务。学习者会收到老师的一段视频，视频里老师带领他们进入基于标准的课堂，并向他们发布各项任务。该评估测试系统可以提供阿拉伯语、汉语、法语、德语、俄语、西班牙语及英语作为第二语言的测试。可登录 http://aappl.actfl.org 获取更多信息。

基于标准的语言能力测试（小学版）[1]（STAMP4se）

STAMP4se 是一个以网络为基础的计算机互动测试体系，专门为三年级到六年级的学习者设计。由俄勒冈大学第二语言应用研究中心研发，目前由先锋评估公司（Avant Assessment）负责。STAMP4se 主要评估初等到中等水平之间的学习者在阅读、写作、口语、听力各方面的语言能力，然后根据《ACTFL 语言能力大纲》给出评分报告。目前，该系统的测试语种有汉语、法语、日语、韩语和西班牙语。如果这些测试用在语言课程中，可以为分班、制订教学计划以及有效的课程评估提供可信的数据。

基于标准的语言能力测试[2]（STAMP4s）

STAMP4s 也是以网络为基础、计算机随机测试的测试体系，并与《ACTFL 语言能力大纲》相关。STAMP4s 适合中学到大学的测试，语种有阿拉伯语、汉语（繁体字和简体字）、法语、日语和西班牙语。STAMP 系统的经典版本可用于评估德语和意大利语的阅读能力和写作能力。STAMP 的测试结果可针对从初级到高级水平的阅读、写作、口语和听力能力给出评分报告。该测试系统可以为教师和学习者分别提供测试报告，也可提供班级水平报告，还可以按照教学楼、学区和各个州的层级为管理人员提供测试报告。通过该系统，教师还可以回放学生的口语回答，审查学生的写作内容。测试的语种有阿拉伯语、汉语（繁体字和简体字）、法语、日语和西班牙语。可登录 http://www.avantassessment.com 获取更多信息。

---

[1] Standards-Based Measurement of Proficiency—4 Skills (Reading, Writing, Listening and Speaking) (Elementary)，简称 STAMP4se，以下用简称。——译者注

[2] Standards-Based Measurement of Proficiency—4 Skills (Reading, Writing, Listening and Speaking)，简称 STAMP4s，以下用简称。——译者注

学生口语能力评估

学生口语能力评估（Student Oral Proficiency Assessment，简称 SOPA）由应用语言学中心研发，是为三年级到五年级的、至少有四年语言学习经历的学生设计的。这套系统最初是在 1991 年为沉浸式教学法的学生设计的，1996 年又针对其他类型的课程进行了调整。1999 年，这两个版本都完成了信度和效度测试。学生口语能力评估面试时长为 15~20 分钟，取决于学习者的语言能力水平。学习者两人一组参加测试以减缓不安情绪，也可以创建一个更自然的评估环境。测试中有两名考官，一名进行面试，另一名负责打分。有时面试会录音或录像。

测试首先是一个热身环节，然后学习者完成几个以听力测试为重点的任务，测试中还会使用一包色彩鲜艳、引人注目的教具（如塑料水果或动物）。学习者在成功完成听力测试任务以后，考官就会继续问一些关于数字、颜色和喜好之类的简单问题。这些任务之后是附加任务，有时会要求学习者之间进行互动。根据学习者的能力，考官还会再给他们机会完成发出指令、描写、复述故事或说服别人等任务。评估任务结束后，学习者会参加一个放松活动，这种活动会使学习者获得成就感。整个面试的设计就是为了评估学习者在口语流利度、语法、词汇和听力理解方面的语言能力。

早期语言听力和口语能力评估

早期语言听力和口语能力评估（Early Language Listening and Oral Proficiency Assessment，简称 ELLOPA）是为在校学习外语的四到八岁的学习者而研发的。

早期语言听力和口语能力评估有时被称作"牛谈"[1]，是由一系列类似游戏的活动组成的，适合于幼儿园到二年级的孩子。比如，在西班牙语语境中，两到三名学习者同时参加五个语言游戏，游戏中孩子们与一个只说西班牙语的叫 Señora Vaca（奶牛小姐）的玩偶进行互动。当然，测试其他语种时，小牛玩偶就会有另一种目的语的名字。该评估系统主要是测试听力水平，其次才是口语水平。话题涵盖了家庭成员、颜色、数字、大小、食物、歌曲、动物和天气。学习者的语言运用能力将得到全面计分，分别衡量听力、口语流利度、词汇、语言掌控（语法）、交际策略和文化意识等，并分为不同的等级。

课程评估资源

尽管对课程评估进行全面详细的描述超出了本章、本节的范围，但每一位语言教师都要认真对待。大家可以在第 15 章末尾，尤其是表 15.7 中查到课程评估信息。

---

[1] 测试对象与一个小牛玩偶进行互动对话。——译者注

⊙ 练习和深入讨论

1. 在国际语言课堂中应该评估什么?
2. 高质量的评估是什么样的?
3. 使用教材出版公司做的评估有什么问题?
4. 你和学生都清楚你正在使用或曾经使用过的评估方法的目的吗?它们与设定的目标相匹配吗?
5. 在你所在的系里召开的会议上,曾经讨论过目前的一个评估政策,该政策要对小学语言课程分为"满意/不满意"的级别,同时将对每个孩子的参与度和孩子的学习热情进行观察并作为评估依据。虽然你刚到系里几周,但是你有一些想法要提出来。你会给系里提供哪些建议?为什么?
6. 你和你的同事决定一起研发你们的测试方法,以便能够写出更有效的评估报告。但是,你的同事对你出的题目有所抱怨。他说,如果你给学习者的材料是你确定学习者能够成功完成的材料,而且你还按照你授课的形式进行测试,那么你的试题就没有任何价值。你该如何回答?
7. 设计一项语言运用能力任务,让学生展示他们在初级水平中的人际交流、理解诠释、表达展示这三种沟通模式中的语言运用能力。你可以做一个评分标准,辅助你评估这项评估测试。

⊙ 补充阅读

Adair-Hauck, Bonnie, Eileen W. Glisan, & Francis J. Troyan. *Implementing Integrated Performance Assessment.* Alexandria, VA: American Council on the Teaching of Foreign Languages, 2013.

Blaz, Deborah. *A Collection of Performance Tasks and Rubrics: Foreign Languages.* Larchmont, NY: Eye on Education, 2001.

Brookhart, Susan. *How to Create and Use Rubrics for Formative Assessment and Grading.* Alexandria, VA: Association for Supervision and Curriculum Development, 2013.

Fisher, Douglas, & Nancy Frey. *Checking for Understanding: Formative Assessment Techniques for Your Classroom.* Alexandria, VA: Association for Supervision and Curriculum Development, 2007.

Lantolf, J. P., & M. E. Poehner. *Dynamic Assessment in the Foreign Language Classroom: A Teacher's Guide.* 2nd ed. State College, PA: The Pennsylvania State University, Center for Advanced Language Proficiency Education and Research, 2011.

Sandrock, Paul. *The Keys to Assessing Language Performance: A Teacher's Manual.* Alexandria, VA: American Council on the Teaching of Foreign Languages, 2010.

⊙ 相关网站

应用语言学中心测试与评估

http://www.cal.org

佐治亚州教育厅法语、日语、西班牙语运用能力测试库

https://www.georgiastandards.org/Frameworks/pages/BrowseFrameworks/MLLPerformanceAssessments.aspx

肯塔基州路易斯维尔市杰斐逊县四个等级、四种语言主题单元的语言能力评估

https://onedrive.live.com/?cid=28f7c805d5a3213d&sc=documents&id=28F7C805D5A3213D%21154

新泽西州语言运用能力标准评估联合会（Consortium for Assessing Performance Standards，简称 CAPS）评估项目

http://flenj.org（"Resources"资源板块）

格雷格·邓肯（Greg Duncan）的评估材料

http://resourcesfromgreg.wikispaces.com/Assessment+and+Rubrics

田纳西州孟菲斯市谢尔比县学校的语言能力评估

http://www.scsk12.org/uf/ci/wl.php

语言教学的要素：学习评估

http://www.nclrc.org/essentials/index.htm

为基于语言熟练程度评估设定数字等级

http://musicuentos.com/2014/03/pbagrading/

几种等级体系

http://blogs.edweek.org/teachers/classroom_qa_with_larry_ferlazzo/2012/04/response_different_kinds_of_grading_systems.html

我们需要了解的等级体系

http://blogs.edweek.org/teachers/classroom_qa_with_larry_ferlazzo/2014/05/response_the_grading_system_we_need_to_have.html?intc=mvs

语言教学

合作性——南卡罗来纳州评估视频

我如何定义评估？

http://web3.scetv.org/profdev/tlc/tlc-sept06-126599.wmv

什么是语言能力评估？

http://web3.scetv.org/profdev/tlc/tlc-dec06-126600.wmv

为什么把三种模式融入评估循环中？

http://web3.scetv.org/profdev/tlc/tlc-feb07-126601.wmv

语言评估中迁移如何体现？

http://web3.scetv.org/profdev/tlc/tlc-march07-126602.wmv

支持基于语言能力教学的教学策略

http://web3.scetv.org/profdev/tlc/tlc-oct07-130382.wmv

目的：真实交际（第一部分：了解评估的对象）

http://web3.scetv.org/profdev/tlc/Destination_Real_Communication_Part_1_Nov_11_2008.wmv

目的：真实交际（第二部分：如何评估）

http://web3.scetv.org/profdev/tlc/Destination_Real_Communication_Part_2_Knowing_Assess_Dec_2_2008.wmv

目的：真实交际（第三部分：从语言能力到等级）

http://web3.scetv.org/profdev/tlc/Destination_Real_Communication_Part_3_From_Performance_to_Grade_Feb_10_2008.wmv

暂时性语言能力评估：没有它们则不要进行教学

http://web3.scetv.org/profdev/tlc/TLLC.Sept09.InterimPerfAssessm.wmv

语言运用能力等级系列（第一部分：从测试到评估）

http://web3.scetv.org/profdev/tlc/TLLC_Grading_Perform01.wmv

语言运用能力等级系列（第二部分：从评估到反馈）

http://web3.scetv.org/profdev/tlc/TLLC.Jan10.GradPerform.part2.wmv

语言运用能力等级系列（第三部分：从评估标准到等级）

http://web3.scetv.org/profdev/tlc/TLLC.Feb10.GradePerfmPart3.wmv

第五部分
环 境

第 10 章 管理学习环境

为了让学生做好学习准备，我如何建立一个安全、鼓励性的学习环境？

- **教师可控范围外的因素**
  - 我能够指出课堂上影响学习环境的因素。
- **教师可控范围内的因素：课堂管理基本要素**
  - 我能够制订有效的课堂管理方案。
- **影响巡回教师的特殊因素——教具车**
  - 我能够调整我的教学以适应其他教师的教室。

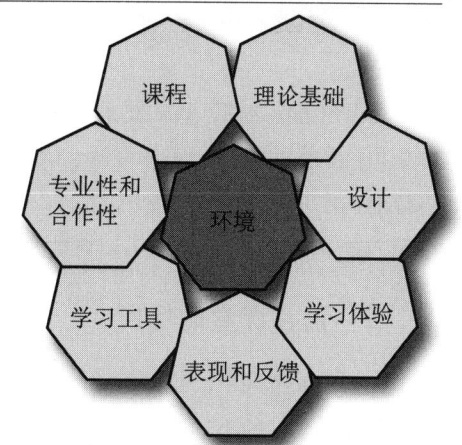

每个教师在踏进教室时都希望能够有效管理自己的课堂，但是我们并不总是知道如何实现这一目标。古德和布罗菲（Good & Brophy，2007）以他们的研究为基础，指出能够有效管理课堂的教师具有三个特点：他们掌握课堂管理的技巧，他们的教学目的是让学生掌握课程内容，他们对课堂教学抱有积极的预期。

这些特点显然是密切相关的，本书的很多内容对这三点的有效实施给予了策略支撑。本章关注的是第一个特点：管理语言教学课堂。课堂管理包含所有能够使教学学时尽可能有效的课堂程序和常规。如果没有有效的课堂管理技巧，教师的单元教学计划和教学活动则会失去效果。

同我们在准备每一课和每一单元的教学内容一样，我们必须制订课堂管理方案，包括教学规则及其相应的后果、教学程序和常规。正如我们的每一课、每一单元都有教学目标和教学成果一样，我们在制订课堂管理方案时也要设定好目标并做好规划。

10.1 教师可控范围外的因素

在课堂管理中有一些因素是在教师可控范围之外的。这些因素也必须要纳入课堂管理方案的制订中来，它们会因学校和班级而有所不同。在这部分里，我们将详细解释这些因素。

10.1.1 上课时间

上午,学生们通常精力旺盛,很多小学教师都把上午看作教学的黄金时间。但另一方面,早晨上课,初/高中学生有时会很困。每天的最后一节课,学生往往会很累,但有时也会很亢奋(比如周五或假期前)。

午餐时间也是一个问题。午餐前,学生们可能会感到饥饿,心事重重,或坐立不安,不停地看表,尤其是在中学。午餐后,有些学生又会很困,而有的学生吃了含糖量高的午餐会很容易兴奋。

在上语言课之前,我们要考虑到学生的精神状态。小学里,学生可能刚做完室外游戏回来;中学里,学生可能刚上完体育课,因此教师需要安排一些活动和激励措施,让学生安静下来,这样他们才能充分利用课堂时间。如果他们刚刚结束一些安静的活动,或者坐了很长时间在集中精力做事情,这样教师就需要调动他们的积极性,让他们把精力重新集中到语言任务上来。

10.1.2 语言课堂的场所

在初中或者高中,教师通常可以在一间教室内上一节课或多节课。但在小学,教师有可能要推着教具车,到不同教室去上课。语言教师必须在所在教室主课教师的课堂管理风格的基础上组织自己的语言课堂。在这些教室中,语言教师只是"客人",因此他们必须与主课教师商讨自己的管理体系。在这点上,成功的关键就是与主课教师建立良好的关系。

在各个教室间巡回授课意味着教师要适应每个新教室中的氛围,有时不得不等着主课教师将教室移交给语言教师。偶尔主课教师回来晚了,就会导致语言教师迟到,甚至还可能会气喘吁吁地开始下一节课。

有时,语言课堂的上课地点可能是合唱教室、体育馆或图书馆的某个地方。这些非典型性的教学场所有其独特的挑战性,都要求教师为其制订专门的课堂管理方案。

10.1.3 社会和情感因素:儿童的特点

超出教师可控范围的最后一个也是最重要的一个因素就是我们教授的孩子的特点。他们只是孩子啊!而且他们具备同龄人所有的发展特征。

教师需要充分了解儿童的发展规律,了解每一个年龄段的孩子所特有的典型的、可预测的行为特征。如果教师让幼儿园的孩子一下子安静地坐上15分钟,那他就会把5岁的孩子需要到处跑误认为是不守纪律,并加以相应的处理。如果教师意识到中学生需要进行同伴间的交流,因而在课堂教学中经常或定期地组织同伴合作活动,就表明教师已经将学习者的发展特点转变为他们进行语言学习的优势。

我们教授的孩子往往喜欢热闹,充满活力,他们在不同的年龄以不同的方式表现出自己的兴趣爱好和热情。他们有非凡的洞察力和难以置信的智慧。他们也极易受伤,有时他们看似有坚强的外壳，但实际上他们的内心极易受到伤害。

我们也会遇到很麻烦的学生，因此我们要使出浑身解数来帮助他们在课堂上管理自己。我们也会遇到一些学生，他们的生理和情感需求超越了我们的专业知识范畴，但是我们要把课堂变成一个对他们每个人来说都很特殊的场所。

弗兰克·史密斯（Smith，1988、2006）认为语言学习是一种社会禀赋而非基因禀赋。学习另一门语言的人就会成为使用那门语言的社区群体的一员。我们能够邀请所有的学生加入进来。

10.2 教师可控范围内的因素：课堂管理基本要素

给新教师的建议总是围绕着课堂管理问题这个话题："有组织""有准备""坚定不移""前后一致""公平公正"。关于课堂管理的书籍多得可以装满一座图书馆了。但是，开始制订课堂管理方案的最佳出发点其实在教师所在的学校里。为了针对特定的学校背景而制订有效的课堂管理方案，教师应该：

- 了解学校所有的课堂程序并认真遵守。
- 找到那些以有效的课堂管理出名的教师，然后拜访他们并观摩他们的课堂。他们是这个学校及年级里最了解学生的教师。表 10.1 中列出的观摩建议有助于教师最大程度地利用好观摩机会。
- 在小学环境中，如果可能的话，在进行语言教学前，参观一下所有你要授课的教室，这样你可以了解每间教室如何发挥作用，了解学生在常规的教室中是如何表现的。这一点对于刚开始教授某一语言级别的教师而言尤其重要。

表 10.1　观摩国际语言课堂的建议

> ▶ 教师如何吸引学生的注意力？
> ▶ 教师采用了什么策略开始和结束课堂活动？教师采用了什么策略转变课堂活动或话题？
> ▶ 教师如何激发学生的积极性和参与性？
> ▶ 你在课堂上都观察到什么课堂活动（教师的教学展示、同伴或小组活动、个人课堂作业、问题解决等）？活动转变的频率如何？
> ▶ 什么话题和活动能够格外激发学生的积极性？
> ▶ 有没有什么要遵循的课堂条例或学生知道要去遵守的课堂程序？有什么规则或预期是学生要了解的呢？请具体解释一下。
> ▶ 教师在课堂上使用过什么非语言性的交际方式（眼神交流、手势、靠近学生等）？
> ▶ 学生感觉乏味时是如何表现出来的？感觉兴奋时呢？感觉有压力时呢？
> ▶ 学生的什么行为（个人的或小组的）让你感到吃惊、不安或令你印象深刻呢？有没有什么行为让你感到不安，但是授课教师却不觉得？或授课教师似乎忽略了什么行为呢？
> ▶ 通过这次对课堂教学的观摩，你对这个年龄段的学生多了哪些了解？

- 如果学校有其他语言课程，要与学校的其他语言教师或同一学区中其他学校的教师交流。
- 阅读一些关于成功管理课堂的书籍，比如本章结尾介绍的书籍。

下面是关于课堂管理的主要指导原则，这些原则有助于教师整理并评价他们所收到的建议，并帮助他们制订自己的课堂管理方案，尤其适用于早期的语言课堂管理。

1. 保持一个积极的语言学习环境。
2. 建立明确的课堂教学程序。
3. 规划好每一分钟及预备方案。
4. 保持主动，与家长和学校通力合作。

10.2.1　指导原则1：保持一个积极的语言学习环境

教师——我是谁

能够取得成功的课堂上的基本要素就是教师。每一个关于教学法或学生表现的研究都得出这样的结论：学生学习成功唯一且最重要的因素就是教师。教师们应该问问自己："我是谁？我的优势是什么？我的劣势是什么？我是否清楚地了解自己的优势和劣势并能够做到扬长避短？我为什么要做一名教师？"如果我们对自己有一个全面真实的了解，并相信自己具有作为儿童语言教师的能力，我们就能够在课堂上成功地营造出积极的学习氛围。

海姆·基诺特（Ginott，1972：15–16）有力地描述了教师在课堂环境中的意义：

> 我得出了一个惊人的结论。我就是课堂中的决定性因素。正是我自己的个人教学方法制造出了课堂氛围，是我每天的情绪决定了课堂气氛。作为一名教师，我对孩子们有巨大的影响力，可以决定他们的生活是愉快幸福还是痛苦不堪。我可以成为折磨人的工具，也可以成为激励人的工具；我可以是刻薄的，也可以幽默的和治愈性的。无论在什么情况下，我的反应会决定危机会加剧还是会缓解，也决定了一个孩子会被赋予人性还是会被剥夺人性。

使命

还有一个方法能帮助教师建立积极的信念，就是牢记我们艰巨而重要的使命。我们正在赠予学生一份美丽的礼物———门新的语言，这种机会在这个国家并非人人都有。我们正在开启一扇新的思维方式的大门，一扇将我们与整个世界相联结的大门。很多人开始相信这是迈向和平的重要一步。

幽默感

我们需要激发自己的幽默感，因为幽默感有助于保持积极的课堂氛围。如果我们能够一直保持幽默感，我们会惊奇地发现，幽默感居然对我们有很大的帮助。用幽默和耐心处理课堂上的状况能够消除许多紧张的时刻。

一个充满笑声的课堂很有可能就是一个健康向上的课堂。但是，一定要记住，笑声绝对不能以牺牲学生的尊严为代价来换取，嘲笑学生的行为应该被立即制止和处理。

保持冷静

教师绝对不能在课堂上生气，不能让自己在课堂上失去控制并大声喊叫。用贬低或讽刺来回击学生会使班里的每个人都受到伤害，也包括教师本人，虽然有时我们会产生这种冲动。我们同样也不希望学生采取这样的行为。即使我们已经火冒三丈，但仍然要保持平静，采取支持的态度，因为这是营造积极课堂氛围的必要因素。

激励学生

保持积极的课堂气氛还有一个关键因素，就是激发学生的积极性。激发学生的积极性对完成课程、单元的教学内容及帮助学生了解学习外语的价值都具有重要作用。我们需要对学生讲明，为什么他们要从小开始学习外语，为什么学习外语是个长期的过程，为什么他们学习的语言这么重要。这样我们才能使学生全身心地投入到学习中。

在可见的地方支持学生

教师建立积极的课堂氛围的另一个方法就是在课上和课后为有需要的学生提供帮助，有时仅仅需要和他们谈谈话。课堂上，我们可以与学生分享自己的一小部分生活状态，这样他们才能把我们看成是一个有趣的人。在课堂上、走廊里或课外的任何地方，只要遇到学生，我们都可以叫出学生的名字，并与他们打招呼。

让学生感受到支持的最有效的方法之一，就是参加他们的活动以及陪伴他们参加社会实践和聚会。当我们告诉学生"我真的很喜欢昨晚的游戏"或者"音乐会让我很享受"时，我们是在以一种重要的方式来肯定和支持他们。对教师来说还有一个意外的收获，就是容易发现学生在语言课堂中不一定能显露出来的天赋和个性。

10.2.2 指导原则 2：建立明确的课堂教学程序

课堂管理的第二个基本要素就是建立明确的课堂程序。也就是说我们对学生的学习表现和课堂作用的方式要做出明确的预期，并将这种预期明确地、循序渐进地告诉学生。在母语课堂上，大多数时候学生都比较安静，所以，在外语课堂上，他们也无法改变对自己的行为期望。外语课堂很多时候和母语课堂形成鲜明对比，在这种情况下，学生需要得到明确的指示，了解自己该做什么。

建立规则

建立一套课堂规则,并与学生针对这套规则进行沟通,这是保证教学活动顺利进行的极其重要的因素。如果我们能够积极地阐述课堂规则,并对良好的行为给予肯定,我们就能维持一个积极的语言学习环境。

在小学建立课堂规则,我们必须向主课教师进行咨询,建立起一起管理班级的基本原则。比如,语言教师需要明确在语言课上谁来管理课堂,以及语言课堂的规则与主课教师的课堂规则的契合度。当然,所有的规则都要与学校的校规保持一致。

建立一套课堂规则的第一步是要确定课堂上什么行为是最重要的。然后,将这些行为用简明扼要的语言表述出来,这样学生才能明白这些规则。规则的陈述应该是肯定形式的,比如,要说"走",而不是"不要跑";要说"管好自己的手脚",而不是说"不要去碰别人"。有效的规则应该是:

- 可观察到的
- 可执行的
- 不带有歧视色彩的
- 对有效教学十分重要的
- 用目的语表述的

奥黛丽·韦伯(Audray Weber)的 K–5 年级西班牙语课堂上的规则是"停下、看、听"。当她需要学生的注意力时,她就用学生熟悉的节奏唱出这三个词,学生就会立刻做出响应。

乔·埃伦·黑格(Jo Ellen Hague)的法语课堂规则是"看、听、参与(通过举手)、说法语"。她把每一条规则都写在一个小木板上,需要提醒学生某条规则时,她就会举起那块小木板。乔·埃伦(Jo Ellen)每天还会举起小木板来给学生复习这些规则。

杰茜卡·哈奇(Jessica Haxhi)为自己的日语课堂制订的四条规则是"听、举手、手放好、说日语"。她还有一个重要的安静手势,如果她想让学生停下正在做的事情并安静下来,她就会将双手放在头顶,并举起手肘。学生看到这个手势,他们也会把双手放在头顶,停止说话,集中精力听讲。

请看表 10.2、表 10.3 和表 10.4 中展示的各种课堂规则,你会发现它们都很相似。这些规则因其针对的学生年龄而异,也因教师

表 10.2　课堂规则表(日语版)

注:已获铃木绫野(Ayano Suzuki)许可使用。

所要强调的重点而异。重要的一点是这些规则都是可观察到的并且都是可执行的。

表 10.3　课堂规则表（法语版）

👀	Je regarde la maîtresse.
👂	J'écoute la maîtresse.
🙋	Je leve la main.
👄 bonjour	Je parle français.

注：已获简·米斯里奇（Jane Misslich）许可使用。

表 10.4　课堂规则表（中文版）

注：已获尼克·斯塔法（Nick Staffa）许可使用。

确定好规则后，下一步就是如何使用目的语把这些规则教给学生。最有效的方法就是进行不断的演示，并让学生参与进来。如果教师在每一条规则中辅以一个手势，学生就更容易记住这些规则。所以教师可以为每一条规则规定一个手势，然后再把这些手势教给学生。比如：你可以让学生把手做成杯状，从后面环住耳朵来表示"听"；学生可以夸张地举起手来表示"举手"；学生还可以交叉双臂，表示"管好自己的双手"；如果想说"讲目的语"，就可以用手来做出"说"的动作。教给学生这些规则后，教师就可以用目的语配合图画或符号，将规则张贴出来，帮助学生将这些词与它们的含义联系起来。表 10.2、表 10.3 和表 10.4 中的每一条规则都有与之对应的图片，这样学生就可以清楚地明白规则的含义。

许多教师还会以演示的形式明确地告诉学生他们在课堂上应该做什么，不应该做什么。他们会演示违反规则的行为，然后指出那条规则，或者做出与那条规则相应的手势。有的教师还在学生学习了表示规则的语言后，让玩偶娃娃违反一条规则，然让学生指出那条规则，做出与规则相对应的手势，或者说出这条规则。

要在只讲目的语的课堂上建立并实施课堂规则，最重要的一点就是示范。事实上，一些教育家认为示范是优秀教学的关键。我们应该一步一步地明确告诉学生他们应该做什么。当所有的学生都在参与课堂活动，并明白他们应该怎么表现，课堂管理的问题就会大大减少。

建立行为与后果之间的联系——正面的和负面的

建立课堂规则的同时也应该明确违反规则的后果。我们需要保证学生能够理解一种行为及其对应的后果。行为的后果一定程度上是由学校的规章制度决定的。但是教师需要制订出学生违反规则后要采取的措施。

有的教师将学生的行为后果与奖励相挂钩。例如，杰茜卡·哈奇（Jessica Haxhi）与她的同事山下和美（Kazumi Yamashita）用一种日本玩具（daruma otoshi）来实施行为后果（见图10.1）。这种玩具一共有四层叠加在一起。当有人违反规则时，教师就把最底层移走；每违反一次，就移走一层。下课前，教师会把剩下的层级数记录在一个表格中作为当天的课堂表现成绩。在规定的时间段内，各班会展开竞争，比较得分；当达到某个特定得分时，这个班级就可以举办聚会或者某种特别的活动。

图 10.1　日本玩具

安娜·奥格伦（Ana Ogren, 2013）用比索币作为奖惩的工具。"他们说得越多，得到的就越多。当我们做口语活动时，或者小旗放在只说西班牙语的位置时，如果他们说母语就会被扣掉比索币。临下课前，他们会收到一张收据。如果我们还有多余的时间，我就会拍卖掉一些东西，可能是作业合格的奖赏，可能是学习用品，甚至偶尔还会是某种特殊待遇。"

劳拉·伊格特布鲁（Laura Igarteburu）描述过一种类似 Ñandu 邮件列表的管理策略：如果哪个班级遵守了她的三个规则——"听、举手、说西班牙语"，她就会给这个班级一张小贴画。开始上课时，她会在黑板上写一个西班牙语单词，学生违反一次规则，她就会擦掉一个字母。如果下课时，一个字母都没剩下，那天这个班就得不到贴画。在整个学年的进程中，劳拉（Laura）每个月都会缩短单词的长度，到最后一个月时，这个"游戏"就会用只有一个字母的单词。彭妮·菲尔兹（Penny Fields）使用的是一个与此类似的数字方法。每节课开始时，她会在白板上写上数字10，第一个违反规则的行为出现时，她就会擦掉数字10而用数字9来代替，这时她通常不会做出任何评价，而同伴压力则会创造奇迹。这个过程会持续到整节课结束。下课时，白板上的数字将被记录下来。当全班的总得分累积到100时，学生就会迎来一个特别的日子，他们可以选择他们喜欢的游戏或做其他活动。

有时，某些学生总是违反规则，而不会顾及集体后果，尤其是那些反复出现行为问题的学生。这种情况下，就需要采取额外的措施。许多教师做的第一步就是"直视"。每个教师都需要掌握直视学生的技巧，要没有笑容、无声地与学生交流，传递"我看到了你做的事情，我们俩都知道你该停下来了"这样的信息。对某些学生来说，在某些情况下，这就足以让他们恢复预期的行为表现。

教师常常采取靠近学生的方式来应对违反规则的学生，而不需要打断教学或引起全班的注意。当教师离学生足够近的时候，错误的行为很有可能就停止了。靠近策略也可以用于预防行为问题，在教师感觉到课堂内潜在问题的时候就可以使用。

有时仅仅叫学生的名字就可以是一种很好的提示，但是这种策略要小心使用。斥责地叫学生的名字会引起其他学生的注意，而这可能就是学生违反规则的初衷。最好以邀请的方式叫学生名字，"费边，你好好看这个了吗"或者"克莱尔，我想让你特别注意一下这张图片"。在举例中使用学生的名字也是一种把学生拉回来的好方法，"想象一下罗伯塔走在德国的街道上，寻找能够买到一条面包的好地方"。有时，叫违反规则的学生邻座的名字也能达到相同的目的。请一名走神的学生来回答问题，主要的目的还是唤回学生的注意力。这种方式传达给学生一个信息，那就是提问更像是一种惩罚而不是邀请。

许多教师发现，处理捣乱和走神的学生的最好的办法是将他暂时与集体分开，或者让他待在教室的另一个位置上，直到这名学生准备好全心地参与课堂活动。对于一个孩子来说，与集体分开的时间应该是短暂的。如果把一名学生暂时移到集体之外，我们一定要监督他的行为，而且要记得，在学生看起来做好准备参与活动时就把他叫回来。我们在任何时候都要对课堂内所有的学生负责。

对于不断重复的违反规则的行为，就应该做出书面记录，记下这些违反规则的行为以及相应的处理措施。如果违规行为持续反复，给家长打电话也是有帮助的，但在与家长进行沟通时，要准备好详细的违规行为的历史记录。对于那些重复的或引起麻烦的违规行为，还应该及早与校长进行商谈，这样就可以有一个团队来帮助学生解决问题了。对于每步措施，一个清晰的、有日期的简单行为记录都是很有价值的。

下面是佐治亚州 K-5 年级的教师积累的一些有用的建议：
- 了解你的学校和年级中的管理程序。
- 不要列出你可能不愿意实施的后果。
- 确保学生了解规则的后果。
- 确保家长了解规则的后果。
- 做到保持一致、公正公平。
- 贯彻规则的后果。
- 不要威胁学生——要使用你的规则体系。
- 记住，是孩子自己决定违反规则，因此自然要接受相应的后果。

奖励

学生做了违规行为要承担后果，同样，学生的良好行为也有一定的结果——我们通常把它叫作奖励。对于奖励学生表现或行为的好处和风险以及内在和外在学习动机，专家们做过很多研究。尽管我们一直强调要培养内在动机以有益于良好行为和长期的学习，许多教师却发现在短时间内，外在动机也有助于激发学生的积极行为和表现。

如果学生表现良好或行为突出，许多教师会给学生发贴纸作为奖励。这些贴纸受到 K–8 各个年级学生的喜爱，但是这也取决于是什么贴纸。比如，8 年级的学生就不认为一张巴尼（Barney）贴纸是一种奖励。有些教师偶尔还会用小糖果作为奖励。正如在前面提到的伊格特布鲁（Igarteburu）的策略，贴纸可以奖励给个人也可以奖励给整个班级。类似的奖励也可以给使用目的语或者有其他出色表现的学生。

还有的教师利用视觉刺激来激励学生。比如，在西班牙语课堂上，学生可以通过自己的良好行为和表现赢得在阿兹特克（Aztec）金字塔上登高一个台阶的奖励。有些教师用图表记录学生的得分，或在一个罐子中放进石子或硬币。当达到目标数时，就会有一个庆祝活动——一个聚会、一次有奖活动或其他特别的事情。对于彭妮·菲尔兹（Penny Fields）和劳拉·伊格特布鲁（Laura Igarteburu）来说，特别的事情就是学生可以在那天选择用目的语来做他们喜欢的游戏或活动（这并不是说可以暂停目的语的学习，也不是说教师要出钱举办一个昂贵的聚会）。

但是，一定要记住，外在激励只是一个暂时的措施，是我们带领学生做出积极表现的一个桥梁。一旦学生形成了良好的行为习惯，就要逐渐停止这些外在激励。

有些非物质奖励可能比贴纸和糖果更有效。有时，仅仅因为教师感到愉快，就会让整个班级或个人感觉得到了奖励。让学生有机会领导班级也是一种奖励。只要学生有出色的个人表现，有的教师就会带头鼓掌。

当学生有机会为班级或课堂承担一项特殊的责任时，学生也会觉得受到了奖励。大多数孩子都乐于帮助别人。教师需要做的就是给学生制订任务。让学生完成任务也是培养学生责任感的好方法。这种奖励性的任务包括擦黑板、当列队的小队长、分发教学材料、带领同学们做一些熟悉的小组活动，或者做一个小信使，把物品送到办公室或其他教室等。

我们最终的目的是要让学生因自己的成功而感到回报和鼓励。我们的角色就是在学习的过程中给予学生赞扬、支持和鼓励。

为所有课堂常规活动建立程序

我们需要课堂程序来确保学生能够理解我们希望他们做什么以及如何做这些事情。我们需要上课和下课的程序，需要在上课的过程中保持和唤回学生注意力的程序。课堂程序还可以用来保证其他课堂常规活动的顺利进行，例如去削铅笔或离开自己的座位时要向教师提出请求。有了这样的程序，学生就会形成对课堂的预期，也会在建立的常规内感到安全和舒适。

上课

许多教师用歌曲、歌谣或例行问候来开始上课，或者三者都用。学生需要一个信号告诉他们开始上课了，需要集中注意力了。许多情况下，当巡回语言教师推着教具车来到教室时，一堂课就在歌声或问候中开始了，这也给教师留出时间取出授课材料，为开始上课做好准备。如果是学生到语言教室上课，也必须要按照课堂程序的要求坐到指定座位上，然后在教师的带领下开始问候或其他开场活动。

开课歌曲之后，教师就会继续例行的日历常规课程或者唱日历歌。用一个由目的语写成的大日历，让学生指出星期和日期，练习一周七天的说法和数字的表达。这个时间段中的另一个常见的组成部分是查看天气并做记录。学生很喜欢主导这部分课堂内容，并且在每学年初期就能完成这些任务。一旦学生的语言水平达到了一定程度，日历时间就可以改变一下，可以包含不同类型的语言。例如，如果教师在三年级还有例行的日历活动，这种活动就应该与在幼儿园或五年级课堂上使用的活动有所区别。

研究者证明，每节课的前五分钟和最后五分钟是学习的黄金时间。我们需要格外小心，开场程序和日历活动不能拖得太长，否则就无法利用这段黄金时间来完成与课堂主要教学目标相关的活动了。

下课

结束一节课的责任属于教师，而不是学生，但是学校的铃声则会带来一个特殊问题。我们需要告诉学生，只有教师才有权力结束课堂，而不是学校的铃声或时钟。

在快下课的时候，我们一定要注意让学生为他们的下节课做好准备。如果我们在课上带领学生做了一些很活泼的活动，那么我们就要组织一个让学生平复情绪的活动。当学生离开教室时，他们必须为下一节课的学习做好准备。

当学生离开我们的语言教室时，他们需要一个常规程序，在门口排好队，安静有秩序地离开教室。教师经常会按照小组来解散班级，先选择最配合或者准备最快的学生。有时教师还会按照学生的衣服颜色、发色或其他特点解散班级，这样这个程序就会成为语言学习的一部分。

许多下课程序与上课程序相似，比如唱再见歌或者歌谣，当然还有跟教师说再见。日语教师在上课和下课时会施以传统的鞠躬礼。巡回教师有时会在下课的最后一刻加入一个"低头"的部分；也就是说，语言课堂的最后一部分是让学生把头低下来放到课桌上，直到下一位教师来"唤醒"他们。

保持和唤回注意力的常规活动

小学和中学教师利用各种常规活动来保持学生的注意力，或者在学生走神时让他们的注意力重新回到课堂上。这些规则对年幼的学生尤为必要。学生年龄越小，就越容易分散注意力。

让学生集中注意力有各种方法，包括手势、有节奏的拍手、唱歌和其他活动。使用一致的信号非常重要，不要一下子介绍太多的信号。

让学生安静下来或集中注意力有一种常见的信号，叫作零噪音信号或通用合作学习信号。

教师举起手，学生一见到教师的这个手势也要举起手。学生举起手时，就必须停止活动，停止说话，并把手势信号做给教师和其他同学看。这种常规活动也使学生自己承担一部分使课堂安静下来的责任。学生也需要练习，才能响应这些信号，直到形成习惯，否则的话，这些信号对学生的行为就没有任何作用了。

有的教师会用倒数或数数的方式来表明班级违反了规则，通常是举起手并用目的语从 1 数到 5 或从 5 数到 1。当教师快要数到最后一个数时，学生必须做好准备继续或者开始活动。有的教师用有节奏的拍手来帮助学生集中注意力。教师如果需要唤回学生的注意力，他们就要唱出课堂规则来打断活动，直到学生安静下来准备再次开始。

在开始和结束一个活动时，有的教师还会使用一些特别的程序。他们会叫已经做好准备的学生名字，这就提醒了其他学生要做好准备。有的老师会说："灯光！摄像！开拍！"并加上表示电影开拍的夸张手势来示意活动开始了。

教师还可以用信号表示活动结束。当学生参与小组活动时，如果听到或看到他们还剩下 3 分钟的时间，他们会更加集中于完成任务上。如果是一个能让每个人都参与其中的成功的游戏，教师就可以更简单地结束活动，比如（用目的语）说"再来两轮"或者"我们再玩一次"，然后保持这种模式的一致性。

进行其他课堂活动的程序

教师在准备课堂管理方案时，反复使用的活动的程序设计得越仔细，课堂管理就会越成功。教师应该设计一个程序，并规划好如何教会学生做到以下几点：

- 请求允许。学生请求离开座位（如去削铅笔、取学习材料、去卫生间等）时可以使用口令。
- 分发和收取材料。教师必须向学生展示在参加小组活动时如何拿取和放回材料的程序，或者上课时分发纸、美术材料或书等学习材料时的程序。花几分钟练习这些程序可以在接下来的一年里最终节省几个小时的课堂时间。很多教师把收取材料设计成活动的一部分，这样在活动结束时，教师也将材料收回来了。TPR 是完成这一步骤的有效策略，比如"把所有红色动物放到篮子里，把所有绿色动物放到篮子里"等。有的教师会选一些学生来做助手，帮助教师分发、收取材料，这样教师就不用事事亲力亲为；同时学生也有机会因帮助教师而得到奖励。而且由于小学上课时间短，需要快速地从一节课过渡到下一节课，学生的帮助也格外有用。
- 从一个活动过渡到另一个活动。变换活动时，学生需要从一个地点移动到另一个地点时，当课堂重点从小组活动转为个人活动或搭档活动时，教师都要做好过渡。比如活动间的过渡可以靠一首与下一个活动或刚结束的活动有关的歌曲或歌谣。在进行小组形式变化时，教师应该明确地向学生说明他们应该怎么做，比如可以让学生在 10 秒内找到自己的同伴，或者在班级唱完喜欢的歌之前坐到指定座位上并做好学习准备。教师应该检查每节课的计划，找出哪些环节需要这些过渡活动，并做好规划。

高效率指定学生回答问题的程序

教师决定点哪一名学生也是一件难事，有时还会浪费上课时间。这么多手举了起来！我们怎么能记得上一次轮到谁了？或者该轮到谁了？我们也知道，我们视线的所及范围有时会让我们格外青睐于一部分学生。解决这个问题的一个策略就是让学生（或我们自己）动起来，这样相同一组学生就不会总在我们的左侧或右侧。另外一个可以确保所有学生都能参与的简单策略就是让所有的学生都站着做活动，然后让每一个参加完活动的学生坐下。

更进一步的方法是把学生的名字写在单独的卡片或木签上。教师从一摞中抽取一张卡片或一根木签，然后点上面的名字。这种方法可以保证随机点名，也使点名能够更加高效。这样一来，从许多高举起来的手中决定点哪一位学生时就不会浪费上课时间了。教师继续从一摞名签中抽取名字，直到每个学生都能轮上。这种方法既可以帮助我们在几天内点到所有学生，也有助于对学生进行评价。

使用卡片或木签的第二种方法是在一名学生做完活动后，把他的名字再放回去。这样，已经被点到的学生就会保持警惕，因为他们不知道自己是否或何时还会再被点到。但是，这种方法无法确保每个学生都有机会参加活动。保持学生注意力的另一个策略就是偶尔从已经背诵过的学生中再抽取一名，这样每一个学生都会集中注意力听课。

点学生名字时需要 3~5 秒钟，用一门新语言做出回应（除了背诵识记的答案）则需要更长的时间。给学生足够的时间去思考，他们也会给出更多、质量更高的回应。

10.2.3　指导原则 3：规划好每一分钟及预备方案

课堂管理中的第三个基本要素就是规划，规划，再规划。每节课都要有详细的教案。授课过程中不能有一刻的停顿，因为如果有一分钟没有计划好，教师就不得不停下来思考下一步做什么，这时学生就会自己决定做什么！计划多总比少了好。

教师必须调整课堂活动来适应学生注意力的持续时间。对幼儿园的孩子来说，必须每几分钟就变换一个活动，而六到八年级学生可以在一个话题上保持更长时间的注意力。一些研究人员认为，大多数孩子注意力集中的分钟数等于他们的年龄加 2。因此，一个 7 岁的孩子在最好的状态下的注意力可以持续 9 分钟。

教师在准备课堂活动时，要让每个孩子都能体会到与他们能力相匹配的成就感。这条原则需要教师注意到学生不同的学习能力，一些学生必须要克服生理、情感上的障碍，不同的学习方式及霍华德·加德纳（Gardner, 1983、1999）所提出的多元智能。我们的目标就是要让每个学生在每节课中至少能在一件事情上获得成功。

有效的课程规划也要让学生参与指导他们自己的活动。学生要有机会领导一个小组、做出决定以及用有意义的方式辅佐教师。如果学生来主导一个熟悉的活动，如日历活动或唱歌，这个班级中孩子的注意力集中的情况就要比教师一个人主导时好得多。高年级学生可以帮助教师检查作业完成的情况，检查出勤或负责其他重要的任务。

教师在备课时，还必须注意平衡会让学生静坐和活动的时间。一定要记住 K–1 年级的学生在生理上有活动的需求。让他们安静地坐上很长时间要比让他们在相等时间内绕操场跑步压力更大。初中生也存在这种情况。

有的教师在变换课堂活动时会让学生从教室的一边移到另一边。这样，课堂会变得更有趣味性并易于学生集中精力。有时，一个简短的 TPR 活动可以起到过渡的作用，学生也很需要这样的提神活动。伴随着动作的歌曲或歌谣也可以帮助改变课堂节奏。

利用课堂每一分钟的程序

语言课堂上尤其是小学阶段的语言课堂，时间非常有限，每一分钟都很宝贵。教师要尽量充分利用每一分钟。在一名学生花很长时间做出决定时，教师可以唱一首歌。有时，为了记录时间，或者在收发教学材料的过程中，可以让学生自己唱歌。

高效的教师连一分钟都不会浪费。比如，当学生进行小组活动时，教师会监督各个小组，并在需要的时候提供帮助。有时教师还会利用小组活动的时间为下一个活动准备材料。

海绵活动是可以帮助教师最大限度利用课堂时间的重要资源。这些海绵活动可以有效地吸收多余的课堂时间。有效的教师往往积累了很多海绵活动，这让他们可以随时在需要时安排这种活动。比如，在一节课快结束时，没有足够的时间开始一个更长的活动，可能只剩下一两分钟学生就要离开，那么这种海绵活动就可以派上用场了。海绵活动也可以用于当学生提前完成个人或小组活动时。

下面是一些适合不同语言水平的海绵活动的例子：

- 做游戏"我是间谍"或"我看到了你看不到的东西"（接着是一个描述），或游戏"我在想那个穿着……的人"（接着是一个描述）。
- 提问："有个德国人可能要来参观我们的课堂，你能想到多少问题去问他？"
- 一个简单的 TPR 搭档活动。活动中同伴们轮流发出指令，然后转向彼此，面对面地看两人的动作是否相匹配。比如，"摸摸你的鼻子，1，2，3"。
- 发出挑战："在两分钟内，写出你和同伴所能想到的所有的丛林（农场、大草原、海洋）动物。有没有人写出别人都没想到的呢？"
- 对大家说："我将说出一个单词，看看你能否给出它的反义词（或者你所能想到的所有同义词）。"
- 对大家说："我在想着一种以字母＿＿开头的动物。"

10.2.4　指导原则 4：保持主动，与家长和学校通力合作

课堂管理规划早期中重要的一步是与学校的校长或负责学生纪律的管理人员保持密切的联

系。你可以告诉他你的课堂管理方案，请他提出建议。如果能够在问题变得严重之前就告知管理人员，那么你们就可以合作解决问题。

教师还需要获得家长的支持。家长需要了解课堂规则和活动，这样如果我们需要与家长沟通问题时，就不会有意外情况。每年年初给家长写一封信就是建立这种关系的良好开端。之后，我们可以定期发信息或打电话沟通，并且多说"好消息"，少说问题。校务通讯也是帮助家长了解课堂动态、对学生的期望和课程理念的一个重要渠道。每个新单元开始时或每两到四周定期发出短信能够预防误解，获得家长对课程的支持。

学生应该知道教师会对他们在学校出现的问题进行跟踪关注。如果给家长打电话，我们要确保是与家长本人通话。最好不要电话留言，以防被拦截或者在澄清情况前被误解。打电话是为了获得家长的合作，了解家长对学生的看法，因为学生对家长和教师双方都至关重要。在告知问题之后，要尽快报告"好消息"。在告知问题前，我们还要了解学生的家庭情况，因为在某些时候，一个负面的学校通知在学生的家庭中会导致意想不到的严重后果。

亲子互动的家庭作业是联系课堂与家庭的另一个有力工具。学生把学校的作业带回家，让家长签名，得到他们的评论，然后再带回学校。这样一来家长就会更加了解学生在学校里学习了什么，就不必不时地询问"今天的日语课上都学了什么"或者"＿＿＿用法语怎么说"。

使家长充分了解语言课堂的最好方法就是邀请家长来听课。家长可以亲眼看到课堂是如何组织、孩子们是如何表现的。他们甚至可能会有兴趣自愿为一些特别的项目和活动提供帮助。

10.3　影响巡回教师的特殊因素——教具车

许多教年幼学生的教师要经常推着教具车从一个教室到另一个教室。大多数幼儿语言教师都希望有自己的教室，这样他们就可以按照自己的教学主题和教学风格来装饰教室。但是这种巡回授课的方式也有一些好处。在 Ñandu 邮件列表中有关于巡回教师的讨论，其中已经提到了巡回授课的几点优势。

10.3.1　巡回授课

一名教师指出，去学生的教室授课，可以将教室里的海报、公告板和学生最新的作业融入每一课的教学中，可以与主课教师有定期、自然的交流。这样，每次语言教师来到教室，就不会打扰到学生的学习生活，语言学习也更像是他们日常学习中紧密的一部分。

另一位教师苏珊（Susan）在一所学校里有固定教室，在另外一所学校巡回授课。她说如果她到学生的教室，学生手边就会有基本的学习用具，这样她就不用浪费时间来分发剪刀、尺子、记号笔或其他学生课桌里通常都会有的用具。维护自己的教室要花大量的时间和精力。她还说如果在自己的教室内授课，见同事的机会就更少了。但是，综合考虑之后，苏珊还是更愿意有自己的教室。

通常情况下，教师无法选择是在自己的教室授课还是利用教具车巡回授课。如果教师一定要巡回授课，有很多方法可以最大程度地利用好这种条件，这要从教具车开始。表 10.5 列出了很多使用教具车的方法，还有一张市面上在售的教具车的照片。教具车需要存放一天中所有班级的材料，也需要帮助演示大部分课堂活动。因为教具车如此重要，所以设计规划教具车的使用也是巡回教师需要做出的重要决定。图 10.2 展示了 Ñandu 邮件列表中列出的珍妮弗·肯尼迪（Jennifer Kennedy）的教具车，她是肯塔基州列克星敦市的一名 K–5 年级西班牙语教师。

表 10.5　设计和使用教具车的建议

有条理地安排手推车上的物品。你需要：
- 篮子
- 塑料储物盒/箱
- 塑料袋

把海报贴在教具车的边上：
- 在教具车和海报的边缘使用挂钩和胶带
- 用大号夹子把海报或其他物品固定在教具车上

用教具车的侧面：
- 放置、展示海报
- 放置白板
- 放置软木板/公告板
- 放置绒面板

在教具车顶部放一个小黑板用以演示。
确保教具车是可以关上的，这样车里的物品不会因颠簸而掉落出来。
在教具车的侧面放置挂钩来固定海报（给海报压膜前打孔并装上加强环）。
在教具车的一面设计一个可折叠的小桌，用于示范活动。
在教具车顶部设计/添加折叠杆，以便可以并排放置三张以上的海报。
为每个班级安排一个空间。
利用办公信件筐收集、整理学生作业（由教师完成）。
用颜色区分不同班级和作业。
把 iPod、音乐播放器放在特定地方（方便拿取、使用）。
在车门的里面用钩环来固定所需的材料，以便于拿取。
留一个地方存放写字板、笔或其他的记录工具。
将一个区域覆盖起来，存放准备给学生"惊喜"的物品。
贴纸和其他奖励、奖品要便于取放。
常用的海绵活动和游戏的材料要便于取放。
在一节课或活动结束时，让学生帮助整理教具车。
每天下班回家前要把第二天的教具车准备好。
可以的话，一定要早点到达教室，以便在上课前一切准备就绪。
教具车的轮子很重要。如果轮子很灵活，教师的后背就不容易扭伤。如果轮子能锁上就更好了。要按时给轮

续表
子上油,这样在安静的走廊里推车就不会有噪音了。 放置教具车时,要把敞开的一面对着墙(或者把车放到你下一节课上课的教室)。 在巡回授课的教室中,向主课教师申请一个抽屉或储物空间。如果可以,在每间教室都放置一些材料。 了解每间教室的规则及违反规则的后果,尽可能地根据这些规则做出调整。

来源:http://senoraspeedy.blogspot.com/2013/11/thats-how-i-roll-organization.html?view= sidebar。

图 10.2　珍妮弗·肯尼迪(Jennifer Kennedy)使用的教具车

10.3.2　与不同的主课教师合作

巡回教师面临的第二个挑战就是他们必须要与不同的主课教师密切合作,要在不同的教室、不同的环境中转换。有时他们没有多少时间在不同的教室间移动,与主课教师建立密切的关系可以使这种富有挑战性的情况更好处理。下面是几点与主课教师密切合作并得到他们协助的建议:

语言教师如何协助主课教师

与各主课教师一起备课非常重要,因为这种合作可以提高教学质量。合作备课可以达成一致的目标,促使语言教学融入课堂中。如果语言课程受到威胁时,教学团队会把语言教师看作其中的一员,因此其他老师会捍卫语言课程。

有很多方法可以帮助语言教师将教学内容与学校课程体系的其他部分联系起来。比如,语言艺术系列课程可能涉及西班牙语国家背景中的故事,那么西班牙语教师可以围绕这个国家设计一个单元课程或者用西班牙语讲述类似的故事。语言教师也可以在人文社会课程中提取很多素材，把语言学习与学生日常学习的其他方面联系起来。主课教师如果看到语言课程能与现有的课程联系起来并对其加以丰富也会很高兴。

作为语言教师，我们需要按时到教室，按时下课。我们需要在下课时帮助学生为各学科的课程做好准备，这和我们期待学生在我们到达教室时也做好准备是一样的。

我们离开时也要把教室还原得与我们来时一样。上课时，我们应尽量避免重新布置教室，但是如果我们把周围的物品做了变化，在离开时也要把桌椅和用具摆放如初。

另一点有益的做法是为主课教师准备一份书面教案或者词汇表，还有歌词、口诀和韵文。大多数教师都更倾向于成年人的视觉或阅读型学习风格，他们已不再具有儿童快速口头学习语言的能力了。

我们可以提供用目的语写的标签，可以用于日历、公告板及教学用具。同理，如果语言教师和学生在课上都戴着用目的语写的名牌，各主课教师也应该有一个名牌。

如果我们在某一天需要主课教师帮忙为语言课提供材料，比如剪刀、蜡笔或纸，我们至少要提前一周通知主课教师。如果可能的话，还要在需要材料的前一天在他的邮箱里放一个简短的提醒便条。我们还必须要保证在下课时把这些材料收好，不给主课教师增加工作负担。

主课教师会渐渐习惯在一天中的特定时刻把课堂交给语言教师。如果我们没来上课，他们也会觉得添了麻烦。我们应该对这个问题敏感一点，并在我们不能来的日子中提供教案和教学材料。有的教师还会为每个班级安排简单的学习站，让学生在自由时间或语言教师不在的时候用。家长有时也会愿意帮助发明一些学习游戏或其他帮助学生自我纠正的活动，让学生自己练习新的语言。

主课教师如何协助语言教师

主课教师对语言教师最重要的一个支持就是对语言在整个课程体系中的作用持有积极的态度。主课教师传递给学生的信息非常有用的。一句诸如"小小年纪能够学习一门外语该是多么幸运"或"掌握一门外语在将来大有益处"的评价都是非常好的激励。如果主课教师也热衷于外语学习，这也会对学生有积极的影响，当然也会在语言教师进入班级时有所帮助。

语言教师可以鼓励自己的同事在上课前让学生做好准备。也就是说其他任务需要结束并放下，把课桌按照语言课堂的要求准备好，并把名牌放到课桌上或挂到学生脖子上。这些简单的步骤都可以为语言学习节省出宝贵的时间。

有时，主课教师非常支持语言课程，也愿意以他们的方式来提供帮助。其中第一种就是克制住把语言教师的话翻译成母语的冲动。通过外语自身而不是用母语来感受外语，可以提高学生的语言能力。那些熟悉我们语言教学理念的主课教师能够为语言课程提供更好的帮助。例如，主课教师可以协助语言教师分发与语言学习相关的书袋。书袋内装的是语言学习的书籍，并配有胶带、地图、学生与父母共同完成的活动列表以及父母需要填写的评论表。

能够自如使用这门新语言的教师可以在以下小的方面帮助学生：

- 要求学生用目的语写下星期和日期。
- 用目的语给出书的页码。
- 用目的语来做部分早晨的日历常规活动。
- 用目的语写出数字，给出数学题目的答案。
- 用双语标记公告板。
- 鼓励学生用他们会的目的语回答问题或以其他方式使用目的语。

当主课教师不感兴趣或不支持时

有的语言教师还会遇到这样的情况，主课教师并不重视语言学习，也不会对学生在语言课堂上学到的东西给予帮助或巩固。在这种情况下，这些主课教师的学生学到的东西就不如那些支持语言学习的主课教师的学生多。

有时，尽管我们尽了最大努力希望获得合作和支持，我们也有可能必须要与不支持我们的教师一起工作。我们需要特别处理与这些教师的工作方式，甚至需要让他们了解语言课程的目标和成果。下列建议（很多是 Ñandu 邮件列表的语言教师提供的）可能有助于改善这种情况。

我们可以向主课教师保证不会增加他们的工作负担，我们会支持并巩固他们的学科教学成果。一旦他们看到了我们的语言课堂教学，他们就会和我们一样对语言课程感到兴奋。我们可以用目的语给他们做一个简单的演示，把学科内容融入进来。我们可以做一些非常简单的事情，比如从一数到十，表述四个基本方向，或者用经纬度来确定几个使用目的语国家的位置。给主课教师进行演示的最后，我们可以向他们保证，除了语言和文化的学习，我们会把目的语作为一个工具来强化并复习学生在学科课程中学到的技能和概念。

帮助主课教师在语言课程中找到主导感的一个办法就是征求他们的专业意见和建议，可以采取正式或非正式的方式。为了获得信息，我们可以用以下问题对主课教师做调查：

- 您愿意以何种方式更多地参与到语言课程中？
- 您希望我们把什么话题、项目或教学方法融入语言课程中？
- 我们如何与您加强沟通并合作备课？
- 在加强语言课程方面，您有哪些总体思路和建议？

最后，为了赢得主课教师的支持，我们应该灵活一些，但不能牺牲我们的初衷和教学目标。

⊙ 练习和深入讨论

1. 为你的课堂制订三到五个规则，用词要正面、清晰，使规则是可观察得到的、可执行的、不带有歧视色彩的，并且要用目的语写出。

2. 为你的课堂规则设计一张可以放在语言课堂（或教具车）上的海报。确保海报上有图片，以帮助传达规则的含义。

3. 列出规则的后果，既有正面的也有负面的。这些后果需要具有逻辑性和合理性，并且不需要你中断课堂活动。

4. 为第一天上课设计一个教案，教案中你需要：

   a. 介绍你的规则和程序；

   b. 建立积极的课堂氛围；

   c. 教给学生一些简短用语，让他们第一天就能带回家分享。

5. 你怎么看待奖励的用处？

⊙ 补充阅读

Fay, Jim, & David Funk. *Teaching with Love & Logic: Taking Control of the Classroom*. Golden, CO: The Love and Logic Press, 1995.

Patrick, Paula. *The Keys to the Classroom: A Basic Manual to Help New Language Teachers Find Their Way*. Alexandria, VA: American Council on the Teaching of Foreign Languages, 2007.

Wong, Harry K., & Rosemary T. Wong. *The First Days of School: How to Be an Effective Teacher*. 4th ed. Mountain View, CA: Harry K. Wong Publications, 2009.

⊙ 相关网站

学习原则三的普遍设计：提供多种参与学习的方式

http://www.udlcenter.org/aboutudl/udlguidelines/principle3

课堂管理的教学思路

http://www.teachingideas.co.uk/more/management/contents.htm

纽约冷泉港学校小学语言教师塔拉·塔萨尼（Tara Tassani）使用的教具车录像

http://www.youtube.com/watch?v=6xm8CtzRMMw&list=PLAomb2D-FbOPQb9OMD1RIu8RgyQTourGl&index=2

语言教学的要素：调动教师积极性

http://www.nclrc.org/essentials/index.htm

第六部分
学习工具

第 11 章　用有效的教学材料让语言鲜活起来

我和学生如何充分利用各种学习工具来辅助语言学习?

- **有用的教具、教学材料及设备**
  - 我能够利用可以为课堂有效创造语境的学习材料和资源。
- **创建数字化学习环境的工具**
  - 我能够利用数字学习设备在课堂上丰富学习语境。
- **教师自制的教学材料**
  - 我能够制作为课堂创建语境的教学材料。
- **明智地选择和使用教学材料**
  - 我能够利用合适的标准来甄选课堂教学材料。

11.1　有用的教具、教学材料及设备

早期语言课程无论采用何种课程模式,教学材料都占据了一定比例的时间和资源。本章主要讨论便于创建具体语境的教学材料,因为语境是进行语义交流的必要条件。而亲身实践的学习有助于记忆,因此利用实物在实践中学习是低年级语言课堂中的核心部分。这些实物最好包括各种不同的物品和材料,也尽可能是来自目的语文化。这样的教学材料可以丰富语言学习,使其具有真实的感觉,这一点是最精心设计的教科书也无法实现的。这种对大量材料的需求正是中小学生与成年学生之间的标志性差别。尽管中学和大学教师一再强调早期语言学习经历中的书面词汇和书面作业,低年级语言教师在很长一段时间内一直都在培养学生的口语技能。

这种对大量教学材料的需求也给巡回教师带来了很大的问题,因为他们必须想出实用的方法来搬运大多数非常笨重的教学道具和用具。有的教师还为此专门设计了教具车,许多低年级教师因为他们携带的大背包而闻名学校。有的种类的教学材料,尤其是用于手工和项目的用具在日常教室里已经备好,但是外语教学教室需要的教具则必须是特殊定制和存放的。

在为低年级学生准备教室的过程中，你可以开发出许多教学资源。你可以与幼儿园或小学教师，或英语语言学习（English Language Learning，ELL）或双语教学的教师进行商谈，向他们短期借用部分教具。学校的媒体中心可以提供某些种类的图片和媒体资料，尤其是 DVD 和 CD。使用网络上的视频资料时一定要当心，因为这些材料有时会无故丢失。不过可以使用如 Zamzar 或 Real Player 这样的工具中来下载网络上的文件以防止资源突然丢失。有很多工具可以把视频或 MP3 文件保存到你的永久性电脑文件夹中。

学校的教具室可以提供大部分的基本教学用具，本书在这里列出的其他教具都可以从早期儿童和初级教育的课程材料、教具教学设备经销商那里买到。教授年幼学习者的语言教师会发现，尽可能多地了解这些教具目录非常有益。浏览这些目录总会激发教师利用已有的教具并创出新的活动和新的使用方法。

在目的语文化中找到真实的材料通常更困难，也更加花费时间。有几家公司专门为外语教师进口教具和教学材料，但这些教学材料经常是为高年级学生选取的。在目的语国家旅游的外语教师会在玩具店、书店、唱片店和新奇纪念品店找到很多教学材料。CD 类材料如儿童故事、儿童歌曲、儿歌和简单的图画故事书都是最好的"发现"。如果找不到当地的材料，又不能立刻去目的语国家，教师可以去网络上找玩具、书和音乐。能够出国旅行的语言教师可以收集各种物品，从糖果、软饮料的空包装到菜单、硬币和票根。不能定期出国的教师也必须找到适合儿童使用的真实的教学材料和教具。

从目的语文化中获得教学材料最好的办法之一就是与目的语国家的小学英语教师写信交流。建立联系后，教师之间可以互相交换图片、音乐和教具，这些材料要么可以用来补充学生感兴趣的话题，要么可以拿来当作一整个教学单元的重点。教师之间一旦建立了这种关系，科技的发展使得他们可以快速地交换这些材料。这种合作型交换可以帮助双方教师以合理的代价获得教学材料，但是如果材料不能通过电子形式进行交换，通常在时间上会有一定的延误。

有时你还可以免费从使馆、领事馆或代表目的语国家的旅行社获得海报和旅行手册。与这些机构联系前，教师可以在网络上搜索一下，再写信寻求所有可能的教学材料。给目的语国家的首都或其他城市的旅游局写信或发电子邮件索要海报和城市信息也会收到有价值的材料。跨国商业公司有时也会向教师提供关于另一个国家的资料，旅行社和航空公司有时也会愿意为外语教师提供海报和旅游手册等材料。

教师还可以通过一些非正式的途径获得课堂使用的教学材料。旧货销售和清仓拍卖市场上不仅可以找到玩具、服装、玩偶及其他教具，还可以找到塑料水果、塑料花和其他仿制品。学习者也愿意分享自己喜欢的玩具，他们或者还愿意帮忙制作图片或小设备，让课堂教学生动活泼。早期语言教师在想方设法使一个概念或交际情景更生动逼真时，他们还会定期光顾玩具店、杂货铺、工艺品店及纪念品店。

语言教师为搜集教学材料和资源所花的时间和预算，对语言课程质量的提高和成功都有重要的影响。本章罗列了一些对各个水平阶段的语言教师尤其是中小学语言教师来说有价值的项目。本章的附录列举各种经费情况下的教学材料和建议。

11.1.1 基本用品

图表纸（1000 英寸/卷） 因为这种纸可以按照需求裁成各种尺寸，所以可用来制作教学用的拼贴画、艺术作品和描摹身体形态，也可用来制作与真人一样大小的纸玩偶。

图表纸（按规格剪裁好的）、图表板、活动挂图 这些物品用于讲故事学语言的课堂上，可以在上面画图表、做演示和讲解。图表板是展示小组作业结果和头脑风暴结果的最佳用品。

绒线条或烟斗通条 这些物品可用来制作纸花和其他工艺品。

彩色棉纸 很多手工制作都需要棉纸，包括纸花、彩饰陶罐、马赛克、纸型图、汽车和许多其他手工品。

（做设计、模型等的）彩色美术纸 （做设计、模型等的）彩色美术纸可用来制作工艺品、图片及设计游戏。这种纸至少需要 12 种颜色、两种不同的尺寸——9×12 英寸和 12×18 英寸。这 12 种颜色指：红色、棕色、蓝色、金色、白色、紫色、黑色、粉色、绿色、橘色、黄色、灰色。

工艺棒、压舌板、木钉 工艺棒和压舌板不仅可以用作手工活动，还可以用来随机点名或分组。这些物品还是制作各种木偶的基本用品。

"易揭"胶带和便条 这些物品可以标记东西（这种胶带有黏性但是不会永久粘在物体上，因此不会破坏物体表面）。自粘便条可以用来制作图表，还可以通过色彩编码来玩井字游戏和其他游戏。

胶棒 这种用具很方便，可以用于一些快速的任务，或用于非永久的粘贴以及纸艺。（对某些任务来说，孩子们用胶棒要比白胶更顺手）

独立的白板 这种白板可用于检查理解能力、听力理解和 TPR 活动。它们还可以用作各种游戏。制作这种白板时，可以将从建筑用品店买到的同材质大板子切割成小块，非常便宜。有时建筑用品店甚至也会替教师切割成小板。更便宜的还有厚型的页面保护板（下面会提及），里面插着一张海报板或纸板。学生可以用可清除记号笔在板的表面书写，如同在白板上书写一样。

塑料封套/文件袋/袖珍页（空白） 把厚重的白色硬卡纸板/厚卡纸插到封套里，学习者可以把它们当作便携白板，用可清除记号笔在上面书写。或者还可以把游戏和活动单插到封套里，这样材料就可以保存下来，然后反复使用。

颜色丰富、图案多样的塑料自粘纸 用来保存图片、课堂手工品、游戏板和教师必备材料。

封口胶带 用来在地板上做出各种形状或隔出空间来变换环境。胶带还有很多常见的用处，比如：利用一圈封口胶带把标签或海报、图片等固定在墙上。（把封口胶带固定在图片和海报上时，先把一两条胶带贴在物品本身上，再在这些地方贴一圈胶带。这样，在把封口胶带去掉之后，图片和海报也不会被破坏。)

笔记卡片（3×5英寸、4×6英寸） 用来做游戏时非常有用，还有其他更多的用处，包括旗类游戏（4×6英寸的卡片与商店卖的绸布旗大小一样）。

纸张扣钉 用来制作钟面、接合图形，也可用来装订小册子或者制作游戏用的转盘。

纸盘 纸盘是语言课堂上的基本用品，比硬卡纸板或厚卡纸便宜。纸盘可以用作几乎任何图片的背景，用来展示用食品图片做成的三餐，还可用作手工品、图片、钟表、面具、表情面孔、天气图片和运动雕塑等东西的底板。

纸张打孔器 用来制作名签、钟面和许多工艺品。

文件袋或其他便携箱 艺术用具包或其他用来装海报和大型的教学图片的便携箱可以帮助教师保持教具整齐。不同的主题采用不同的文件袋也是有帮助的。

硬卡纸板、厚画纸、海报板 尺寸有9×12英寸、12×18英寸和更大的。这些物品可以用来镶嵌图片，制作抽读卡、海报、指示牌（如口令）、语言阶梯和课堂图表。

白胶 白胶尤其适合用在与模型建造相似的粘贴工作中，也适合在物体背面粘贴磁铁或别针。主要用于手工制作。

白板笔和白板擦 在白板上使用颜色容易吸引学生注意力。可以把毛毡切割成小块做成独立的白板擦。

各种颜色的贴纸 许多教师使用贴纸奖励表现出色或者作业做得好的学生。贴纸还可以用来标注学生达成学习目标（个人的或班级的）过程中取得的进步。这些作为奖励的贴纸如果是学生意想不到的，或是与课程主题相关的，就会起到最大的作用。教师还可以用普通的邮件标签和电子模板来制作自己特有的贴纸，但这时输入的就是图像而不是地址了。

各种色彩的毛线 手工品和游戏活动不仅需要名签、活动垂挂物、迷你书和其他物品，有时还会需要毛线。

各种型号的自封塑料袋 这些自封袋可以保持材料的整齐，也可以避免小物件丢失，还可以用于存储教师发的教学材料，或用来给同伴活动和其他学生活动的教具进行分类并使其保持整齐。

11.1.2 书籍

关于简单的诗歌、歌谣和手指游戏的书 手指游戏就是用歌谣配上相应的动作，经常用于学前儿童或小学生课堂。利用目的语文化中的诗歌和歌谣而不是用母语中现有的翻译版本，可以在语言课堂上为学生提供更多体验目的语文化的方式。

小学生第二语言图解词典 这些资源有助于学生培养早期使用词典的技能，而且能够给学生提供重要概念的目的语的图片示例。

民间和神话故事（书、视频） 这些材料对大声朗读、单元备课或学生在读书桌或学习中心浏览阅读很有帮助。

彩色图书和点连线书　这些材料是制作图片或组织活动的好素材，尤其是当这些书选取自目的语文化时。

图画书和第二语言的简易读物　带有简单文本的图画书，如果配以合适的插图来加强必要的视觉效果，可以在班级里或小组里朗读，也可以开启学生的阅读体验。找到图文配比适当的书也不容易。有的学校会选用母语书，再用第二语言进行标注，但是这会导致学生文化体验的缺失。

歌集　目的语文化中的歌集能使教师更容易选择歌曲来巩固特定的话题或课程里的词汇。教师不应该忽视学校社区内当前正在使用的系列音乐中的目的语歌曲。

11.1.3　教学用具

球　海绵球可以在课堂里四处抛出而不会伤到人或破坏教室里的物品。可以把球抛给即将回答问题的学生、抛给提出下一个问题的学生或抛给某个交换活动中要做伙伴的学生。球还可以用在各种游戏和活动中。

弹力球能够用于 TPR 活动，这类似于第 343 页描写的跳绳活动。弹力球可以弹得或高或低，或快或慢，也可以弹到特定的次数。

珠子、积木和模型　这些是用来进行听力理解和语言交际活动用的，还可以用来解释像模式这样的数学概念。学生可以根据教师的指令来操作珠子和积木。这些物品还可用作合作活动，活动中同伴轮流发出指令，指挥对方如何利用这些物品。第 5 章提到一个叫"泰迪熊在哪里"的活动，活动中就用到了一个泰迪熊模型（见图11.1）。你能发现很多种模型：恐龙、各种交通工具、青蛙、小人、陆地和海洋动物、昆虫、水果和其他种类。这些模型可用来做很多创造性活动。

图 11.1　泰迪熊模型

宾果游戏和乐透游戏　许多商业游戏也可用来加强各种词汇学习。教师还可以针对某一课的词汇和概念专门设计一些游戏，再把它们叠加或插到透明袖珍口袋中。

棋盘游戏　来自目的语文化的棋盘游戏也可用于小组活动和学习中心活动。某些母语中的棋盘游戏也可以改成完全用目的语来做的活动。学生通过指出棋盘上物品的名称或详细描述这些物品而获得走棋的机会。

眼罩　眼罩也可用于游戏，还可以通过遮盖住显而易见的刺激物而把操练性活动改变为交际性活动。

图案鲜艳的桌布或围巾（最好选自目的语文化） 铺在地板上的桌布可以明确哪里是舞台，或在全班学生坐在地上时为班级设定故事背景。还可以在桌布上进行活动，摆放活动材料，学生则围着桌布待在设定好的圆圈里。

日历 如果用目的语制作，日历就会显示出不同的日期和月份的格式，同时，日历还有可以反映目的语文化的精美图片。有些日历可以提供视觉资料或为学生作业提供有用的素材。有些软件可以做出不同语种的日历。

指针可走动的钟表 这是做关于时间的活动时所必需的道具。这种道具可在商场买到，可以是单独的学生型号，也可以是大些的教师型号，或者学生还可以自己制作。

带有主题插画的彩色纤维背景幕布 纺织品店中按码（约等于36英寸）出售纤维幕布，一码或超过一码的纤维幕布能够决定一个单元的基调，有时还会成为一个单元活动的一部分。这种幕布可以有不同的主题，如雨林、食物、海洋、运动、动物和许多其他的话题。

目的语文化中的硬币 硬币可用于角色扮演并激发学生的积极性，是了解目的语文化信息的来源。硬币还可以用来制作拓本、棋盘游戏中的模型，也可用于数学游戏。

玩具屋和家具 这些教具有助于学生学习有关生活日用品和日常活动的词汇。

多米诺骨牌（数字或图片） 可以用颜色、数字或带有目前正在学习的词汇的图片来做多米诺游戏。可以在白板上或地板上做这个游戏，小组或全班参与。商业多米诺游戏也可用于许多课堂活动。

带有目的语文化标记的食品包装（空的）或购物袋 这些物品最好来自目的语文化，有利于激励学生的积极性，也可用于教具和装饰。有的教师在教室的角落开了一个"商店"，定期做一些课堂活动。学生也可以编一些剧目，轮流猜出某个袋子里装的是什么或购物者要去哪里才能找到这个物品。

法兰绒操作板 各家出版社都会提供这种操作板，它可以用来讲神话故事或其他故事。操作板还可以成套使用，描述各种不同的词汇类别，如房子、家庭、食物、衣物、天气、反义词和动物。磁片也可以同样方式用于带有铁芯的白板上。

泡沫数字和字母 泡沫数字和字母有不同的质地，提供了进行同类词汇练习的另一种方式。儿童喜欢触摸柔软的字母和数字。

充气物（玩偶、动物、骨骼、地球仪） 充气物可以用于课堂活动中，也可用作大型教具。

大骰子或魔方 骰子上面有点、数字或可以添加图像的空白面，因此可用来练习数字、出数学题目并可以用其开发出各种词汇游戏。

磁镜 磁镜放在磁性白板上作为教具让学生表演小童话剧或进行一连串的动作活动。比如，教师在白板上画一个水槽，让学生一个个上前假装梳头或洗脸，边做这些动作边看着镜子。简单的镜子教具使得这些活动更有意义。

磁性数字和字母 这些可用在磁板上来演练数字概念或生成单词。

数学和数字抽取卡　用于练习加减乘除、数字和分数的抽取卡都可以在练习目的语的同时巩固常规的数学课程。

目的语文化中的菜单　这些菜单适用于结对子活动，学生可以用来陈述喜好、模仿活动、装饰房间和强化词汇。

量器和天平　称量食物的小天平和称量人体体重的大天平在课堂上都很有用。天平在烹饪活动中尤为重要，这种活动可以反映食品材料用天平称重而不是用量杯的目的语文化。简单的小天平对于一些科学活动很有帮助。

米尺或卷尺　这些用具可用于测量活动，并可以巩固数学和科学课程内容。

报纸、广告和杂志　如果以目的语书写，这些物品可作为浏览活动和早期的阅读活动，还可用作艺术活动、公告布景和教具材料。母语杂志也可以作为图片和拼贴画的材料，但是它们欠缺文化视角。

特大号梳子、牙刷、太阳镜及其他道具　使用与目前学习词汇相关的特大号教具会增添游戏的趣味性，使用这种教具会给学生带来惊喜。可从小丑用品购物网购买此类道具。

纸娃娃　孩子可以在学习中心单独使用，他们可以通过录制好的指令学习如何打扮这些娃娃，也可用于同伴合作的活动中，一个孩子告诉另一个孩子如何打扮娃娃。大号的娃娃可以用于全班的活动。

塑料立体拼图玩具套装　这些剪裁成型的塑料物品可以贴到光滑的物体表面。它们可用于学习中心的活动以及 TPR 的小组和个人活动中。教师可以先组装好一个场景，再拍照并记录下组装场景的指令。学生们再按照指令重新组装场景，使用照片来检验组装得是否正确。如果塑料玩具足够大，还可用于全班的活动。

不同型号的塑料蛋壳　可以把小蛋壳藏在大蛋壳里，玩找东西的游戏。它们还可用来藏其他物品，比如打散的句子结构、排顺序的图片或者猜谜游戏的东西。复活节时期可以收集到不同型号和颜色的彩蛋。

塑料水果、蔬菜、鲜花和玩具　塑料模型尤其是与实物大小一样的模型是用来练习各种词汇的最佳用具，它们的效果仅次于实物。

餐桌布置　餐具、盘子、玻璃用具、杯子、餐巾和桌布都可用于练习餐桌布置。真正的食物、食物仿制品、营养课程的图片和模拟图片都可以起到画龙点睛的作用。

扑克牌　市场上有很多种扑克牌，包括像"去抓牌（Go Fish）"和"抽乌龟（Old Maid）"这类的游戏，很多都游戏可用于中小学国际语言课堂中。目的语文化中的扑克牌游戏如德国的"四重奏（Quartett）"或法国的"家庭游戏（Jeu de la famille）"更适合小组活动，因为这些扑克牌游戏可以帮助学生与目的语文化中的物品进行实际接触。平常玩的扑克牌可以用在多种复习数字的游戏中。可以利用剪贴画、复印机、卡片和切纸机来自己制作扑克牌。

便携式电子琴、音乐播放器　教师可以选择一种节奏作为背景音乐，来练习需要机械背诵的教学内容，比如数字、列表或歌谣。让活动在一定的背景音乐下进行，可以使活动更加有趣，还能促进学生右脑思维。

明信片、信件和邮票　这些物品可用来装饰教室，也可用来做模仿活动和搭档活动的教具，还可用于文化探寻活动。

木偶、毛绒动物玩具、娃娃　木偶、毛绒动物玩具、娃娃可以充当模拟会话交流中的小搭档。木偶可以激发学生获得信息：它们可以有一个秘密，可以替代一个害羞的孩子说话，可以自己当主角演一场即兴喜剧。木偶在课堂活动中是孩子们期望见到的物品，这样的课堂活动中，学生被要求抱着某些物品或与某些物品做游戏。如果木偶具有合适的大小和样式，可以把许多木偶放在"魔术盒"里，当所有的木偶一起出现时，会给班里的每一个人带来惊喜。

木偶可以有很多种：手偶、木棒木偶、纸袋木偶、折纸木偶、袜子木偶、手指木偶和其他木偶。孩子们还可以自己制作很多种木偶。

节拍器　这类简单器具可以为歌曲和歌谣伴奏，还可以用它制作音效来配合孩子们的模拟活动、幻想体验或虚拟旅行等活动。

橡皮图章和印泥　可以用来制作教具（硬币、钟和图形印章），激励或奖励学生，也可用来组织同伴活动。

排序材料及句子串　幼龄儿童教育中有一些排序活动和写作活动，为此类活动设计的图片和教具可以用来讲述简单的故事，加强词汇练习，还可以用来进行排序练习。

丝质国旗（4×6英寸）　这些彩色国旗可以提示学生目的语国家所在的不同地方，学生可以结合地理方位来辨别不同国家的国旗。彩旗还可以用来练习颜色。几乎所有目的语国家的国旗都可以在网络上购买。

戏服箱　儿童喜欢玩穿衣打扮的游戏或角色扮演。成人号码的超大衣物最易于使用，方便孩子们快速地脱穿。像接力游戏和时装秀游戏，效果是很好的。手提箱本身就是可以激发学生兴趣的教具。小一点的箱子可以用来装娃娃的衣服和其他小号码衣物。

温度计（示范用）　课堂上用的温度计应该有华氏和摄氏两种，还应该有可移动的温度显示指针。温度计既可以用来做温度报告，也可以用来与其他国家的气温进行对比（利用温度计可以加强学生的科学理念以及巩固计量知识）。

玩具电话　玩具电话是用来演小品剧的好道具，也可以激发学生的兴趣。

玩具货币　玩具货币（最好使用目的语文化中的玩具货币）可以激发学生的兴趣，还可以巩固他们对数学概念的理解。教师还可以通过扫描真实货币或网络上的货币模板来复制目的语文化中的真实货币。

玩具收银机　玩具收银机（最好是使用目的语文化中的收银机或没有非目的语文化印记的收银机）是用来做模拟活动的，还可以做一些变化。

魔杖、指挥棒、教鞭或玩具话筒　教师或学生可以利用有"魔法"的魔杖或指挥棒来指挥朗诵或唱歌。这些用品还可以用来在游戏中指点物品、选择学生并进行魔法变身。口语活动中还可以使用玩具话筒。

11.1.4 操场用品

跳绳 跳绳可以用于 TPR 活动，比如，跳到一定次数，向前跳，向后跳，向旁边跳，快跳，慢跳，高跳，低跳。从目的语文化中选取的跳绳儿歌是将语言从课堂上转移出来的好方法。两根跳绳形成的圆圈并排放在地板上就构成了维恩图。

环形物（呼啦圈或可折叠的数学圈） 利用环形物可以安排活动，或者与实物一起做成维恩图。还可用 TPR 活动来诠释像"进入……中，在……上方，到……外面，紧挨着……"这样的结构（跳到圆环上方、坐在圆圈里、走出圆圈等）。

运动物品 目的语文化中的体育设备可用于做游戏和进行表演。比如，法语课堂或意大利语课堂上的掷球游戏可以为学生提供体验真实的目的语文化。这些游戏最好在户外做，如果在教室内做，学生们可能太兴奋导致声音过大而影响邻近班级的教学。

11.1.5 视觉材料

图片 图片可以为各类课堂活动提供背景并能够激发学生的积极性。如果是在全班使用，图片应该经过装裱，图像要清晰，尺寸要够大（至少 8×10 英寸），这样便于所有的学生都能看见。更小的图片则适合小组和结对活动。如果图片是用来解释概念的，则不能是混乱不清楚的，每个图片只能代表一个概念。

图片有利于用目的语来维持课堂。借助于图片，有意义的和交际性活动就有了重点，因此图片不仅仅可用于引出学生的一字之答和让学生叫出物品的名称。比如，学生可以把一系列图片整理成食物金字塔或者利用图片来准备一份菜单。还有一些图片可以训练学生根据季节、颜色或正式/非正式场合的要求进行衣物分类。在最初的阶段，图片可以帮助教师解释语言意义。但是，在以后的阶段，相同或类似的图片可以充当同伴活动或小组活动中的提示，这样，图片就可以用来辅助词汇学习和交流活动。

目的语文化中知名艺术家的作品或民间艺术作品 美术和民间艺术都是目的语文化中重要的一面，从第一天开始，它们就可以成为语言学习环境的一部分。艺术作品还可以是主题单元的重点和组成部分。画作可以从博物馆买到，还可以在日历或书中找到，也可以从艺术印刷品中获得（见下面的叙述）。还有许多网站，教师不仅可从中下载艺术作品还可以下载艺术家及其所处时代的信息。

抽读卡 抽读卡既可以购买，也可以由教师自行准备。它们可以为大量词汇练习或排序活动提供图片和符号刺激。硬卡纸板、纸板或海报板都是制作抽读卡的底板。最好将所有的抽取卡做成系列的，为储存方便可做成一样大小的。如果抽读卡是用来给个人使用或小组活动使用的，卡片还要做成方便孩子的小手握取操作的大小；如果卡片是用在大组活动中的，要确保全班都能看见卡片。如果抽读卡是长方形的，还要将每一张图片统一做成横向或竖向的，这样在向全班展示的时候就不需要不断地旋转来改变方向。

图片文件 最好要有各种不同的材料，这样学生就不会因为教师反复使用同一张图片而感到枯燥。同一个概念或词汇有各种不同的图片，可以保证学生能够理解概念的意义，而不是对某一张图片做出机械的反应。确定图片最显著的要素也对学生有所帮助。图片文件可以从杂志、明信片、日历、样品目录、宣传册、海报、挂图中获得，也可以购买，还有很多其他途径。网络和软件包中的图片也是有用的图片来源。经常在目的语杂志中搜索图片可以潜移默化地帮助学生了解真实的目的语文化。

艺术印刷品和绘图 许多课程资料室和学校图书馆都提供学习用印刷品和绘图，可以借来使用一段时间。这些图片往往是围绕一个主题，比如"世界各地的孩子""社区工作者"。这些材料尤其有益于学科教学。

旅行海报和宣传册 旅行海报和宣传册为目的语课堂增添了尤为丰富的参考点，它们有时还可用于为幻想和文化活动打基础。这些材料需要定期更换，这样就不会失去新鲜感。海报、地图和绘图如果要长期使用，在使用前还需要进行压膜处理。

电脑剪贴画及互联网上的视觉材料 目前，鉴于剪贴画软件价格合理，视觉材料达到了前所未有的丰富程度。剪贴画资料经常包含在文档处理和其他软件程序中。互联网上还有很多网站有可下载的免费图片，许多网页上也有图片资料。利用谷歌（http://www.google.com）这样的搜索引擎会找到这些网站，教师可以在上面找到所需话题的图片，用来解释某些概念或丰富课堂主题。教师还可以在目的语搜索引擎上搜到更多与文化相关的图片。教师们经常通过 Ñandu 邮件列表相互讨论、交流这类网站的信息，有的教师还会在自己的网页上建立一些有用的网站链接。

11.1.6 教室设备和用品

公告板 以目的语书写标题并反映目的语文化的公告板是课堂上进行文化启迪的资料，也是有价值的教学工具。公告板应该在学生的帮助下经常更换，还应该体现课堂讲授的概念和词汇。公告板如果挂在走廊或进门通道可以引起人们对语言课堂的关注。有的主课教师还愿意在自己班里的公告板上分出一部分空间供巡回语言教师使用。

日历 教室里挂一个目的语日历是在课堂上呈现目的语文化惯用的简单方法。有些教师习惯用日历和天气话题来开始每节课。他们用同一个日历模式为模板，然后标上月份和日期（每个月换一次）。许多教师每天加上一个新的日期，用钩环或胶带固定上去。

绘图支架、画架 这些可以用来展示大的图片、地图，也可用来支撑图表板和活动挂图。如果教师要朗读"大书"，画架就是一个很有用的工具了。

课堂规则表 课堂规则应该用目的语书写,并逐项配有直观的意义提示图,以便使规则易于理解。

晾衣绳 可以用晾衣绳很便捷地展示图片或学生作业。比如,教师可以把纸张或娃娃的衣服挂在绳上;晾衣绳还可以用作时间轴,也可以用来悬挂图标或其他标志。

法兰绒板 法兰绒板可以在市场上买到,或者把一块法兰绒布或毛毡铺在如硬纸板、木板或泡沫板这样的背板上,就可以制作而成。如果用于全班展示,板的大小可以是约 3×2 英寸;如果用于小组或个人活动,可以再小一些。

背面有法兰绒、毛毡或砂纸的小物品可以粘在法兰绒板上,这样图片可以拼在一起进行各种变化。可以将做衣服的硬衬或布头裁剪并上色,用在法兰绒板上。法兰绒板是讲故事和操作图画和物品的好道具。整个板子可以用毛毡条分割为房子的各个房间、马路、农场、日历和许多其他类型的空间。还有许多其他材料都可以用在法兰绒板上,比如,植绒纸、烟斗通条、绳子、毛线、绒面革和海绵。用在法兰绒板上的材料都可以从教学用品商店和目录册上找到。

地球仪和地图 教师经常借助地球仪和世界地图来帮助学生将学习融入世界格局中。尽管母语的地图和地球仪也很有帮助,但是理想情况下是这些材料最好用目的语书写。充气地球仪既有母语的也有目的语的。这种地球仪可以在班里投掷,可以按照个人想法使用,而且充气地球仪通常也比传统的教学地球仪便宜。

粘扣板或粘扣条 带有钩环的材料——市场上的品牌是维克罗(Velcro)——在缝纫东西时可以起到固定的作用。粘扣板或粘扣条有两种不同材质的表面,可以互相牢牢地粘在一起。粘扣板可以用来展示三维立体的材料,因为粘扣板可以牢固地把它们连接起来。即使没有粘扣板,教师也可以把粘扣条粘到白板或公告板的边上,用来罗列各种物品。有的教师使用粘扣片来固定或移动图表、日历或其他展示品。

辅助图 这是学生要做的一系列课堂任务的列表,视觉提示使得意义更加明确(见图 11.2)。这种图显然很适合目的语课堂使用,所以有时主课教师每周也愿意使用目的语挂图替代母语挂图来辅助教学。

标签 所有的教室设备和课堂用具(白板、课桌、门、板擦、电源插座)(见图 11.3)都可以用目的语来标注。用目的语标注学校的其他设施也有益于语言学习,比如,卫生间、办公室、专业教室、出口等。如果学校里教授不止一门语言,那么所有语言的标签可以并排放置。

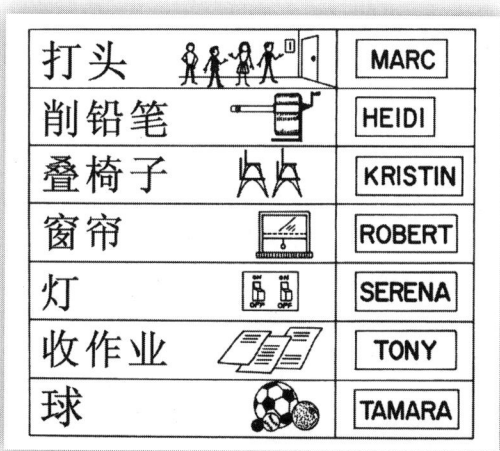

图 11.2 辅助图范例

图 11.3　用中文标示的教室

磁力板　与法兰绒板相似，在市场上也可以买到各种型号的磁力板，用法也相同。磁铁可以放到数字上方，可以固定数字，也可以粘在所用东西的背面。背面带有黏性的磁铁条可以在学校用品商店或文具店中买到。磁铁字母、磁铁数字、磁铁图片及其他磁性物品也可以在市场上买到。有的教师在目的语国家买来成套的单词，设计成"冰箱诗集"，放在学习中心使用或用于特别的学习项目。利用计算机打印机的磁化纸，教师可以做出用在磁力板上的单词和图片。教师可以利用大饼干盘或一片薄金属片制作自己的磁力板。很多黑板或白板都有铁芯，可以当作磁力板来使用。

风铃　衣架是制作教室里风铃的简易物品，这些风铃能够反映课堂主题单元，许多教室用品手工制作书里都有如何制作风铃的说明。

袖珍绘图　袖珍绘图是小学期间阅读教育的标准教具。绘图是用硬纸板或塑料做的，上面还有可以装单词卡或图片卡的口袋。袖珍绘图可以从学校用品商店买到，或者教师自己制作。带有一个口袋的长袖珍绘图能放在黑板或白板边上，可以用来整理句子、画时间线、组织图片以复述故事等。图 11.4 是北卡罗来纳州的温斯顿－塞勒姆幼儿园学生使用的袖珍绘图，上面写着"我能（I can）"的字样。

语言信号　这种信号可以是一个指示牌、一面旗、一条方巾或其他物品，可以用来给学生发指令，指示学生说母语还是说目的语。教师如果要改变课堂上正在使用的语言就变更一下信号。

挂在天花板上的符号　房间的天花板上的各个位置都可以挂上带有特定词汇（如天气、月份或时间）的符号。这些符号可以用来组织课堂教学活动或做 TPR 活动。口令或语言阶梯也可以悬挂在天花板上，不用挂在墙上。这样做的前提是语言教学都在同一间教室进行。

天气卡、天气表或天气转盘　作为开课时日历活动的一部分，学生要指认当天的天气词汇，再把词汇卡贴在日历上。有些教师还会制作一张天气表，让全班学生记录一周或更长时间里的天气变化。

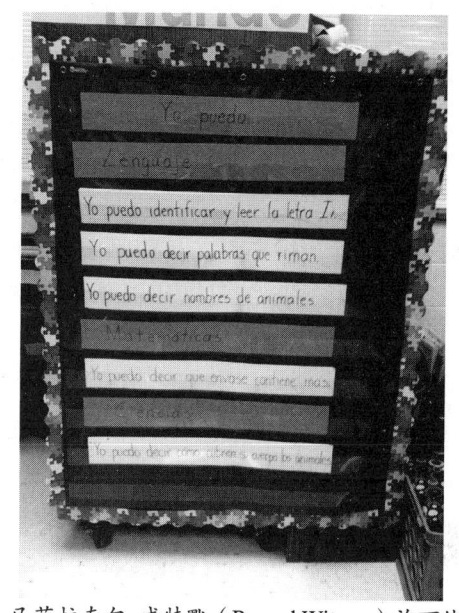

注：已获拉克尔·威特默（Raquel Witmer）许可使用。

图 11.4　袖珍绘图示例

琳恩·塞斯勒（Lynn Sessler）是威斯康星州默纳沙的一名日语教师，她为当地每一种可能出现的天气都准备了一张图片，在每一张图片的底部装了挂钩或链子。每天，学生确定好当天的天气（当然使用日语）后，就在该天气图片下面加上链子。每周或每月结束时，班级都会做一个天气情况的图表，这样就能够描述这段时间内的天气情况。

白板 / 互动式白板　这可能是最常用的课堂教具。走到白板跟前可以调整学生的学习节奏。

11.2　创建数字化学习环境的工具

语言教师在课堂上可以利用多种工具创建以学生为中心、课程为基础的数字化学习环境。下面的科技手段可以用来帮助学生投入到 21 世纪的语言学习中。

实物投影仪　实物投影仪可以把图片或三维立体物的影像投影在屏幕上，免得影像太小无法给全班学生做展示。这还可以与数字投影仪结合使用。

DVD 播放器　DVD 播放器可以用来播放商业化课程或补充材料，其中大部分课程和材料都可以展示目的语文化中的某一方面，这是通过其他途径无法实现的。有的课堂还会与其他地区学习或讲目的语的学生或生活在目的语文化中的儿童进行电子邮件交流，或交换电子课程内容。

CD 播放器、带有扬声器的 MP3 播放器　这些工具既可以用在全组学习的环境中，也可以用在学习站中。学生可以一边读书一边听伴奏音频，或者听指令做游戏，比如玩连线游戏或为纸娃娃穿衣打扮。有了这些工具，可以设计出独特的听力活动，活动结束时产出学习成果并给学生自我检测的机会。

CD 播放器还可用来播放伴奏音乐，为各种课堂活动提供背景音乐，可以录制并回放学生自己表演的歌曲或短剧——这些可以是学生用来自娱自乐的，也可以拿来与其他班级交换。如果教师打算在一个班级或几个班级中反复使用同一首歌曲，可以把同一首歌曲在 CD 上多录制几次，这样就不用在每次重复使用的时候都来从头播放。

声音设备应该有一个质量好的扬声器，这样如果用全班都能听到的高音量播放时不会出现变声。选择 MP3 播放器时要选那种有按照文件存储歌曲并能根据菜单选择歌曲功能的播放器。

数字投影仪 展示影像用的数字投影仪是一种较受欢迎的工具，它已经基本替代了幻灯仪，在某种程度上，也替代了悬挂式投影仪。投影仪可以用来放视频、媒体展示片或投放任何一种计算机影像。如果教室中可以连接互联网，投影仪还可以提供无限量的网络资源。

交互式电子白板 交互式电子白板可以实现数字投影仪的所有功能，但是这种白板还有另一个功能，就是可以不用键盘就能实现白板的互动。手触式白板与电脑和数字投影仪相连接就可以显示电脑上的影像。教师和学生通过触摸白板就可以进行单词和图像操作，他们还可以用同样的方式浏览互联网。

台式电脑、平板电脑、互联网连接、扫描仪和打印机 台式电脑和平板电脑可以进行丰富的交互操作。越来越多有趣、有用的设备可以帮助学习者在与游戏类似的背景下使用语言，还可以进行复习和练习。用目的语进行文字处理可以为课堂提供创造性写作的机会。通过互联网连接，电脑可以实现班级与班级、学生与学生之间的电子联络。

如果教师可以连接互联网，并且配有扫描仪和彩色打印机，那么其准备教学材料、设计课堂活动的工作就会更加高效。互联网资源可以提供可下载课程、练习活页、活动、图片和各种真实语言材料，因此教师的备课工作就变得简单了。从目的语文化网站获得的剪贴画和图片使教师可以为学生提供真实的语言材料和体验。以前，这些语言材料和体验只有亲自到目的语国家才能获得。关于数字时代语言学习资料的更广泛的讨论请见第 13 章。

学生应答工具 投票器等学生应答工具可以帮助教师快速评价学生的理解程度，进行教学效果调查并收集数据。iPad、iPod、iPhone 以及其他的移动设备如果与 PollEverywhere 或 Socrative 这样的投票、问卷网站链接，也可以成为学生学习反馈的工具。学生还可以通过如 eClicker 这样的 app 在 iPad 或 iPod 等手触设备上进行学习反馈。这些工具可以使学生自由地进行学习反馈或回答由教师布置的封闭式问题。学生的反馈可以用作非正式的教学测试数据，以确定是否需要重新教授同样的内容。教师还可以利用这些工具灵活导入教学话题或引发故事开头的讨论。

手持式录音设备 利用手持式录音设备（比如 USB 接口的录音笔或 MP3 播放器的麦克风配件），教师还可以快速地收集学生个人或小组的话语样本，这样把语音文件导到电脑上就和连接录音设备提取文件一样简单。学生也可以利用电话（移动电话或固定电话）拨打谷歌的语音号码，这样就可以把音频文件储存起来，以备教师进行接收、评价，并可以用任何方式将音频文件存储成 MP3 格式文件。

高射投影仪　有的教室仍然要依赖高射投影仪。第 12 章中将会讨论一些可以利用互动式白板和高射投影仪进行的活动。

11.3　教师自制的教学材料

教师自制教学材料也是最有效的一种方式，由于这些工具是针对某一特定课堂或场景而设计的，用来满足一些特殊需求和兴趣的，因此，利用它们，教师可以更方便地与学生交流观点、安排活动或活跃课堂气氛。教师和学生都非常珍惜为制作这些材料而付出的努力，因此使用材料时也格外愉快。这里展示的这些补充材料都有利于实现课堂目标，而不是作为独立的摆设来设计的。

这些物品还可以由学生来制作，或者在学生的帮助下来完成。为课堂教学准备的材料都应该质量上乘、准备精心、耐用结实并色彩丰富。边缘应该笔直方正，用裁纸刀剪裁。在裁剪容易损边的布料时或者给纸边或织物的边缘进行美化时，要用锯齿剪刀。

11.3.1　教师制作的图片和材料的保护方法

有四种方法可以用来保护教师制作的图片和材料：镶边、加里衬、制作封皮或把材料插到透明塑料保护袋里。（使用封口胶纸或其他结实的胶带）进行镶边可以保护边缘部分，便于长期使用而不易磨损。

给每一张图片加上里衬可以使图片平整，便于使用和保存；加的里衬必须要结实，这样图片就会变厚，也不会折边。加里衬有两种有效的方法：一是使用干胶热压器，二是使用喷胶。图片的里衬应该大小一致，这样更方便存放。

图片的表面应该压膜或利用透明塑料胶带来保护。压膜后可以改善图片的色彩，可以更专业、更长久地使用图片。这种方法通常也不比其他工艺贵，但是有时图片的表面会反光，这样学生在某些光照条件下会看不清图片。如果使用透明塑料胶带，图片的色彩就会暗淡下来，但是这种方法不需要机器，在家里就可以制作。不要使用油性笔标记那些要压膜或贴透明塑料胶带的材料，因为这样做容易产生墨晕，用水性笔比较好。

透明的厚壳保护套可以用来保护教学材料。使用这样的保护套，教师可以不断变换保护套内的活动，而不用因为加里衬或压膜而延长活动时间。这种 8.5×11 英寸规格的大厚保护套在任何一家办公用品商店都能买到，小的透明卡片保护套也可以在卡片供应商处买到。小的卡片保护套可以用来保护教师制作的游戏卡、用于结对活动的独立抽读卡等。

11.3.2　教师自制教学材料

小册子、主题图书及图形书　小册子或主题图书可以用于任何话题的起始、发展或高潮活动。如果教师做了一本小册子来展示学生学过的图片上（也可能是语言上）的概念，他就可以把他学到的东西带回家，与父母分享，这样二语学习对他们而言就很具体了。教师可以在课前准备好小册子的范本或者是内页的内容，然后让学生在课堂上把剩下的工作完成。适合小册子的典型话题可以是天气、情感、字母、团体旅行、食物和动物等。

还可以变化一下，教师按照话题中所涉及的形状准备出主题书或小册子的封皮和内页，然后让学生把小册子装订起来，用来记录话题的相关信息。比如，用兔子形状的小册子来记录有关小兔子的语言体验，用苹果或鸡蛋形的小册子来记录有关营养的语言体验。这些体验可以让学生通过触觉和语言来加强其对所讨论的概念的理解。

《＿＿＿＿（国家）的生活日记系列》(*Day in the Life of* ＿＿＿＿ <country>)、《时代周刊》(*Time Magazine*) 的《图片年鉴》(*Year in Pictures*)，以及其他类似的材料都是有用的教学资源。

用晾衣夹做可自我检查的搭配活动　为了做这种搭配活动，需要下列材料：用硬纸板（平边的纸盘）做成的大圆形（或其他喜欢的形状），或者分成 8 个或 12 个部分的硬纸板，还有足够数量的晾衣夹，这样每一个晾衣夹可以对应圆盘上的一个部分。

用晾衣夹做的搭配活动还可以有很多种变化。圆盘上可以贴上词汇图片，可以在晾衣夹上写上正确的词汇；活动可以用来处理学生学习的任何话题或表达方法。学生必须把晾衣夹与圆盘上正确的图片或文本进行搭配。晾衣夹上可以写上词汇、画上图画或者夹上写有字或画有图的标签。为了做到自查，在晾衣夹的背面放一个数字或一个标记，在圆盘相对应部分的背面标上同样的数字或标记。图11.5 是这种活动的基本形式。尽管图片只显示一个单词，但有一点是很重要的，那就是为了提高语言的熟练程度，我们必须尽快从单个单词向大段的语块发展。在这个活动结束时，可以将其拓展成让学生利用完整的语块来进行口头描述活动使用的圆盘。

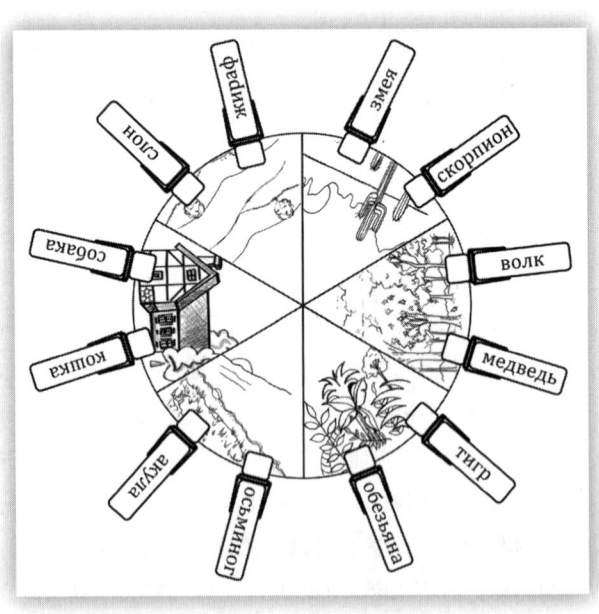

图 11.5　用晾衣夹做的俄语搭配活动范例

如果交替使用的话，这个活动就可以作为完整的课堂活动。如果全班都是用一套相同的晾衣夹来做搭配活动，教师就可以检验学生的理解能力。教师问一个问题，学生就把晾衣夹放到正确答案上，然后举起自己的答案，这样教师就可以看到有多少学生能够成功完成这个任务。这与利用交互型白板和电子应答系统相比较，是一个技术含量较低的理解能力检验方式。如果教师仅仅使用普通的白纸来替代硬纸板制作活动板，较厚的透明塑料保护袋可以用来快速地转换活动。插进去的材料可以因任务而进行改变。

不同颜色或形状的毛毡豆袋　下面是制作豆袋的方法：

1. 剪出两块直径为 5 英寸的圆形毛毡片。

2. 沿边以 0.4 英寸的边隙将两片毛毡片缝在一起，留有约 1.5 英寸的开口来装豆子。

3. 用一个硬纸板做一个漏斗来倒豆子。

4. 把袋子装上约 1/4 量杯的菜豆。

5. 把袋子缝好。

豆袋可以用来做 TPR 活动以及那些会用到地面图或游戏板的游戏，也可用在其他普通的孩子游戏中。

地图和地形游戏　用一张大塑料桌布（最好没有花纹，如果塑料桌布的两面都是白色的，每一面都可以做成一张不同的地图或用来做不同的活动）做一张国家、大洲或城市地图。厚浴帘也可以这么用。把塑料桌布粘到白板或墙上，用投影仪把地图投射出来，然后用永久记号笔把地图描到塑料桌布上。如果使用互动白板，要确保把电脑投影仪调成"暂停"模式，这样追踪地图影像就不会干扰白板上的互动了。为了提高学生的兴趣，教师可以加上一些彩色的记号来标识水域、山区、首都和其他重要的地理特征。

这个教学用具通过 TPR 活动教授地理概念，学生通过在一个国家、城市或地域行走、坐、跳，学习这些地点（第 12 章将讨论、补充更多的教学建议）。

地图的背面或另外一张塑料桌布可以用来制作游戏板、图表或几何坐标，这样可以用在与各种概念相关的 TPR 活动中。

塑封的圆形和数字　用彩色美术纸制作大小不等的圆形（直径为 12 英寸和 6 英寸的至少各一套），每种颜色都要有。在讲解数学概念时可以使用其他塑封的形状。用 9×12 英寸尺寸的彩色硬板纸制作大的数字，再塑封或用透明的塑料胶带包起来。这些材料可以用在 TPR 活动、创造性游戏和学科内容的讲授中。如果教师把三个图片面朝下放在小孩子面前，他们都喜欢努力去猜猜哪一个是那个特定的图形。

魔法盒　这种道具可以用来隐藏或展示词条，也可在课堂上不断地给孩子们惊喜和鼓励（见图 11.6），因为孩子们都喜欢新奇。有关魔法盒的具体用法见第 12 章。

下面是制作魔法盒的说明：

1. 用两层自粘塑料纸把一个 42 盎司（大号）装燕麦的盒子（或任何一个可以钉起来的大圆

筒储物罐）的底座和侧面封起来。还可以把色彩丰富的包装纸一起封在盒面上。
2. 把厚袜子的脚跟和脚面裁掉（还可以使用护腿的一部分或者旧长袖 T 恤衫的一只袖子）。把袜子套在燕麦盒的顶部，把整个盒子全都盖上。
3. 沿着顶部边缘把袜子用订书机钉在盒子上。
4. 沿着盒子顶部的边缘封上一条强力胶带，把订书钉和袜筒的顶边遮盖起来。图 11.6 中里的胶带带有活泼的圆点图案。
5. 把袜子从下面翻上来，给盒子做一个把手。

名牌　在一张标签纸的顶端打两个洞，把线穿过去系紧，把学生的目的语名字写在名牌上，挂在学生的脖子上。名牌可以做成代表目的语文化要素的形状，比如，贝雷帽、旗帜和蝴蝶脆饼（如果把名牌塑封起来，用的时间可以更长一些。如果是用美术纸做的名牌，就必须把它们塑封起来）。

写有目的语名字的名牌可以有效地加强目的语课堂的学习气氛。名牌可以挂在学生脖子上，也可以用别针别在学生衣服上，还可以每天上语言课的时候放在课桌上。有的教师每天会围绕分发名牌来创造一些课堂仪式，有的教师更喜欢让学生把名牌放在课桌

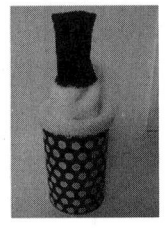

图 11.6　如何制作一个魔法盒

里，每天把拿出名牌作为开始上课的信号。开学几周之后，教师一般就不需要名牌了，但是对于每天或每周要见很多学生的教师来说，名牌可能需要用更长时间。教师可以按照名牌来点名，即使在没有给学生起目的语名字的情况下，如果没有名牌的帮助，教师也很难记住所有学生的名字。

月历，季节/天气轮　这种工具可以把一年中的月份、季节当作一个整体来看待，并把它们与目的语文化中具有代表性的特点联系起来。教师用厚重的标签纸或海报板，把它们割成两个半圆形，合并起来做成一个整圆。把这个圆再分成均等的 12 份，每一份代表一年中的一个月份，每个月再由一张反映特殊活动或事件的图片来表示，并写上这个月份的名称或月份名称的首字母。这个圆板可以用来讲授一年中的月份，标记班级学生的生日，还可用来教授有关月份和季节的歌曲和歌谣。

用彩色线板来做可自我检查的搭配活动　尽管制作线板烦琐耗时，但可以发动志愿者来做。线板的优点是很有手感而且可以随时更改内容。在学习者完成其他学习任务有剩余的时间时，学习者就可以做这种活动。可以用厚的透明保护套来做，先在保护套的左侧缠上几条线，穿过

右侧打好的孔来固定好线，见图 11.7。

写好活动的纸张或封套右侧必须进行好好的修整，避免其遮住右侧这些孔。教师一旦为线板做好了一套纸张封套，他们就可以通过随时更换带有不同活动的新插板来教授任何一个单元。

制作线板需要下列材料：

- 把 8.5×11 英寸规格的硬纸板/厚封纸纵向平分为两半，横向分成四到六份
- 彩色纱线（为每一个横向部分准备同一种颜色的线，量要够用；或为每一部分准备不同颜色的线）
- 打孔器
- 三孔纸张固定夹

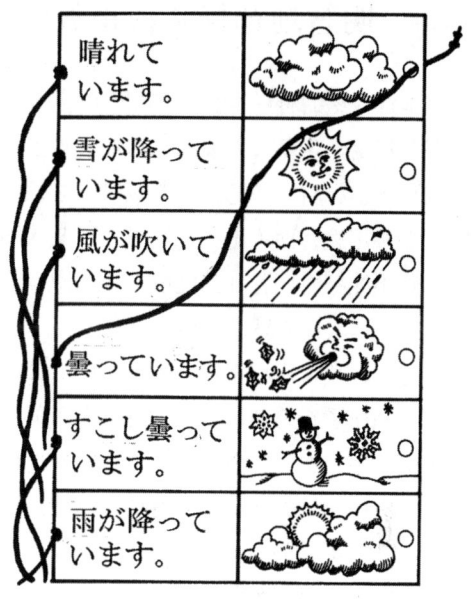

图 11.7　用彩色线板做的日语搭配活动范例

为搭配练习做不同的配对，使配对的一方放在线板的左侧，另一方则随机放在线板的右侧。把线的一头固定在左侧，在右侧的每个部分上打好孔，学生把线穿入正确的孔中。许多项目都可以进行搭配：词汇图片与词汇、反义词等。这个活动还可以进行自我检查。

变化方法 1：把线割成各种长度，这样每一条线只能配上正确答案的那个孔。

变化方法 2：使用相同长度但不同颜色的线，把三孔纸张固定夹夹到孔的背面，并把固定夹涂成与线对应的颜色。

用彩色晾衣夹代替线板　在这个活动中，学生可以选择对应正确答案颜色的彩色晾衣夹。他们把板子翻过来就能够看到他们选的颜色是否对应正确答案。

游戏板　教师可以制作简单的游戏板，这和学生们喜欢的游戏板类似，用这种游戏板组织游戏可以加强学生对教师讲授知识的理解。游戏板可以采用任何形状和形式。你需要一个骰子和游戏棋子，游戏棋子可以通过分配员按照游戏的套路进行排序搭配。在 http://www.toolsforeducators.com 上可以找到关于各种话题的游戏板。

卷轴　可以用卷轴绘声绘色地讲故事或者展示一系列的事件或步骤，可以让学生来制作卷轴，用一卷长纸从一根木棍或木销的一端卷向另一端。教师可以使用卷轴记录一个班或单个学生语言学习或经验的分享。

11.4 明智地选择和使用教学材料

本章介绍的材料和教具在制作时需要投入大量的时间和原料，但是因为它们能使课堂生动活泼并满足学生身心发展的需求而显得至关重要。这些材料和教具也是非常珍贵的财富，所以在我们准备材料、考虑投资购买时，必须确保我们投入的时间和资金得到充分的利用。材料可以有多种用途，而不是买来后只用于某天中的某个单独的活动，然后就再也没有用处。忙碌的教师们不能把时间花在只能够使用一次、只有一种用途的图片或教具上，他们也没有足够的资金来购买一次性的昂贵教具。

比如，教师用海报板做了一个两层楼的大屋子模型，利用钩子和毛圈搭扣来固定房间的家具，又制作了折叠墙和门，这样每个房间可以单独打开。课上，教师通过打开每扇门来介绍每个房间。另一次课，教师又把屋子的家具移出来，运用 TPR 要求学生把家具摆放到合适的房间中。还有一次课，教师把家庭成员藏到不同的房间里，学生试着猜测每一个家庭成员都藏在了哪里。还有更多的变换活动都可以利用这个花费了大量工作的教具来进行，随着每一种活动的进行，学生的语言能力都会得到提高。

另外一种可以最大程度利用教学材料的方法就是与教学团队中的教师一起分享。尤其是同一年级中有一名以上的教师时，互相分享教学材料和想法可以减轻每个人的压力，同时还能提高每个学生的语言能力。

11.4.1 评价非教材性的教学材料和教具的标准

这些材料和教具无论是手工制作的、购买的，还是从目的语文化中直接获得的，如果下列问题的答案是肯定的，就说明这些材料是最有效的。

- 这些材料是否经久耐用？它们能经受得住反复使用甚至粗暴使用吗？
- 这些材料是否真实地体现出目的语文化？（因为有的物品往往是与文化无关的。比如，球、数字、图形、动物仿制品和未煮的食物的模型。）
- 这些教具是否具有本质性的细节？
- 孩子们使用这些材料安全吗？
- 这些教具的大小是否符合使用的初衷？
- 这些材料是否可以吸引预定年龄的孩子，是否符合他们的学习级别？
- 这些教具是否是多用途的？
- 这些材料是否没有性别、年龄歧视？
- 这些材料是否具有不同的质地（软的、硬的、粗糙的、光滑的）？
- 这些材料是否具有功效并便于使用？
- 这些材料是否便于清洗？

- 这些材料是否让人感到愉悦？
- 这些材料是否做工精良？
- 成本是否在预算之内？

11.4.2　选择教材和其他课程材料

教材选择是所有级别的外语教师最重要的任务之一。在小学阶段，教材选择甚至更困难，因为可以选择的教材很少，特别是从幼儿园到八年级的教材。一些课程反映不出当前关于交际教学法和语言习得的思考。其他的教学材料往往因特殊用途而制作，不容易转换到外语课堂中来。比如，双语教育的西班牙语教材是专为已经会说一些西班牙语的孩子们设计的，这些孩子每天至少有一定时间是在西班牙语语境中度过。因此，这种语言水平的教材就不适用于生活在全英语环境中说英语的孩子们。

在缺乏满意的系列课本的条件下，一些学校已经开始投入资金、精力进行教材开发，以满足当地小学各个年级的需求。利用应用语言学中心早期语言网站（可以通过 http://www.cal.org 登录）以及全美早期语言学习网（National Network for Early Language Learning，NNELL），可以找到关于全部课程的描写说明。

随着人们对中小学外语课程的兴趣越来越浓，出版商们也在出版课程教材，这也丰富了目前美国市场上为数不多的早期语言教材。这些材料中有很多会受到欢迎，成为语言课程的支柱。

11.4.3　中学语言教学的特殊思考

由于人们已经意识到早期青少年的特点及其学习需求，中学课程和教学组织都发生了很大的变化。中学的教学理念渗透到从五年级到八年级的整个课程体系与教学规划中，而实践综合性学习已经开始取代传统的以课本为驱动的教学模式。在从中学开始的语言课程上，普遍的做法是选择为高中生设计的外语教学材料，减缓速度以适应初中教学节奏，通常是初一、初二两年学完高一课程。这种做法的目的是帮助初中生向高中阶段平稳过渡，但却无法满足早期青少年在这一浪漫教育时期中（见第1章）的特殊需求和兴趣。初中生需要的是趣味性强、学习难度低、他们又感兴趣的教材。他们还可以利用自己选择的文章话题来编撰简单的报纸，或者利用目的语来交流其他的事情。尽管初中生学习目的语阅读时还在使用教师编撰的、适合他们语言水平的教材，但他们也能够通过阅读学习语言，而不是仅仅去学习阅读，因为他们可以把在母语中掌握的读写技能转移到外语学习中来。

中学课程延续了早期语言学习课程或沉浸式课程，因此要求采用以早期学习为基础并适当进行扩展的教材。除了一些探索式课程，专门为中学水平开发的语言教材并不多，因此教师必须对教材进行进一步的修订和改编。教材只有始终强调综合性主题单元，同时只参考适合课程目标和学生学习需求的教材资源，学生才能够达到最佳学习效果。

即使找到了令人满意的教材，它们也仅仅代表课程开发的工具之一。任何早期语言课程的核心都是基于标准、按主题来设计的，因此教材就需要支撑这些综合性话题单元。在每一个特定的学校环境中，教师采用或改造的教材和活动要与学生的兴趣和需要相一致，这些也构成了早期语言教学中最有活力的一部分。

我们在本章描述的教材以及第13章讨论的活动范例，既可以成为依托某套系列教材的课程的一部分，也可以成为根据当地情况自主开发课程的一部分。

11.4.4 评价教材和其他印刷课程资源的标准

教授年幼学习者的语言教师在评价系列教材及其他领域开发的课程资源时，建议利用下列问题来进行筛选：

目标

- 教材是否以课程标准为基础并以学生的语言运用能力为导向？
- 是否清楚地阐释了课程或作者的目标？这些目标是否与本地课程目标一致？
- 整个系列教材的范围和序列是否经过仔细研发？说明是否清楚无误？
- 教材是否反映出语言最真实的使用情况？是否反映出目的语文化中人们地道的表达方式？
- 教材预期达到什么样的语言水平？这些教材是否符合教学对象的兴趣及其目前的语言熟练程度？

交际沟通

- 是否以交际而不是以语法作为组织教材的原则？在处理语法时是否以功能使用而不是以语法分析为核心？设计的活动是否以意义而不是以形式为重点？
- 是否在学生使用的资源中避免使用母语？教师手册中描述的活动是否有助于教师避免使用母语？
- 教材是否反映了对目前教学法使用的理解？
- 教材是否以活动和体验为导向，而不是以练习和操练为导向？
- 教材是否可以实现在人际交流模式、理解诠释模式和表达展示模式下的有意义、有目的地使用语言？
- 教材的设计是否为了夯实口语基础，从而培养学习者的阅读及写作技能？
- 教材中是否有不同类型的课堂组织形式（结对、小组和个人活动）？

文化

- 文化是否融入教材中？是否强调对文化的体验而不是学习文化？

- 文化是否以全球视角展现在教材中，而不是仅限于单个国家、地区或少数民族部落？
- 学习情境和语言是否体现出最新的、真实的文化要素？
- 教材是否可以促进对目的语价值观的理解，是否体现了文化的丰富多样性？
- 教材中是否提供过真实的目的语歌曲、游戏以及儿童文学作品，或给过相关建议？

学科内容及思考技能（贯连）

- 在目的语教学中是否有教授难度适宜的主题内容的规定？是否有关于跨学科内容和活动的建议？
- 教材是否有利于培养高层次思维能力，而不局限于死记硬背？
- 是否为学生提供将语言、文化和学科内容的学习内化为个人素养的机会？
- 是否为学生提供用目的语查找新信息的机会？

偏见

- 插图和文本是否不涉及任何种族、性别和文化偏见？

灵活性

- 教材是否适应不同的课程模式和学时分配？
- 教材中是否有多样化学习方式（视觉、听觉和触觉的体验）？

质地特性

- 学生用书是否以视觉为主，颜色是否鲜艳？
- 是否有与教材文本直接相关的彩色图片和其他图像？
- 学生用书的字体大小是否与同一年级中其他学科教材的字体大小一致？
- 教材是否经久耐用？它们能否经受得住一段时间内在孩子们手中循环使用？

辅助材料

- 教师手册是否为教师提供了丰富的教学建议？教师能否得到适当的指导？
- 除基本教材之外，是否还有图表、幻灯片、抽读卡、图片、录音材料及其他辅助材料？
- 如果有录音材料，材料中的歌曲、歌谣、故事是否由母语者在自然语境中录制？是否还包括与课程相关的音效及背景音乐？

预算

- 教材费用是否负担得起？

⊙ 练习和深入讨论

1. 教师自己制作的图片或教具还有哪些独特优势？使用时还有什么缺点？
2. 从本章所列材料中选取一件，描述你在课堂上使用它的四种不同方式。设计课堂活动时要确定学习者的年级和语言水平。
3. 选择一套教材或教师为语言课堂设计的课程材料，然后利用本章列举的标准给予评价。

⊙ 相关网站

教师有偿共享

http://www.teacherspayteachers.com

这是一个为教育工作者提供的公开市场，教师可以在此购买、销售或无偿分享新颖的教学资源。

本章附录

（制作这个清单的前提就是假设你是一名巡回教师，学校会为你准备教具车。这些物品按照优先性排列。价格是估价，不包括运费）

购买的必需品	供应商	用途
魔术帽（毛毡质地的高筒礼帽）$4（或自制一个魔术盒）	http://www.orientaltrading.com	用来藏图片和道具，再幽默地呈现出来
彩色打印墨盒的预算（一学年9个月，每个月1个单元，每个单元20张图片）$180	办公用品商店	用于打印可以引出目的语以及表示关键词汇和概念的图片
旅行袋或可以整理必需品的教具车 $15	http://www.amazon.com	用来把必需品从一个教室搬到另一个教室
MP3播放器与便携式扬声器 $150		用来在教室中播放音乐
透明文件袋（每套50个）$18	办公用品商店	用来设计用白板笔做的游戏或保护图片
一套细白板笔 $20	办公用品商店	用来标记有透明保护板套着的游戏板
玩三连棋游戏的挂图 $20	http://www.carsondellosa.com	用来定制三联棋游戏
透明袋装的骰子（4个）$18	http://carlexonline.com	插入词汇图片并带有一个可投掷的骰子
便笺贴 $40	办公用品商店	用写着名字的便笺贴做图表
磁力贴 $20	办公用品商店	用来把挂图固定在磁力板上
浴帘里衬 $2		用来制作大型地图和类似扭扭乐的游戏
彩色美术纸 $20	办公用品商店	多种用途
手工棒（每个学生一个）$20	教师用品商店或手工品商店	用来标记学生姓名、分配话轮
白纸盘（不是泡沫塑料做的）$5	当地的杂货店	多种用途
彩色晾衣夹与晾衣绳 $10	当地的杂货店	用来在白纸盘做的游戏板上标记选项，用来在晾衣绳上悬挂物品
玩具手机 $3	当地的玩具店	用来鼓励学生使用目的语，增添新意
玩偶 $25	http://www.folkmanis.com 或 http://www.thepuppetstore.com	用目的语示范对话，编创戏剧
200张写句子的纸条 $10	http://www.discountschoolsupply.com	用来制作古安系列配套练习

续表

购买的必需品	供应商	用途
海报板 $10	办公用品商店	用来准备标识牌、海报
索引卡 $10	办公用品商店	贴上图画后，用来玩卡牌游戏
法兰绒 $25/ 码	当地手工品店	用来自制作法兰绒板材料，比如五官清晰的脸、雪人、生命周期等
胶棒（一个以上）$5	办公用品商店	用于手工活动
胶带 $5	办公用品商店	
剪刀 $5	办公用品商店	
一盒铜固定件 $3	办公用品商店	用来制作有可弯曲肢体的模型、钟和旋转器
钩子和毛圈搭扣、胶带 $40	http://www.uline.com	用来制作故事顺序板并可叠加句子纸条
塑料蛋壳	当地杂货店（复活节前后）	用于用词汇插图或问题来做的寻宝游戏
热胶枪与胶棒		

预算达到 600~1000 美元时，可以添加的物品：

- 收集目的语 CD/ 音乐文件——专门寻找发音清晰的歌唱家的作品，这样学生能够听清歌词，了解目的语文化中的真实范例并一起分享。
- 重型塑膜机和唱片套（如 HD1200），http://www.usi-laminate.com。
- 收集目的语书籍（选择一些有利于学习特殊概念的书籍，数学概念如：形状、数数、图形、尺寸关系等；科学概念如：生命周期、物质属性；以及地球科学和社会学这类的话题，这些话题与常规课堂上进行的单元相关但却是用目的语写的）。如果班里有较年长的学生能为年龄较小的学生完成一些课程，可以考虑使用空白书网站，比如 http://www.artscow.com，让经验更丰富的学生起草，并为经验不太丰富的学生准备书籍。
- 目的语文化中的真实乐器。
- 指针可活动的钟。
- 骰子和游戏棋。大骰子和小骰子都准备。参考http://www.gameparts.net或http://www.teachchildren.com 等网站。游戏棋资源可参考 http://www.eaieducation.com 或 http://www.carlexonline.com。
- 塑料水果、蔬菜及其他代表日常用品的教具。
- 标签（用来自制作主题贴签）。
- 街头涂鸦用的彩色粉笔、绳子以及小学体育教具，比如圆形橡皮垫、方形橡皮垫等。
- 高质量的录音机和摄像机。

第 12 章　用游戏和活动让语言鲜活起来

我和学生如何充分利用各种学习工具来辅助语言学习？

- **游戏和活动的指导方针**
  - 我能按照适当的指导设计游戏和活动。
- **课堂游戏和活动**
  - 我能够开发出一整套的游戏和活动，以提供语言练习所需要的语境，从而提高学生的语言水平。
- **其他课堂教学策略**
  - 我能够在课上有效地使用玩偶和手工活动来深化学习目标。
- **课程中的歌曲和歌谣**
  - 我能够使用并编撰歌曲和歌谣，并将语言的功能点融合其中，以提高学生的语言能力。

在为年幼学习者建立与之进行交流的语言背景的最自然的方法中，游戏和类似游戏的活动就是方法之一。玩耍经常被称为孩子的功课，游戏则是孩子最重要的学习环境，即课堂中一个最自然的部分。中学生对游戏也很热衷，事实上，无论学习者年龄多大，用语言来做游戏都是一个有力的教学工具。游戏和类似游戏的活动被公认为在课堂的语言习得中扮演极为重要的角色。尽管有些教育家认为游戏和活动明显不同，但二者之间很难划清界限，而且二者之间的区分远不及二者在课堂上对孩子们的激励及对课堂语言习得的影响重要。许多教授年幼学习者的教师已经发现学生会把任何一种设计良好、他们觉得有趣的成功活动都看作是一种游戏。本章将活动和游戏作为一个单独的类别，对二者不做任何区分。本章所给出的建议和指导适用于所有的课堂活动。表 12.1 是本章所介绍的课堂游戏和活动的一个列表。

表 12.1 课堂游戏和活动列表

	游戏/活动名称	快速准备	一次性投入，多次使用	地毯或座位游戏	需要较大的空间	简单易记	延伸拓展	肌肉运动感知性的	音乐性的	人际性小组或伙伴选择	个人或心中选择	对高年级学生有利	对低年级学生有利
					名字游戏（编码1~5）								
1	你在吗	•	•	•									•
2	名字或数字注意力游戏	•	•	•		•						•	
3	快速排队	•	•		•			•				•	
4	七星点将	•	•	•				•	•			•	•
5	谁呀			•				•					•
					用白板做的活动（编码6~8）								
6	TPR活动（用记号笔）*	•	•				•	•				•	•
7	小组怪物	•	•				•			•		•	
8	天气怎么样	•	•				•	•				•	
					用教具做的活动（编码9~13）								
9	地板地图						•	•					•
10	"扭扭乐"游戏				•			•		•			•
11	魔木盒						•				•	•	
12	三连棋						•				•	•	
13	TPR活动（用颜色等教具）						•	•			•		•
					用纸和铅笔做的活动（编码14~17）								
14	点连线谜题										•		•
15	列表宾果游戏									•		•	
16	怪物	•										•	
17	找词										•	•	

* 有些活动名称较复杂，此表所列为活动的简称，详见表后内容。

续表

游戏/活动名称	快速准备	一次性投入，多次使用	地毯或座位游戏	需要较大的空间	简单易记	延伸拓展	肌肉运动感知性的	音乐性的	人际性小组或伙伴选择	个人或中心选择	对高年级学生有利	对低年级学生有利
用纸牌或小抽读卡做的活动（编码18~24）												
18 你能猜出卡片吗		•			•							•
19 去抓牌		•	•						•		•	
20 去钓鱼		•	•						•			•
21 优胜赛	•		•			•					•	•
22 键盘		•					•		•		•	
23 阅读动作链							•				•	
24 丑八怪		•	•									•
在户外或体育馆内做的活动（编码25-34）												
25 有氧舞蹈				•			•				•	
26 顶气球		•		•			•					•
27 棒球		•		•			•				•	
28 健美操和健身路径	•					•	•				•	
29 奇幻之旅	•						•					•
30 快速转角		•					•				•	
31 跳房子		•		•			•					•
32 原尺寸棋盘游戏				•			•				•	
33 安全标签				•								•
34 选边站				•							•	
以身体部位为主要对象的活动（编码35-40）												
35 人体拼图		•	•						•		•	•
36 医药包		•	•								•	
37 手指扭乐			•									•

续表

编号	游戏/活动名称	快速准备	一次性投入、多次使用	地毯或座位游戏	需要较大的空间	简单易记	延伸拓展	肌肉运动感知性的	音乐性的	人际性小组或伙伴选择	个人或中心选择	对高年级学生有利	对低年级学生有利
38	活雕塑	•				•				•			•
39	从人到人	•		•								•	
40	西蒙说	•		•								•	•
动作类活动（编码 41~50）														
41	动物叫声					•		•					•
42	猎熊		•			•		•					•
43	穿衣比赛		•	•			•	•	•				•
44	颜色步、数字步		•		•			•					
45	命令枢纽	•(O)	•(W)										
46	鸭子飞飞/小鸟飞飞			•				•	•				•
47	奥地利数字游戏			•			•					•	
48	皮埃尔的衣服						•	•				•	
49	摊鸡蛋		•				•						
50	起立/坐下	•					•					•	•
猜测类活动（编码 51~58）														
51	热和冷		•				•					•	
52	烫人的椅子	•					•				•	•	
53	我手里还有多少	•					•			•		•	
54	我在想		•				•				•	•	•
55	我是什么										•	•	
56	你后面是什么		•				•					•	•
57	什么不见了		•				•						
58	词语联想		•				•				•	•	•
棋盘游戏（编码 59）														
59	初级摇摇摇			•						•		•	•

成功的游戏都很简单，只需要极少的解释和规则。增加一个竞争因素或增加一种神秘或惊喜成分，就能把意义不大但又必须练习的活动变成一个游戏。大多数游戏都应该按照正在学习的话题和词汇在上课时间内自然而然地进行，很少有游戏会单独成为课堂上一个重要的环节。

对游戏最重要的要求就是学生要觉得好玩。在准备游戏活动前，教师要考虑学生是否会喜欢这个话题，是否会喜欢课堂外的游戏。下面的部分就将详细介绍选择和使用游戏的其他原则。

12.1 游戏和活动的指导方针

12.1.1 重点关注交际性的语言点

选择或调整游戏，使学生能够明白游戏中的语言并在游戏中表达自己的意思。这样，学生就会意识到语言很有用，他们也会受到鼓励去用语言进行交流。在语言习得的早期，教师应该生成大部分的语言，这一点再自然不过，同时也是可以接受的。但是目标语必须在每个游戏中都起到重要作用。许多游戏都存在着一个挑战，那就是游戏只能够在词汇层面上做。尽量找语言链而不是单个的单词，让学生在游戏中使用。由于我们要逐渐培养语言能力，课上每一分钟都要力求让学生使用语言，在超越词汇的层面来培养语言能力。语言链可以是简单的，比如"这是一个____。""我看见____。"（"这是一匹斑马，它是黑白相间的。""这是一匹斑马，它有四条腿。""这是一匹斑马，它生活在非洲。"）重点是学生在很早的阶段就应该习惯于使用句子而不是用简单的单词标签来给物体命名。

对于有的游戏（如多米诺骨牌和棋盘游戏），学生或教师即使不使用目的语也能玩得很成功。因此，如果教师能够设计一个游戏规则，把使用目的语推进游戏进程的要求包含在规则内，这些游戏就可以保留。但是，如果一个游戏没有真正要求学生使用目的语，那么学生只有在教师靠近他们、听得到他们表达时，才会选择使用目的语。

12.1.2 让所有学习者参与进来

教师要为学生提供最大限度的机会，使其参与到活动中。所有的学习者都应该自始至终参与到活动中。有些活动（如"西蒙说"）的设计会使错过机会的学生被淘汰出局，这就使很多学习者在游戏的大部分时间中都不能参与其中。这些游戏可以重新设计，使被淘汰的学生以另外的方式参与游戏，比如让他们轮流给其他学生发指令，通过留心观察或完成某种特别任务而重新加入竞赛。在初级阶段，学生可以通过说出他们衣服的颜色或说出日期、时间来重新加入活动，这时则无须考虑游戏的主题。

12.1.3 留有悬念但是避免紧张的个人竞争

组织游戏时要增加吸引人的悬念或竞争因素，但是要避免紧张的个人竞争，因为这种竞争会使课堂外的气氛很紧张。良性的竞争是使团队或小组公平搭配，有平等的获胜机会。如果期待有更高水平的竞争，行之有效的方法之一就是让全班与教师或想象中的反面角色（就像某些计算机游戏中的僵尸）对立。这样的话，全班学生可以一起合作，力争赢得比赛，如果全班的学生取得了胜利，教师也就取得了胜利。

12.1.4 选择简短、容易的游戏

选择一个容易玩的游戏，这样游戏就会快速进行。大多数情况下，简短的游戏可以在一节课的实践中重复几轮，这样的游戏要比一节课结束时还做不完的长游戏更好。另外，复杂的长游戏还可能会带来一个问题，即必须用母语来说明游戏如何进行。

12.1.5 使游戏保持新鲜，激发学习者的积极性

在全班学生还想再做游戏的时候停下游戏或活动，不要继续进行，而不是继续玩游戏直到大家兴趣索然。

除了那些设计时就是要进行几轮的游戏之外，不要在同一节课或第二天重复已经很成功的活动，即使学生要求也不行。间歇地使用某种游戏有利于保持游戏的新鲜感，并能激发学生的积极性。

12.1.6 使用非竞争性的游戏

如果可能，要按照弗吕格尔曼（Fluegelman，1976：13）的"新游戏"的精神来设计安排游戏。"新游戏"的精神主张研发针对每个人的能力水平的非竞争性游戏："玩得卖力，玩得公平，无人受挫！"

12.1.7 为游戏和活动命名

给游戏用目的语起名字，尤其是在这些游戏可能以类似的形式再次使用的时候。如果游戏有名字，年幼的学习者会觉得游戏很特别，而且名字会使学习者更容易在课堂外进行谈论或者以后要求再做一遍这个游戏。此外，让学生有机会选择他们喜欢的活动也是一个绝妙的内在奖励。

12.1.8 从其他文化中寻求游戏

只要可能，就从目的语文化或世界各地文化中吸收游戏成果。本章结尾处列出了一些全球各地的游戏资源。体育教师可能也会有可供参考的国际游戏的建议，他们也可能愿意按照语言

教师的建议，在体育课程中安排这些游戏。互联网、Ñandu 邮件列表、FLTeach 外语教学论坛以及存档文库有丰富的游戏和活动的资源。

12.2 课堂游戏和活动

接下来的游戏和活动来源于多种渠道，它们代表的仅仅是可以在语言课堂上使用的各种活动的一部分。其中有些活动更适合年幼的学习者，但是大多数活动都适合任何年龄段的学习者。有两类活动是本章关注的焦点：玩偶和毛绒玩具的作用，歌曲和歌谣的运用。

在有些活动和游戏中，低年级学生扮演的是积极说话的角色，这类游戏和活动也很有特色，但本章收集了许多强调听力的活动。在学习者很少说话或根本就不说话的游戏和活动中，教师用有意义并可交际的语言安排活动是非常重要的。记住，课堂游戏和活动的目的是要为语言练习提供一个语境。本章接下来提供的游戏和活动可以用作语言习得的模板。有的活动可以做一些变化，将读写也包含其中，这样便于学习者进行游戏。

这些活动的内容并不一定完全是语言课堂使用的内容；相反，活动中还可以利用某些想法设计类似游戏的活动，以便培养其他学科领域或任何目的语文化中的概念或信息。由于教师是从两个方面来策划课堂活动的，既要去吸引并激励学生，还要对培养学习者的语言能力有帮助，因此每个活动都必须有利于语言能力的培养，重要的是还要尽快从词汇层面的游戏转移开。为了培养语言能力，学生一定要有经常运用语言的机会，而游戏恰好可以为学生不断提供运用某些功能点和语言表达的机会。在策划活动时，教师可能还要记住下列范畴：语言目标、需要的材料、一步步清晰的说明、有帮助的建议、有所区分的想法和游戏变体。

本章开始部分的表 12.1 包括了本章所有的活动。这个表格的目的是让教师很容易找到在课堂上可以组织学生做的游戏。（需要用电子材料的游戏和活动将在第 13 章中讨论）

12.2.1 名字游戏

1. 你在吗 经过几次示范后（示范对学生而言很有必要），教师在准备上课时，可以让一名学生分发文件夹或名卡，同时问每个学生"你在吗"这个问题。然后每个被问到的学生都回答"是，我在"，而其他所有的人都说"是，××在"。这种非正式的例行考勤也是一个使用目的语的游戏，并让学生也承担一些开始上课、考勤的任务，这可以当作一项小的人际性任务。

2. 名字或数字注意力游戏 如果可能，与学生坐成一个圆圈，先慢慢地设立一个节奏，如下所示：

拍拍，拍拍（膝盖），
拍拍，拍拍（双手），

啪啪，啪啪（左手），

啪啪，啪啪（右手）。

左手打响指时说出你自己的名字，右手打响指时则叫出一名学生的名字。在下一轮的游戏中，左手打响指时，让学生说出他自己的名字；右手打响指时，再叫出另一名学生的名字。如此循环往复，直到某个学生错过了自己的名字或打乱了节奏，这时，教师可以再重新开始游戏。在介绍这个游戏时，教师可以先让学生们练习几轮，比如他们可以在右手打响指时齐叫教师的名字，直到节奏和点名协调一致，这一点会非常有用。随着学生信心和能力逐渐增强并开始彼此点名，教师可以加快节奏。这个游戏中的名字还可以用数字、字母或其他任何词语来代替，只需要将每个学生代表的数字、字母或词语摆放在这个学生的前面即可。

对于彼此已经认识的高年级学生，这个游戏的变体就是"好莱坞旋律"。使用像动物、国家、食物等范畴，学生在不打乱节奏的前提下来给范畴中没有提及的事物命名。

3. 快速排队　让学生根据他们的姓或名，生日的月份，身高及衬衫、裤子、鞋、头发等的颜色来排队。

4. 七星点将　这是一个受人喜欢的小学游戏的变体：叫七名学生站到教室前面，让其他学生闭上眼睛并把头低下趴在桌子上。前面的七名学生绕着教室活动，每个人摸一个同学的肩膀，然后他们再回到教室前面。你可以说（或者也可以让那七名学生一起说）一项日常动作，如："一、二、三，睁开眼！"肩膀被碰到的学生轮流猜测是谁碰了他们。如果他一次就猜到了，他就和教室前面的学生互换位置。没有被猜出来的学生则继续待在教室前，进行下一轮。为了把这个游戏扩展到教学主题的内容上，可以给每名学生贴一个语言点的标签或图片，这样学生说出的就不是名字而是目的语了。

5. 谁呀　选一名学生坐在椅子上，让他背对着全班。教师抽取一个名字（笔者使用的是带有名字的工艺棒），坐在椅子上的学生问："你叫什么名字？"然后，那个"神秘"的学生回答说："我叫____。"(当然说的不是自己的名字）坐在椅子上的学生必须要猜这个人到底是谁，问："他叫____吗？"全班学生回答："是，他叫____。"或"不，他不叫____。"有时，坐在前面的学生第一次就猜对了，有时他猜不到，这样试过几次（坐在前面的学生还可以询问一些描写性的提示），全班学生就会告诉他。这是一个极好的听力游戏，非常好笑，被选出的学生同时还要了解一些同学的声音，因此也比学生想象的更有挑战性。这个游戏有助于教师记住学生的名字，最重要的是，学生在做游戏的同时也运用了目的语词汇。

12.2.2　用白板做的活动

6. 用记号笔做的TPR活动　让学生回应诸如下列的指令：

- 走（跳、跑、爬、倒着走）到白板处。
- 捡起____（颜色卡、记号笔、词汇卡）。把它交给另一个人，同时说出相应名称。

- 写_____。
- 圈住_____。
- 在_____上画一个 ×。
- 画_____（脸、身体等的部位）。
- 拿起板擦，擦掉_____。

（这是一个特别好的活动，可以让低年级学生练习记住一系列的指令。）

7. 小组怪物　让一名或两名学生到白板或大图表前，然后根据你的指令画一个怪物，最好使用带颜色的写字工具。在语言水平更高的班级，可以根据全班人共同发出的指令来画出怪物。比如，你可以说："画一个大脑袋，画一只耳朵。"然后问全班同学："你们是想要大耳朵还是小耳朵？"这样学生就可以用各种方式来创作怪物，完全取决于他们的语言水平。如果有一名以上的学生站在白板前，在班级讨论中，比较每个学生画出的怪物就更有趣了，但是讨论时一定要非常小心，避免进行比较性的判断。学生还可以在自己的座位上、在小组内做这个游戏。

8. 天气怎么样　在白板上画一扇窗户，指示学生走到白板前，让学生按照你的描述在窗户中画出天气情况。游戏变体：使用一块毛毡或磁性板，让孩子们选择放到窗户处代表天气的装饰物。为了激励并扩展语言的使用，尤其是针对继承语学习者，你还可以让学生进行讨论，比如，这种天气代表一年中的哪个时节，孩子们是否喜欢这种天气，以及在这种天气下他们喜欢什么活动。

12.2.3　用教具做的活动

9. 用地板地图（浴帘地图）做的活动　（关于用浴帘制作地图的说明见第 11 章）
利用地板地图，指导学生做下列活动：

- 在国家与国家或地区与地区之间迈步，或者把身体的不同部位放在不同的国家上。
- 把国旗放到对应的国家处。
- 在河流、湖泊或海洋中"游泳"，在山中等处"滑雪"等。
- 跳越河流或边境。
- 指出首都所在地。
- 向东、南、西、北的方向走 X 步，如果学生走到了河流里，让另一名学生从另一个方向走去"救"他。
- 把行政分布图放到更大的地图上（就像拼图游戏一样）。
- 把山脉、主要城市或其他地理特征的图放到地图上。例如：指导学生把大小不一、各种彩色塑料水杯和蓝色的粗毛线放到地图上，指明山脉与河流。
- 把地方特产放到产地处。
- 利用玩具汽车、玩具船或玩具火车追踪各国间的线路。

这种活动能够使地理和文化概念变得非常具体。使用几何图或随机摆放的数字，可以引导学生：

- 在数字间或图形之间迈步。
- 把沙包扔到地图上，或将其他物品摆放到地图的不同地方。
- 按照指令在地图上进行表演。
- 在地图的不同地方摆放词卡。
- 进行与地板地图中描述的活动类似的活动。

利用地图和相应的地图剪图进行的活动

利用目的语国家地图制作的大地图剪图，可以做很多活动：

- 使用 TPR 的指令，要求学生选出一个国家的剪图，将其放到所处位置或者要求学生互相描述这个国家。
- 要求手持剪图的学生描述这个国家，而其他学生则必须判断出这是哪一个国家。
- 针对某个学生手持的剪图上的国家做 20 个游戏问题。
- 把剪图从地图上取下，做"什么不见了"的游戏。
- 根据不同范畴，要求学生对这些剪图进行分类。

10. 用地板布做"扭扭乐"游戏（浴帘游戏） 这个游戏把传统的彩色圆环游戏改变成可以用于学科内容的游戏，其中的学科内容可以利用图片作为参考。在浴帘上，每排可随意画出三四个物体（留出空间，好让学生能够在一排的一边放上一只手和一只脚，另一边放上另一只手和脚）。在纸板面上做一个转盘，把浴帘上的物品摆成一个圆圈，再用纸板做一个箭头将其用螺丝固定在转盘上。还有另一种做法，就是把这些物品写在几张纸上，让这些纸能够从袋中抽取出来。做这个游戏时，将学生分成两组，轮到其中一组时，另一组的学生转动箭头并让轮到的学生把他的手或脚放在上面。如果这名学生能够保持用四肢指物的姿势而不倒，他所在的小组就会得到一分，然后开始换另一组做游戏。

11. 用魔术盒（袋、背包）做的活动（魔术盒制作的说明见第 11 章）

- 从盒子中移走物品，进行描述，并让学生来讨要这些物品。
- 把熟悉的物品从盒子中抽走，同时露出一点，让学生轮流猜测物品或描述物品。
- 让学生仅仅通过触摸来描述并/或猜测盒子中的物品。
- 用几个物品装满盒子，让每个学生各抽出一个物品，用这个物品来激发学生说一段话。
- 用盒子及其中所装的物品来做身体反应活动，比如：取、放、给或扔。
- 让学生把词或短语从盒中取出，把它们串联起来组成一个故事或把它们组合成一个要求。
- 利用从盒子中取出的物品（或物品图片）来做"我要旅行，我要带……"的游戏。每个学生都要在说自己选择的物品前重复一下所有前面提过的物品。
- 把食物（真的或假的都可以）装到盒子里。让学生取出三到五种食物，做成一个菜单并指认一下这一顿饭。
- 针对魔术盒中的一个或一组物品做"20问"的游戏。
- 把物品放到盒子中，指定一种物品代表一个人，让学生猜每个物品代表的是谁。
- 把物品放到盒中，物品分别代表两种范畴，比如水生生物与陆地生物。在学生轮流移动物品时，利用维恩图解进行分类。
- 让学生围成一个圆圈。把一些熟悉的物品放到魔术盒中，让学生依次传递魔术盒，铃声一响（或音乐停止或给出其他事先准备好的信号）就停下来。让拿到魔术盒的学生抽出其中一个物品，进行指认。然后，游戏继续进行，直到所有的物品都被取走。此游戏的变体：把那些认错的物品放在一个圆圈的中间。魔术盒传递停下时，拿到魔术盒的学生就可以选择从中抽出一件物品，或者从圆圈中选出一件物品来进行指认。认对的奖励就是在游戏中一直允许该学生拿着这个物品（也许，还可以玩一下这个物品）。有关魔术盒的示例见图 12.1。

图 12.1　魔术盒

12. 用袖珍图做的三连棋游戏　做这个游戏需要的就是一张袖珍图（通常用来为学生提供不同的选择）、一套涉及要讨论的话题以及与 20 张邮寄卡相关的 9 种图片。如果邮寄卡有两种颜色就更容易操作了。如果颜色相同，需要在 10 张卡上标上×，其他的标上〇。图片放到透明袋中后，把挂图用磁铁或大头针挂在板子上，再把班级分成两组。根据班级的语言水平，还可以把索引卡钉在挂图的顶 / 底 / 右 / 左部，这样各小组就可以运用目的语给做游戏的人一些提示。

如果你能买到多种袖珍图，可以把学生分成人数更少的小组，每组使用一张挂图。如果图片代表某个单元话题的词汇，就要求获胜的小组把三个词语连成一个说明性语句。如果游戏玩成平局（在高年级学生中经常会出现这种情况），就让各小组进行竞争，看看哪一组能用自己获胜得来的词语造出最详细的句子。

13. 用颜色、形状、数字教具做的 TPR 活动　（制作颜色或数字教具的说明见第 12 章）

TPR 指令

第一，在学习的初始阶段，发出的指令要简短、具体，如：

　　取红的！

　　摸红的！

　　给我红的！

　　坐在红的上面！

　　跨过红的！

从红的跳到蓝的!

把红的放到玛丽头上、胳膊上、腿上、膝盖上、手上、肚子上等。

把红的放到椅子下、椅子前、旁边、后面、左边、右边等。

把德国、美国或其他国家国旗的颜色放到旗子上。

(通过把数字两两放在一起)摆出数字19、21等。

第二,钟面:把数字摆成一个圆形做成一个钟面;让学生移动大的重叠的指针来指明时间,或者躺下来,用自己的胳膊做指针来指明时间。

第三,数字搭配:给两组(或更多的小组,按班级规模而定)的每一组都分发一套0~9的数字。喊(或让另一个组的组长喊)一个数字;被喊到的数字成员先站出来的那一组则得到一分;如果有不止一名学生站起来,该小组则不能得分。

第四,谁有它:在一个活动快要结束时,如果每个学生都有了一个数字、颜色或其他词语,就做这个游戏来结束这个活动。让学生把他们的数字或颜色放到他们前面的地板上,或者把它们举起来,这样每个人都能看到。设定一个节奏:拍拍膝盖,拍拍手;左手打响指,右手打响指。打着节奏问一个问题,让学生也跟着节奏来回答。如果学生回答不了,教师可以重复这个问题,也可以给出答案。

教师:谁——有——七?

学生:(拍膝盖)(拍手)苏——珊。

教师:大声些(左手打响指)(右手打响指)。

学生:(拍膝盖)(拍手)苏——珊!

这个活动还可以用魔术盒中的物品来做。

12.2.4 用纸和铅笔做的活动

14. 点连线谜题 随机更改一个点连线游戏的数字来变换游戏。按照事先安排好的顺序叫出数字,让学生把点连起来完成游戏[1]。游戏完成得是否成功主要取决于完成的图像是否与预期的一样。教师还可以通过增加几个带有数字(但是完成图片时又不需要这几个数字)的点来增加游戏的挑战性。如果游戏用作读写练习,则用目的语来写数字。这样学生就能把游戏作为一个独立的阅读活动来完成。点连线游戏还可以用作同伴游戏,一个同伴说出数字,另一个同伴画线连点。如果在画到某一个点时,画线的同伴觉得自己知道了画出来的会是什么时,他可以向读数的同伴口述顺序,看看是否正确。如果教师把画纸插到塑料袖珍袋中,并分发干性可擦马克笔,课堂布置时就要花上一点时间。

15. 列表宾果游戏 请学生从以前学过的词语表中选择五到六个词语,把它们写在白板上,

---

[1] 一定确保你自己已经做过这个游戏,这样你就不会忘记该叫哪个数字和按照什么顺序来叫了。

或者用投影仪投射，还可以写在分发的材料上。为了考查学生的书写能力，可以要求学生按照给出的图片选择相应的词语。让学生把自己从词语列表中选出来的词语写在一张纸上，然后教师从大的词语表中随机读出词语，学生在自己的词语列表中把教师读出来的词语画掉。最先把自己列表上的词语画掉的学生为胜出者。水平稍高的学生可以连续使用词语表中的三个词语进行造句。

关于传统的宾果游戏，请见 http://www.toolsforeducators.com，可以看到关于几个话题的免费游戏生成器。

16. 怪物 给每个学生一张空白的纸，让他们拿出蜡笔、铅笔或记号笔。指导学生把名字写在纸的一角上然后只画出一个头像。然后让学生把纸按照固定的次数向左或右（向前或后）传递，画出身体（或脸部）的另一个部分。然后传递纸张，直到画完所有的部分。这个活动的目的就是进行听力练习并完成一系列的"小组艺术品"。这个活动还可以变成另一个形式，就是学生轮流向全班发出要画出哪个身体部位的指令。

17. 找词（没有词库） 这个活动把城市的地点与介词结合起来。教师用诸如"银行、学校、机场"等词语做一个找词游戏，但是不提供词库。教师在投影仪上放出一张放大的词表，学生也会拿到一个找词单，然后开始寻找隐藏的词语，当一个学生找到一个词语时，他就用适当的动词和介词给教师和同学发"指令"。

在一个大组里做过这个游戏后，教师可以分发一个新的找词表，同伴们可以一起找出城市的新地点。当一个学生找到城市的新地点时，他就要利用恰当的动词和介词引导教师和同伴找到这个词。

12.2.5　用纸牌或小抽读卡做的活动

18. 你能猜出卡片吗 这个活动使用小的词汇抽读图卡，教师从中选取一张放到一边。做游戏时，要把班级分成四人一组的小组，给每个小组一张号码牌。从一个词汇话题（如食物）入手，让各小组猜测他们认为图片上会是什么食物，在白板上写上小组的号码，在号码下写上小组做出的猜测。所有的小组都报告完毕时，展示卡片，给猜对的小组加分。（注：去掉J、Q、K，只用1~10数字牌。）

19. 去抓牌 让学生组成每组三到四人的小组。每个学生拿到五张牌，剩下的牌摞起来放到小组中间。游戏开始时，发牌人左侧的学生向任何一个做游戏的人要一张牌，希望能够在他手里的牌中找到能与自己的牌凑成对子的牌。如果被要牌的人手里有这张牌，他就必须把牌交给要牌的人，要牌的人则把这一对牌放到他前面的桌子（或地板）上，同时又获得了再做一轮游戏的机会。如果被要牌的人手里没有这张牌，他就会说："去抓牌。"（使用目的语中的对应短语）要牌的人就要从摆好的一摞牌中抽取一张。如果他抽取的牌恰好是自己想要的那张牌，就把这对牌放下并获得下一轮的机会。获胜者就是完成配对最多的那个人。

游戏变体：学生设法组成每组四人而不是两人的小组。德国的"四重奏"和法国的"家庭游戏"就是这类游戏的文化范例。教师可以制作适用于四人一组的卡片，使用任何需要学习的词汇，比如：如果单元内容讲的是"家"，词汇就可以是四把椅子、四张桌子等；如果单元内容讲的是"衣服"，词汇就可以是四顶帽子、四双鞋、四件大衣等。卡牌的制作方法见第 11 章。

20. 去钓鱼　把数字、颜色、词语图片放到从索引卡剪下来的鱼形卡片上，再用回形针别好。学生用一根带有鱼线、一端还带有磁铁的钓鱼竿"抓住"他们的鱼。如果学生说出了数字、颜色或图片的名字，他就可以保留这条鱼。如果说不出来，鱼就会被放回"池塘"中。

游戏变体：在鱼的身上贴上单个的词或熟悉的指令。如果学生能够找到词语对应的物品，或者准确地做出这个指令，他就可以保留这条鱼。如果学生的读和说已经有了一定的基础，他就重复一下这个词或给另外一个学生发出指令，这样他就可以保留这条鱼了（见图 12.2）。

图 12.2　"去钓鱼"游戏

21. 优胜赛　这个游戏跟流行的纸牌游戏"战争"一样。但是，在这个游戏版本中，学生要比较法国、南美洲说西班牙语的国家、德国邻近国家的城市人口以及中国的河流长度或者法国山脉的纬度等。每个学生都有一副相同的纸牌（10~20 张牌），都是由教师准备的，每张牌的上面写着一个城市的名字和人口数。纸牌的制作很容易，可以用不同颜色的彩纸进行影印，再裁剪出来装到信封里，然后分发给学生。持不同颜色纸牌（一旦混起来更容易重组）的学生两人一组，每个人从自己那副牌里抽一张牌，互相提问："你住在哪儿？"然后双方回答："我住在＿＿＿。"然后把每张卡片放到桌子上进行人口对比。持有更大城市纸牌的学生说："里昂比第戎大。"然后赢得两张纸牌。下一轮可以是跟一个新的同伴做游戏，小城市的那个人获胜。教师根据学生的语言水平提供游戏时需要的其他语言内容，随后学生们可以一起把纸牌按照从小到大的顺序进行排列。

教师还可以把一副牌中的一张牌给一名学生或一对学生，通过这种方式来做游戏。教师读出一个人口数，持有那种纸牌的学生说"那是我的城市"、"我住在里昂"，或者"我们住在那儿，那儿是里昂"。教师还可以让持有城市人口数大于某一个给定数字的纸牌的学生站起来。学生还可以口头比较纸牌上的人口数，这样就可以按照从小到大的顺序排列。

22. 键盘　让持有抽读卡的学生自行拼读词语，或者让持有数字抽读卡的学生自行安排组成几位数的数字。把抽读卡分发给一组学生，然后说出词语或他们要组成的数字。这个游戏还可以通过组词成句来完成。

游戏变体：成立一个中心，配有计时器、成套的卡片、一个词库或数字库，让学生在一张纸上记下他们在一定时间内能够整理并拼读出来的词语数量。

23. 阅读动作链　这个活动是在交际背景下训练学生进行默读的能力。给每个学生一张卡片，上面描述他们要表演的一个动作以及他们要通过观察再给出回应的一个动作。（下面是这类系列卡片的例子）要求学生不要把自己的卡片给任何人看，但是要非常认真地聆听、观察，然后等到至少前一个动作完成两秒后再开始他们的动作。这个游戏的目标是在整个过程不出错，并且不落下任何一个人。

你还需要一个按照正确顺序排列的动作单，这样如果动作链断了，你就会知道哪里出错了。如果动作链断了，整个序列就从头开始，这样就会使活动充满悬念。

这个活动看起来很复杂，但很容易进行，它还可以根据每个独立的班级或教室的个性和特色进行调整。在3×5英寸的便笺卡上写上指令，指令要写在每张卡片的下半部分；做出足够多的卡，保证班级每个学生都有一张卡片。按照一个有趣的顺序摆放卡片，包括开头、结尾和惊喜。然后参照前一张卡片把每张卡片的上半部分写成一个从句的形式（见下）。打印出所有的指令，供在游戏过程中使用及日后参考。把卡片混合起来，做游戏时再分发下去。如果给班里的每个学生发两张卡片，游戏可以做得更复杂、更长一些。这个游戏非常灵活，能够根据不同的主题单元进行改编。

如果学生的写作水平很高，他们就会经常以小组为单位进行活动，设计他们自己的游戏。比如，第一组可能写出游戏的前五条要求，然后把最后一条要求抄下来给第二组。第二组就会以这条要求为线索写出他们小组的五条要求，然后再把他们的最后一条要求抄给第三组，以此类推，直到所有小组的要求连起来形成一个完整的链条。

下例是阅读动作链的总体规划的一个案例：

- 教师说"开始"之后，起立并说"早上好"。
- 某人说"早上好"之后，走到白板前画一个三角形。
- 某人在白板上画好三角形后，慢慢地拍四下手。
- 某人拍了四下手后，跳到老师的桌子前，回到自己的座位。
- 某人跳到老师的桌子前，回到自己的座位后，从五倒数到一。
- 某人从五倒数到一后，大声说"发射"（使用目的语中适当的对应词）。
- 某人说"发射"后，起立并转两圈后坐下。
- 某人起立并转两圈坐下后，关掉灯。
- 某人关掉灯后，说"这里很暗"。
- 某人说"这里很暗"后，打开灯。
- 某人打开灯后，走到老师面前，与老师握手。
- 某人与老师握手后，走到白板处，在三角形下面写出1~10的数字。
- 某人在白板上写下数字1~10后，在自己的课桌旁跳四下。
- 某人在他的课桌旁跳四下后，站起来，走到削笔刀处，削一下铅笔。
- 某人削完他的铅笔后，走到白板处，擦掉数字1~5。

- 某人擦掉白板上的数字1~5后，学一声猫叫。
- 某人学一声猫叫后，说"不要那么叫"。
- 某人说"不要那么叫"后，擦掉三角形和数字6~10。
- 某人擦掉白板上的三角形和数字6~10后，说"结束了，做得漂亮"。

24. 丑八怪　这个游戏的玩法就和"抓乌龟"的游戏一样，只是多出一张"丑八怪"的牌。该游戏中可以使用任何类别的词汇集合。

12.2.6　在户外或体育馆内做的游戏

25. 有氧舞蹈　买一个目的语的有氧舞蹈的录像带，最好要配有发音清晰、易于理解的解说。先在没有音乐的情况下教学生舞蹈动作，然后每隔几天配上音乐跳一跳有氧舞蹈，每次跳上几分钟。

26. 顶气球　给每个学生一个气球，给低年级的学生的应该是已经吹好的气球，而对于高年级学生而言，吹气球本身也可以作为系列指令的一部分。让学生听到指令后就把气球抛到空中，然后在空中击打气球，让学生根据教师的指令用身体的不同部位来顶气球，"用头、膝盖、胳膊肘、后背、右手的小拇指顶气球"。学生几乎不用发出任何声音，因此，这是练习听力的绝佳机会。在这个游戏中没有获胜者也没有失败者——让气球保持在空中已经是一个很大的挑战了。

27. 棒球　这个游戏是迈雅·克里斯（Maija Klees）在2012年10月发布在Ñandu邮件列表的。做词汇棒球游戏要在教室中选择四个地点，尽可能形成一个菱形或正方形。把班级分成两组，或者全班学生为一组，教师自己一组（见下面的变化形式）。通常，由一名学生掷一下骰子，根据他们是否准确回答了提出的问题而决定如何绕着场地运动。每个数字决定一个动作，具体解释如下：

1= 进单垒。

2= 从当前位置进复垒。

3= 连进三垒，如果已经在一垒上，则回本垒。

4= 满贯全垒打。学生如果回答正确，就可以跑完所有垒，直达本垒。

5和6= 界外球。

与打真的棒球一样，错误（或问题的错误答案）就是一击。三击之下，击球的一队则出局。界外球也是一击。

游戏变体：在教师对抗全班时，如果一名学生给出一击，教师就应该给学生记一分。一排中如果有三名学生回答正确，就是对教师的一个反击。

做这个游戏时，还可以用白板记录下玩家在场地中取得的成绩。

28. 健美操和健身路径　用指令引导学生做常规的健美操动作，如果可能的话，使用他们在体育课上所学习的相同动作。在学生变得坐立不安时，这个游戏可以用来调整上课节奏，随着学生的口语水平的提升，他们可能会想自己来领操。

在操场、体育馆或者附近的公园里（如果有的话），绕着小路在不同的地点准备健身站点，利用说明指令让学生理解在每种情况下他们要做的事。在最初的几次练习中，教师带领班级绕着场地，指导学生在每一站进行某一特定数目的活动。健身站点不一定全是典型的真实性健身路径。有的健身站点可能包括以下几点：

- 做十个开合跳。
- 勾脚趾六次。
- 做四次旋转。
- 两手交叉形成一个圆。
- 向前迈四大步。
- 高举双手。
- 后退六小步。

游戏变体：学生可以按小组自己准备健身站点，也可以在班级到达健身站点时承担发出指令的任务。对高年级学生而言，这些健身站点在设计时也可以模仿奥运会比赛的活动。

29. 奇幻之旅（幻想之旅） 教师还可以利用粘在地板上的大飞机（船或火车）的轮廓，或者用硬纸板剪下的飞机（船或火车）形状带领全班做一次奇幻之旅。过道和带有字母、数字和安全带的折叠椅会增加旅行的味道和感觉。使用真实文化中的元素，比如音乐、辣味或其他典型的味道、衣服、艺术品和购物袋等，也有助于营造出一种前往目的语国家旅行的氛围。

其他奇幻环境还包括一幢房子的平面图、带有"上""下"标识和楼层按钮的电梯或者标出河流、山川的地图（见第 9 章）。

凯茜·西登斯（Kathy Siddons）在她的西班牙语课上教授罗盘的时候发挥了丰富的想象力。她在 Ñandu 邮件列表分享了这个教学策略。

罗盘方位图

在我们所在的地区，在三年级（而非二年级）的常规课堂大纲中规定要教授罗盘方位图。我发现如果常规的主课教师已经涉及了这方面的材料，再次引入就很简单。我的目标是通过激发式的教学方法让孩子们辨认东、西、南、北。

要复习方向，我让四个孩子手举方向标，按照真正的罗盘所指的东、西、南、北方向站好。这种做法的确花了些心思，因为每天我要在两个学校的十一个不同的班级中讲课。我展示出一面西班牙国旗，同时把哥伦布（Columbus）和他的水手们作为主要人物。哥伦布威严十足地出场了，夹着望远镜，挥动着国旗，向他的水手们致意。然后他说："水手们，请看北方。"扮演水手的孩子们转向那个方向。然后孩子们要继续接受他的命令，再转向另一个方向。在游戏过程中，孩子们也学会了"西北"。孩子们很喜欢这个游戏，都争着要扮演哥伦布。

受到这个定向游戏的启发，我又设计了类似的版本：水手们在登上卡拉韦拉斯后体验不同的天气和身体条件。雨量很多时，哥伦布就说："水手们，雨下得很大！船里水太多了！"他们就不得向舱外舀水。天气好时，水手们就升起船帆，说："天气很好，司令，我饿了。"天气热时，他们就大叫："天好热！司令，我渴了！"下雾时，水手们就说："雾好大！我害怕！"这时就会有人打铃。刮大风时，水手们就紧抓住船沿，大喊："风好大！"假装被刮得东倒西歪。当然，孩子们这时会表演得非常卖力。

要加强这个活动的游戏趣味，教师可以在每一轮中用纸牌或骰子来随意改变天气状况。

游戏变体：第三人称叙述的故事。作为一次奇幻或虚拟之旅的变体，教师要给每一个孩子安排一个故事的角色，最好每个角色都有一个道具。教师在朗读故事时，学生就扮演自己的角色。如果有对话，故事人物就把台词读出来。如果其中包含相当一部分的动作和表情，如笑或哭，游戏效果就会非常好（这个技巧还可以用在熟悉的故事中，但是如果只有教师才知道接下来的情境，游戏才是最有效果的，因为只有这样，每个人才会不得不认真听教师朗读故事）。

30. 快速转角　一名学生站在教室前面，给每个角落起一个名字：小猫、小狗、小马和小牛。然后这名学生转过身数数：从1数到10，从20数到30，或者按10、20……直数到100。在这名学生数数的时候，其他学生选一个角落站好。当数到约定的数字时，数数的学生说出一个角落的名字并转身，站在这个角落的学生就回到自己的座位或者帮忙重新给角落取名字并数数。如此进行，直到剩下最后一名学生。当还剩下几个学生时，角落可以减少到两个。这可以使游戏进行得快一些，这样游戏可以再重新开始。

31. 跳房子　跳房子的游戏场地可以用胶带来制作，如果胶带能够及时摘掉，就可以毫不损伤地板或地毯的表皮。也可以选用粉笔画出游戏场地。确保事先准备好这些东西，这样学生才会有尽可能多的时间进行语言游戏。

32. 原尺寸棋盘游戏　可以用绳子在地板上摆出形状、游戏场地和假想的背景。孩子们根据指令来做动作，比如"从三角形跳回到正方形"或"在长方形中间坐下"。就像做传统的跳格子游戏一样，还可以根据主题词汇来进行。学生投掷大骰子，如果他们能够说出物品的名称或在句子中使用这些词汇，就可以在棋盘上获得新的地盘。"沿着人行小道走路"就是一个例子。

沿着人行小道走路：在教室里放上不同颜色、不同大小的脚印，做成一个全班学生可以走的小路。让学生沿着小路走，每次把脚放到一个脚印上，说出脚印的颜色或紧挨着脚印的任何东西，然后再走向下一个脚印。目标就是沿着小路走到终点。

游戏变体：（1）在脚印上放上学生熟悉的词语图片或标志，告诉他们在向前走时必须说出这个词。（2）指出脚印的各种型号，让学生猜猜有可能是谁留下这样脚印：校长、一头熊、班级某位同学的有名的兄弟姐妹等。教师还可以问："你认为这个脚印是校长／一头熊／雅各布森先生／托米／一头狮子／一只老鼠留下的吗？"

33. 安全标签　在教室或体育馆中空旷的地方，用胶带在地板上做出几个长方形边框。在这些可能的"安全地带"中，放上不同的颜色。被选中的幸运儿必须从指定地点开始游戏，并返回指定地点。教师（以后也可以是一名学生）喊："走到××（一种颜色）！"与此同时，幸运儿就可以在任何没有碰触到安全地带的人身上贴上标签。被贴上标签的第一个人就成为一个新的幸运儿，这时教师会再喊出一种不同的颜色，做出一个新的"安全地带"。这种快速行动的游戏有一个优点，就是它要求学生必须快速识别词语。

游戏变体：(1)在地板上粘上不同的几何图形，而不完全是长方形。(2)给出更复杂的指令，比如"每个人穿上网球鞋走到蓝色处"或者"向后跳到红色处"。(3)用数字替换颜色，用数字或简单的等式指示安全地带所处的位置。(4)用主题单元中的特色词语，再加上更复杂的指令，如"找到首都是____的国家"或"走到气候潮湿温暖的生物群落"。为了给目的语学习者增加挑战，可以要求他们说出一些以学科内容为基础的知识。

34. 选边站 这个活动可以用来表达自己的喜好。教师用绳子或胶带在地板上做出三条垂直的长线。教师手里拿着带有诸如食物、运动、家务活等词汇图的卡片。学生在地板中间的长线上站成一排。教师站在椅子上，学生面对着教师，这样所有的学生都能看清楚卡片。教师问："你们喜欢香蕉还是草莓？"教师两手持卡，张开双臂，学生就站到他们喜欢的那一边。如果学生没有喜欢的，或者都不喜欢又或者两者都喜欢，就站到中间的长线上。教师可以数数每边的学生，再进一步向某一部分的学生提一些关于他们喜好的问题，比如他们那天或那周是否吃过那种食物，或者最近家里的冰箱里是否有这种食物。等到开始问下一个问题时，学生就回到中线上去。

游戏变体：学生可以通过站队的方式来推测一下教师的喜好。

12.2.7 以身体部位为主要对象的活动

35. 人体拼图 从杂志的图片上剪下人体的手臂、大腿、眼睛、嘴巴和耳朵，这样每个孩子都可以有很多选择。让学生用目的语说出自己选择的人体部位，然后把人体部位的图片贴到美术纸上，再画上自己的头部、头发、躯干和衣服。教师或学生可以给作品打上标签；或者把写有部位名称的自贴标签发给学生，让他们为每个身体部位选择合适的标签。

游戏变体：这个活动以语言理解为重点，另一种可选择的形式是指导学生每次选择不同的人体部位。

36. 医药包 学生使用事先彩打好放在医药包中的器具，比如：听诊器、体温计、创可贴、压舌板、反射锤、耳镜等。如果可以的话，教师给这些图片压膜，再放到学生的医药包中。学生带着自己喜欢的毛绒玩具，把它们当成病人来照顾。教师用指令来引导这个TPR活动，比如：拿听诊器听一下心脏，把听诊器放到后背上，听一下它的呼吸，告诉你的病人张开嘴，看一下它的喉咙，把创可贴贴在手臂上，等等。一段时间后，教师就可以让学生来引导做这个游戏了。

37. 手指扭扭乐 这个游戏跟常规的扭扭乐游戏一样，只不过这次用的是手指而不是身体。

根据教师的指令，学生们必须把手指放到教师提供的相应图片上。这是一种非常吸引人的肌肉运动知觉活动，可以用来练习词汇。

38. 活雕塑　每次给一名学生发指令，比如"把你的左手放到约翰的右手肘上，右腿单跪"。用几名学生（小班可以让全班学生一起上）做一个"活雕塑"，把班里的学生一个个连起来（要避免那种有可能让学生感到尴尬的连接方式，也要避免把相互反感的学生放到一起）。最后，做成一个有趣的戏剧化的造型，拍一张照片，放到布告栏里展示。

为了把解释性任务做成学生阅读活动的一部分，教师可以做几个任务卡，带有明显不同的姿势，让四到五个小组来做，看看哪组学生最先正确地做出那个姿势。

39. 从人到人

- 设定一个节奏，同时让学生快速拍手或打出这个节奏，教师重复四遍"从人（啪）到人（啪）"（翻译成目的语）。
- 大声说"从手（啪）到手（啪）"四遍。
- 让每个学生找一个同伴，把一只手放到同伴的一只手上，按照教师设定的节奏重复这个动作四遍。
- 返回"从人到人"，让学生拍手，再来回重复四遍。
- 大声说出另一个身体部位的组合（从肘到肘，从鼻子到鼻子，从膝盖到膝盖），见图12.3，让学生和另一个新的同伴搭档。把所有的身体部位按照不同的组合进行练习，游戏才结束。小心不要提及让学生感到尴尬的组合形式。

图 12.3　"从人到人"游戏

40. 西蒙说　K–8年级的学生都很喜欢做这个熟悉的游戏。随着学生的长大及语言水平的提高，他们可以轮流扮演"西蒙"或以小组方式进行游戏，这样就可以在更小的小组之间角逐出冠军。用目的语给这个游戏取一个押韵的名字，比如"Diego dice"（西班牙语"迭戈说"）或者"我说你做"，也有助于学生在不依赖翻译的情况下理解目的语中的动词"说"。

针对低年级学生可以做如下变体：主人说。一年级学生在学习宠物的时候，可以用"主人说"来替代"西蒙说"。他们假扮成可爱的小狗，做主人说的任何事，但只是在听到指令前有"主人说"的时候才这样做。教给学生的各种指令可以是：去取回球、挖一个洞、摇尾巴、转一圈、摆手、睡觉、喘气、跳、追你的尾巴、过来、坐下、待着不动等。学生可以轮流扮演"主人"，也可以两人一组来训练他们的"小狗"并向全班展示。教师和学生用各种不同的赞美之词回应他们的"小狗"。

游戏变体：妈妈/爸爸说（家务：铺床、吸尘、擦窗户、擦灰、熨衣服等，睡前准备：刷牙、洗脸、穿睡衣、躺下、喝水、收拾玩具、关灯、亲亲我）。

地理含义的变体：按照从最小到最大的顺序学习法国山脉（或任何其他地形），学生做"西蒙说"的变体游戏。学生们已经学习了山脉的名字，所以可以触摸身体的一部分来代表山的海拔，阿尔卑斯山（头）、比利牛斯山（肩膀）、中部山脉（腰）、汝拉山（膝盖）、孚日山（脚趾）。学生听到"我在阿尔卑斯山滑雪"时，他们要摸自己的头。如果没有听到关键短语而只是听到"山（脉）"，就不能动。

12.2.8 动作类活动

41. 动物叫声 给学生一个动物的名字，且学生已经学过这种动物的"叫声"，每种动物分配给两个学生。他们通过做出动物的叫声来寻找自己的同伴，这样就完成了一个语言任务。还可以让学生唱一首熟悉的歌或说一个熟悉的短语，把说出相同歌曲或短语的学生组成一个小组。

42. 猎熊 教师坐在教室前，用目的语讲述下列句子，每句话还伴随着一个适当的动作。让学生模仿教师的动作。每次复述时，为了保持悬念和惊喜，教师可以改变顺序或增加新的难度。最后，学生还会重复以下这些句子，以回应教师，甚至有的学生还会自愿带头做这个游戏。

我们来做猎熊游戏吧！

大家准备好了吗？（全班回答"是！"或"准备好了！"）

出发！

看那片大森林！（做出"大"的手势，并指向森林的图片）

我们不能绕着走！（做出"环绕"的手势）

我们不能越过去！（做出"越过"的手势）

我们必须穿过去！（做出"穿过或直入"的手势）

（在腿上有节奏地拍手，这表示穿过森林的过程）

看那片茂密的草丛！（做出"茂密"的手势并指向图片）

我们不能绕着走！（做出手势）

我们不能越过去！（做出手势）

我们必须穿过去！（做出手势）

（大家一起有节奏地搓手，手指向前指，代表穿过茂密的草丛）

看那片大湖！（做出夸张的手势，并指向图片）

我们不能绕着走！（做出手势）

我们不能越过去！（做出手势）

我们必须穿过去！（做出手势）

（有节奏地用胳膊做出游泳的动作）

看那棵大树！（做出手势，并指向图片）
我们爬上去！（做出爬树的动作）
看那头熊！
（以手遮眼，慢慢转动头，做出瞭望的动作）
看到熊了吗？（全班回答"没有！"或"没看见！"）
爬下来！（表演动作）
看那片茂密的树藤或灌木丛！（做出手势并指向图片）
我们不能绕着走！（做出手势）
我们不能越过去！（做出手势）
我们必须穿过去！（做出手势）
（用手臂有节奏地做出推拨树藤或灌木丛的动作）
看，我看见一个洞！（做出夸张的动作）
我们进去吧！（拍打面颊，张大嘴巴发出空洞的声音）
洞里好冷，好暗！（抱住双臂打冷战，以手遮眼）
用手感觉一下周围。（试探性地摸摸，缩回手，再摸摸）
毛茸茸的！（像摸动物一样地抚摸）
湿漉漉的！（快速地缩回手）
这是头熊！（做出吃惊和害怕的样子）
（把上面的动作手势以相反的顺序再做一次，同时叙述这个过程）
跑出去！
穿过树藤或灌木丛！
爬上树！
瞭望四周！
那是只熊吗？
爬下来！
游过湖去，快！
跑过草丛！
跑过森林！
我们回家了！（松口气，瘫坐在椅子上）
锁上门！

43. 穿衣比赛 把学生分成两队或更多队。给每一队的学生一摞衣服（衣服的名称已经在课堂上学过），要求每一队的第一名学生穿上选出来的衣服（最好所有的衣服尺码都稍微大一点，这样便于参赛者穿脱）。每次活动都换一下服装清单和着装顺序。当自己队的参赛者忘记服装的名称时，小队成员可以提醒，但是必须用目的语提醒。最先穿对所有服装（必须是穿着正确的情况下）的选手为自己的小队赢得一分。服装的清单可以在后续的赛次中加长，这样可以延长听力记忆的时长。

44. 颜色步、数字步 这个游戏是由古老的嘉年华蛋糕步改编的。把塑封的彩色圆环或数字在地板上摆成一圈，每一个圆环或每一个数字上站一名学生。打开音乐，要求学生围着圆圈走步，当音乐停止时，他们会停在距离自己最近的圆圈或数字上。从盒子中抽出一种颜色或一个数字，问全班学生："谁站在____上？"站在那种颜色或那个数字旁边的学生则获胜，赢得全班的掌声。教师可以在教室里设立一个以上的颜色步或数字步，这样全班学生可以同时做游戏。做游戏时也可以用图片和写好的词卡来替代数字和颜色。

45. 命令枢纽 教师连续下达指令，可以是口头的也可以写在卡片上。先把学生按组派到教室的每个地方，做出摸门、摸墙、跳跃等动作，然后再给更小的小组新的指令。最先完成指令的小组获胜，然后来帮助教师起草一组新的指令或从指令库中选取一组新的指令。

46. 鸭子飞飞 / 小鸟飞飞 要求学生站在过道上或椅子边上。让一名学生充当发令者（教师也可以）站在前面，面对组员喊"鸭子飞飞！""小鸟飞飞！"等。如果发令者选择了一个会飞的动物，参与游戏的人都要以飞行的动作来配合，把手臂高举过头顶再放下来。如果发令者选择了一个不会飞的动物，做游戏的人就不能做飞行的动作。如果发令者选择了一个不会飞的动物时，有人做了飞行的动作，或者在说到一个会飞的动物时，有人没有做飞行的动作，这个人就成为新的发令者（或者受到一个惩罚）。

47. 奥地利数字游戏 全班围坐成一个圆圈，包围住被选出作为发令者的学生。这名学生蒙上眼睛并站好。给每一名学生一个数字，从数字 1 开始。当中间的发令者说出两个数字时，拿到这两个数字的学生就要立刻悄悄地换座位。一旦他们的动作被察觉到，发令者就必须要抓住这两个人中的一个，然后与被抓住的人交换位置。如果拿到两个数字的学生在换座位时没有被发令者察觉到，安全抵达新的座位，围成一圈的学生就要拍手（或用目的语喊出事先约定好的短语），扮演发令者的学生就要再试一次，喊出另外两个数字。

游戏变体：除了数字之外，还可以用动物、颜色、食物或其他正在学习的词汇。

48. 皮埃尔的衣服 让几个学生站在教室前面，每个人手里都举着从一组相关词语中选出的图片。游戏开始时，教师说："皮埃尔要去上学，但是他还没有棒球帽。"拿着棒球帽图片的学生就要回答："哦，不对，他有棒球帽，但是他还没有鞋子（鞋子的图片由小组中的另外一个学生拿着）。"手持鞋子图片的学生运用相同的方式继续游戏，直到叫到了一名学生手里图片上的衣物而他没有回应，或者发现叫到了一件大家手里都没有的衣物时，游戏才结束。没做出正确回应的学生可以从班里找另一名同学来代替他站在教室前面。全班同学可以利用任何类型的词汇来做这个游戏，只需要变换"框架"句式中的情景即可。

游戏变体：所有学生都有一张卡片，站成一圈，卡片向外，这样其他学生都能看见彼此的卡片。游戏操作方法同上，但是目的是在指定时间内叫完所有的卡片。学生能够了解到互相倾听、集中注意力并及时应答的重要性。第一轮是练习，在接下来的几轮中，就要限定好时间，游戏的目标就是要每轮减少游戏用时。彼此倾听的重要性也得到了加强，从而有望在其他游戏中得到实施，这反过来也提高了学生的语言技能。

49. 摊鸡蛋　在这个游戏中，一名学生首先与另一名学生进行对话，对话后，先发起对话的学生必须坐到第二名学生的座位上。然后，第二名学生必须去找第三名学生，发起同样的对话，然后对话结束时必须坐在第三名学生的座位上。第三名学生再去找另一名学生，以此类推。当当每个学生都坐在别人的座位上时，游戏就结束了。

游戏变体：可以让三名或四名学生同时开始进行对话，这样每次就可以有几名学生在讲话，游戏就能进行得更快些。

对话可以是关于任何话题的。如下例：

第一名学生：

你好！我叫……

我最喜欢的……是……

你最喜欢的是什么？

第二名学生：

我最喜欢的是……

50. 起立/坐下　这个游戏是用来练习形容词的。全班分成男生组和女生组。每组学生面对面坐在教室的两边。学生要仔细听被提到的形容词的形式。如果女生听到阴性形式的词"运动的"(sportive[1])她们就站起来，男生则仍然坐着。如果男生听到阳性形容词，如"聪明的"(intelligent)，他们就站起来，而女生则仍然坐着。如果形容词既可以是阳性的也可以是阴性的，如"红的、含羞的、疲惫的"(rouge、timide、fatigué)，两组学生都站起来。在小组都练习过并且基本掌握这个活动后，可以在教室前摆放两张椅子，找一名男生和一名女生来做这个游戏。如果在听到给定的形容词时能够做出正确的起立或坐下的动作，则该学生得一分。

游戏变体：（1）学生在看到写在卡片上的形容词时必须做出起立或坐下的动作。复数形式的形容词也可以用来做这个游戏。（2）做这个游戏时还可以把学生分成家长组和学生组。当教师说"吃掉你的豌豆"时，"家长"就要起立。当教师说"我床下有一个怪物"时，"学生"则起立。如果教师说"我爱你"或另外一个家长和学生都有可能会说的短语时，两组都要起立。经过一些练习后，可以在教室前摆放两张椅子，让一名"家长"和一名"学生"来做这个游戏。如果在听到说出的短语时能够做出正确的起立或坐下的动作，则该学生得一分。

12.2.9　猜测类活动

51. 热和冷　让一名学生离开教室，然后在教室中藏起一样东西。这名学生回到教室后，必

---

[1] 此游戏中列举的形容词均为法语形容词，故有阴阳性之分。——译者注

须找到这个东西。班里的其他同学提供物品所在位置的线索。在寻找物品的同学接近该物品时，其他同学就说"热"；当他远离物品时，同学就说"冷"（或者教师规定的其他任何词）。有的目的语中对这类游戏有固定的说法。

游戏变体：要求学生慢慢地数数，或者重复藏起来的物品名称，或者重复一个节奏或其他以小组为单位进行记忆的材料。当寻找物品的人接近藏起来的物品时，大家的声音就变大；当寻找物品的人远离时，大家的声音就变小。

52. "烫人的椅子"：你说我猜 这是一个全班都参与的游戏，但是要把全班分成每组4~5人的小组。教师准备最近学习的词汇图片或卡片。第一组先把自己的一名组员送到椅子上，让其面对着其他组员。教师拿着图片或词卡站在椅子后面。小组成员有一分钟的时间向坐在椅子上的同学用目的语描述图片或词卡，但是不能直接说出词语。初学者可能会使用一到两个描写性词语。比如：如果词语是鸟，组员们就会说"会飞""它很小""翅膀"或"一种动物"。在做游戏前，明智的做法是先集体讨论一下所有可能与这个词相关的描写性词语。如果坐在椅子上的学生准确地猜出了这个词，卡片就交给他。结束时，学生告诉教师卡片的数量，教师则在白板上记下得分。在前几轮的游戏中，学生们可以在语言描述的同时加上手势。之后他们就必须把手放在屁股下，仅仅使用语言描述，或者椅子必须转过去，这样坐在椅子上的学生就看不到自己的队友了。为了让所有的学生都参与进来，要确保他们都能看到图片和词卡并且一起思考，如果轮到自己时要如何描述。学生们还可以使用一个线索，即另一组学生对还没有猜出的词语进行的描述。

游戏变体：教师坐在椅子上。

53. 我手里还有多少 这个游戏要使用目的语文化中的豆子、纽扣、种子、石子、糖果、硬币等，或任何可以成把抓的东西。教师把手伸到一个容器中，手里握住几个物品（但不是教师写下来的物品），问："我手中有多少个＿＿＿？"学生猜一下数量，教师把数字写到白板上。学生猜过10~12个答案后，教师和学生一起数，看看是哪个学生猜到了准确的数量或谁的猜测最接近准确数量。

游戏变体：做游戏时，教师知道做游戏物品的数量，每猜一次，教师就会说这个数比正确的数字"大"或"小"，这样可以增加游戏中逻辑思考的成分。

54. 我在想 用目的语开始这个游戏："我在想第三排的一名学生。"学生们都在想那排同学的名字，用目的语问"是朱安吗？是玛丽吗？是弗雷斯吗？"，直到他们猜出正确的名字。继续猜另一名学生的名字。如果是从全班范围猜学生，还可以每次对这名学生做一点描述，直到全班都猜出这名学生是谁。当然，教师还可以从很多学生都知道的细节开始，但是要把最典型特点的描述留到最后。

做这个游戏时，教师还可以用时间、数字、教室中的物品、目的语文化中的城市或其他合适的词汇。比如开始陈述的句子可以是"我在想与朋友见面的时间。那是几点呢？""我在想7到30

之间的一个数字，那会是几呢？""我在想度假时要去的南美洲的一个城市。那是哪个城市呢？"

游戏变体：猜测正确的学生就成为下一轮游戏的领导者。如果以小组为单位来做游戏，学生可以描述不在本组内的同学。

55. 我是什么　这个游戏的点子是在 http://www.lingolex.com 上找到的。

教师在便笺纸上随机写出几个名词，把便笺纸贴在学生的额头上。学生必须互相询问只能用"是/否"回答的问题，直到他们猜出自己额头上的名词是什么为止。除了随机的名词外，还可以用名人的名字、地名或事件名称。教师应该做个示范，在自己额头上贴个便笺纸，示范如何向学生提出各种只能用"是/否"回答的问题。

56. 你后面是什么（记忆力游戏）　这个游戏的点子也是在 http://www.lingolex.com 上找到的。

教师让学生保持向前看的姿势，问他们们还记得身后是什么东西吗。学生可以回答同学的名字、家具、教室的装饰、墙上的物品、柜台或桌子等。教师可以让学生提供他们记得的物品的细节，还可以询问学生在学校外面的街道上他们还记得什么。

教师：想一下学校外面的街道，你能记得什么？

学生：有一些树。

教师：树是在街道的两侧吗？

游戏变体：教师可以让一名学生闭上眼睛，描述一下邻居的相貌。

57. 什么不见了　把任何数量的物品、动物玩具、颜色教具等放到托盘上，保证每个学生都有机会看清托盘上的东西。让他们研究一下托盘里都有什么，然后教师告诉学生自己会从中拿走某样物品，让学生来猜拿走的是什么。在学生闭眼的时候，教师拿走一件物品藏起来。为了防止偷看，可以用眼罩把学生的眼睛罩上（还可以增加游戏的戏剧性）。一轮游戏结束后，就换一件物品再做一次，游戏中教师可以用任何希望学生掌握的词汇。

用实物投影仪或投影仪做出的游戏变体：把小件物品摆放在纸上，形成清晰的剪影，画出它的轮廓。扫描成电子文件。显示各种扫描的版本，其中有一件物品缺失，让学生猜猜丢失的是什么。或者做成彩色或黑白的透明图片，把它们剪下来，拿走一件物品。还可以把成套的图片装在信封里，这样学生可以结成对子来做这个游戏。

58. 词语联想　教师准备一包最近新学过的主题单元的词语卡片。一名学生从包中抽取一张卡片，读出这个词语或说出卡片上图的名称。然后再说出一个与这个词语相关的词语。下面的例子就是初级班学生在学习动物及其栖息地时说的内容：

学生A：狗　　　　　　　　　　学生E：鱼

学生A：尾巴　　　　　　　　　学生F：湖泊

学生B：羽毛　　　　　　　　　学生G：河流

学生C：鸭子　　　　　　　　　学生H：水

学生D：游泳　　　　　　　　　学生I：牛奶

学生 J：奶牛　　　　　　　　　　　　　学生 K：农场

这个游戏的创意是在 http://www.lingolex.com 上找到的。

12.2.10　棋盘游戏

教师创造的棋盘游戏（见图 12.4）是复习语言学习中涉及的多方面知识的一个愉快的选择。学生所玩棋盘游戏中的任何一个都可以做成一个模型，棋盘上从起点到终点蜿蜒辗转地画着各种圆圈或正方形。玩家利用投掷骰子或根据卡片上的说明决定前进的步伐。有的棋盘还可以从互联网上下载。下面就是在 Ñandu 邮件列表中分享的棋盘游戏。

图 12.4　学生们正在玩棋盘游戏

59. 初级摇摇摇　琼·帕切科（Jean Pacheco）在年纪很小的学生中使用过这个游戏：

　　我在幼儿园孩子中用过的一个游戏就是初级摇摇摇。用卡片纸给每个学生都做一个棋盘，塑封起来。棋盘上做成一只虫子的样子。学生们两人一组，每组一个骰子。两人轮流投掷骰子，用目的语说上面的数字。然后，同伴用一个立方体盖住棋盘上的数字。有的数字会重复出现在棋盘上。如果骰子掷出的数字已经在棋盘上被盖住了，玩家就输了这一轮。最先把棋盘上的所有数字都盖上的玩家就获得了胜利。这是一个练习数字 1~6 的好方法。

制作一个棋盘

凯茜·西登斯（Kathy Siddons）通过 Ñandu 邮件列表提供了一些好的建议：

　　我在设计新游戏时，先在一张 8.5×11 英寸的空白纸上用一支铅笔轻轻画出棋盘的轮廓，然后用黑色的细记号笔把轮廓再描一遍，有必要修改时，可以用涂改液。有时我用浅蓝色方格纸来手绘棋盘，再复印好棋盘。然后再把边框涂上色，需要时再添加一些彩色的剪贴画，使其看起来活泼有趣，这样孩子们就会喜欢。（有时，我能用微软的 Word 和带有上色功能的"自选图形"工具栏来做所有的事情。）

　　然后我再去复印店复印几份，放大到 11×17 英寸。这个尺寸非常适合橡木卡纸（一种较薄的海报纸）。使用前我用胶水把它们粘合起来，晾干后塑封。我会做足够多的棋盘，这样如果以小组（最好是每组三人）为单位来做，每一组都有一个棋盘。一名学生坐在棋盘前，另外两名学生分别坐在棋盘的左侧和右侧，这样每个学生都看得很清楚。为了配合游戏主题，我会选择不同的小道具作为棋子供学生们移动，但是孩子们最喜欢的还是塑料做的小水果模型和小动物模型以及简单而古老的豆子或纽扣。

在每个人开始做游戏前,我还会花一点课堂时间来做一个小小的示范活动,我会精心挑选出一些孩子,全班同学围着他们观看。在做这个游戏前,我会利用 http://www.puzzlemaker.com(该网站现在还为教师们提供了练习文档的功能,以便日后使用)做练习,强化在此前已经介绍过的必要的词汇和符号。

12.2.11　其他游戏活动集锦

普通游戏

- 接力赛
- 字谜
- 拼读蜂
- 猜字游戏
- 神秘来宾
- 二十问

其他活动

- 进行一次寻宝活动或寻宝游戏。
- 在纸盘上画喜欢的食物或营养均衡健康的饮食。
- 画出商店的物品并剪出形状,进行一次购物活动,购买这些文化仿制品。
- 画一张社区地图并标注地点。
- 用木偶或道具表演剧目。
- 跳民族舞蹈。
- 制作目的语国家的钱币。
- 制作目的语文化中硬币的拓本。
- 制作带有主题的壁画。
- 制作图解字典。
- 设计一份菜单。
- 收集一些有文化特色的简单食谱。
- 做目的语文化中的特色食品。
- 实地考察一个说目的语的机构或地点。
- 写一首班级诗歌。
- 用目的语文化中的服饰来装扮娃娃。
- 用橡皮泥捏出动物或其他造型。
- 制作钟表。
- 制作纸袋木偶、娃娃和/或面具。
- 在纸盘上画出各种表情的脸。
- 制作各种主题的移动玩具:五官、食物群、宠物、家庭等。
- 制作家里或学校的平面图。
- 用哑剧表演各种表情和生病的样子。
- 用戏剧嗓音表演一出戏剧。

12.3　其他课堂教学策略

12.3.1　玩偶

对低年级学生来说,再没有像玩偶和毛绒玩具那样用途多样、惹人喜爱的教具了。玩偶可以扮演不能出现在课堂上的人物角色，例如：如果教师是女性，玩偶可以扮作成年男性，还可以扮作年龄比班里的孩子们大或小的人物、一位外国来访者或全班学生的特殊朋友。玩偶还可以充当教师的一个密友，它可以负责表演各种夸张或傻乎乎的动作。在对话交流的过程中，玩偶还可以成为第二个表达流利的人，为学生示范出他们将来也能够达到的流利程度。有时，玩偶还可以成为什么都做不好或是因为忘记遵守语言规则而不断陷入麻烦的"困难学生"。这些性格特点的角色设定，可以使全班每个学生为自己所掌握的语言知识和自己的良好表现感到骄傲。同时，玩偶犯错误的时候也是教师有效示范语言规则的最佳时机，学生可以了解违反规则的后果。

高年级学生可以用玩偶为低年级学生准备小短剧。这样既可以消除使用幼稚道具的感觉，同时也建立起了以交流为目的语言社区。

由于玩偶色彩鲜艳，还具有鲜明的性格特点，它们可以成为让学生描述的理想对象，描述的话题不仅包括简单的穿着、型号和颜色，还可以包括复杂的情感、家庭和想象背景的介绍。玩偶还可以扮演教师的角色，在班级做角色互换的游戏，鼓励学生拿着玩偶扮演一下教师。如果由玩偶扮演教师，那么真正的教师可以向学生介绍游戏接下来可能要发生的动作或行为。（见图12.5）

图 12.5　玩偶是非常有用的教具

玩偶是很多小戏剧中非常理想的道具，它有助于打造富有语言意义的课堂环境。一个深受学生欢迎的人物，即一只可以把舌头伸出嘴巴的彩色青蛙，在下面的情境教学中可以帮助学生学会说"拜托"：

教师：(举着青蛙假装非常严肃地说) 给我们看看你的舌头，青蛙先生。

青蛙：(摇头)

教师：(恳求式的) 拜托！

青蛙：(使劲地摇头)

教师：(甚至更急切地) 拜托！拜托嘛！

青蛙：(几乎疯狂地摇头)

教师：(与全班学生商议) 你们来说"拜托"。(暗示：也许青蛙会听你们的)

全班：拜托！

青蛙：(决然地摇头)

教师：(对全班学生轻声说) 说"拜托"——大点声！

全班：拜托！

青蛙：（又摇头）

教师：（对全班学生轻声说）说两次"拜托"。

全班：拜托！拜托！

青蛙：（停顿，看看全班，伸出了舌头）

教师：（愉快地对青蛙说）谢谢，青蛙先生！

在任何这类的对话中，教师从头到尾都是表演夸张的那一个角色，这一点非常重要。

教师和学生都很喜欢用玩偶做游戏，这也能够把他们的性格特点体现出来。在初学阶段，想拿着玩偶或毛绒玩具的渴望也能够激励非常害羞的学生对教师或全班同学说："请把青蛙给我。"还有一个很受欢迎的活动，教师从魔术箱或大袋子中取出玩偶、毛绒玩具和其他道具，把它们递给自愿拿着它们的学生。如果发现道具数量不够，即不是所有的学生都能拿到，就要邀请学生向彼此发出请求来拿到道具，同时要求他们使用教师在课堂上使用过几十次的短语："请把……给我"。一个生动的玩偶、毛绒玩具交换活动就自然而然地形成了，所有的一切都是因语言的运用而产生的。

在某些活动中，玩偶还可以像替代教师那样替代学生。许多在课堂上发言吞吞吐吐的学生可以借助玩偶这个新的人物角色轻松地表达，尤其是玩偶充当的角色是课堂上的一个固定角色，而且全班同学对玩偶要做的常规性事务都非常熟悉。有的课堂就是以招募志愿者学生开始的（当然使用目的语）："今天谁来扮演青蛙先生？谁来扮演女巫？"随着语言技能的逐步提高，学生们越来越了解他们的玩偶朋友，他们还可能希望一起合作设计玩偶之间的对话甚至简短的戏剧。

莉·安·吉尔森（Leigh Ann Gilson）在Ñandu邮件列表中贡献了她在学期初利用玩偶教学的方法：

在学期初给学生介绍了一些词汇后（这是学生第一次体验接受一种外语），我告诉他们我有一个朋友，他只说西班牙语。我自己开始跟玩偶讲话，我的确让学生认识到这样一个事实：我的玩偶不说英语。

例如：

我的玩偶里奥经常迷恋一个女孩；一提到跳舞，就会有一名学生响应，等等。

里奥参加所有的游戏、唱歌和课堂活动。

最有趣的一点就是，在我扮演玩偶时，我觉得自己就像西班牙语中的埃尔默（Elmo）。

使用玩偶时，我跟学生的体验大多数都是愉快的。

玩偶来源

玩偶可以是买来的，也可以是教师自己制作或班里学生做的。有些玩偶可以专门体现出目的语文化的特色，这些玩偶都是课堂上尤其珍贵的参与者，不过任何一个有特点的玩偶都是很好的选择。避免选择那些高度商业化的玩偶，比如流行动画片中的角色，这样学生才不会受到前期联想的影响，从而可以全身心地参与到语言课堂上大家想象的生活中去。

玩偶的处理

如果我们在课堂上引入了带有鲜明性格特点和感情的玩偶和其他教具，我们实际上也创造出了一种具有强烈吸引力的幻想。这种幻想能够在课堂上建立一种魔法般的氛围，可以为学生的学习提供有力的支撑。为了保持这种幻想，即使在玩偶不是上课焦点的时候，教师也要对玩偶表现出足够的尊重，比如：活动结束后，要小心地把玩偶和其他教具放在专门的地方或玩偶袋里，而不是随便把玩偶放到桌子上或地板上。如果我们严肃认真地对待我们的玩偶或迷你道具，它们对学生而言就会格外有意义、格外难忘。

12.3.2　使用夸张的手段

可以在鸡蛋、魔术盒或教室中的什么地方藏一把小梳子或一副小太阳镜。在寻宝游戏中增加一点夸张元素可以提升学生的参与热情。在古安系列活动或TPR系列活动中，一名学生走到镜子前梳头，他使用的大梳子就增加了活动的幽默感。一把普通的梳子或假想出来的梳子都没有这种效果。当带有额外的夸张效果的活动一再重复时，就成了一种新活动，学生也会积极地参与。小丑教具（特大号的铅笔、钢笔等）都是用来做这种活动的好资源。（见图12.6）

12.3.3　手工活动

学生不仅喜欢参与其他与艺术有关的活动，也很喜欢参与制作可以反映目的语文化的手工艺品。这些活动有时也会给教师带来挑战，因为教师要去开发新的词汇领域，完善下达的指令和做示范的技巧。艺术活动是一节课或一个单元的延伸，并不是短暂的休息，因此教案中既要包括在课堂上要使用和练习的语言，也要包括手工活动本身。

图 12.6　使用夸张的手段

在为低年级学生准备一节艺术课或手工活动课时，教师会遇到很多挑战。因为这样的班级上课时间很短，仅仅在一节课的时间很难完成任何复杂的活动。不同年龄的学习者在处理任务的能力上各有不同，这些任务包括粘贴、剪切和整合零部件，因此明智的做法是与主课教师核实一下要做的任务的可行性。我们要始终明确，艺术或手工活动是使用目的语的一个场合，不要让任务的复杂性掩盖了语言教学的目的。要确保学生在相关的词汇上已经做好了准备，他们已经可以完成任务的各个步骤，或可以使用目的语来索取完成手工作品所需的物品。教师可以考虑把任务步骤写下来，作为一个古安系列活动的一部分，并且提供词汇以便可以让大家用目的语简单地讨论一下最后的成品。

康涅狄格州斯特斯古德温学校的退休教师凯茜·西登斯（Kathy Siddons）曾经在15分钟的课堂内与二年级到四年级的学生成功完成过一些任务，她也积累了一些有效完成任务的经验。在Ñandu邮件列表中，她也分享了她的建议：

随着教授小学外语的时间越来越长，我越来越强烈地感到，要给孩子们提供创造自己作品的实际操作经验，以便巩固课堂上教过的语言知识。

1. 事先剪出尽可能多的东西。超级大的剪纸器就非常好，大张的纸如果成批购买也花费不了多少钱。同时，购买一些真正好用的、锋利的剪刀，这样就可以一次剪切好几张美术纸了。仅仅沿着第一页上的图案，就可以一次剪出六张或更多的图案。要知道你剪切的不一定要很完美，但事先一定要把你需要的尺寸测量得很准确，然后再根据尺寸来购买纸张并剪切。

2. 把设计图复制到美术纸上而不是普通的复印纸上。我们有一台可以在美术纸上复印出完美图像的复印机，又快又便宜。这样做出来的艺术作品比用普通的复印纸做的保存时间更长，看起来也更特别。白色美术纸就很好用。

3. 任务的部分内容可以由学生自己设计，这样就不会千篇一律了。教师要为学生提供不同颜色的纸、不同材质的材料和不同的处理方法。我曾经做过一个叫作"一朵五颜六色的花"的学习任务，就是一朵花上长满了不同颜色的花瓣。孩子们必须按照花瓣上的西班牙语指示来给花瓣涂色。不过孩子们可以用订书器在花瓣中间钉一个小圆片，他们可以按照自己的意愿来给这个小圆片涂色，然后再把自己设计的花放到花盆中，这样每朵花看起来就都完全不同了。（我们是在春天的第一天做这个活动的。）

4. 需要用到的工具包括裁纸器、从专门设计的边条簿上取下的纸条、订书钉、不干胶贴画、透明胶带以及订书器，这样的工具可以保持环境整洁，也可以减少使用胶水时等待胶水变干的时间。不过我曾经成功地使用过紫色胶棒。这能让孩子们清楚地看到自己把胶涂在了哪里，这样他们就不会用得过多。胶水涂得太多要花很长时间才能干，而且没有什么比把漂亮的作品黏成一团更糟糕的了！在做手工的那天，我会请主课教师与我共用订书器或胶带切断器。我借了一个餐厅的托盘，用来收集一切我能收集的东西。托盘上摆满了订书钉和胶带，我带着它们从一个班走到另一个班做活动。孩子们愿意自己装订和扎捆（我甚至在考虑尝试做一个使用双面胶的活动）。注意要及时把订书器和胶带切断器归还给主课教师，这样才能与同事保持良好的关系。为了清楚地识别自己的物品，我在自己的教具上添加了特别的巨嘴鸟贴纸或彩色封口胶纸做成的"旗帜"。

5. 在订购切纸器、便笺纸和贴纸时，你可以多花点时间仔细研读一下产品目录。一些文具公司可以供应品种齐全、设计精良的切纸器、便笺纸和贴纸。按照课程设置中的主题来挑选，有助于减少使用不必要的教具，也有助于思考如何更有创造性地利用这些教具来完成主题教学。不要回避办公用品商店里"办公类型"的贴纸。我使用过那种非常普通的大一些的贴纸，这在很多商店都能买到。同时，花点时间估算一下某种材料你到底需要多少，因为你肯定既不想缺货，也不想把钱浪费在无用的东西上。如果产品目录没有提供你所需要材料的信息，比如型号和总量，可以给客户服务部门打电话咨询。

6. 在做艺术活动的前一天，请主课教师帮孩子们在当天做好充分准备——清理好桌子，削好铅笔，把蜡笔、剪刀准备好。在孩子们的柜子中放一个可爱的提醒便笺也是个不错的选择。多留出几分钟时间用来清理教室。因为事先做好了裁剪工作，清扫工作实际上就很少了。主课教师一定会对此表示感谢。

7. 使用预备好的图形（可以是买来的）或者使用模切机自己做图形（很多教师工作中心或材料中心都有模切机）。

8. 彩色封口胶纸和皱纹纸价格很便宜，使用起来也非常简单便捷，可以为艺术作品增添不同的色彩和质地。对于一些特别的场合和手工制作活动，还可以考虑再贵一点的不褪色的美术纸，它们不容易撕裂，还可以剪切得很整齐。

9. 提前设计好手工活动的顺序。按照成人的速度做几个仿制品（作为展示用）。我甚至为了展示还做了一个超大号的。做的时候先计算一下所需的时间，根据学生的年龄，把这个时间乘以两倍或三倍。我发现如果我都无法在5分钟内完成，那么这个手工活动就不适合在15分钟的课堂上进行（有时，把零部件放大就很容易加快速度，这样更适合孩子们的小手来完成手工活动）。如果你的课时允许，让一天中的第一节课成为试验课。到最后一节课时，你对这些制作技巧就已经谙熟于心了，孩子们也一定急不可待地要把他们的作品带回家，所以我会极力避免让孩子们做在15分钟内完成不了的手工作品。用马尼拉信封[1]装上零部件，分发给孩子们，或者用一个大的回形针把零部件夹在一起，这样可以节省分发的时间。

10. 最后这点也很重要，我碰巧在学校的美术教师那里找到了一个目录表，非常适合在小学外语课堂上开展15分钟内的手工制作活动。如果你已经有了一台模切机，就可以制作布告板上用的字母和数字，一定要注意还要有其他形式的模具。模具一般很贵，我打算建议本区的小学外语课程团队中的其他成员与我一起分担这笔费用。这样，年复一年，我们就可以收集很多模型。仅仅透露一点，我们已经有的模型包括美洲驼、墨西哥、北美洲、波多黎各、南美洲的轮廓图，宽边帽，西班牙女郎和棕榈树等（我还没有考虑什

---

[1] 类似公文档案袋。——译者注

么样的模具适合其他语言和主题）。明年我希望能试试一到两个系列。乍一看，它们非常适合用作刚刚学过的歌词中迷人的背景，或者用来展示诗歌。再强调一次，手工作品的重点是要快速完成。祝你好运！

课堂上的艺术和手工活动有无限的可能性。一本小学手工活动书有助于厘清手工制作思路，那些关注不同文化的手工活动书就尤其有益了。下面介绍一名幼儿园法语教师的想法，非常有启发性。

薰衣草香囊 在学习普罗旺斯的过程中，学生们讨论的都是这个地区生机盎然的颜色和产品。我们发现当地美丽的紫色薰衣草种植园后，就开始制作薰衣草香囊。学生们开始运用从当地学到的知识，如橄榄、薰衣草、向日葵等，或者运用在普罗旺斯桌布上发现的花样来装饰白色的锥形咖啡过滤器。在用记号笔画画时，最好在过滤器内部垫一张索引卡，这样可以确保颜色不会从另一面渗过来。学生或教师可以在香囊的前面写上普罗旺斯或薰衣草。然后学生把一茶匙的香囊填充物装到过滤器中，填充物可以使用手工商店的香囊。为了做成香囊，过滤器的两个角可以按照一个角度折叠并装订起来，再把顶上的盖子漂亮地折叠下来。把紫色的装饰带折成蝴蝶结，放到那个盖子上，并用订书器钉好。

巴黎圣母院的彩色玻璃窗 在我们"漫游"巴黎时，我们和幼儿园的小朋友一起"参观"了巴黎圣母院这座大教堂，我们都对那里的彩色玻璃窗赞不绝口。我们决定要制作自己的彩色玻璃窗花，并把它贴到我们教室的窗户上。互联网上有很多彩色玻璃填充图，这些着色纸可以打印或重复印到透明纸上。学生们用记号笔给透明纸上色，最后我把他们的杰作贴到窗户上。学生们还可以用黑色记号笔在透明纸上设计自己的彩色玻璃图案，然后再用彩色记号笔涂色。

用玉米粉面团制作怪兽 幼儿园小朋友还非常喜欢用来装饰巴黎圣母院的怪兽。第一天，我们讨论了怪兽身体的主要部分、表情以及与动物的相似性等。第二天，学生们用铅笔画出怪兽的素描，他们要用教师或家长志愿者准备好的玉米粉面团制作出自己画的怪兽。学生可以画出两个或三个怪兽，然后选出他们想做的那个。在制作前，学生们要给自己的同伴描述自己的怪兽并进行比较。第三天，学生们开始进行造型。这时有四年级的法语学生来辅助这些幼儿园小朋友，这些四年级学生已经接受了美术教师的指导，了解如何根据选出的素描帮助这些小朋友进行制作。我自己就指导过高年级的学生如何用目的语和幼儿园小朋友打交道。怪兽干了以后，学生们把它们涂成灰色，我们会把这些作品放在学校里进行展示，让全校学生来欣赏。我们还会把孩子们的素描纸剪出来，高挂在教室里，也可以挂在门上、钟的四周以及教师设计的钟塔的四周。

12.3.4 用数码视频展示器、交互式白板和高射投影仪做的活动

通过一台数码视频展示器（也叫作实物投影仪）、一个交互式白板或高射投影仪，你可以使

用各种技术把图片投射到屏幕上。利用高射投影仪时，你可以使用透明物；利用数码视频展示器时，你可以使用原始文件；利用交互式白板时，你可以使用电子图片。

- 用一张纸把图片盖上，慢慢地露出整个文件。
- 使用"西洋镜"技巧，可以只展示图片中选择的部分。在硬纸或瓦楞纸上剪出"窗子"的形状，并做成可以开合的样子，这样就做成了一个带"窗"的遮盖物。打开"窗户"露出图片的几个部分，让学生猜猜图片上是什么或图片后面藏着什么故事。另一种选择就是在遮盖物上开一个洞，按照学生的要求在文件四周移动，这样学生可以看到图片各个不同的小地方，然后猜出图片上是什么。
- 用遮盖物分阶段把图片拼起来，或者按步骤揭开或露出图像的不同部分。
- 把收集来的实物或物体图片放到投影仪的展示台上，然后做"什么不见了"的游戏。关掉机器，一次拿走一个物体，然后再打开机器，让学生辨别是什么东西不见了。
- 画好简单的地图，再把剪好的表示街道、房子、地标、人等的图片放到地图上。

12.4 课程中的歌曲和歌谣

音乐是融入一种新的语言和文化最吸引人、最有效的切入点之一。如果是用于背景音乐或听力体验，目的语文化中的音乐则会增添语言背景的真实性。用目的语学习歌曲有两个好处：首先，这种方式是让学生体会目的语文化的一个重要维度；其次，这种方法能帮助学生内化新语言中的发音、词汇、节奏和语言结构。学生唱歌的时候发出的语音总是要比他们第一次说的时候要好。

歌曲可以在每个单元和每节课中起到非常重要的作用。要把歌曲融入课程中，并根据歌曲与一节课中的所有活动和词汇之间的关系来进行选择，而不是在有额外时间时才把歌曲当作课堂内容的附加品或补充，这样，歌曲才会更加有效。

12.4.1 歌曲的选择

选择歌曲时，歌词应该是局限于课堂使用的语言并与课堂内容结合的，这样歌曲中的歌词和理念会加强或引入课程中许多其他活动使用的材料。一些目的语文化中儿歌的词汇量太大不适合早期语言课堂教学使用。

选择旋律简单的歌曲，尤其是在小学阶段。旋律本身就很难的歌曲要花费相当多的时间去学习乐曲，这样语言目标就被掩盖了。可以向音乐教师咨询歌曲中涉及的具体技巧，但总的来说，简单的歌曲会一个音符一个音符地阶梯式前进，而不会包含大幅度的跳跃，简单的歌曲中从低音到高音的跳跃也是有限的。节奏应该简单明快且具有重复性的。即使歌曲很简单，在旋律和节奏上都应该是有趣的。同时，歌曲的话题也应该是班里的孩子们经历过并对此感兴趣的话题。

　　选择有可能根据歌曲内容来做动作、编排剧目、进行伴奏或演出（如轮唱或卡农）的歌曲。小学阶段的孩子们很难唱轮唱，但是他们会以极大的热情参与伴有动作的歌曲，这些动作有助于学生记住单词及其意义。

　　尤其是在低年级的教学中，最好选择在歌词、节奏和曲调上高度重复的歌曲。带有副歌的歌曲也很有帮助。作为一种教学策略，教师可以先引入副歌，这样就像学习歌谣一样，演唱者在唱到副歌时总是会转到熟悉的曲调上。

　　选择歌曲时，最好选择那些在目的语文化中非常流行的歌曲，因为它们在反映目的语文化同时也为学生提供了与母语者一样的体验。从英语翻译过来的歌曲尽管对学生来说更熟悉，但是缺少文化的真实性。

　　使七到十二年级的学生参与活动的最好办法就是选取吸引力强、他们又熟悉的流行曲调，教师自己写歌词，这样教师能够把控语言水平。这一点对于说母语者来说并不像看起来那么困难。选取一个基础的语言习得话题试一试，比如天气。教师还可以写一段饶舌韵律歌，或者把要练的词语给学生，请他们用这些词语写点什么。在这个年龄段，许多学生都喜爱音乐，都愿意在教师的帮助下填词。

　　此外，利用目的语描述语在 YouTube 上搜索一下，你永远都预料不到会找到些什么，总是会有惊喜。另一个可以考虑的选择就是真实的目的语广告词，一般都会有非常有用的语言点，如汽车或食品广告。这些广告语通常都很短并且不易忘记。

12.4.2　教学生唱歌

　　要有效地教学生唱歌，教师不一定要是独唱演员。如果教师知道怎么唱这首歌，就可以把这首歌介绍给学生。一副稍欠完美的嗓音反而是学生们的良好典范，因为学生容易有认同感，一些害羞的学生甚至会觉得他们可以安全地参与进来。

　　在有的游戏或剧情激烈的剧目中，配乐通常都是高度重复的。教师可以用非正式的形式把这些歌曲教给学生，先由教师自己唱，学生就会受到激励，参与到活动和唱歌中，这样他们就会在这种不太正式的教学中学会一些单词和曲调。

　　中学阶段的学习者似乎不太愿意唱歌，但是一首目的语文化中迷人的流行歌也能激发他们的兴趣。如果在朗读歌词的时候听到歌曲的录音，他们的反应也会很好。对于这个阶段的学习者来说，一个好办法就是给他们一篇文章，把学习者应该能够认出的词语变成空格（完形填空练习的一个变体）。他们会听得更加认真，并试着去填空，这样学习者最终就能学会这首歌。http://www.ver-taal.com 上有很多这类活动，上面有用法语、西班牙语和荷兰语填空的歌曲和歌词。

教师还可以引导学生去看这些歌曲的视频。YouTube 或歌唱演员的网站上都有许多流行歌曲和目的语文化中传统歌曲的视频片段。在 YouTube 的 "clipsenFLE" 播放列表里可以找到很多带有法语字幕的法语歌曲。在拓展活动中可以让学生们录制他们自己唱歌的视频片段，这样可以传达出他们对歌词的理解，同时也能激励一下那些对唱歌不感兴趣的学生。

不过，在大多数情况下，尤其是对于高年级学生来说，系统地教授歌曲往往会带来最有成效的学习成果。

如果能够认真地遵循一定的程序，歌曲的教学就会进行得非常顺利。下面会讨论具体的步骤。

步骤一——让学生做好准备 让学生做好准备，就是要告诉他们这首歌的歌词大意，最好用目的语讲述，可以大量地使用图片和手势。激励学生互相分享这首歌的背景、可能涉及的动作及情节，或者这首歌在目的语国家何时唱、如何唱等。播放歌曲录音或唱一下整首歌，这样学生会了解他们要努力的方向。注意，一些目的语文化中由儿童合唱团录制的歌曲的音调都很高，因此尽管这些歌曲会成功地激发起学生的兴趣，但如果用作课堂合唱的伴奏就会不太合适。

步骤二—— 通读歌词 带领学生通读一遍歌词，这样可以保证学生理解歌词，或者至少保证他们能够理解歌曲中的关键词，如果能够明白歌词大意，唱起来才会享受其中的意境。让全班学生先听一下他们已经了解的词语，并让他们回想一下自己曾经使用这些词语的情景。例如：假设学生在歌词中看到一个自己已经会的词语，他们就会想起一首歌、一个游戏或一个情景，他们曾经在歌中、游戏里或这个情景中使用过这个词或他们了解一些关于这个词的东西。这有助于学习者深入了解语言习得是一个日积月累的过程，有助于他们在新的材料找到学过的词语。把生词放到语境之中，利用手势或影像加以说明，不到万不得已不要使用母语来解释。新歌的所有歌词都是生词的情况应该很少，因为在介绍这首歌之前的几天里，大多数生词都应该在其他语境中介绍过。行之有效的方法就是利用一张带有图片的歌曲图表来介绍歌曲中的关键词，这样学生（即使那些不做阅读的学生）都能在唱歌的过程中跟上你的节奏。同一组图片还以用来做 TPR 热身活动或用游戏介绍词语的活动。

步骤三——逐行朗读歌词 逐行或以更小的短语为单位来朗读歌词，并让学生进行复述。如果学生没有掌握这行歌词的发音，就不要读下一行。这一步可以根据小组的特点、学生对语言的熟悉程度以及歌曲的难易程度而选择是否跳过。

步骤四——一次只唱一行歌词 一次只唱一行歌词，让学生跟着唱。为了准确地做好这个活动，教师要非常熟悉这首歌。把每一行歌词练习几遍，直到学生能够独立完成。然后一次唱两行歌词（对于那些有大约四行歌词的歌曲），最后把整个歌曲合起来唱。

只有四行歌词的歌是单独一节课教授的最佳教学对象。如果歌曲稍长一点，而且还有副歌，那就先教副歌，这样即使整首歌不能一节课学完，学生也会有一种完整感。

步骤五——增加节奏性伴奏　如果学生已经学完歌曲并很喜欢这首歌，就可以开始添加节奏性伴奏，例如拍手、打响指、跺脚或抖手。使用奥尔夫和节奏器可以使歌曲背景更复杂一些，也可以向音乐教师咨询，获得更多建议。

如果歌曲带有动作，那就要把歌词、音乐和动作一起教给学生。学习歌曲的每个部分都会加强其他部分的学习。如果可以用歌曲来做游戏或进行戏剧表演，一旦学生学会了歌词和音乐，他们就能够在真实语言环境中使用。

如果歌曲中有轮唱，可以让全班学生表演一个部分，教师表演另一个部分，然后再根据轮唱的要求把全班分成两部分、三部分或更多部分。以和弦结尾的轮唱比淘汰式轮唱更有意思。如果第一组唱的是最后一个的音符，第二组唱的是倒数第二个音符，以此类推，那么最后的和声有时会非常动听。

步骤六——为歌曲创作新的歌词　在学生对歌曲耳熟能详之后，他们通常会非常愿意为歌曲创作新的歌词。俄勒冈州波特兰市的教师劳伦·谢弗（Lauren Schaffer）就采取这种方法，在教学中使用了马特·马克斯韦尔（Matt Maxwell）的歌曲《咖啡鳄鱼》(Café Crocodile)。她的学生进行头脑风暴，找出歌曲中没有提到的动物，根据歌曲原来的节奏和结构，创作出新的歌词，把新旧词汇一起融合到歌曲中。这个活动与学生在自己喜爱的故事基础上创作的系列书异曲同工，还可以按照同样的方法延伸为一项写作活动。

步骤七——享受歌唱　在班里与学生一起尽情享受越来越多的活泼有趣的歌曲吧！一旦学生掌握了一首歌曲，教师可以利用录音设备让学生听一听自己录制的歌曲作为奖励。与家长或学校社区共享这些歌曲也很有用处。Audacity 是一款免费软件，可以利用计算机来录制歌曲。

如果你觉得自己不善于唱歌，下面几点建议可以参考：

- 请一名朋友或高水平的学生用你教的语言帮你录制一首歌，一句一句地录，就按你教学时要用的那样来录。
- 使用电子键盘，给曲调编好程序或让别人帮你做好，然后在课堂上一句一句地播放歌曲。
- 使用带有歌词的 CD，在上课时一句一句地播放。
- 在录音机或其他设备上播放歌曲。

12.4.3　不要唱歌？不想唱歌？试试歌谣或说唱

有节奏的语言材料和歌曲一样都有很多好处，都能够使学习语言的过程愉悦、难忘。几乎所有的内容或情景都可以编成歌谣，下面就是几个例子。

丽塔·格利克森（Rita Gullickson）创作了下面的歌谣，介绍了她关于"哥伦布大交换"这一单元的内容。这首歌谣是用打响指和手势来伴奏的。

1. Cristóbal（克里斯托弗）

   Cristóbal Colón（克里斯托弗·哥伦布）

   pidió permiso（请求许可）

   permiso de navegar.（许可航海）

   La reina Isabela（伊莎贝拉皇后）

   dijo que ¡no!（说"不！"）

   El rey Fernando（费尔南德国王）

   dijo que ¡no!（说"不！"）

   Cristóbal Colón（克里斯托弗·哥伦布）

   dijo ¡ay caramba!（说"哎呀，我的天哪！"）

2. Cristóbal（克里斯托弗）

   Cristóbal Colón（克里斯托弗·哥伦布）

   pidió permiso（请求许可）

   permiso de navegar.（许可航海）

   La reina Isabela（伊莎贝拉皇后）

   dijo que ¡si!（说"好！"）

   El rey Fernando（费尔南德国王）

   dijo que ¡no!（说"不！"）

   Cristóbal Colón（克里斯托弗·哥伦布）

   dijo ¡ay caramba!（说"哎呀，我的天哪！"）

3. Cristóbal（克里斯托弗）

   Cristóbal Colón（克里斯托弗·哥伦布）

   pidió permiso（请求许可）

   permiso de navegar.（许可航海）

   La reina Isabela（伊莎贝拉皇后）

   dijo que ¡si!（说"好！"）

   El rey Fernando（费尔南德国王）

   dijo que ¡si!（说"好！"）

   Cristóbal Colón（克里斯托弗·哥伦布）

   dijo ¡bravo!（说"太棒了！"）

下面这首英语歌谣是给英语作为外语（English for Speakers of Other Languages，简称ESOL）的学生的：

I Want Ice Cream（我想要冰激凌）

T: I want ice cream.（师：我想要冰激凌。）

S: I want ice cream.（生：我想要冰激凌。）

T: Chocolate, vanilla, strawberry twist.（师：巧克力、香草、草莓味。）

S: Chocolate, vanilla, strawberry twist.（生：巧克力、香草、草莓味。）

T: Want some too?（师：你也要吗？）

S: Want some too?（生：你也要吗？）

T: In a cone, or in a dish?（师：蛋筒的还是碗装的？）

S: In a cone, or in a dish?（生：蛋筒的还是碗装的？）

下面这首法语歌谣可以按照进行曲的节奏吟诵：

À gauche（向左转）

à droite（向右转）

à gauche（向左转）

à droite（向右转）

J'ai mal au dos（我背疼）

J'ai mal aux pieds（我脚疼）

Zut alors j'ai mal au nez!（见鬼，我鼻子疼！）

À gauche（向左转）

à droite（向右转）

à gauche（向左转）

à droite（向右转）

J'ai mal au ventre（我肚子疼）

J'ai mal au genou（我膝盖疼）

Zut alors j'ai mal au cou!（见鬼，我脖子疼！）

下面这首西班牙语的穿衣歌谣可以用任何衣物来改编：

Me pongo el sombrero.（我戴上草帽。）

¿Qué te pones tú?（你穿上什么？）

Me pongo el suéter.（我穿上毛衣。）

¿Qué te pones tú?（你穿上什么？）

Me pongo los zapatos.（我穿上鞋子。）

¿Qué te pones tú?（你穿上什么？）

（继续练习其他类别的衣物）

下面这首关于颜色的歌谣可以用多种语言来表达：

今天谁穿蓝色衣服？

师：今天谁穿蓝色衣服？

师：今天谁穿蓝色衣服？

生：____今天穿的是蓝色衣服。

生：____今天穿的是蓝色衣服。

或

生：我今天穿的是蓝色衣服。

生：我今天穿的是蓝色衣服。

歌谣和说唱非常具有感染力。很多歌谣和说唱都以重复的形式开始，这样教师先说一句，通常还伴有肢体动作、响指或拍手，然后学生重复这一句。然后很快就开始进入到歌谣或说唱的节奏中，这样每个人都可以参与表演。在介绍歌谣时，保持韵律的全程跟进非常重要，不能在每句结尾时有停顿。重复有助于学生学会所有的词，节奏则会使整个过程变得很有趣。

有的教师利用词汇表自己创作歌谣，比如用食物金字塔中某一层的代表性食物就可以编成一首歌谣：

Milk, milk, ice cream, yogurt.（牛奶，牛奶，冰激凌，酸奶。）

Cheese, cheese, (clap) cottage cheese.（奶酪，奶酪，<拍手>白干酪。）

Buttermilk, buttermilk, yum, yum, yum.（酪乳，酪乳，香，香，香。）

本章开头描述的"好莱坞旋律"游戏不仅可以用作游戏，还可以当作歌谣来使用。

⊙ 练习和深入讨论

1. 根据本章的游戏指导选取一个游戏并做出评价。
2. 从本章描述的那些游戏中选取一个要求学生几乎不用使用口语的游戏。写出教师在介绍、指导游戏时所起的作用，说明教师如何用语言来组织这个活动并为学生提供有意义的语言输入。
3. 一名中学语言教师发出了这样的抱怨："小学阶段的教师不过就是让学生觉得语言学习很

有趣，组织他们做游戏。当他们进入中学课程阶段，发现学习语言真的需要下功夫时，他们就会像被泼了冷水似的放弃学习语言。我宁愿等着，等他们进入中学后，愿意认真学习的时候再重新开始。"请对此做出回应。

4. 根据本章介绍的指导方针，为一个年幼学习者的语言班选取一首歌曲。说明这首歌曲如何适用于某一特定单元的教学，描述一下歌曲里可以用来教授或强化的词汇和概念，讨论一下在你进行教学前所要做的准备工作，然后使用目的语实际演示一下在课堂上如何教授这首歌曲。

5. 准备一节课，课上你要用一个玩偶来介绍一个重要的概念或介绍一个常见对话中的一部分。思考本章案例"青蛙先生"带来的启示并参考此案例进行设计。在你的班级中展示这堂课。记住，要保持课堂内容简单易懂！

⊙ 补充阅读

Buttner, Amy. *Activities, Games and Assessment Strategies for the Foreign Language Classroom*. Larchmont, NY: Eye on Education, 2007.

Cameron, Lynn. *Teaching Language to Young Learners*. Cambridge, U.K.: Cambridge Language Teaching Library, Cambridge University Press, 2001.

Hamilton, Heidi E., Cori Crane, & Abigail Bartoshesky. *Doing Foreign Language: Bringing Concordia Language Villages into Language Classrooms*. Boston, MA: Pearson Allyn & Bacon, 2005.

Moon, Jayne. *Children Learning English*. Oxford, U.K.: Macmillan Heinemann English Language Teaching, 2000.

Pinter, Anna Maria. *Teaching Young Language Learners*. Oxford, U.K.: Oxford University Press, 2006.

Slattery, Mary, & Jane Willis. *English for Primary Teachers*. Oxford, U.K.: Oxford University Press, 2001.

⊙ 相关网站

注意：第4章结尾列出的博客中包含了很多游戏活动的创意点。

英国文化教育协会提供的游戏和活动

http://www.teachingenglish.org.uk/language-assistant/games

应用语言学中心提供的活动

http://www.cal.org/projects/pdfs/go-to-strategies.pdf

这里有一系列教学策略，可以灵活运用于不同语言水平学习者的语言课堂中。

第 13 章　满足数字学习者的要求[1]

我和学生如何充分利用各种学习工具来辅助学生的语言学习？

- **数字学习者**
  - 我能利用学习者的数字素养和科学技术来辅助并加强学习者的学习，以此来提高学生的语言技能。
- **教学重于技术**
  - 我能够确保组织的数字活动有助于实现学习目标，提高语言水平。
- **利用数字技术教学**
  - 我能够研发数字活动库以提高学生的语言水平。
- **项目和活动范例**
  - 我能组织集语言、学科内容和文化于一体的数字活动。

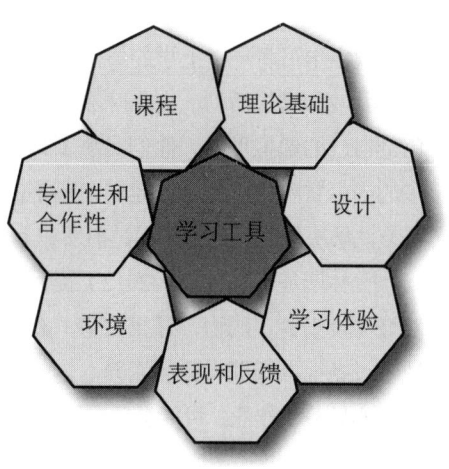

在利用科学技术的同时，授课模式也在发生着显著的变化。在过去，数字活动和科学技术经常被看作是教学的附加品，与"实际发生"的授课、学习和评价是完全分开的。当今时代，数字活动和科学技术是学习者成为 21 世纪公民必备的核心部分，因此，也是语言课程及语言教学所有方面的核心部分。科学技术贯穿于语言教师的职业生涯，也贯穿于作为数字学习者的 K–12 年级学生的学习生涯。既然我们的学生来到学校时已经带有了数字技术的烙印，他们自己的世界观、人生观及学习观也因此而受到了影响，那么，当今时代的教师具备利用数字资源的能力就显得非常重要。

数字世界为学习者提供了与真实文化背景中的真实语言交流与互动的机会，也把教师从"唯一的语言文化来源"的角色中解放了出来。数字世界中还有一个双重概念即数字智慧，它既指在利用科学技术以获得超越我们通常能力范围的认知能力时而产生的智慧，又指在利用科学技术以加强我们的内在能力过程中而产生的智慧（Prensky，2012：202）。

---

[1] 本章部分内容由克里斯特尔·布罗迪（Christel Broady）和洛丽·罗伊（Lori Roe）撰写。

本章将简明地介绍一下 K–12 语言课堂中前沿技术的来源及对这些技术的应用。由于技术发展日新月异，技术的实践应用也在不断发展。我们希望读者在自己的语言课堂上利用科技和数字素养时，能够应用并改进本章所讲的内容。

13.1 数字学习者

数字学习者早在上学的第一天前就已经参与了真实形式的交际。低年级学生接触过大量的网络游戏和虚拟活动，交际时除了使用语言也使用各种符号。孩子们经常利用非常复杂的情节创造自己的虚拟世界。他们习惯了带有目的性的工作，寻找解决问题的方法，赢得奖励，在众多的虚拟冒险中求生存。他们一般不需要成年人为他们找到信息，而是在尝试和失败中利用数字方法解决问题。孩子们通过前所未有的方式与世界、与自己的朋友们进行联系。

普林斯基（Prensky，2012）提到，随着孩子们逐渐长大，他们因看到父母在生活中的很多领域（设闹铃，购物，寻找信息，利用文本、电子邮件、视频会议或视频聊天进行交流）使用数字设备而渐渐获得数字素养。这些孩子进入校园后，面对老师面对面授课，面对他们所不能理解的任务和作业，可能会感到困惑，感到无所适从。

下面就是这些数字学习者所具有的特点。

数字学习者：

- 习惯于几乎在生活中的所有方面（或看到父母的榜样）使用科学技术。
- 习惯于自己独立寻找信息来回答问题、解决问题或创作作品。
- 习惯于挑战性的游戏，在游戏中完成极度复杂的任务以获得成就感。找到方法或解决问题后，他们就会跳到游戏下一个层级或进行下一个活动。
- 把探索性学习和建构主义应用到他们的活动中。他们不害怕完成任务，不害怕找出事情的缘由。他们带着"尝试失败"的态度摸索利用科学技术的方法。他们会尝试一切方法直到达到自己的目的。
- 不总是依靠成年人来学习和解决问题。在很多方面，他们不要求成年人来解释技术问题。在实际生活中，很多数字学习者反而会为他们的家长解释技术问题。
- 自我激励。数字学习者解决问题或创建虚拟世界并不是为了获得父母的奖励或赞扬。相反，创新和产出本身就是对他们的回报。
- 就像布鲁姆分类法指出的那样，他们能处理大量的信息，并进行有目的地合成、利用。
- 利用世界范围内的资料，并不局限于自己的家族、国家或文化的界限。
- 喜欢与网络中的任何人进行合作。他们与虚拟的或真实的人物进行大量的信息交换。

- 进行数字任务时，他们的注意力持续时间很长。
- 渴望交互性。他们对每一个行为都给予及时的回应。（Prensky，2012：80）

简而言之，数字学习者在交际中有着自己的语言、风格和文化。因此，教师要利用数字学习者的优势，以实现课堂学习效果的最大化。

13.2 教学重于技术

国际教育技术学会（International Society for Technology in Education，简称 ISTE）曾与美国教育部及几家课程组织机构（包括 ACTFL）分别针对学生（ISTE，2007）和教师（ISTE，2008）联合颁布过一套科技标准。这些标准有助于教师在备课时准备与技术相关的内容，这样可在课堂上为学生提供非技术手段无法提供的语言文化体验。随着学生对于技术手段掌握得越来越娴熟，他们就会成为更独立的学习者，会运用目的语来满足自己的兴趣爱好，并全面掌握在教育体系中有用的技术。就在科学技术帮助学习者利用自己的交际技能参与到更广泛的外语社区中去的同时，科学技术也将文化、贯连、比较这几个目标变为现实。这套科技标准可以在 http://www.iste.org 上查询到。

13.2.1 恰当的教学方法是利用科技教学的核心

新技术可以根据学习和记忆的研究成果将认知与教学内容紧密联系起来；但是，完全相同的科技也可以应用在语言练习或语义交际中，这完全取决于完成的方式。因此，恰当的教学方法是成功运用科技进行教学的核心。努力把科学技术融入教学，并按照标准来进行教学的教师应该问自己几个谢丽丝·蒙哥马利（Montgomery，2013）提出来的问题。

1. 目的：在这节课中使用科技是否可以帮助学生学到有意义的知识？还是我使用技术仅仅因为它"很好玩"？我在使用技术时是否主要是为了"展示和说话"，或者我的教案是否包含充足的机会，让学生能够把技术当成一种工具，从而在学习语言过程中进行语言输出？
2. 任务：我设计的以科技为基础的任务是否会提高学生的目的语水平？任务涉及的技术是否完全适合我的学生？考虑到教学要求所包含的语言和技术，我是否安排了足够的时间让学生能够成功地完成任务中的每一个步骤？
3. 工具：在既定的需求、技术水平和课程目标中，学生用来完成任务的技术是否合适？
4. 步骤（以脚手架式教学为例）：
   - 成果：我对学生利用技术要实现的学习目标是否足够清楚？
   - 准备：我是否明确了帮助学生顺利完成任务的方法（关于内容、步骤和技术水平）？
   - 步骤：我是否认真考虑过活动的每一个部分所涉及的物品并精心策划过？我是否想过

学生会在哪个点上遇到困难？我是否想好了每一个细节，以便帮助学生能够成功地应对任务中的这些部分？

- 语言表达：我是否经过深思熟虑，采用了适合的教学方法，以便让学生彼此分享自己的成果？

5. 一致性：我是否逐项检查以确定教案中的教学目的、学习任务、教学步骤都与我为学生设定的语言目标一致？

13.2.2 教授数字学习者的教学思考

数字学习者利用创建可观察、可衡量、可共享的语言输出而成长。他们习惯了努力完成一项任务的模式，因此，完成练习单、写作活动或参与各种同伴活动都应该成为实现工作目标的一部分，而不应该成为单独的活动。数字学习者如果能够成为即将学习的语言知识的共同构建者，他们就会取得更大的成功，也会得到更大的鼓励。创建数字学习成果最大的好处之一就是可以接触更真实的语言受众。在传统课堂上，学生的语言成果主要是与教师分享，有时可能也会与同学分享。通过在网络上发表或分享自己的语言成果，学生可以拥有全世界的受众，其中可能就包括他们的老师、同班同学、学校（或全世界）的同学、家长和社区人员，受众实际上是无限的。

不是所有的学习者都喜欢同一种活动。如果学生能够选择展示自己掌握的语言技巧的方式，则是最理想的。他们能够提供很多证明成果，包括海报、展示、电影、卡通、图书、视频和游戏等。数字学习可以在任何一间教室中进行，甚至在课时非常少（最少每周一次，每次30~40分钟）的课程体系中也可以进行。在课时很少的情况下，教师就必须寻找适合在有限时间内进行的数字活动。

语言学习和教学如果利用网络活动来延伸课堂，就可以把孩子们花在新语言和文化上的时间最大化。线上活动在虚拟层面展开，时间可以在课上也可以在课下，地点可以是一个也可以是多个。这种课堂教学的延展可以有多种利用方法，还可以在教师的支配下与许多工具灵活搭配使用。可以按照下列方法把数字活动[1]融合到语言教学中：

- 课堂活动
- 课外活动
- 信息和学习成果存储
- 学习成果展示
- 家长沟通
- 与学校人事部门分享语言课堂的活动和知识

---

[1] 在进行任何一种线上活动前，要先确认当地技术使用的政策规定，以确保活动的顺利开展。

13.3 利用数字技术教学

13.3.1 Web 2.0 资源

术语 Web 2.0 体现了新时代网络使用方式的变化。它指的是利用科技使用户可以彼此合作互动的网络。Web 2.0 资源如今已经在互联网上迅速发展，丰富了信息资源产生、消费、融合和传播的途径。Web 2.0 工具能够激发创造力、推动信息交流、促进相互合作并实现资源共享。网络上有很多平台，可供语言学习者展示信息、数据、语言作品、故事及其他语言学习成果。社交媒体作为 Web 2.0 技术的一项重大成果，在 21 世纪的语言学习中起到了重要的作用。有很多基于网络的教育课程，在虚拟的学习社区中提供线上的语言生成、共享和交流的平台。本章列举的几个 Web 2.0 工具仅仅是所有可用工具中的几个简单示例。

像 Slideshare、Prezi 和 Zoho 这样的展示工具可以帮助教师和学生通过网络进行多媒体的制作、编辑、上传和共享。

像 PollEverywhere，推特（Twitter）和 Evoca 这样的移动工具适用于播客制作、媒体分享及投票等活动。

13.3.2 社区工具

有的教师选择利用社交媒体来延伸课堂。使用社交媒体时，了解隐私设置和保护使用者等相关事项非常重要。政策经常在不发布公告的情况下就改变，这往往会让使用者的隐私极易受到侵犯，因此，使用社交媒体工具的教师应该实时了解公司政策。由于因特网教育应用软件和工具的不断发展，在与学生、他们的家庭以及目的语线上社区进行互动时，能够识别最前沿、最安全的平台则显得至关重要。

社交媒体还包括像维基、博客这样的协作式界面，同时像脸书、推特、拼趣（Pinterest）、领英（LinkedIn）及 Google+ 这样的社交媒体也已经成为信息更新的有力平台。一项具有激励性的社交媒体活动会让学生创建自己的博客，用来练习真实地运用语言。

维基

很多教师创建了自己的网站或维基网页[1]，教师在这个平台上除了可以与同事分享观点、课程及喜欢的链接，还可以为学生及家长提供学习资源。一些教师会在他们的课堂上发布学生特别感兴趣的网站链接或在网上布置作业。教师在课堂上创建的任何内容都可以传给学生，以供学生在家里进行复习、访问或共享，这些内容包括：课堂游戏、活动、电子书、日历、学生作

---

[1] 想要更多地了解维基，请见 http://www.youtube.com 上一个五分钟的视频，视频名字为《简明英语话维基》（Wikis in Plain English）。

业合集或学生活动照片。如果材料是电子版的，教师还可以根据教学需要做一定的修改，然后放到网页上，供学生使用。可能有的内容在课堂上没有电子版，但是如果有电子版，也可以在网站上共享。这包括时事通讯、课堂管理规定与课堂秩序、教师信息与联系方式以及课程信息等。维基还可以是高年级学生进行合作的工具，他们可以利用维基进行分组讨论、头脑风暴、策划并生成语言内容等。维基还可以成为学生进行反思、写日记的论坛。

Edmodo

延伸课堂最有用的教育平台之一就是 Edmodo（http://www.edmodo.com）。在该平台上，学生之间的互动方式与模拟社交媒体的活动方式一样。在 Edmodo 上，教师可以按照任何方式给学生分组、添加计分簿并进行作业交流。此外，教师还可以在平台上分配任务、布置作业、发布学习材料。Edmodo 有一个特点非常有用，教师可以在此提供有用的目的语应用软件，学生可以在课上、课下随时登录使用。

谷歌（Google）

谷歌上有很多免费的在线功能，可以进行语言学习的在线延伸。

谷歌表单（Google Forms）可以进行有效的调查并收集数据。它可以用来收集信息，创建"能力描述"型（Can Do Learning）成绩表。

谷歌地球（Google Earth）把卫星影像和地图结合起来，可以搜索并放大世界各地。学习者可以搜索到大量的内容，包括三维建筑物图、《国家地理》拍摄的视频、图片和虚拟全景照片。访问谷歌教育工作者版本，可以搜索到课堂教学工具以及谷歌产品指南。

谷歌文件（Google Docs）（部分或所有学生分享）提供制作文字文档、图表和数据文档、Excel 工作表以及进行数字展示时需要的编辑和追踪功能。

谷歌环聊（Google Hangouts）是在线见面的地方，在这里，人们可以利用摄像头和麦克风进行实时听说活动。此外，人们还可以通过共享桌面合作完成某些学习任务。

谷歌语音（Google Voice）提供免费的拨打、接听电话服务，可用于听说活动。

谷歌翻译（Google Translate）可以提供学校教授的大多数语言的快速翻译功能。尽管谷歌翻译是一个很好的学习资源，但是由于许多语言学习者会过度使用翻译工具，因此还需要谨慎使用。

谷歌云端硬盘（Google Drive）可以为用户免费存储大量的数据。

聚合网站（mashup）

聚合网站指的是把内容进行整合并重新搭配以产生新成果的网站。比如，学生可以利用

Flash Earth[1]——一个集谷歌地图（Google Maps）和虚拟地球卫星图像（Virtual Earth）为一体的聚合网站——来放大世界上的各个地方。这个还可以与 Bubblr 一起使用，这样可以给来自图片共享网站 Flickr 的图片添加卡通泡泡。

通信工具

教师除了在课堂上组织活动，还可以通过谷歌聊天（Google Chat）、Skype 及更多的免费工具，利用语音和视频聊天与母语者或语言社区成员进行真实情景下的交流。（简要提醒：如果你使用的是视频会议功能，要与学校的技术人员咨询，了解互联网的优势。有的学校组织这种活动会比较困难，可能是因为带宽不够，也可能仅仅因为社区不允许使用任何流媒体视频。率先尝试新事物总是一个好主意。）

数字活动和数据收集

从一个新的语言班级建立之日起，就可以利用数字录音把学生语言使用的情况记录下来，这样就可以永久记录下每个学生在语言运用过程中所参与的活动和取得的进步。通过这些书面的、口头的、影像的记录，教师和学生都可以进行评价，并以此观察学生的目的语水平逐步提高的全过程。此外，还可以把各种手工品放到一起，学习者可以在学年末创建一个虚拟的学习文件夹，这样的文件夹可以与家人和其他学校教职员工进行分享。

13.3.3 视频工具

学生都喜欢看视频。教师可以在 YouTube 或 TeacherTube 上寻找一些合适的教育视频。课堂上使用真实的电视节目或视频材料是把语言真实地再现给孩子们的一个绝佳方法。利用好 YouTube、iTunes 和其他视频供应商，就会使整个世界都在我们的指掌间。注意：在使用 YouTube 或其他供应商的视频前，请检查一下视频开始前是否有广告，如果有，确保广告的内容适合学生观看。

现在，学习者也想制作自己的视频和电影。教师可以利用这种动机最大限度地增加学习内容，让学生们制作视频并在课堂上使用。视频制作的范例有：用目的语扮演角色、虚拟/假想的考察旅行、节日庆典的再现、在目的语国家的家庭生活、烹饪节目、科学实验、演示、用目的语提供指导的视频以及其他更多的内容。学生还可以通过制作视频来与目的语社区的另一个班级进行交流。

像 Animoto、Photopeach 和 Vimeo 这样的视频合成工具可以在课堂上用于带有视频、图片和音乐的创造性学习任务中。大部分手机和平板都带有视频录制功能，还有很多简单的视频制作、编辑工具。视频可以上传到 YouTube 上，但只有链接到该视频页面的人可以观看。教师可

---

[1] 现改名为 Zoom Earth。——译者注

以创建一个 YouTube 频道,在这里学生们可以共享他们的作品。在观看彼此的作品时,学生还可以在 YouTube 发表自己的评论。学生在编辑、制作视频作品的过程中,会有很多使用并提高自己的人际交流、理解诠释和表达展示技能的机会。

13.3.4 把传统的语言活动转变为数字活动

利用数字世界提供的众多工具,语言教师能够找到很多与他们正在使用的课堂活动相匹配的在线活动。其中一个好方法就是在互联网上搜索,看看是否有另一名教师(世界其他地方)已经开发了类似的活动。现在许多教师都会把自己的课堂活动放在网页上,彼此间建立起专业学习圈。尽管有的活动并不是专门为语言学习而设计的,但是语言教师可加以调整。利用简短的词语,你能够迅速地找到你要的活动并将其加到教案中。

互联网为教师提供了大量的资源,方便教师在语言教学中使用数字技术。查找高质量资源,第一步可以上在线教学用多媒体教育资源(Multimedia Educational Resources for Learning and Online Teaching,简称 MERLOT)网站(见 http://worldlanguages.merlot.org)。这家门户网站由高等教育机构创建,实行同行评议制,为语言教学中的技术应用提供具体的创意和活动方案。同时,邮件列表服务,如 FLTeach 外语教学论坛(见 http://www.cortland.edu)和 Ñandu 邮件列表(见 http://www.cal.org),也有很多有用的、与技术相关的帖子。

13.3.5 数字技术助力差异化教学

学生学习的方法各有不同。教师都知道语言输入并不等同于学习者真正掌握了这些语言。他们的背景知识、读写水平各不相同。当今的开放式语言课堂既有特殊需求的学生,也有个性化教育课程(Individualized Education Programs)中的英语学习者。在很多情况下,语言教师可能觉得没有做好充足的准备以适应这样的学习者。通过利用数字学习,教师可以创建特殊的活动,让学生能够自己掌控如何开展这些活动。

为每位学习者找到合适的电子资源,可以先从全方位课程设计(Universal Design for Learning,简称 UDL)着手。这套课程设计框架最初是为有特殊需求的人群创建的,目的是让教师采取灵活的技术手段教授不同的学生。如今,这套框架旨在满足所有学生的个性需求。该网页(http://www.cast.org)为各种学生的不同需求和数字教学活动提供了很多具体的资源。这些活动稍做调整便可以用于语言课堂。

13.3.6 在经费很少的情况下教师能做些什么

即使在现在的语言课堂中,许多教师也会发现他们很难在教学网站上找到理想的教学资源。尽管有各种不利因素,但还是有办法可以满足数字学习的需求。不必有最好、最前沿的技术,最重要的是语言教师能够接触到网络。在有些学校,这可能都是一个问题,如果这个问题由于地区或经费限制而得不到解决，教师或许可以自行购买网络服务或共享热点。

如果问题是在硬件方面，教师可以根据学生的年龄与学校商定是否可能在语言课堂上实施"自带设备方案"。许多学校和地区都采取了这个方案。理想的情况就是每个学习者都有一个平板，但是很多活动只需一部智能手机就足够了。教师可以在社区内发起捐赠旧手机的活动。

13.3.7　尝试利用高科技教学要做的第一步

尽管美国的很多执证教师都应该掌握在课堂上利用高科技的方法，但是很多成熟的教师在利用高科技进行语言教学方面缺少足够的训练。不过，即使缺乏技术装备，也不会阻碍教师利用高科技去让学生受益。毕竟教师是终身学习者，必须帮助学生进行学习。他们必须是学生的榜样，要教会他们适应环境并掌握必要的技能。学习高科技与学习一门新的语言并没有太大的区别！

好消息是看起来很难掌握的技术也是资深教师职业发展中最好的训练工具。YouTube 上有一个视频几乎介绍了教师可能想要学习的所有技术。YouTube 是一个效率很高的职业发展工具，而且还是免费的。还有一个好处就是 YouTube 上几乎所有的视频都很短而且极其简洁。

教师可以先从视频《如何使用 YouTube》(How to Use YouTube) 开始，这个视频由 YouTube 博主雪莉·罗思（Shelley Roth）提供。看完这个后，读者可以再看一个特殊的 YouTube 教师频道（用户名是"teachers"），看看那里提供了什么。然后，教师还可以再回到 YouTube，为课堂寻找一些有趣的资料。下面就是一些教师可以找到的例子（包括各种语种）：

- 西班牙人买衣服
- 德语数字歌
- 法国麦当劳
- 中国文化教学日
- 日本家庭野餐
- 拉丁语催眠曲

YouTube 是一个很好的资源网站，教师可以在其中找到用于真实课堂上的活动、教案和课程中可利用的材料；同时，教师还可以在虚拟环境中利用其他教师发布的视频来学习所有的教学程序。在尝试学习新工具的过渡时期，教师不得不多花一点时间，但是肯定会带来长期的回报。他们会日益提高自己的技术素养，学习新方法很快就会成为教师的第二特征。这里有一点提示：如果可能的话，教师应该与另一位语言教师搭档，两人分工协作，一人负责查找教师培训视频，一人负责搜索教学资源。搭档的教师甚至不必教授同一种语言。许多活动和材料对语言课堂（包括英语作为外语的课堂）很有帮助。

13.4 项目和活动范例

这部分将会介绍一些利用移动设备（如 iPad 和 iPhone）进行的、融合了技术的数字活动。下面列出的一些 app 主要是针对 iPad 和 iPhone 的，类似的 app 也能在其他平台上找到。

具体来说，iPad 和智能手机将教与学提升到了一个全新的水平，它们带有内置的高清摄像头，可在线下载互动 app、电子书、视频、音乐等资源，让学生参与其中并加强他们的学习能力。有成千上万的 app，以及互动书籍、播客和 iTunes 中的视频都可以用来学习语言。教师应该寻找 100% 使用目的语的 app，而不是使用带有常规翻译功能的 app。翻译会阻碍语言学习的进程。下面介绍一些可以支持并强化语言学习的活动和 app。

13.4.1 二维码读本

利用二维码生成 app，教师可以把目的语单词、短语和短故事都生成二维码，或者请学生生成二维码并互相扫码阅读，把这些融合在故事书或语言表达中。二维码还可以用来扫描视频链接或地图上的地点。QRpedia（二维码百科）是为维基百科打造的一种可以检测用户语言、适用于移动设备的二维码生成器。QRpedia 的操作非常简单，只需把维基百科码发到对话框中就能生成一个二维码。使用二维码识别 app 可以扫描地图、信息以及其他文化中的地点和人物的照片。QRpedia 可以在 http://qrpedia.org 网站上找到。

13.4.2 利用 iPad 高清摄像头猜神秘单词

为学生设计一个寻宝活动来学习词汇，组成每组 3~4 人的小组。利用在线网址 QRstuff 生成目的语的二维码。让每个小组扫描他们的"神秘单词"的二维码（不要把单词告诉其他小组）。学生利用 iPad 的摄像头拍 5~10 张照片，照片要体现单词的意思。学生（在一名成年监护人的陪伴下）走出教室或教学楼是一次非常有趣的探险。学生返回教室时，选出拍得最好的照片，然后做一个幻灯片（可以配上音乐），作为其他学生猜测单词的线索。

13.4.3 用粘土动画讲述数字故事

学生按照主题单元的内容在故事板上策划或编写故事，他们可以独立完成或小组协作完成。然后使用黏土制作他们的人物，建立一个背景幕布，利用 iPad 上的 iStop Motion 来捕捉黏土动画的影像。把黏土动画存储在照片库里，然后就可以很容易地将其导入 iMovie 中以添加旁白、音效和音乐。特拉华州亨洛彭角学校汉语夏令营中的学生以保护海洋为主题创作故事，他们讲述了一个由于污染而生病的海洋动物的故事。这些学生还请海龙王来帮助他们。这个故事想传递的信息是每个人都要尽自己所能去保护海洋。图 13.1 就是一个汉语故事板的例子。

图 13.1　汉语故事板示例

13.4.4　数字故事书

学生利用 iPad 上的内置摄像头拍照片或用 iPad 上的画图 app（如 Doodle Buddy 或 Drawing Pad）制作插图。然后，他们再把照片或插图插入到故事书 app（如 Storykit 或 Book Creator）中。他们可以利用国际键盘添加文本，或者使用内置工具画出语素文字的字符。学生还可以利用内置的录音机添加旁白。图 13.2 和图 13.3 就展示了学生如何利用 iPad 创作汉语故事的范例。

图 13.2　用黏土动画讲故事　　　　图 13.3　写数字故事书

13.4.5　单词云

利用 Word Collage（或 Web 2.0 工具、Wordle、Taxedo、TagCloud、Tagul）来引入讨论话题、扩展词汇、创建词汇关联、词语搭配或进行评价和反馈（见图 13.4）。单词云是预示新话题的一个好办法。在引入新的单元、新的一课或新的话题时，学生可以进行头脑风暴，想出所有对他们而言有意义的单词和内容。教师可以把词汇公布在 Edmodo 上，也可以公布在学生课后可以登录的网站上。作为一个作业活动，学生可以利用这些词汇创建自己的单词云。这些单词云可以上传到班级网页上，这样每个学生都能够看到其他人的成果。这是一种极具创造性和个性化的儿童语言互动方式。

13.4.6 视频文件

图 13.4　汉语和阿拉伯语单词云

学生可利用相机 app 来创建反馈视频。视频文件可以有效地帮助学生延长实际使用目的语的时间。视频文件适用于任何语言水平的学习者。语言可以很短，只有不完整的句子，也可以是语法准确、结构复杂的语言。要点是学生要在课后用语言进行互动。这些反馈可以降低在大群环境下产生的不安全感，也是以个人方式激励孩子们增强信心的好方法。

13.4.7 对话录音

学生录下一段用目的语表演的小剧目或一段角色扮演游戏，教师可以在课上进行示范，并邀请学生在课下一起来写视频短剧的剧本。剧本可以用玩偶或真人来表演。学生一起合作、创作，这样就可以使用目的语及 21 世纪所需要的重要技能。他们反复重温课堂上学习的内容，这也有助于巩固学习效果。

13.4.8 玩偶表演

利用 Puppet Pals 或 Sock Puppets，学生可以通过玩偶进行人际对话交流。

13.4.9 漫画

像 Comic Life、Comic Strip、Make Beliefs Comix 以及 Comic Touch 这样的 app，可以让学生用目的语与卡通人物进行对话。制作漫画给学生提供了用目的语进行互动的机会。利用漫画这一媒介，学生能够使用真实的、最简洁的语言，因此，从初学者开始的各个语言水平阶段都可以制作漫画。此外，制作漫画还可以促使学生使用语言时简明扼要。

13.4.10 创建电影预告片

利用 iMovie 让学生制作一个"如何做"视频，视频中要有照片，而且要用目的语书写。数字学习者喜欢制作视频。利用这种动机的一个方法就是让学生制作一个关于他们学习第二语言经历的电影故事。他们可以选取学习初期和后期的作品若干，进行对比，作为他们学习进步的证明。

这个活动使用的是学生综合分析思考的技能，并让学生有意义地使用第二语言。最重要的是，这个活动可以激发元认知策略，可以用在深入的语言学习中。此外，通过课堂上分享策略、学习彼此的故事，学生可以从别人的成功中学到东西，并在自己的学习中运用新的策略。

13.4.11　听播客或看视频播客

在 iTunes 上订阅播客，或由教师或学生创建播客，让学生带着引导问题收听。播客和视频播客（vodcast）是另外一种延长课堂时间、扩展真实语言互动的策略。使用这种媒体时有很多方法。教师可以把课堂内容和新单词录下来，然后上传到播客上。对于需要进一步巩固新内容并需要更多时间与新内容互动的孩子而言，播客和视频播客是一种很好的差异化活动。教师录音可以让孩子们更长时间地接触新课材料和发音。教师也可以在课外进行听写练习，为课堂评估活动做准备。学生也可以创建播客，用来与其他学生进行听写练习。学生还可以录制有关文化和语言的故事，并分享到班级网页或 Edmodo 等网络空间上。这样的机会是无穷无尽的，而且他们都能创造出与第二语言的真实互动。

13.4.12　观看视频

观看来自 YouTube、发现教育频道、iTunes U 或其他来源的视频可以强化课堂上教师所介绍的概念。教师可以整合一系列的相关视频，布置给学生课下观看。如果学生向教师提交观看报告，这也可以成为一项很棒的加分活动。课堂上，教师讲授一个新的概念或一组新单词时，短视频可以加强对新概念的实际应用，并循环运用于更深层次的学习。教师还可以要求学生找出可用于相同目的的相关视频。只要有可能，学生就应该积极参与课程创建过程。

13.4.13　记录反馈

给学生留下一个问题，让他们进行反思并回答。这可用于非正式评估、测量和跟踪进度以及理解概念。在学完新内容后，教师可以要求学生以个人 Word 文档的形式对自己的学习进行反馈。学生可以把这样的文件上传到 Edmodo 或 Google Docs 上。为教师写一份个人文档可能有很多不同的原因，但这一切都可以让教师能实时检查学生的学习进度。

13.4.14　利用 Google 表格进行能力描述调查

在 iPad 的主界面上创建一个图标让学生登录，填写调查表，这样教师就能随时在电子表格中收集数据信息（见图 13.5）。在语言课堂上，学生在课堂上学习的真实的、实时的语言知识，也会让教师受益。调查可以对学生的学习情况进行实时了解，调查可以很简短，最低程度地利用课堂时间，也可以利用任何移动设备或台式电脑来进行。利用真实的语言学习情况的信息，教师可以更有效地安排课程。

注：已获洛丽·罗伊（Lori Roe）许可使用。

图 13.5　用 Google 表格做的能力描述调查

13.4.15　听音乐

让学生听一首歌，看一下歌词和插图进行口译。电脑上的 iTunes 偏好设置可以用来插入歌词。学生可以借助 iPod touch 设备用目的语跟唱歌词。孩子们都很喜欢音乐。只要有可能，他们就想听音乐。在使用高科技手段授课时，教师可以充分利用学生这种爱听音乐的动机。YouTube 上有很多带有歌词字幕的音乐视频，有助于巩固语言。此外，学生还喜欢制作自己的音乐视频。教师可以让学生选取一首与课堂话题相关的目的语歌曲，让他们为这首歌曲制作一个音乐视频。学生还可以自己创作歌曲，在课堂上以小组或团队为单位演出。任何音乐形式的活动都会形成第二语言的真实互动，可以促进团队合作、提高团队技能。

13.4.16　音频录制

利用 Voicenotes 或 Dragon Diction 进行头脑风暴、做记录或讲故事，可以增加到其他活动中去。使用像 Talking Tom、Talking Gina 或 Talking Panda 这样的 app 来录制学生用目的语做的讲话或唱的歌曲。学生进行录音然后再听自己的声音，这样最直接的效果就是他们能够听到自己的口音和发音情况。听了自己的录音，学生可以把自己的发音和标准的发音进行比较，这样可以找到自己有待改进的地方。这样的活动可以提高元认知技巧，培养自我引导性学习。

13.4.17　交互式工作表格

学生可以完成或创建视频、音频相结合的工作表格。教师利用以 Edmodo 或其他网站为基础的课堂延伸式平台来开发比纸质表格更复杂的工作表格。他们可以创建一个文件，把有关的音频、视频、文本或更多的东西做成链接。在学生利用这种工作表格时，可以引导他们与目的语和目的语文化进行更全面的互动。把互联网当作课堂活动的延伸，对于数字学习者而言至关重要。互动式工作表格经常带有自我修正的功能——经常可以反馈给学生他们哪里做错了，甚至还能对错误加以解释。这种快速反馈是视频游戏的标志性特点，也是数字原住民在网络环境中所习惯的要素之一。

13.4.18 创建声音的集合

用 Garageband 或其他音频录制编辑软件把音频和视频片段整合在一起，可以用于教学活动中。声音是目的语文化有力的传递者。目的语中的声音与第一语言中的声音会有惊人的不同。学生可以调查一下紧急车辆、有轨电车、动物的声音及其他更多的声音，然后在课堂上展示自己调查的结果，还可以在班级网页上向更多的公众介绍目的语国家。如果学生有数字笔友，他们还可以在当地创建一个声音集合，并与目的语地区的笔友交换声音集合。这些数据可以用来对比两个国家的声音。

13.4.19 使用地图

使用地图定位并标记出要研究和报告的位置。学生可以利用 Google Earth 看到真实的房子和街道。如果有笔友，孩子们可以在 Google Earth 上参观彼此所在的学校、公园和更多的地点。他们还可以针对城市中的街道、房子、公园、购物中心及其他地方的布局规划进行调查研究。此外，他们还可以在互联网上实地了解历史古迹和历史事件。这些活动都是非常精彩的，可以让学生进行身临其境的学习。

13.4.20 画画/插图

利用 Doodle Buddy、Drawing Pad 或其他 app 把学习的内容画出来或制作插画。教师可以创建一个标记过的图像并在一个画画的 app 中向学生开放，让学生通过涂色来学习目的语中的数字，还可以让学生创建自己的图像并与同学进行交换。数字画画工具可以代替过去的涂色书。因此，教师可以无限使用这些工具，并且不受纸质图册的限制。另外，学生还可以操作实际的作品，这样就把科学技术交到学生手中。孩子们不仅可以展示他们的创造力，还可以在与家人共享的班级网页上创建自己的画作。注意：这仅是一个局限在词汇层面的写作活动。

13.4.21 制作一本纸质书/电子书

可以用剪贴画、扫描图像或数字照片等任何一种图像创建电子书。可以在一元店购买一个小相册，创建"图书"，用在配对阅读和阅读中心这样的活动中。教师还可以让学生把自己的书带回家，这样可以鼓励家长也参与其中。

下面有一些其他 app 和在线资源使用的建议：

创建在线网络电台：Spreaker（http://www.spreaker.com） 在线广播工具是创造真实语言的有效途径。教师可以要求学生团队协作，制作目的语广播片段。这些片段可长可短，也可以组合在一起，形成一个较长的广播节目。学生也可以录制一些节日问候发布到网页和社交网络上，比如，孩子们将母亲节问候发布到自己母亲的社交网络页面。教师还可以每周录制目的语广播节目，介绍目的语社区或学校。

互联网翻译：多邻国（http://www.duolingo.com） 互联网上有很多翻译工具，有的工具甚至可以翻译整个网页内容。许多翻译可能不完全准确，但是它们可以帮助孩子们获得对网页内容的第一印象。同时，正因为很多翻译并不准确，反而可以引发非常有趣的课堂讨论和发现。

教师用的数字地图[1] 语言课程是社会学和地理学的很大延伸。地图是所有国际语言课堂必不可少的部分。网上有很多工具可以把地图带进教室。今天的地图提供了许多真正了解另一个国家的互动方式。探索目的语国家的机会是无限的，学生们有很大的动力成为探索者。

在线抽认卡（在 http://www.studyblue.com 上点击"Flashcards"） 即使在数字时代，学生在语言课堂上仍然需要记忆很多东西。反复操练不仅仅是过去的事情。针对基本的记忆内容，数字抽认卡可以起到很大的作用。学生可以根据需要制作自己的抽认卡并使用它们。

在线图解词典（http://www.snappywords.com） 很多教师为了让词汇教学更加有效，往往尽量使用实物进行教学，一旦涉及要将概念和观点可视化时，这种方法就有很大局限性了。不过数字词典正好可以弥补这一缺憾。互联网上有很多这样的免费词典。这样就有机会把词语与语法和图片搭配起来。图片的另一个来源是在 Google 上搜索一个单词，然后点击"图片"。这样，所有的搜索结果都会是图片，可以在课堂上使用。这样的图片都是对数字抽认卡极好的补充。

协同制作的思维导图及便笺：Popplet[2] 21 世纪最重要的一项技能就是在团队中工作，并且互相合作完成任务或活动。有很多互联网平台上都提供这种练习工具。Popplet 就是这样的一种工具，它可以让学生进行头脑风暴并制作思维导图。这样的活动可以用来对比文化习俗、节日等。此外，学生还可以利用这些工具为班级聚会、虚拟的或真实的实地考察策划活动。

可供分享的数字故事：Voicethread（http://www.voicethread.com） 这个网站可以帮助学生在很多其他人制作的幻灯片上添加文本、音频、视频或涂鸦式评论。它还可以帮助你上传图表、照片和视频，还可以添加各种形式的评论，如文本评论、音频评论或视频评论。

把单词改编成 3D 动画片：Xtranormal（http://www.xtranormal.com） Xtranormal 是一个制作动画的免费平台。使用者选择背景、人物、配色方案等，然后用每个人物的语言创建一个故

---

[1] 参见 http://www.freetech4teachers.com 上的《老鼠大脑的地图和视频》（*Maps and Videos of Mouse Brains*）。

[2] 参见 http://www.freetech4teachers.com 上的《Popplet——协同制作的思维导图及便笺》（*Popplet—Collaborative Mind Maps and Sticky Notes*）。

事板。学生们还可以选择动作、面部表情等让人物更加栩栩如生。所有数据输入后，软件就会自动生成动画片，用户可以根据自己的喜好任意编辑。课堂上，学生可以制作动画片，其他小组的学生可以点评并提出改进的建议。教师还可以利用这个工具制作电影来解释班级规章、秩序或者特定的作业。当然，教师还可以用这个工具讲授学习内容。这些学习内容很容易在网站和社交媒体上发布，因此可以与他人进行分享。

13.5　最后的思考

本章为教师在语言课堂上利用高科技手段提供了一些案例。要与数字学习者接近，就要在现实中与他们相遇。互联网和移动工具的出现使得轻而易举、毫无花费地使用数字工具成为可能。人们可以利用 YouTube 上的分步骤说明的视频来培训教师。如果允许学生在学习和备课的过程中贡献力量，他们就可以协助教师使用这些数字工具。

时代会改变，教师在课堂上使用的工具也会发生变化。本章列出的工具可能会过时，可能会消失或被更有效的工具所替代。如果一个链接不再有用，那就花点时间在互联网上找其他可以满足某个需求的平台。毕竟，新语言的学习方式不会发生变化。学生还是需要听、说、读、写。他们需要互动的机会，还需要运用新观点的机会。高科技可以使教师轻而易举地掌握听、说、读、写的教学方法，同时还能吸引学生。更重要的是，高科技还可以让教师有机会把课堂延伸到互联网上，这样可以增加学生与目的语和目的语文化互动的机会。

⊙ 练习和深入讨论

1a. 做一个快速调查，回答下列问题，来看看你有什么样的培训需求。

- 你每天使用什么技术？
- 你使用什么社交媒体？
- 你如何与朋友交流？
- 你拍照片吗？
- 你在线分享你的照片吗？
- 你制作自己的视频吗？
- 你编辑自己的视频吗？
- 你在互联网上发布你的视频吗？
- 你喜欢使用什么技术？

- 什么技术是你最想学的？
- 你打电话还是发短信？
- 你使用哪种 Google 应用软件？
- 你用 app 吗？
- 你有智能手机吗？
- 在学校外，你接触互联网吗？
- 你有没有使用技术与他人合作完成准备工作或合作研究？

1b. 制作一个行动计划来提高你的数字素养。
2. 选择一个你最喜欢的课堂活动。你会如何使用高科技来组织这个活动呢？
3. 在 Edmodo 上注册一个账户。把你的学生分组，然后根据学生的年龄发布学习任务。
4. 制订一个策略计划，让学生使用高科技技术，至少每周一次，然后每课（或在课堂的延伸中）一次。

⊙ 补充阅读

Council for Exceptional Children. *Universal Design for Learning: A Guide for Teachers and Education Professionals.* Arlington, VA: Council for Exceptional Children, 2005.

⊙ 相关网站

国际教育技术学会（ISTE）
http://www.iste.org

全方位课程设计（UDL）
http://www.cast.org

⊙ 语言教师网页 / 维基网页

ACTFL 2008 年年度教师珍妮特·格拉斯（Janet Glass）
http://www.senoraglass.com

ACTFL 2009 年年度教师托尼·泰森（Toni Theisen）
http://tonitheisen.wikispaces.com

谢丽丝·蒙哥马利（Cherice Montgomery）
http://chericem.wikispaces.com

劳伦·罗森（Lauren Rosen）
http://langlink.net/langlink/teach.htm

洛丽·兰格·德-拉米雷斯（Lori Langer de Ramirez）
http://www.miscositas.com

不列颠哥伦比亚省温哥华附近的中学日语教师菲利普·李（Philip Lee）

http://leesensei.edublogs.org

伦敦西班牙语教师尼尔·琼斯（Neil Jones）

http://neiljones.org

科罗拉多中学西班牙语教师希瑟·威腾（Heather Witten）

http://spanishflippedclass.blogspot.com

第七部分
专业性和合作性

第14章 教师的职业发展[1]

我如何与跟校方利益相关群体合作并持续自我的专业发展以支持学生的学习?

- **语言学习中的教师效能项目**
  - 我能识别出语言学习中的教师效能(Teacher Effectiveness for Language Learning,简称TELL[2])项目的范围以及与我作为教师的有效性培养之间的联系。
- **教师的准备**
  - 我能识别出教师在K–8各年级需要具备的素质。
- **语言教师作为一种发展中的职业**
  - 我能识别出有助于我作为教师进行专业发展所需要的策略和需求,让我能够为学生的学习提供支持。

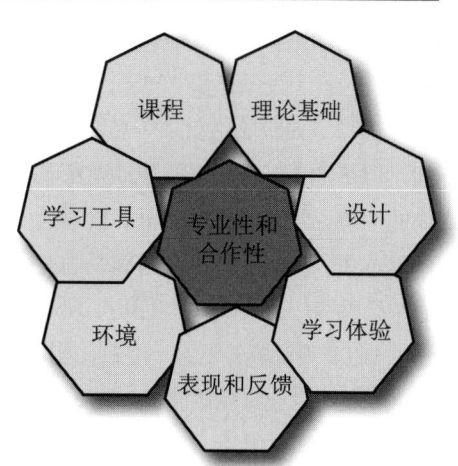

14.1 语言学习中的教师效能项目

敢于执教者必学而不止。

——约翰·科顿·达纳(John Cotton Dana)

21世纪全球面临的现实为每个学科都带来了挑战,国际语言教学也不例外。在这个时代中,学生需要做好准备,以便与来自不同语言文化背景的人交流、共同学习、共同工作,这样才能解决全球性问题并寻求新的发展空间。学生获得成就的高低对个人、对社会乃至对国家在世界

---

[1] 本章部分内容由阿莉萨·维拉里尔(Alyssa Villarreal)撰写。
[2] 以下用简称TELL。——译者注

上的地位都至关重要，而正是教师效能才能保证学生获得较高成就。国际语言教育者必须停下来扪心自问，他们如何能够更有效地帮助学生培养21世纪所需的语言文化新技能。

与这种新现实同时出现的是，越来越多的研究指出，教师效能是影响学生成绩的最关键因素。很多研究，例如丹尼尔森（Danielson, 2007）、马扎诺（Marzano, 2007）以及萨菲尔、黑利 – 斯佩卡和高尔（Saphier, Haley-Speca & Gower, 2008）都证明了一点，对学生学习成绩影响最大的因素，不是学生就读于哪所学校，也不是学校的规模或课堂的规模，而恰恰是教师在课堂上的行为。对任何一名教师而言，扎实的学科基础固然重要，但研究表明，使学生取得最大成就的不是教师有多少知识，而是教师在课堂上的一言一行。

那么，是什么造就了一名高效的国际语言教师？尽管关于高效的国际语言教学已经众所周知，但是TELL项目的研发团队发现几乎没有关于高效的国际语言教师的特点及其表现出的行为的明确说明。如果国际语言教学这一行需要教师有效地帮助学生为日后越来越多的国际交流做好准备，那么就必要要明确说明有效性是什么。换句话说，需要明确的是，高效的国际语言教师会做些什么来确保学生获得国际语言能力。

TELL项目填补了这一空白，明确描述了高效的国际语言教师具备哪些特点，而这些特点的有效性均有专业文献做支撑。比如，TELL项目就是一个国际语言教师在任何一个阶段都能运用的成果和过程的集合体，教师可以利用这些成果提高他们作为教师和领导者的效度。下面就列出引导项目工作的三个核心观念：

1. 所确定的教师特点和行为代表了国际语言教师的典范；
2. 如果模范教师被清晰地定义，国际语言教师就都可以成为典范；
3. 所确定的教师特点和行为的目的都是为了引导每个教师朝该方向成长，但并不一定要与对教师的评价挂钩。

TELL项目把教师的效度分为七个领域。本书的读者已经对此非常熟悉了，因为书中每章和每个部分的标题都是根据TELL框架组织的。该框架通过一系列关于可观察到的教师行为和特点而设计的问题，针对有效的教师在每个领域的做法给出了专门的指导。

- 环境：我如何营造一个安全并具支持性的环境为学生的语言学习做好准备？
- 设计：我准备的学习活动如何为学生的语言学习体验做好准备？
- 学习体验：我如何为学生提供有意义的学习体验以促进学生的学习？
- 表现和反馈：我和学生如何利用表现和反馈来促进学生的学习？
- 学习工具：我和学生如何利用各种学习工具来促进学生的学习？
- 专业性：我的专业发展如何为学生的学习提供支持？
- 合作性：我与跟校方利益相关的群体间的合作如何能促进学生的学习？

TELL项目的网站（http://www.tellproject.org）为教师提供了很多可以使用的工具：

1. 对自己的效能进行自我评价；

2. 确定自己努力的领域方向；

3. 为专业发展做一个个性化的规划。

TELL 网站还为教师提供了相关链接，可以接触到具体的国际语言和普通教育资源，方便教师作为补充阅读材料进行学习，了解 TELL 框架中有效操作的不同层面。同时还有很多反馈工具，教师、语言监督员和行政人员可以利用这些工具来观察教学实践并提供反馈。

TELL 项目的实践应用涵盖了不同的受众。可以利用 TELL 项目的有：

- 教师个人
- 学校的语言部门
- 促进专业发展和提供教学支持的学区
- 教师教育课程

《TELL 基础标准》（TELL Foundational Criteria）这份文件汇集了高效益的策略，可以用来作为新手教师和岗前教师在执教前的起步文件。尽管整个 TELL 框架可以全面展示模范教师应该是什么样子，而且 TELL 工具还可以帮助教师朝模范教师的方向发展，但是在《TELL 基础标准》文件中指出的特点已经为教师在专业发展中打下了坚实的基础。有的教师和学区在开始使用 TELL 成果和程序时，会选择使用《TELL 基础标准》。以《TELL 基础标准》为出发点可以降低新手教师情感过滤值[1]，让教师带着更为现实的期待值开启教学工作。

表 14.1 的实例展示了备课领域中的框架；表 14.2 为核心反馈文件的示例。在 http://www.tellproject.org 的网站上可以找到整个框架的文件。

14.2 教师的准备

21 世纪中小学语言课堂上的教师要具备语言教师前所未有的能力和背景。所有的教学目标中使用目的语，这一点就要求教师要具备很强的语言技能，尤其是流利的口语能力，这样可以为学习者树立一个良好的学习榜样。由于课程大纲中缺乏教材，主题备课则要求教师要有灵活的语言能力，扎实的词汇基础，这样教师才能够回应学生的兴趣并在主题学习过程中利用好出现的学习机遇。不依赖于教材的教师需要具备良好的儿童文学以及目的语文化基础，这样他们才能在教学中把这些因素融入单元和每日的课程教案中。综合的主题教案同时还有赖于对通识课程的充分理解，这样才能把语言教学有效地与数学、科学、健康、社会学、音乐、艺术、语言艺术及体育等全部贯连起来。

---

[1] 情感过滤一词来源于克拉申（Krashen）的"情感过滤假说"，该假说认为情感因素会影响二语习得，情感过滤值越高，学生压力越大、越焦虑，挫败感越强，最终丧失学习兴趣。——译者注

表 14.1　TELL：备课

TELL	备课 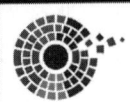
	我准备的学习活动如何为学生的语言学习做好准备？

基于标准的课程、单元和单课融合了高效益的策略，使得学生达到预定课程、单元和单课的教学目标，在这些课程、单元和单课中，教师精心准备有效的语言学习体验活动。备课领域是《语言学习中教师效能框架》（*Teacher Effectiveness for Language Learning Framework*）中七个领域中的一个，该框架标示出了国际语言模范教师应该具有的特点和行为。

P1 我以当地学区课程、州立及全国标准为基础准备学习活动。

P2 我准备了能够表明学生独特的需求和兴趣的学习活动。
    a. 我准备了学生感兴趣的学习体验。
    b. 我准备了学生觉得有意义的学习体验。
    c. 我准备了在学生能力范围内的学习体验。
    d. 我准备了包含学生参与选择的学习体验。

P3 我的教学单元以语言功能等级和逆向设计原则为基础。
    a. 我会使用以语言功能等级为目标和以有意义的语境为基础的单元内容。
    b. 我会使用单元的内容为学生提供在不同语境中使用曾经学过的语言和知识的机会。
    c. 我会使用单元的内容为学生提供从三种沟通模式中获得语言能力的机会。
    d. 我会使用单元的内容为学生提供理解目的语中文化产物、文化习俗及文化观念之间关系的机会。

P4 我确定我的教案不仅可以满足继承语学习者/母语者以及已确认的优等生的需求，也适用于尚未正式确认的学习存在困难的学生或速成式学习者。

P5 我为学生提供机会去设立和监控他们自己的语言能力和文化能力的目标，这些目标与课程目标一致，甚至超越课程目标。
    a. 我会提供机会让学生实现运用**每日**语言能力的目标及学生自己设定的学习目标。
    b. 我会提供机会让学生实现运用**单元**语言能力的目标及学生自己设定的学习目标。
    c. 我会提供机会让学生实现运用**整体课程**语言能力的目标及学生自己设定的学习目标。

P6 我利用逆向设计程序来制订教案，引导学生实现单元语言能力的目标。
    a. 我要设立日常语言能力的目标，重点是在有意义的语言情境的基础进行流利表达。
    b. 我要提供机会让学生评估自己在每课语言能力目标中取得的成就。
    c. 我要设计让学生实现日常语言能力目标的活动。

P7 我设计的课堂内容包含语言情境、与前面所学相关联并要求注重有意义沟通的语言实践活动。
    a. 我要设计只使用目的语就能够解释/介绍的活动和概念。
    b. 我计划尽量减少在课堂上使用母语，我会谨慎决定在课堂上是否用、何时用母语。
    c. 我要设计能够为学生提供可理解性语言输入的活动。
    d. 我计划在课堂上用不同方式检测学生的理解情况。
    e. 我要为学生提供足够的机会，让他们在被期望输出目的语之前能够有充分的口语和书面语的练习。
    f. 我要为学生提供充足的机会，让他们与别的语言学习者、专家、听众、观众进行合作、互动或发表实践成果。

P8 我设计的课程包含可以让所有学生全身心投入其中的课程体验。
    a. 我根据学生的注意力/兴趣水平和任务时间规划各种课堂活动。
    b. 我把活动进行排序，按照学生的记忆顺序，确定哪个活动放在第一，哪个活动放在第二，哪个活动放在最后。
    c. 我要设计可以让学生进行不同层次思维活动（记忆、理解、应用、分析、评价和创造）的学习体验。
    d. 我要设计可以进行肢体运动的学习体验。
    e. 我计划在整个课程中实现平稳、有效的过渡。

P9 我会寻找并精选合适的学习材料，这些学习材料学生容易找到，也易于评价，同时还能使学生使用真实的语料。

http://www.tellproject.org
一个先进的学习倡议
3.0版（2014）

知识共享许可协议（署名—非商业性使用—禁止演绎3.0）许可证可见http://creativecommons.org/licenses/by-nc-nd/3.0。

表 14.2　TELL：教师语言使用

教师语言使用
重点反馈工具

TELL

教师：_____　语言：_____　年级/课程：_____　开始时间：_____
学校：_____　日期：_____　课程时段：□开始　□课中　□结束　结束时间：_____

影响学习者习得语言的量的最重要因素之一是学习者接受的可理解性语言输入的量。对学习者而言，输入的语言既可是有意义的也可是学习者感兴趣的。在为学生提供可理解性语言输入时，什么策略最有效？下面这个工具可以用来观察课堂教学以便给同事或自己的课堂进行反馈，并衡量那些策略实施到了什么程度。

检查观察到的策略并记录实施水平
FO=完全可见　　PO=部分可见　　NO=不可见　　NA=没有应用

		FO	PO	NO	NA
1	教师说的话及/或教师与学生分享的材料90%都是目的语。	□FO	□PO	□NO	□NA
2	教师不把目的语翻译成母语，也不让学生翻译。	□FO	□PO	□NO	□NA
3	教师使用手势或身体语言来清晰地表达意义，因此输入性语言是可理解的。	□FO	□PO	□NO	□NA

4	教师利用视觉材料让输入性语言变得可理解。视觉材料……
	□ 可以清晰地表达语言　　　□ 有时是体现特定文化的　　　□ 其他观察到的： □ 足够大，每个学生都能够看见　□ 是色彩丰富的　　　　　　□ 其他观察到的：

5	教师经常利用非语言性策略检验学生的理解力。
	□ 身体运动　　　　　　　□ 按我说的做　　　　□ 教学辅助：白板/回应卡 □ 大拇指朝上/朝下　　　　□ 表演　　　　　　　□ 其他观察到的：

6	教师经常利用语言性策略检验学生的理解力。
	□ 二选一　　　　　　　　□ 填空　　　　　　　□ 其他观察到的： □ 分组讨论　　　　　　　□ 转过身说话　　　　□ 其他观察到的：

7	教师利用各种策略调整语言输入，使其表意清晰。
	□ 重复　　　　　　　　　□ 视觉材料　　　　　□ 手势 □ 教具　　　　　　　　　□ 奖励　　　　　　　□ 其他观察到的：

课文背景/注解

对所观察到的活动进行简单的描述：

表现优秀之处	取得进步之处	下一步的工作

http://www.tellproject.org
一个先进的学习倡议
3.0版（2014）

知识共享许可协议（署名—非商业性使用—禁止演绎3.0）许可证可见http://creativecommons.org/licenses/by-nc-nd/3.0。

14.3 语言教师作为一种发展中的职业

语言教师拥有空前广阔的专业发展机会，尤其是在 K–8 年级的教学阶段。有些州的早期语言教师联合起来召开特殊集会和会议，相互提供专业发展的机会。

14.3.1 职业组织和资源

积极参与一个或多个支持和团结语言教师的组织，是教师职业发展中的第一步，也是最重要的一步。群体的声音总是比个人的声音要更响亮，同时大家一起积累的职业资源能够丰富每一名教师的课堂教学。

1987 年，全美早期语言学习网（NNELL）的建立对 K–8 课堂的教师来说具有里程碑意义。该组织为教师提供地方及全国性的活动，该组织的期刊《学习语言》（*Learning Languages*）把全国范围内的早期语言教师联合起来。在 NNELL 的网站上（http://www.nnell.org），教师可以阅读期刊上的文章，会员还有很多额外的资源。Ñandutí（蛛网绣）是应用语言学中心的早期语言学习网站（http://www.cal.org），专门为 K–8 年级的外语学习而设计的。网站上有非常活跃的早期语言学习的邮件列表服务 Ñandu，教师们可以在这里用各种语言进行问答、分享课程体系和课程及教学理念和经验。网站上还有美国 K–12 外语资源中心（http://nflrc.iastate.edu）提供的其他材料和信息，美国 K–12 外语资源中心的网站上还有各种组织机关、正在进行的研究以及专门为 K–8 语言教师开发的相关教学资源。

ACTFL 是所有语言教师的大本营，也是以语言水平为导向、以语言标准为基准的语言学习职业发展的领头机构。该组织设有一个专门的早期语言学习的特别机构。ACTFL 举办年会、印发刊物、成立工作室并提供其他多项服务。因此，该组织已经成为改变与团结各个级别的所有语言教师的中坚力量。

通常，早期语言教学课程体系中的每一种语言都有一个全国性的组织，比如：美国德语教师协会（American Association of Teachers of German，简称 AATG）、美国法语教师协会（American Association of Teachers of French，简称 AATF）、美国西班牙语和葡萄牙语教师协会（American Association of Teachers of Spanish and Portuguese，简称 AATSP）、中文教师协会（Chinese Language Teachers Association，简称 CLTA）、中小学中文教师协会（Chinese Language Association of Secondary-Elementary Schools，简称 CLASS）、美国经典联盟（American Classical League，简称 ACL）、美国意大利语教师协会（American Association of Teachers of Italian，简称 AATI）、全美日语教师协会（National Council of Japanese Language Teachers，NCJLT）、美国俄语教师委员会（American Council of Teachers of Russian，简称 ACTR）、美国阿拉伯语教师协会（American Association of Teachers of Arabic，简称 AATA），很多组织还在各州设立了分会。这些组织把早期语言学习的教师们聚集在一起，彼此分享同一语言课堂教学中的语言文化热点。这

些组织还提供重要的文化资源、网站及联系方式，这些都是通过其他途径无法得到的。有的组织还举办全国性比赛，进行项目交流，并为早期语言学习者设计教材。

总部设在纽约的亚洲协会（Asia Society）已经成为一个有力的资源机构，积极推动亚洲语言教学。在它的教育网站上（http://www.asiasociety.com）上，教师可以获得一个信息世界。在 http://www.askasia.org 的网站上可以见到关于 30 个国家的特定文化信息。他们除了在 YouTube （http://www.youtube.com，用户名"asiasociety"）上建立频道之外，在脸书、Flickr 图片相册和推特上也崭露头角。

上面提到这些活动，如参加某些组织，参加州级、地方及全国性会议，定期阅读像《学习语言》（Learning Languages）、《当代语言期刊》（Modern Language Journal）、《外语年鉴》（Foreign Language Annals）这类的专业期刊以及特定语言期刊，将语言教师与更广阔的职业天地联系起来，并为每个语言课堂提供高水平的教学指导。当教师在学术会议和期刊方面有了足够的经验时，他们就会出席会议并发言，同时还能撰写学术论文。

14.3.2　全美专业教学标准委员会资格证书

全美专业教学标准委员会（National Board of Professional Teaching Standards）成立于 1987 年，该委员会的成立起源于卡耐基教学专业工作组在 1986 年的年度报告《有准备的国家：21 世纪的教师》（A Nation Prepared: Teachers for the 21st Century）中提出的建议。该委员会 1989 年提出了自己的政策宣言："教师应了解什么，能够做些什么？"这项宣言成为各学校、各州以及教师培训机构在培训教师和制订教师发展计划时的指导方针。

这项政策宣言也是全美专业教学标准委员会资格证书（National Board Certification）的基础，这是一个自主独立的认证体系，为已经满足熟练教学实践标准的教师进行认证。全美专业教学标准委员会资格证书是专业教学卓著的象征，目的是为在校从事教学的优秀教师进行认证并加以奖励。只有在规定年龄阶段从教至少三年的教师才有资格申请认证。申请认证的教师要经过严格的考核程序，他们要建立一个对自己课堂教学工作进行分析的专业档案，然后再经过测试和一系列其他评价活动来展示自己的知识储备、性格气质及专业判断。

一些州和单独的教学区域为获得全美专业教学标准委员会资格证书的教师设立了奖励机制，有时还包括年度加薪。有的区域和州对一定数量申请认证的教师给予认证申请费用的资助。已经完成该程序的教师对认证过程的严谨和高水平给予了肯定。2001—2002 学年度，国际语言教师首次参加认证，主要有两个类别：早期和中期儿童阶段和幼儿早期到青少年阶段。尽管早期和中期儿童阶段的认证已经停止（除了偶有几次例外），另一个类别还在针对教授 11~18 岁及其以上年龄学生的西班牙语和法语教师进行认证。

如果外语课程要成为中小学课程体系重要的一部分，小学外语课程教师的培训和认证则成为重中之重。一名早期语言教师必须具备优秀语言教师和优秀中小学教师的双重资质。这些资质现在已得到明确规定，课程开发要尽可能为这些语言课堂培养最好的教师。

目前，ACTFL 和教育者培训评审委员会（Council for the Accreditation of Educator Preparation，简称 CAEP）已经颁布了教师培训指导大纲，这两个组织是广为认可的大学教师教育的独立认证机构。这些指导性纲领以标准及能力为基准，对教师后备人才进行描述。全美专业教学标准委员会描述的杰出的国际语言教师标准，指导了职业教师的专业发展。已经有一定数量的州可以提供或要求 K–12 外语教师认证，这极大地鼓舞了各所大学积极开发课程体系，为越来越多的中小学课程培养教师。

由于早期语言课程在每个孩子的教育过程中都有着重要作用，明确地制订目标及培养高效教师的挑战意义越发重大。有证据表明，这些挑战已经得以实现，早期语言课程还会继续发展成课程体系中稳固的一部分，不会受到教育领域中潮流的影响，并会在教育圈中得到尊重。

14.3.3　为专业发展而努力

随着我们专业的持续改变与衍化，我们也必须随之成长。重要的是我们要找到尽可能多的方法去学习、成长，从而站在专业的最前沿。当然，学习的最好方法之一是从一个人的经验中学习，另一个方法就是拥有一个专业学习网络。洛丽·兰格·德–拉米雷斯（Lori Langer de Ramirez）介绍了她建立这样一个网站的经验：

> **专业学习网络（Professional Learning Network，简称 PLN）的价值及如何建立这样的网站**
>
> 教学可以是一种独立的付出。我们总是致力于独自备课、准备教学材料、关起门来教书，然后还是自己一个人给学生打分。如果我们足够幸运能够在大学环境中，比如像在一个院系的办公室中工作，我们还可以向同事征求关于学生的意见、分享教学资料，或者仅仅聊一聊作为语言教育者的日常工作。但是并不是所有的人都有同事，或者尽管有同事，时间也是我们在教学日中与大家进行联系的一个障碍。一个精心设计的专业学习网络则可以成为将教师与同事、现有的材料以及关于教学崭新的、令人激动的想法联合起来的生命线。
>
> 但是，什么是专业学习网络？专业学习网络是为教师设计的网站，这里提供教学材料、课程建议、教学法建议、教学灵感及其他以各种形式出现的教学辅助。专业学习网络可被视为思想交流的途径，它通常由一名教师建立，主要是为了实现其特定的（经常是个人的）专业目标。
>
> 开发并维护一个有力的同行专业网络不仅是教师自我学习、自我发展的重要途径，也是任何专业人士寻求心理健康的重要途径。关于个人教学的谈话可以非常具有鼓舞性，并能够丰富生活，同时也是一种发泄途径。但是如何保证教师有时间和机会进行多渠道、充分的沟通呢？建立与维护一个专业学习网络的关键因素有很多，比如，要现实地看待一个人的业余时间、学习风格及其个性问题。对一名教师有用的因素对另一名教师可能不起作用，因此，

教师们在建立这样一个个性化的网站时要深思熟虑并具有创造性。此外，教师们还应该以他们要学什么（也就是说"拿走"）及他们能够用什么样的眼光来看待这些专业学习网络。俗话说，"分享即关照"，经常可以看到，最好的学习和成长就是自己提出关于一个话题的想法或观点，分享一条精彩的资料或合作完成一堂课或一个单元。专业学习网络最棒的特点就是教师是双向的——没有一定的付出就没有获取。

一个充满活力的专业学习网络应该同时包含数字的和非数字的成分。下面就是一些数字化/电子材料的选项：

邮件列表（ListServs）：随着万维网的普遍出现，尤其是近年来云计算技术的发展，在线交流工具几乎无穷无尽。似乎每天都有新的以网络为基础的工具被开发出来。技术革新的速度即使不是压倒一切的也足以令人兴奋不已。当然，毫无疑问，每个人都有一个在线工具，关键是要找对适合你的那个。最好的在线分享资源之一就是美国的邮件列表。邮件列表是以电子邮件为基础的平台，通过个人的邮箱分享观点。一旦注册为会员，你就会收到其他会员的邮件，还可以发布你自己的问题。有的邮件列表的流量要比其他列表大，因此就会产生大量的电子邮件交流。这样的话，有些教师会选择摘要版（邮件数量有限）或选择低频率邮件发布。对语言教师而言，两个最好的邮件列表是 FLTeach（http://web.cortland.edu）和 Ñandu（http://www.cal.org）。通过邮件列表，教师可以分享资源、征求上课建议、讨论专业领域的最新话题或只是与世界各地的语言教师进行联系。

博客和维基：其他可以加入专业学习网络的出色在线工具则是博客和维基。这两个工具是可以互动的，因为它们都允许会员发帖、提问、提交材料等。博客比维基更线性一些，只允许会员发布内容；而维基不仅允许会员发布内容，还允许其编辑其他会员发布的内容。有的博客和维基专门关注语言教学的某些特定方面。例如：由西尔维娅·托琳萨诺（Silvia Tolisano）创建的"语言女巫"博客（Langwitches, http://langwitches.org）主要关注技术和全球素养；而世界说法语维基（The World Speaks French, http://frenchadvocacy.wikispaces.com）关注的是法语推广。利用这两个工具，世界范围内的语言教师能够进行非实时对话。它们作为项目合作的平台，为语言教学提供支持。

脸书、推特和拼趣：还有很多社交网络平台，表面上看这些平台是为了娱乐及分享个人兴趣，但是这些网站也为各个学科的教师提供了极好的交流机会。脸书和推特有很多教育类主页、推文，是我们讨论教育话题、分享网站和资源的好去处。拼趣作为一种虚拟的图片贴板和链接，是线上虚拟资料的绝佳来源。教师可以创立特定话题的贴板收集照片、视频及其他人可以观看的链接。这些贴板可能包括"西班牙文化基因""法国文化"或"当代中国"。教师可以和其他拼趣用户相互关注，分享图片。尽管贴板用户之间的交流并不是这种网络工具的特色，但图片的保存和分享却传达着彼此的尊重和共享精神。

但是并不是所有分享都能够通过键盘来实现。下面是建立"面对面"的专业学习网络的做法：

课堂参观 我们很少有机会现场观摩同事授课。这应该是非常有启发性的，也会有令人吃惊的效果，同时还能够鼓励大家走进另一个教师的教学天地。通过观摩同事教学，教师能够收获很多。从同行那里，我们能够观察到：可理解的语言输入和目的语使用的技巧，文化材料与实物的作用，引入新词汇的方法以及介绍文化视角的方式。通过观察其他学科同事的教学，我们能够学到新的课堂步骤和时间安排、课堂管理方法或不同的座位/教室布置。参观学校内其他教师的课堂将是非常有帮助的，同样，参观临近城镇或不同学校体系的同行的课堂也很有用。在进行课堂观摩时，重要的一点就是要及时与同事进行交流，最好是利用课前或课后的时间。这有利于我们更细微全面地了解课堂上所观察到的内容。

辅导和指导 无论是对新手教师还是有经验的教师而言，如果他能够有一名教练或导师都将受益无穷。大多数学校都会为新手教师配备一名导师，为新手教师在职业生涯的最初几年给予教学上的帮助。但是，所有教育者——从职场新人到老练熟手，都能够通过这种关系学到东西并获得成长。重要的是，这两个人要有充分的时间见面，讨论各种性质的问题——从教学法到个人问题。教练和导师可以是多形式、多规模的，并不一定非得是语言教师。建立积极的导师和学生关系的关键一点就是要相互信任和尊重。导师可以通过观摩课堂、课后提供有建设性的批评和反馈、帮助复习课堂材料，甚至共同建设课堂上的主题单元或活动等来支持自己的同事。

会议和工作坊 扩大个人专业学习网络的方式之一是每年参加一次（或几次）专业会议，这也是比较激动人心的方式。教师往往不愿意离开自己的学生，多长时间都不行。原因有很多，找不到说目的语的代课教师就是其中一个原因，还有其他原因，比如：要为离校期间准备特别的课堂内容，担心自己不在学校学生会落后，等等。尽管这些都是实际存在的原因，但是有一点也是事实，那就是如果一个教育工作者不花时间去学习、去成长，也就是说不去提升自己，我们就会有变得落后、呆滞甚至对自己的教学产生厌烦的危险。参加会议为我们提供了一个与同行（来自当地、全国乃至世界各地的同行）会面的机会。好的专业会议上的报告、谈话和工作坊都是极富鼓舞性和启发性的，能够提供新观点、新资源甚至结交新朋友。大多数会议还会有一个展览区，出版社、书商、教学资源开发者可以在那里展示他们的最新产品。工作坊里得到的观点启发、为自己的课堂购买新的"玩具"、会议期间在吃饭、休息时与参会人员的交谈，所有这些愉快的经历，都是你需要经常参会的理由，都会为你注入能量、带来启迪，因此也使得离开学校的时间变得有价值起来。

专业学习网络对教师的职业发展是至关重要的，有助于教师拥有驾驭课堂的效能感，并能够把学区内的教师联系起来。从实践到理论，专业学习网络使教师能够与同行以及自己学校内及世界各地的学习者之间建立联系。

洛丽·兰格·德－拉米雷斯（Lori Langer de Ramirez）

14.3.4 行动研究

随着教师在语言课程、课堂教学以及学习者方面的经验逐渐丰富起来，他们也会不再满足于与同行或专业期刊文章之间的对话。其他任何一个人都不能够准确地回答出这个班级或这组特定学生的问题，因此越来越多的教师开始进行基于课堂教学的行动研究，把它当作一个解决教学问题的方法，同时行动研究也促进了专业团体对早期语言学习的理解。

简单说来，该研究包含确定教师想要解决的问题，把问题重新提炼使其变得更具操作性，收集并分析可能提供解决方法的数据或信息，解释收集到的信息。行动研究是由教师来完成的，它可能会导致课程修订、教学实践的改变或其他教学环境方面的变化。

关于早期语言课堂行动研究，查莫特（Chamot, 1994: 6）曾提出过几个可能出现的问题：

- 在特定年级中，什么主题或学科话题对孩子们来说最有趣？
- 在教学期间的不同时间点上，孩子们在第二语言学习中的中介语有哪些特点？
- 在下列几点中，成功的学习者和不太成功的学习者之间有什么区别？仅仅选择一到两个：(a) 对目的语及文化的态度；(b) 校外接触/使用第二语言的情况（如家长、社区、电视）；(c) 运用恰当的语言学习策略；(d) 第一语言学习的成绩水平；(e) 从第一语言中迁移来的知识、技能或策略；(f) 对自己语言学习能力的自信程度。
- 学生对特定教学技巧（如合作学习、信息补充活动、学习策略的指导、语法讲解和练习、TPR、针对不同学习风格的教学）的反应或接受情况如何？
- 哪种评价手段（如口语面试、角色扮演、多项选择、完形练习、写作范例、学习文档）最适合评价孩子们在特定领域或综合方面的语言流利水平？

有好多方法可以用来收集信息，包括记日记、自言自语式采访、启发式回忆、结构化面试、问卷调查和课堂观察。所有提到的话题都是教师可以进行研究的，研究所得到的信息都将对我们理解语言课堂提供有价值的参考。

⊙ 练习和深入讨论

1. 除了针对中小学教师的教学法课程外，K–8 教师还需要补充哪些专门技能和背景知识？
2. 运用一种 TELL 项目提供的自我评价工具，并记录关于使用过程的反思。
3. 全美专业教学标准委员会资格证书如何有助于提高 K–8 外语教师的效能和外语教学职业的信度？

⊙ 补充阅读

American Council on the Teaching of Foreign Languages. *Program Standards for the Preparation of Foreign Language Teachers.* Alexandria, VA: ACTFL, 2013. http://www.actfl.org/professional-development/actfl-caep.

Coombe, Christine. 10 Characteristics of Highly Effective EF/SL Teachers. *TESOL Connections.* January 2014. http://newsmanager.commpartners.com/tesolc/issues/2014-01-01/3.html.

National Board of Professional Teaching Standards (NBPTS). *World Language Standards.* 2nd ed. Arlington, VA: NBPTS, 2010. http://www.nbpts.org/sites/default/files/documents/certificates/nbpts-certificate-eaya-wl-standards.pdf.

⊙ 相关网站

TELL 项目

http://tellproject.org

第八部分

课　程

第 15 章 规划并实施有效的课程

高质量课程的特点是什么?
- 我能够指出有效规划课程发展和衔接的步骤。
- 我能够选择与课程目标相匹配的课程模式。
- 我能说明有效的中小学语言课程的基本特点。

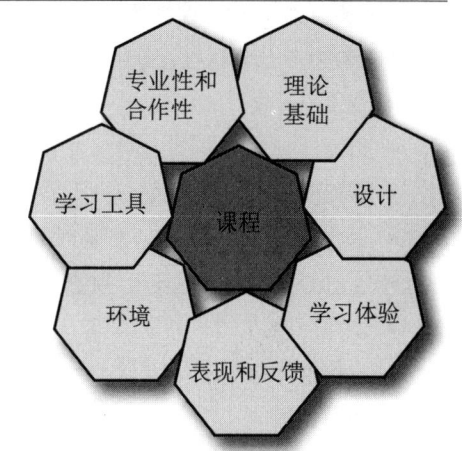

课程规划是任何一门早期语言课程取得成功的最重要的一个因素,但是课程规划在学科建设上却往往得不到重视。早期语言课程规划往往因个人或团体的一时兴起而完成,很多情况下,他们过于急切地实施语言课程,而不能对课程规划进行认真思考。社区内所有相关成员都参与其中的、缜密周详的课程规划过程能够建立起一个支撑体系,帮助课程体系承受学校课程、学校及社区内出现的教育潮流、教学优先性的变更所带来的冲击。

20世纪60年代的短暂实验中存在的普遍问题是迫于压力而过早实施语言课程。正如西奥多·安德森(Andersson,1969:138)在其对小学外语课程的全面解析中指出的那样:

> 许多社区迷信小学外语课程(Foreign Language in the Elementary School,简称FLES)的承诺,未准备充分就仓促开课,结果却发现小学外语课程要付出艰苦的工作、大量的时间和金钱,还要具备专业储备。极少的付出——起步晚、不够连续、课时过少、教师负荷过重、教师孤军奋战——必然会导致梦想的破灭。

课程设计组的成员至少应该包括家长、中小学及高中的行政管理人员、各个年级的语言教师以及相关年级的主课教师。其他应该参与的重要人员包括教师工会或协会的代表、特殊教育教师以及一名阅读教师。校董事会成员的参与也会有所助益。课程设计组将对学区主管人员提出建议，学区主管人员最终承担的责任是有效实施小学外语课程的教学工作，并贯穿到整个 K–12 的年级教学中。课程设计组还应该做出预算，包括资料购买、复印费用以及参观现有课程的听课费用。

早期语言课程起始于为整个语言学习阶段而不只是一年级的课程规划，这样的课程最有可能获得成功。各个级别的语言教师都可以为课程规划以及课程开发建言献策，他们可以在部门活动时一起工作，帮助课程教学由一个年级平稳过渡到下一个年级。课程规划小组的全体成员应该从最初就参与到课程设计中来，这样他们才能共同解决以下困扰：

- 背景与理念
- 目标
- 课程模式
- 语言课的频率和时长：任务时间
- 在已经排满的课程表中寻找时间
- 课程衔接
- 学校整体课程
- 教学资源
- 课程评价
- 学生评价和评分
- 语言的选择
- 谁应该学习语言
- 教师和教师聘用
- 经费预算
- 空间配置
- 现有工作人员支持
- 建立公共关系
- 分享经验和想法

近几年小学阶段的语言课程不容乐观。应用语言学中心做过一项由联邦政府资助的全美代表性调查，该项调查针对中小学语言课程，目的是为了调查美国是如何使学生掌握除了英语以外的其他语言。2010 年的调查确定了目前的课程模式、随时间变化而变化的语言学习注册情况、教学量、课程提供情况、学校课程、教师资质及其他问题。调查结果摘要见表 15.1。

15.1　背景

规划有效的语言课程的第一步就是尽可能多地掌握 K–12 连续语言课程情况，尤其要重视早期语言学习。掌握这种背景情况可以从以下几个方面着手：

- 广泛阅读有关资料。
- 观摩现有的多模式课程。
- 咨询已开设课程学校的校长、教师、课程设计人员。
- 参加专门讨论小学外语课程的会议（ACTFL、各州与各地区的语言教师会议）。

阅读与咨询是规划过程的基本要素，但是规划人员需要看到课程的真正实施。尽管对背景知识的了解要耗费数周甚至数月的时间，但最终建议和决定却是在现有的最完备的信息基础之上提出的，这样课程规划小组才能够高效、自信地提出最适合当地需要的课程规划方案。

表 15.1　美国 K–12 外语学习调查：2010 年调查结果

应用语言学中心做过一项由联邦政府资助的全美代表性调查，主要针对中小学语言课程，其目的是为了调查美国是如何使学生掌握除了英语以外的其他语言。2010 年的调查（数据收集于 2007—2008 年期间）重复了 1987 年和 1997 年应用语言学中心的调查模式，就是为了明确最新的课程模式、随时间变化而变化的语言学习注册情况、教学量、课程提供情况、学校课程、教师资质及其他问题。调查是在 5000 所学校分层随机抽取样本，回收率为 76%。调查结果开拓了我们对国家及地方层面的语言教育的了解，指出了继续增加并改善语言教学的需求，并为在地方、州及国家层面制订语言教育政策提供了数据支持。主要调查结果如下：

教学量

与十年前相比，目前美国开设外语课程的小学更少了：目前的比例是 25%，1997 年是 31%。语言教学的减少主要出现在公立小学，开设语言课程的私立学校的比例基本不变。开设语言课程的中学数量也有所下降（目前是 58%，十年前是 75%）。开设外语课程的高中数量在十年间基本不变（约 91%）。

获得语言学习的机会

进入语言课堂学习的机会不均等。农村学校以及社会经济背景较差的学校开设语言课程的比例较小。

可选择的语言

在开设外语课程的中小学中，西班牙语依旧是非常受欢迎的语言，目前和十年前的比例分别为 88% 和 92%。相比十年前，更多的中小学开设了汉语和阿拉伯语课程。开设其他受欢迎的语言像法语、德语、日语和俄语的学校则比十年前少。

师资缺乏

据报告，在所有开设外语课程的学校中，25% 的小学和 30% 的中学都受到师资缺乏的影响。此外，36% 的公立小学的外语教师要么根本没有外语教师资格认证，要么没有小学等级的外语教师资格认证。

不让一个孩子落后

三分之一开设语言课程的公立中小学都受到了 "不让一个孩子落后"（No Child Left Behind，简称 NCLB）法案的影响。学校列举了对语言教学数量和质量的主要负面影响：对考试科目（数学和阅读）的过度重视就会影响其他科目以及缺乏高水平的语言教师。

课堂上外语的使用

与十年前相比，教师在课堂上更多地使用外语授课。三分之一的中小学声称教师会在 75% 或更多的教学时间中使用外语。1997 年，只有 22% 的中学报告其教师会在 75% 或更多的教学时间中使用外语（在此之前，对小学的调查没有涉及这个问题）。

标准的融入

与十年前相比，语言教师在教学中更多地使用《外语学习国家标准》及 / 或州立标准。在公立小学，标准的使用已经从 25% 提高到 76%，公立中学则从 31% 提高到 89%。

结论：遗憾的是，2008 年的美国外语教学的总体情况并没有比 1997 年有所好转，在某些地区甚至更糟糕。原因还是长期以来 K–12 语言课程数量有限，该课程的目的就是教授学生在国内外进行有效交际的语言文化技能。另外，开设课程和没有开设课程的差距越来越大。美国还有很多中小学生（尤其是在农村地区或社会经济背景较差的学校）根本没有机会学习外语。所有美国人现在都应该意识到美国公民用多种语言进行跨文化有效交流的重要性，学校也应该把外语教学作为 K–12 课程体系的重中之重。

来源：Rhodes, N. C. & I. Pufahl. *Foreign Language Teaching in U.S. Schools: Results of a National Survey*. Washington, DC: Center for Applied Linguistics, 2010.

15.2 理念

语言课程的理念声明一定要与学校或地区的办学理念声明或行动声明相符。这项理念声明就是课程规划的起点，也将对本章列出的课程规划思考的反馈带来影响。根据《21 世纪外语学习标准》（ACTFL，2006）而制订的课程理念声明创建了一个出色的课程模式，不仅体现在内容上，也是因为该声明是掌握全部《21 世纪外语学习标准》文件的基础。第 17 章中节选了一部分课程理念。

"北卡罗来纳州国际语言标准"（见表 15.2）的理念就提供了一个详尽的范例，其中包含了理念声明中应有的要素。

表 15.2　北卡罗来纳州国际语言标准

理念
与他人交流的能力是人类的核心属性。从古至今，人类就能够分享信息、兴趣爱好、所需所求、跨越时空的价值观，从而用自己的行为和语言影响他人。近年来，科技工具使世界上的联系变得更加紧密，消除了很多现有的界限。国家间的界限逐渐融合，为了与世界进行沟通，也为了造就开明的公民社会，从而在当今的全球化市场中更好地履行职责，学习国际语言已经尤为紧迫。 　　《北卡罗来纳州国际语言标准》以一系列主导语言教育的原则为基础。这些原则已成为语言教育研究的支柱，并已在实践中得以证明。下面将会介绍这些原则。 　　所有学生都能够学习第二语言或国际语言，同时能够体验成功，都可用来讲授任何水平内或任何课程体系内的学科内容。语言习得是一个终身的过程。为了有一个最佳的学习结果，学生应该投入到长期持续的学习

续表

过程中。随着学生逐渐掌握国际语言或语言水平日渐提高,他们的语言技能要在四个方面(听说读写)有所发展。学生的学习方法各异,以不同的速度掌握语言,这主要基于:
- 花在语言学习上的时间——包括正式的教学时间也包括非正式使用语言的时间;
- 接触可以提供延展课程的语言课程;
- 语言学习的强度——持续衔接性的学习而不是断断续续的学习;
- 正在学习的语言中书写体系的种类(字母体系还是字符体系);
- 学习者的年龄、身心发育水平、学习动机等。

学习了另外一门语言,学生增加了自己作为全球社会公民所必须具备的技能。在这个学习过程中,学生也开阔了自己民族文化以及其他文化的视野。

在学习另外一门语言时,学生会融会贯通其他各个学科的知识,因为所有其他学科领域都可以融入到语言课程上来,提高学生阅读、写作、解决问题、综合分析等各种能力。语言熟练程度反映了学生运用新语言进行功能交际的能力,可以利用 LiguaFolio® 进行过程性评价,也可以利用专门设计的试题进行评价。

来源:http://ncpublicschools.org/docs/acre/standards/new-standards/foreign-language/world-language.pdf。

15.3 目标

为了确定要开设哪类课程,课程规划人员必须要确定预期的课程目标。这些目标将会直接体现在课程理念中。这些预期目标可以构成一个广义的课程图谱,其中一端只是简单地让学生接触外语学习以激励他们进行深入学习,另一端则是流利掌握语言的听说读写能力的课程。学生在中小学掌握语言的流利程度与学生花在语言学习上的时间量以及对该语言的体验强度密切相关。比如:假设在教学质量很高的前提下,每周只上两到三次课的学生就达不到每周上五次课的学生的水平。每天上 30~40 分钟语言课的学生也达不到每天沉浸在语言环境中及全天都在集中使用语言的学生的水平。对于每周有 120 分钟或更长时间接触外语及完全或部分沉浸在外语中的学生来说,外语阅读和写作才是切实可能实现的目标。中小学外语课程要取得成功,就一定要明确其课程的显著特征和目标,同时二者还要相互衔接。

功能性语言能力是指学生能够运用外语就任何与其年龄、年级水平相适应的话题进行交流。功能性语言能力是一个目标,这个目标只有在有充足的授课时间和充分的教学强度的课程中才能实现。这个目标在完全或部分沉浸式教学中也能够得以实现,在这种环境中半天或更多的时间都用于第二语言教学。这种语言能力水平在实验性课程中无法达到,在大多数课程中都无法达到。

正在进行设计语言课程规划的社区会直接影响到目标的选定。比如：它可能会更偏好某种语言，或者社区价值观也可能会决定何种语言水平才是值得期待或支持的。有些社区会更偏重于文化，而另一些社区则会偏向于职业定位，因此这就决定了课程规划的方向。

随着课程目标的确定，其特定的课程模式也会呈现出来。就这一点，课程规划人员可以找找现有的课程，这些课程就是建立在规划人员正在考虑的课程模式基础之上的。规划者应该联系那些参与过这些课程规划的人，并想法拜访他们，以便能够了解课程目标是否达到了他们的预期效果。通过这种研究和走访，规划者会明白必须要给课程留有一定量的教学时间才能达到预定的目标。应该鼓励学校和学区开设让学生能够尽可能多地学习语言的课程。

至关重要的一点是要设立切实可行的目标，同时也要与家长、教师、管理人员、校董事会及社区进行充分的沟通。学生在任何一所小学所达到的语言水平都源于课程目标的设定、学生在语言学习上花费的时间，最重要的是有合格教师的引导。保罗·桑德罗克（Paul Sandrock）曾是威斯康星州公共教育部的国际语言专家，提出了规划者开始规划课程时应当考虑的系列问题。

什么是高质量的语言学习课程？

在规划课程时应该问三个关键问题：

- 我们是要针对全部学生还是部分学生开设一门课程？课程是必修课还是学生仅仅有机会可以学习？
- 我们的课程目标是什么？让学生逐渐熟练使用语言还是我们确实设立了一个面向语言文化学习的社会学目标？
- 课程应该从哪个年级开始：幼儿园？三年级或四年级？还是六年级？并且一直到 12 年级都能保持高质量的教学。

思考：

- 内容衔接
  - 学习内容是否与相应年级课程相关？是否与语言文化目标相平衡？
  - 学习内容是否是割裂、孤立的？
- 授课频率
  - 课程安排是否是每周三次？
  - 课程是否贯穿全年？
  - 课程间歇是否过长？教学分布是否太分散（全年每周一次课或每天授课仅持续六周）？
- 持续性
  - 学生是否在每个年级持续学习语言？
  - 是否有语言教学的断档期？
  - 整个课程中是否坚持同一个目标？
  - 是否有的年级注重文化，有的年级注重口语，而其他年级则注重语法？

- 语言的选择
  - ▶ 提供学习的语言选择是否平衡？
  - ▶ 是否同时考虑过几种语言？
  - ▶ 学生第一次体验外语时（小学或中学）是否只选择了一种语言？

15.4 课程模式

规划小学语言课程时，学校和学区要决定开设哪种早期语言课程以及如何配备师资。最终的决定因素包括资金、在校学习时间、师资配备以及语言学习对象。最重要的问题是要选择一个适合课程预定目标的课程模式。

小学语言课程的分类可以看作是一个连续体，一端是以语言为中心的课程，另一端是以学科内容为中心的沉浸式学习和双语课程。这些课程的区别主要在于侧重点不同，预期的学习效果也不同（表15.3 说明了这个连续体，表15.4 说明了连续体上时间的分配和课程描述）。

了解各种不同课程模式区别的最好方法就是观摩实际运作的成功课程。对有效课程细致全面的描写还有启示和指导作用。吉尔泽和布拉纳曼（Gilzow & Branaman, 2000）从各种课程模式中选取并描写了七种，指出了这些课程模式取得成功的要素。所有的课程模式有四个共同点：第一，它们能够灵活应对资金资助的变动；第二，语言专家、行政管理人员、主课教师和家长之间形成了合作密切的团队；第三，每个课程都有一个强大的领导团队，这是课程取得成功的关键所在；第四，师资人员对课程和中小学语言教育目标具有很强的责任心。

表 15.3　培养语言熟练程度的早期语言课程强度和中心变化连续体

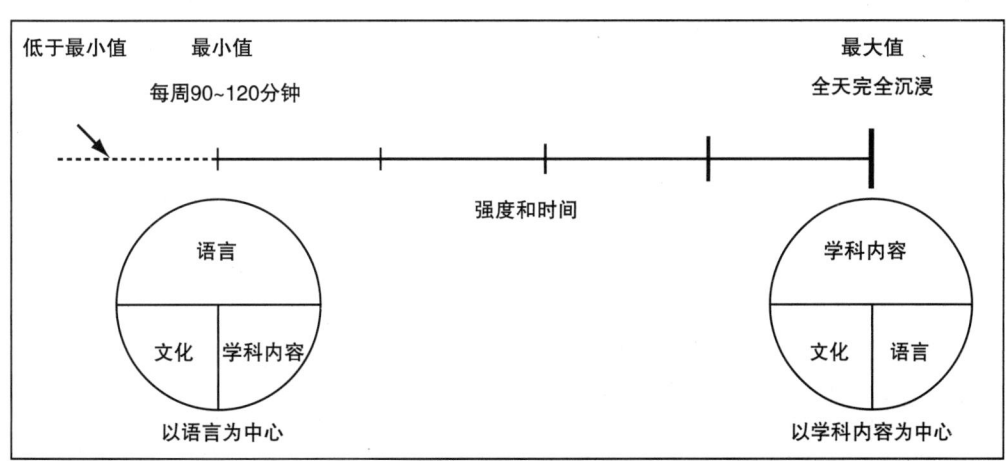

续表

语言、文化和课程内容是每个课程模式的根本要素。在整个连续体上，随着任务时间和强度的增加，课程中心也随之改变，从连续体左端以语言为中心的课程转向右端以学科内容为中心的课程。在连续体上存在几个可能的变因。
强度较小的课程是指每天授课少于30~40分钟，并/或每周授课少于三次的早期语言课程，这样的课程无法达到《21世纪外语学习标准》以及《ACTFL K–12学习者语言运用能力大纲》所预期的言语能力目标。

表 15.4　小学外语课程时间分配及描述

以学科内容为中心（以学科内容为驱动）的课程	
目标：达到较高的实际应用外语的水平 目标：具备理解并欣赏其他文化的能力 目标：掌握用外语讲授的学科内容	
课程种类	时间分配及描述 注意：目标的实现程度视课程分配时间而异。
完全沉浸 K–6 年级	• 50%~100% 的授课时间。 • 教学重点在于学习用外语讲授的学科知识。语言学习本身需融入全部课程中。 • 授课对象为美国与加拿大以英语为母语的外语学习者。 描述： 　　第二年第三年期间，学校全天采用第二语言授课。在早期完全沉浸式课程中，用第二语言教授阅读。有的课程一般在二年级时引入英语教学，到五、六年级（小学的最后一年）时，英语使用量会逐渐增加，在校时间一半用英语教学，一半用第二语言教学。其他课程中，一旦开始使用英语（通常在二、三年级），英语授课时间在整个课程中就会保持不变，约占 20% 的比例。还有一些课程，全天授课都用第二语言，直到四、五年级时才开始引入英语授课。
双向沉浸 K–6 年级 （也称作双向双语式、双沉浸式和发展式双语教育）	• 至少 50% 的授课时间。 • 学生中既有以英语为母语的学生也有以目的语为母语的学生。 描述： 　　双向沉浸式课程与单向沉浸式课程相似，只有一点例外，就是学生中既有以英语为母语的学生也有以目的语为母语的学生。因此所有的学生在学习科目时既使用自己的母语又使用第二语言，而且两个语言组的学生能够在学习彼此的第二语言时互惠互利。双向沉浸式课程的理想目标就是除了掌握学科知识，说英语的学生能够熟练应用第二语言，说第二语言的学生也能够熟练应用英语。与此同时，所有的学生还能继续提高他们母语的技能和水平。
部分沉浸 K–6 年级	• 至少 50% 的授课时间（用外语讲授学科内容，语言学习融入整个课程中）。 描述： 　　部分时间（至少一半）用第二语言授课。外语教学量在整个小学课程中保持一致。在早期部分沉浸式课程中，学生经常同时用两种语言学习阅读，有的课程中，尤其是汉语和日语的部分沉浸式课程，读写技巧首先使用母语讲授。

续表

语言为中心（语言为驱动）的课程		
目标：达到较高的实际应用外语的水平 目标：具备理解并欣赏其他文化的能力 目标：掌握用外语讲授的学科内容 这些目标与沉浸式教学相同。		
课程类型	时间分配及描述 注意：目标的实现程度视课程分配时间而异。	
早期语言学习课程 K–6 年级 （也称作早起点课程或青少年课程，有时也称小学外语课程）	• 授课时间每周 3~5 天，每节课最少 30~40 分钟。这种时间分配可以看作早期语言课程中有效沉浸式教学的最低时间额度。 描述： 　　教学重心是语言学习，其中贯穿文化和学科内容教学目标。 　　这种中学前的课程纵向贯穿于整个课程序列中。在这个课程中学生只学习一门语言（这并不意味着学校和学区只教授一门语言）。学校全学年每天授课。 　　以语言为中心的小学语言课程中，时间分配是课程是否成功最重要的变量之一。《21 世纪外语学习标准》对学校语言课程分配的必要时间做出了要求，确保学生取得显著性学习成果。 　　为了达到《ACTFL K–12 学习者语言运用能力大纲》提出的水平标准，学会委员建议小学语言课程应该每天不少于 30~40 分钟，每周不少于 3~5 天（Swender & Duncan, 1998）。	
每个课程模式的基本描述都表明学生语言水平与学生用目的语进行有意义沟通的时间有关。麦特和罗兹（Met & Rhodes, 1990）认为，花费在语言学习上的时间和学习体验的强度是决定语言课程能够达到语言习得程度和语言应用水平高低的最重要的两个因素。课程规划者应该努力设计一门在现有资源条件下能够提高学习者语言应用能力水平的课程。 如果课程规划中的时间分配低于规定的最低时间，规划者必须要告知各相关人士，由于课程时间有限可能最终会出现不同的学习结果。		

15.4.1　以语言为中心的课程：小学外语课程

小学外语课程是经常被用来统称除英语外所有的小学阶段的语言课程的术语。但是，这个术语实际上最适合用来指称小学语言课程的特定类型，也就是指每周 3~5 天，每节课 20~60 分钟或更长时间的课程。很多参考文献仍然使用 FLES（小学外语课程）这个术语。为了将这些课程稳定地融入 K–12 课程中，外语教学界开始使用更笼统的术语，比如像青少年课程（programs for young learners）、早起点课程（early start programs）或早期语言学习课程（early language learning programs），本书也沿用了这些说法。注意目前开展这些课程最好的做法是每天授课 30~40 分钟，每周授课 3~5 天。

15.4.2 强度较小的课程——有胜于无？

授课时间很少并/或每周授课时间少于 3~5 天的早期语言学习课程存在几个风险。首先，学习者可能达不到教学强化课程中学生所能够达到的目标。尽管在开课初期，这些课程因为学生的表现和热情而引人注目，但长此以往，学生和家长都会感到失望。最终的结果就是当出现预算紧缩时，这些课程就会被砍掉，课程结果也会不尽如人意。其次，语言教师也存在风险，因为他们教学任务非常繁重，每周还要面对大量的学生。因此建议课程规划人员要充分考虑新语种课程所需的资金，以及在哪个年级开设语言课程，这样才能保证以语言为中心的课程能够有更多的课时和更大的授课强度。

世界各地都在开设强度很大的小学语言课程。笔者认为，美国目前必须摒弃语言课程每周所需课时很少的观念，但这也并不意味着课时很少的课程应该终止——只是要尽量避免。现在迫切需要对现存课程进行大力支持，但同时也要提倡增加学时。

15.4.3 探索式课程

探索式课程的目标通常局限于向学生介绍语言和文化，目的在于激发学生深入学习语言的兴趣。这种课程与真正的语言课程不同，主要因为这种课程不以语言熟练程度作为教学成果的参考，也不能与其他课程进行较好的衔接。这些课程在中学很常见，这也反映出早期阶段中语言课程一般要在 9 年级时才引入到学校课程中。这类课程的价值在于它们使学生有机会接触自己不太熟悉或比较冷门的语言，这些语言在 21 世纪依然是语言教育中不可或缺的一部分。

> **关于继承语学习者（heritage learners）的一点说明**
>
> 根据 2010 年人口调查，美国目前有 300 多种语言。2000 年的调查报告显示，自 1990 年以来，说西班牙语的人口增长了 62%，说汉语的人口增长了 53%，说越南语的人口翻了一番，说俄语的人口增长了 191%，说阿拉伯语的人口增长了 73%。很多旨在教授"外语"的课程中也招收那些在家里就能接触到这门语言的学生。
>
> 美国有很多教育家使用"继承语学习者"，这一术语自从在 ACTFL 的《外语教学标准》（Standards of Foreign Language Teaching）中出现后就得到了广泛认可，它用来指广泛意义上的个体。被最广泛引用的"继承语学习者"的定义是瓦尔德斯（Valdés, 2000: 1）给出的，他认为，"继承语学习者""在非英语家庭环境中成长，继承语水平只限于听和说，同时在一定程度上是双语学习者"。这个定义不包含那些家庭背景与特定语言族群存在很深文化渊源、拥有"继承动机"但却完全不会说也听不懂该语言的个体，他们在语言学意义上与传统的二语学习者难以区分。瓦尔德斯（Valdés）定义中的继承语学习者由于从小就与继承语接触，已经具备了一定的语言水平。他们可能听得懂但是不会说，有的作者也认可这一点而使用继

承语"学习者"而不是"说话者";他们还可能会说但不会读或写,或者他们具备一定的听说读写水平。

继承语学习者的非英语水平有很大的不同。导致他们语言水平差异的因素包括:移民时的年龄(学习者自己或他们父母的年龄)、在家里使用继承语的模式、接触继承语读写的机会以及拜访继承语被普遍使用的地方的次数(Beaudrie, Ducar & Potowski, 2013)。接受过专业教学培训的外语教师发现,一旦涉及继承语学习者,尤其是语言输出水平很高的学习者时,他们就不知道如何去教,因为这些学生的语言和情志面貌非常独特。对于那些继承语水平很低的学习者(尤其是那些无法输出继承语也无法理解继承语的学生)来说,如果他们能够定期参加外语课堂学习就会受益良多,但是他们与继承语的情感联系也应该受到认可、珍惜和鼓励。

有效的继承语教师的最重要的一个特点就是他们尊重这些学生带入课堂的语言,不会尝试去批评或纠正他们的交流方式(不管这些表达在看起来与正规的、权威的用法有多不同)。但是课堂教学可以增加学生的语言储备。对于中高级水平的继承语学生来说,参与针对母语学生的语言艺术课程要比参与纯外语课程获益更大。很多学校采取为继承语学生单独设班的形式,以便在充分发挥他们的优势的同时,满足他们的需求。所有以意义为基础、有具体语境背景、学生积极参与的活动对继承语学生及其他学习外语的学生都有益处。

继承语教学的主要教学目标应该包括帮助学习者尽可能全面地提高他们的语言水平、学科成绩以及文化熟练程度。这个目标不仅仅局限在讲授如何使用某个动词的时态或讲授如何正确拼写单词。

继承语教师在教授继承语学生时,可以利用的资源包括全美继承语资源中心(National Heritage Language Resource Center)建立的在线免费工作坊(可参见 http://startalk.nhlrc.ucla.edu)。下面简要列出继承语教师在教授能够"熟练输出语言"的学生时"该做什么","不该做什么",同时列出了相关的参考资料。

在教授能够"熟练输出语言"的学生时,继承语教师要做到以下几点:

1. 尊重学生说继承语的方式。鉴于英语在美国的影响力,他们能熟练掌握自己家庭中的语言真是太棒了。
2. 利用社会语言学研究方法(Beaudrie, Ducar & Potowski, 2013)。要理解学生的说话方式是自然的,理解导致这种方式的因素包括与英语的接触、缺乏继承语输入、继承语学生只接受英语教育以及/或者对继承语的社会歧视。这样,确定什么是语言"偏误"就很困难,有时教师所做的并不是纠正任何"偏误",而是教给学生以新的方式使用继承语表情达意。
3. 试着去了解与学生的继承语相关的背景、文化及历史。
4. 把明确的"语法"讲解局限在学生真正需要的地方。把语法教学纳入更大的语言艺术与读写能力的框架中,波德丽、杜卡尔和波托维斯基(Beaudrie, Ducar & Potowski,

2013）有专门针对继承语学生语法教学的讨论。
5. 利用各种相关、有趣、前沿的教学资源。
6. 在学校的各个层面做继承语学生的代言人。
7. 从社区中引入包括家长在内的继承语使用者，把他们当作语言文化及/或专业的行为榜样。
8. 研究学生的"家乡"文化和语言规范是切实可行的课程目标，同时也要让学生调查他们自己所处的社区以及美国其他地区的继承语社区。比如：纽约的阿拉伯语或西班牙语的继承语学生对加利福尼亚的阿拉伯语或西班牙语社区知之甚少。
9. 保持与同事的接触，及时掌握专业发展选择，以便更多地了解继承语学生的教学工作。
10. 对学生良好的作业和进步给予表扬。

在教授能够"熟练输出语言"的学习者时，继承语教师不要做以下的事情：
1. 批评或惩罚"不符合标准"的语言使用，不管是口头形式还是在书写的内容上进行大量的标注。这可能会打击甚至激怒学生，这种做法从社会语言学的角度来说也是没有依据的。
2. 仅仅注重语法教学或注重让学生识别语言形式的名称。相反，让学生参与有趣的读写活动，不仅可以提高他们的继承语水平，还能够增进他们对继承语世界的了解，形成明晰的批判性思考能力。
3. 让继承语学生把继承语误认为是自己学习的一门单一的语言。双语学习从来都不是"两种单一语言融合成一种语言"，几十年的研究表明继承语学生的语言体系经常体现出两种语言的特点。
4. 主要使用针对外语学习者设计的教材。这就类似于在学校学习英语的英语母语者不使用"英语作为第二语言"的教材。
5. 认为语言的某种变体是唯一合理有效的、可以接受的变体。
6. 不愿意向自己的学生学习或担心犯错误，尤其是教师本人不是母语者或教师本人也是一名继承语者。埃德斯特罗姆（Edstrom, 2005）写过一篇出色的论文，该文讨论的就是非母语者教师教授继承语的内容。继承语教师应该把课堂当作共同学习的地方。

金·波托维斯基（Kim Potowski）

15.4.4　非学校语言课程

并不是所有的语言课程都设在每天的教学时间中。夏令营、沉浸式周末、学校课程的前后时间、暑假课程、为继承语学习者或走读学校提供的周末或课外课程，这些都可以为年幼学习者提供接触新语言的机会。如果这些课程准备精心、讲授得当，也有利于早期语言学习。

非学校课程可以由学校、学区或社区组织，由家长教师协会或收费的私立教育集团提供赞助。课程的设置方式多样。有的课程已经取得显著的教学效果，并建立了完善的教学机制和课程大纲；其他课程的教学目标设置有限，学时相对较短。在很多社区，非学校课程激发的学习兴趣已经促使该地区在学校内开设语言课程。

非学校课程的一个重要优势就是这些课程能够利用社区资源，不然的话这些资源都处于闲置、荒废状态。有时甚至可以说如果没有非学校课程就不会有早期语言课程的设立，如果说这些非学校课程迈出了成功的第一步也不为过。但是非学校课程也有一些缺憾，如参与这些课程的志愿者很少或者根本没有接受过语言教学培训，也没有任何机构来制订教学目标，衡量教学质量。即使在最好的条件下，这些课程还是把语言课程置于学校课程或学校学时之外，这就强化了一个观念，即语言学习是"额外的"而不是基础的。

15.4.5 基于多媒体的课程

在这种课程模式中，语言教学的主要工具是多媒体，通常基于网络或广播，或者使用 DVD 与 CD。课程跟进与强化可以采用多种形式。

美国学校的学生是非常成熟的多媒体产品消费者，如果多媒体学习材料没有有意义的内容，没有高质量的专业美编，他们是不太可能利用这些学习资料的。基于多媒体的课程可以利用特殊的效果使得必须要有的操练环节变得有趣生动。同基于课堂的课程一样，目的语应该是教学的主要手段，多媒体展示应该按照学习标准来执行，并以提高语言熟练度为导向。

基于多媒体课程的成功的关键除了多媒体产品自身的质量外，还有后续课程的质量和强度。在一门成功的课程中，多媒体只是补充而非取代语言老师花费的时间。过去的基于多媒体课程没有提供足够的与教师互动的机会，因此教学效果令人失望。尽管很多课程已经完全消失，但是却对外语教学造成了极大的负面影响。

近年来，一种叫作罗塞塔石碑（Rosetta Stone®）的基于多媒体的语言课程引起人们的广泛关注。马里兰大学高级语言学习中心（Center for Advanced Study of Language，简称 CASL）根据政府签订的协议，检验了几种以科技为中介的语言培训产品，其中就包括评价罗塞塔石碑的西班牙语和阿拉伯语学习。高级语言学习中心对该产品的学习效果进行了实证考察，并于 2008 年发表了研究报告。根据研究结果，高级语言学习中心发现了课程软件潜在效果的不足。高级语言学习中心的报告对该公司关于语言初学者利用罗塞塔石碑进行自学发表的声明提出了异议。比如：报告声称该软件并没有为学习者提供交际背景下练习语言的资源，课程缺少关于文化的思考。尽管此项研究针对的是成人版课程或青少版课程，但在使用针对年龄更小的学习者的课程时，也必须要将此项研究结果作为参考。高级语言学习中心的研究结论如下：

> 因此，我们的结论和建议仍然相同。罗塞塔石碑的产品生产商关于该产品的创新性声明以及使用该产品后的语言学习成果基本是言过其实。也许学习者在使用该产品

的过程中可能会学到一些对话、短语，但该软件并不能提供在语境中练习使用语言的动态环境。罗塞塔石碑也许可以作为更全面的语言课程中词汇习得的补充工具，但是作为独立的学习软件包，它不可能满足美国政府提出的语言学习需求。（Nielsen & Freynik, 2008: 5）

笔者认为，青少年学习者在学习中需要互动和参与。该产品如果作为补充资料或附加的复习活动可以很好地发挥作用，但是在有利于学习者的互动环境方面，它无法作为一种单独的学习工具。维多利亚·吉尔伯特（Gilbert, 2013）说，使用该软件的体验就好比孩子晚上听读书录音，而不是待在舒适的房间与给自己读书的父母进行互动交流。

15.4.6 远程学习

通过远程学习，很多学校可以整合资源从而开设一门或多门外语课程。一门成功的语言课程可以采用多种远程学习方法。远程教育课程既可以同步学习也可以异步学习。同步学习的课程中所有参与者都同时听课，异步学习参与者则可以在不同时间上课。网络会议就是一种利用诸如 Blackboard、Collaborate/Elluminate、Skype、Adobe Connect、WebEx、Google Hangout、Bridgit 和 Facetime 这些平台进行在线同步学习的方式。利用更复杂的视频会议方式来授课的方法是基于网络的 VoIP，它利用互联网语音协议进行实时连线学习。这种形式要求采用高清视频摄像机以及如 Tandberg 或 Polycom 这样的软件，同时还要求有监视器、一个便于网站之间进行音频/视频交流的音响系统。

教师位于一个网点，通常身边有学生或者有一名可以联系到的专家，其他学生都处于远程网点，这些远程网点通常分布在学校的另一座教学楼、其他州或其他国家。

全美州级外语督学委员会已经在互联网上颁布了远程课程的指导方针。

异步学习允许学生利用诸如 Blackboard、Moodle 这样的教学管理系统随时参与学习。学生可以随时获得上课内容和资料，同时进行课堂活动和在线讨论。教师通过管理系统、电子邮件及网络会议设备进行辅导。

最近还出现了一种混合模式，将面对面学习和在线学习结合起来。这种混合模式的学习是以学生为中心的教学，提供网络强化教学，为在线学习活动提供丰富的多媒体数字资源，能够做到"亲身"教学。

但是远程学习也有局限性，比如：

- 所有的学生和教师都不在同一个地方时，无法布置很融合学习内容、以活动为导向的学习任务。
- 这种模式下的学习，学生进行口语练习、教师针对个人进步的评价都受到极大的限制。
- 远程教学要有大量的准备工作，要进行技术性备案，对技术质量要求很高。这些都要有精心的管理工作。重要的是教师要有足够的准备时间以确保课程质量。
- 对于远程学生的监控也是增加课程成本的一个因素。

15.4.7 远程学习项目范例 KITE-LL

儿童在早期语言学习中的互动（Kids Interacting Through Early Language Learning，简称 KITE-LL）系列课程是由南卡罗来纳州教育电视台和南卡罗来纳州教育部联合创建的多形式远程教学节目，该节目结合了事前录制的视频课堂和经过认证的外语教师进行的面对面教学和评价。

该系列节目主要针对法语、德语和西班牙语的三、四、五年级学生，每个年级都包括30周的教学时间，每天讲授的都是与学科内容相关的课程。每周包含三天的录制课程及两天的面授课程。每周的第一、二、三天是录制课程，要求主课教师给予配合，以确保学生能够积极参与课程并收到必要的教学材料。第四、五天的课程要求有一名经过认证的外语教师在场。第四天的课程旨在给学生提供指导练习。第五天的课程要让所有的学生都参与中期评价。

每一个逆向设计的单元结束时都要有对语言行为能力的评价，评价是以国家和州政府设定的三个沟通模式为基础：理解诠释模式、人际交流模式和表达展示模式。

儿童在早期语言学习中的互动系列课程以相应年级的学科内容标准（主要为社会学、语言艺术、科学和数学）为出发点来教授法语、德语和西班牙语。表15.5 列出了相关话题，可以作为年级学科内容与语言课程相融合的范例。

想要获得儿童在早期语言学习中的互动系列课程的相关信息，可以到网站 http://knowitall.org 上在线观看或下载视频。如欲了解进一步的信息，请联系南卡罗来纳州教育部现代与古典语言教育助理鲁塔·库埃（Ruta Couet）。

15.5 语言课的频率和时长：任务时间

如何针对早期语言课程安排时间是决定课程长期效果的决定性因素。学习者需要的是认真规划、精心排序的语言体验，重点是使用语言而不是了解语言如何运作。语言目标和时间分配必须保持一致，这样设定的预期目标才是真实可行的，因此那些每周一次课，每次只有20~25分钟的课程则不能保证能够实现高水平的语言熟练度。

课程是一周一次、每两天一次还是每天都有呢？每节课的时间有多长呢？如果要实现最佳学习效果，少儿学习者最少每天要上 30~40 分钟的课，每周五天，同时每天的在校学习中还要增加尽可能多的语言强化内容。

加拿大法语核心课程（相当于美国的小学外语课程）建议采用每天40分钟的标准。无法实现每天授课的课程则要求要用一定比例的课堂时间进行复习，以弥补两节课之间较长的时间间隔。

表 15.5 儿童在早期语言学习中的互动系列课程——课程大纲与单元目录

一级 (三年级) 概述	第1单元：法语/德语/西班牙语世界 重点内容：地理和地貌 学生交际目标：自我介绍，告诉大家你来自何处，指认地形和大洲，说出你在不同地形中找到的事物名称，在地图上找出一个地方描述它的地形和地理特征，比较南卡罗来纳州和西班牙语国家中的一个地方的地理特征。 第2单元：马提尼克岛/北海/加拉帕戈斯群岛的动物 重点内容：动物，它们的习性，(在有限的程度上)动物的适应性 学生交际目标：认识加拉帕戈斯群岛的动物，描述动物及它们的外貌，讲述动物的习性及它们迁徙的过程，比较动物和人类的特点、活动和习性。 第3单元：象牙海岸/瑞士/哥斯达黎加的巧克力 重点内容：植物的生命周期及农业 学生交际目标：了解植物各部位名称，描述植物大概的生命周期以及可可树的生命周期，说出用可可做的食物的名称，谈论自己喜欢和不喜欢的食物，比较用可可做的食物的味道。
二级 (四年级) 概述	第1单元：让我们跟随讲目的语的探险家在塞内加尔/坦桑尼亚/秘鲁探险 重点内容：跟随一名来自目的语文化的探险家在一个国家探险 学生交际目标：复习地貌、大洲和地理要素，认识探险和旅行需要的交通工具，讲述你从一个地方到另一个地方的旅行方式，认识不同国家的自然资源，讲述你想要和需要什么东西。 第2单元：水、任何地方的水（加拿大/瑞典/阿根廷的水和天气） 重点内容：水循环，天气，比较目的语国家和美国的气候 学生交际目标：复习地球上的水从何处来，说出与雨水密切相关的活动，描述天气，说出四季的名称并描述我们全年做的活动，说出水循环的不同阶段，指出水在我们生活中所起的作用。 第3单元：用法语在圭亚那/德国/波多黎各的森林中探险 重点内容：森林生态系统 学生交际目标：指出生活在这个生态系统中的动物，描述这些动物的生理特点（颜色、身体部位、适应性），复习动物和人类的栖息地，指出可以帮助动物在环境中得以生存的特点，谈论人类和动物的食物。
三级 (五年级) 概述	第1单元：我的城市、我的生活（与巴黎/柏林/马德里相比较） 重点内容：日常及闲暇活动，通过来自当地的母语交换生在目的语文化的一个城市中探险 学生交际目标：指出并描述当地的住房，说出家庭成员的名称，谈论如何在城市中活动，谈论你要去哪里及放学后的活动，谈论城市中的名胜古迹。 第2单元：健康的我（在摩洛哥/奥地利/莫斯科的健康活动、食物及运动） 重点内容：保持我们的身体健康，运动在健康生活中起的作用，食物金字塔，健康的生活习惯，比较不同文化中的食物和健康的生活习惯 学生交际目标：描述带有身体特征的人们，认识并描述健康食物，说出你喜欢的运动和事物，描述并提出有助你保持健康的活动。 第3单元：一个健康的星球（进行在马达加斯加/坦桑尼亚/赤道几内亚地区居住地的对话） 重点内容：森林层级及生态系统，动物栖息地，对环境构成的威胁，保护环境 学生交际目标：复习地形和动物栖息地，描述环境成分，认识并描述生活在这个生态系统中的动物，说出并描述对环境构成的威胁，提出我们保护环境的建议。

图 15.1（ACTFL，2012）表明了不同课程中语言输出能力与时长的关系。表中的语言输出表明所有学生如果在基于标准的课程中得到持续的指导、完成足够时间的任务，同时重点培养语言运用能力，他们都能够实现熟练掌握语言的目标。ACTFL（2012）认为："尽管不同沟通模式下的语言运用成绩不同，该表格仍然表明了理解诠释模式、人际交流模式和表达展示模式中语言运用的综合成绩。学习者母语的读写水平和语言表达能力也会影响他们在其他外语方面的读写水平和语言表达能力。"

图 15.1　时间作为培养语言能力的关键要素

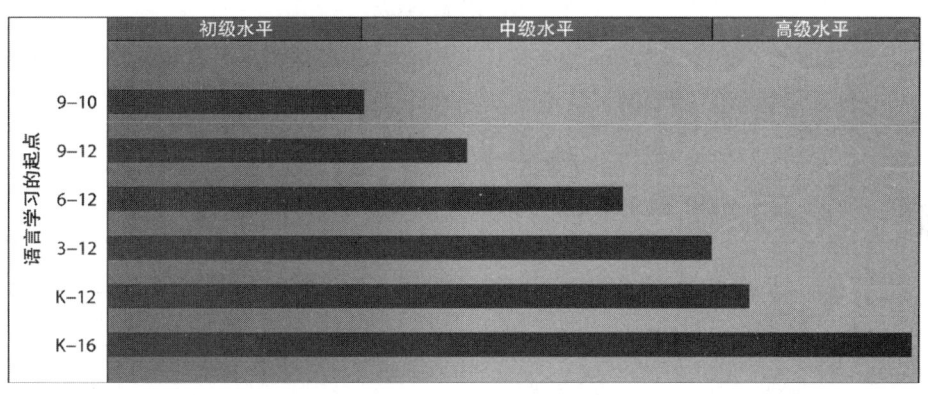

来源：《ACTFL 语言学习者语言运用能力描述》（ACTFL，2012）。

图 15.2 是世界各地的国际学校使用的国际语言标准，表明了语言课程的年限和时间数量与学习者学到的语言量之间的关系。

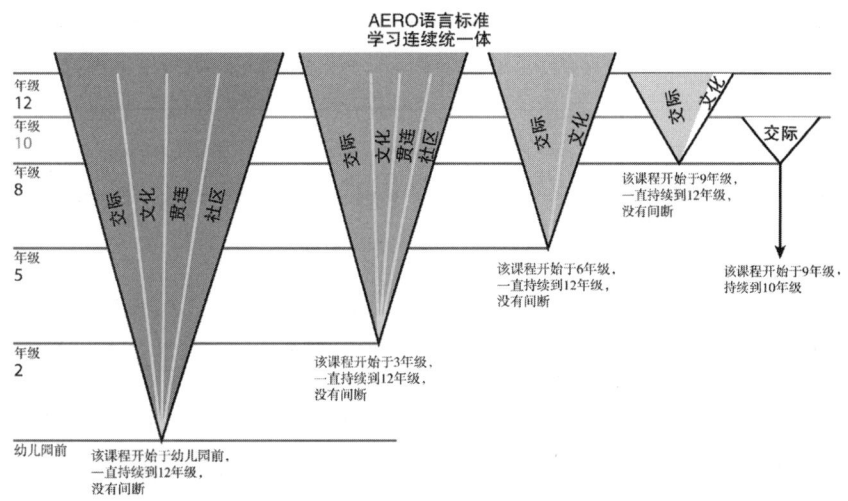

图 15.2　来自美国教育发展项目[1]的语言熟练程度表——美国教育发展项目国际语言标准

---

[1] 美国教育发展项目，American Education Reaches Out，简称 AERO。——译者注

注：

1. 该图假设学习者是从幼儿园前到 3 年级每天接触目的语时间不少于 20~30 分钟，从 4 年级到 12 年级每天接触目的语时间不少于 35~45 分钟。
2. 图中学生重点关注的学习目标呈递减态势，因为没有足够的时间去完成覆盖全部目标的标准课程。
3. 语言学习也有必须达到的起点标准，这样才能巩固学习效果，迈向更高水平。如果学生只学习两年的语言，通常在大学阶段要重新学习一遍整个低级别的课程。

来源：http://www.projectaero.org/AERO+/languages/index.htm。

表 15.6 是北卡罗来纳州教育部的表格，表明了每周授课 3~4 次、每次 90 分钟的小学语言课程可能会达到的预期的语言熟练度。

表 15.6　北卡罗来纳州小学毕业外语能力预期 /
每周 90 分钟及以上早起点字母语言和语标语言课程

模式 & 技能	水平评价				
	第二年学习结束	第三年学习结束	第四年学习结束	第五年学习结束	第六年学习结束
理解诠释型听力	初级中等	初级高等	中级低等		中级中等
理解诠释型阅读	初级低 – 中等	初级中 – 高等	初级高等		中级低等
人际交流型人对人	初级中等	初级高等	初级高等至中级低等	中级低等	中级中等
表达展示型口语	初级低 – 中等	初级中 – 高等	初级高等至中级低等	中级低等	中级低 – 中等
表达展示型写作	初级低 – 中等	初级中 – 高等		初级高等至中级低等	

15.6　教师工作量

课程时间安排中还需要重点考虑语言教师每天授课的课时数量。柯顿和达尔伯格（Curtain & Dahlberg, 2000: 2）把教师的工作量也作为早期语言课程中潜在的主要误区之一。

误区：导致教师崩溃的课时安排和工作量

近年来，早期语言课程缺乏合格的师资。如果我们要扭转这种局面，当务之急就是要建设对孩子和教师都有益的课程。考虑到点,佐治亚州教育部在政府支持的示范课程中规定小学外语课程教师每天授课不能超过 8 节,为小学外语教师留出时间来承担更多的责任:与不同的主课教师交流,研发课程和教学材料,与家长及社区进行交流,建立课程的公共关系。《成功经验:儿童外语课程模范》(*Lessons Learned: Model Early Foreign Language Programs*)给出的范例之一是位于佛罗里达州皮内拉斯县的湾岬小学,这里的外语教师也是每天 8 节课的工作量,同时还承担着明确规定的额外职能。(Gilzow & Branaman, 2000: 13, 25–26)。

如果教师的工作条件很差,他们很可能会不堪重负,要么离职,要么选择教授常规课程。如果对教师的超负荷工作这一典型问题不给予重视,扩大早期语言课程就会存在风险。有的小学语言教师每天要上 14 节课,每周教授的学生多达 600 名。他们很少有自己的教室,经常拖着自己的教案和教学用具从一间教室换到另一间教室,有时可能是从一座教学楼换到另一座教学楼。他们经常缺乏专业支持,也没有在职培训的机会。他们的课表被排得满满的,他们几乎没时间与其他语言教师或主课教师进行合作。在这么艰苦的条件下,早期语言课程难以找到并留住合格的教师就不足为奇了。

其他因素也会对早期语言教师的课程安排带来不同的压力。吉尔泽和罗兹(Gilzow & Rhodes, 2000: 8)对课程师资问题提出以下建议:

- 每所学校都应该有一名在职外语教师。
- 如果外语教师要推着教具车从一间教室换到另一间教室上课的话,他们应该有适当的教学空间,其中要有电脑、电话。
- 语言课要分散在一天的各个时间,这样外语教师才能够做好准备,重新集中自己的注意力。
- 一天中一名外语教师的课表不能排得太满,每天 8 节课,每节课 30 分钟已是最大工作量。
- 外语教师的学生比主课教师的学生要多,因此他们每周花在学生身上的时间更少。
- 外语教师应该在一天中教授同一个年级。
- 在外语教师的课表中,应该安排与主课教师见面的时间。

15.7 在已经安排密集的学校课程中为语言课程寻找时间

另外一个需要考虑的问题是如何将外语课程适当地穿插在学校课程体系中。一个常见的阻碍就是在小学阶段开始开设外语课程常会受到主课教师及管理人员的抱怨,因为现有的学校课程体系中每天的教学课程已经非常满,更不用说再增加一门新的课程。来自马萨诸塞州霍利斯顿学校的特蕾丝·卡卡瓦尔(Therese Caccavale)这样回答这个问题:

> 一次,一位邻近学区的学区主管人曾问我,在安排密集的小学课程体系中,该如

何把外语这类课程嵌入进去。他说这样做无异于在一个已经装满一加仑水的容器中再装入五分之一夸脱的水。我回答说，在我们增加外语课程时，其实并不是增加一门课程，而是从现有的课程体系中借一些空间，用更有创意、要求更多认知参与的方式来教授这些现有的课程，这就像在满满的一加仑水桶中加上一些食用色素，仅仅改变它的色彩底蕴，这样就彻底改变了水的外貌，而不用增加水的体积。

许多学校解决这个问题的方法是把语言艺术或社会学的一些学习时间分给外语课程。有的学校从每门学科中抽出一点时间来安排语言课程。在为小学外语课程寻找教学时间的艰难历程中，应该重点强调外语学习的跨学科特点以及外语学习对第一语言技能提高带来的有据可查的益处。

解决教学时间问题的另一个方法是规划出一门与学科内容相关的课程，可以在各个方面与基础学科交叉，规划时要把基础学科的许多学习目标明确规定在第二语言课程中。小学外语课程经常自称本课程是跨学科课程或包括各个学科内容的教学，但实际上这只是表面文章（有效利用语言课程教学内容的相关信息请见第3章和第8章的讨论）。

中学课程安排

中学课程安排是一个特殊的挑战，因为中学阶段学校课程安排模式多种多样。有几种尝试获得了成功，比如将国际语言与社会学或课程体系中的语言艺术要素相结合，或者将语言植入到灵活的体育、美育模块中。不管采用什么方法，关键是在整个中学阶段语言课程的密集性都能贯穿始终。在精心衔接的小学语言课程中，学生的语言水平已经达到一定的熟练程度，在关键的中学阶段应该有机会培养学生真正的语言能力。

15.8 K–12外语课程的衔接

学完小学外语课程的学生如果要继续学习语言就必须有合适的课程。更早时期的语言课程之所以失败，其中一个原因就是年幼的小学学习者已经获得的语言能力在初高中阶段的课程安排中没有得到充分考虑。在小学学过语言的学生经常在初高中时重新学习一遍，因为中学阶段的课程以语法为基础，学生在小学阶段培养的语言口语能力不受重视。这些都导致小学阶段语言课程的注册率下降，同时也打断了更高水平阶段学习的持续性，因而最终使青少年学习者对语言课程的有效性提出质疑。

对于从小学开始一直在学习语言的学生来说，中学阶段的语言课程必须要与从中学阶段开始学习的学生而设定的课程在本质上有明显的不同。学校要么为在小学学习过外语的学生单独开设课程，要么必须确保这些学生在中学阶段的语言课程会以小学课程为基础或会对小学课程加以补充。如果小学阶段的课程是全沉浸式或半沉浸式的，中学阶段不仅要有高水平的语言教学课程，还要有用目的语教学的学科内容的学习。具有广泛语言背景的学生在进入高中时，这个阶段的语言课程也必须在一定程度上进行显著的改变。

小学及初高中阶段语言课程的预期效果之所以会有差异，其中一个原因就是每个级别的教学重点不同。如果一个级别要对另一级别的语言学习效果进行描述，就必须考虑到各个级别之间的差异。其中一些不同点如下所示：

1. 小学阶段的外语教学着重培养听说技能，但是在初高中阶段投入到阅读和写作上的课时比例则越来越大。
2. 小学生很少接触到语法分析，但是在初高中阶段，语法则是课上正式讲授的内容。
3. 为了适应不同年龄阶段学生的兴趣和经历，不同级别语言技能的培养也会针对不同的背景和兴趣而设计。因此，不同级别的学生能够灵活使用的词汇和场景范围也有所不同。

从传统意义上讲，美国学校外语课程的设置和衔接都是自上而下制订的。尽管只有少数学生会在读大学时继续他们的外语学习，大学教育对语言的预期设定及对高中阶段的任何改革或创新性变动都有限制。初中教师经常受到高中教师的批评，高中教师称即将入学的高中生的语言学习有所欠缺或学得不好，因此，初中教师经常调整他们的课程以适应学生将来的学习。K–12课程体系要从根本上改变传统衔接模式的确是一个挑战，这要求规划者对设计课程和学习体验给予重视，这样才能在前一阶段学习的基础上进行扩展和发展，而不是为下一个阶段的学习做准备。

对每个阶段教学的教师而言，其首要责任是在规划课程的同时，能够把学生的兴趣、背景及身心发展特征都融入课程中。第二个职责是设计一套完整的描写性评价和报告程序，这样未来教授这些学生的教师才会有一个清晰准确的信息，并以此为基础来规划下一个阶段的语言学习目标和学习体验。保罗·桑德罗克（Sandrock，1993）认为理想的课程衔接是将学生先前级别的学习成果略微"上浮（rippling up）"，以此为基础来设计下一个阶段的目标和活动。与之相对的是每个级别的教师所熟知的"下指（pointing down）"，也就是说如果学生不能很好地适应高年龄组教学的预期和教学方法，教师就会降低对先前级别的学习成果的评价。

与课程衔接相关的另一个重要因素是K–12序列课程中不同级别语言水平的设定。第3章中我们就根据课程序列中设置的每一个级别的水平目标来设定课程衔接进行了广泛的讨论，可以参看。

初中课程

很多中学奉行的重要教学理念之一就是探索性学习。有些情况下，这一理念被应用到外语教学中，结果是学校不再坚持每天用同一种外语教学，即使学生在小学时已经有了几年的语言基础。探索式课程旨在利用多种语言向学生"推介"语言学习。过去，外语已经流利的学生也不得不参加用同一种外语授课的介绍性课程，课上教师向他们介绍问候语、颜色、数字和动物名字，就好像他们是第一次接触这些概念。很显然，这种课程会滋生学生的倦怠情绪和挫败感，也很可能会影响日后语言学生的招生情况。但是更严重的后果是学生会错失学习语言的良机，因为他们在小学已经积累了一定的语言基础，本可以在初中阶段继续开发语言这个宝贵的工具，同时在高中阶段还能继续加以利用。因此初中的课程规划既要有能够让学生探索世界的可能性，同时还能继续培养学生在某一语言上的流利度、技能和文化洞察力。

尽管目前已经编写或修订了针对初中阶段的多部系列语言教材，但是主题单元依然能够为初中语言课程规划出最有效的课程大纲。对于继续进行语言学习的学习者而言，主题单元是小学语言体验的自然延续，也与初中整体教学的特点相结合。尽管主题单元的话题与小学阶段相似，但初学者也同样可以从中获益。关于主题规划的讨论请见第 3 章。

应该指出的是，在小学学过一门语言的学生如果在初中学习另一门语言也会与以前从未有过语言学习经历的学习者完全不同。前者很可能会学得更快，对语言学习也会有更强的领悟力和更强的动机。

令课程规划者最苦恼的一个问题是在紧张的教学时间中安排外语教学的学时。威斯康星州学校采取的方法是将外语教学与英语、社会学、艺术、音乐、体育、家庭教育以及消费教育放在一起，作为跨学科团队的一部分融入人文学科课程板块。科技类课程板块包括科学、数学、科技教育及计算机教育。这种课程计划将英语、社会学、国际语言、科学和数学灵活结合起来，由课程所在的板块教师安排每天的教学；其他学科则轮流进行授课。另外还有一种处理方法，就是除了语言艺术课程外，用语言课替代很多中学开设的补救性阅读或拓展性阅读。还有一个选择就是重新编排课表，这样每天至少能够保证有 40~50 分钟的语言课。南卡罗来纳州、哥伦比亚第一莱克星顿校区采用的方法就是重新调整初中课程表，目前语言课程就是该校区的课程核心。（Sandrock，1993）

布朗（Brown，1995）分析了康涅狄格州格拉斯顿伯里的外语课程能够长期保持成功的几个因素，这些因素都能够促进各年级语言课程的有效衔接：

- 各年级语言教师每月开会讨论学区内的重大事件和工作重点。
- 各级别语言教学交叉汇报，回顾、评价课程，参与人员包括社区成员、主课教师及其他学科的行政管理人员。
- 教师为 5~12 年级编撰学科合作评价方案。
- 教师制订一套统一的评分机制，为学生考试评分。
- 教师互相交换考试的学生或学生的口试录音以评价学生的口语技能，同时保证统一评分标准。

成功的 K-12 衔接，尤其是成功的初中课程的衔接，需要各年级教师的全程参与，认真规划，不断地进行公开交流才能实现。在 K-12 课程体系的研发过程中，各个年级都可能有所调整，才能确保学生语言能力的持续性发展。教师了解彼此所在年级的教学目标，观摩同行的课堂，尊重同行的专业判断能力，才能设计出强大而富有活力的课程体系，为外语教学提供一个有利的教学环境。

15.9 课程

课程目标确立后，就应该设置相应的课程以实现这些目标。设置课程有三种方法：
1. 挑选课程。第一种最简单的方法是挑选与课程目标基本兼容、适合学生年龄层次的现有课程。
2. 改编课程。第二种方法是选择与课程目标要求相近，但需要进行一些调整的课程。
3. 编写课程。第三种方法也是最难的方法，就是从头开始编写课程。

下面将分别讨论这三种方法。

15.9.1 挑选课程

小学语言课程资源包括市面上的教材以及由其他学校开发的资源。可以联系出版社选择市面上的教材，也可以通过互联网获取课程文件。洛丽·兰格·德－拉米雷斯（Lori Langer de Ramirez）的网站（http://miscositas.com）是个不错的首选，上面有应用语言中心资源列表的更新版。

其他课程资源包括为英语作为第二语言教学和双语教学设计的市面上编好的教材或本地研发的教材。这些教材中很多是把语言学和心理学的研究成果运用到了语言学习的过程中，因此可以进行成功的改编以适应外语教学模式。在目的语文化中为儿童开发的教材和他们学习母语的教材，可以成为教师设计具有文化真实性的、与内容相关的课程和活动的有用资源，但是大多数这样的教材对于在另一种环境中的语言学习者来说太难了。为有特定需求的儿童或把目的语当成第二语言学习的儿童专门设计的教材则是一个例外，例如：在德国学校学习德语的母语非德语的学习者，类似于在美国环境中学习英语的母语非英语的学习者。

审查课程来源

判断教材是否适用于当地课程大纲的关键因素有以下几点：

- **标准取向**　必须明确说明所选教材符合《21世纪外语学习标准》（ACTFL，2006）中所提出的五大学习目标和十一个标准。
- **出版日期**　尽管出版日期是一个重要因素，但是最近出版的教材并不能保证与前沿的理论研究和教学实践相一致。
- **与当地课程理念和目标的兼容性**　由于各地区的教学目标和教学环境各不相同，尤其是在小学阶段，课程在各种背景下的转换更是一个问题。出版者也发现很难研发出一套满足各种课程需求的教材。
- **年龄的适合性**　在一些课程中，教师试图改编高中或大学的课本，或利用早些时期研发的教材来解决材料选取的问题。我们并不提倡改编高中和大学教材，因为这些教材所选取的话题和活动并不适合激发少儿的学习兴趣，即使是初级课本，往往也过于侧重语法。

- **推荐的教学法** 教材是否反映出语言学习的最新方法，这一点非常重要，因为使用的教材如果不能反映当前最新的教学法，就会使教学质量受到影响。有时，教材本身很有用，但是推荐的教学方法却与课程理念不相符。不管教师手册提供了什么样的建议，教师都需按照自己最佳的直觉和对有效教学的最佳理解来进行教学活动。

15.9.2 改编课程

无论选用的是商业出版的还是学校编写的教材，教师都需要对其进行改编以适应当地的情况。比如适用于每日教学的课程必须要进行调整才能适用于隔天教学。为常规班级编写的课程在用于天赋较高或有很多特殊需求的学生的班级时，也要进行调整。

同时，还必须考虑当地学校或社区的具体需求和首要问题。农村地区的孩子可能不能很好地把按照大城市学校学制体系设计的课程与自身联系起来。一所学校里如果有很多学生想要出国，教学中就应把相关国家更多关于生活、旅游的信息融入课程中，这些信息要比其他信息更多。师资背景和兴趣爱好也会影响在具体课程中对国家、文化或课程主题内容的重点选择。

15.9.3 编写课程

成功的地方性课程编写需要有优秀的教师，或者最好是有一批了解《21世纪外语学习标准》、精通外语、熟悉二语习得原则、掌握交际语言教学、懂得课程研发及儿童发展的教师。此外，在语言文化内容及准确性方面，所有教材必须经过审核，至少要由一名母语者教师来进行审核。

课程编写者需要对各种现有的教材（不论是商业教材还是其他学校或地区编写的教材）进行检验，这样才能扬长避短。课程只有在教师和学生经过课堂教学的检验并修订后才能最终完成。

地方性课程的研发是一个耗时长、开支大、审核严的过程。这需要得到行政机构的大力支持，专门安排时间和/或利用暑假时间进行编写，同时还必须对课程编写人员的才能和付出的心血给予一定的经济报酬。做课程编写和研发的学校或学区所获得的回报就是一系列能够充分满足当地需求的示范课程，同时也能为其他社区研发早期语言课程提供帮助。

15.10 教学资源

有趣恰当的教学资源是任何语言课程的重要组成部分，但是适用于本书介绍的大部分的课程模式的最新商业性教学资源却很难找到。很多学校已经建立了自己的课程体系，并为早期语言学习课程研发了教学资源，尤其是法语、德语、西班牙语、汉语和日语的课程，这些语种的教学资源的开发已经迈出了地区教学资源研发的第一步。

法语沉浸式教学经常利用为加拿大课程开发的教学资源，不过这些资源必须经过一定的修改才能在美国使用。西班牙语沉浸式课程一般会利用双语课程的资源，但是这些材料也同样需要修改才能适应不同语言水平的学习者。其他语种的沉浸式课程不仅必须依靠当地研发的教学材料，也必须依靠现存的沉浸式课程。适用于那些开设范围并不广泛的语种的教学材料最难找到，这些语种包括阿拉伯语、汉语、希伯来语、日语和俄语。美国国家外语中心设立的星谈（Startalk）项目支持部分 K–12 暑期项目，语种包括阿拉伯语、汉语、达里语、印地语、波斯语、葡萄牙语、俄语、斯瓦希里语、土耳其语及乌尔都语。有的教学材料可在 http://startalk.umd.edu 上找到。

课程开发不仅耗时长，而且也需要有经验丰富、业务娴熟的教师，同时还要有母语者在一定时间内（可能包括学年中常规的休假时间）的密切合作。由于更多的学校系统在小学阶段致力于语言教学，也由于更多的教师能够明确表述自己需要什么样的教学材料，因此出版商就有可能做出基于标准和语言熟练度的教学材料。由于可以依赖市面上编好的教材，研发小学或中学阶段的课程则变得更容易、更有效。

15.11 语言的选择

决定选择哪门语言在课程规划之初是一件既困难又费神的事情。社区需求、教材和师资的获得以及课程衔接的潜能等因素都必须要考虑在内。如果这些因素中没有一个能起决定作用，许多学校都会选择推荐一门外语，而不是明确一门确定的语言。无论哪种语言，只要确定了现有最佳的语言，由此而产生的课程质量是今后取得长远成功的基础。无论是广泛教授的语言或是学习人数较少的语言，都能够衍生出广泛的理论基础。任何一种语言，只要教授得好，都能够培养孩子们的全球意识，提高其基本技能，让他们对其他文化产生认同，培养其自尊心和语言交际技能。

如果小学课程只实施一门语言教学，那么就必须考虑到这对中学阶段进行其他语言教学可能造成的不良后果。但是，如果小学阶段实施一门以上语言的教学，就有可能使学校或地区的课程体系支离破碎，增加课程衔接的问题，这是最难解决的问题之一。害怕学生在高中阶段继续选择小学阶段学过的那门语言，从而排斥学习其他语言，这种担心也是不无道理的。但是，在很多学校或学区，所有的语言学习都得益于日益高涨的语言学习兴趣，进入高中学习的学生会选择学习第三门语言或探索一门不同的语言。因此，给那些想要学习另一门语言或在小学没有学过语言的学生在学校或学区提供两个以上的切入点是非常重要的。

爱迪生镇语言课程的经验也许有助于缓解这种担心。在小学引进西班牙语课程，就要重新设计所有学生从六年级才开始学外语的中学语言课程。在二至五年级阶段，只开设西班牙语课程，在此之后，同时开设法语和西班牙语课程，学生才可以自由选择继续学习西班牙语或改学法语。法语教师会担心小学阶段如果只引入西班牙语可能会给法语课程的招生情况带来不利影响。但事实却相反,报名学习法语的学生比以往任何时候都多,甚至使得学校在中学阶段要增加法语的师资力量。出现这种现象的部分原因是所有学生都要在六年级时选学一门外语,并且一直学到八年级。同时,有些学生表示希望在小学学习了四年西班牙语后,能够学习一门新的语言(Smith,2007)。

一些学习人数较少的语言,如阿拉伯语、汉语、日语和俄语尤其受到欢迎,因为这些语言对美国的国家利益非常重要。这些语言对说英语的人来说更难,因此,比起学校常设语种,需要花费多得多的时间去接触这些语言,才能熟练掌握这些语言。在课程体系中较早地引入这些语言,更有可能使学生在一段时期后掌握有用的交际技能。必须要记住的是,要设计一门针对这些语言的有效课程,教师和教材尤为重要。如果找不到合格的教师和恰当的教材,课程规划者就必须按照顺序推迟引入学习人数较少的语言。小学时曾学习过学习人数较多的语言的学生能够把自己的学习技巧运用到新语言的学习过程中,这就比其他学生占得先机。

15.12 谁应该学习语言

《21世纪外语学习标准》(ACTFL,2006:7)在其开头部分的"理念阐释"中对这个问题做出了明确的回答:

> 美国必须培养出一批具备语言文化能力的学生,使其能够在多元化的美国和国际社会中进行自如交流。这种势在必行的趋势预见了未来社会中所有的学生都将具有熟练运用英语的能力,同时至少掌握一门其他语言,不管这门语言是现代语言还是古典语言。

20世纪大多数的时间中,在美国外语学习被赋予了一种"精英"形象,现在这种现象终于消失了。费城、孟菲斯、辛辛那提及其他城市的市区学校提供的证据表明,语言学习必须面向各种能力、各种背景的所有学习者。能力较低的学生甚至会从语言中获益最多(Masciantonio,1977;Garfinkel & Tabor,1991)。一些学校只为阅读水平达到或超过所在级别的学生提供外语教学的做法,与马斯科安东尼奥(Masciantonio)的研究结论相悖。这种做法可能会剥夺原本在语言学习中获益最大的孩子学习外语的机会。

布德罗(Boudreaux,1991)明确指出了16种与沉浸式教学相同的策略,这些策略非常有益于特殊教育的学生,同时建议外语学习环境应该是对有学习障碍的孩子提供包容友善的外语学习环境。安德雷德、理查德·克雷奇默和劳拉·克雷奇默(Andrade,Kretschmer & Kretschmer,1993)也描述了有各种残疾的孩子在学习外语时所遇到的阻碍。

芝加哥(Estelle,1985)、纽约州(Schnitzler,1986)及其他地区的教师曾有过成功教授有学习障碍以及发展受限的学生学习外语的经验，尤其是他们采用口语交际方法的经验。一位特殊教育教师（Bring，1986）证明了很多小学教师都曾经观察到的一个现象，就是在她的法语班上，有的学生因在法语课上首次获得优异的成绩而得到极大的成就感，结果这些学生在其他科目的学习态度和表现上都得到了改善。第17章介绍的佛罗里达研究结果（Taylor et al.，2008）也支持这一论证。

具有天赋的学生

与上述情况相反的是，天赋优秀的学习者经常会首先被选中而获得学习语言的机会。这种为有天赋的学生开设的课程也会让语言教师陷入两难的境地。尽管有证据表明语言学习可以使每个孩子获益，单独为有天赋的学生而开设的课程往往会加强语言课程是精英课程的印象，但事实上，最初只为有天赋的孩子开设的语言课程取得了成功并广受欢迎，因此使语言课程被推广至所有孩子。

有天赋的青少年往往都是优秀的语言学习者，因为他们具备某些学习特质，如：记忆力好、表达能力强、坚持不懈、目标明确以及独立学习能力强。对于这些学习者而言，语言可以是一把开启新的学习领域和学习视野的钥匙。外语是一种工具，能够使有天赋的学生有机会探索新的思维模式，体验新的文化氛围，高水平语言学习者甚至可以开拓新的文学和政治视野。

学术人才是国家最宝贵的资源之一，他们中可能会产生未来强有力的国家领导人。在全球联系日益密切的今天，未来的领导人只懂得一门语言是行不通的。为有天赋的学生量身打造的课程必须既要满足他们个人的需求，又要发挥他们的特殊才干，并且应该得到适当的理论和课程的支持。课程合作者与博学的语言教师共同合作，才能为有天赋的学生量身定制出最佳课程。

15.13　课程评价

评价体系必须是课程和教学规划中不可分割的一部分。表15.7是"特拉华州中小学国际语言课程评价指数"，介绍了关于有效语言课程评价的综合指数。

如果要衡量语言学习在其他学科内对基础技能、学习态度或学习表现的影响，必须在开设课程前设计前测。课程评价的目标应该在课程开始之初就确定下来，这样可以研发特定的工具，同时测试的时间表可以安排到教学计划中。课程评价类型如下：

- 学生语言技能表现
- 学生对其他语言文化的态度
- 学生对课程的态度
- 学生在其他学科中的表现

- 教师表现检查表
- 教师对课程的评价
- 外来咨询专家的观察
- 教师同行间的观察和反馈
- 行政管理人员的观察和反馈

对学生语言技能表现的评价有一定的工具，第9章中已经介绍过。这些工具如下：

- 学生口语能力评估（SOPA），三年级及以上
- 早期语言听力和口语能力评估（ELLOPA），小学生，二至五年级
- ACTFL语言运用能力评估（AAPPL），五年级及以上
- 基于标准的语言能力测试（小学版）（STAMP4se），三年级及以上

海宁－博因顿（Heining-Boynton, 1991）已经研发出了用来评价语言课程在其他方面的有效性的工具，以评价北卡罗来纳的早期语言学习课程。她将这些资源分享在《外语年鉴》（*Foreign Language Annals*）的文章中，其他教师可以将这些资源进行修改，成功地用于当地课程中。

表 15.7　特拉华州中小学国际语言课程评价指数：中学用表

特拉华州国际语言课程指数

所授语言：
- ☐ 阿拉伯语　　☐ 意大利语
- ☐ 希腊语　　　☐ 俄语
- ☐ 拉丁语　　　☐ 法语
- ☐ 汉语　　　　☐ 日语
- ☐ 西班牙语　　☐ 德语
- ☐ 韩语

中学用表

目标：用于对本校国际语言课程质量中口语对话能力的自我评价

说明：重点强调下表中最能描述本校国际语言课程指数。可以成立一个小组，用来汇编所需信息。

课程指数	示范（4分）	满意（3分）	发展中（2分）	起步（1分）
1. 国际语言课程注册学生的比例	注册学生占全校国际语言课程招生计划的80%~100%	注册学生占全校国际语言课程招生计划的60%~79%	注册学生占全校国际语言课程招生计划的45%~59%	注册学生不到全校国际语言课程招生计划的45%
2. 国际语言教学顺序	提供各语种6~8年级的连续课程，延续小学语言教育	至少连续学习两年课程，8年级结束	至少学习一年课程，8年级结束	只有探索性课程
3. 达到较高语言熟练度的学生的比例	100%的学生在课程结束时达到初级高等或更高水平	至少80%的学生在课程结束时达到初级高等或更高水平	至少60%的学生在课程结束时达到初级高等或更高水平	不到60%的学生在课程结束时达到初级高等或更高水平

续表

课程指数	示范（4分）	满意（3分）	发展中（2分）	起步（1分）
4. 语言选择	学校教授两门以上的语言，学生可以继续学习小学学过的语言（如果学生学过语言），并能够增加或变换一种新的语言学习	学校教授至少两门语言，学生可以继续学习小学学过的语言（如果学生学过语言），并能够增加或变换一种新的语言	学校只教授一门语言	只有探索性课程
5. 为不同语言水平等级设置不同的教学周期	没有不同语言水平的混合班	没有低语言水平的混合班，有一个高语言水平的混合班	只有一个不同语言水平的混合班	有两个或以上不同语言水平的混合班
6. 连续的、基于标准的、以语言水平为导向的课程	课程框架规划了所有语言各个等级的授课内容和教学策略	课程框架规划了大部分语言各个等级的授课内容和教学策略	课程框架规划了部分语言各个等级的授课内容和教学策略	课程框架规划了部分语言部分等级的授课内容和教学策略
7. 主要教学实践	所有的国际语言教师100%地按照描述的教学实践进行教学	所有的国际语言教师80%地按照描述的教学实践进行教学	所有的国际语言教师60%地按照描述的教学实践进行教学	所有的国际语言教师50%或更少程度地按照描述的教学实践进行教学
8. 基于标准的形成性评价和终结性评价	所有语言的所有等级都有基于标准的、以语言水平为导向的全面的形成性和终结性评价依据	所有语言的大部分等级都有基于标准的、以语言水平为导向的全面的形成性和终结性评价依据	部分语言的部分等级有基于标准的、以语言水平为导向的形成性和终结性评价依据	任何语言的任何等级很少或没有基于标准的、以语言水平为导向的形成性和终结性评价依据
9. 高水平的国际语言教师队伍	所有的国际语言教师都经过认证，素质很高，并且至少处于ACTFL语言水平纲要中的高级初等语言水平	所有的国际语言教师经过认证并素质很高	大部分国际语言教师经过认证并/或素质很高	部分国际语言教师经过认证并/或素质很高
10. 高质量国际语言专业发展	所有的国际语言教师都参加过一种类别的高质量国际语言专业发展培训（如集训、小班课程、地区或州立会议）	大部分国际语言教师都参加过一种类别的高质量国际语言专业发展培训（如集训、小班课程、地区或州立会议）	部分国际语言教师参加过一种类别的高质量国际语言专业发展培训（如集训、小班课程、地区或州立会议）	很少有国际语言教师参加过高质量国际语言专业发展培训（如集训、小班课程、地区或州立会议）

续表

课程指数	示范（4分）	满意（3分）	发展中（2分）	起步（1分）
11. 专业组织的会员或参与者	所有的国际语言教师都是美国或州立国际语言组织的成员并至少参加过一个受资助的课程	大部分国际语言教师都是美国或州立国际语言组织的成员并至少参加过一个受资助的课程	大部分国际语言教师都是美国或州立国际语言组织的成员	部分国际语言教师是美国或州立国际语言组织的成员
12. 国际语言学习拓展到课堂外	教师为学生提供至少三种与外界资源联系的方法，并安排课堂外的语言实践	教师为学生提供至少两种与外界资源联系的方法，或安排课堂外的语言实践	教师为学生提供至少一种与外界资源联系的方法，或安排课堂外的语言实践	教师无法为学生提供与外界资源联系的方法，或无法安排课堂外的语言实践
13. 课程支撑的学校资源	由学区范围内组织的团队制作国际语言课程的预算计划，其中包括行政管理人员、教师、家长、学生以及社区成员，同时确保所有的国际语言教师和学生都能够使用设备、技术（包括使用互联网）和最新的教材	由学区范围内组织的团队制作国际语言课程的预算计划，其中包括行政管理人员、教师和/或家长、学生以及社区成员，同时/或确保大部分的国际语言教师和学生都能够使用设备、技术（包括使用互联网）和最新的教材	制作国际语言课程的预算计划的团队并非在学区范围内组织，只包括行政管理人员，如果可以的话，同时/或确保一部分国际语言教师和学生能够使用设备、技术（包括使用互联网）和最新的教材	制作国际语言课程的预算计划的团队并非在学区范围内组织，只包括行政管理人员，如果可以的话，同时/或确保一部分国际语言教师和学生能够使用设备、技术（包括使用互联网）和最新的教材

* 主要的教学策略包括：
- 几乎只用目的语进行交际，除了教学，课堂管理也使用目的语
- 避免使用翻译说明含义
- 借助很多图片和手势帮助学生不用翻译就能理解含义并表情达意
- 为学习者提供多种聆听真实语料的机会，如叙事、描写、说明等
- 充分利用图片、教具和动手操作活动，为学习者提供具体的语言体验
- 在语境中以按照语块的模式学习词汇，而不是列出单个的词或单词列表
- 围绕主题或大的话题备课和教学，参加特拉华州推荐的课程
- 将文化重点融入日常教学中
- 利用歌曲或歌谣强化意义、练习语言
- 尽可能使用真实的文本、歌曲、游戏、故事、歌谣，而不用翻译的
- 在日常课堂中为学生提供使用三种沟通模式（人际交流模式、理解诠释模式和表达展示模式）的机会
- 设计教学时要包含各种活动、学生分组和各类互动，以满足学习者不同的兴趣爱好和学习风格
- 在日常教学中，为学生提供课前预览，帮助学生重点了解为何学习这项语言内容或技能
- 利用各类形成性和终结性评价手段，经常定期地评价学生的学习进展，同时按时给予反馈
- 为学生提供规划自我评价和反馈的机会
- 促进科技手段的适当使用，将其作为学习语言和与世界各地的同伴进行交流的工具
- 通过在课堂上展示学生的功课来肯定学生的学习成果

来源：http://www.doe.k12.de.us/infosuites/staff/ci/content_areas/files/wl/IndicEvalDEWorldLanguagePrograms.pdf。

15.14 师资力量（教师和教师聘用）

教师的选择是影响语言课程成功与否最重要的因素。校方要确保所选的教师受过小学教学的培训并有一定的经验，同时还要确保教师自身有出色的语言功底，接受过外语教学的培训。有的州设立了小学外语教师认证体系，只有获得证书或通过认证的教师才能够任职。语言课程成功的保证就是聘用才学出众的骨干教师。

教师技能

中学和大学中常见的技能和教学方法并不能直接应用到小学课堂中。教授高年级学生的教师即使再优秀，在教小学生之前都必须额外了解相关的背景，并接受相关的培训。外语流利的优秀主课教师如果想让自己的语言教学和其他科目教学同样成功见效的话，也需要了解语言教学法的背景。由于小学教学很大程度上都是口头教学，同时教师是孩子们唯一的榜样，所以教师具备流利的口语能力尤其重要。

行政管理者和其他人士有时认为母语者要比外语学习者更适合担当小学外语教师。但事实上，自身学习过外语的教师对外语学习的挑战更深有体会。他们还可以为学习者树立学习的榜样，使用他们渴望像老师那样说一口流利的外语，不过他们永远也不能达到母语者的程度。母语者接受的是不同文化的教育，他们要想在美国与学生关系融洽也必须接受大量的培训和指导。

另一个普遍存在的想法是，语言教学的初级阶段的老师并不需要具备与高级阶段老师同等的语言能力。事实上，教授任何等级的教师都需要精通他们所教授的语言。教师如果不能够自如应用目的语来完成所有的教学任务，就不能为学生提供全外语环境，但这一点恰恰是早期语言课堂中必不可少的一个环境因素。同时这些教师也会发现自己很难用目的语开发、创建语言课程和语言活动。

15.15 可用的师资

教师能够在短期还是长期内任教，将会影响课程模式及语言种类的选择。在偏远的农村地区，由于很难吸引新教师，连贯的汉语或阿拉伯语课程也将很难成为教授的语言。但是，在同样的地区，法语、德语或西班牙语则是比较现实的选择。在大都市中要想找到讲授日语、汉语或阿拉伯语的教师可能更可行，因为大城市中这些语种的师资力量更稳定。

任何一个语种的教师如果持续短缺，课程规划团队就应该确立一个时间节点，尽早制订教师招聘策略。人力资源部门通常不太了解招募国际语言教师的挑战性，因此就要建立部门间的密切合作，并听取课程规划团队的建议，这样才能确保招募到优秀的语言教师。

15.15.1　为相关学科配备师资

沉浸式教学的教师都是经过认证的小学教师，他们都能够讲一口流利的目的语。同时，如果课堂助教也能讲一口流利的目的语，就能在教学中进行针对个人或小组教学的指导，还可以成为学生另一个地道的语言榜样。当然，如果由能够说一口流利的目的语的专家来教授像音乐、艺术和体育这样特殊的学科就更理想了，但是很多课程都很难找到在这些领域接受过专业训练的专家，所以这些科目要么由主课教师教授，要么由母语专家来教授。部分沉浸式课程通常由两名教师授课，一名教师讲目的语，一名教师讲母语。许多西班牙语沉浸式课程的教师都具有双语教育的背景，但是这些教师要想顺利地适应沉浸式教学法，还需要调整他们的态度和对课程的设想（详情参见第16章）。

15.15.2　为语言课程配备师资

教师不仅要掌握相当流利的目的语，还要有在目的语国家有意义的生活经历。学习者的语言流利程度将不会超过自己的老师。同样重要的是，这些教师都有小学教学的教育背景和教学经验，而且他们对第二语言教学也很了解。

语言专家模式　这种模式是早期语言教学最常见的模式。语言专家通常只教授新的语言。语言专家可能从一个教室到另一个教室授课，或者孩子们到一个特定的教室中上课。

主课教师模式　这种模式下，每一位主课教师都有教授语言课程的责任。如果该课程是与语言专家一起设计的，而且如果语言专家也能够进行课程的协调，为主课教师提供教学上的辅助，偶尔也在个别班级授课，这种情况下的语言课程则是最有效的。在有些情况下，主课教师可能还得到多媒体（音频和/或视频）的支持，以弥补与语言教师较少的实际接触所带来的不足。

课程协调员　在师资配备和预算过程中考虑增加一名课程协调员，这是确保语言课程规划和实施得以顺利进行的重要步骤。协调员必须具备丰富全面的外语教学经验，能够与其他教师进行有效合作，同时还能与行政管理人员、家长和社区人员进行良好的沟通。

吉尔泽和布拉纳曼（Gilzow & Branaman, 2000）曾经对早期语言项目模式进行过概括，他们认为这七种项目模式都受益于设置了某种协调员的职位。课程可能由一名全职或兼职协调员指导，也可能由外语督导员或负责项目和课程开发的人员来指导。

重要的是，课程协调员至少要设成半工作日职位，协调员可以是外语督导员的身份，也可以是用假期时间来完成督导和规划任务的学科带头人，或者是担负行政管理责任的资料管理员。协调员需要时间开发新的项目，为教师提供在职培训机会，开发课程、教学资源及课程评价，还要争取学校和社区的支持。

招募外籍教师　有的学校和学区发现有必要招募外籍教师，以寻求具有恰当的背景和语言技能的师资。但是接着学校就要面临向外籍教师介绍美国学校现状和美国孩子心理特点的挑战。大多数情况下,教师在进入课堂前必须做大量的准备,同时还要接受为期一年或更长时间的培训。尽管对于沉浸式教学法的教师来说,这种方法较为普遍,但越来越多的以语言为主的课程也已经开始招募外籍教师。一些派送教师入驻美国的项目对教师在美国执教的时间有严格限制,这必然会导致教师有很大的流动性,也给课程的持续性带来了挑战,因此要做好谨慎的课程规划。

15.16 经费预算

校方愿意对语言课程投入资金的多少将最终决定课程开设的形式和规模。因此在课程规划时要处处考虑预算,开发能够最大力度利用现有资金的课程。如果由于预算不合理而导致课程要减少投入或做出让步,那么,即使是最精心筹划的"理想"课程也将有所损失。制订切实可行的经费预算要考虑到下面几个因素:

15.16.1 启动资金

以语言为主的课程　启动资金包括购买直观教具、教材、教师用书和样本课程、视听设备及其他不易损耗的教学用品等的费用。这些费用可能包括为教学资源中心添置的设备与软件,如视频、电脑软件、CD 光盘、DVD 光盘、图书馆图书和显示器。

沉浸式课程　沉浸式课程中的启动资金意义重大,因为必须要购进目的语教材才能满足课堂教学需求,并作为图书馆补充的资料。有的教材要按照当地需求做相应的调整。

多媒体课程　像交互式有线电视课程这样的多媒体课程,也需要有相对较高的启动资金以购买教材和设备。

15.16.2 薪水支出

语言专家　采用语言专家模式的学校会立即增加一项开支,用于支付语言教师的薪资,随着课程的发展,还需要聘用更多的教师来补充新的教学阶段和内容所需的师资力量。

沉浸式教师　沉浸式课程就不需要这笔额外的开支,因为沉浸式教师完全替代了主课教师,而不是作为主课教师的辅助人员。但是需要指出的是,最为成功的沉浸式课程模式中都需要在每个班级配备一名讲母语的助教,助教每天至少有部分时间要参与到课堂教学中。

课程协调员　在规模较大的学校体系中,课程协调员的职位可以是全职的,或者在教学的部分时间内替代外语课堂教师。大多数情况下,协调员至少也要每天工作半天。

15.16.3 课程开发和师资培训的费用

几乎没有哪种资金投入的收益比教师投在教学规划的时间上所获得的收益大。如果整个教学部门的全体成员共同完成课程初步规划中的一部分，整个课程的投入和顺利衔接都会有很大改进。在学区开设一门新课程之前，应该投入至少几周的时间来做课程规划，然后在每年的夏季学期进行定期规划。

课程研发 尽管有的课程可以利用商业教材，大多数学校都发现他们至少需要开发一部分内容以适应当地社区的特定需求。为探索式课程或学习人数较少的语言开发的商业教材很少，因此，地方课程的开发要花费大量的时间和精力，沉浸式课程对自主开发教材的需求量则会更大。

专业培训 少儿语言课程教师还需要有定期的专业培训机会，可以是单独培训，也可以是与中学教师共同培训。

出席会议 因为少儿语言教师总感到孤立无援，对教师而言，最佳师资培训的方式就是参加外语教学会议，如 ACTFL 年会以及其他各州和地区举办的语言会议。所有的会议都专门设立了小学语言教学工作坊和分会场。有的州还专门为 K–8 的语言教学举办专题讨论会。除了教师参会期间的差旅费和会务费，还有请代课教师的费用，都是外语教学资金预算费用中的一部分。

15.16.4 教学材料

教学材料除了启动资金中的预算之外，还需要考虑在后续课程的开设过程中所产生的以下费用。

消耗性材料
- 印刷费用、练习簿、工艺材料以及食物都属于这一类型。
- 小学、初高中的语言教学极大地依赖于视觉材料和直观教具，因此每种语言、每个等级所需要的教具和视觉材料的成本比其他课程要高得多。

非消耗性材料
- 这类材料包括计算机、投影仪、笔记本电脑、平板电脑、交互白板及文件演示器。

进口教材费用
- 进口教材的费用一般要比国内教材的费用高出 10%~20%。

教材费用
- 如果教学中要使用教材，那么每增加一个级别，费用也会相应增加。

其他教学材料费用
- 如果教学中没有教材，影印和复印的费用就会相对提高。
- 预算中必须考虑所有多媒体系统中硬件的消耗和修理费用，多媒体教学模式课程在这方面也会有后续费用的支出。
- 包括 CD 和 DVD 光盘的费用。
- 包括层压覆膜和其他工艺的视觉材料的费用。

其他杂项开支费用
- 如果一名语言专家被指派到多校指导，专家来往各校之间的差旅费用。
- 交互式有线视频教学课程中，教学内容从基地站点传输到接收点的费用。
- 各学区之间教学材料的运输费用。
- 与其他国家的学校或学生之间保持系统性联系的课程中包含的邮寄费用。
- 入场费、演讲者费用和实地考察的费用。
- 与目的语演说者或目的语文化的其他代表成员接洽的费用（礼品店、饭店、博物馆、节日和艺术展等的开支）。
- 食品和工艺活动费用。

如果要在小学阶段开设一门语言课程，学校还会获得政府的资助或基金补助。这当然会缓解启动资金和课程规划的经费压力，但是学校本身也要有一个长远可行的资金投入计划，这才是最重要的。

15.17 空间配置

小学阶段语言课程的授课地点安排通常采取以下两种方式中的一种：一种方式是语言教师在一间固定的教室内为所有的班级上课，这样可以在教室内创造出一种目的语教学环境；另一种方式就是教师往返于各个教室之间。尽管第二种方式会使教师在广泛使用手工材料和直观教具方面受到很大的限制，但教师仍然发现这两种方式都各有优势。在语言教师要往返于各个教室之间的方式中，如果主课教师能够留在教室内则非常有帮助，两位教师互相支持，有利于确保不会因为要维持学生的行为规范而浪费必要的教学时间。第 10 章对这些话题进行了深入的探讨，可供参考。

15.18　现有工作人员支持

15.18.1　小学校长和教师的支持

　　语言课程的成功与否与开设课程的学校环境密切相关。学校校长和教师鼎力支持，为课程目标贡献力量，同时积极参与课程的规划，这些都是至关重要的。一个中西部城市的课程规划者们要开设一门新的小学西班牙语课程，他们先在三所小学内开设了试点课程。所有相关学校都竞相争取获得这次试点课程的机会。只有能够获得所在学区全力支持的学校才有可能成为试点学校。因此，试点学校的教学人员和行政管理人员才是新课程的支持来源，是语言课程成功的保证。

　　在语言专家的课程模式中，主课教师会感觉自己是语言教学中的一分子，因此，他们也会把语言学习扩展到常规教学活动中。他们会针对学科中能够强化语言运用或增加词汇的地方给出学习建议，鼓励学生在其他学校活动中应用外语，并与学生一起参与语言课堂，因此主课教师因他们的兴趣和热情为学生树立了有力的榜样。

　　在主课教师的课程模式中，课程的成功与否完全落在了教师个人身上，语言教学只是紧凑繁忙的日程安排的一部分。如果教师全力投入到教学中，他们就会有办法为学生提供全天运用语言进行交流的机会，同时也给予每位学生特殊的关注，帮助学生达到他们潜能中能够达到的语言水平。如果教师不能全力投入到教学中，而是勉强参与，学生的学习效果也会令人失望。

　　沉浸式课程更加需要校长和全体教师的协调合作来为学生创造一个二语环境，为共同的目标一起努力。沉浸式课程的教师如果与非语言课程的教师处在同一座教学楼里，就需要做大量的工作以确保非沉浸式教学的教师能够了解沉浸式课程，使其不要因为沉浸式课程受到的关注而不满。特别是开设新课程的时候，由于校方对于沉浸式课程往往会投入大量的启动资金，其他教师就会以为沉浸式教学的教师和学生更受青睐。如果没有全校上下的通力合作，如果其他教师不了解沉浸式课程的特点和益处，这些问题就不会得到解决。

15.18.2　现有外语教师的支持

　　早期语言课程的成功在很大程度上也取决于 K–8 年级后现有高中语言教师的支持和他们的专业水平。如果高年级的教师不给予支持，或者他们的教学没有效果的话，低年级的课程也会受到影响。

　　以明尼苏达州一个中型学区为例，这个学区的高中教授三门外语，其中学习法语的学生人数很少，学生的学习效果也很不理想。一位天赋很高又具创新性的教师在小学阶段引进了法语课程，之后在到初中阶段时，学习法语的学生人数大增。但是这些孩子读高中时，有的在一周左右就放弃学习法语，或者干脆不再注册该门课程，因为他们听说高中的法语课程质量不高。

这种招生情况持续了一两年后，学校董事会就中断了法语课程，理由是如果高中时期的学生注册人数不能达到很高的水平，那他们就没有理由继续支持小学和初中的法语课程。有人还批评小学的法语课程误导了学生，使他们认为语言学习非常有趣，功课既有意义又很快乐，每个人都能够学会一门语言。几年后，该学区又重新引进了法语课程，但是小学阶段再也没有开设过语言课程。

如果学生初中毕业时，教师告诉他们，语言学习的趣味和游戏告一段落，他们现在才开始真正的语言学习，那么整个K–8课程体系都将遭到质疑。每个级别的语言教师都应该了解并肯定前一个级别的语言学习，并在此基础上开展自己所在级别的语言学习。这就要求各个级别的教师都参与最初的课程规划，并定期会面商谈课程设计、教学方法及课程衔接等问题。

15.19　建立公共关系

外语课程的规划必须要有家长、社区人员、教职员工及学校董事的参与。上述人员的支持是保证后期课程成功的决定性因素。一旦课程开始实施，为争取学校和社区基础上的广泛支持所花费的时间与精力就会获得收益。

一门新课程开课后，课程规划委员会仍然起到非常重要的作用。这样的委员会具有一定的专业知识，可以帮助社区人员了解并认同语言学习的价值，还可以成为获得更广泛社区支持的核心。如果新课程受到诸如师资减员、课时减少的影响，立刻就会有强大的支援队伍。最后，正如塔克和多纳托（Tucker & Donato，1999）指出的，外语课程协调员的领导在为获得公众支持而组织持续一致的活动方面显得尤为重要。下面介绍一些有助于获得支持的活动：

- 利用媒体进行宣传
- 进行实地考察
- 邀请家长及其他人员参观课堂
- 录下课堂及特定的课堂活动，与家长及行政管理人员分享
- 向家长、校长及同行汇报课堂活动
- 每月寄出一份新闻简报
- 参与学习课程体系
- 为家长和/或社区人员开展一个特别的项目
- 发放用第二语言书写的邀请函或贺卡，将其作为一种写作活动

这些活动赋予语言课程直观性，同时也宣传了小学外语课程的活动和取得的成果，同时还有助于扩大各个级别的学生人数。关于建立公共关系和扩大宣传的信息请见第17章。

15.20 分享经验和想法——建立专业关系网

分享在开发有效的 K–12 课程中获得的经验和想法,也会激发其他人在原有课程的基础上进一步开发课程的兴趣。你的经验可以帮助他们避免为了寻求相同的结果而浪费时间,以及避免犯同样的错误。经过几番的辛苦而研发出的教学材料应该通过互联网或其他途径进行分享,这样其他人就可以利用这些材料。这些材料还可以与州立外语咨询顾问或州立外语组织分享。参加地方性、区域性或全国性的会议,发表通讯文章,联系专业学会,也是扩大课程经验和想法的影响度的有效途径,可以使其经验得到广泛借鉴。

15.21 学生评价和评分

学生表现评价也是课程是否成功的一个指数,同时也便于教师了解自己的教学是否有效,了解学生的学习需求。有意义的评价会反映出课程目标及教学特点,也就是说,评价应该是以学生在有意义的语言交际活动中的表现为基础而进行的。

尽管有的学校在早期语言课程的评价中选择的是给学生及格、不及格或索性不给分数的形式,但是如果一门课程要在学校的课程体系中寻求与其他课程的平等待遇,就应该与其他科目的评价形式一样,也采用打分制。因为学生和家长会普遍认为那些不给分的科目不重要,或把这些科目当成边缘科目。对学生进行评价打分的根据必须与课程目标和理念一致。就是说,虽然阅读和写作技能的评价手段更易客观公正,但是如果课程重点是培养口语能力,评价必须以听说表现为基础。关于如何实施有效评价、报告学生语言能力的详细介绍见第 9 章。

早期语言课程规划内容清单

1. _____ 召开全区范围内的规划会议
   _____ 需要学区参与
   _____ 需要主课教师、语言教师、行政人员和工会代表参与
2. _____ 确定课程宗旨和理念
3. _____ 选择课程模式和目标
   _____ 确定学生对象
   _____ 规划教学时间:每周教学天数、每天教学时数、每年教学时数
   _____ 规划合理的教师工作量(每节课 30 分钟,每天 8 节)
   _____ 研发人员组织模式
   _____ 为人员、教材、在职培训以及其他杂项分配预算

4.＿＿＿＿＿＿确定教师

5.＿＿＿＿＿＿选择教授的语种

6.＿＿＿＿＿＿制订预算

7.＿＿＿＿＿＿研发课程体系

　＿＿＿＿＿＿确定和改编教材

　＿＿＿＿＿＿规划教学范围、教学序列和课堂活动

8.＿＿＿＿＿＿规划与初中课程的衔接

9.＿＿＿＿＿＿制订评价方案

10.＿＿＿＿＿＿设计公共关系活动

11.＿＿＿＿＿＿传播课程信息

⊙ 练习和深入讨论

1. 以最详细的形式描述你所了解的一门小学早期语言课程，说明该课程如何符合本章内容，指出课程的优势和局限。课程范例中的哪个方面能够说明课程的优势？范例中可以做出哪些改变以完善这个课程？

2. 一名小学课程协调员同意支持开设一门新的国际语言课程，但是他又坚持认为小学每日的课时安排太分散。他请你设计一门课程，要求是要在每个教学日内利用最少的时间进行授课。

3. 你所在的学校或学区在设计一门 K–12 外语课程，同时计划建立一所新的中学取代现存的初中，而你有机会同时在这两个筹备委员会中工作。你如何协助建设最好的 K–12 语言课程并为青少年语言学习者提供最有效的语言学习体验？

⊙ 补充阅读

Curtain, Helena, & Carol Ann Dahlberg. "Planning for Success: Common Pitfalls in the Planning of Early Foreign Language Programs." *ERIC Digest* (December 2000). Washington, DC: Center for Applied Linguistics. http:// www.ericdigests.org/2001-3/common.htm.

Donato, Richard, G. Richard Tucker, Jirada Wudthayagorn, & Kanae Igarashi. "Converging Evidence: Attitudes, Achievements, and Instruction in the Later Years of FLES." *Foreign Language Annals* 33, no. 4 (July/August 2000): 377–393.

Gilzow, Douglas F., & Lucinda E. Branaman. *Lessons Learned: Model Early Foreign Language Programs*. McHenry, IL: Delta Systems, 2000.

Jensen, Janis, & Paul Sandrock with John Franklin. *The Essentials of World Languages, Grades K–12*

Effective Curriculum, Instruction, and Assessment. Alexandria, VA: Association for Supervision and Curriculum Development, 2007.

Met, Myriam. "Which Foreign Languages Should Students Learn?" *Educational Leadership* 7, no. 1 (1989): 54–58.

———. *Critical Issues in Early Second Language Learning: Building for Our Children's Future.* Glenview, IL: Scott Foresman-Addison Wesley, 1998.

Nielson, Katherine, & Susan Freynik. *Rosetta Stone Version 3 Falls Short of Manufacturer's Claims.* College Park, MD: University of Maryland Center for Advanced Study of Language, 2008. http://worldlanguages.departments.pwcs.edu/modules/groups/homepagefiles/cms/1007140/File/Rosetta%20Stone%20Falls%20Short.pdf

⊙ 相关网站

规划评估高度成功的外语项目

http://pearsonschool.com/EndInMind

美国外语语言教学委员会采访罗塞塔石碑 CEO

http://www.actfl.org/sites/default/files/AOD/RosettaStoneQ%2BA.pdf

南卡罗来纳州儿童在早期语言学习中的互动系列课程

http://www.knowitall.org/educatorplus/content/program.cfm?SeriesIDpassed=78

南卡罗来纳州早期语言课程的实施与管理视频

语言、文学与文化教学（Teaching Language, Literature and Culture，简称 TLLC）蓝图：早期语言项目的基础

http://web3.scetv.org/profdev/tlc/TLLC1011.ELPF.Module1.wmv

语言、文学与文化教学蓝图：规划学科贯连的选项

http://web3.scetv.org/profdev/tlc/TLLC1011.PlanningContentRelatedOption2A.wmv

语言、文学与文化教学蓝图：规划沉浸式教学选项

http://web3.scetv.org/profdev/tlc/TLLC1011.PlanningforImmersionOption2B.wmv

语言、文学与文化教学蓝图：实施学科贯连的选项

http://web3.scetv.org/profdev/tlc/TLLC1011.ImplementingContentRelatedOption.3A.wmv

语言、文学与文化教学蓝图：实施沉浸式教学选项

http://web3.scetv.org/profdev/tlc/TLLC.ImplementImmersionOption.3B.wmv

语言、文学与文化教学蓝图：维护早期语言项目

http://web3.scetv.org/profdev/tlc/TLLCMaintainLangProgram4.wmv

第 16 章　沉浸式教学为主的课程

我需要了解关于沉浸式教学的哪些方面?

- **美国沉浸式语言教育的发展趋势**
  - 我能够说明美国沉浸式教学的发展历程。
- **沉浸式教学：是什么？如何实施？**
  - 我能够说明如何实施沉浸式教学方法，并描述沉浸式教学的教学成果。
- **语言与学科内容结合**
  - 我能够说明将语言与学科内容结合到一起所涉及的因素有哪些。
- **从教师、学区及州视角看沉浸式课程**
  - 我能够从教师、学区及州视角描述沉浸式课程的方方面面。

我们用一名客座撰写人塔拉·福琼（Tara Fortune）博士的综述文章开始本章的讨论，福琼（Fortune）博士在明尼苏达大学语言习得高级研究中心（Center for Advanced Research on Language Acquisition，简称 CARLA）指导沉浸式教学研究和专业发展课程。她还参与了美国以及世界其他地区的沉浸式教学活动，为美国的沉浸式教学带来了深刻的影响。

16.1　美国沉浸式语言教育的发展趋势[1]

16.1.1　双语和沉浸式教育的演变

美国的第二语言教育正在经历激进的变革。几个世纪以来关于双语或多语种的价值观也正在发生变化。越来越多的年轻父母尽早为自己的孩子寻找机会，让他们接触英语以外的其他语言，我们能够看到越来越多的孩子们参加双语日托班、双语学前班以及四岁开始的双语沉浸式

---

[1] 本节内容由塔拉·福琼（Tara Fortune）博士撰写。

课程或幼儿园。

很多家庭让孩子参加有双语优势的教育课程。有的学区里，沉浸式语言教育直接被当作学校语言文化学习的最佳方法。家长们也再一次地发现沉浸式语言教育与目前开发的其他学校教育模式可以更快更有效地培养孩子的双语能力。

沉浸式教育已经得到长足发展，目前有不同的多语种课程，从广泛的民族、语言背景中为孩子们提供服务。比如：

- 美国当地的土著居民通过本土语言的沉浸式课程来重新认定他们的文化语言身份；
- 英语流利的美国人拓展他们的世界观，利用国际语言和双向沉浸模式培养终身语言文化技能；
- 英语学习者在双语培养课程和双向沉浸中成功习得英语，同时进一步提高他们的第一语言的能力。

有的孩子甚至还学习第三语言，虽然他们的家庭语言不同于沉浸式课程中的两种语言，但他们也能在沉浸式课程中取得语言学习的成功。

在学习者队伍壮大的同时，美国沉浸式教育的整齐划一的特点还是保持不变：在学前及小学阶段至少有半天的教学时间进行小语种（非英语）的主题教学；中学阶段继续进行沉浸式教学，教学时间为两年或更长时间，典型的课程有社会学和语言艺术。

目前是双语和沉浸式教育的兴奋期，教育研究也逐渐表明这种课程为多样化背景的学生提供了各种机会，使他们获得学术成就、具备双语能力、得到认知发展。非裔美国儿童、英语学习者、低收入家庭的孩子，甚至有特殊需求的学生都在参加双语沉浸式课程并获得了成功的体验。在美国，此类课程的数量也在不断增加。

16.1.2　从缓慢稳定增长到快速急剧增长

自20世纪70年代以来，应用语言学中心进行了全国范围内的调查，追踪沉浸式语言教育的发展历程。调查报告数据的综述表明，1971年到1991年间单向国际语言沉浸模式在稳步增加，其课程项目在全国范围内从3项增加到119项。后来的20年内（1991—2011）有证据表明该项目从119项继续增加到448项，总数几乎增长了三倍。更值得一提的是，在2006年到2011年间，全沉浸式和半沉浸式语言课程也有显著发展，学校数目从263所增加到448所，也就是说五年内增长了70%。目前，国际语言沉浸式课程数量最多的州是路易斯安那州、明尼苏达州、俄勒冈州和犹他州。

犹他州单向课程的显著发展主要有两个原因，一是该州领导人的前瞻性思维，二是该州于2008年立法规定，沉浸式教育成为"主流"教育。目前仅犹他州就有98项获得州政府支持的沉浸式语言课程。近年来，特拉华州也加入犹他州的行列，由政府公开资助沉浸式教育，让越来越多的孩子有机会习得国际语言。仅在2012—2013学年期间，特拉华州大约有350名孩子开始接受双语沉浸式课程的学校教育。他们计划到 2020 年资助 20 个课程，包括 8000 名学生。这两个州正在有目的地选取将会促进该州的经济和国际商务发展的语言。

随着时间的推移，双向双语沉浸式课程已经得到长足发展。与单向国际语言模式相反的是，双向模式在 1971 年到 1991 年间发展比较缓慢，其课程项目从 3 项增加到 39 项。但是，接下来的 20 年间，双向语言课程急剧增加，几乎增长了十倍，2011 年总量达到了 422 项。加利福尼亚州的双向语言课程数量在全国领先。2012 年 10 月的一次会议上，加利福尼亚州新成立的双向及双语教育协会（Association of Two-way and Dual Language Education，简称 ATDLE）做了一个报告，称 281 个双语沉浸式课程中的绝大多数（占 95%）是双向课程。其他开设双向课程数量较多的州有伊利诺伊州、纽约州、北卡罗来纳州和得克萨斯州。

除了在规模上的增长，课程语种也在发生变化。美国目前提供汉语普通话课程的数量急剧增长，还有一小部分最新的单向国际语言沉浸式课程正在教授阿拉伯语、希伯来语、韩语和葡萄牙语。双向语言沉浸式课程的伙伴语言大部分（占 92%）是西班牙语和英语。但是，将近 6% 的双向课程在教授英语的同时也教授亚洲语言（汉语、韩语和日语）。双向沉浸式课程中另一个令人兴奋的发展是圣保罗大都会区圣保罗公立学校开发的苗语/英语课程。在第二批说苗语的难民定居在圣保罗市并与现有的社区（该社区的人们从家庭中传承了苗语但英语也非常流利）相融合时，该市区抓住了这个特殊的时机，开设了一项双语沉浸式课程。

16.1.3　新机遇、新挑战

发展既带来机遇也带来挑战。学生数量和课程数量的增长也引起了负责全年龄段教育工作的领导的重视。更多的社区开始在学前教育阶段致力于双语和沉浸式教育的发展，并持续至中学阶段。中学阶段持续发展遇到的一个挑战就是学生数量不足以保证课程的持续。这一点在高中阶段尤其明显，这期间很多课程都减缩成了一年的课程，而且仅仅使用第二语言。不过，随着同一个学区内多个小学课程的学生涌入数量相对较少的中学，中学学生数相应增加，学区可能也会提供更多更强的衔接课程。

同样，有些州的沉浸式课程数量也在增加，鉴于未来大学生需求的变化，中学后期的教育机构也开始重新考虑现有的分班和课程选择。语言课程将与各个领域的双语－多语专业形成相辅相成的局面，因此美国及世界各地对这类语言课程的需求可能会加大。现在在加拿大、中国、芬兰、以色列、荷兰、南非、西班牙等国家的大学中开始出现以第二语言为媒介的教学案例。

语言课程的发展也影响到师范教育和专业发展需求，因此，更多大学正在开发专门针对双语和沉浸式教学师资的认可或认证课程。以犹他州为例，有的州现在要求所有的双语教师和沉浸式教师都得到认可。这也是小学教师或中学学科教师获得教师资格证书的附加条件。高水平的持证教师应该具备母语者水平或接近母语者水平的语言能力，为了应对寻求这类教师的挑战，很多州都与对象国签署了谅解备忘录，这些国家的教师已经达到目的语的母语者水平。这种做法促进美国高等教育机构在教育实践中要求进一步开发以跨文化差异为重心的课程体系。

美国双语和沉浸式教育的发展也为科研提供了新的契机。近年来的研究发现，得到良好实施的双语和沉浸式课程是非常有效的课程设置，可以扩大学习者的人群，其中包括在经过文件证明具有教育风险因素（种族和语言多样性、低收入家庭及语言和学习困难症）的学校就读的孩子们（Tedick, Christian & Fortune, 2011; Thomas & Collier, 2012）。尽管还有待进一步的研究，但是越来越多的研究表明这种课程有助于应对美国社区面临的挑战，比如缩小长期以来存在的教育业绩差距。

美国语言教育规划程序在管理组织层面上也有很明显的变化。美国语言组织，比如ACTFL及全美双语教育协会（National Association of Bilingual Education，简称NABE）的历史演变也是按照学习者因不同背景而带来的不同需求而发生的：ACTFL注重外语教育者的需求，他们教授母语为大语种[1]的学习者；而全美双语教育协会主要针对双语教育者，他们教授母语为小语种的学习者。

随着双语和沉浸式教育的发展，我们已经见证了几个新组织的诞生，这些组织根据学习者的课程模式而不是语言背景来确定自己的目标受众。国家级别的组织有美国国家双语联盟（National Dual Language Consortium, http://www.dual-language.org）旗下的五个成员组织：新墨西哥双语教育（Dual Language Education of New Mexico，简称DLENM），双向及双语教育协会，语言习得高级研究中心下的沉浸式研究及专业发展项目，应用语言学中心的双向沉浸式项目，以及伊利诺伊资源中心（Illinois Resource Center，简称IRC）。州属级别的几家非营利性组织有：路易斯安那沉浸式学校联盟（Consortium of Louisiana Immersion Schools）。最后，ACTFL和全美双语教育协会现在也为对双语及沉浸式教育感兴趣的成员成立了特殊兴趣小组，成为该组织的活动延伸。

随着未来规划渐成规模，在明确各种课程的利益相关者的同时，研究者和教育领导者面临的挑战是开发一套统一的术语，用来交流研究成果、课程设计、教学实践。我们也需要共同努力迎接课程发展和实施过程中带来的各种挑战。还有很多问题都亟须我们的关注和支持，其中包括教师招募、聘用和延期、专业发展和教师教育，以及在逐渐增加的评价要求中对课程模式的坚持，强调系列课程模式和特点的教材和资源的开发等。

现在的确是美国二语教育的兴奋期！全球化时代中，语言文化已经是一种极为重要的资源，这将对孩子们未来取得的成就以及大学和职业的稳步发展带来积极的影响。不管孩子们在种族、语言、社会经济或发展背景上有多大的不同，双语和沉浸式教育课程模式都能够帮助学校充分挖掘孩子们的语言潜力。我们的责任是开发高质量的课程及在研究的基础上实施这些课程。

---

[1] 本章中的"大语种"指的是一个国家或地区使用人数较多的语种，通常指该国家或地区的官方语言，在美国即指英语。反之则为"小语种"。——译者注

16.2 沉浸式教学：是什么？如何实施？

　　由于沉浸式教学中投入学习语言的时间最多，因此也是语言学习效果最好的一种课程模式。福琼和特迪克（Fortune & Tedick, 2008）指出，沉浸式教学也是双语教育的一个分支。进行沉浸式学习的学生在第二语言的学习上也会获得与其年龄、年级相符的语言能力。沉浸式教学的学生不仅成为双语者，同时也通过第二语言掌握了小学课程体系中常规的学科内容。作为一种早期语言学习方法，由于教师和学生每天在学校都能够利用第二语言进行至少半天的学科内容交流，因此沉浸式教学很容易为学生提供一种新语言的整体学习体验。沉浸式教学通常都是由家长为孩子选择的，因此与国际语言课程中在校学生在每天制订的时间内的学习不同，沉浸式教学并不隶属于常规学科体系。根据明尼苏达大学语言习得高级研究中心（http://www.carla.umn.edu）的研究，沉浸式课程具有如下显著的特点：

- 特定时间内利用沉浸式教学的语言教授学科内容。
  - 小学阶段（学前或幼儿园到五年级或六年级）每天至少一半的时间。
  - 6~12 年级阶段，用沉浸式学习语言的时间为两年或更长。
- 固定时间内明确的、独立的语言学习时间。
- 融合学科目标同时还涵盖语言功能和语言语法课程体系。
- 语言、文化和学科内容的融合。
- 具有认知语言挑战性的学习任务。
- 适合学生发展的脚手架式教学。
- 以学生为中心，学生有机会以成对或小组形式进行交流。

沉浸式课程的目标可以概括如下几点：

1. 熟练掌握第二语言。
2. 维持并提高英语语言艺术技能，与仅接受英语教学的学生水平一致或高于其水平。
3. 掌握学区课程体系的学科内容。
4. 具有跨文化理解的能力。

16.2.1　课程类别[1]

　　沉浸式课程也有很多类型，例如：根据在第二语言学习上投入的时间，可以分为完全沉浸或部分沉浸；根据入门阶段，可以分为早期沉浸、中期沉浸或后期沉浸；根据参与课程的学生

---

[1] 更多关于沉浸式课程的介绍见第 15 章。

构成，可以分为双向沉浸及本土沉浸。下面的定义清楚地阐释了美国和加拿大实行的沉浸式课程的相关概念和理念。

- **完全／全部沉浸**　开始的两年或三年中，在校全天完全使用第二语言。早期完全沉浸式课程中，第二语言用来教授阅读。有些课程中，英语教学是逐渐引入的，通常是在二年级，然后英语教学的时间会逐渐增加，直到五年级或六年级（小学的最后一年），增加到半天使用英语，半天使用第二语言。其他课程中，英语一旦引入（一般是在二年级或三年级），英语教学时间就会在整个课程内保持稳定，大约占 20%。还有一些课程，全天中有更多的时间使用第二语言进行教学，英语要在四年级或五年级才会引入。
- **部分沉浸**　在学校的部分时间里（至少一半），所有教学都用第二语言进行。使用目的语进行教学的时间在整个小学期间都保持不变。早期部分沉浸式课程中，学生经常同时使用两种语言学习阅读。有的课程，尤其是阿拉伯语、汉语和日语的沉浸式课程，首先使用母语教学生识字。部分沉浸式课程已经成为美国最受欢迎的沉浸式教学模式。
- **早期沉浸**　早在学生开始接受基础教育时，通常在幼儿园或一年级时，学生就开始用第二语言学习。有的课程中，比如在密尔沃基的一些课程中，沉浸式教学早在幼儿园四岁的儿童中就开始了。
- **中期沉浸**　学生在学校开始学习后才开始使用第二语言学习，可能在小学末期阶段，可能在初中开始阶段，还有可能是在高中阶段。很多参加后期沉浸式课程的学生已经参加过前期的第二语言学习（每天 30 或 60 分钟）。后期沉浸式课程的第一年中，一般用第二语言教学的时间占整个教学时间的 90%~100%，之后的一年或两年，用第二语言教学的时间占 50%~80%，或者始终保持 50%~60% 的比例。这种模式在加拿大要比在美国更普遍。
- **持续沉浸**　初中或高中阶段一般会采用持续沉浸式课程。设计这些课程主要是为了使学生保持在全部沉浸或部分沉浸式课程中培养的语言技能，同时也可以进一步加强学生的语言技能，使其达到尽可能高的水平。
- **单向沉浸**　单向是指学生们都具有普遍的语言背景，他们作为一个整体共同向掌握第二语言的目标前进。单向沉浸描述的是母语和目的语各占 50% 的国际语言沉浸项目以及发展型（developmental）或维持型（maintenance）双语课程（也称为"晚退"模式，late-exit model）。
- **双向沉浸／双语**　双向沉浸式课程一般也叫双语课程、双沉浸式课程、双语沉浸、双向双语或发展式双语教育课程。双向沉浸式课程与单向沉浸式课程相似，唯一的区别是双向沉浸式课程中的学生包括两门语言的母语者。因此，所有学生都同时通过母语和目的语两种语言学习其他科目。学生互为对方新学语言的母语者，同学之间彼此交流，从中获益。就学生构成而言，这类课程的理想比例是大语种和小语种的学生各占50%。双向沉浸式课程的理想目标是除了掌握学科内容外，学生都能够熟练掌握两种沉浸语言。同时，所有的学生在沉浸式课程中还能继续提高自己的母语水平。这类课程在小学和中学开展得很成功。双向语言培养课程的作用是全面提高学生的素养，而并不仅仅是为英语学习者提供的补充式教育模式，因此这类课程将会促进双语教育的发展。这些课程往往包含西班牙语和英语，但是其他语种也有这样的课程。

- **本土沉浸** 本土沉浸课程的设计目的是在本土或原著居民聚居地复兴当地的语言和文化。按照课程中学生构成的不同，这类课程可以是单向或双向沉浸。本土沉浸与其他沉浸式课程不同的是，这类课程非常重视文化。教学项目的很多核心内容都会涉及观念、习俗和本土文化产物。

1987年，美国教育部开设了夏威夷语言沉浸式课程（Ka Papahana Kaiapuni Hawai'i）。该课程的目标是以夏威夷语言和文化为基础，提供优良的教育，从而把学生培养成有责任心、善解人意、富有成效的成年人，并能够为夏威夷社区的各个方面贡献自己的力量。学生明白，他们将肩负夏威夷本土语言传承的责任，成为夏威夷本土文化遗产的守护者。该课程已经从1987年的两个教学点增加到19个教学点，五个岛上的K–12学生人数共计约1500人（详见http://www.k12.hi.us网站上的Ka Papahana Kaiapuni Hawai'i网页）。

16.2.2 沉浸如何开始

将第二语言学习者置身于一个他们必须使用该语言的环境中的想法由来已久。沉浸式课程久已有之，世界各地的很多私立学校都采用这种模式。北美第一家公立学校的沉浸式课程起源于1965年，是在魁北克圣兰伯特的一家幼儿园。这家幼儿园是由几名说英语的家长推动建立的，他们担心传统的法语课程不足以让孩子们更好地熟练掌握法语并了解法语文化，曾经有一段时间，英法双语教育是该地区教育的必要部分。

随着加拿大沉浸式课程的相关研究信息公之于众，以及沉浸式课程在加拿大的快速推广，美国也开始启动类似的课程，尽管美国的二语习得现实不同于加拿大。加拿大沉浸式课程的开发是由于那里对双语能力有明确的需求，同时在加拿大也需要促进说英语的人和说法语的人之间的跨文化理解。美国开设沉浸式课程是出于多种原因，但大多都集中在如何用其他方法成功进行年幼儿童的第二语言教学上。

美国的第一项沉浸式课程于1971年在加利福尼亚州的卡尔弗市启动。但是美国的沉浸式课程发展缓慢。到1974年，只增加了3个课程，到1977年，课程数量增加到5个。1977年，密尔沃基公立学校在其沉浸式课程中增加了德语课程，圣地亚哥学区开设了西班牙语课程。本书的一位作者参与了密尔沃基项目的建设，并见证了该项目扩展到法语、德语、西班牙语小学和一所中学的过程。自建立之日起，小学课程历经35年的发展，已经培养了"自己的教师"，因为这些教师原来就是沉浸式课程的学生，现在他们已经成为这些学校的教师。

到 1987 年，共有 50 个学区开设了沉浸式课程。时至 1999 年，数量增加到了 72 个学区，10 个语种，遍布 29 个州及华盛顿特区。2006 年，课程数量再次增加到遍布 23 个州及华盛顿特区的 83 个学区。根据应用语言学中心 2010 年的调查结果，自 2006 年的调查以来，课程数量还在继续增长，尤其是汉语沉浸式课程。图 16.1 显示了沉浸式课程的历时发展情况，表 16.1 展示了不同教学语种的沉浸式课程。

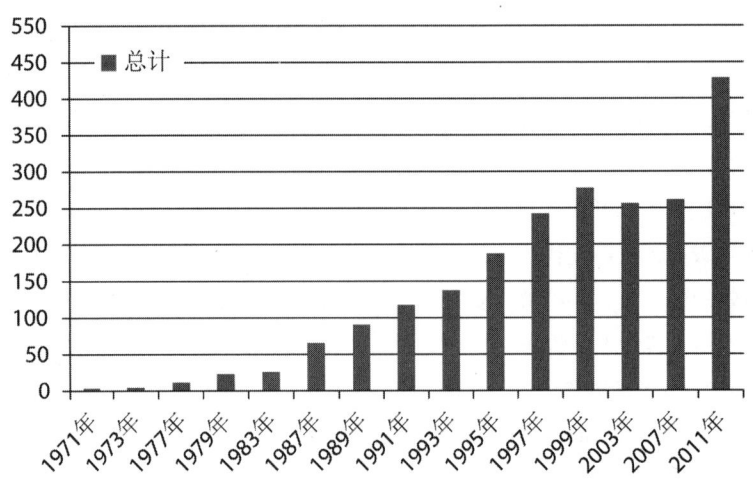

图 16.1　沉浸式语言课程在 1971 年到 2011 年之间的增长情况

16.2.3　双向沉浸

双向沉浸式课程是美国对沉浸式课程模式的突出贡献。美国的一些城市中已经开发了双向沉浸式课程，以取代为英语学习者设置的过渡性双语课程及其他教育规划，如面向其他语种者的英语课程（English to Speakers of Other Languages，简称 ESOL）。

这些课程与过渡性双语课程有很大的区别，过渡性双语课程的特点是学生的母语相同。母语为小语种的学生一开始用自己的母语学习，直到他们的英语达到一定水平，可以转到英语为主的课堂上来。在这些过渡课程中，学生把英语作为第二语言来学习，但是他们无法通过在课堂上与英语母语者的同龄人进行交流以强化英语学习。与此相反，双向沉浸式课程的教学对象既有母语为大语种的学习者，又有母语为小语种的学习者。每天的教学中，两组学生都有半天时间用母语进行学习，半天时间用第二语言进行学习。这种模式为英语学习者提供了学习英语的机会，同时又能保证在学科学习上不落后，同时英语为母语的学生又有机会学习第二语言，了解第二语言文化。

表 16.1　沉浸式课程——2011 年（语言教学）

完全沉浸式或部分沉浸式课程		
教学语种	**课程数量**	**比例**
西班牙语	232	45.5%
法语	114	22.4%
汉语普通话	59	11.6%
夏威夷语	34	6.7%
日语	27	5.3%
德语	13	2.5%
奥杰布瓦语	6	1.2%
意大利语	4	0.8%
俄语	3	0.6%
阿拉伯语	2	0.4%
纳瓦霍语	2	0.4%
希腊语	2	0.4%
挪威语	2	0.4%
尤皮克语	2	0.4%
汉语广东话	1	0.2%
奇努克语	1	0.2%
达科他语	1	0.2%
丹麦语	1	0.2%
伊努皮克语	1	0.2%
赛利希语	1	0.2%
瑞典语	1	0.2%
越南语	1	0.2%
22	510	100.00%

来源：应用语言学中心，"美国外语沉浸式课程目录表"（2011）。2013 年 2 月获取。http://www.cal.org/resources/immersion。未经许可不得翻印。

双向沉浸式课程与单向沉浸式课程的基本假设相同，即要学好一门新语言，就不能把语言作为教学目标来学习，而是通过基于学科内容的教学，把语言当作教学媒介来学习。沉浸式课程不同于以复兴本土语言为目标的课程，沉浸式课程在传统意义上是为了提高母语为大语种的学生的语言水平而设计的。而美国的双向沉浸式课程是为了满足英语母语者和英语学习者共同的需求而设计的。在双向课程的教学中，英语母语者与英语学习者并不分开教学，两组学习者处于同一个班级中。这种模式主要是利用这样一个优势，即在同一个班级中所有学生都能够从教师及其他同学那里听到两种语言。

双向语言培养课程的显著特点如下：
- 母语为非英语的学生不仅能够掌握母语的读写能力，也能掌握英语读写能力。
- 母语为英语的学生不仅能够极大地提高第二语言的熟练程度，同时在第一语言的语言能力上也会获得正常的进步。
- 两组学生都能表现出符合其所在年级水平的学习能力，形成对自己所学语言及自己所代表社区的积极态度，同时建立良好的自我形象。

最适合开展双向沉浸式课程的社区是那些以目的语为母语的人口较多、人数也比较稳定的社区。理想的情况是，以两种语言为母语的学生数量基本相同。语言习得高级研究中心率先发布了关于沉浸式教育的相关信息，不仅在美国为沉浸式专业人员提供专业发展机会，同时还在其他国家寻求沉浸式专业发展。语言习得高级研究中心的网站上有丰富的相关资源，同时还为美国及世界各地的沉浸式教育者和行政人员提供暑期培训课程。美国英语语言习得及语言教学教育课程信息部提供关于双向语言发展课程的丰富信息。

《双语教育指导原则》

《双语教育指导原则》(*Guiding Principles for Dual Language Education*)是帮助双语课程进行课程规划及后续实施的工具。它是根据新墨西哥《双语课程标准》(*Dual Language Program Standards*)及对有效实施课程学校进行研究的基础上而发表的。它是2005年由应用语言学中心协同美国各地的研究专家和实践人员一同制订并于2007年修订的。这些原则可以在http://www.cal.org的网站上找到。《双语教育指导原则》详细说明了高质量课程应具备的多种因素。表16.2只包含了该指导文件的概要内容，我们希望读者能够下载全文，因为该文件给出了高质量双语教育课程所具备的基本特点。这些指导原则中很多内容都与各种沉浸式课程类型有关。

16.2.4 沉浸式课程如何运作

在大多数沉浸式课程中，学生都是从幼儿园或一年级就开始了目的语的学习。当学生进入沉浸式课堂中时，只能听到教师讲目的语，所有的课堂对话和教学都是用目的语来完成的。这样，学生就会在玩耍和学习中、在有意义的交流中习得语言。尽管教师一直在使用目的语，学生也还有可能会使用英语。有时在双向沉浸式教学中，学生与自己的同伴或与教师对话时还会使用家庭语言。这样可以减少学生的不安和挫败感，也给学生一定的时间帮助他们培养目的语的理解能力。沉浸式课程最初的目标就是让学生能够自然而然地生成目的语。教师要实施各种教学技巧和策略鼓励、激发学生运用目的语，这样学生就会渐渐生成目的语。

表 16.2 《双语教育指导原则》概要[1]

第一章	评价和问责制度
原则 1	课程制订并维持用以保证问责程序的基础设施。
原则 2	对学生的评价要按照州学科内容、语言标准以及课程目标来进行，对学生的评价可以用来对课程和教学进行评价。
原则 3	课程利用多种用于课程问责和改进的措施来收集各种数据。
原则 4	采用适当的方法进行数据分析和解释，便于实施问责和完善课程。
原则 5	按照课程目标及"不让一个孩子掉队"的目标，对学生的进步进行系统测量并做出报告。
原则 6	就课程的最终成果与相应的利益相关者进行沟通。
第二章	课程设置
原则 1	课程设置以标准为基础，促进所有学生的双语能力、双语读写能力及多文化领悟能力。
原则 2	课程设立开发并调整高质量的课程设置的程序。
原则 3	课程设置针对所有的学生实施并实现完全衔接。
第三章	教学
原则 1	教学方法有两个来源：一是在双语教学研究的基础上建立的教学原则，二是针对儿童双语能力和双语读写能力培养的研究。
原则 2	教学策略促进学生双语能力、双语读写能力的培养，促进学生学习成绩的提高。
原则 3	教学以学生为中心。
原则 4	教师创造多语言及多文化的学习环境。
第四章	师资素质及专业发展
原则 1	课程招募并聘用高水平的双语师资。
原则 2	课程具有高质量的专业发展规划。
原则 3	课程为专业发展提供充足的资源支持。
原则 4	课程与其他群体或机构合作，保证师资质量。

[1] 全文可在应用语言学中心网站上获得。

续表

第五章	课程结构
原则1	课程的各个方面都要通力合作,在达到该年级学业要求的同时还要实现双语能力、双语读写能力及跨文化能力的目标。
原则2	课程保证各群体的平等。
原则3	课程的领导团队能力强、工作有效、知识丰富。
原则4	课程有明确的、兼容并包的、合理的保护程序,用以选择和完善课程模式的设计。
原则5	课程拥有有效的程序,用来确保课程规划、实施和评价的持续进行。
第六章	家庭和社区
原则1	课程具有及时反馈的机制,用以与学生家庭及其所在社区保持正面、积极、持续的联系。
原则2	课程中还有家长教育和家长支持服务,能够反映出课程的双语和多元文化目标。
原则3	课程把家长和社区看作战略合作伙伴,并让他们参与到课程建设中来。
第七章	支持和资源
原则1	课程受到所有课程成员和学区教工的支持。
原则2	课程受到家庭及社区的支持。
原则3	课程有足够的经费支持。
原则4	课程进行大力宣传以获得支持。
原则5	课程、学校和学区中,资源平均分配。

来源:霍华德等(Howard et al., 2007)。

在用另一门语言进行学习时,孩子们一般不会有不安或挫败感,因为他们学习的东西都在他们的体验范围内,而且沉浸式语言课程会努力把他们的信息都放在有意义的环境中。比如,孩子们会学习说出或写出他们理解的内容:在幼儿园,他们会学习可以沉浮的物体;小学一年级学习的内容是消防站一游;二年级时学习二维形状的知识;五年级时学习杠杆和滑轮的知识;等等。在沉浸式课程的开始阶段,学生学习说"今天我吃了热乎乎的午餐""能给我一张纸吗""今天阳光灿烂"及"我有妈妈、爸爸和弟弟"这类的内容。

参与完全沉浸式课程的学生首先用目的语学习阅读,然后把阅读技巧转换到自己的母语上。参与部分沉浸式课程的孩子通常先用母语学习阅读,然后再把阅读技巧转换到目的语上。参与双向课程的孩子同时用两种语言学习阅读。

完全沉浸式课程中，孩子们阅读的内容都是他们有过多次经历的事情，也是他们能够谈论的内容。沉浸式课程中，幼儿园和一年级孩子的家长都会收到建议，如果他们的孩子表达出阅读的愿望，家长们要自然地加以鼓励，但是他们不能正式地在家里教孩子进行阅读。同样，在家中为孩子提供孩子感兴趣并与其年龄相符的第二语言的阅读材料，鼓励并倾听孩子用目的语朗读也是很重要的。

完全沉浸式课程进行两到三年后，每天会有 30~60 分钟正式的英语语言艺术教育，加在二年级还是三年级的课堂中由所在学区决定。有些学校或学区在四年级或五年级时才引入英语教学。孩子们继续使用第二语言学习其他科目。孩子们一旦开始用英语阅读，从第二语言中转换来的很多技巧会使他们中大多数的孩子能在一到两年内在英语阅读方面迎头赶上。有的沉浸式课程中，随着孩子们进入到小学中年级阶段，英语的教学量逐渐增加，到五年级或六年级时，第二语言教学和英语教学就会达到平衡。其他沉浸式课程中，孩子们每天会有一个小时接触英语，在此之后，英语教学量在整个课程进行的阶段中都会保持在一个小时。其结果就是整个六年级期间，学生每天在校时间中有 80% 的时间用第二语言学习，20% 的时间用英语学习。课程设计的不同反映出不同学区在各自的需求、愿望和资源上的不同。

很多学生都曾记录下各种双语课程类型的积极影响，其中涉及目的语技能、母语技能以及学科内容的掌握。关于这些研究的更多信息请见本章的补充阅读部分。杨百翰大学的布莱尔·贝特曼（Blair Bateman）教授重点研究了沉浸式课程中的文化学习。

关于沉浸式教学中的文化学习

沉浸式课程有四个目标：双语能力、双语读写能力、与年级相符的学习成绩及跨文化能力，其中文化目标在课堂教学和研究中最受忽视。尽管进行沉浸式教学的教师在他们的轶事笔记中曾提过他们中很多人都教授文化（Met & Lorenz, 1997），但是实证调查却表明，关于教师如何将文化教学融入课堂教学中或文化教学是否成体系地贯穿到课程设置中的资料却很少。

将文化融入到小学沉浸式课堂中具有很大的挑战，原因有很多：课程设置中已经包括了数学、语言艺术、科学、社会学及其他科目，而教师必须要把文化融入已经不堪重负的课程中；教师必须用目的语使文化内容易于理解；教师讲授的文化内容必须符合学生的年级水平。

沉浸式课堂中同样具有挑战的是学生人数的不同。在单向及双向沉浸式课程中，英语为母语的学生学习一门外语/小语种及其文化，而母语为小语种的学生在学习大语种的同时还保留他们自己的母语，或者学习其他语种；本土语言沉浸式课程中的学生学习的可能是家庭语言。语言的每种混合都蕴含着一种独特的文化融合，而对学生培养跨文化能力的程度要求又有很大区别。比如在单向沉浸式课程中，母语为大语种的学生与目的语文化仅有肤浅的接触，而母语为小语种的学生可能从出生开始就沉浸在两种或多种文化中。

目前关于沉浸式课程中文化教学的研究数量有限，大多数研究侧重于学生对其他文化中成员的态度。总体来说，研究表明参加沉浸式课程的学生对其他文化群体的态度要比没有参加沉浸式课程的学生更加积极正面（Block, 2011; Genesee, 1983; Lambert, 1987; Lindholm-Leary, 2011; Wesely, 2012）。有些学者（Dagenais, 2008）也表示沉浸式课程有助于学生形成文化话题的"批判性意识"，让他们认识到哪些表达是对外语及其使用者的刻板印象，从而帮助他们为更大程度的社会平等而努力。此外，双向沉浸式课程和本土语言沉浸式课程的研究者（Hermes, 2005; Reyes & Vallone, 2007）明确表示，沉浸式课程有助于英语为非母语的学生形成双语文化身份，使他们能够用不同的文化视角来看待世界，能够根据不同的情况选择不同的文化视角。尽管还需要进一步的研究，但已经有一些研究支持这一论断（Potowski, 2007; Luning & Yamauchi, 2010）。

尽管沉浸式教育工作者不得不就文化学习达成一个共同目标，但现有的文献综述表明教师有可能帮助学生在学习中取得如下成果：

知识：能够理解文化产物、习俗、传统观念和价值观以及类似信息，这些都是目的语文化的居民认为很有意义的东西，同时也有助于学生与目的语文化的居民之间形成共识。

技能：培养对文化（包括学生自己的母语文化）的观察能力及进行批判性分析的能力，培养以符合社会文化标准的方式与其他文化成员进行交流的能力。

态度：形成愿意了解其他文化群体、与他们进行交流并延缓判断、放下成见的态度。

意识：了解不同文化传统和信仰如何影响他们的观念，文化预设及偏见如何影响我们的观念及对待其他文化群体的方式，以及我们自己的世界观如何成为我们自己文化的产物。

身份：指作为个人的自我意识，即意识到自己不只属于一种文化群体（主要体现在英语为非母语的学生和家庭语言/本土语言学习者中），同时也意识到自己能够在不同文化中自如转换（针对所有参与沉浸式课程的学生而言）。

沉浸式教学的教师将文化融入教学中的最佳方法之一，就是通过主题单元的方式，把学科内容设计成围绕一个核心文化主题来学习。

可能最重要的一点是沉浸式教师要避免这样的误解：仅仅通过语言学习就会帮助学生自动形成跨文化意识。对于这一点，鲁滨逊（Robinson, 1978）曾幽默地称之为"患上了乘坐飞毯直达其他文化的综合征"。为了真正实现文化学习，教师需要系统地设计教学方法，将文化融入课程设置中，引导学生用有意义的方式来思考文化因素。

16.3　语言与学科内容结合

沉浸式课程中的教学重点是课程内容（社会学、科学、数学、语言艺术、健康、艺术、音乐)，而第二语言只是用来教授这些学科内容的工具。前面已经说过，沉浸式课程的教师既是全职小学教师，又是全职语言教师。他们在备课时，既要把第一或第二语言能力的培养作为重点，同时也要把学科内容目标作为教学重点。沉浸式课程教师必须投入时间培养学生的语言能力，这样学生才能够运用第二语言就学科内容进行交流。这表明教师在完成学科内容教学目标的同时，还要经常组织提高语言能力的活动，把语言活动作为备课的内容或作为学科教学的一部分。沉浸式课程教师还必须要精心策划一些具体的体验活动，准备巩固教学内容的视觉类材料，这样有助于学生轻松地理解学科内容所涉及的专业语言，培养语言能力，以便能够处理与学科内容相关的教学材料。

由于沉浸式课程大纲一般是按照学区课程体系制订的，而且学生的日常交流也是使用第二语言，因此，沉浸式课程通常能够避免很多讲解语法的第二语言课程中存在的弊端。沉浸式课程的确是在真实交流需求的基础上进行语言学习。

也有人曾指出，沉浸式课程的学生尽管语言流利，但是存在语法问题，表达不够准确。沉浸式课程研究者也发现沉浸式课程中的学生在课堂上并没有真正使用第二语言的机会。詹姆斯·卡明斯（Cummins, 1981）声称，很多法语的沉浸式课堂很大程度上以"传输为导向"(transmission oriented)，这样的课堂只重视学科内容的展示，而很少给学生提供机会去使用第二语言来完成创造性活动或解决实际问题。这种情况现在也很普遍。

卡明斯（Cummins）鼓励沉浸式课程的教师要意识到加强学生语言意识的重要性，这可以通过让学生完成侧重语言结构或社会语言学的个人或小组活动来实现。他号召教师把正规的语言学习作为沉浸式课程内容的一部分。

罗伊·利斯特（Lyster，2007）的专著非常有借鉴意义，其中指出了沉浸式课堂上的互动类型，同时也提出有必要同时了解语言概念和学科知识概念。利斯特（Lyster，2007：3）指出，沉浸式教学和基于学科内容的教学，低估了教学中目的语应该达到的深度，并引用了一些研究成果，表明不同的语言学习效果取决于课堂上进行的活动类型。学生能够较好地使用第二语言的课堂一般采用了下列教学方式：

- 更多的师生互动
- 学生之间有意义交流的机会更多
- 较少地依赖于非语言性的意义表达
- 明确性纠错多于暗示性纠错

利斯特（Lyster，2007）主张要更注重语言形式的教学，指出暗示性反馈不如明确性反馈有效。换句话说，必须要系统地纠正语言偏误，学生必须主动改正自己语言输出中的错误。

本书的前几章介绍了教学规划的基本原理以及如何实施各种语言教学形式的教学策略，其中就有沉浸式教学。在美国的早期沉浸式课程中，人们曾尝试着把沉浸式教师使用的确保学生既能理解语言又能理解学科内容的策略单拎出来。但是，在教师看到这些策略清单时，才意到根本就没有什么可以单拎出来的做法。它们只是一些可以用在所有课堂上的好的教学策略。不同的是，在单语种课程中，所有的学生语言背景相同，即使教师没有使用有效的教学策略，学生也有可能自己学习。但是在沉浸式模式中这就不可能了，因为如果教师不坚持使用有效的教学策略（本书前几章介绍过），沉浸式课程中的很多学生就无法取得语言学习的成功。

16.4 从教师、学区及州视角看沉浸式课程

几名经验丰富的沉浸式教师描述过他们对沉浸式课程生活的观察。尽管这些评论非常中肯，但也不可能包括沉浸式课程教学的所有方面。本章结尾的补充阅读部分提供了更为详尽的材料。将自己的想法在此分享出来的沉浸式教师有：

科里·马斯洛斯基（Corey Maslowski），明尼苏达州圣路易斯公园公立学校。
香农·格雷伯（Shannon Graber），前法语沉浸式教师，明尼苏达州艾迪那公立学校。
马西·察赫米尔－鲁（Marcy Zachmeier-Ruh），明尼苏达州双子城德语沉浸式学校。
路易·利恩（Luyi Lien），明尼苏达州明尼阿波里斯市杨华学院（汉语沉浸式学校）的课程协调员。
马蒂·陈（Marty Chen），犹他州汉语沉浸式教师。

16.4.1 教师视角

沉浸式课程为何有效

香农（Shannon）：你心中深信沉浸式教学是有效的，但是看见这个事实一点点呈现出来时，这又是一个非常美妙的经历。但是沉浸式教学之所以会有效，仅仅因为它有非常明确的课程规划、教学组织、多变的教学策略、过硬的教学技巧及幽默感。

对学生的影响：学生轶事

学生们都在涂色，这时一个幼儿园小孩哭了起来，问他为什么哭，他回答说："我不知道怎么用西班牙语涂色！"

还有一个学生，上学第一天时，他穿过教室门，握着教师的手，说："我是约翰尼，我是说英语的那个约翰尼。""我的老师只说法语，……但是她却用英语大笑！"

第一天的沉浸式课后，一位妈妈问："你能听懂老师说的所有东西吗？"孩子回答说："听不懂，但是我做了老师叫我做的所有事情。"

科里（Corey）：这几年中，我学到的东西就是在最开始的阶段，大多数学生甚至没有意识到别的孩子上学是用英语学习的。因为他们上学是用西班牙语学习的，他们根本不知道别处不

一样。[1]

学科内容和语言之间的平衡

科里（Corey）：沉浸式课程中，学科内容和语言教学之间需要进行细致的平衡。最终，我们有责任按照地区标准和州府标准教授学生学科内容。但是，如果我们不评估学生的语言，集中精力纠正错误，我们就是在帮倒忙。

开始阶段，我总是想弄清楚如何运用我所能利用的材料，如何帮助学生在他们现有的语言水平上理解这些材料。很多时候这并不容易！如果我有现在的经验，我就会更加注意纠正学生的错误，并且在需要教授语言结构的时候，设计一些"微型课"。在设计教案时，我会在学科内容中融入进明确的语言目标。同时，我也会与其他教师合作，为学生的语言习得制订一个"明确的语言学习范围及进度方案"。[2]

尽可能使用目的语

科里（Corey）：在单向沉浸式课程中，在为第二语言教学规定的时间内绝不应该使用英语。两种语言应该非常仔细地分开。因为目的语中不是经常有合适的材料，所以"跳出框架"来思考就显得非常重要，问问自己如何才能在不使用英语材料的情况下，让学生达到相同学习效果。学生要使用什么样的语言才能在不忽然蹦出一句英语的情况下完成学习任务呢？[3]

还有一点对于沉浸式教学的实践者来说也很重要，那就是他们构想出一幅他们希望见到的理想学校的图画。学校的走廊是什么样子？教师之间如何进行交流？等孩子们长大一点，课间休息时他们可以说英语吗？他们能待在餐厅里吗？幼儿园或一年级的什么时候开始让他们只能说目的语？有的学校在一年级的第100天的时候会举办一个大型的庆祝活动，然后孩子们在课堂上就只能使用目的语了。[4]

关注目的语能力的培养

马西（Marcy）：我所遇到的主要问题就是沉浸式课程仅使用学区课程体系内容，同时又期

---

[1] 这种情况指的就是单向全部沉浸式课程，这种课程中，要到后面的阶段才开始引入英语。事实上，有的孩子可能还以为他们的老师只说第二语言，根本不会说英语！在双向沉浸式课程和部分沉浸式课程中，孩子们从一开始就会接触到两种语言。但是由于每个教师都会把两种语言分开使用，也可能有的学生还没有意识到他们的老师能说两种语言。

[2] 除了学科内容的学习目标外，很多沉浸式课程中还有一个语言学习目标框架。

[3] 在单向沉浸式课程中，教师有可能会在使用英语的时间段里布置课程内容作业。而在双向沉浸式课程中，两名教师都要担负起用两种语言搭建学科内容的任务，这样才能确保两组学生都能够理解作业内容。

[4] 在双向沉浸式课程和部分沉浸式课程中，至少有一半的时间使用英语。这样，学生对语言的需求就能够更灵活地得到满足，教师之间也可以互相帮助以解决语言上的问题。这里有一点很重要，就是在分配给目的语的时间中一定要注意培养学生的目的语能力。

望孩子们通过语言的渗透多少能够学到一些语言。在早期阶段的低年级中，这种做法还比较有效。但是，当孩子们再大一些时，如果不注意学习掌握新词汇和语法结构的方法，不管孩子们的语言有多流利，由于不够准确，他们的语言能力都会大打折扣。

教师一定要记住，无论孩子们的语言有多流利，他们始终是第二语言学习者。既然我们使用的是德语教材，同时孩子们本身不具备和母语者相同的背景知识，所以有很多词汇还是要提前导入，也有很多文化观念还需加以说明。[1]

沉浸式教学设置与母语教学设置

科里（Corey）：我们必须记住，如果我们用学生的母语授课，我们备课时需要准备的内容要多于我们要用到的内容。重复是非常普遍的。课堂的常规惯例也变得更加重要。[2]

香农（Shannon）：在沉浸式学校中，只有一类教师：优秀的教师。因为沉浸式教师为了帮助学生了解他们学习的语言的世界，必须要综合使用各种教学策略和教学技巧；他们必须要利用视觉材料、媒体、文学、音乐等来授课；他们必须调动五种感官来授课；他们还必须在课堂上使用动作、舞蹈及艺术。类似的要求还可以列出很多。常规的教学设置可能会有这些内容，但沉浸式教学设置则必须要有这些内容。

马西（Marcy）：第一年开始沉浸式教学时，我们最大的问题还并不明显，因为我们一直在徘徊前行，摸索如何建设新学校。现在出现的问题是在如何成为一名有效的主课教师及如何成为一名有效的语言教师之间出现了脱节。如果一名优秀教师用德语进行所有的教学活动，孩子们就会以惊人的速度进行学习，这也正是我们已经体会到的。现在令我们困惑的是，考虑到我们已经记录在案的成果，有的教师（那些没有接受过前期语言教师培训的教师）开始觉得额外的语言教学方法的培训已经没什么必要了，尤其是在孩子们已经开始说德语之后。由于他们本身不是语言教师，他们意识不到孩子们其实还能学得更好更快（他们并不了解孩子们还有不懂的东西）。我们必须设定这样一种预期：做语言教师要想同做主课教师一样游刃有余，也是一个不间断的持久过程。[3]

沉浸式教师必备的背景

马西（Marcy）：如果沉浸式教师具有语言教师的背景，并且现在刚开始当一名小学教师，那么我会对他们强调，要在连续的主题式教学设置中展示学科内容。年幼学生需要这种设置，这样，他们才能满足认知上的要求，由于孩子们同时学习语言和学科内容，因此对他们提出的

---

[1] 在沉浸式课程中，当地的学科内容往往会被翻译成第二语言，这样就不会对部分学生带来文化问题。

[2] 在部分沉浸式课程和双向沉浸式课程中，大多数学生在每天至少一半的时间里在用他们的母语学习。

[3] 本章前面部分已经阐明沉浸式教师必须是一名全职语言教师，同时也必须是一名全职学科教师。针对沉浸式教师进行的理想式培训就应该是两者的结合。

认知要求标准很高。

如果教师仅仅是双语小学教师，我就会强调语言教学方法，也会强调保证教师要"有目的地流利"是多么重要（也就是说，教师能够很好地掌控孩子们学到了什么词汇和短语，学到的词汇和短语达到了什么程度）。

对这两种类型的教师，我都会强调"通过设计去理解"（Understanding by Design）的教学方法。如果课程现在还不是按照这种方法设计的，那么教师需要重点关注他们为何要进行某些特定的课堂活动。

疲惫不堪

科里（Corey）：在新学年开始的第一个月，教师通常会觉得疲惫不堪（有些教师的疲惫感再也不会减退）。对着学生说一种他们在家根本不可能说的语言（这种语言也可能不是教师自己的母语）本身就很让人疲惫。[1]

香农（Shannon）：我真希望有人会警告我，在前几个星期中，我要消耗大量的体能和脑力，甚至已经到了不可思议的地步。因此让自己跟上这种节奏是非常重要的，这样疲惫就不会压垮你。在每天的教学中，安排出几段时间用来做安静的活动，这对教师和学生来说都是有益的。以幼儿园课堂为例，可以利用播放古典音乐来安排一些简单的文艺活动。

建立对课程的支持

科里（Corey）：我还认为，与教学楼（或学校中）里的任何一名教师就课程目标进行交流也是很重要的。不幸的是，我还没有看到有哪个课程由于沉浸式课程的特殊性而没有遇到政治抵制。这种课程为何存在？能给学生带来什么益处？能给更大范围的学区带来什么益处？鉴于可能会出现的矛盾，教师该如何处理？

沉浸式课程中十个最重要的因素

路易（Luyi）和马蒂（Marty）：

1. 百分之百地相信目的语教学。（沉浸式教学是有效的）
2. 创建一个富有文化气息的真实的沉浸式环境。
3. 帮助学生相信自己。（是的，你一定做得到！）
4. 用目的语包围学生，并确保用社交语言来做补充。
5. 成为一个团队！每个人都要一起努力——家长、学生、教师、行政人员，以实现沉浸式课程的目标。与利益相关者进行明确的交流也是非常重要的。

---

[1] 在双向沉浸式课程的开始阶段，这种情况可能会同时出现在教授两种语言的两名教师身上。

6. 让每一分钟都成为可以进行教学的时刻。
7. 在以学生为中心的环境中促进学习。
8. 强调语言输出，保证活动能够提高语言熟练度。
9. 牢记学习目标，不断地评价学生的学习效果。
10. 利用各种可理解性输入策略保证学生理解所学的内容。

16.4.2 学区视角：安克雷奇学区沉浸式课程（日语、俄语、德语和西班牙语部分沉浸式课程）

西班牙语双向沉浸式课程

安克雷奇学区的沉浸式语言课程在全美都享有盛誉。国际语言课程协调员贾尼丝·格利克森（Janice Gullickson）一直在孜孜不倦地工作，致力于建设精品课程。下面的"个案研究"将介绍贾尼丝（Janice）所说的使该课程取得杰出成果的几个特点。

沉浸式课程的历史 促使安克雷奇学区实行沉浸式课程的历史原因是由于当地社区呼吁在小学阶段的学科教育中纳入第二语言学习。在1986年针对全区幼儿园家长的广泛调研后，经董事会批准，两所小学率先开始了学区内的沉浸式课程，分别是西班牙语（1988）和日语（1989）。1993年，该学区还获得了联邦政府第七条款的经费，增加了双向西班牙语双语沉浸式课程，其中部分原因是日语和西班牙语两门课程的成功实施。这样就可以满足当地越来越多的说西班牙语人群的需求。双向沉浸式模式对当地说英语和说西班牙语的孩子来说是一个共赢的课程。双语学生在英语标准化测试和学术评估测试（Scholastic Assessment Test，简称SAT）中的得分均高于平均分。在新增的双语教育模式中，当学生们继续同时学习英语和母语时，他们的学科成绩也都很优秀。

安克雷奇学区的单向和双向沉浸式课程在邻近的小学中开始实施，这些小学都有指定对应的初中和高中，这样学生就可以在K–12年级中不间断地进行语言学习。从幼儿园开始，课程每年增加一个年级，直到覆盖了整个K–12年级。由于课程在当地广受欢迎，再加上一个培训俄语能力的商业团体感兴趣，美国第一个俄语沉浸式课程也应运而生。2004年，安克雷奇学区在幼儿园和一年级开始设立俄语沉浸式课程，计划每年扩增一个年级，直到课程涵盖整个K–12年级。一家德国特许学校（受学区赞助）——里尔克舒乐学校的沉浸式课程开创于2007年，覆盖K–8年级。这所学校的学生从五年级开始也在每周的小学外语课程中学习法语。

课程模式 安克雷奇学区的单向和双向沉浸式课程是一个"校中校"课程。每个年级中，学生都有一个由两名教师组成的"教学小组"，一名是说英语的教师，另一名是说目的语（西班牙语、日语、德语或俄语）的教师。每天中有一半的时间，学生都是用第二语言学习当地学区课程的学科内容。这样，学生在学习了学科内容（数学、科学、社会学）的同时也获得了第二语言的听说读写能力，成为双语使用者。在双向课程中，学生沉浸在两种语言中。

安克雷奇学区的四门小学的沉浸式课程，都会过渡到指定的初中和高中，这样可以保证学生13年不间断的语言沉浸。完成K–12年级沉浸式课程的学生会受到学校的奖励。学校会在最后一年举行"沉浸式课程结业典礼"，学生用目的语发表演讲，回顾自己参加沉浸式课程学习的经历。会上，校长会为完成沉浸式课程的学生颁发"安克雷奇学区沉浸式课程结业绶带"，学生挂着绶带参加自己的毕业典礼。

该地区的中学生继续参加沉浸式课程学习，用目的语学习社会学和语言艺术这类学科内容。课程作业也是与日语相结合，课程涵盖了日语历史和文化的比较研究。五门沉浸式课程全部可以为学生提供到目的语国家进行沉浸体验的机会，这与他们的学科内容相结合，使学生有机会在真实的生活场景中运用目的语。日语、俄语及双向西班牙语中学课程在日本的千岁市、俄罗斯的圣彼得堡及波多黎各都有合作办学的伙伴学校。安克雷奇学区中参加沉浸式课程的学生通过这些互惠互利的交换学习，在语言能力和文化解读能力上都大有收获。

沉浸式课程家长的支持　家庭是家长、学生、教师及整个团队中重要的一部分，应该鼓励每个家庭参与孩子们的第二语言文化学习，支持沉浸式课程。针对每个参与沉浸式课程的学生，要给他们的家长召开一次家长会。孩子们一般在幼儿园或一年级的第一学期末时开始参加沉浸式课程。高年级的双语学生如果达到了一定的读写标准，有空位的情况下，通过抽签也可以参与沉浸式课程。家长顾问委员会通过筹措资金、旅行交流、实习赞助、课外活动等形式支持沉浸式课程，其中包括社区中对公众开放的语言文化庆典等。

教师团队和课程体系中的单向沉浸式课程　从幼儿园开始就有两种课堂、两名教师——目的语教师和英语搭档教师。教学按照部分沉浸式教学模式进行，半天用目的语授课，半天用英语授课。

单向沉浸式课程中，每个年级的教师团队都是由一名英语搭档教师和一名目的语教师组成。两位教师共同合作，制作教学计划，还要考虑到把两种语言分开的需要，同时在某种程度上还要保证在彼此的学科领域中相互支持。如果目的语教师负责教授科学课，英语教师就负责让学生读一些难度更大的科学书籍来支持目的语教学。在双向沉浸式课程中，两名教师都是目的语教师。这时，英语教师对英语学习者而言，因其实施的教学内容而有所不同。双向沉浸式课程有额外的双语助教或具备双语读写能力的国际助教来做辅助教学，助教负责在课堂上做一对一或小组辅导教学（包括英语和西班牙语）。两名教师一起设计主题单元内容，把学科内容融合到一起，把教学时间最大化。教师相互检验课堂管理规则和策略，并作为一个团队和家长开会。集体备课是课程成功的要素。同样重要的是各年级之间要不断地沟通，以便实现课程间的无缝衔接，达到目的语各级别的学习预期，同时分享/制订有效的教学策略。

一直以来，课程体系的分类如表16.3所示。但是，为了满足语言目标，学科内容应由两名教师共同承担。

表 16.3　课程体系分类

	英语	日语、俄语、西班牙语
幼儿园	综合所有学科内容	
1~6 年级	阅读和语言艺术	阅读和语言艺术
	数学	社会学、科学

评价　每年的春季学期，沉浸式课程中所有三到十年级的学生都要参加阿拉斯加 SBA 考试（Standards-Based Assessment，基于标准的测试），考核英语阅读、写作和数学；五年级和七年级时，还要参加全国标准的特拉诺瓦（Terra Nova[1]）测试。双向沉浸式课程中对说西班牙语的学生（同时也是英语学习者）的评价参照的是《英语能力评价》(English Language Proficiency Assessment)，以便检测学生在英语能力上的发展。

每年，主课教师负责根据《外语观察评价表》(Foreign Language Observation Evaluation Matrix)评价学生的口语能力。沉浸式教师要参加评分者信度小组培训，在口语评价前，还要对学生进行口试。K–6 年级的《外语观察评价表》的分数要记录下来，与同行、各校校长与安克雷奇学区国际语言协调员分享，便于实现以数据为驱动的语言教学。沉浸式课程中所有八年级学生接受的是在线的基于标准的语言能力测试（日语和西班牙语）和 ACTFL 语言运用能力评估（俄语）的计算机化评价（关于这些评价形式参见第 9 章）。

资金　沉浸式语言教师和员工的收入都由当地学校的预算来支付。这些年来，学区还通过参与竞争，获得了外语援助项目的资助，用于开发课程资源、购买教辅材料以及与二语习得专家一起为教师提供专业发展培训。这些额外的资金还用于资助教工到美国各地观摩并学习其他课程。在该学区因创新性开发双语教育模式而在竞争中获得联邦政府第七条款的奖励时，双向式沉浸式课程开始发展起来。

专业培训　沉浸式课程教师和行政人员一直从专业培训中获得支持，其中包括每年一次的暑期学院、第二语言读写水平讲习班以及新到任的沉浸式教师团队必须参加的研修班。每学年中，教授日语、德语、俄语和西班牙语的教师也会经常会面，修改、制订目的语学科教材（如为学区的科学配套课程及沉浸式课堂制订的第二语言科学课程计划、用所有目的语和英语编写的基于学科内容的教材）。学区科学教材资源包括英语学习资源（示范课、词汇本及分级大众读物），同时教师们在维基百科上进行分享并做数字存档。有经验的沉浸式语言教师通过学区建立的正式导师课程指导新手教师。

进入课程　在幼儿园和一年级的第一学期，孩子们通过抽签进入沉浸式课程。一年级的第

---

[1] 拉丁语，意为"新大陆"。——译者注

二学期及其他年级进入课程的学生，要参加目的语水平和读写技能测试，才能确定是否适合进入沉浸式课程。参加西班牙语双向沉浸式课程的资格分别由学习英语和西班牙语的学生抽签获得。

教师资格　学区聘请的所有沉浸式语言课程的教师都是目的语的母者，或者接近母语能力的目的语使用者。申请者参加面试时，还要接受对其口语和书面语言能力的打分。所有教师都有执照，持有阿拉斯加州教师资格证。

语言的区分　"没有商量余地"的规则之一就是按照教师、教室和教学分开使用语言。对沉浸式教师而言，教学时使用的语言始终是目的语。每隔四分之一个学年学生会换一次年级教室，这样就会把每种课程的语言的教学时间最大化。如果学生在第一个四分之一学年的上午使用英语年级教室，在第二个四分之一学年的上午就会使用目的语教室。每天分配给目的语的教学时间要进行定期监测。

学习庆典　每学年中举办的各种语言文化庆典活动也丰富了语言沉浸式课程。这些活动包括课后的实践课程、夏令营、拉丁舞课、日本太鼓队及一些视觉艺术。每个沉浸式课程都会赞助一些特殊的全校范围的文化庆典活动。例如，俄罗斯庆祝冬天结束的谢肉节、日本的樱花节和西班牙的五月五日节。学区的语言沉浸式课程在社区享有盛誉，作为潜在的语言文化资源而受到尊重。2001年"9·11"恐怖袭击的那个夜晚，日语沉浸课程的教师和学生受办公室征召，为一架韩国航班上受困滞留的日本乘客担任口译。日语课程中的太鼓鼓手在其他学区、当地社区职能大会、全州有名的活动（如州长就职典礼）等各种场合参加表演。

16.4.3　州视角

旗舰汉语习得通道项目（Flagship—Chinese Acquisition Pipeline Project，简称F-CAP）联合会

2011年9月，语言旗舰项目（Language Flagship，见 http://www.thelanguageflagship.org）发起了一次联合活动，由犹他州教育部和杨百翰大学汉语旗舰中心（Chinese Flagship Center）主导，开发促进K–12汉语教学。参与此项活动的有K–12专家、州教育机构、地方教育机构和覆盖19个州的汉语旗舰中心。这种模式包含了两种熟练掌握汉语的路径：在小学全面衔接的双语沉浸式课程后，在初高中继续接受提高性教学，即连续的中级学习路径。联合会正计划讨论关于课程标准、教师培训和能力评价等相关议题。

汉语双语沉浸式课程模式是K–12全衔接路径，旨在帮助学生在中学毕业时达到高级语言水平。沉浸式课程中的学生从幼儿园或一年级开始，50%的时间接受用汉语进行的教学，50%的时间接受用英语进行的教学，也就是说，这是一个两种语言各占一半的沉浸式教学模式。

学生在七年级和八年级时每年学两门课程（一门是高级汉语课程，一门是用汉语教授的核心课程），汉语语言和学科教学的内容一直延伸到中学阶段。参加课程学习的学生在九年级时参加高级汉语分班课程，并在九年级完成 AP[1] 考试。在十年级到十二年级期间，学生将通过在犹他州六所主要的大学进行混合学习而完成大学水平的课程。学生也会被鼓励在中学阶段学习第三门语言。

这种 K–12 衔接模式遍布了整个犹他州的语言地图，该模式是州长小乔恩·亨茨曼（Jon Huntsman Jr.）的设想，受到州政府、教育界和商界领导及语言旗舰项目的支持。在该模式实施的过程中，学生会进入大学或全球工作坊，在四项技能方面（阅读、写作、听力和口语）达到高级能力水平，掌握真正有价值的语言文化能力。

犹他州语言沉浸式课程的启动

2008 年，犹他州议会通过了国际议案（41 号议会法案），为犹他州学校创建基金会，启动汉语、法语、德语、葡萄牙语和西班牙语的双语沉浸式课程。犹他州是美国沉浸式课程数量最多的州，而且课程数量每年都在增加！

犹他州双语沉浸式课程（http://www.utahimmersion.org）采用的是 50/50 的部分沉浸式模式，这种模式中，学生半天时间用目的语学习，半天时间用英语学习。犹他州大部分沉浸式课程从一年级开始，只有几门课程是从幼儿园开始的。从幼儿园到三年级的目的语课程包含读写学习及大部分的学科内容（数学、科学和社会学）。英语课程主要集中在英语语言艺术和学科内容的联合强化学习。四年级、五年级时进行课程调整，用英语讲授数学和社会学中大多数的概念内容，而用目的语讲授这些学科中的实践内容。六年级时，再调整回来，用目的语讲授社会学，用英语讲授科学。高年级时进行的这些课程调整有目的地增加了目的语的教学时间，重点放在读写学习，提高学生的语言能力。所有的双语沉浸式课程中，特定语言能力目标的设定都是针对每个年级的，涉及所有语言能力：阅读、写作、口语和听力。

当时，犹他州双语沉浸式课程从七年级到九年级都开设两门课程：一门是用目的语教授学科内容，一门是高级语言学习课程。参与这些沉浸式课程的学生都要参加大学先修课程的语言培训班，在九年级通过 AP 考试。十年级到十二年级，学生会通过在犹他州六所主要大学的混合学习接受大学阶段的研修课程。中学时，学校还会鼓励学生学习第三门语言。这类课程中绝大多数的学生都是英语为母语者，他们的目的语还非常不流利。

特拉华州沉浸式课程的启动

特拉华州有一个旗舰汉语习得通道项目联合会的组成部分，叫作"国际语言州长扩张计划"（Governor's World Language Expansion Initiative），该计划正在实施一个国际语言的教育规划，培养特拉华州学生的语言能力以适应全球化经济的竞争。该计划的目标是要使特拉华州的学生具

---

[1] Advanced Placement，美国大学先修课程。——译者注

有全球化的竞争能力，使学生在毕业时具备高级语言水平，这样他们在经济建设中就有优势。该计划的一部分就是要在全州的小学开设沉浸式语言课程。

特拉华州国际语言沉浸式课程的课程体系模式中包括学习英语和汉语普通话或西班牙语的学生。课程采用的是部分沉浸式模式，半天用英语授课，半天用目的语授课。

⊙ 练习和深入讨论

1. 你作为所在学区的课程协调员，你的工作是要向那些正在考虑让孩子参加你们学区的单向或双向沉浸式语言课程的家长们说明课程信息。
   a. 为你的讲解制订提纲。
   b. 你预期家长们会向你提什么问题？你如何回答他们？
2. 双向沉浸式课程能够带来哪些传统双语教育或沉浸式课程所没有的好处？学校或学区在着手推行沉浸式课程时，你建议开设哪些课程？
3. 如果规划一门学习人数较少的语言（如阿拉伯语、汉语、日语）的沉浸式课程，会出现什么样的争议？

⊙ 补充阅读

Baker, Colin. *Foundations of Bilingual Education and Bilingualism.* 5th ed. Clevedon, U.K.: Multilingual Matters, 2011.

Calderon, Margarita Espino, & Liliana Minaya-Rowe. *Designing and Implementing Two-Way Bilingual Programs: A Step-by-Step Guide for Administrators, Teachers, and Parents.* Thousand Oaks, CA: Corwin Press, 2003.

Cloud, Nancy, Fred Genesee, & Else Hamayan. *Dual Language Instruction: A Handbook for Enriched Education.* Boston, MA: Heinle and Heinle, 2000.

——. *Dual Language Instruction from A to Z: Practical Guidance for Teachers and Administrators.* Portsmouth, NH: Heinemann, 2013.

Fortune, Tara Williams, & Diane J. Tedick. *Pathways to Multilingualism: Evolving Perspectives on Immersion Education.* Clevedon, U.K.: Multilingual Matters, 2008.

Fortune, Tara Williams with Mandy R. Menke. *Struggling Learners and Language Immersion Education.* Minneapolis, MN: University of Minnesota Center for Advanced Research on Language Acquisition, 2010.

Howard, Elizabeth, Kathryn Lindholm-Leary, Julie Sugarman, Donna Christian, & David Rogers.

Guiding Principles for Dual Language Education. 2nd ed. Washington, DC: Center for Applied Linguistics, 2007.

Lessow-Hurley, Judith. *Foundations of Dual Language Instruction*. 6th ed. Boston, MA: Pearson, 2012.

Lindholm-Leary, Kathryn J. *Dual Language Education*. Clevedon, U.K.: Multilingual Matters, 2001.

——. *Learning and Teaching Languages through Content: A Counterbalanced Approach*. Philadelphia, PA: John Benjamins Publishing, 2007.

Potowski, Kim. *Language and Identity in a Dual Immersion School*. Clevedon, U.K.: Multilingual Matters, 2007.

Tedick, D. J., D. Christian, & T. W. Fortune, eds. *Immersion Education: Practices, Policies, Possibilities*. Clevedon, U.K.: Multilingual Matters, 2011.

⊙ 相关网站

美国国家双语联盟

http://www.dual-language.org

新墨西哥双语教育

http://www.dlenm.org

双向及双语教育协会

http://atdle.org

语言习得高级研究中心的沉浸式研究和专业发展项目

http://www.carla.umn.edu/immersion

应用语言学中心的双向沉浸式项目

http://www.cal.org/twi/

出自伊利诺伊资源中心的双语需求时事通讯

http://www.thecenterweb.org/irc/pages/f_duallanguage-news.html

路易斯安那州学校集团

http://lcis.wikispaces.com

路易斯安那州关于初级沉浸式国际语言项目行政人员指南
http://www.louisianaschools.net/lde/uploads/3221.pdf

加利福尼亚州关于双向双语沉浸式项目的常见问题解答
http://www.cde.ca.gov/sp/el/ip/faq.asp

华盛顿特区（2011）应用语言学中心完全及部分沉浸式项目
http://www.cal.org/resources/immersion

视频"汉语沉浸式教学：基于学科内容的课堂教学教案"
http://www.globalvillageacademy.org/global-village-charter/teacheracademy

视频"在沉浸式课堂生成意义：可理解性输入"
http://startalk.umd.edu/teacher-development/additional-resources

第17章 基本理论和推广

关于年幼的语言学习者的语言课程,我需要了解哪些方面?

- **何处可以找到外语教学的基本理论**
  - 我能够解释语言学习的基本理论。
- **早期语言学习的推广**
  - 我可以做语言学习的推广。

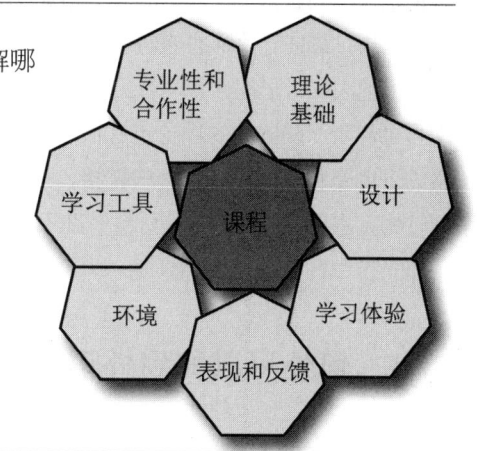

国际语言与其他学科一样,都要在学校课程体系中寻得一席之地,因此,国际语言拿出一套令人信服的理念则至关重要。学校董事会和家长组织在为新课程投入时间和资源之前,需要得到合理的解释和证据,同时现存的课程在任何时候都可能会受到质疑。几乎所有的"公众"事件——从媒体覆盖的课堂或课程再到政党对话——都往往暗示着一个普遍存在的问题:"为什么儿童要在小学就开始学习新语言?"

也许对这个问题最好的回应是把它换成一个更大更重要的问题:"为什么外语要贯穿所有学生的K–12年级?"这个问题更好地反映了《21世纪外语学习标准》(ACTFL,2006)关于语言教育提出的一个愿景。小学期间开设并保持语言课程,然后将其精心地衔接到初中和高中,这就有可能为我们所有的国民奉上其他语言、文化和观点的宝贵财富。另一种解释"为什么"的方式可能就是要问:"如果学生不学习另一门语言,他们会在学术、认知方面有什么样的损失?"

与课程理念相似,语言教学的基本理论也必须满足地方学校和社区的需求。不仅要说明选择教授语种的依据,还要阐释语言学习的原因和目标。制订教学理念的教师或团队可以参考不同的资料。撰写本章的目的之一就是指导教师寻找资料,同时指导教师制订出一个既与国家愿景相符,又对要服务的社区有意义的教学理念。

20世纪60年代是小学语言课程快速增长的阶段,因此很多学校在设定理念和目标之前就开始启动语言课程。结果，很多课程获得支持是出于一个错误的原因："追赶"俄罗斯，利用政府的资金资助，支持附近学校开设语言课程，试图将他们认为处于语言黄金期的学习者快速培养成口语流利的外语人才。很多行政人员、家长和教师对学生的能力都有着不切实际的设想。人们纷纷搭上语言学习的快车的原因也是多种多样的，有的是由于担心，有的是为了追求时尚，有的人期望几周或几个月内就可以掌握一门语言，但是他们最终都会失望而归。在人们急切希望把语言学习扩展到小学时，语言教师有时并不会打击这种预期。不切实际的幻想加上缺乏明确的指导，最终导致那些匆匆上马的课程以失败而告终。

目前人们对早期语言学习又有了兴趣，要把它作为 K–12 年级学习的一部分，同时关于语言学习早起步、长阵线的理论也有很多的佐证。本章结尾将提供近期关于早期语言学习价值的丰富的证明资料，同时还有一些链接，可以查到越来越多的研究团体、专业机构、学区以及各州制订的基本理念范例。这些材料有助于明确开设一个有效持久课程的目的。

17.1 何处可以找到外语教学的基本理论

17.1.1 认知科学和人脑研究

家长和教师经常说，儿童学习语言要比青少年或成年人学得快得多，因此我们要在这一能力消失前充分加以利用。彭菲尔德和罗伯茨（Penfield & Roberts，1959）提供了尽早开始第二语言学习的心理和生理依据，这项研究在 20 世纪 60 年代小学外语课程的基本理念中被经常提及。多诺霍（Donoghue, 1968：11）在她突破性的小学外语教材中给出这样的建议："开始学习第二语言的理想年龄是出生之时。但是考虑到学校语言学习的实际情况，开始第二语言的持续性学习的最佳年龄是在四岁到八岁之间。很明显，在这个年龄段，大脑的可塑性最强，同时具有习得言语的特定能力。这种能力包括能够准确模仿所有的语音、语调、重音以及能够轻松掌握所有的语言形式。"

后来的一些研究证据也表明与儿童相比，年龄大一些的学习者在很多方面要有特殊的优势，至少在大多数课堂环境下是这样，儿童只是在与母语者发音相似方面具有一点优势（Krashen et al., 1982; Harley, 1986; Singleton, 1995）。当然孩子们之所以是学习语言的成功者，这其中还有很多因素，比如，可以学习语言的时间量以及使用的教学方法。但是 20 世纪 90 年代及之后的人脑研究都支持早期的研究结果和家长、教师的直觉。

自从 20 世纪 90 年代中期以来，涌现出大量关于大脑和认知功能研究新信息的出版物。这一研究通过发表在《新闻周刊》（Newsweek）和《时代周刊》（Time）上的文章而广为流传。J. 马德琳·纳什（Nash, 1997：56）在其一篇广为引用的文章中指出，从出生到六岁期间儿童学习第二语言的能力最强，然后这种能力就会逐渐地出现不可逆转的减退。她其中的一个结论是，在这个新发现中，我们能够得到什么教训？最明确的一点就是，如果孩子们不在小学前学习外语，就应该在小学期间学习。

公共广播节目《灰质：发展中的大脑》（*Gray Matters: The Developing Brain*）中也一再推广这一信息。《学习语言、语言学习和发展中的大脑》（*Learning Languages, Language Learning and the Developing Brain*）（"Research Notes"，1996：17）一书中有一篇文章总结了这个节目中的一些新发现。据加州大学洛杉矶分校医学院分子和医学药理学系主任迈克尔·菲尔普斯（Michael Phelps）博士说，儿童的大脑不同于成人的大脑，儿童的大脑是一个正在进化的动态结构。两岁儿童的大脑中的突触（连接体）的数量是成人的两倍。儿童的大脑必须使用这些连接体，否则就会失去它们。

因此，在关键期或敏感期未能学习语言技能，意义很不一样。哪种连接体得到发展，哪种连接体不再起作用，完全取决于儿童的学习经历。这就意味着，对儿童而言外语学习这样自然而然的事情对成人而言则变得很难。

加州大学洛杉矶分校语言学教授苏珊·柯蒂斯（Susan Curtiss）博士在《学习语言》（*Learning Languages*）的概要（"Research Notes"，1996：17）中也提供了另一个佐证。她发现四到五岁的儿童学习第二语言是"关键期思想的完美典范"。根据柯蒂斯（Curtiss）博士的结论，儿童学习语言的能力非常强大，让他们学习多少种语言似乎都无关紧要。他们可以学会很多种语言的口语，只要你让他们同时系统地、定期地听该语言的语音。儿童恰好有这种能力，因为他们的大脑非常适合学习语言……哪怕同时学习几门语言，似乎也不会带来任何伤害。

达特茅斯大学的研究者们进一步证明了上述结论，他们观察了在不同年龄开始接触不同语言的儿童，这些儿童接触的语言环境既有自然环境又有学校环境。正如苏珊·纳普（Susan Knapp）2002年在《达特茅斯新闻》（*Dartmouth News*）的报道中指出的，研究人员劳拉-安·佩蒂托（Laura-Ann Petitto）发现从很小的年纪就开始接触两种语言的儿童"似乎大脑中有两种语言机制"，而且两种语言之间没有任何干扰。研究者总结说，越早、越有目的性地引入语言学习，效果越好。

17.1.2 语言教学的普通理论

中小学课程的理论总体上说是融入语言理论中的，但是还必须考虑到中小学阶段语言教学的特性。

1. 影响语言能力培养最重要的因素之一就是花在语言学习上的时间。如果语言学习开始得更早，就可以有更长的学习时间、更多的练习和体验，这样就会更有效果，学习者的语言能力就会更高。
2. 对社会有用的每种技能和成果都是通过小学课程引入的。几乎每个州的每一项课程体系要求中都阐明了阅读、数学、社会学、科学、音乐、艺术和体育的重要性。每一门小学课程中都引入了计算机，这都明确地反映出电子信息时代的价值。只有国际语言成为小学课程体系中稳定的一部分，语言学习才能符合21世纪的需求，应对21世纪的挑战。
3. 根据皮亚杰（Piaget）、兰伯特（Lambert）及其他人的研究，"十岁"这个年龄是孩子们开始有"其他"民族和族群概念的年龄，也是一个关键时期（Lambert & Klineberg, 1967）。这个年龄的儿童正从自我中心主义过渡到互惠互利主义，十岁前他们会热切地接收外界信息。卡彭特和托尼（Carpenter & Torney, 1974）表明，接触外语有助于培养儿童的跨文化能力。儿童如果有机会通过外语接触另一种文化，他们的全球意识就会得到加强。

17.1.3　21世纪世界语言能力愿景

很多外语专业机构和我们的很多领导都曾表达过语言学习的迫切性。萨维尼翁（Savignon, 1997：169）这样描述语言的重要性："学习另一门语言意味着在人类社区中占有一席之地。语言远远不是一个系统可以解释的，它是我们与周围世界联系的重要纽带。语言是动态的文化，是民族之间互动的桥梁。"

全美州级外语督学委员会在名为《外语教育基本理论》（A Rationale for Foreign Language Education）的意见书中签署声明：为所有儿童（从学龄前到整个十二年级及其他年级）在整个课程体系中开设外语课程，同时把外语教育当作基础教育中非常重要的一部分。

克劳德和杰尼斯（Cloud & Genesee, 1998）认为，在新世纪中，美国如果要处理边界内的多元性并在全球市场的竞争中取得成功，基础教育中必须包括第二语言和第三语言教育。他们提到了语言学习对认知和社会文化的益处，即"语言文化能力将是21世纪受过良好教育的公民的标志"（Cloud & Genesee, 1998：65）。

《21世纪外语学习标准》在其理念声明中明确表示了语言学习的重要性（ACTFL, 2006：7）：

> 语言和交际是人文体验的核心部分。美国必须要把学生培养成具有语言和文化能力的人才，这样他们才能在多元化的美国社会和国际社会进行交流。这一规定预见到在未来所有学生都将掌握熟练的英语能力，同时掌握至少一门或现代或古典的外语。具有非英语背景的儿童上学时也应该有机会进一步提高他们的母语水平。

为了支持这些想法，标准中的理念包括三种基本假设，其中两点直接指向所有学习者从小开始的语言学习：
- 所有学生都能成为成功的语言和文化的学习者；
- 他们必须有机会学习与整个学校学习经历相融合的语言文化；
- 语言和文化教育是核心课程体系的一部分。

ACTFL曾发表意见声明，支持语言在课程体系尤其是中小学课程体系中的重要作用。这些

声明中的第一条就是"语言学习的一般原则",现总结出下列几项(ACTFL,2012):

1. 除英语外,所有的学生都应该学习或掌握至少一门语言;
2. 所有年级的课程教学中,从幼儿到研究生及成人阶段(学龄前到20岁),语言学习都应该是课程体系的核心部分;
3. 语言学习应分为多个序列,长期连贯地推进,按级别不断提高学生的语言水平,授课教师应当具备良好的语言能力、文化知识和教学技能。

紧随这些原则之后的是关于早期语言学习的声明:

> 既然研究表明早期语言学习的经历可以培养儿童掌握母语水平或接近母语水平的语音语调,因此建议学校为学生尽早提供学习第二语言的机会。这种早期语言学习的经历如果能够得到良好的衔接,不仅有助于培养学生掌握母语水平的发音,还有助于提高其语言能力。研究还进一步证实了早期语言学习的益处:加强学生第一语言的读写能力,提高其他学科的标准化测试成绩,增强对不同文化的认同感。这些好处是伴随在各个年级不断学习而产生的,也就是说在中小学阶段,语言学习应该一个年级接着一个年级进行,每周要多于两次课,保证每周至少90分钟的课时量。

ACTFL还发表了一项名为《语言作为所有学生教育的核心部分》(Languages as a Core Component of Education for All Students)的重要意见声明(ACTFL,2013)。

> **《语言作为所有学生教育的核心部分》**
>
> 21世纪,语言学习可以满足现实世界的要求:
> - 为学习者的个人简历增添与众不同的亮点——能够用另一种语言进行跨文化、跨时区的交际与合作。
> - 可以在任何领域中获得信息,进行合作——包括科学、技术、工程与数学、商业及卫生保健。
> - 通过进行理解练习、意见交换、表达观点来培养批判性读写能力。
> - 培养学习者灵活的适应性思维,以及在新情况和陌生的环境中处事的能力。
> - 为学习者进行全球视野下的思考和交流打好基础。
>
> 语言学习有助于培养学习者在21世纪所需要的下列技能:
> - 利用科技、实习及社区的志愿者工作,参与面对面的交流;
> - 把自己的语言能力运用到自己的职业生涯和职业目标中,拓宽视野,不再局限于自我

目标的实现。
- 更加准确地理解多元文化视野,实现个人的身份认同。

这些益处对所有学习者都是非常重要的,也是每个学习者都可以获得的。任何一位学习者要达到这些效果,都要借助语言学习的早起步、沉浸式课程或双语沉浸式课程以及长期的学习过程。越来越多的州正在建立检验第二语言能力(无论是否为通过课堂学习获得的能力)的程序,并颁发能力证书。

"国家标准"设定的五个目标领域(5Cs)已经成为语言学习的基本理论,为实施有效积极的教学指明了方向。

基于标准的语言学习培养读写能力和计算能力。通过学习交际策略已达到进行人际交流、理解诠释和表达展示的语言使用目的,学习者的知识储备涵盖了各个方面,包括提取信息、交换意见、理解说明以及生成有效的口语及书面报告。学习者在把新语言与自己母语进行比较时,他们也更深刻地了解了语言的功能;同时,学习者在对信息的收集和解释的过程中也练习了计算能力。交际策略的学习培养了《各州共同核心标准:英语语言艺术与数学》(Common Core State Standards for English Language Arts and Mathematics)中描述的读写能力和计算能力。

通过语言学习,学习者:
- 培养信息类文本和文学类文本相平衡的读写能力。
- 能够利用第二语言对所有跨学科科目内容加以理解、进行讨论并生成相对应的语言输出。
- 能够理解越来越复杂的文本。
- 能够根据原始资料进行写作,完成说明、说服及传递信息的任务。
- 能够构建学术语言。

基于标准的语言学习为学习者在科学、技术、工程与数学(Science, Technology, Engineering and Math,简称STEM)领域的学习打下基础。学习目标的贯连领域丰富了语言学习的内容,把学习者可能会应用语言的领域都包括在内。结合科学、技术、工程与数学领域而进行的基于课程或问题的语言学习,可以针对学习者所在年龄阶段的认知水平,培养其相应的解决问题的能力、批判性思考能力及提问技巧。

例如:
- 阅读与科学、技术、工程与数学的话题相关的信息文本。
- 利用科技手段获得非英语信息。
- 为学习者制订调查活动,让他们实施调查,说明分析,并与非英语母语者受众分享调查结果。

- 参与世界范围内进行的课题项目。

基于标准的语言学习让学习者有目的地进行语言的实际应用。学习者通过进行新信息的互动，获得只有目的语中才有的新视角，这样他们的知识面远超过用母语或家庭语言学习的知识范围。学习者可以在地方或全球区域有目的地施展自己的新技能，运用新视角同时运用新的语言能力，从而对这些区域产生认同。服务学习（即社区服务式学习）、商业环境、艺术和科技都为学习者创造了符合文化要求的交际场合，从而展示他们的语言能力。在这样的背景下，学习者在学习科技技能的同时也建立了终身学习的理念。

基于标准的语言学习加强了大学及职业教育的适应性。学习者提高了自己在21世纪应必备的各种技能：沟通能力、批判性思考能力、相互合作来解决问题的能力及创新能力。学习者在提高每种沟通模式下的语言运用能力的同时，也为高等教育及职业生涯做好了准备，正如《各州共同核心标准》所述：能够适应不同人群、任务和目的的要求；培养合作能力；清晰准确地演讲或对话；具有理解能力及发表评论的能力；重视证据；能够有策略地、熟练地利用科技及数字媒体。这些能力也是各州人员聘用标准及高等教育计划 LEAP（Learning, Empowerment, Advocacy, Participation, 学习–赋权–倡导–参与）项目中为中学毕业生设定的基本技能。学习者利用新语言去探索自己感兴趣的领域，探索任何学科知识，从而建立起有力的学科知识体系。

语言学习是现实世界的教育，语言知识和语言技能是终身受用的。

17.1.4　小学基础技能和目标

中小学外语教学理论中有些很好的资源，即这些学校的课程体系指南。课程规划者能够真正理解小学教学目标和外语教学的潜力，因此能够利用二者的关系有力地证明语言学习的价值。地方学校的课程体系和教学理念最好地说明了开设语言课程的学校和社区的价值取向及工作重心。

在地方课程体系及小学课程参考普遍存在的目标和理论基础中，下列主题中的一部分就很有可能发展成为语言理论体系：

1. 基本技能。基本技能自然不是小学语言课程所关注的新要点。在小学语言课程实施的标志性的那几年，即20世纪60年代，很多研究关注的是语言学习和用英语及数学获得的技能之间的关系。当时关注的焦点几乎都是要说明这些技能的学习并没有因为在语言教学上"丢失"的时间而有任何损失。证据也是一致统一：即使花费时间学习一门新语言，也不会妨碍学习者基本技能的学习（Donoghue，1968）。

针对加拿大和美国的沉浸式课程的研究表明，即使是用英语进行的测试，接受外语教学的学生与只接受英语教学的学生取得的成绩差不多，有时接受外语教学的学生的成绩甚至更好。比如，众所周知，芝加哥、辛辛那提和密尔沃基的家长为孩子选择的就是提供外语教学的磁石学校，究其原因，是因为这些学校的学生在英语基本技能测试中成绩斐然，而不仅仅在于学校提供的外语课程本身。路易斯安那州的一项研究（Rafferty，1986）表明三、四、五年级的学生每天学习 30 分钟的法语，他们在 1985 年基本语言艺术技能测试中取得的成绩要比没有学习外语的对照组学生的成绩高。此外，到五年级时，参加外语学习的学生的数学成绩也要比没有参加外语学习的学生高。

后来的研究也进一步证实了这项研究。比如：阿姆斯特朗和罗杰斯（Armstrong & Rogers，1997）表明，每周学习三天、每天学习 30 分钟西班牙语的三年级学生，在仅仅学习了一个学期后，参加市区成绩测试时，他们的数学和语言成绩在统计数据上就有显著增长。尤其有趣的是，实验组中的一个班的学生接受的数学教学时间每周还少了一个半小时，但他们的数学成绩仍然高出对照组的学生。

桑德斯（Saunders，1998）考察了参加佐治亚州小学外语实验课程的学生。她比较的两组对象中，一组是没有接受任何外语教学的学生；另一组是小一岁的学生，他们接受了四年的外语教学，每周上五天课，每天 30 分钟。她发现，在艾奥瓦州基本技能测试中，参加小学外语课程的学生的数学成绩明显高于比他们大一岁的学生。他们在阅读部分的成绩也更好，但是没有显著差异。

在对皮内拉斯县 K–5 年级西班牙语课程的纵向研究中，泰勒等（Taylor et al.，2008）计划研究西班牙语教学对母语阅读、词汇和语言艺术的影响。此外，他们还研究了西班牙语教学对学生在学校整体学习的动力、西班牙语的听力或口语技能以及西班牙语文化意识的影响。与以往这类珍贵的研究一样，西班牙语学习对语言学习的分支没有任何负面影响，早期进行的西班牙语学习对学生有着积极的影响，他们在参加加利福尼亚州基本技能测试（California Test of Basic Skills，简称 CTBS）时，阅读理解和词汇部分的九分制测试成绩都要高于其他学生。

2. 沟通模式。要想更好地说明外语学习的影响，就要更好地了解这一点，即学生如果从新的语言视角来看待自己的母语，他们会有一定的收获。维果茨基（Vygotsky）对当代发展理论做出了显著贡献，他在《思想与语言》（*Thought and Language*）一书中曾这样说过（Vygotsky，1934/1986：160）：

> 歌德曾说过，"不懂外语的人也不懂自己的母语"，此时他很清楚地看到了二者的相互依赖性。实验性研究也充分地论证了这一点。研究表明，孩子的母语理解能力会通过学习外语而得到提高。孩子在使用词汇表达思想、发表观点时，就会更清醒，也会更深思熟虑。……孩子学习语言的方法会更抽象，也更普遍……以独特方式进行的外语习得使孩子不再受到语言形式和表达结构的束缚。

已有研究证明外语学习可以提高听力技能，增强记忆力（Ratte，1968），同时第二语言技能的培养有利于开拓学习者交际思想的维度。

泰勒及其同事（Taylor et al., 2008: 36）的研究数据也支持拉特（Ratte, 1968）的发现。教师注意到并评论了孩子听力水平的提高，甚至连他们第一语言的水平也得到了提高。研究者做了如下精彩的说明：

> 这个理念也许可以用"语言发展就是语言发展本身"的观念加以概括，无关语言结构或语言传输。如果说一个年轻的大脑（正处于灵活发展的状态中）有机会存储并操作不同的语言结构和意义，在这个过程中，大脑就会被激发出只有在外语课堂才能培养出的认知和元认知能力。

卡明斯（Cummins, 1990: 1）观察到："研究表明双语能力能够帮助孩子们理解语言本身是如何运作的，同时也能提高孩子们运用语言进行思考、解决问题的能力。"他还表示与单语儿童相比，双语儿童能够更快更有效地学习另一门语言。

3. 创造性和认知发展。很多小学语言课程经常使用的活动都强调动作、想象力和角色扮演，这些活动都会刺激大脑右半球，但学校正式的课程设置中往往并不重视这一部分。外语教学有助于实施"全脑"教育，结果之一就是促进创造性的激发。根据兰德里（Landry, 1973）的研究，参加小学外语课程的学生要比那些接受单语教学的学生有更强的发散性思维和具象创造力。

有些研究表明，具备一种以上语言能力的人在有关语言和非语言智能测试上的分数都高于单语背景的人（Bruck, Lambert & Tucker, 1974; Hakuta, 1986; Weatherford, 1986）。班福德和沟川（Bamford & Mizokawa, 1991）认为，学习另一种外语的学生在解决复杂问题上有更强的创造力。罗森布什（Rosenbusch, 1995: 5）总结了最新的研究，指出学生用在语言学习上的时间与认知和元认知处理水平有直接的正相关的关系。

卡卡瓦尔（Caccavale, 2007: 32）在研究综述中明确地总结出这些优点：

> 早期第二语言学习的文献综述表明，双语儿童和单语儿童如果从很小的年纪就开始学习第二语言，并参加长期而持续的课程学习，他们在数学能力和读写能力的培养上将获益匪浅。……重要的是要记住，研究者发现第二语言发展与批判性思考或问题的解决技巧之间存在最高程度的相关性。尽管运用更好的问题解决技巧会逐步提高语言艺术水平，但这种相关不一定是直接的，也可能是逐渐提高的认知能力带来的副产品。

4. 自我意识。与其他课程体系中的学科内容相比，小学阶段的第二语言学习，尤其是初始阶段，对前期语言学习的依赖性较小。这个特点可以使在其他科目的学习上屡屡失败的学生在语言学习上取得成功。加利福尼亚州的一项研究表明，参加外语学习的学生的自我意识显著高于没有参加外语学习的学生（Masciantonio，1977）。辛辛那提的学生也有类似的成功经历。1987年的一项研究（Holobow et al.，1987）表明，工人阶级家庭的孩子与中产阶级家庭的孩子虽然在英语水平上不一致，但在外语学习上一样表现优秀。在泰勒及其同事（Taylor et al.，2008）进行的一项研究中，教师观察到某些学习成绩较低的学生在运用西班牙语表达自己时要比在其他任何情况下表现得都要出色。

5. 社会效益和职业效益。全美州级外语督学委员会在2002年颁布的基础理论白皮书（NCSSFL，2002）中明确指出，至少能够利用两种语言进行交际的人具有显著的社会效益。由于美国社会愈加多元化，各行各业也越来越需要能够使用英语以外的语言进行交流、能够适应广泛文化背景的人才。如果公司经理懂得如何与多元文化背景的员工打交道，就会在多种族的商业圈内获得优势。美国五分之四的工作是由外贸交易产生的，同时全球化市场已成事实。因此，我们的教育体系必须培养出具有语言文化技能的学习者，这样他们才能在新的商业环境中（不论是在国内还是国际背景中）有效地发挥作用。

对语言能力的新要求不仅体现在要求大学文凭的职位中，实际上在各行各业中都有所体现，这种要求同时也提供了很多新机遇。 只能通过深入学习才能获得语言技巧，也就是说学习者需要从小就开始学习语言并且能长期坚持。正如全美州级外语督学委员会的白皮书（NCSSFL，2002：4）中所说：“美国必须在学校开设优质的外语课程，这样所有的学生才能在毕业时与来自各个国家的人进行语言文化交流。至少掌握两门外语的学生会在国际贸易、人文理解方面极大地提升美国的外交实力。”还有重要的一点，就是一个人如果能够用两种语言进行有效交流，那么当经济、政治、战略或个人有对新语言有需求时，他能够快速、高效地再学习一种或两种语言。

6. 所有学科领域的融合。课程体系中的每个学科都能在语言课堂中得到加强或丰富，可以利用第二语言来教授学科内容。这种融合可以培养学习者对其他文化的欣赏力，能够有效地增加教学内容的维度。在语言教师和主课教师的密切合作下，第二语言的体验会直接助力于课程体系中用第一语言学到的内容。

7. 丰富的文化内涵。小学阶段教授的语言使学生深入了解各种不同的文化，包括学生自己生活的社区内的多元文化因素。文化信息如果通过外语来体验，并在真实的文化情境中加以体验，这种文化信息的正面影响就会得到加强。

17.1.5　基本原理的其他来源

应用语言学中心（CAL，1997）曾对早期语言学习的好处进行过如下总结：
在幼年时开始学习第二语言：
1. 对智力发展具有积极的影响。
2. 能够丰富并加快儿童的心智发展。

3. 能够使学习者具有更灵活的思考力、更敏锐的语感和更好的听力。
4. 能够提高学习者对自己母语的理解力。
5. 能够使儿童与原本没有机会认识的人进行交流。
6. 能够开启了解其他文化的大门,帮助儿童理解并欣赏其他国家的人们。
7. 能够提前培养学生的语言能力,为大学做准备。
8. 能够增加学习者的就业机会,因为懂得另一门语言是一种真正的软实力。

本章结尾列出的很多资源都有助于大家找到得以支持基础理论的信息和证据。此外,我们还鼓励读者进一步在互联网上查询有关语言学习和小学语言课程的理论声明。美国国家教育报告经常提供在小学阶段进行语言教学的强有力的支持,关于国际商贸的报告也常提及语言及语言学习的价值。甚至广受欢迎的杂志偶尔也会发表专题文章,这些文章也是语言学习理论声明的宝贵资料,同时也明确向当地读者阐明了自己的观点。在最近的新闻中,双语对大脑的影响引起了人们的广泛关注。

在小学阶段进行外语教学的理念就是要综合利用多种资源,以满足当地学校及其社区的需求和优先考虑的事项。在丰富多样的资料中,认真的课程规划者会发现最吸引人同时也是最适合自己当地情况的资料并加以利用。

17.2　早期语言学习的推广

有了这些支持早期语言学习的强有力的证据,将外语学习作为中小学阶段课程体系的基础部分似乎是不言而喻的,但不幸的是,要实现每个学习者都能够接受 K–12 语言教育的愿景还有很多障碍。由于长期缺少幼儿语言学习的传统(幼儿语言学习的传统在世界其他地方很常见),加上目前各个阶段的教育资源非常有限,在课程体系内增加一个新的基础部分,还没有得到广泛的支持。事实上,地方控制是美国学区的一个显著且有价值的特色,但是这一点也使得在全美范围内建立语言政策变得困难重重,这一点就不同于其他国家,他们已经建立了良好的早期语言课程(Rhodes & Branaman,1999)。21 世纪,人们已经开始意识到要在全国、各州及各个地方层级广泛推广早期语言学习的理念。

17.2.1　国家推广

除了 ACTFL 和专门的语言专业组织,全美语言联合委员会及全美语言与国际研究委员会(Joint National Committee for Languages and National Council for Languages and International Studies,简称 JNCL-NCLIS)是外语专业的重要宣传部门,其总部设在华盛顿特区,是外语教师、行政人员和政府之间的连接纽带。委员会成员宣讲外语教学目标,说明外语专业面临的危机和机遇,建立的网站上（见本章后的"相关网站"）提供涵盖各种信息的丰富资源，包括悬而未决的法案、资助机会及各种政府津贴。该组织还会为想要进行更有效的外语宣传的专业人士提出各类可行的建议。

全美早期语言学习网有一个政治行动和宣传委员会，该委员会在全美范围内指导和鼓励早期语言学习的宣传工作。其网站上（www.nnell.org）的会员部分的宣传资料定期进行更新，这些资料都是宝贵的资源，涉及语言学习的益处、学习资源以及宣传工作策略。

17.2.2 教师作为宣传推广者

一旦开设了一门新的语言课程，而且取得成功、获得好评后，有很多人可能误认为宣传工作就结束了。事实上，如果一门语言课程想要取得持续成功，早期语言教师需要成为长期的倡议者。一门新课程总是会有长短不一的"蜜月期"，在这段时期内，家长和主课教师都会惊讶于学习者语言学习的速度和效率。一旦"蜜月期"结束，语言教师一方则需要花费力气来说明学生正在学习什么，同样也要努力维持公众对语言课程的认识和支持。每个课程都面临着课程衔接的问题、学生和家长的数量问题以及始终存在的资金问题，其中的每一个问题都需要专门的宣传和相应的公共关系策略才能解决。

宣传工作起始于语言教师其他与学习群体的日常沟通，包括学校和学区的行政管理人员、家长、同事（主课教师、音乐教师、体育教师及其他专门学科的教师等人员）、高年级国际语言教师、咨询顾问以及媒体专家等。语言教师能够建立合作的桥梁，实现相互的支持，这些关系在出现预算危机或排课危机时会起到一定的作用。同时，学生的态度和理解度基本上也能反映出课程在社区中很多方面的情况，因此，帮助学生了解语言课程的意义以及学习另一种语言的价值所在也是至关重要的。哈奇（Haxhi, 2001）曾详尽介绍过与这些群体及社区打交道时的宣传策略：

- 使每一个"玩家"保持信息畅通。定期给家长发放实时通讯，并且给行政人员、学校董事成员、主课教师发放复印本，这些都有助于所有的"玩家"对课程抱有符合实际情况的期望，同时理解儿童能够达到什么语言水平。哈奇（Haxhi）采用互动式家庭作业，使家长能够了解学生的学习进度。
- 提供机会，使他们进行参与、观察并提出建议。
- 愿意主动适应变化并改进。
- 明确收获最大的(宣传)活动，减少效率低下的活动。
- 完全参与！

语言教师如果自愿帮助三年级学生做游戏，或者自愿引导音乐课程，实际上也间接地为语言课程做了宣传。如果语言教师主动提出帮助安排课表，也可以被看作具有团队精神，这有利于制订有效的课程安排，便于所有参与的教师进行教学管理。

最有效的宣传活动之一就是为地方的校董事会做演讲，演讲可以有学生参与或使用录像，这样可以展示学生真实的语言运用能力。

在学校的重大活动中展示语言课程的成果也是很重要的，比如：家长－教师见面会、嘉年华活动及季节性戏剧表演和其他节目。有时在语言课堂上也可以举办一些活动，比如庆祝节日、举办民族晚宴或为家长们表演。有时语言学习者也会开发一个有趣的课程，把语言带到课堂之外，比如：用目的语为低年级学习者编写和阅读故事书，或为其他班级表演戏剧。在这些情况中，媒体报道对宣传和参与语言课程的学生都很有帮助。

雷德蒙（Redmond，1998）为专门的早期语言教师提出了一些策略（策略4到策略7），帮助他们成为早期语言学习更有效的宣传者，同时使宣传面覆盖到地方和全国。这些策略是教师在学校内外为早期语言学习进行宣传的多种方法的概括。

策略1：抓住每个机会向家长、行政人员、当地社区说明外语课程以及你的学生的学习成就。
策略2：明确外语课程的特点及其与小学其他学科的联系。
策略3：向家长和社区表明通过语言学习获得的技巧以及学习语言的目的。
策略4：邀请嘉宾参观你的班级，观摩学生的"实际学习"情况。
策略5：采用正式或非正式形式评价学生的进步，同时让家长了解评价的结果。
策略6：让政治家们、学校董事会成员及决策制订人了解你的语言课程。
策略7：向支持语言项目的人表示感谢！
策略8：改变那些学习语言不成功的人的心态。
策略9：与同事通力合作，整合K–16所有年级付出的努力。
策略10：建立定期的规划会议制度，参会人员既包括小学的主课教师，也包括K–12外语教学的同事。
策略11：利用州里的外语年会，组织宣传推广力量。

还有很多材料可以帮助早期语言教师实施这些策略，并开发出可以突出他们自己的语言课程及K–12语言学习的重要性的活动。这些材料都列在了本章的最后，可以作为一个起始点。随着教师们共同努力，建立起统一的宣传计划，早期语言学习在美国学校课程体系中的地位将会变得更加稳固。

⊙ 练习和深入讨论

1. 你所在学区的课程协调员近期发现了一项研究，该研究表明，在学习语言时，儿童并不比成年人学得好，实际上，儿童在语法结构的学习上不如年龄大的学生有效。因此，该协调员提出应该在九年级才开始进行语言教学。你对此如何回应？
2. 准备一个两分钟的演讲，演讲中你要概括出在本校的课程体系中开发K–12外语学习序列课程最重要的原因。

补充阅读

Center for Applied Linguistics (CAL) . *Why, How, and When Should My Child Learn a Foreign Language?* Washington, DC: ERIC Clearinghouse on Languages and Linguistics, 1997. http://www.cal.org/resources/pubs/whyhowwhen_ brochure.pdf

National Association of State Boards of Education. "The Complete Curriculum: Ensuring a Place for the Arts and Foreign Languages in America's Schools." Alexandria, VA: NASBE, 2002.

Marcos, Kathleen. "Second Language Learning: Everyone Can Benefit." *The ERIC Review: K–12 Foreign Language Education* 6, no. 1 (Fall 1998): 2–5. http://www.cal.org/earlylang/benefits/marcos.html

Met, Myriam. "Why Language Learning Matters." *Educational Leadership* (October 2001): 36–40.

National Network for Early Language Learning (NNELL) Advocacy Packet. http://nnell.org

Redmond, Mary Lynn. "ATTENTION! Are You Seeking a Position with Excellent Long-Term Benefits? Be an Advocate!" *Learning Languages* 4, no. 1 (Fall 1998): 4–9.

相关网站

ACTFL
http://www.actfl.org/advocacy

课程开发与管理协会宣传工具
http://www.ascd.org/ASCD/pdf/newsandissues/ascdadvocacyguide.pdf

国际语言学习基本原理
http://www.state.nj.us/education/frameworks/worldlanguages/chap1.pdf

全美语言联合委员会及全美语言与国际研究委员会（外语宣传）
http://www.languagepolicy.org

Ñandutí 早期语言学习网站
http://www.cal.org/earlylang/

全美早期语言学习网
http://www.nnell.org

学习一门外语的十个最佳理由

http://www.vistawide.com/languages/why_languages.htm

培养双语儿童：家长普遍关注的问题和最新研究

http://www.cal.org/resources/digest/RaiseBilingChild.html

关于双语和多语研究论文集

http://broadyesl.wordpress.com/category/bi-and-multilingualism

南卡罗来纳州的语言学习案例

http://www.knowitall.org/educatorplus/content/program.cfm?SeriesIDpassed=142

参考文献

每章末尾另列补充阅读书目和文章，供对相应话题感兴趣的读者查阅。

Adair-Hauck, Bonnie, Eileen W. Glisan, & Francis J. Troyan. *Implementing Integrated Performance Assessment*. Alexandria, VA: American Council on the Teaching of Foreign Languages, 2013.

Alberti, Sandra. "Making the Shifts." *Educational Leadership* 70, no. 4, (December 2012/January 2013): 24–27.

Alkonis, Nancy V., & Mary A. Brophy. "A Survey of FLES Practices." In *Reports of Surveys and Studies in the Teaching of Modern Foreign Languages, 1959–1961*. New York, NY: The Modern Language Association of America, 1961.

Alvis, Vicki Welch. "Let's Assess in FLES: Reaching Beyond the Customary Borders of Evaluation." Presentation at ACTFL Annual Meeting, Salt Lake City, November 23, 2002.

American Council on the Teaching of Foreign Languages (ACTFL). *Standards for Foreign Language Learning in the 21st Century*. 3rd ed. Alexandria, VA: ACTFL, 2006.

———. *ACTFL Performance Descriptors for Language Learners*. Alexandria, VA: ACTFL, 2012. http://www.actfl.org/publications/guidelines-and-manuals/actfl-performance-descriptors-language-learners

———. *ACTFL Proficiency Guidelines*. Alexandria, VA: ACTFL, 2012.

———. Early Language Learning Position Statement. 2012. http://www.actfl.org/news/position-statements/early-language-learning

———. Frequently Asked Questions about the New ACTFL/CAEP Program Standards for the Preparation of Foreign Language Teachers. Alexandria, VA: ACTFL, 2013. http://www.actfl.org/http%3A/actfl.org/professional-development/program-review-services/actflncate/actflncate/ncate-faqs

———. Languages as a Core Component of Education for All Students. 2013. http://www.actfl.org/news/position-statements/languages-core-component-education-all-students

———. *Program Standards for the Preparation of Foreign Language Teachers*. Alexandria, VA: ACTFL, 2013. http://www.actfl.org/sites/default/files/pdfs/ACTFL-Standards20Aug2013.pdf

Anderson, Helena. Personal communication, 1980 and 1982.

Anderson, Lorin W., & David R. Krathwohl, eds. *A Taxonomy of Learning, Teaching, and Assessment: A Revision of Bloom's Taxonomy of Educational Objectives*. New York, NY: Longman, 2001.

Andersson, Theodore. *Foreign Languages in the Elementary School: A Struggle against Mediocrity*. Austin, TX: University of Texas Press, 1969.

Andrade, Carolyn, & Julie Benthouse Banner. "The Writing Process: From Single Words to Student-Authored Books." Presentation at Central States Conference on the Teaching of Foreign Languages, Des Moines, IA, March 27, 1993.

Andrade, Carolyn, Richard R. Kretschmer, & Laura W. Kretschmer. "Two Languages for All Children: Expanding to Low Achievers and the Handicapped." In *Methods That Work: Ideas for Literacy and Language Teachers*, edited by John W. Oller, 99–112. Boston, MA: Heinle & Heinle, 1993.

Armstrong, Penny W., & J. D. Rogers. "Basic Skills Revisited: The Effects of Foreign Language Instruction on Reading, Math and Language Arts." *Learning Languages* 2, no. 3 (Spring 1997): 20–31.

Armstrong, Thomas. *Seven Kinds of Smart: Identifying and Developing Your Many Intelligences*. New York, NY: Penguin Books, 1993.

———. *Multiple Intelligences in the Classroom*. Alexandria, VA: Association for Supervision and Curriculum Development, 1994.

———. "Utopian Schools." *Mothering* (Winter 1996). http://www.thomasarmstrong.com/articles/utopian_schools.htm

Asher, James J. *Learning Another Language through Actions: The Complete Teacher's Guidebook*. 6th ed. Los Gatos, CA: Sky Oaks Publications, 2000.

Ashton-Warner, Sylvia. *Teacher*. New York, NY: Simon & Schuster, 1963.

August, D., & T. Shanahan, eds. *Developing Literacy in Second-Language Learners: Report of the National Literacy Panel on Language-Minority Children and Youth*. Mahwah, NJ: Erlbaum, 2006. (Executive summary can be retrieved from http://www.cal.org/projects/archive/nlpreports/executive_summary.pdf)

Bamford, K.W., & D. T. Mizokawa. "Additive-Bilingual (Immersion) Education: Cognitive and Language Development." *Language Learning* 41, no. 3 (1991): 413–429.

Barnum, Nancy. "E-Mail in FL Instruction." Handout for presentation "*Das Bild der Anderen, ein 'Kochbuch' für Email Anfänger DaF*." Presented at ACTFL annual meeting, Washington, DC, November 17, 2001.

Barron, A., C. Feyten, M. Venable, A. Hibelink, K. Hogarty, J. Kromrey, & T. Lang. "Laptop Computers in Teacher Preparation: Lessons Learned from the University of South Florida Implementation." *Journal of Computing in Higher Education* (2007): 1–23.

Beaudrie, Sara, Cynthia Ducar, & Kim Potowski. *Heritage Language Teaching: Research and Practice*. New York, NY: McGraw Hill, 2013. Contains examples from many different heritage languages.

Beaudrie, Sara, & Marta Fairclough. *Spanish as a Heritage Language in the United States: The State of the Field*. Washington, DC: Georgetown University Press, 2012.

Beck, I. L., M. G. McKeown, & L. Kucan. *Bringing Words to Life: Robust Vocabulary Instruction*. New York, NY: Guilford Press, 2002.

———. *Creating Robust Vocabulary: Frequently Asked Questions and Extended Examples*. New York, NY: Guilford Press, 2008.

Begley, Sharon. "Your Child's Brain." *Newsweek*, February 19, 1996.

Block, N. "The Impact of Two-Way Dual Immersion Programs on Initially English-Dominant Latino Students' Attitudes." *Bilingual Research Journal* 34 (2011): 125–141.

Bloom, Benjamin S., M. D. Engelhart, E. J. Furst, W. H. Hill, & D. R. Krathwohl, eds. *Taxonomy of Educational Objectives: The Classification of Educational Goals, By a Committee of College and University Examiners*. New York, NY: McKay, 1956–1964.

Borich, Jeanette Marie Bowman. "Learning through Dialogue Journal Writing: A Cultural Thematic Unit." *Learning Languages* 6, no. 3 (Spring 2001): 4–19.

Boudreaux, Ellen. "Strategies of Immersion Teaching and Special Education." Unpublished handout for presentation at Advocates for Language Learning Conference, October 1991.

Boyles, Nancy. "Closing in on Close Reading." *Educational Leadership* 70, no. 4 (December 2012/January 2013): 36–41.

Breiner-Sanders, Karen E., Pardee Lowe, Jr., John Miles, & Elvira Swender. "ACTFL Proficiency Guidelines—Speaking. Revised 1999." *Foreign Language Annals* 33 (2000): 13–18.

Breiner-Sanders, Karen E., Elvira Swender, & Robert M. Terry. "Preliminary Proficiency Guidelines—Writing. Revised 2001." *Foreign Language Annals* 35 (2002): 9–15.

Bring, Sandra. Personal communication, 1986.

Brinton, Donna, Olga Kagan, & Susan Bauckus, eds. *Heritage Language Education: A New Field Emerging*. New York, NY: Routledge, 2008. Contains general information as well as specific chapters on Chinese, Japanese, Korean, Spanish, and Russian.

Brown, Christine. "A Case for Foreign Languages: The Glastonbury Language Program." *Perspective, Council for Basic Education* 7, no. 2 (1995).

Brown, H. Douglas. "TESOL at Twenty-Five: What Are the Issues?" *TESOL Quarterly* 25, no. 2 (Summer 1991): 256–257.

Brown, Jeff. *Flat Stanley*. Steve Björkman, Illustrator. New York, NY: Harper Trophy, 1996.

Bruck, M., W. E. Lambert, & R. Tucker. "Bilingual Schooling through the Elementary Grades: The St. Lambert Project at Grade Seven." *Language Learning* 24, no. 2 (1974): 183–204.

Bruner, Jerome. *Acts of Meaning*. Cambridge, MA: Harvard University Press, 1990.

———. *The Culture of Education*. Cambridge, MA: Harvard University Press, 1996.

Caccavale, Therese. "Authentic Literature or Books in Translation?" Post on the Ñandu listserv, September 14, 2007. nandu@caltalk.org

———. "The Correlation between Early Second Language Learning and Native Language Skill Development." *Learning Languages* 13, no. 1 (Fall 2007): 30–32.

———. Personal communication, 2013.

Caine, Renate Nummela, & Geoffrey Caine. *Making Connections: Teaching and the Human Brain*. Alexandria, VA: Association for Supervision and Curriculum Development, 1991.

———. *Education on the Edge of Possibility*. Alexandria, VA: Association for Supervision and Curriculum Development, 1997.

California Department of Education. California English Language Development Standards. Appendix C: Theoretical Foundations and Research Base for California's English Language Development Standards. 2012.

California Language Teachers' Association, California Foreign Language Project. "Internet Activities for Foreign Language Classes." http://www.clta.net/lessons

Calkins, Lucy, Mary Ehrenworth, & Christopher Lehman. *Pathways to the Common Core Accelerating Achievement*. Portsmouth, NH: Heinemann, 2012. http://www.heinemann.com/shared/onlineresources/E04355/PathwaystoCCch1re.pdf

Campbell, Russell N. "The Immersion Approach to Foreign Language Teaching." In *Studies on Immersion Education: A Collection for United States Educators*, 114–143. Sacramento, CA: California State Department of Education, 1984.

Campbell, Russell N., Tracy C. Gray, Nancy C. Rhodes, & Marguerite Ann Snow. "Foreign Language Learning in the Elementary Schools: A Comparison of Three Language Programs." *The Modern Language Journal* 69, no. 1 (Spring 1985): 44–54.

Canadian Parents for French. *The State of French Second-Language Education in Canada*. 2006. http://www.cpf.ca/eng/resources-reports-fsl-2006.html

Canale, Michael, & Merrill Swain. *Communicative Approaches to Second Language Teaching and Testing*. Toronto: The Ministry of Education, 1979.

Carpenter, John A., & Judith V. Torney, "Beyond the Melting Pot." In *Childhood and Intercultural Education: Overview and Research*, edited by Patricia Maloney Markun, 14–23. Washington, DC: Association for Childhood Education International, 1974.

Center for Applied Linguistics(CAL). *Why, How, and When Should My Child Learn a Foreign Language?* Washington, DC: ERIC Clearinghouse on Languages and Linguistics, 1997. http://www.cal.org/resources/pubs/whyhowwhen_brochure.pdf

———. "Total and Partial Immersion Programs." 2006. http://www.cal.org/resources/immersion

———. "Directory of Foreign Language Immersion Programs in U.S. Schools." July 2006. http://www.cal.org/resources/immersion

———. "Directory of Two-Way Bilingual Immersion Programs." 2008. http://www.cal.org/twi/directory

Chamot, Anna Uhl. "The Teacher's Voice: Action Research in Your Classroom." *FLES News* 8, no. 1 (Fall 1994): 1, 6–8.

Chamot, Anna Uhl, & J. Michael O'Malley. *A Cognitive Academic Language Learning Approach: An ESL Content-Based Curriculum*. Rosslyn, VA: National Clearinghouse for Bilingual Education, 1986.

Chappuis, Stephen, Jan Chappuis, & Rick Stiggins. "Quality Tests and a Balanced System Are the Keys to Sound Assessment." *Educational Leadership* (November 2009): 14–19.

Clark, Barbara. *Growing up Gifted: Developing the Potential of Children at Home and at School*. Upper Saddle River, NJ: Merrill Prentice-Hall, 2002.

Cloud, Nancy, & Fred Genesee. "Multilingualism Is Basic." *Educational Leadership* 55, no. 6 (March 1998): 62–65.

Cloud, Nancy, Fred Genesee, & Else Hamayan. *Dual Language Instruction: A Handbook for Enriched Education*. Boston, MA: Heinle & Heinle, 2000.

Cohen, Andrew D. "The Culver City Spanish Immersion Program: The First Two Years." *The Modern Language Journal* 58, no. 3 (1974): 95–103.

College Board. *Academic Preparation for College: What Students Need to Know and Be Able to Do*. New York, NY: The College Board, 1983.

Colombi, Cecilia, & Francisco Alarcon, eds. *La Enseñanza del Español a Hispanohablantes: Praxis y Teoría*. Boston, MA: Houghton Mifflin, 1997. Explores issues of "standard" language, culture, and politics. Some chapters offer concrete classroom suggestions.

Crystal, D. *English as a Global Language*. Cambridge, U.K.: Cambridge University Press, 2012.

Cummins, James. "The Role of Primary Language Development in Promoting Educational Success for Language Minority Students." In *Schooling and Language Minority Students: A Theoretical Framework*. Los Angeles, CA: Evaluation, Dissemination, and Assessment Center, California State University, 1981.

———. "The Academic, Intellectual, and Linguistic Benefits of Bilingualism." In *So You Want Your Child to Learn French*. 2nd rev. ed. Ottawa, Canada: Canadian Parents for French, 1990.

Curtain, Helena. *Immersion Education and the Teaching of Subject Content: A Qualitative Research Project*. Unpublished manuscript. 1994.

Curtain, Helena, & Carol Ann Dahlberg. "Planning for Success: Common Pitfalls in the Planning of

Early Foreign Language Programs." *ERIC Digest* (2000). Washington, DC: Center for Applied Linguistics. http://www.cal.org/ericcll/digst/0011planning.html

Dagenais, D. "Developing a Critical Awareness of Language Diversity in Immersion." In *Pathways to Multilingualism: Evolving Perspectives on Immersion Education*, edited by T. W. Fortune & D. J. Tedick, 201–220. Clevedon, U.K.: Multilingual Matters, 2008.

Danielson, Charlotte. *Enhancing Professional Practice: A Framework for Teaching*. Alexandria, VA: Association for Supervision and Curriculum Development, 2007.

———. *The Handbook for Enhancing Professional Practice: Using the Framework for Teaching in Your School*. Alexandria, VA: Association for Supervision and Curriculum Development, 2008.

Dartmouth News. Researchers: No harm in learning two languages. Posted by Susan Knapp, November 4, 2002. http://www.dartmouth.edu/~news/releases/2002/nov/110402a.html

Day, Elaine M., & Stanley M. Shapson. "Assessment of Oral Communicative Skills in Early French Immersion Programmes." *Journal of Multilingual and Multicultural Development* 8, no. 3 (1987): 237–260.

———. *Studies in Immersion Education*. Clevedon, U.K.: Multilingual Matters, 1996.

Dean, Ceri B., Elizabeth Ross Hubbell, Howard Pitler, & Bj Stone. *Classroom Instruction that Works: Research-Based Strategies for Increasing Student Achievement*. 2nd ed. Alexandria, VA: Association for Supervision and Curriculum Development, 2012.

Dodge, Bernie. "Some Thoughts about WebQuests." San Diego State University, 1997. http://webquest.sdsu.edu/aboutwebquests.html

Doloff, Deby. "*Te Quiero, Tito*"—FLES Email Project. *Learning Languages* 4, no. 3 (Spring 1999): 21–23.

Donato, R., & G. R. Tucker. *A Tale of Two Schools: Developing Sustainable Foreign Language Programs*. Clevedon, U.K.: Multilingual Matters, 2010.

Donoghue, Mildred R. *Foreign Languages and the Elementary School Child*. Dubuque, IA: William C. Brown, 1968.

Dulay, Heidi, Marina Burt, & Stephen Krashen. *Language Two*. New York, NY: Oxford University Press, 1982.

Duncan, Greg. Personal communication, 2013.

Duncan, Greg, & Myriam Met. *STARTALK: From Paper to Practice*. College Park, MD: National Foreign Language Center at the University of Maryland, 2010. http://startalk.umd.edu/lesson-planning

Dyer, Haley Bell, Margita Haberlen, Kathy Farris Hadidi, Jennifer Roth, Carolyn Smith, & Azusa Uchihara. "Classroom Management: What Every FLES Teacher Needs to Know." Handout prepared for model program training, 1997.

Echevarria, Jana, & Anne Graves. *Sheltered Content Instruction: Teaching English Language Learners with Diverse Abilities*. 3rd ed. Boston, MA: Pearson Allyn and Bacon, 2007.

———. *Sheltered Content Instruction: Teaching English Language Learners with Diverse Abilities*. 4th ed. Boston, MA: Pearson Allyn and Bacon, 2010.

Echevarria, Jana, MaryEllen Vogt, & Deborah Short. *Making Content Comprehensible for Elementary English Learners: The SIOP Model*. Boston, MA: Pearson Allyn and Bacon, 2010.

———. *Making Content Comprehensible for Secondary English Learners: The SIOP Model*. Boston, MA: Pearson Allyn and Bacon, 2010.

———. *Making Content Comprehensible for Elementary English Learners: The SIOP Model*. 4th ed. Boston, MA: Pearson Allyn and Bacon, 2012.

Edstrom, Anne. ""A 'Gringa' Is Going to Teach Me Spanish!": A Nonnative Teacher Reflects and Responds." *ADFL Bulletin* 36, no. 2 (2005): 27–31. Focuses on Spanish, but is useful for teachers of any language.

Egan, Kieran. *Educational Development*. New York, NY: Oxford University Press, 1979.

———. *Teaching as Story Telling*. Chicago, IL: University of Chicago Press, 1986.

———. *Primary Understanding*. New York, NY: Routledge, 1988.

———. *Imagination in Teaching and Learning: The Middle School Years*. Chicago, IL: University of Chicago Press, 1992.

———. *The Educated Mind: How Cognitive Tools Shape Our Understanding*. Chicago, IL: University of Chicago Press, 1997.

Ellis, Rod. "Principles of Instructed Second Language Acquisition." Center for Applied Linguistics, *CAL Digest* (December 2008). http://www.cal.org/resources/digest/instructed2ndlang.html

Emberley, Ed. *Go Away, Big Green Monster!* Boston, MA: Little, Brown, 1992.

Enever, J., J. Moon, & U. Raman, eds. *Young Learner English Language Policy and Implementation: International Perspectives*. Reading, U.K.: Garnet Education, 2009.

Estelle, Emelda. Personal communication, 1985.

Everson, Michael. Personal communication, June 2013.

Fluegelman, Andrew, ed. *The New Games Book*. Garden City, NY: Dolphin Books, Doubleday, 1976.

Fortune, Tara Williams, & Helen Jorstad. "US Immersion Programs: A National Survey." *Foreign Language Annals* 29, no. 2 (1996): 163–190.

Fortune, Tara Williams, & Diane J. Tedick. "One-Way, Two-Way and Indigenous Immersion: A Call for Cross-Fertilization." In *Pathways to Multilingualism: Evolving Perspectives on Immersion Education*, edited by Tara Williams Fortune & Diane J. Tedick, 3–21. Clevedon, U.K.: Multilingual Matters, 2008.

Foss, Nancy. Foreign Language and Style: A Guide for the Application of Style Sensitive Instruction in the Foreign Language Classroom. Unpublished manuscript, 1994.

———. Personal communication, November 2002.

Gardner, David P., ed. *A Nation at Risk: The Imperative for Educational Reform.* Washington, DC: U.S. Department of Education, 1983. http://www.cids.ie/A_Nation_at_Risk_1983.pdf

Gardner, Howard. *Frames of Mind: The Theory of Multiple Intelligences.* New York, NY: Basic Books, 1983.

———. *Multiple Intelligences: The Theory in Practice.* New York, NY: Basic Books, 1993.

———. *Intelligence Reframed: Multiple Intelligences for the 21st Century.* New York, NY: Basic Books, 1999.

Garfinkel, Alan, & Kenneth E. Tabor. *Learning through Two Languages: Studies of Immersion and Bilingual Education.* Cambridge, MA: Newbury House, 1987.

———. "Second Language Learning in School Settings: Lessons from Immersion." Paper presented at the Conference on Bilingualism, Multiculturalism, and Second Language Learning in honor of Wallace Lambert, Esterel, Quebec, May 1989.

———. "Elementary School Foreign Languages and English Reading Achievement: A New View of the Relationship." *Foreign Language Annals* 24, no. 5 (October 1991): 375–382.

———. "Brain Research: Implications for Second Language Learning." *ERIC Digest* (December 2000). http://www.cal.org/ericcll:digest/0012brain.html & http://www.cal.org/resources/digest/0012brain.html

Genesee, F. "Bilingual Education of Majority-Language Students: The Immersion Experiments in Review." *Applied Psycholinguistics* 4 (1983): 1–46.

Gilbert, Victoria. Personal communication, 2013.

Gilzow, Douglas F., & Lucinda E. Branaman. *Lessons Learned: Model Early Foreign Language Programs.* McHenry, IL: Center for Applied Linguistics and Delta Systems, 2000.

Gilzow, Douglas F., & Nancy C. Rhodes. *Establishing High-Quality Foreign Language Programs in Elementary Schools.* Northeast and Islands Regional Educational Laboratory at Brown University: Perspectives on Policy and Practice, December 2000.

Ginott, Haim G. *Teacher and Child: A Book for Parents and Teachers.* New York, NY: Macmillan, 1972.

"Goals 2000: Educate America Act." H.R. 1804. 1994. http://www.ed.gov/legislation/GOALS2000/TheAct

Goleman, Daniel. *Emotional Intelligence.* New York, NY: Bantam Books, 1995.

Good, Thomas, & Jere Brophy. *Looking in Classrooms.* 10th ed. Boston, MA: Pearson Allyn and Bacon, 2007.

Graddol, D. "English Next: Why Global English May Mean the End of 'English as a Foreign

Language'." British Council, 2006. http://www.britishcouncil.org/learning-research

Grady, Michael P. *Teaching and Brain Research: Guidelines for the Classroom.* New York, NY: Longman, 1984.

Gramer, Virginia. "Advocacy for Early Language Education: A School Board Presentation." *Learning Languages* 4, no. 3 (Spring 1999): 4–8.

Grittner, Frank. *Teaching Foreign Languages.* New York, NY: Harper and Row, 1977.

Hadley, Alice Omaggio. *Teaching Language in Context.* 3rd ed. Boston, MA: Heinle & Heinle, 2001.

Hakuta, Kenji. *Cognitive Development of Bilingual Children.* Los Angeles, CA: University of California, Center for Language Education and Research, 1986. EDRS ED 278 260.

Hans, Patricia Ryerson. "Story Telling and Children's Literature." Presentation at Concordia College, Moorhead, MN, June 30, 1999.

———. Personal communication, 2002.

Harley, Birgit. *Age in Second Language Acquisition.* Clevedon, U.K.: Multilingual Matters, 1986.

———. "The Outcomes of Early and Later Language Learning." In *Critical Issues in Early Language Learning: Building for Our Children's Future*, edited by Myriam Met, 26–31. Glenview, IL: Scott Foresman – Addison Wesley, 1998.

Harley, Birgit, P. Allen, James Cummins, & Merrill Swain. *The Development of Second Language Proficiency.* Cambridge, U.K.: Cambridge University Press, 1991.

Harvey, Robin. Personal communication, 2013.

Haxhi, Jessica Lee. "Long-Term Advocacy: Keeping the Magic of a Japanese Program Alive." Presentation and handout at the Northeast Conference on the Teaching of Foreign Languages, March 31, 2001.

Heining-Boynton, Audrey L. "The FLES Program Evaluation Inventory (FPEI)." *Foreign Language Annals* 24, no. 3 (1991): 193–202.

Hermes, M. "'Ma'iingan Is Just a Misspelling of the Word Wolf ': A Case for Teaching Culture through Language." *Anthropology and Education Quarterly* 36, no. 1 (March 2005): 43–56.

Holderman, J. B. "Critical Needs in International Education: Recommendations for Action." A Report to the Secretary of Education by the National Advisory Board on International Education Programs. Washington, DC: U.S. Government Printing Office, 1983.

Holobow, Naomi, F. Genesee, W. E. Lambert, M. Met, & J. Gasright. "Effectiveness of Partial French Immersion for Children from Different Social Class and Ethnic Backgrounds." *Psycholinguistics* 8, no. 2 (June 1987): 137–151.

Howard, Elizabeth, Kathryn Lindholm-Leary, Julie Sugarman, Donna Christian, & David Rogers. *Guiding Principles for Dual Language Education.* 2nd ed. Washington, DC: Center for Applied Linguistics, 2007.

International Society for Technology in Education (ISTE). "The ISTE National Educational Technology Standards (NETS•S) and Performance Indicators for Students." 2007. http://www.iste.org/NETS

International Society for Technology in Education (ISTE). "The ISTE National Educational Technology Standards (NETS•T) and Performance Indicators for Teachers." 2008. http://www.iste.org/NETS

Irujo, Suzanne. "Differentiated Instruction: We Can No Longer Just Aim Down the Middle." *ELL Outlook™* (2004). http://www.coursecrafters.com/ELL-Outlook/2004/sept_oct/ELLOutlookITIArticle2.htm

Jackson, Claire W., ed. *A Challenge to Change: The Language Learning Continuum.* New York, NY: College Entrance Examination Board, 1999.

Jensen, Eric. "Brain-Based Learning: A Reality Check." *Educational Leadership* 57, no. 5 (April 2000): 76–79.

———. *Teaching with the Brain in Mind.* 2nd ed. Alexandria, VA: Association for Supervision and Curriculum Development, 2005.

Johnson, David W., & Roger T. Johnson. *Learning Together and Alone.* 5th ed. Boston, MA: Allyn & Bacon, 2005.

Johnson, David W., Roger T. Johnson, & Edythe Johnson Holubec. *Cooperative Learning in the Classroom.* Alexandria, VA: Association for Supervision and Curriculum Development, 1994.

Johnson, Robert Keith, & Merrill Swain. *Immersion Education: International Perspectives.* Cambridge, U.K.: Cambridge University Press, 1997.

Kagan, Spencer, & Miguel Kagan. *Kagan Cooperative Learning.* San Clemente, CA: Kagan, 2008.

Kennedy, Teresa J. "Language Learning and Its Impact on the Brain: Connecting Language Learning with the Mind through Content-Based Instruction." *Foreign Language Annals* 39, no. 3 (Fall 2006): 471.

Knop, Constance K. Various workshop presentations at Wisconsin Association for Language Teachers conference, 1985–1988.

Kohn, Alfie. "The Risks of Rewards." *Eric Digest*, EDO-PS-94-14. Washington, DC: ERIC Clearinghouse on Elementary and Early Childhood Education, December 1994.

Kondo-Brown, Kimi, & J. D. Brown, eds. *Teaching Chinese, Japanese, and Korean Heritage Language Students: Curriculum Needs, Materials, and Assessment.* Mahwah, NJ: Lawrence Erlbaum Associates, 2007.

Krashen, Stephen D. *Second Language Acquisition and Second Language Learning.* New York, NY: Pergamon Press, 1981. http://www.sdkrashen.com/SL_Acquisition_and_Learning/index/html

Krashen, Stephen D., Robin C. Scarcella, & Michael H. Long, eds. *Child-Adult Differences in Second Language Acquisition.* Rowley, MA: Newbury House, 1982.

Krashen, Stephen D., & Tracy Terrell. *The Natural Approach: Language Acquisition in the Classroom.* Hayward, CA: Alemany Press, 1983.

———. *The Natural Approach: Language Acquisition in the Classroom.* Rev. ed. Englewood Cliffs, NJ: Prentice-Hall, 1995.

Kretschmer, Richard R., & Laura W. Kretschmer. "What Special Challenge Do Learners with Disabilities Bring to the Foreign Language Classroom?" In *Critical Issues in Early Second Language Learning: Building for Our Children's Future*, edited by Myriam Met, 65–68. Glenview, IL: Scott Foresman – Addison Wesley, 1998.

Kuck, Pam, & Kaye Lietz. *Taming the Wild, Wild Web: WebQuests.* PowerPoint presentation, 1998. http://www.keyknox.com/bwit/webquest/Default.htm

Lambert, Wallace E. "An Overview of Issues in Immersion Education." In *Studies on Immersion Education: A Collection for United States Educators*, 8–30. Sacramento, CA: California State Department of Education, 1984.

———. "The Effects of Bilingual and Bicultural Experiences on Children's Attitudes and Social Perspectives." In *Childhood Bilingualism: Aspects of Linguistic, Cognitive, and Social Development*, edited by P. Homel, M. Palij, & D. Aaronson, 197–221. Hillsdale, NJ: Lawrence Erlbaum Associates, 1987.

Lambert, Wallace. E., F. Genesee, N. E. Holobow, & L. Chartrand. Bilingual Education for Majority English-Speaking Children. *European Journal of Psychology of Education* 8, no. 1 (1993): 3–22.

Lambert, Wallace E., & Otto Klineberg. *Children's Views of Foreign People.* New York, NY: Appleton-Century-Crofts, 1967.

Lambert, Wallace E., & G. Richard Tucker. *Bilingual Education of Children: The St. Lambert Experiment.* Rowley, MA: Newbury House, 1972.

Landry, Richard G. "The Enhancement of Figural Creativity through Second Language Learning at the Elementary School Level." *Foreign Language Annals* 7, no. 1 (October 1973).

Lange, Dale L. "Planning for and Using the New National Culture Standards." In *Foreign Language Standards: Linking Research, Theories, and Practices*, edited by June K. Phillips, 57–135. The ACTFL Foreign Language Education Series. Lincolnwood, IL: National Textbook Company, 1999.

Lapkin, Sharon, Merrill Swain, & Stanley M. Shapson. "French Immersion Research Agenda for the 90's." *Canadian Modern Language Review* 46 (1990): 638–674.

Lawrence, Geoff. "A Touch of...Class!" *Canadian Modern Language Review* 58, no. 3 (March 2002): 465–472.

Lightbown, P., & N. Spada. *How Languages Are Learned.* 3rd ed. Oxford, U.K.: Oxford University Press, 2006.

Lindholm-Leary, K. "Student Outcomes in Chinese Two-Way Immersion Programs: Language Proficiency, Academic Achievement, and Student Attitudes." In *Immersion Education: Practices, Policies, Possibilities*, edited by D. J. Tedick, D. Christian, & T. W. Fortune, 81–103. Bristol, U.K.: Multilingual Matters, 2011.

Linse, Caroline. *The Children's Response: TPR and Beyond—Toward Writing*. San Francisco, CA: Alemany Press, 1983.

Long, M. H. "Native Speaker/Non-Native Speaker Conversation in the Second Language Classroom." In *On TESOL '82. Pacific Perspectives on Language Learning*, edited by M. Clark & J. Handscombe, 207–225. Washington, DC: TESOL, 1983. Reprinted in *Methodology in TESOL. A Book of Readings*, edited by M. H. Long & J. C. Richards, 339–354. New York, NY: Newbury House/Harper and Row, 1987.

Lorenz, E. B., & M. Met. *What It Means to Be an Immersion Teacher*. Rockville, MD: Montgomery County Public Schools, 1988.

Luning, R. J. I., & L. A. Yamauchi. "The Influences of Indigenous Heritage Language Education on Students and Families in a Hawaiian Language Immersion Program." *Heritage Language Journal* 7 (2010): 46–75.

Lyster, Roy. "Immersion Pedagogy and Implications for Language Teaching." In *Beyond Bilingualism: Multilingualism and Multilingual Education*, edited by Jasone Cenoz & Fred Genesee. Clevendon, U.K.: Multilingual Matters, 1999.

———. *Learning and Teaching Languages through Content: A Counterbalanced Approach*. Philadelphia, PA: John Benjamins, 2007.

Marcos, Kathleeen M. "Why, How, and When Should My Child Learn a Foreign Language?" Washington, DC: ERIC Clearinghouse on Languages and Linguistics, 1997. http://www.cal.org/resources/pubs/whyhowwhen_brochure.pdf

———. "Second Language Learning: Everyone Can Benefit." *The ERIC Review* 6, no. 1 (Fall 1998): 2–5. http://bpfli.org/documents/ericreview.pdf

Marzano, Robert J. *The Art and Science of Teaching: A Comprehensive Framework for Effective Instruction*. Alexandria, VA: Association for Supervision and Curriculum Development, 2007.

Marzano, Robert J., Debra J. Pickering, & Jane E. Pollock. *Classroom Instruction that Works: Research-Based Strategies for Increasing Student Achievement*. Alexandria, VA: Association for Supervision and Curriculum Development, 2001.

Masciantonio, Rudolph. "Tangible Benefits of the Study of Latin: A Review of Research." *Foreign Language Annals* 10, no. 4 (September 1977).

McLaughlin, Barry. Personal communication, 1982.

———. "Second-Language Development in Immersion Contexts." In *Second Language Acquisition*, edited by E. B. Lorenz & M. Met. Rockville, MD: Montgomery County Public Schools, 1989.

———. "Making Connections." In *Foreign Language Standards: Linking Research, Theories, and Practices*, edited by June K. Phillips, 137–164. The ACTFL Foreign Language Education Series. Lincolnwood, IL: National Textbook Company, 1999.

———. "Paying Attention to Language." In *Pathways to Multilingualism: Evolving Perspectives on Immersion Education*, edited by T. W. Fortune & D. J. Tedick. Clevedon, U.K.: Multilingual Matters, 2008.

McKay, S. L. *Teaching English as an International Language: Rethinking Goals and Approaches*. Oxford, U.K.: Oxford University Press, 2002.

Met, Myriam, & Eileen Lorenz, eds. *Culture Scope and Sequence Kindergarten through Grade 8*. Draft 2. Rockville, MD: Montgomery County Public Schools, 1993.

———. "Lessons from U.S. Immersion Programs: Two Decades of Experience." In *Immersion Education: International Perspectives*, edited by R. K. Johnson & S. Merrill, 243–264. Cambridge, U.K.: Cambridge University Press, 1997.

Met, Myriam, & Nancy Rhodes. "Elementary School Foreign Language Instruction: Priorities for the 1990s." *Foreign Language Annals* 23, no. 5 (October 1990): 433–443.

Middle School Task Force of the Wisconsin Association of Foreign Language Teachers. "Foreign Languages in the Middle Level School: Guiding Principles." Madison, WI, November 15, 1991.

Mohan, Bernard. *Language and Content*. Reading, MA: Addison-Wesley, 1986.

Montgomery, Cherice. Personal communication, 2013.

Morrow, Keith. "Principles of Communicative Methodology." In *Communication in the Classroom*, edited by Keith Johnson & Keith Morrow. Burnt Mill, Harlow, Essex, U.K.: Longman, 1981.

Nash, J. Madeleine. "Fertile Minds." *Time* 149, no. 5 (February 1997): 49–56. http://www.burchschool.com/fertmind.html

National Board of Professional Teaching Standards (NBPTS). "Standards for World Languages Other than English." http://www.nbpts.org/the_standards

———. "What Teachers Should Know and Be Able to Do." http://www.nbpts.org/UserFiles/File/what_teachers.pdf

National Council of State Supervisors of Foreign Languages (NCSSFL). "A Rationale for Foreign Language Education." 2002. http://www.ncssfl.org/papers/index.php?rationale

National Standards in Foreign Language Education Project. *Standards for Foreign Language Learning in the 21st Century*. Yonkers, NY, 1999.

Nerenz, Ann, & Constance Knop. "The Effect of Group Size on Student's Opportunity to Learn in the Second Language." In *ESL and the Foreign Language Teacher*, edited by Alan Garfinkel. Skokie, IL: National Textbook Company, 1982.

News in Science. "Bilingual Kids Not Slowed by Second Tongue." July 11, 2002. http://www.abc.net.au/science/news/stories/s720173.htm

Nielsen, Katherine, & Suzanne Freynik. Rosetta Stone Version 3 Falls Short of Manufacturer's Claims. College Park, MD: University of Maryland Center for Advanced Study of Language, 2008.

North Carolina Department of Public Instruction. *Building Bridges: A Guide to Second Languages in the Middle Grades.* Raleigh, NC: North Carolina Department of Public Instruction, 1991. ED 343 428.

Ogren, Ana. Personal communication, 2013.

Olsen, Roger, E. Winn-Bell, & Spencer Kagan. "About Cooperative Learning." In *Cooperative Language Learning: A Teacher's Resource Book*, edited by Carolyn Kessler, 1–30. Englewood Cliffs, NJ: Prentice-Hall, 1992.

Pacheco, Jean L. "A Successful Keypal Project Using Varied Technologies." *Learning Languages* 7, no. 1 (Fall 2001): 10–14.

"Paige Outlines New International Education Priorities." Press release from Office of Public Affairs, U.S. Department of Education, November 20, 2002. http://www.ed.gov/news/pressreleases/2002/11/11202002.html

Pappas, Christine C., Barbara Z. Kiefer, & Linda S. Levstik. *An Integrated Language Perspective in the Elementary School: Theory into Practice.* New York: Longman, 1990.

———. *An Integrated Language Perspective in the Elementary School: An Action Approach.* 4th ed. Boston, MA: Allyn & Bacon, 2005.

Paynter, D., E. Bodrova, & J. Doty. *For the Love of Words: Vocabulary Instruction that Works.* Aurora, CO: McRel, 2005.

Pearson, P. David, & Margaret C. Gallagher, "The Instruction of Reading Comprehension." Page 35. University of Illinois, National Institute of Education, Washington, DC, October 1983.

Penfield, Wilder, & Laram Roberts. *Speech and Brain-Mechanisms.* Princeton, NJ: Princeton University Press, 1959.

Pesola, Carol Ann. "Culture in the Elementary School Foreign Language Classroom." *Foreign Language Annals* 24, no. 4 (September 1991): 331–346.

———. "Background, Design and Evaluation of a Conceptual Framework for FLES Curriculum." Unpublished dissertation, University of Minnesota, 1995.

Peyton, Joy Kreeft. "Dialogue Journals: Interactive Writing to Develop Language and Literacy." *ERIC Digest* (April 1993). http://www.cal.org/resources/Digest/peyton01.html

Phillips, June K. "Practical Implications of Recent Research in Reading." *Foreign Language Annals* 17, no. 4 (1984): 285–296.

Piaget, Jean. *The Language and Thought of the Child.* New York, NY: W. W. Norton, 1963.

Pink, Daniel H. *A Whole New Mind: Why Right Brainers Will Rule the Future.* New York, NY: Riverhead Books, Penguin Group, 2006.

Politzer, Robert L. Speech and handout provided at Conference on Articulation, University of Wisconsin–Milwaukee, March 1991.

Potowski, Kim. *Fundamentos en la Enseñanza del Español a Hispanohablantes en los Estados Unidos.* Madrid: Arco Libros, 2005.

———. *Language and Identity in a Dual Immersion School.* Clevedon, U.K.: Multilingual Matters, 2007.

———. *Language Diversity in the USA.* Cambridge, U.K.: Cambridge University Press, 2010. Contains profiles of the twelve most commonly spoken non-English languages in the U.S.

Prensky, Marc. *From Digital Natives to Digital Wisdom: Hopeful Essays for 21st Century Learning.* Thousand Oaks, CA: Corwin, 2012.

President's Commission on Foreign Language and International Studies. *Strength through Wisdom: A Critique of U.S. Capability.* Washington, DC: United States Government Printing Office, 1979.

Rafferty, Eileen A. *Second Language Study and Basic Skills in Louisiana.* Baton Rouge, LA: Louisiana Department of Education, 1986.

Ratte, E. H. "Foreign Language and the Elementary School Language Arts Program." *The French Review* 42 (1968).

Redmond, Mary Lynn. "ATTENTION! Are You Seeking a Position with Excellent Long-Term Benefits? Be an Advocate!" *Learning Languages* 4, no. 1 (Fall 1998): 4–9.

"Research Notes: Language Learning and the Developing Brain." *Learning Languages* 1, no. 2 (Winter 1996): 17.

Reyes, S. A., & T. L. Vallone. "Toward an Expanded Understanding of Two-Way Bilingual Education: Constructing Identity through a Critical, Additive Bilingual/Bicultural Pedagogy." *Multilingual Perspectives* 9 (2007): 3–11.

Rhodes, Nancy C., & Lucinda E. Branaman. *Foreign Language Instruction in the United States: A National Survey of Elementary and Secondary Schools.* Washington, DC & McHenry, IL: Center for Applied Linguistics and Delta Systems, 1999.

Rhodes, Nancy C., & Ingrid Pufahl. *Language by Video: An Overview of Foreign Language Instructional Videos for Children* (Professional Practice Series No. 4). Washington, DC: Center for Applied Linguistics and Delta Systems, 2004.

Rieken, Elizabeth, Wilson Kerby, & Frank Mulhern. "Building Better Bridges: Middle School to High School Articulation in Foreign Language Programs." *Foreign Language Annals* 29, no. 4 (1996): 562–570.

Riley, Richard W. "Changing the American High School to Fit Modern Times." The National Press

Club, September 15, 1999. http://www.ed.gov/Speeches/09-1999/990915.html

Rivers, Wilga M. "Comprehension and Production in Interactive Language Teaching." *The Modern Language Journal* 70, no. 1 (1986): 1–7.

Robb, Thomas N. "E-Mail Keypals for Language Fluency." *Foreign Language Notes* (Foreign Language Educators of New Jersey) 38, no. 3 (Fall 1996): 8–10. http://www.cc.kyoto-su.ac.jp/~trobb/keypals.html.

Roberts, Deborah Fernald. "Group Work: Practicing Language in Context." Presentation at ACTFL Annual Meeting, Salt Lake City, November 3, 2002.

Robinson, G. L. "The Magic-Carpet-Ride-to-Another-Culture Syndrome: An International Perspective." *Foreign Language Annals* 11 (1978): 135–146.

Romijn, E., & C. Seely. *Live Action English.* Elmsford, NY: Pergamon Press, 1983.

Rosenblatt, Louise. *Reading and Writing: The Transactional Theory. Technical Report No. 416.* Urbana-Champaign, IL: Center for the Study of Reading, University of Illinois at Urbana-Champaign, 1988.

Rosenbusch, Marcia. "Elementary School Foreign Language: The Establishment and Maintenance of Strong Programs." *Foreign Language Annals* 24, no. 4 (September 1991): 297–314.

———. *Colloquium on Foreign Languages in the Elementary School Curriculum. Proceedings 1991.* Munich: Goethe Institut, 1992a. (Available from AATG, 112 Haddontowne Court, No. 112, Cherry Hill, NJ 08034.)

———. "Is Knowledge of Cultural Diversity Enough? Global Education in the Elementary School Foreign Language Program." *Foreign Language Annals* 25, no. 2 (April 1992b): 129–136.

———. "Language Learners in the Elementary School: Investing in the Future." In *Foreign Language Learning: The Journey of a Lifetime,* edited by R. Donato & R. Terry. Lincolnwood, IL: National Textbook Company, 1995.

Samples, Alisha Dawn. Personal communication, December 12, 2002.

Sandrock, Paul. Presentation to Wisconsin FLES Fest, March 1993.

———. Personal communication, November 4, 2002.

Sandrock, Paul & Elvira Swender. *ACTFL Performance Descriptors for Language Learners,* 2012 Edition. Alexandria, VA: American Council on the Teaching of Foreign Languages.

Saphier, Jon, Mary Ann Haley-Speca, & Robert Gower. *The Skillful Teacher: Building Your Teaching Skills.* Acton, MA: Research for Better Teaching, 2008.

Saunders, Carol M. "The Effect of the Study of a Foreign Language in the Elementary School on Scores on the Iowa Test of Basic Skills and an Analysis of Student-Participant Attitudes and Abilities." Unpublished dissertation, University of Georgia, 1998.

Savignon, Sandra J. *Communicative Competence. Theory and Classroom Practice: Texts and Contexts in Second Language Learning.* 2nd ed. New York, NY: McGraw-Hill, 1997.

Schinke-Llano, Linda. *Foreign Language in the Elementary School: State of the Art.* Washington, DC: Center for Applied Linguistics, 1985.

Schneider, Jody. "How to Make the Shoe Fit: Sizing up Stories and Strategies." Presentation at Wisconsin FLES Fest, Waukesha, WI, March 7, 2009.

Schnitzler, Wolfgang. Personal communication, 1986.

Seelye, H. Ned. *Teaching Culture*: *Strategies for Intercultural Communication.* 3rd ed. Lincolnwood, IL: National Textbook Company, 1993.

Segal, Berty. *Teaching English through Actions.* Brea, CA: Berty Segal, Inc., n.d. (Available from Berty Segal, Inc., 1749 Eucalyptus St., Brea, CA 92621.)

Sfard, Anna. "On Two Metaphors for Learning and the Dangers of Choosing Just One." *Educational Researcher* 27, no. 2 (1998): 4–13.

Short, Deborah J. *How to Integrate Language and Content Instruction: A Training Manual.* 2nd ed. Washington, DC: Center for Applied Linguistics, 1991.

Shrum, Judith L., & Eileen Glisan. *Teacher's Handbook: Contextualized Language Instruction.* 4th ed. Boston, MA: Cengage Learning, 2010.

Simon, Paul. *The Tongue-Tied American: Confronting the Foreign Language Crisis.* New York, NY: Continuum Publishing, 1980.

Singleton, David M. "A Critical Look at the Critical Period Hypothesis on Second Language Acquisition Research." In *The Age Factor in Second Language Acquisition*, edited by D. Singleton & Z. Lengyel. Clevedon, U.K.: Multilingual Matters, 1995.

Smith, Frank. *Joining the Literacy Club: Further Essays into Education.* Portsmouth, NH: Heineman, 1988.

———. Speech given at California Association of Bilingual Education (CABE), February 2, 1994.

Smith, Martin. Personal communication, 2007, 2008, 2009.

———. *Reading without Nonsense.* 4th ed. New York, NY: Teachers College Press, 2006.

Snow, Marguerite Ann, Myriam Met, & Fred Genesee. "A Conceptual Framework for the Integration of Language and Content in Second/Foreign Language Instruction." *TESOL Quarterly* 23, no. 2 (1989): 201–217.

Sprenger, Marilee. *Learning & Memory: The Brain in Action.* Alexandria, VA: Association for Supervision and Curriculum Development, 1999.

Stewart, Vivien. *A World Class Education: Learning from International Models of Excellence and Innovation.* Alexandria, VA: Association for Supervision and Curriculum Development, 2012.

Stichter, J. P., M. Stormont, & T. J. Lewis. "Instructional Practices and Behavior During Reading: A Descriptive Summary and Comparison of Practices in Title I and Non-Title Elementary

Schools." *Psychology in the Schools* 46, no. 2 (2009): 172–183.

Swain, Merrill. "What Does Research Say about Immersion Education?" In *So You Want Your Child to Learn French*, edited by Beth Mlacak & Elaine Isabelle. Ottawa, Canada: Canadian Parents for French, 1979.

———. "A Review of Immersion Education in Canada: Research and Evaluation Studies." In *Studies on Immersion: A Collection for United States Educators*, 87–112. Sacramento, CA: California State Department of Education, 1984.

———. "Communicative Competence: Some Roles of Comprehensible Input and Comprehensible Output in Its Development." In *Input in Second Language Acquisition*, edited by Susan M. Gass & Carolyn G. Madden, 235–253. Series in Second Language Research. Rowley, MA: Newbury House, 1985.

———. "Manipulating and Complementing Content Teaching to Maximize Second Language Learning." *TESL Canada Journal* 6 (1988): 68–83.

Swain, Merrill, & Sharon Lapkin. "Immersion French in Secondary Schools: 'The Goods' and 'The Bads'." *Contact* 5, no. 3 (1986): 2–9.

———. "Problems in Output and the Cognitive Processes They Generate: A Step towards Second Language Learning." *Applied Linguistics* 16 (1995): 371–391.

Swender, Elvira, & Greg Duncan. "ACTFL Performance Guidelines for K–12 Learners." *Foreign Language Annals* 31, no. 4 (Winter 1998): 479–491.

Sylwester, Robert. *A Celebration of Neurons: An Educator's Guide to the Human Brain.* Alexandria, VA: Association for Supervision and Curriculum Development, 1995.

Tardif, Claudette, & Sandra Weber. "French Immersion Research: A Call for New Perspectives." *Canadian Modern Language Review* 44, no. 1 (1987): 67–77.

Taylor, Gregory, Carine Feyten, John Meros, & Joyce W. Nutta. "Effects of FLES on Reading Comprehension and Vocabulary Achievement: A Multi-Method Longitudinal Study." *Learning Languages* 13, no. 2 (2008): 30–37.

Teacher Partnership Institute. *Relevant and Essential Background for the K–6 Foreign Language Teacher.* Ames, IA: National K–12 Foreign Language Resource Center, Iowa State University, 1994.

Tedick, Diane, Donna Christian, & Tara Fortune, eds. *Immersion Education: Practices, Policies, Possibilities.* Clevedon, U.K.: Multilingual Matters, 2011.

Thomas, Wayne P., & Virginia Collier. *Dual Language Education for a Transformed World.* Albuquerque, NM: Dual Language Education of New Mexico, Fuente Press, 2012.

Tomlinson, Carol Ann. *How to Differentiate Instruction in Mixed-Ability Classrooms.* 2nd ed. Alexandria, VA: Association for Supervision and Curriculum Development, 2001.

Tucker, G. Richard, & Richard Donato. "Designing and Implementing an Innovative Foreign Language Program: Reflections from a School District-University Partnership." *Learning Languages* 4, no. 2 (Winter 1999): 4–12.

Urquhart, Vicki, & Dana Frazee. *Teaching Reading in the Content Areas: If Not Me, Then Who?* 3rd ed. Alexandria, VA: Association for Supervision and Curriculum Development, 2012.

Valdés, Guadalupe. "The Teaching of Heritage Languages: An Introduction for Slavic-Teaching Professionals." In *The Learning and Teaching of Slavic Languages and Cultures*, edited by O. Kagan & B. Rifkin, 375–403. Bloomington, IN: Slavica Publishers, 2000.

Van Ek, J. A. *The Threshold Level for Modern Language Learning in Schools.* Strasbourg, France: The Council of Europe, 1991.

Vygotsky, Lev S. *Thought and Language.* Cambridge, MA: MIT Press, 1934/1986.

Wajnryb, Ruth. "Story-Telling and Language Learning." *Babel* 21, no. 2 (August 1986): 17–24.

Weatherford, H. J. "Personal Benefits of Foreign Language Study." *ERIC Digest.* Washington, DC: ERIC Clearinghouse on Languages and Linguistics, 1986. EDRS 276 305.

Webb, Elizabeth L. *The Effect of Second Language Learning on Test Scores, Intelligence and Achievement: An Annotated Bibliography.* 2001. http://www.doe.K12.ga.us/DMGetDocument.aspx/AnnBiblio.pdf?p=BE1EECF99CD364EA5554055463F1FBB0B70FECF5942E123FE4810FFF53501CAAE8CB82838C0A540749FE3E915&Type=D

Wesely, P. M. "Cross-Cultural Understanding in Immersion Students: A Mixed-Methods Study." *L2 Journal* 4 (2012): 189–213.

Wiggins, Grant. "Creating Tests Worth Taking." *Educational Leadership* 49, no. 8 (May 1992): 26–33.

Wiggins, Grant, & Jay McTighe. *Understanding by Design.* 2nd ed. Alexandria, VA: Association for Supervision and Curriculum Development, 2005.

Willoughby, Jennipher. "Differentiating Instruction, Meeting Students Where They Are." 2013. http://www.glencoe.com/sec/teachingtoday/subject/di_meeting.phtml

Wolfe, Patricia. *Brain Matters: Translating Research into Classroom Practice.* Alexandria, VA: Association for Supervision and Curriculum Development, 2001.

Wong, Harry K., & Rosemary T. Wong. *The First Days of School: How to Be an Effective Teacher.* Mountain View, CA: Harry K. Wong Publications, 1998.

Wong-Fillmore, Lily. "The Language Learner as an Individual: Implications of Research on Individual Differences for the ESL Teacher." In *On TESOL '82: Pacific Perspectives on Language Learning and Teaching*, edited by M. A. Clark & J. Handscombe. Washington, DC: TESOL, 1983.

———. "When Does Teacher Talk Work as Input?" In *Input in Second Language Acquisition*, edited by Susan M. Gass & Carolyn G. Madden, 17–50. Rowley, MA: Newbury House, 1985.

Zeydel, Edwin H. "The Teaching of German in the United States from Colonial Times to the Present." In *Reports of Surveys and Studies in the Teaching of Modern Foreign Languages, 1959–1961.* New York, NY: The Modern Language Association of America, 1961.